普通高等医学院校五年制临床医学专业第二轮教材

生 理 学

（第2版）

（供基础医学、临床医学、预防医学、口腔医学等相关专业用）

主　编　叶本兰　明海霞

副主编　舒安利　李淑芬

编　者　（以姓氏笔画为序）

王会玲（承德医学院）

王冰梅（长春中医药大学）

叶本兰（厦门大学医学院）

印媛君（浙江中医药大学）

伍冠一（广西中医药大学）

刘红霞（滨州医学院）

杜　联（成都中医药大学）

李　杨（甘肃中医药大学）

李淑芬（长治医学院）

陈　嵘（云南中医药大学）

明海霞（甘肃中医药大学）

周　宇（厦门大学医学院）

侯软玲（新乡医学院）

海青山（云南中医药大学）

崔艳茹（江西中医药大学）

舒安利（湖南医药学院）

中国健康传媒集团

中国医药科技出版社

内容提要

本教材是"普通高等医学院校五年制临床医学专业第二轮教材"之一，共分为十二章，系统地介绍医学生理学的基本概念、基本理论以及相关的知识。本书内容注重吸收行业发展的新知识、新技术、新方法，体现学科、临床发展前沿，力求充分体现新医科的要求。在编写形式上，以系统、完整介绍教学主体内容为基础，优化模块内容，在每章章首设置"学习目标""案例引导"，适当插入与教学内容相关的"知识链接"，每章正文后附有"本章小结"及"目标检测"，以增强本教材的实用性和可读性。本教材为书网融合教材，即纸质教材有机融合电子教材，教学配套资源（包括PPT、微课等）、习题等，从而使教材内容立体化、生动化、易教易学。

本教材主要供全国高等医学院校基础医学、临床医学、预防医学、口腔医学等专业的师生教学使用，也可作为相关专业工作人员的参考用书。

图书在版编目（CIP）数据

生理学/叶本兰，明海霞主编. — 2 版. —北京：中国医药科技出版社，2023.2

普通高等医学院校五年制临床医学专业第二轮教材

ISBN 978 – 7 – 5214 – 3665 – 5

Ⅰ.①生… Ⅱ.①叶… ②明… Ⅲ.①人体生理学 – 医学院校 – 教材 Ⅳ.①R33

中国国家版本馆 CIP 数据核字（2023）第 008220 号

美术编辑 陈君杞
版式设计 友全图文

出版 **中国健康传媒集团** | 中国医药科技出版社
地址 北京市海淀区文慧园北路甲 22 号
邮编 100082
电话 发行：010 – 62227427 邮购：010 – 62236938
网址 www.cmstp.com
规格 889 × 1194mm $\frac{1}{16}$
印张 23 $\frac{1}{4}$
字数 692 千字
初版 2016 年 8 月第 1 版
版次 2023 年 2 月第 2 版
印次 2023 年 2 月第 1 次印刷
印刷 三河市万龙印装有限公司
经销 全国各地新华书店
书号 ISBN 978 – 7 – 5214 – 3665 – 5
定价 75.00 元

获取新书信息、投稿、为图书纠错，请扫码联系我们。

为了贯彻《中共中央、国务院中国教育现代化2035》"加强创新型、应用型、技能型人才培养规模"的战略任务要求，落实《国务院办公厅关于加快医学教育创新发展的指导意见》，紧密对接新医科建设对医学教育改革的新要求，满足新时代医疗卫生事业对人才培养的新需求，中国医药科技出版社在教育部、国家药品监督管理局的领导下，通过走访主要院校对2016年出版的"全国普通高等医学院校五年制临床医学专业'十三五'规划教材"进行了广泛征求意见，有针对性的制定了第二版教材的出版方案，旨在赋予再版教材以下特点。

1.立德树人，融入课程思政

把立德树人贯穿、落实到教材建设全过程的各方面、各环节。课程思政建设应体现在知识技能传授中厚植爱国主义情怀，加强品德修养、增长知识见识、培养奋斗精神，不断提高学生思想水平、政治觉悟、道德品质、文化素养等。医学教材着重体现加强救死扶伤的道术、心中有爱的仁术、知识扎实的学术、本领过硬的技术、方法科学的艺术的教育，培养医德高尚、医术精湛的人民健康守护者。

2.精准定位，培养应用人才

坚持体现《中共中央、国务院中国教育现代化2035》"加强创新型、应用型、技能型人才培养规模"的战略任务，落实《国务院办公厅关于加快医学教育创新发展的指导意见》中"立足基本国情，以服务需求为导向，以新医科建设为抓手，着力创新体制机制，分类培养研究型、复合型和应用型人才"的医学教育目标，结合医学教育发展"大国计、大民生、大学科、大专业"的新定位，注重人才培养应从疾病诊疗提升拓展为预防、诊疗和康养，以健康促进为中心，服务生命全周期、健康全过程的转变，精准定位教材内容和体系。教材编写应体现以医疗卫生事业需求为导向，以岗位胜任力为核心，以培养医工、医理、医文学科交叉融合的高素质、强能力、精专业、重实践的本科医学人才培养目标。

3.适应发展，优化教材内容

必须符合行业发展要求。构建教材内容结构，要体现医疗机构对医学人才在临床实践能力、沟通交流能力、服务意识和敬业精神等方面的要求；体现临床程序贯穿于教学的全过程，培养学生的整体临床意识；体现国家相关执业资格考试的有关新精神、新动向和新要求；注重吸收行业发展的新知识、新技术、新方法，体现学科发展前沿，并适当拓展知识面，为学生后续发展奠定必要的基础；满足以学生为中心而开展的各种教学方法的需要，充分发挥学生的主观能动性。

4.遵循规律，注重"三基""五性"

遵循教材规律。针对普通高等医学院校本科医学类专业教学需要，教材内容应注重"三基"（基本知识、基础理论、基本技能）、"五性"（思想性、科学性、先进性、启发性、适用性）；内容成熟、术语规范、文字精炼、逻辑清晰、图文并茂、易教易学；注意"适用性"，即以普通高等学校医学教育实际和学生接受能力为基准编写教材，满足多数院校的教学需要。

5.创新模式，提升学生能力

加强"三基"训练，着力提高学生分析问题和解决问题的能力。在不影响教材主体内容的基础上要保留"案例引导""学习目标""知识链接""目标检测"模块，去掉知识拓展模块。进一步优化各模块的内容，培养学生理论联系实践的实际操作能力、创新思维能力和综合分析能力；增强教材的可读性和实用性，培养学生学习的自觉性和主动性。

6.丰富资源，优化增值服务内容

搭建与教材配套的中国医药科技出版社在线学习平台"医药大学堂"（数字教材、教学课件、图片、视频、动画及练习题等），实现教学信息发布、师生答疑交流、学生在线测试、教学资源拓展等功能，促进学生自主学习。

本套教材凝聚了省属院校高等教育工作者的集体智慧，体现了凝心聚力、精益求精的工作作风，谨此向有关单位和个人致以衷心的感谢！

尽管所有参与者尽心竭力、字斟句酌，教材仍然有进一步提升的空间，敬请广大师生提出宝贵意见，以便不断修订完善！

普通高等医学院校五年制临床医学专业第二轮教材

建设指导委员会名单

主 任 委 员　樊代明

副主任委员　（以姓氏笔画为序）

于景科（济宁医学院）　　　　　王金胜（长治医学院）

吕雄文（安徽医科大学）　　　　朱卫丰（江西中医药大学）

杨　柱（贵州中医药大学）　　　吴开春（第四军医大学）

何　涛（西南医科大学）　　　　何清湖（湖南医药学院）

宋晓亮（长治医学院）　　　　　郑金平（长治医学院）

唐世英（承德医学院）　　　　　曾　芳（成都中医药大学）

委　　　员　（以姓氏笔画为序）

于俊岩（长治医学院附属和平　　于振坤（南京医科大学附属南京
　　　　医院）　　　　　　　　　　　　明基医院）

马　伟（山东大学）　　　　　　丰慧根（新乡医学院）

王　玖（滨州医学院）　　　　　王伊龙（首都医科大学附属北京天坛医院）

王旭霞（山东大学）　　　　　　王育生（山西医科大学）

王桂琴（山西医科大学）　　　　王雪梅（内蒙古医科大学附属医院）

王勤英（山西医科大学）　　　　艾自胜（同济大学）

叶本兰（厦门大学医学院）　　　付升旗（新乡医学院）

朱金富（新乡医学院）　　　　　任明姬（内蒙古医科大学）

刘春扬（福建医科大学）　　　　闫国立（河南中医药大学）

江兴林（湖南医药学院）　　　　孙国刚（西南医科大学）

孙思琴（山东第一医科大学）　　李永芳（山东第一医科大学）

李建华（青海大学医学院）　　　李春辉（中南大学湘雅医学院）

杨　征（四川大学华西口腔医
　　　　学院）

杨少华（桂林医学院）

杨军平（江西中医学大学）

邱丽颖（江南大学无锡医学院）　何志巍（广东医科大学）

邹义洲（中南大学湘雅医学院）　张　闻（昆明医科大学）

张　敏（河北医科大学）　　　　张　燕（广西医科大学）

张秀花（江南大学无锡医学院）　张晓霞（长治医学院）

张喜红（长治医学院）　　　　　陈万金（福建医科大学附属第一医院）

陈云霞（长治医学院）　　　　　陈礼刚（西南医科大学）

武俊芳（新乡医学院）　　　　　林友文（福建医科大学）

林贤浩（福建医科大学）　　　　明海霞（甘肃中医药大学）

罗　兰（昆明医科大学）　　　　周新文（华中科技大学基础医学院）

郑　多（深圳大学医学院）　　　单伟超（承德医学院）

赵幸福（南京医科大学附属
　　　　无锡精神卫生中心）

郝少峰（长治医学院）

郝岗平（山东第一医科大学）

胡　东（安徽理工大学医学院）　姚应水（皖南医学院）

夏　寅（首都医科大学附属北京
　　　　天坛医院）

夏超明（苏州大学苏州医学院）

高凤敏（牡丹江医学院）

郭子健（江南大学无锡医学院）　郭崇政（长治医学院）

郭嘉泰（长治医学院）　　　　　黄利华（江南大学附属无锡五院）

曹玉萍（中南大学湘雅二医院）　曹颖平（福建医科大学）

彭鸿娟（南方医科大学）　　　　韩光亮（新乡医学院）

韩晶岩（北京大学医学部）　　　游言文（河南中医药大学）

数字化教材编委会

主　编　叶本兰　明海霞
副主编　舒安利　李淑芬
编　者　（以姓氏笔画为序）
　　　　王会玲（承德医学院）
　　　　王冰梅（长春中医药大学）
　　　　叶本兰（厦门大学医学院）
　　　　印媛君（浙江中医药大学）
　　　　伍冠一（广西中医药大学）
　　　　刘红霞（滨州医学院）
　　　　杜　联（成都中医药大学）
　　　　李　杨（甘肃中医药大学）
　　　　李淑芬（长治医学院）
　　　　陈　嵘（云南中医药大学）
　　　　明海霞（甘肃中医药大学）
　　　　周　宇（厦门大学医学院）
　　　　侯软玲（新乡医学院）
　　　　海青山（云南中医药大学）
　　　　崔艳茹（江西中医药大学）
　　　　舒安利（湖南医药学院）

为了更好地满足当前新医科教育发展的教学要求，深化临床医学教育综合改革，培养高素质、强能力、精专业、重实践的本科医学人才，我们修订编写了这本《生理学》教材，旨在推进医学基础课程与临床课程相结合，转变重理论而轻实践的传统，促进教学更加紧密地与医疗卫生行业要求和社会用人需求相结合，与国家执业医师资格考试和职称考试相对接，与住院医师规范化培训相衔接。

本教材是在第一版"全国普通高等医学院校五年制临床医学专业'十三五'规划教材"《生理学》的基础上进行修正再版的。本版在内容编排上注重系统、全面地介绍医学生理学的基本概念、基本理论以及相关的知识。同时注重将行业发展的新知识、新技术、新方法以及体现学科发展前沿的相关内容介绍给读者，力求充分体现新医科的要求。在编写形式上，以系统、完整介绍教学主体内容为基础，精简模块，优化模块内容，并在每章章首设置"案例引导""学习目标"，适当插入与教学内容相关的"知识链接""知识拓展"，每章正文后附有"本章小结"及"目标检测"，以增强本教材的实用性和可读性。在编写模式上，采取纸质版教材与网络在线学习平台相结合，在编写纸质教材的同时，还配套了在线学习平台，包括电子教材、教学配套资源（PPT、微课等）、题库系统，从而使教材内容立体化、多样化，以利于学生自主学习，使之成为一本能满足基础医学、临床医学、预防医学、口腔医学等多个专业的生理学教学普适教材。

本教材的编委由高等医学院校中担任生理学课程主讲的一线教师组成。编委们具有扎实的专业知识和丰富的教学经验。在编写本教材的过程中，编委们注重使本教材"文字精炼、逻辑清晰、图文并茂、易教易学"。在充分体现科学性的基础上，也力求兼顾教考结合，注重与执业医师考试大纲和研究生入学考试大纲相结合，使本教材更具备代表性和实用性。

本教材在前期的组织编写和后期的修订出版的过程中，得到了各位编者所在单位及领导的大力支持，在此致以诚挚的感谢！同时，对针对第一版教材的不足提出宝贵意见与建议的同行和学生们致以诚挚的感谢！由于编者水平所限，本教材中难免存在疏漏之处，诚挚地恳请使用本教材的教师和学生们提出宝贵的意见和建议，以便我们之后修订时加以改进。

编　者
2022 年 10 月

目 录 CONTENTS

第一章 绪 论

PPT

学习目标

1. 掌握 内环境、稳态、神经调节、体液调节、自身调节、反馈、正反馈、负反馈、前馈等基本概念。

2. 熟悉 人体功能活动的调节方式；内环境理化性质相对恒定的重要意义以及外环境因素对机体的影响。

3. 了解 人体生理学概念及其研究内容和方法；生理学的发展史及其与医学的关系。

案例引导

临床案例 赵某，男，18岁，身高172cm，体重95kg，大学一年级新生，9月10日参加新生军训，下午2点在操场进行队列训练时出现口渴、头痛、头晕。随队校医发现其面色潮红、衣服汗湿、体温38℃，脉搏120次/分，诊断为中暑。

讨论 为何该生会出现这些表现，对其应该进行怎样的处理？请从理论上加以阐述。

第一节 生理学的概念和研究方法

一、生理学的概念及其任务

生理学（physiology）是一门研究生物体的生命活动及其规律的科学，是生物科学的一个分支。自然界的生物体种类繁多，不同种类的生物体有其各自的生命活动规律。因此，根据研究对象的不同，可将生理学分为微生物生理学、植物生理学、动物生理学和人体生理学等不同的分支。

知识链接

生命活动的基本特征

新陈代谢、兴奋性、适应性和生殖通常被认为是机体生命活动的基本特征。

新陈代谢包括物质代谢与能量代谢两个方面。物质代谢指机体生命活动中不断地从外界摄取营养物质，并在体内转化为自身物质的过程，以及不断分解其自身成分并将分解产物排出体外的过程，前者称为合成代谢，后者称为分解代谢。与物质代谢相伴随的能量的释放、转化和利用的过程称为能量代谢。物质代谢是生命活动的物质基础，也是能量代谢的根本来源。物质在体内进行化学转化过程中产生能量，用以机体活动的需要和体温的维持，多余的能量则储存起来或者以热能的形式发散到体外（详见第七章能量代谢与体温）。

兴奋性是指组织或细胞对环境刺激发生反应的能力（详见第二章细胞的基本生理功能）。

　　适应性是指生物体在应对外界环境变化的过程中，通过进行机体内部结构与功能的自身调整而达到与环境相适应的现象。适应性是长期的自然选择的结果，它决定着物种在环境变换压力下的生存潜力。

　　生殖是指生物个体生长发育到一定阶段后，能够产生与自己相似的子代个体。世界上第一只克隆羊多利于 1996 年 7 月 5 日诞生之后，有人认为生殖不应再算作为生命活动的基本特征了。但是，多数的生理学家认为，克隆的生物是人们在实验室里制造的，并非是大自然的选择，因此认为，生殖仍然是生命的基本特征之一。

　　生理学作为一门医学基础课程，研究对象是人体正常生命活动规律及其机制，以及机体内、外环境变化对这些功能性活动的影响和机体所进行的相应调节，并揭示各种生理功能在整体生命活动中的意义。因此，本课程也可称之为人体生理学。

二、生理学的发展史及其与医学的关系

（一）生理学的发展史

　　人们关于生理学的知识最初是随着生产和医疗实践而逐渐积累起来的。我国古老的中医学在长期的医学实践中早已形成了自成一体的包涵生理学理论的中医学体系。例如，成书于西汉时期的我国古代医疗实践经验的理论总结的经典著作《黄帝内经》中，阐述了经络、脏腑、七情六淫、营卫气血等理论。换言之，传统的中医学理论体系中，虽然由于诸多因素的关系，没有形成独立的中医生理学学科，但是，生理学的理论知识早已被应用于中医的医疗实践中，很多知识点是完全相通的，只是文字描述有别而已。例如，稳态这个概念，与中医学中的阴阳平衡学说的内涵是完全一致的，而且，其在中医学的应用时间远远早于现代生理学的历史。

　　古希腊哲学家亚里士多德（Aristotle，公元前 384—公元前 322 年）就曾对人体的功能进行过探讨。另一位古希腊人埃拉西斯特拉图斯（Erasistratus，公元前 304—公元前 250 年）因为尝试应用物理学规律来解释人体功能，被誉为生理学之父。古罗马名医盖伦（Galen，公元 130—201 年）曾从人体解剖的知识来推论生理功能，并曾进行初步的动物活体解剖，对促进生理学的发展有很大的贡献。

　　近代生理学始于 17 世纪。英国医生威廉·哈维（William Harvey，1578—1657 年）于 1628 年公布了基于动物实验结果的血液循环规律。他的研究工作开拓了以实验研究为依据的近代生理学。被誉为现代生理学之父的法国生理学家克劳德·伯纳德（Claude Bernard，1813—1878 年）提出的"内环境"概念，与美国生理学家沃尔特·坎农（Walter Cannon，1871—1945 年）提出的"稳态"的概念，奠定了现代生理学的里程碑。当前，随着科学技术水平的发展，人们在生理学领域取得的成就日新月异。

⊕ 知识链接

中国老一辈的生理学家们的成就

　　中国近代生理学在 20 世纪 20 年代形成雏形，并于 1926 年成立了中国生理学会。生理学家前辈们在当时艰苦的研究条件下做出了卓越的成绩。例如，林可胜教授（1897—1969 年）在 20 世纪 20 ~ 30 年代，因发现"肠抑胃素"而著称于国际医学界。蔡翘教授（1897—1990 年）于 20

世纪 20 年代首先发现视觉与眼球运动功能的中枢部位——顶盖前核（后称蔡氏区），他在神经解剖、神经传导生理、糖代谢和血液生理等领域有许多重大发现，并为中国的航天航空航海生理科学研究奠定了基础。此外，蔡教授还编著了中国第一本大学生理学教科书。张锡钧教授（1899—1988 年）参与并发现了中枢神经的化学传递，确定了乙酰胆碱在神经冲动化学传递中的作用，在神经内分泌等方面进行了开拓性的工作，是这一领域的先驱者之一。赵以炳教授（1909—1987 年），中国冬眠生理学的创始人，因在肌肉的渗透性、皮肤呼吸、哺乳动物冬眠与低体温以及高级神经活动生理学等方面的研究享有国际声誉。张香桐教授（1907—2007 年）是国际上公认的树突生理功能研究的先驱者之一，曾阐述树突上突触联结的重要性。邹承鲁教授（1923—2006 年）与中国科学院上海生理生化研究所同行们于 1965 年完成了牛结晶胰岛素的合成，是世界上第一次人工合成多肽类生物活性物质。随着科学技术的不断发展，中国的科技已经与世界前沿接轨，中国科学家屠呦呦获得了 2015 年生理学或医学诺贝尔奖，标志着中国的生理学与医学研究取得了世界瞩目的成就。

（二）生理学与医学的关系

人体生理学是医学的一门重要基础课程。医学中关于疾病问题的理论研究是以人体生理学的基本理论为基础的。另一方面，通过医学实践又可以检验生理学理论的正确性，并不断以新的内容和新的问题推动生理学研究，丰富和发展生理学理论。

生理学与医学的其他课程关系紧密。在研究人体正常生命活动的基础上，人们还研究人体的异常生命活动的规律，由此从生理学领域派生了病理生理学，这对人类疾病的发生、发展和防治提供了理论依据。在研究发展历程中，生理学与其他学科相互交叉、相互渗透，又分化出了生物化学和生物物理学。同时，由于近代生理学一开始就运用一些当时的先进的研究手段，包括运用化学的和物理学的理论和技术进行研究，所以，倘若要在某些研究范畴严格界定生理学与生物化学和生物物理学等学科之间的界限，是很困难的，也是不必要的。因此，学习生理学知识时，要学会融会贯通，学以致用。

从研究者方面来说，在人体生理学发展的初期，因为解决实际问题的需要，少数学识渊博的人自发地进行探索与研究，因此，早期进行人体生理研究的人们多是直接参与医疗实践的医务工作者。后来由于医疗实践中提出的生理学问题越来越多，而且要求对这些问题的解决越来越深入，逐渐有了专门的生理学工作者。随着研究技术的发展和人们的认知水平提高，当下的研究现状往往是多学科的研究者相互协作，共同探索生命科学的奥秘。

三、生理学的研究方法

（一）实验模型

医学是一个以救死扶伤为目标的实践性学科。作为医学基础课程之一的生理学，是一门实验性学科。人们所了解的大部分的生理学知识都是从各种生理学实验结果中总结出来的。所谓生理学实验，是为了便于分析问题，在人工控制的一定条件下，对某些生理活动施加各种影响因素，以观察它们的变化规律，然后，从对实验结果的分析、推理中，深入揭露各种生理现象的发生、发展的原因和机制。

早期的生理学的实验对象是人类自己，通过对人们的活动得到一些理论知识。虽然人们从观察人体生理现象以及临床实践中获得了许多宝贵的生理学资料，但是，对人体进行试验有很大的局限性，远远不能满足人们认识人体的需求，由此，人们借助于动物进行研究，因为动物尤其是高等动物在结构与功能上与人类有很大的相似性，人们利用动物进行实验的结果来推断人体功能。因此，生理学的实验模型可以分为人体试验和动物实验两个内容。

1. 人体试验   人体试验主要是对一些人体的生理现象进行资料调查与分析，通常是无创伤性试验。例如，对人体一些生理指标进行大量的采集，然后进行统计学分析，从而得到一些规律性结论。有一些试验研究可以在志愿者中进行，例如，高压、寒冷、失重等一些特殊环境下的生理活动变化等。

2. 动物实验   应用动物作为研究对象，控制在一定条件下对其某些生理活动施加各种影响因素，然后观察它们的变化规律，通过对其进行分析、推理，探讨各种生理现象的发生、发展的原因和机制。

动物实验又可进一步分为急性动物实验和慢性动物实验。

（1）急性动物实验   急性动物实验是指在短时间内对动物的生理活动或其对外界反应进行的实验。这类实验通常是破坏性的、不可逆的，可能会造成实验动物的死亡。因此，急性实验通常是在动物失去知觉（麻醉）的情况下进行的实验。

急性动物实验可分为离体实验和在体实验两种方法。

1）离体实验   从活体动物或者刚处死的动物身上取出所需要的器官、组织、细胞或细胞中的某些成分，将其置于预备的能保持其正常功能活动的人工环境中，观察设定的某类干预因素对其功能活动的影响，这类实验称之为离体实验。例如，对离体蛙心进行体外灌流，用于研究某些药物对心肌收缩力的影响。再如，从取出的动物心脏中分离出心肌细胞，应用膜片钳实验技术测定某个条件下心肌细胞的某离子通道活动。

一般而言，离体实验比较方便于深入到细胞和分子水平的研究，有利于揭示生命现象中最为本质的基本规律。但是，离体条件下的组织、器官的功能同完整机体的功能活动会有一定的差异。

2）在体实验   在动物麻醉后，对实验动物进行手术或者一些有创性操作，制备观测模型，记录在人为干预条件下的某些生理功能变化，这类实验称之为在体实验。例如，将家兔麻醉后记录某些因素对其尿量的影响。

（2）慢性动物实验   慢性动物实验是以完整、清醒的动物为研究对象，尽可能地保持其接近于自然活动的状态，在相对较长的时间内观察和记录其某些生理功能的改变。这类实验通常需要对实验动物进行某些预处理，一般采取温和的、非致死性的实验方法，待动物康复后再进行观察，动物存活时间相对较长。例如，在动物的食物中加入某种因素，观察动物摄入该因素后功能的变化，属于慢性动物实验。

一般来说，急性动物实验的实验条件比较简单，比较容易控制，方便于进行直接的观察和细致的分析。相对而言，慢性动物实验的干扰因素较多，实验条件较难控制。另外还需注意到，虽然动物实验是生理学研究采用的主要方法，但由于动物与人类的差别，不能把动物实验的结果简单地套用于人体。

（二）生理学研究的不同水平

生物体是由各个系统构成的一个复杂的机体，每一个系统由各自的组织、器官组成，而每一个组织器官由各自的细胞形成。因此，我们在分析机体生理功能机制时，需要从不同的层次水平进行综合性分析。归纳而言，可以将生理学研究分为以下三个水平。

1. 整体水平   整体水平研究的对象是整个机体，研究内容主要包括机体的器官、系统之间的相互联系和相互影响，内、外环境变化对机体生理功能的影响，以及机体对环境变化所做出的各种应答活动及其规律。

2. 器官和系统水平   以器官和系统作为研究对象的研究称为器官和系统水平的研究。器官和系统水平的研究主要是探讨机体内各器官和系统的功能，阐明器官和系统对于机体的作用，了解其活动的过程，并解释对其活动进行调控的机制等。从器官和系统水平进行生理学研究，有利于把复杂的整体化整为零，从而能更加方便，也更加准确地把握整个机体生命活动的规律。人们对生理学的研究最早是从器官和系统水平开始的，并已积累了大量的生理学基本知识。

3. 细胞和分子水平 　以细胞及更加细微的亚结构乃至细胞的分子成分作为研究对象的研究称为细胞和分子的研究。器官、组织由细胞构成，细胞及其亚结构又由多种生物大分子所构成，因此，从细胞和分子水平进行研究，探索细胞及其所含生物大分子的活动规律，可以更加深入地了解各项生理活动及调控的机制。随着实验技术的发展，人们的研究手段也得到拓展，促使从细胞和分子水平进行的研究日益广泛与深入。

生理功能虽然以细胞和分子特性为基础，并服从于物理化学的规律，但是，机体是一个复杂的整体，它们既有细胞和分子水平的科学规律，还有器官、系统和整体水平的科学规律。而且，整个人体的生理活动并不等于各个器官、系统生理功能简单的总和，而是在各种生理功能之间体现着彼此相互联系、相互制约的完整而协调的过程。因此，人们从器官和系统及细胞和分子水平所获得的对机体功能的认识，最终都要在整体水平上加以综合并得到验证。要全面地理解某一生理功能的机制，必须从细胞和分子、器官和系统以及整体三个水平进行研究并做出综合的分析总结。

第二节　机体的内环境和稳态

一、机体的内环境

（一）体液的分布与相互沟通

机体含有大量的水分，约占体重的60%。这些水和溶解在水里的各种物质总称为体液，其中，大部分体液分布在细胞内，称为细胞内液，约占体重的40%。分布于细胞外的体液称为细胞外液，约占体重的20%。细胞外液又分为血浆，组织间液（简称组织液）、淋巴液和脑脊液。

细胞外的各种液体虽然彼此分开，成分也不完全相同，但它们之间通过血浆互相联系。另一方面，组织液和细胞内液之间由细胞膜隔开，组织液与血液之间由血管壁隔开，但是，细胞内液、组织液和血液三者之间的水分和所有能透过细胞膜与毛细血管壁的物质可互相进行交换。组织液为血液与组织细胞之间进行物质交换的媒介（详见第四章相关内容）。

体内的组织液绝大部分呈凝胶状态，不能自由流动，因此，组织液不会因重力作用聚集到身体的低垂部位。如果将注射针头插入组织间隙，也不能抽出组织液。但是，凝胶中的水及溶解于水和各种溶质分子的弥散运动并不受凝胶的阻碍，使得组织液与血液以及细胞内液可以进行物质交换，从而维持机体的正常功能（详见第四章）。

（二）内环境的概念

内环境（internal environment）这个概念是由法国生理学家 Claude Bernard 于1852年首先提出的，指的是细胞外液。细胞由细胞膜将其同周边的细胞外液隔离开来，细胞生存在细胞外液中。也就是说，细胞外液是细胞直接接触和赖以生存的环境。相对于机体生存的外部环境而言，细胞外液作为细胞生存的直接环境，被称作为内环境。

Claude Bernard 在研究中发现，细胞外液的理化性质变动非常小，而且，高等动物机体许多特性保持恒定的程度高于低等动物，他认为这种差异是由于机体在进化中发展了内环境所致。即机体生存在两个环境中，一个是不断变化着的外环境，另一个是比较稳定的内环境，由此使机体在外环境不断变化的情况下仍能很好地生存。其核心观点是，内环境是细胞生存与活动的环境，是细胞与外界环境进行物质交换的媒介。内环境的特点是其理化特性及其组分的数量和性质，处于相对恒定状态，为细胞提供一个适宜的生活环境，也是维持生命的必要条件。因此，Claude Bernard 把生命现象高度概括为内环境恒定是机体自由和独立生存的首要条件，他提出内环境概念被认为是划时代的贡献。Claude Bernard 本人也因此被誉为现代生理学之父。

二、内环境的稳态

（一）稳态的概念

稳态（homeostasis）的概念是美国生理学家沃尔特·坎农（Walter Cannon，1871—1945 年）在 Claude Bernard 关于内环境描述的基础上进一步提出的，是内环境恒定概念的引申与发展。稳态是指机体内环境中的各种理化因素保持动态平衡的状态。这种平衡是在不断运动中所达到的一种动态平衡，即便在遇到多种外界干扰因素的影响，机体也能通过体内复杂的调节机制使各器官、系统协调活动。因此，稳态也被称为内环境稳态。

（二）稳态的维持

由于机体是一个复杂的个体，机体的内环境稳态是在体内各种调节机制下，通过各系统的功能活动共同维持的一种动态平衡。例如，人体在新陈代谢过程中，会产生乳酸、碳酸等许多酸性物质，这些酸性与碱性的物质进入血液，会使血液的 pH 发生变化。但是，通过实际测定发现，正常人血液的 pH 通常维持在 7.35~7.45 之间，变化范围很小，这是由于血液中的缓冲对起着重要的作用。再比如，当机体剧烈运动时，肌肉中产生大量的乳酸、碳酸等物质，它们进入血液，乳酸与血液中的碳酸氢钠发生作用，生成乳酸钠和碳酸，碳酸又可以分解成二氧化碳和水，血液中增多的二氧化碳刺激控制呼吸活动的神经中枢，促使增强呼吸活动，增加通气量，从而将二氧化碳排出体外。同时，代谢形成碳酸氢盐可以由肾脏排出。由此可以了解不同方面共同作用，使血液的酸碱度不会发生很大的变化，从而维持在相对稳定的状态。内环境的其他理化性质，如温度、渗透压、各种化学物质的含量等也都通过各个器官、系统的协调活动维持在一个相对稳定的状态。因此，这种稳定是一种相对的状态，而不是绝对的静止不变的一种稳定。

（三）稳态的生理意义

维持机体内环境稳态是维持机体正常生理功能的必要条件。比如，机体细胞的新陈代谢过程包括复杂的酶促反应，而保持酶活性正常需要一定相对稳定的理化条件，即维持内环境稳态。一旦内环境稳态遭到严重破坏，新陈代谢和机体各种功能活动将会偏离正常，产生疾病，甚至危及生命。因此，人们认为，"稳态"概念的明确，是现代生理学的里程碑。

随着控制论和其他生命科学的发展，稳态概念的应用范围也被拓展，它已不仅仅指内环境的稳定状态，甚至稳态已经不仅仅是一个生理学名词，稳态也是生命科学的一个基本概念。它在控制论、心理学、遗传学、病理学、临床医学等多种学科中都有重要意义。

第三节　机体生理功能的调节

人体是一个非常复杂的有机体系，由多个系统组成，结构功能复杂。而且，人体置身于复杂的外部环境中，环境的各种因素都会对人体产生影响。但是，人能够在一定的范围内对应这些影响因素的变化，维持内环境的稳定，从而对各系统、器官、组织和细胞的各种生理功能进行有效的调节和控制，维持机体的各种生理功能活动的正常。这是因为人体具有较完备的调节系统，能通过有效的调节机制使机体调整相应的功能，对外界环境变化做出适应性反应。

一、生理功能的调节方式

人体有很多不同的调节活动，它们作用复杂，共同调节机体的功能。从其作用机制进行分类，机体的调节活动可以归纳为以下三类。

（一）神经调节

神经调节（neuroregulation）是通过神经系统的活动对机体功能进行的调节，其基本方式为反射。反射是指机体在中枢神经系统的参与下，对内、外环境刺激所做出的规律性应答活动。反射的结构基础是反射弧，由感受器、传入神经、神经中枢、传出神经和效应器五个部分组成。感受器是指接受某种刺激的特殊装置，效应器是最终产生效应的器官。神经中枢是指位于中枢神经系统内的调节某一特定功能的神经元群。传入神经是从感受器到中枢的神经通路，传出神经是从中枢到效应器的神经通路。中枢在脑和脊髓中，传入和传出神经是将中枢与感受器和效应器联系起来的通路。例如，肢体被火灼痛时回撤过程是一种反射活动。在这个过程中，火的灼烧是一种伤害性刺激，肢体的皮肤上分布着这个伤害性刺激的感受器。感受器将对火灼烧产生的反应沿着感觉神经传入到神经中枢产生痛觉，神经中枢对接收到的信号进行分析处理，并将处理后的信号沿运动神经传出到肢体的效应器即相关肌群，相关肌群在运动神经的支配下进行收缩使肢体回缩。这几个环节共同构成一个反射活动。因此，反射是在反射弧的结构和功能完整的基础上进行的，倘若反射弧的任何一个环节被阻断，反射将不能完成。

一个反射是简单还是复杂，是由反射弧的结构所决定的。例如，膝跳反射（见第十章）在中枢只经过一次突触传递即可完成，而心血管反射、呼吸反射等则须经中枢神经系统中多级神经元水平的整合才能完成。

（二）体液调节

体液调节（humoral regulation）是通过体内生物活性物质作用而影响生理功能的调节方式。这些生物活性物质由机体的内分泌细胞所分泌，具有特定的调节功能，作用于其靶细胞而发挥相应的调节作用。体液调节可以分为远距分泌、旁分泌、神经分泌、自分泌等作用途径。远距分泌是指内分泌细胞分泌的生物活性物质进入血液，随着血液循环作用于全身的靶细胞，产生相应的调节作用。这类具有特定的调节功能的生物活性物质被称为激素。例如，胰岛 B 细胞分泌的胰岛素，随着血液循环到达全身，调节组织、细胞的糖代谢。除激素外，某些组织、细胞产生的一些化学物质，虽然不能随着血液循环到达身体其他部位起调节作用，但可在局部组织液内扩散，改变邻近组织细胞的活动，这种调节途径被称为旁分泌调节，也叫局部性体液调节。例如，生长抑素在胰岛内抑制 A 细胞分泌胰高血糖素是以这种方式进行的。此外，还有一些神经元也能将其合成的某些化学物质释放入血液，经血液循环运送至远处靶细胞发挥调节作用，这类调节途径称之为神经分泌。例如，下丘脑视上核和室旁核细胞合成的血管升压素，沿轴突运送至垂体后叶储存，然后从垂体后叶释放进入血液循环，调节肾小管上皮细胞和血管平滑肌细胞的功能。所谓自分泌，是指某些细胞产生的物质可以作用于细胞自身，调节细胞自身和邻近同类细胞的活性，多数在局部发挥效应。比如，活化的 T 淋巴细胞可以产生白介素 -2，白介素 -2 又反过来作用于淋巴细胞，促进淋巴细胞的生长、增殖、分化。

相比较而言，神经调节比较迅速而精确，体液调节比较缓慢，作用持久而弥散。但是，有时神经调节与体液调节并非绝对分开的，体内多数内分泌腺体本身就受到神经支配。神经调节与体液调节两者相互配合使生理功能调节更趋于完善，因此，二者共同被称为神经 - 体液调节。

（三）自身调节

自身调节（autoregulation）是组织、细胞不依赖于神经或体液因素，自身对环境刺激进行的适应性反应过程。例如，肾动脉灌注压在 80~180mmHg 范围内变动时，肾血流量基本保持稳定，从而保证肾脏尿生成活动在一定范围内不受动脉血压改变的影响。一般而言，自身调节的范围较小，在不同组织器官中作用的重要性也不同，对于有些生理功能的调节有较大的意义。

二、体内的控制系统

控制系统原本是一个工科学的概念，由于机体的生理功能调节过程与工程技术中的控制过程有许多共同规律，因此，人们运用控制论原理分析人体的调节活动，总结人体各种功能调节的一般规律。人体内的控制系统主要可归纳为反馈控制系统和前馈控制系统两类。

（一）反馈控制系统

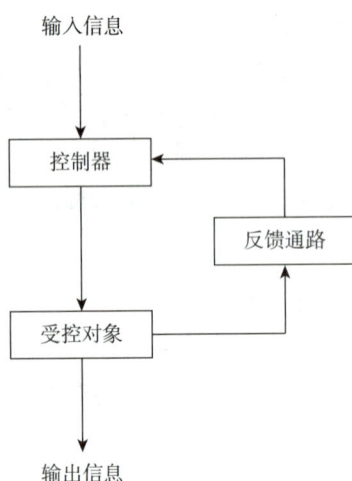

反馈控制系统是基于反馈原理建立的自动控制系统，是由控制器、受控对象和反馈通路组成的一个闭环系统。在该系统中，某信号通过控制器作用于受控对象产生效应的同时，产生的效应也通过反馈通路作用于控制器。换句话说，控制器在控制受控对象时也不断接受受控对象的影响。这种由受控对象发出的信息反过来影响控制部分的活动，称为反馈。在反馈控制系统中，受控对象不断有反馈信息通过反馈通路返回输给控制器，调整控制器的活动。

反馈有负反馈和正反馈两种形式。

1. 负反馈（negative feedback） 指受控对象发出的反馈信息通过反馈通路返回输给控制器，调整控制器活动，调整的结果是使活动朝着与它原先活动相反的方向改变，如果原先的活动为强者，负反馈后活动会减弱；如果原先活动为弱者，负反馈后活动增强。其最终的结果是在一个较小的范围内变化，不至于出现大的偏差。

图 1-1 反馈控制系统模式图

人体内的反馈调节多数是负反馈调节，在维持机体生理功能的稳态中具有重要意义。例如，动脉血压的压力感受性反射是一个典型的负反馈调节。当动脉血压升高时，压力感受性反射的结果是抑制心脏和血管的活动，使心脏活动减弱，血管舒张，血压便回降。相反，当动脉血压降低时，压力感受性反射的结果是增强心脏和血管的活动，使血压回升，从而维持血压的相对稳定。

2. 正反馈（positive feedback） 是指受控对象发出的反馈信息通过反馈通路返回输给控制器，调整控制器活动，调整的结果是使活动朝着与它原先活动相同的方向改变，如果原先的活动为强者，正反馈后活动会更强；如果原先活动为弱者，正反馈后活动会更弱。

正反馈产生"滚雪球"效应，虽然体内的正反馈远不如负反馈多见，但也具有生理学意义，它促使某一生理活动过程很快达到高潮并发挥最大效应。例如，在排尿反射过程中，当排尿中枢发动排尿后，由于尿液刺激了后尿道的感受器，后者不断发出反馈信息进一步加强排尿中枢的活动，使排尿反射一再加强，直至尿液排完为止。再如，分娩过程也是一个正反馈活动，当临近分娩时，体内一些信息诱发子宫收缩，子宫收缩促使胎儿头部压迫子宫颈，而子宫颈受到压力的牵张反射性促进催产素分泌增加，催产素进一步加强宫缩，如此循环加强，直至胎儿娩出为止。

（二）前馈控制系统

前馈（feed-forward）控制系统是有监测装置参与的控制系统，在其控制过程中，干扰信息作用到受控系统之前，监测装置已经检测到这一信息（此时称之为纠正信息或前馈信息），并作用于控制系统，调整干扰信息对受控系统的作用，从而使输出变量保持稳定。因此，前馈控制系统能起到预先监测干扰信息，防止干扰信息的扰乱效应。换句话说，前馈系统可通过监测装置超前洞察动因，并将其反应叠加到系统的控制量上，及时做出适应性反应。这种控制部分在反馈信息尚未到达前已受到纠正信息（前馈信息）的影响，及时纠正其指令可能出现的偏差的自动控制形式被称为前馈。

机体内有很多前馈控制的例子。例如，动物见到食物会分泌唾液，这种食物的外观、气味等有关信号在食物刺激口腔之前就能引起唾液分泌，且比食物进入口中后引致唾液分泌来得快，而且富有预见性与适应性。再如，在进食过程中，迷走神经兴奋促使胰岛 B 细胞分泌胰岛素，有利于防止食物消化吸收后引起血糖水平过分升高。

前馈控制是在事情发生之前的预测与控制，是一种事先行为，具有快速和预见性。而反馈控制则是根据最终结果产生的偏差来进行调整，以保证计划顺利实施，具有滞后性和波动性。由于机体是一个复杂的系统，很多活动中，前馈控制与反馈控制并存，共同调节机体的活动。例如，正常人伸手抓取某物品时，动作准确而稳定。在这个动作的过程中，神经中枢发出运动指令，通过前馈控制，使受控的肌群协调地收缩与舒张，活动受到确定目标的制约，手伸向该物品。同时，通过反馈控制，肌肉和关节不断发回反馈信息，以纠正手在定向运动时可能出现的偏差。倘若只有前馈而没有反馈，动作可能会出现偏差。倘若只有反馈而没有前馈，肌肉运动时可能出现震颤，动作不能快速、准确和协调地进行。

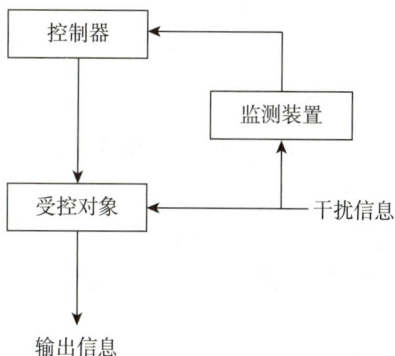

图 1-2　前馈控制系统模式图

🌐 知识链接

诺贝尔生理学或医学奖

诺贝尔生理学或医学奖是著名的六个诺贝尔奖奖项中的一项，是根据诺贝尔遗嘱所设基金提供的奖项，每年授予在生理学或医学领域内对人类做出最大贡献的且健在的人。该奖项由瑞典首都斯德哥尔摩的医科大学卡罗琳学院负责评选，于 1901 年首次颁发。其中，2015 年诺贝尔生理学或医学奖由爱尔兰医学家威廉·坎贝尔、日本科学家大村智、中国科学家屠呦呦分享。

屠呦呦的突出贡献是率领研究团队发现了用于治疗疟疾的药物青蒿素，挽救了全球特别是发展中国家的数百万人的生命。屠呦呦是第一位获得诺贝尔科学奖项的中国本土科学家、第一位获得诺贝尔生理学或医学奖的华人科学家，其研究成果全部是在中国本土独立完成的。

目标检测

答案解析

单项选择题

1. 人体生理学的任务是阐明人体
   A. 正常的生命活动及其规律　　B. 细胞的生命现象　　C. 体内的物理化学变化
   D. 器官的功能活动　　E. 与环境的相互关系

2. 正常人体内环境的理化特性经常保持什么状态
   A. 绝对平衡　　B. 相对恒定　　C. 固定不变
   D. 随机多变　　E. 与外界一致

3. 下列各项调节中，不属于正反馈调节的是
  A. 血液凝固   B. 降压反射   C. 分娩过程
  D. 排尿反射   E. 排便反射

4. 细胞生活的内环境是指
  A. 血液   B. 淋巴液   C. 细胞外液
  D. 细胞内液   E. 体液

5. 下列关于稳态的叙述，哪一项是错误的
  A. 稳态是一种复杂的由机体内部各种调节机制所维持的动态平衡过程
  B. 稳态的概念首先由美国科学家 Cannon 提出
  C. 稳态一旦不能维持，生物体的生命将受到威胁
  D. 生物体内环境的理化性质经常保持绝对平衡的状态，称为稳态
  E. 维持机体体内环境的理化性质相对恒定的状态，称之为稳态

6. 自身调节指组织、细胞在不依赖于神经或体液调节的情况下对刺激所产生的
  A. 稳态反应   B. 适应性反应   C. 旁分泌反应
  D. 非自控调节   E. 前馈调节

7. 以下哪项是由负反馈调节的生理过程
  A. 排尿反射   B. 分娩   C. 血液凝固
  D. 小肠运动   E. 降压反射

8. 机体的外环境是指
  A. 细胞外液   B. 细胞内液   C. 泪液
  D. 汗液   E. 大气环境

9. 家兔用氨基甲酸乙酯麻醉后，切开腹壁进行输尿管插管，收集尿液观察影响尿生成的因素。这种实验方法属于
  A. 在体急性实验   B. 在体慢性实验   C. 离体实验
  D. 分子水平的实验 E. 细胞水平的实验

10. 人体对外环境变化产生适应性反应是依赖体内的调节机制而实现的。其中，神经调节的特点是
  A. 作用迅速、精确、短暂 B. 作用缓慢、广泛、持久 C. 有前瞻性
  D. 有负反馈   E. 有生物节律

（叶本兰）

书网融合……

本章小结   题库

第二章　细胞的基本生理功能

学习目标

1. 掌握　单纯扩散、易化扩散、主动转运的概念和机制；静息电位、动作电位的概念及其产生机制；兴奋、兴奋性的概念及兴奋的变化；各种物质跨膜转运方式的特点；骨骼肌神经－肌肉接头处兴奋的传递过程；骨骼肌的兴奋－收缩耦联过程；引起骨骼肌兴奋－收缩耦联障碍的原因。

2. 熟悉　细胞膜的化学组成和分子结构；跨膜信号转导的概念；动作电位的传导机制；电紧张电位与局部电位；骨骼肌的收缩机制；影响骨骼肌收缩的主要因素；骨骼肌收缩的外部表现和力学分析。

3. 了解　入胞和出胞作用的概念；信号传导的生理意义；几种主要的跨膜信号转导方式；生物电现象的观察和记录方法；电压钳实验及其基本原理；平滑肌的结构特点、分类及收缩机制；平滑肌活动的神经调控。

案例引导

临床案例　钱某，男，40 岁，在进食某小店外卖午餐后，出现严重呕吐、腹泻，为补充体液的丢失，自行喝了大量的糖盐水后出现心律失常。门诊实验室检查结果提示血钾低于正常。

讨论　为何血钾水平变化会引起心律失常？

细胞（cell）是人体最基本的结构和功能单位。尽管不同的细胞具有不同的结构和功能特征，但它们也具有许多共同的特征。从生物学中我们已了解，细胞一般由质膜、胞核和胞质三个部分组成。质膜包围细胞；细胞核含有细胞的遗传物质；细胞质由细胞质基质、细胞器和细胞骨架组成。细胞质基质是一种凝胶状液体，细胞器和细胞骨架悬浮在其中。细胞器是细胞执行特殊功能的结构。细胞骨架是延伸到整个细胞的蛋白质支架，充当细胞的"骨骼和肌肉"。通过这些成分的协同作用，每一个细胞都执行着对个体生存至关重要的基本功能，以及有助于维持体内平衡的特殊任务。细胞按其特化程度组成器官和系统，维持整个机体生存所必需的稳定内部环境。机体功能最终取决于单个细胞的活动。

第一节　细胞膜的结构和物质转运功能

PPT

细胞膜（cell membrane）又称为质膜（plasma membrane），是包被细胞的一层薄膜，其厚度约7.5nm。细胞膜将细胞内容物与其周围环境分隔开来，以维持细胞内相对独立而稳定的微环境，从而保证细胞内的各种活动正常进行。同时，细胞内、外的物质通过细胞膜进行交换，从而维持新陈代谢、传递信息、调整细胞功能等活动。因此，细胞膜是一个具有特殊结构和功能的半透性膜。此外，细胞内的线粒体、内质网、溶酶体等各种细胞器，也存在着类似的膜，其结构与组成成分也基本相同，因此这些膜也被称为"单位膜"。

一、细胞膜的分子结构

细胞膜主要由蛋白质、脂质和少量糖类物质组成。这些结构成分的质量百分比一般是蛋白质占 60% ~ 80%，脂质占 20% ~ 40%，糖类约占 5%。目前还没有一种能够直接观察各种化学成分在膜中排列形式的技术，1972 年桑格（S. J. Singer）和尼克森（G. Nicolson）提出的液态镶嵌模型（fluid mosaic model）是目前公认的细胞膜的结构模式，其基本内容为：细胞膜以液态的脂质双分子层为基本骨架，其间镶嵌着许多具有不同分子结构和不同生理功能的蛋白质（图 2 - 1）。

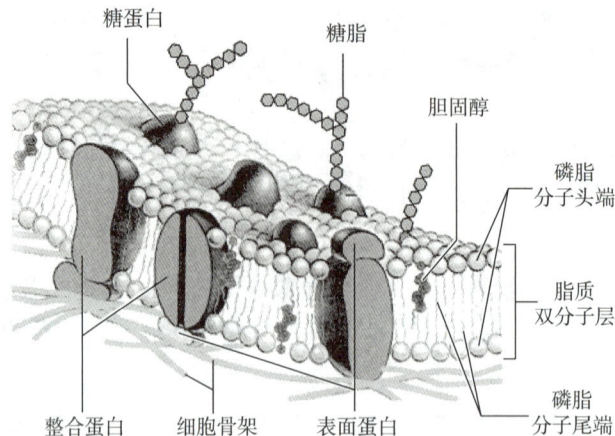

图 2 - 1 细胞膜的结构模式图——液态镶嵌模型

（一）细胞膜的脂质

细胞膜的脂质主要有三种类型：磷脂、胆固醇和糖脂。其中磷脂约占脂质总量的 70% 以上；其次是胆固醇，一般不超过总量的 30%，糖脂不超过 10%。脂质以双分子层的形式存在于细胞膜。磷脂、胆固醇和糖脂都是双嗜性分子。磷脂分子中的磷酸和碱基、胆固醇分子中的羟基以及糖脂分子中的糖链都是亲水性基团，而分子中的脂肪酸烃链则是疏水性基团。在膜中，亲水基团朝向细胞外液或胞质，疏水性基团则两两相对，形成膜内部的疏水区。

磷脂（phospholipid）是一类含有磷酸的脂类，可分为甘油磷脂与鞘磷脂两大类。甘油磷脂以 3 - 磷酸甘油为分子骨架，甘油分子中的两个羟基被脂肪酸所酯化形成甘油磷脂，而其磷酸基团又可被不同的小分子化合物酯化后形成不同的甘油磷脂，其中含量最多的是磷脂酰胆碱（卵磷脂），其次是磷脂酰乙醇胺（脑磷脂）和磷脂酰丝氨酸，还有含量较少的磷脂酰肌醇等。鞘磷脂以鞘氨醇为分子骨架，不含甘油，由一分子鞘氨醇类物质和一分子脂肪酸结合而成。脂质双分子中的脂质成分分布不对称，如膜的外层主要含磷脂酰胆碱和含胆碱的鞘脂，而膜的内层则有较多的磷脂酰肌醇。胆固醇（cholesterol）分子由一个甾体结构与一个八碳饱和烃链组成。胆固醇在两层脂质中的含量无明显差别。胆固醇分子具有不易变形的环状结构，后者与脂肪酸链结合可限制脂质的流动，在膜中起"流度阻尼器"（fluidity buffer）的功能，降低膜的流动性。故膜脂质中胆固醇含量越多，膜的流动性越小。

细胞膜的脂质在体温条件下呈液态，因此具有一定的流动性。细胞膜脂质的流动性使细胞膜可以承受相当大的张力和外形改变而不致破裂，即使某些因素使膜结构发生一些较小的断裂，也可以因为膜的流动性自动融合而修复。膜的流动性也使细胞具有变形能力，如红细胞的可塑变形性。

（二）细胞膜的蛋白

细胞膜的蛋白镶嵌在脂质双分子层中，具有不同的结构和功能。细胞膜的许多功能都是通过膜蛋白实现的。这些蛋白可根据与膜脂质的结合形式分为整合蛋白和表面蛋白两大类（图 2 - 1）。整合蛋白（integral protein）占膜蛋白总量的 70% ~ 80%，其肽链结构一次或多次穿过脂质双分子层。肽链中的跨膜肽含有 18 ~ 21 个疏水性氨基酸残基形成的 α - 螺旋片段；其与脂质双分子层内部的疏水性烃基相互吸引，相对稳定地镶嵌在膜内，而亲水性肽链则裸露在膜的内外两侧，分别与细胞内液（intracellular fluid，ICF）或细胞外液（extracellular fluid，ECF）接触。表面蛋白（peripheral protein）占膜蛋白总量的 20% ~ 30%，其肽链中带电的氨基酸残基与膜两侧的脂质亲水基团以静电引力相互吸引，或以离子键与膜中的整合蛋白结合，附着在膜的内表面和外表面（主要是内表面）。细胞膜的蛋白具有多种功能，如作为载体、通道、离子泵和转运体等转运蛋白，参与物质的跨膜转运；作为受体蛋白、G 蛋白等，参与信息传递；作为酶，催化细胞外或细胞内的化学反应，参与能量转化，如 ATP 酶。

（三）细胞膜的糖类

细胞膜含有少量的糖类，主要是寡糖和多糖链。他们以共价键的形式与膜的蛋白质或脂质结合，形成糖蛋白或糖脂。膜上的糖链大部分分布于细胞膜的外侧（图 2 - 1）。细胞与环境之间的相互作用引发的生物学现象均与糖蛋白或糖脂有关。膜上的糖链可作为抗原，为机体的免疫系统所识别；还可构成细胞膜受体的可识别部分，与环境中的化学信号分子（如递质、激素等）特异性结合而发挥生物效应。

二、跨细胞膜的物质转运

细胞不停地进行新陈代谢，需要从细胞外液中获取各类合成原料，同时也将代谢产物排至细胞外液中，然后经血液循环运送至相应的排泄器官排出体外。这些过程都需要通过跨细胞膜进行物质转运得以实现。然而，构成细胞膜的脂质双分子层只允许少数脂溶性高的小分子物质自由通过，其他大多数水溶性物质的跨膜转运都需要镶嵌在膜中的蛋白质参与才能完成。有些大分子物质或颗粒出入细胞则通过形成膜泡发生胞吐和胞饮才能实现。因此，不同理化性质的物质通过不同的转运途径进行跨细胞膜转运。

（一）单纯扩散

单纯扩散（simple diffusion）是一种没有生物学转运机制参与的简单的物理扩散，其扩散的动力来自于该物质跨膜浓度差所蕴含的势能，不需要消耗额外的能量，也不需要其他分子的参与，因此也称简单扩散。扩散的速率和扩散量多少，取决于物质在膜两侧的浓度差和膜对该物质的通透性。细胞膜由脂质双分子层构成骨架，因此，膜的通透性又取决于物质的脂溶性程度和分子量大小。通常脂溶性高的小分子能自由通过细胞膜，如 O_2、CO_2、NO、NH_3、乙醇等。

物质分子扩散量的大小，可用通量表示。通量指某种物质在每秒钟内通过每平方厘米的假想平面的摩尔数或毫摩尔数。扩散通量与所观察平面两侧的浓度差成正比。在含有多种溶质的混合溶液中，每一种物质的扩散方向和通量只决定于该物质的浓度差，而与其他物质存在与否无关。

在各种理化因素保持一定时，单纯扩散通量的大小，除了取决于被转运物质在膜两侧的浓度差外，还受该物质脂溶性的大小以及该物质通过膜的难易程度的影响，这些统称为膜对该物质的通透性。物质的脂溶性愈高、浓度差愈大，单位时间内该物质的扩散量就愈多。当温度增高时分子运动加快，物质的扩散通量也会增加。

水分子虽然是极性分子，但其分子小且不带电荷，因此，细胞膜对它也有较高的通透性。但是，水的扩散动力来自于溶质浓度产生的跨膜渗透压梯度，以渗透（osmosis）方式进行扩散。此外，细胞膜上还有多种水通道（aquaporin）对水进行转运。

（二）易化扩散

易化扩散（facilitated diffusion）是指不溶于脂质或脂溶性很小的物质，在膜转运蛋白质的参与下，

15

进行顺化学梯度或电位梯度的跨膜转运过程。参与易化扩散的膜蛋白主要有载体和通道两种。

1. 经载体易化扩散（carrier mediated facilitated diffusion） 许多重要的物质可通过"载体"介导进行跨膜转运（图2－2A）。一般认为，载体有一个或数个能与某种被转运物相结合的位点，当被转运的分子在细胞膜的一侧与膜转运体的特定部位结合后，载体蛋白发生空间构象改变，将所结合的分子转运到膜的另一侧并将其释放。同时，载体蛋白恢复原有的构型，开始进行新一轮的转运。

载体介导的易化扩散具有以下共同特点。

（1）结构特异性　载体蛋白上有特定的位点与特定的物质结合，因此每一种载体蛋白通常只能选择性地转运一种具有相应特定结构的物质。如葡萄糖转运载体只能转运右旋葡萄糖，而左旋葡萄糖和木糖则几乎不能被载运。

（2）饱和现象　载体蛋白的数目有限，因此与待转运物质的结合位点数目也是有限的，因此，当结合位点全部都与待转运物质结合后，再增加待转运的物质，转运速度也不再增加，即达到饱和（图2－2B）。

（3）竞争性抑制　一些化学结构类似的物质会竞争同一载体穿过膜。如果一个给定的结合位点可以被一种以上的分子所占据，那么当两种分子同时存在时，每种物质的传输速率都小于其中一种分子单独存在时的传输速率。

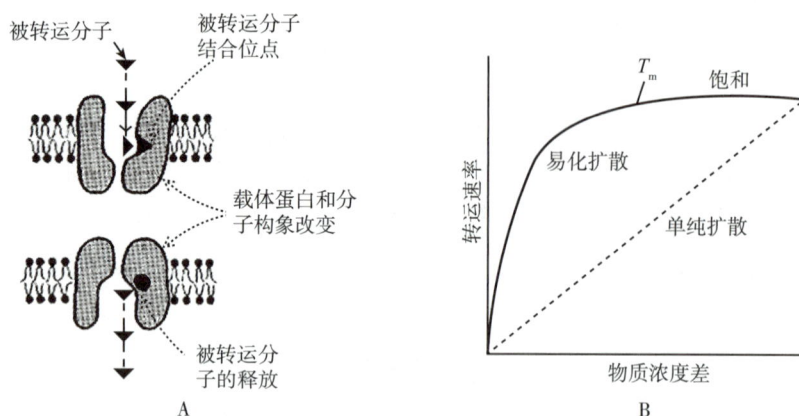

图2－2　经载体的易化扩散及其饱和现象示意图

2. 经通道易化扩散（channel mediated facilitated diffusion） 指借助于通道蛋白顺电－化学梯度转运物质的形式。细胞膜上存在一类贯穿膜脂质双分子层、中央带有一条亲水性结构的孔道，这些孔道允许特定的离子进行快速的跨膜转运。因此，这些跨膜蛋白又称离子通道（ion channel）。

通道介导的易化扩散具有以下共同特点。

（1）离子选择性　每种离子通道只对一种或几种离子有较高的通透性，而对其他离子则不易或不能通过。根据其对离子的选择性将通道分为不同种类，如 Na^+ 通道、K^+ 通道、Ca^{2+} 通道等。决定离子选择性通透的因素主要是孔道的口径、通道内壁的化学结构和带电的状况等。

（2）门控特性　通道的结构和功能状态可因细胞内、外各种理化因素的影响而迅速改变，从而控制通道的开启与关闭。而在通道开启与关闭的过程中，通道口起着类似闸门（gate）的作用，因此，这种由通道口开放与关闭控制通道活动的过程称为门控（gating）。通道的门控活动有激活（activation）、失活（inactivation）和静息（resting）等三种功能状态。处于激活状态的通道是开放的，处于失活和静息状态的通道关闭的。但是，失活和静息两种状态的分子构象是不同的，静息状态的通道在受到适当刺激时可进入激活状态，而失活状态的通道则不能直接进入激活状态。

根据通道门控的不同特点，可将通道分为三类（图2－3）：①电压门控通道（voltage－gated ion

channel），是指离子通道的开放或关闭受细胞膜内外的电位变化控制，其通道蛋白分子结构中存在对跨膜电位改变敏感的结构或亚单位，该亚单位的激活可诱发整个通道蛋白的功能状态发生改变，进而引起相应的离子跨膜运动。②化学门控通道（chemically - gated ion channel），该通道的开放和关闭受某些化学物质（激素、递质等）的控制，又称配体门控通道（ligand - gated channel）。此类通道的结构特征是跨膜蛋白分为受体部分和通道部分。受体部分识别并结合特定化学物质后，通道部分的蛋白构型发生改变，形成水相孔道。如骨骼肌终板膜中的 N_2 型乙酰胆碱受体通道是一个典型的化学门控通道。③机械门控通道（mechanically - gated ion channel），该通道可因细胞膜的局部变形或直接牵拉刺激而开启或关闭。皮肤触压觉感受器和内耳毛细胞等部位分布有较多机械门控通道，它们在感受器的机械—电换能中发挥作用。除上述门控离子通道外，还有一类被称为非门控离子通道。这类通道始终是开放的，外在因素对其没有影响。例如神经细胞膜上的钾漏通道。

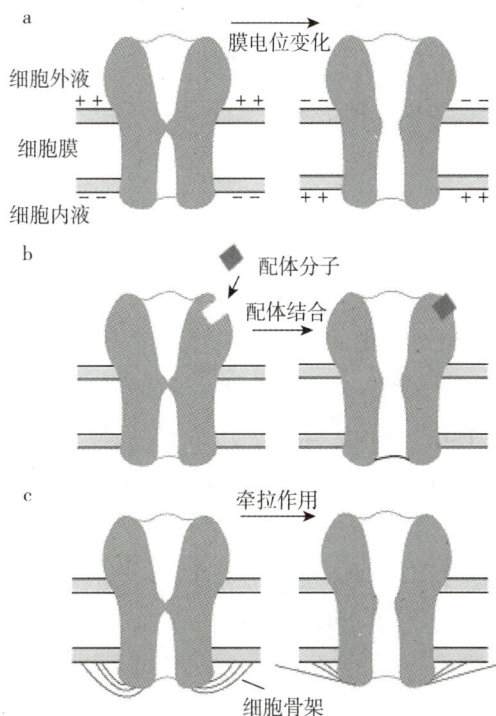

图 2 - 3 门控离子通道的类型
a. 电压门控通道；b. 配体（化学）门控通道；c. 机械门控通道

通道和载体都是横跨质膜的蛋白质，是水溶性物质跨膜运动的选择性途径，但它们之间存在如下显著差异：①只有离子可以通过狭窄的通道，而葡萄糖和氨基酸等极性小分子则通过载体跨膜运输；②通道可以是开放的，也可以是封闭的，但载体始终是"开放的"（尽管质膜中载体的数量和种类可以调节）；③物质通过通道的移动速度要比载体介导的运输快得多。通道开放时，膜两侧的通道同时打开，允许离子通过这些不间断的通道在细胞外液（ECF）和细胞内液（ICF）之间持续快速移动。相比之下，载体蛋白不会同时对 ECF 和 ICF 开放。它们必须改变形状，交替地在一侧拾取分子，然后在另一侧将其放下，这是一个耗时的过程。一个载体每秒可在膜上移动 5000 个粒子，而 500 万个离子可在 1 秒内通过一个开放通道。

单纯扩散和易化扩散具有共同特征：被转运物质都是由高浓度一侧向低浓度一侧进行跨膜转运，转运所需能量来自于膜两侧该物质的浓度梯度或电位梯度所贮存的势能，是顺电位梯度或化学梯度进行的跨膜转运，不需要细胞代谢提供能量，故将它们称为被动转运（passive transport）。

（三）主动转运

物质的主动转运发生在从低浓度区域到高浓度区域的过程中，这需要载体蛋白和能量供应。主动转运的例子包括 Na^+ 泵、胃腺壁细胞分泌 H^+ 以及甲状腺腺泡细胞中的碘转运等。主动转运（active transport）是指在膜蛋白质参与下，某些物质利用细胞代谢产生的能量进行逆化学梯度或电位梯度进行的跨膜转运。依据膜蛋白是否能够直接消耗能量，主动转运被分为原发性主动转运和继发性主动转运方式。

1. 原发性主动转运　细胞直接利用分解 ATP 产生的能量，将物质（通常是离子）逆化学梯度或（和）电位梯度进行跨膜转运的过程被称为原发性主动转运（primary active transport）。介导原发性主动转运过程的膜蛋白称为离子泵。离子泵种类很多，常以被转运的离子命名，如同时转运 Na^+ 和 K^+ 的钠 - 钾泵、转运 Ca^{2+} 的钙泵和转运 H^+ 的质子泵等，这些离子泵又被称为阳离子泵。此外，也有转运阴离子的离子泵，如 Cl^- 泵、I^- 泵等，它们被称为阴离子泵。

（1）钠泵　在细胞膜的原发性主动转运中，最经典的离子泵是钠 - 钾泵，简称钠泵（sodium pump），它是一种镶嵌在细胞膜的脂质双分子层中的特殊蛋白质，具有 ATP 酶活性，其活性取决于膜内外 Na^+、K^+ 的浓度差，因此也被称为钠 - 钾依赖式 ATP 酶（$Na^+ - K^+$ dependent ATPase，NAK）。钠泵是由 α 和 β 亚单位组成的二聚体蛋白质。其中 α 亚单位上存在分别与 ATP、Na^+ 和 K^+ 结合的位点，能水解 ATP。以神经和骨骼肌细胞为例，当细胞内 Na^+ 浓度升高或细胞外 K^+ 浓度升高时，膜两侧 Na^+ 和 K^+ 的浓度差减少，钠 - 钾泵的活性增高，将钠泵出细胞，将钾泵入细胞，最终维持膜两侧 Na^+、K^+ 的浓度差（图 2-4）。在转运过程中，钠泵存在 E_1 和 E_2 两种构象。α 亚单位与 ATP 分子结合时，构象为 E_1，离子结合位点朝向细胞内侧，此时，钠 - 钾泵对 K^+ 亲和力较低而将已结合的 K^+ 释放到细胞内，同时，其对 Na^+ 亲和力高，α 亚单位与 3 个 Na^+ 离子结合，酶活性被激活，分解 ATP，进而使 α 亚单位磷酸化。被磷酸化的 α 亚单位构象由 E_1 转变为 E_2，离子结合位点朝向细胞外侧，与 Na^+ 亲和力下降而将其释放到细胞外，同时，与 K^+ 亲和力增加而结合胞外的 2 个 K^+。结合 K^+ 后，α 亚单位发生去磷酸化反应，并且与另一分子的 ATP 结合，使构象由 E_2 变回到 E_1，完成了钠泵的转运周期。所以，钠泵每分解 1 分子 ATP，可逆浓度梯度将 3 个 Na^+ 移出膜外，同时把 2 个 K^+ 移入膜内，从而维持膜内外的 K^+ 浓度比为 30∶1，Na^+ 浓度比为 1∶12 的不均匀分布状态。在缺血、缺氧或使用代谢抑制剂后，由于细胞内 ATP 生成减少，可引起细胞内外 Na^+、K^+ 的浓度差减小，进而可以影响细胞的功能。

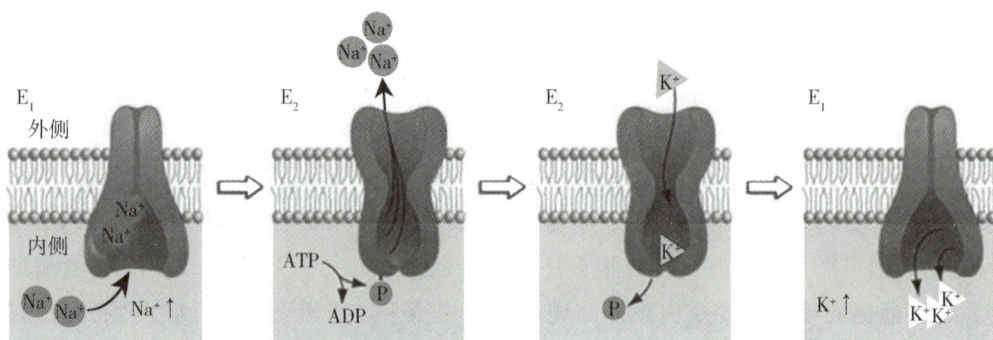

图 2-4　钠泵周期性活动

在安静状态下，Na^+ 泵活动大约消耗细胞代谢能量的 20%～30%。细胞膜上的钠 - 钾泵活动具有如下重要的生理意义：①"摄钾"作用造成细胞内高 K^+，为蛋白质和糖原的合成等许多代谢反应提供了必需的条件；钠泵的"摄钾"参与维持血浆 K^+ 的浓度。例如，临床工作中给肾功能不全的患者输入久存的库存血，会使患者原有高钾血症进一步加重，其原因是由于红细胞膜钠 - 钾泵活动停止，库存血血浆 K^+ 浓度升高。②"排钠"作用维持细胞内低钠，有助于维持细胞内外水、电解质平衡，保持细胞正常的渗透压和容积，以防水肿。③Na$^+$泵活动形成的Na$^+$的势能贮备可为物质的继发性主动运转（如小肠和肾小管对葡萄糖和氨基酸的吸收、Na$^+$-H$^+$和Na$^+$-Ca^{2+}交换）提供势能储备。④钠泵维持细胞膜内、外的Na$^+$和K$^+$浓度差，形成膜内外Na$^+$和K$^+$的势能贮备，为可兴奋细胞发生电活动如静息电位和动作电位提供基础。⑤Na$^+$泵活动的生电效应可使膜内电位的负值增大，直接参与了静息电位的形成。在生理条件下，每分解一个ATP分子，可使3个Na$^+$移到膜外，两个K$^+$移入膜内，最终导致细胞内的正离子减少，造成膜的超极化，因此钠泵又称为生电性泵。

（2）钙泵（calcium pump） 也称Ca^{2+}-ATP酶，主要分布在细胞膜、肌质网或内质网膜上。分布于质膜中的钙泵称为质膜钙ATP酶（plasma membrane Ca^{2+} ATPase，PMCA），PMCA每分解1分子ATP，可将1个Ca^{2+}由胞质转运至胞外。胞内钙浓度增加时，可与钙调素结合，再与钙泵结合并使其活化，将胞质内的钙泵出胞外。此外，蛋白激酶C和蛋白激酶A也可激活钙泵，而二磷酸磷脂酰肌醇的减少可使钙泵活性降低。质膜钙泵与Ca^{2+}的亲和力较高，但运送能力小。肌质网或内质网膜上的钙泵称为肌质网或内质网膜钙ATP酶（sarcoplasmic and endoplasmic reticulum Ca^{2+} ATPase，SERCA），SERCA对钙的运送能力较大，每分解1分子ATP，可将2个Ca^{2+}由胞质逆浓度梯度转运至肌质网或内质网中。在钙泵的作用下，使胞质内钙离子浓度保持在10^{-7}mol/L的低浓度水平，约为细胞外浓度的万分之一。Ca^{2+}是细胞内非常重要的信使物质，经钙通道流入胞质内的Ca^{2+}成为触发或激活许多生理过程如肌细胞收缩、腺细胞分泌、神经递质释放以及某些酶蛋白或通道蛋白激活的关键因素。

（3）质子泵（proton pump） 包括H$^+$,K$^+$-ATP酶和H$^+$-ATP酶。H$^+$,K$^+$-ATP酶主要分布在胃腺壁细胞膜和肾小管闰细胞膜上，其功能是主动分泌H$^+$至分泌小管或肾小管腔内。H$^+$-ATP酶主要分布于各种细胞器膜上，可将胞质内的H$^+$主动转运至细胞器内。

2. 继发性主动转运 利用原发性主动转运所形成的某些离子（Na$^+$或H$^+$）的浓度梯度将物质逆浓度梯度或电位梯度进行跨膜转运的过程被称为继发性主动转运（secondary active transport）。即继发性主动转运所需的能量间接来自ATP的分解。继发性主动转运也称联合转运（cotransport），介导转运的膜蛋白可结合两种或两种以上的分子或离子。根据物质的转运方向可将继发性主动转运分为同向转运和逆向转运。

（1）同向转运 被转运的物质分子或离子扩散方向相同的继发性主动转运称为同向转运（symport）。例如，小肠黏膜上皮细胞在吸收肠腔内的葡萄糖时，葡萄糖从肠腔通过细胞膜进入细胞是逆浓度差的主动转运，而从细胞内通过细胞的基底侧膜进入组织液则是顺浓度差的被动转运（易化扩散）。在肠腔侧的黏膜上皮细胞膜上有一种同向转运蛋白质，它在将肠腔中的葡萄糖分子转运入细胞时，同时结合Na$^+$，利用Na$^+$的跨膜浓度势能，二者一起进入肠黏膜细胞内。由于组织液中Na$^+$浓度较细胞内高，Na$^+$进入细胞内是顺浓度差的，进入细胞内的Na$^+$激活Na$^+$泵，Na$^+$泵将细胞内的Na$^+$泵入组织液。Na$^+$被泵出细胞，肠腔中Na$^+$又不断顺浓度差进入细胞内，同时伴随葡萄糖进入。葡萄糖在肾近端小管上皮细胞的重吸收也是通过Na$^+$-葡萄糖同向转运体实现的。

（2）反向转运 指被转运的物质分子或离子扩散方向相反的继发性主动转运称为反向转运（antiport）。人体内常见的反向转运体有Na$^+$-Ca^{2+}交换体和Na$^+$-H$^+$转运体。Na$^+$-Ca^{2+}交换体可顺Na$^+$浓度差将细胞内的Ca^{2+}排出细胞，以3个Na$^+$进入胞内和1个Ca^{2+}排至胞外的方式进行，以维持胞内较低的钙浓度。例如，心肌细胞兴奋后向细胞外转运Ca^{2+}的过程为典型的Na$^+$-Ca^{2+}反向转运，它将心肌细胞收缩时进入细胞的Ca^{2+}排出，以利于心肌的舒张。同时，进入细胞内的Na$^+$则由Na$^+$泵排出至细胞外。临床常用一些强心苷类药物治疗心力衰竭，也是通过抑制钠泵活动，减少Ca^{2+}的外运来达到增强心肌收缩性能的作用。H$^+$-Na$^+$交换体则可将细胞代谢产生的H$^+$通过H$^+$-Na$^+$交换排至胞外。例如，在肾小管中，小管液的Na$^+$与细胞内的H$^+$在管腔膜上的交换为反向转运，使小管液中的Na$^+$进入细胞的同时将细胞内的 H^+ 分泌到小管液中。

由上可见，同向转运与反向转运均是耗能的过程。Na^+ 主动转运所建立的膜内外的 Na^+ 浓度差，成为其他物质逆化学梯度或电位梯度进行跨膜主动转运的能量来源。

（四）膜泡转运

膜泡转运（vesicular transport）是细胞通过形成小囊泡对大分子或颗粒物质进行跨膜转运方式。膜泡转运不仅需要消耗能量，也需要更多的蛋白分子和更复杂的生物过程才能实现。膜泡转运包括入胞和出胞两种形式。

1. 入胞（endocytosis） 也称胞纳，主要指细胞外的大分子物质或物质团块（如血浆中脂蛋白颗粒、大分子营养物、细菌、病毒或异物等）进入细胞的过程。如果进入细胞的物质为液态可溶性分子，则称胞饮（pinocytosis）或吞饮。在这个过程中，首先，细胞对环境中的物质加以识别，随之接触，与物质接触部位的细胞膜发生内陷，或细胞伸出伪足将物质包被后再内陷，然后细胞膜结构断裂，入胞的物质和包被的细胞膜一起进入细胞。入胞的物质如果是异物和病原体，即被溶酶体酶消化、降解；如果是大分子营养物，则被细胞代谢利用（图 2-5A）。此外，血浆中的低密度脂蛋白颗粒、结合了铁离子的运铁蛋白、结合了维生素 B_{12} 的运输蛋白、多种生长调节因子和胰岛素等一部分多肽类激素、抗体和某些细菌毒素，以及一些病毒（流感病毒和脊髓灰质炎病毒）等物质通过与膜表面的特殊受体蛋白质相互作用而引起入胞现象，称为受体介导式入胞（receptor-mediated endocytosis）。上述某物质与细胞膜上相应的受体发生特异性结合，是选择性进入细胞的一种方式。在细胞内，受体与其结合的物质分离，只含有受体的小泡再移回到细胞膜并与之融合，再成为细胞膜的组成部分，因此受体和膜结构可以重复使用。

2. 出胞（exocytosis） 也称胞吐，是细胞内大分子物质以分泌囊泡的形式排出细胞的过程。主要见于细胞的分泌活动，如内分泌腺细胞分泌激素、外分泌腺细胞分泌酶原颗粒和黏液以及神经的轴突末梢释放递质等。细胞的各种分泌物大多数是在粗面内质网合成，转移到高尔基复合体加工，被膜性结构包装成分泌囊泡，储存在胞质中。当分泌活动开始时，细胞内 Ca^{2+} 浓度升高，促使囊泡向细胞膜移动并与细胞膜接触和融合，融合处出现裂口，将囊泡内容物一次性地全部排出（图 2-5B）。

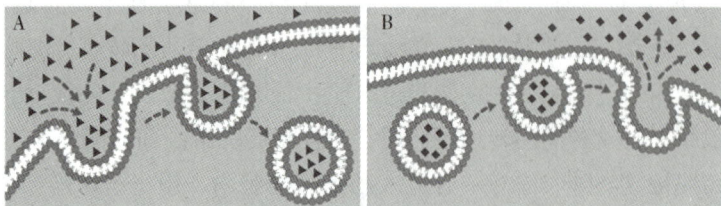

图 2-5　膜泡转运过程示意图

第二节　细胞的信号转导

一、信号转导的概述

（一）信号转导的概念

细胞信号转导（cellular signal transduction）是指生物学信息在细胞间或细胞内转换和传递，并产生生物学效应的过程。生物活性物质如激素、神经递质及各类细胞因子等，通过受体或离子通道等的作用将其转变为细胞内各种分子功能上的变化，从而调整细胞的功能，包括调节细胞内的某些代谢过程、改变细胞的生长速度、诱导细胞死亡等。

靶细胞膜或细胞内能识别、结合某种特定物质并引起各种生物效应的蛋白质分子被称为受体（receptor）。受体可分为两大类：分布于细胞膜中的受体称为膜受体，其化学本质绝大部分是糖镶嵌蛋白；分布于细胞内的受体称为细胞内受体，包括胞质受体和核受体，它们为 DNA 结合蛋白。在细胞间传递信息的化学物质统称为配体（ligand），主要为神经递质、激素及各类细胞因子等生物活性物质。根据所介导的受体和配体的不同，信号转导可通过两类方式进行。一类是水溶性配体或物理信号，先作用于膜受体，通过膜受体中介，实现调节信号的跨膜转导。依据膜受体的特性不同，此类信号转导又包括多种通路。另一类是脂溶性信息，可直接进入胞内，与胞质或核内受体结合，启动细胞内信号转导的级联反应，将细胞外的信号跨膜转导至胞内，通过改变靶基因的转录活性，诱发细胞特定的应答反应。

（二）信号转导的生理意义

细胞的信号转导是实现机体生命活动功能调节的基础，其本质是细胞和分子水平的功能调节。机体对内、外环境变化做出适应性反应的过程中，需要通过细胞间的信号交流来协调机体各种功能细胞的活动。信号可以来自外环境的刺激，也可以来自体内细胞的产生和释放；机体信号大多是以化学物质为载体的化学信号，如激素、神经递质和细胞因子等，也可以是物理信号，如电、声、光和机械牵张等。信号转导的结果即生物学效应是多样的，可表现为对靶细胞功能的影响、对靶细胞代谢、分化和生长发育的影响，以及对靶细胞形态结构和生存状态等方面的影响。

（三）信号转导与疾病

信号转导通路及信号网络中各种信号分子、信号分子间以及信号通路间相互作用的改变，是许多人类疾病的分子基础。在严重危害人类健康的某些疾病如癌症、动脉硬化、心肌肥大、炎症性疾病以及神经退行性疾病等发生发展的病理机制研究中，人们对信号转导的研究已经了解得较为深入，信号转导的某些异常环节已被作为药物作用的关键靶点用于控制和治疗疾病。

二、细胞信号转导的主要方式

（一）离子通道型受体介导的信号转导

离子通道型受体介导快速的跨膜信息传递。离子通道型受体本身为离子通道，当它与信号分子结合后，离子通道开放，细胞膜对特定离子的通透选择性增加，从而引起细胞膜的电位变化。这类离子通道型受体主要分布于神经、肌肉等可兴奋细胞，其信号分子常为神经递质。神经递质与受体的结合到产生膜电位变化仅需 0.5 毫秒，故离子通道型受体有利于神经电信号的快速传递。常见的非选择性阳离子通道受体有烟碱型乙酰胆碱受体（nAChR），谷氨酸促离子型受体（iGluR）等，如运动神经末梢释放乙酰胆碱，可激活位于骨骼肌运动终板的 nAChR 受体，离子通道开放，细胞膜对 Na^+ 的通透性增加，导致膜电位发生变化，最终引起肌细胞的兴奋。而氯通道受体有甘氨酸受体（GlyR）、γ - 氨基丁酸 A 受体（$GABA_A$R）等，如神经元膜上的 $GABA_A$R 被递质激活后，氯通道开放而引起 Cl^- 内流，使膜电位变得更负，导致神经元的兴奋性降低而产生抑制作用。

电压门控离子通道和机械门控离子通道一般不被称为受体，但实际上，它们是接受电信号和机械信号的受体，并通过调节离子通道的开启或关闭，引发离子的跨膜流动，把信号传递到细胞的内部。例如神经纤维上的电压门控 Na^+ 通道属于电压门控通道，而内耳毛细胞上存在机械门控通道。

（二）G 蛋白耦联受体介导的信号转导

G 蛋白耦联受体（G protein - coupled receptors，GPCRs）是目前已发现的体内最大的细胞表面受体家族，其介导的信号转导是较为普遍的信号传导途径。体内多种激素、神经递质对靶细胞的调节都是通过 G 蛋白耦联受体介导的。G 蛋白耦联受体被激活后将作用于与之相耦联的 G 蛋白，引发信号蛋白发生一系列生物化学反应过程，最终完成跨膜信号转导（图 2-6）。

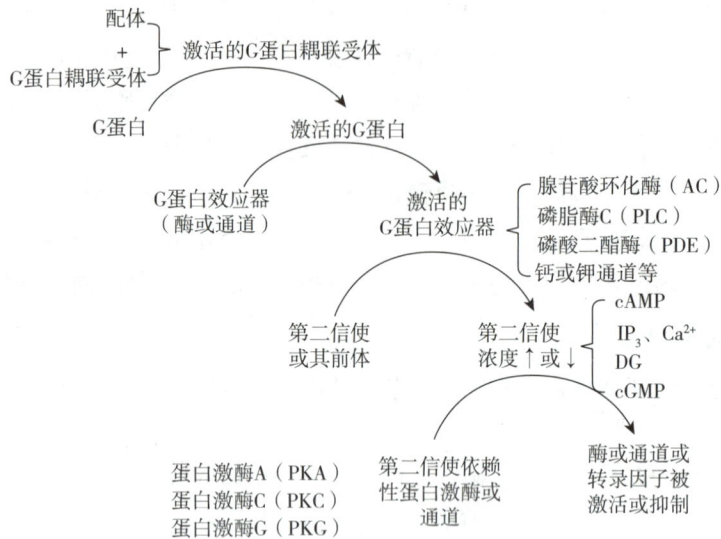

图 2-6　G 蛋白耦联受体介导的跨膜信号转导通路

1. 参与 G 蛋白耦联受体介导的跨膜信号转导的信号分子

（1）G 蛋白耦联受体　该类受体由一条 7 次跨膜的肽链构成。肽链的 N 末端在细胞外，C 末端在细胞内，肽链在穿膜过程中形成 3 个细胞外环和 3 个细胞内环。多种神经递质、肽类激素和趋化因子的受体都属于 G 蛋白耦联受体，在味觉、视觉和嗅觉中接受外源理化因素的受体也属于 G 蛋白耦联受体。

（2）G 蛋白（G protein）　是指能与鸟嘌呤核苷酸结合，具有 GTP 水解酶活性的一类信号转导蛋白。G 蛋白由 α、β、γ 三个亚基组成，在信号转导过程中起着分子开关的作用。当 α 亚基与 GDP 结合时处于关闭状态，与 GTP 结合时处于开启状态，α 亚基具有 GTP 酶活性，能催化所结合的 GTP 水解，激活效应器酶。静息状态时，G 蛋白以异三聚体形式存在于细胞膜，α 亚基与 GDP 结合，与受体呈分离状；当细胞转导胞外信号时，首先由不同类型的 G 蛋白耦联受体（GPCRs）接受细胞外各种配体（胞外第一信使），配体和受体结合进一步激活质膜内侧的异三聚体 G 蛋白，α 亚基与 GTP 结合，进一步激活其下游的各种效应器，产生细胞内的第二信使，从而完成信号逐级传递，调节生物体的生长发育过程。

（3）G 蛋白效应器（G protein effector）　是指 G 蛋白直接作用的靶标，包括一些酶类和离子通道。G 蛋白调控的酶主要包括广泛分布于细胞膜上的腺苷酸环化酶（adenylate cyclase，AC）、磷脂酶 C（phospholipase C，PLC）、磷脂酶 A_2（phospholipase A_2）等。这些酶催化生成（或分解）第二信使物质。G 蛋白也可直接调控某些离子通道的开、闭状态。

（4）第二信使　通常将细胞外的信号分子（如激素、神经递质、细胞因子等）称为第一信使（first messenger），将细胞表面受体接受的细胞外信号转换为细胞内信号的物质称为第二信使（second messenger）。目前已知的第二信使包括环磷腺苷（cAMP）、环磷鸟苷（cGMP）、三磷酸肌醇（IP_3）、二酰甘油（DG）、钙离子、廿碳烯酸类、一氧化氮等。

（5）蛋白激酶（protein kinase，PK）　是一类催化蛋白质磷酸化反应的酶。蛋白激酶可将三磷酸腺苷（ATP）上的磷酸基团转移到底物蛋白，使其磷酸化，激活底物蛋白。若底物蛋白也是一种蛋白激酶，则可形成磷酸化级联反应，放大信号分子的调节作用。这种磷酸化反应是可逆的，胞内还存在蛋白磷酸酶，可使底物蛋白脱磷酸化。根据激活蛋白激酶的第二信使，蛋白激酶可分为 cAMP - 依赖性蛋白激酶、cGMP-依赖性蛋白激酶、钙调蛋白依赖性蛋白激酶等。

2. G 蛋白耦联受体介导的主要的信号转导通路

（1）AC-cAMP-PKA 通路　这个通路的关键效应器酶是腺苷酸环化酶（AC），该酶激活后催化胞质中 ATP 水解生成第二信使 cAMP，通过细胞内 cAMP 的水平变化引起细胞反应。生成的 cAMP 可被磷酸二酯酶（PDE）迅速水解而失活。在大多数细胞，cAMP 信号通路的主要效应是激活靶酶和开启基因表达，这是通过进一步激活蛋白激酶 A（PKA）实现的。PKA 由两个催化亚基和两个调节亚基组成，cAMP 与调节亚基结合后，改变调节亚基构象，使调节亚基和催化亚基解离，释放催化亚基。活化的 PKA 催化亚基可使细胞内某些蛋白的丝氨酸或苏氨酸残基磷酸化。在不同的细胞，PKA 的底物蛋白不同，使细胞对外界的信息产生不同的反应。

（2）PLC-磷脂酰肌醇通路　这个通路的关键效应器酶是磷脂酶 C（PLC），该酶激活后可使质膜上 4,5-二磷酸磷脂酰肌醇（PIP_2）水解成 1,4,5-三磷酸肌醇（IP_3）和二酰甘油（DG）。IP_3 和 IP_3 受体结合，可激活细胞内的钙库如内质网，使钙通道开放，引起内质网的钙外流，使胞内 Ca^{2+} 浓度升高，从而激活各类依赖钙离子的蛋白引起细胞反应；DG 则结合于质膜上，在 Ca^{2+} 浓度升高的条件下，可激活蛋白激酶 C（PKC），活化的 PKC 进一步使底物蛋白磷酸化，产生生物效应。PKC 的底物蛋白种类较多，如糖原合成酶、Na^+,K^+-ATP 酶等，广泛参与细胞分泌、肌肉收缩、细胞增殖和分化等生理过程。

（3）G 蛋白-离子通道途径　G 蛋白可以直接或间接通过第二信使调节离子通道的活动。例如，在心肌细胞，乙酰胆碱（ACh）与细胞膜上的 M_2 受体结合，通过 G 蛋白 $\beta\gamma$ 二聚体直接刺激心肌细胞膜 K^+ 通道开放，使 K^+ 外流，引起抑制性效应。在嗅觉感受器细胞，气味刺激可激活一种特定的 G 蛋白，进而激活 AC，使 cAMP 生成增多，cAMP 进一步激活 cAMP 依赖性钠通道，使 Na^+ 内流，触发去极化的感受器电位。

（三）酶联型受体介导的信号转导

酶联型受体介导的信号转导主要调节细胞代谢、生长、分化等相对缓慢的生物学过程。

1. 酪氨酸激酶受体介导的信号通路　酪氨酸激酶受体（tyrosine kinase receptor，TKR）又称酪氨酸蛋白激酶（tyrosine protein kinase，TPK），是由 50 多种跨膜受体组成的超家族，其共同特征是受体只有一个跨膜 α 螺旋，胞外区具有配体结合位点，胞内区具有酪氨酸激酶活性。激活这类受体的配体则以各种生长因子为代表，如表皮生长因子、血小板源生长因子、成纤维细胞生长因子、肝细胞生长因子和胰岛素等。生长因子与受体胞外区结合后，受体发生二聚化并催化胞内区酪氨酸残基自身磷酸化，进而活化 TPK。磷酸化的酪氨酸可被一类含有 SH_2 区（Src homology 2 domain）的蛋白质识别，通过级联反应向细胞内进行信号转导。由于大多数细胞因子通过这条途径调节细胞增殖及分化，认为它与细胞增殖肥大和肿瘤的发生关系十分密切。

2. 鸟苷酸环化酶受体介导的信号通路　鸟苷酸环化酶受体（guanylyl cyclase receptor）本身就是鸟苷酸环化酶（GC）。其胞外段是配体结合部分，胞内段为鸟苷酸环化酶催化结构域。受体和配体结合后，激活 GC 的活性，可催化 GTP 生成 cGMP，进而激活 cGMP 依赖的蛋白激酶 G（PKG），使底物蛋白磷酸化，产生生物学效应。如心房钠尿肽（atrial natriuretic peptide，ANP）的作用就是通过这种受体进行跨膜信号转导。

3. 丝氨酸/苏氨酸激酶受体介导的信号通路　丝氨酸/苏氨酸激酶受体在胞内区具有丝氨酸/苏氨酸蛋白激酶活性，主要使下游信号蛋白中的丝氨酸或苏氨酸磷酸化，把细胞外的信号转入细胞内，再通过影响基因转录来达到多种生物学功能。如转化生长因子-β（transforming growth factor-β，TGF-β）受体被激活后，可使 Smad 蛋白的丝氨酸/苏氨酸残基磷酸化而激活，并转位到细胞核中，调控特定蛋白质基因的表达。

（四）招募型受体介导的信号转导

招募型受体（recruitment receptor）属于单跨膜受体，其受体分子的胞内域没有酶的活性，因此不能放大生物信号。招募型受体的胞外域一旦与配体结合，其胞内域即可在胞质侧招募激酶或转接蛋白，激活下游的信号转导通路。招募型受体的主要配体是细胞因子等，该类受体包括整合素受体、Toll 样受体、肿瘤坏死因子受体、T 细胞受体等。招募型受体主要调控造血细胞及免疫细胞的功能。

（五）核受体介导的信号转导

除了上述存在于细胞膜上的受体外，还有部分受体分布于细胞质或细胞核内。由于胞质受体与配体结合后，一般也要转入核内发挥作用，因此常把细胞内受体统称为核受体（nuclear receptor）。核受体常为单链多肽，含有激素结合域、DNA 结合域、转录激活结合域和铰链区等功能区段。核受体一般处于静止状态，需活化后才能与靶基因 DNA 中称为激素反应元件（hormone response element，HRE）的特定片段相结合，并与其他转录因子共同调控 DNA 的转录，从而调节靶基因转录并表达特定的蛋白质产物，使细胞发生某种功能改变。因此核受体实质上是激素调控特定蛋白质转录的一大类转录调节因子。类固醇类激素受体、维生素 D_3 受体、甲状腺激素受体以及维 A 酸受体均属于核受体。与膜受体介导的信号转导机制相比较，核受体介导的信号转导需经过较长时间才能表现出生物效应。如，膜受体介导的信号转导以秒与分钟计算，核受体介导的信号转导则需数十分钟或数小时以上的时间。

第三节　细胞的生物电活动

PPT

一、跨膜电位的概念与测定

（一）跨膜电位的概念

细胞的功能活动过程中伴有电活动，这种电活动现象称为细胞生物电（bioelectricity）。细胞生物电是一些带电离子（如 Na^+、K^+、Ca^{2+} 等）跨细胞膜流动而产生的。带电离子的跨膜运动使得细胞膜内、外两侧产生电位差。这种存在于细胞膜内外的电位差被称为跨膜电位（transmembrane potential），简称膜电位（membrane potential，MP）。

（二）跨膜电位的测定

单细胞的生物电比较微弱，但是，近代生理学研究采用微电极的记录方法成功地记录到单细胞的电信号并在示波器中显示其电位的变化。20 世纪 50 年代，Hodgkin 和 Huxley 利用电压钳（voltage clamp）技术，对枪乌贼神经轴突的跨膜电位进行研究，分析了 Na^+ 电流和 K^+ 电流的时间和电压依赖性，提出了生物电产生的离子学说，为生物电的产生机制提供了有力的实验依据。20 世纪 70 年代，Neher 和 Sakmann 建立并发展了膜片钳（patch clamp）技术，可直接记录细胞膜结构中单一离子通道的电流和电导。临床上常用的心电图、脑电图、肌电图、视网膜电图和胃肠电图等，就是该器官所有细胞的生物电活动的综合表现，对于疾病的诊断具有实用意义。

由于单个细胞的生物电活动是器官生物电现象的基础，因此对生物电活动的研究和分析常在细胞水平进行。跨膜电位的测定通常采用微电极记录法，即将参考电极置于细胞外，另将充有导电液的玻璃微电极作为记录电极刺入单个细胞内，记录到参考电极与记录电极之间的电位差即为该细胞的跨膜电位。细胞处于不同的功能状态时所记录到的跨膜电位是不同的。

二、静息电位

（一）静息电位的概念

细胞在未受刺激时存在于细胞膜内、外两侧的电位差称为跨膜静息电位或静息电位（resting potential）。静息电位是一切活细胞所共有的生物电现象。细胞的静息电位通常表现为膜内电位低于膜外，为负电位而且稳定不变。不同细胞的静息电位值不同，比如人的红细胞静息电位约为 $-10mV$，平滑肌细胞为 $-50 \sim -60mV$，神经细胞为 $-70 \sim -90mV$，骨骼肌和心室肌细胞约为 $-90mV$ 等。静息电位的大小通常是以膜内电位负值的绝对值大小来判断，例如从 $-70mV$ 变化到 $-80mV$，称为静息电位增大，反之，则称为静息电位减小。

生理学中，将安静时细胞膜两侧处于内负外正的状态称为极化（polarization）。当膜电位值增大，如从 $-90mV$ 到 $-100mV$，表明膜两侧电荷分布密度差值加大，膜内电位更低，负电性增强，这种膜电位增大的过程或状态称为超极化（hyperpolarization）。反之，当膜电位值减小，如从 $-90mV$ 到 $-70mV$，表明膜两侧电荷分布密度差减小，极化状态减弱，这种膜电位减小的过程或状态称去极化（depolarization）。在去极化过程中，若达到细胞膜内、外两侧呈现等电位状态，即膜电位为零，若膜内电位进一步增高甚至转为"外负内正"状态，称为反极化（contrapolarization），其中，膜电位高于零电位的部分称为超射（overshot）。细胞膜去极化后再向静息电位方向恢复的过程称为复极化（repolarization）。

（二）静息电位产生的原理

细胞膜内外两侧离子分布不均衡和膜对离子的选择性通透是产生膜电位的原因。

1. 细胞膜内外两侧离子的浓度差是引起离子跨膜扩散和形成平衡电位的驱动力　在安静状态时，细胞膜对 K^+ 的通透性最大，对 Na^+ 通透性很小，对细胞内带负电的大分子有机物几乎不通透。正常情况下，由于细胞的代谢和 $Na^+ - K^+$ 泵的活动，使细胞膜两侧的带电离子分布不均，如表 2-1 中 Na^+、K^+、Cl^-、Ca^{2+} 等离子呈不均匀分布。这种膜两侧的带电离子分布不均造成跨膜离子浓度差的同时，还在膜的两侧形成电位差。离子的跨膜浓度差和电位差作为电化学驱动力（electrochemical driving force）可以驱动离子的跨膜扩散。

某种离子能否通过细胞膜主要取决于该离子在膜两侧的浓度差和膜对它的通透性。细胞膜两侧离子的浓度差是引起离子跨膜扩散的直接动力，细胞膜对该离子具有通透性是引起离子跨膜扩散的必要条件。若细胞膜只对一种离子具有通透性，该离子将在浓度差的驱动下进行跨膜扩散，但是这种扩散不能无限制地进行，因为在扩散的同时也使膜两侧形成逐渐增大的电位差，这种电位差对离子的作用方向与浓度差作用方向相反，对该离子的扩散产生阻力。当阻力和动力相等时，该离子的净扩散量为零，膜两侧的电位差稳定于某一数值。这种离子净扩散为零时的跨膜电位差称为该离子的平衡电位（equilibrium potential）。如果已知某种离子在细胞内、外的浓度，可根据物理化学中的 Nernst 方程计算出该离子的平衡电位，也称为 Nernst 电位。

$$E_x = RT/ZF \cdot \ln \left[X \right]_o / \left[X \right]_i$$

式中，E_x 为某 X 离子平衡电位，R 为气体常数，T 为绝对温度，Z 为离子价数，F 为法拉第常数，$\left[X \right]_o$ 和 $\left[X \right]_i$ 分别为细胞外、内的该离子浓度。

表 2-1　哺乳类动物骨骼肌细胞内、外液中部分离子浓度及平衡电位

离子	细胞内浓度 $[X]_i$（mM）	细胞外浓度 $[X]_o$（mM）	平衡电位（mV）
K^+	155	4	-98
Na^+	12	145	$+67$

续表

离子	细胞内浓度 $[X]_i$（mM）	细胞外浓度 $[X]_o$（mM）	平衡电位（mV）
Cl^-	4	120	−90
Ca^{2+}	0.0001	1.0	+123

2. 静息时细胞膜对 K⁺ 较大的通透性和 K⁺ 外流是形成静息电位的主要原因 安静时细胞膜对 K⁺ 的通透性高，对其他离子的通透性极低。跨膜 K⁺ 浓度差驱动 K⁺ 由膜内向膜外扩散，造成膜内电位变负而膜外电位变正的电场。随着 K⁺ 的外流，膜两侧逐渐增大的电场力会阻碍 K⁺ 继续外流。当膜两侧 K⁺ 浓度差产生的化学势能与 K⁺ 外流产生的电势能达到平衡时，即电化学驱动力为零时，K⁺ 的跨膜净移动停止，此时的跨膜电位称为 K⁺ 平衡电位（K⁺ equilibrium potential，E_K）。

如果在离体实验中改变细胞浸浴液中 K⁺ 的浓度，即 $[K^+]_o$，则改变了 $[K^+]_o / [K^+]_i$ 关系，所测得静息电位值也相应改变。例如，提高神经纤维浸浴液 K⁺ 浓度，相当于增加细胞外液 K⁺，E_K 减小，静息电位减小；反之，降低神经纤维浸浴液 K⁺ 浓度，E_K 增大，则静息电位增大。应用 K⁺ 通道阻断剂四乙胺（tetraethylammonium，TEA）阻断 K⁺ 通道时，则静息电位消失。如果只改变神经纤维浸浴液 Na⁺ 或 Cl⁻ 浓度时，E_K 变化不大。

3. 静息时细胞膜对 Na⁺ 具有的较低通透性和少量 Na⁺ 内流也参与静息电位的形成 Hodgkin 和 Huxley 的实验显示，实际测得的静息电位并不完全等于 E_K，而是略小于 E_K 值，这是因为在静息电位形成中细胞膜除了对 K⁺ 具有较大通透性和 K⁺ 外流这一主要因素外，膜对 Na⁺ 具有较低通透性，使少量 Na⁺ 内流，从而减弱了跨膜电位的差值。因此，细胞的膜电位（E_m）应当是 E_K 和 E_{Na} 赋予一定权重后的代数和，可以用下式表示：

$$E_m = P_K / (P_K + P_{Na}) E_K + P_{Na} / (P_K + P_{Na}) E_{Na}$$

式中，P_K 和 P_{Na} 分别为膜对 K⁺ 和 Na⁺ 的通透性；E_K 和 E_{Na} 分别为 K⁺ 和 Na⁺ 的平衡电位。

除了 Na⁺ 和 K⁺ 外，细胞膜两侧还有 Cl⁻、Ca²⁺ 和有机负离子等，但它们对静息电位的形成无明显作用。虽然细胞膜对 Cl⁻ 也有一定的通透性，但由于 K⁺ 外流造成的膜内负电位阻碍抵消了膜外的 Cl⁻ 内流，故 Cl⁻ 内流可忽略不计。Ca²⁺ 在细胞膜两侧的浓度差虽然较大，但安静时细胞膜对 Ca²⁺ 几乎不通透，因此其静息电位形成中的作用可被忽略。细胞膜不通透蛋白质、核酸等有机负离子，所以，随着 K⁺ 外流的发生，其聚集在膜的内表面，与膜外的正电荷构成强大的跨膜电场。

安静情况下，细胞膜对离子具有通透性，主要原因是膜上存在着非门控漏通道。非门控漏通道可持续开放，且对 K⁺ 的通透性明显大于对 Na⁺ 的通透性。由于不同细胞的漏通道对 K⁺ 和 Na⁺ 的通透性比值不同，因而静息电位的大小也有差异。例如，在骨骼肌细胞测得的静息电位为 −90mV，而计算所得的 E_K 值为 −95mV。细胞膜对 Na⁺ 的通透性越大，静息电位就越小。如视杆细胞在未受到光照时，细胞膜中就有相当程度的 Na⁺ 通道开放，对 Na⁺ 有较高的通透性，因此其静息电位更小，约 −35mV。

4. 钠泵的生电作用直接影响静息电位 静息电位的形成和维持也有生电性 Na⁺ 泵的参与。Na⁺ 泵通过主动转运可以维持细胞膜两侧 Na⁺ 和 K⁺ 的浓度差，从而为 Na⁺ 和 K⁺ 的跨膜扩散形成静息电位奠定基础。同时 Na⁺ 泵本身具有生电作用，每分解 1 分子 ATP 可将 3 个 Na⁺ 移出胞外，同时将 2 个 K⁺ 移入胞内，相当于细胞外净增加一个正电荷或细胞内增加一个负电荷。如果 Na⁺ 泵功能受到抑制（在细胞缺血、缺 O_2 或酸中毒时），可导致细胞代谢障碍，细胞不能向 Na⁺ 泵提供能量，甚至停止活动，不能顺利将细胞内的 Na⁺ 泵出以及将细胞外的 K⁺ 泵入，细胞外液的 K⁺ 浓度增加，细胞内外 K⁺ 的浓度差逐渐减小，K⁺ 外流减少，亦会导致静息电位的数值减小。

综上所述，影响细胞膜静息电位水平的因素主要有：K$^+$跨膜浓度差、膜对K$^+$和Na$^+$的通透性以及钠泵活性等。其中，最主要的因素是细胞膜两侧的K$^+$浓度差以及静息状态下细胞膜对K$^+$具有通透性。

三、动作电位

（一）动作电位的概念与变化过程

动作电位（action potential，AP）是指可兴奋细胞受到一次有效刺激时，在静息电位基础上产生一次短暂、快速、可远距离传播的电位变化。例如，当神经细胞接受有效刺激，其膜电位从静息电位的 $-90mV$ 逐渐去极化达到阈电位水平，此后迅速上升至 $+30mV$，形成动作电位的上升支，即去极相（depolarization phase）；随后又迅速下降至接近静息电位水平，形成动作电位的下降支，即复极相（repolarization phase）。去极相与复极相共同构成尖峰状的电位变化，称为锋电位（spike potential）。膜内电位上升支中高于零电位的部分称为超射（overshoot），其峰值为超射值。锋电位之后延续为低幅度、缓慢的膜电位波动，称为后电位（after potential）。后电位包括小于静息电位的去极化后电位或负后电位（depolarizing after potential）和大于静息电位的超极化后电位或正后电位（hyperpolarizing after potential）（图2-7）。不同细胞受到刺激后所产生的动作电位形态和时程各不相同。神经纤维的动作电位和骨骼肌细胞的动作电位均由锋电位与后电位两部分组成，但神经纤维动作电位持续时间仅约1毫秒，骨骼肌细胞的动作电位约持续数毫秒；心室肌细胞动作电位有一较长的平台期，时程可长达几百毫秒。

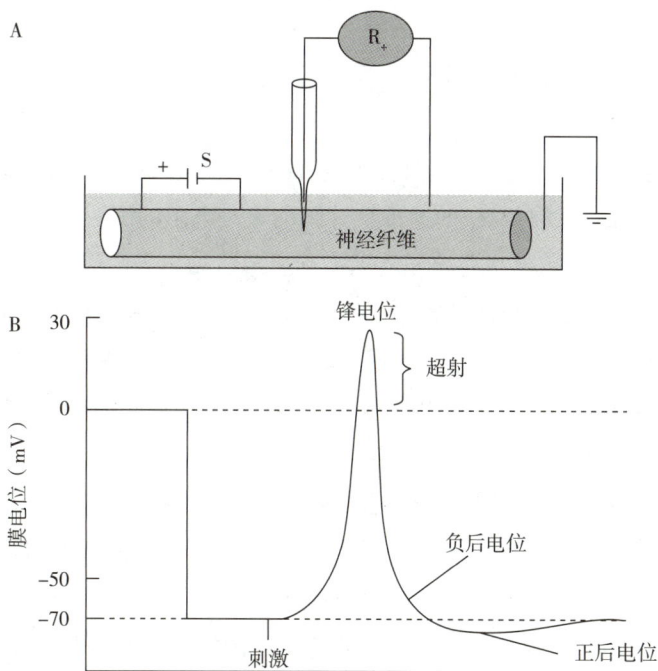

图2-7 神经细胞跨膜电位变化的记录

（二）动作电位的特点

1. "全或无"现象 当给予的刺激强度太小时，不能引起动作电位；一旦刺激强度达到阈值时，就能引起一个波形和幅度保持不变的动作电位，并不会因再增加刺激强度而改变其波形和幅度，这称为"全或无"（all or none）现象。

2. 不衰减传导 动作电位一旦产生，就可沿着细胞膜向周围传播，直至整个细胞的细胞膜都发生相同的电位变化。在动作电位的传播过程中，其幅度和波形不会因传导距离的增加而减少。

3. 脉冲式发放　细胞受到连续的阈上刺激时可产生多个动作电位，但这些动作电位有一定间隔，不会融合在一起，呈现一个个分离的脉冲式发放。

（三）动作电位的产生机制

离子的跨膜转运需要两个必不可少的因素，一是离子的电–化学驱动力，二是细胞膜对离子的通透性。动作电位是在静息电位基础上两者发生改变的结果。

1. 电–化学驱动力　某种离子的电–化学驱动力由膜电位（E_m）和该离子平衡电位差值来决定，差值愈大，该离子受到的电–化学驱动力愈大。当膜电位等于某种离子的平衡电位时，这种离子受到的电–化学驱动力等于零。实际上，在动作电位期间，各种离子的电–化学驱动力并不恒定，总是随着膜电位的变化而变化。以神经细胞为例，当细胞处于静息状态（膜电位 –70mV）时，钠离子和钾离子的电–化学驱动力分别为：

$$Na^+ 的电–化学驱动力 = E_m - E_{Na} = -70mV - (+67mV) = -137mV（内向驱动力）$$

$$K^+ 的电–化学驱动力 = E_m - E_K = -70mV - (-94mV) = +24mV（外向驱动力）$$

当细胞处于锋电位水平（膜电位 +30mV）时，钠离子和钾离子的电–化学驱动力分别为：

$$Na^+ 的电–化学驱动力 = E_m - E_{Na} = +30mV - (+67mV) = -37mV（内向驱动力）$$

$$K^+ 的电–化学驱动力 = E_m - E_K = +30mV - (-94mV) = +124mV（外向驱动力）$$

在静息状态下，Na^+ 内向驱动力明显大于 K^+ 外向驱动力，一旦细胞膜上的 Na^+ 通道开放，Na^+ 迅速向细胞内扩散，使膜电位发生去极化。在膜电位由静息状态向锋电位变化时，Na^+ 内向驱动力逐渐减少，而 K^+ 外向驱动力则逐渐增大，最终 K^+ 外向驱动力将大于 Na^+ 内向驱动力，使膜电位发生复极化。

2. 细胞膜通透性的变化　细胞膜通透性是指某种物质通过细胞膜的难易程度。通常用膜电导（membrane conductance）来描述膜对离子的通透性。膜电导是电阻的倒数，膜对某种离子的电导大（膜电阻小）则对该离子通透性高，容易进行跨膜转运，其所形成的离子电流也强；反之亦然。

Hodgkin 和 Huxuley 以枪乌贼巨大神经轴突为实验对象，利用电压钳实验系统研究了轴突去极化时的跨膜离子电流，证实动作电位的产生主要是细胞膜对 Na^+、K^+ 通透性相继变化所致。实验中，科学家将膜电位钳制在不同水平测定动作电位期间发生的膜电流变化，记录到一个向下的内向电流，之后接着一个向上的外向电流。给予钠通道阻滞剂河豚毒（tetrodotoxin, TTX）后，内向电流消失；给予钾通道阻滞剂后延迟出现的外向电流消失（图 2–8）。这表明，先出现的内向电流是由 Na^+ 介导的，随后的外向电流是由 K^+ 介导的。改变细胞浸浴液中 Na^+ 浓度，用 Nernst 公式计算的膜电位理论值的改变和实际测到的动作电位幅度改变非常接近。降低浸浴液 Na^+ 浓度时，动作电位的幅度、去极化的速度和动作电位的传导速度都降低，超射值减小，E_{Na} 也减小。增加浸浴液 Na^+ 浓度时，动作电位的幅度、去极化的速度和动作电位的传导速度都增加，超射值增大，E_{Na} 也增大。用等张葡萄糖溶液替代神经纤维的浸浴液，浸浴液中无 Na^+，则不能产生动作电位。但改变细胞浸浴液中 Na^+ 浓度时并不影响神经纤维的静息电位。

通过电压钳实验研究不同膜电位下钠电导和钾电导，发现钠电导和钾电导都有明显的电压依赖性和时间依赖性，但二者表现的特征不同（图 2–9）。膜电位去极化时钠电导和钾电导均随去极化程度增加而增加，但不同的是去极化程度的增加可引起钠内流增加，有助于动作电位去极化时相的快速形成，钾外流增加促进动作电位复极。此外，钠电导在膜去极化一开始就立刻增大，而后很快自行下降，表现为快速一过性激活，而钾电导的激活发生在钠电导失活之后，经过一定的延迟后才逐渐增大，当膜复极化回到 –60mV 时，钾电导快速回到原先水平。

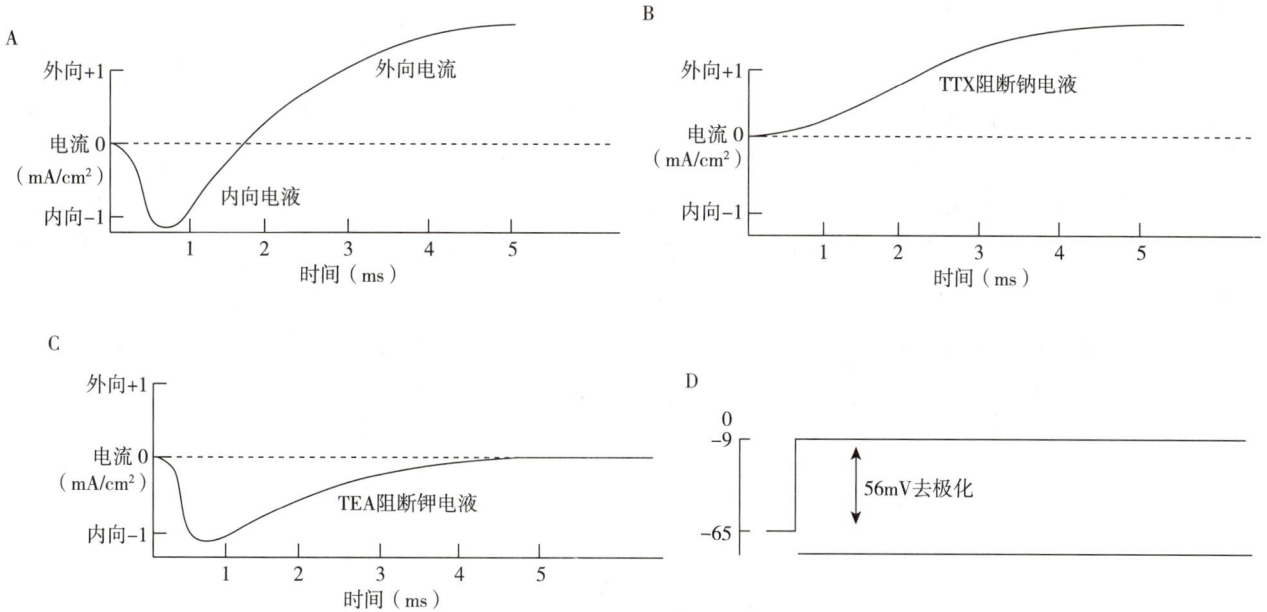

图 2-8　利用电压钳技术结合离子通道阻滞剂记录到的膜电流

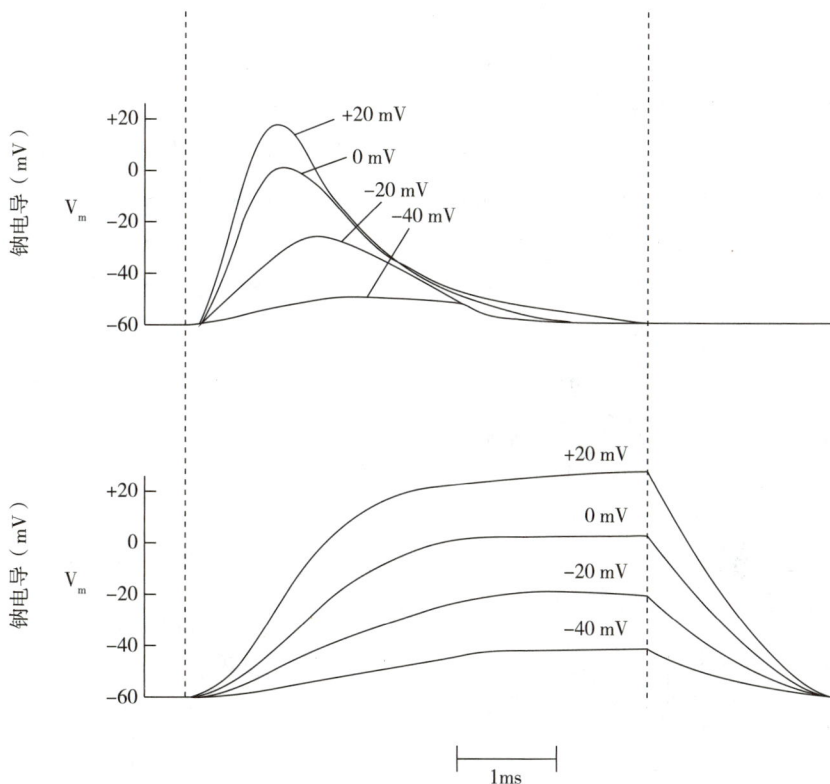

图 2-9　动作电位期间钠电导和钾电导的电压依赖性和时间依赖性

　　总之，钠电导与动作电位去极相的变化相一致，膜对 Na^+ 通透性迅速增加并达峰值，随即下降。钾电导与动作电位的复极相的变化相一致，钠电导降低之后钾电导缓慢增加、缓慢下降。

　　3. 细胞膜通透性变化的实质　细胞膜通透性的变化取决于离子通道的开放或关闭状态。某离子通道开启时，细胞膜对该离子的通透性增强，其膜电导增大，将允许该离子顺浓度梯度或电位梯度跨膜扩散；离子通道关闭则离子不能跨膜流动。所以，离子通道在不同条件下的状态是生物电现象产生的基础条件。

细胞膜上分布着钠通道、钾通道、钙通道与氯通道等不同的通道，这些离子通道对所通透的离子的选择性以及其开启和关闭的动力学特性由通道蛋白的结构决定，是通道蛋白自身的特性。换言之，不同的离子通道具有不同的门控机制（gating mechanism）。

利用电压钳技术可观测动作电位期间膜电导的变化，但所得到的结果是整个细胞上所有通道活动的综合结果，无法了解单个通道的功能活动特征。1976 年 Neher 和 Sakman 采用膜片钳技术，首次记录到蛙骨骼肌纤维上微弱、短暂的单通道电流后，才证实了膜上离子通道的存在。膜片钳技术目前仍然是电生理学研究的主要实验技术之一。通过比较全细胞电流和单通道电流的幅度大小，可推测细胞膜上离子通道分布的数量或密度。细胞膜上离子通道分布的密度取决于通道和细胞的类型，每平方微米可有 1 ~ 1000 个不等。

⊕ 知识链接

电压钳与膜片钳实验技术

电压钳技术是通过微电极向细胞内补充电流，抵消离子通道开放所产生的反向离子流，当膜通透性发生变化时，也能控制膜电位数值不变（图 2 - 10A）。由于经微电极施加的电流与经过通道的离子流方向相反、数量相等，因此可以定量测定细胞兴奋时的离子电流。然而，单纯的电压钳技术不能确定是哪一种离子通道开放引起离子流，必须结合通道阻滞剂才能确定通透性变化的原因。电压钳技术可以测量细胞的膜电位、膜电流和突触后电位。

膜片钳技术是欧文·内尔和伯特·萨克曼在电压钳的基础上发展起来的。采用较大的微电极和神经元的细胞膜紧紧接触，两者间形成高阻抗密封区。膜片钳不仅可以观察单个离子通道电流，而且有多种模式可以方便地对细胞进行电压钳制和电流钳制，观察各种离子通道电流及其调控，并与分子生物学技术结合进行离子通道与受体的分子结构和功能研究（图 2 - 10B）。为此他们获得 1991 年诺贝尔医学生理学奖。

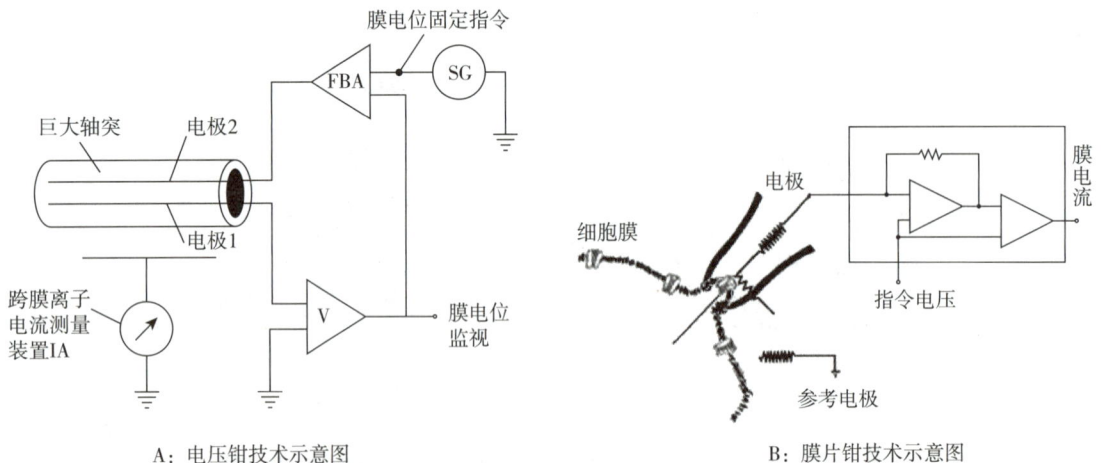

A：电压钳技术示意图

B：膜片钳技术示意图

图 2 - 10　电压钳与膜片钳实验技术示意图

根据钠电导的电压及时间依赖性特征，人们推测神经细胞膜中的电压门控钠通道存在有串联排列的两个闸门（靠近细胞外侧的激活门和靠近细胞内侧的失活门），各自具有不同的动力学特征，由此决定了通道的三种功能状态：①静息态（resting state），是膜电位保持静息电位水平（如 -70mV 左右）时通道尚未开放的状态。钠通道的激活门完全关闭，失活门虽然接近于完全开放，但通道仍不能导通。②激活态（activated state），是膜在迅速去极化（如从 −70mV 改变为 +20mV）时电压门控钠通道立即开放的状态。这时，受去极化的影响，钠通道的激活门迅速打开，失活门则逐渐关闭。由于两个闸门的运动速度有明显差异，当激活门迅速开放而失活门尚未关闭时通道出现瞬间导通，膜对 Na^+ 的通透性可增加 500～5000 倍，使 Na^+ 电流迅速增大。③失活态（inactivated state），是通道在激活态之后对去极化刺激不再反应的状态，这时通道的失活门时间依赖性完全关闭，尽管去极化电压仍继续存在、激活门开放，但通道仍不能导通。通道失活后，只有通过膜的复极化，失活门从通道内口处逐渐退出、激活门返回通道中央，才能使电压门控钠通道返回到原先的"静息态"。通道从"失活态"回到"静息态"的过程称为复活。可见，钠通道的"静息态"和"失活态"属于稳态，而激活态则属于瞬态，是一过性的中间状态。钾电导的变化曲线明显不同于钠电导，它在膜持续性去极化期间不会自动降低，只有当钳制电压回到起始水平时钾电导才减小。因此，人们推测神经细胞膜中的电压门控钾通道没有失活门，而只有一个激活门，通道可有两种功能状态，即安静时激活门关闭的"静息态"和去极化时激活门开放，K^+ 外流的激活态。钠通道失活后才开放，表现为延迟激活。所以，动作电位期间 Na^+ 内流引起的去极化发生在前，K^+ 外流引起的复极化发生在后，两者不会同时发生而相互抵消。

上述有关动作电位的形成机制简要地归纳如下。

（1）去极相（上升支）　动作电位的去极化过程主要与细胞外 Na^+ 快速内流有关。当可兴奋细胞受到适当的刺激后，膜上 Na^+ 通道被激活，少量 Na^+ 顺浓度梯度内流，使细胞膜发生去极化。如果去极化达到阈电位水平，促使更多的电压门控 Na^+ 通道开放，形成 Na^+ 内流再生性循环，形成动作电位的去极相。由于 Na^+ 有较高的跨膜浓度势能，在膜内电位减小到零时，仍可驱使 Na^+ 继续内流，膜电位达到正电位水平，出现膜电位的反极化。理论上，内流的 Na^+ 在膜内形成的正性电场力阻止 Na^+ 的继续内移，最终达到 Na^+ 平衡电位值 E_{Na}。但实际测得的动作电位峰值只是较为接近 E_{Na}，因为 Na^+ 通道开放的时间很短，只有 1～2 毫秒，随后 Na^+ 通道关闭进入失活状态。因此，去极化的幅度由膜内、外的 Na^+ 浓度差和兴奋前静息电位的大小共同决定。

（2）复极相（下降支）　随着细胞膜 Na^+ 通道的关闭和 Na^+ 内流停止，膜对 K^+ 的通透性再次增大，膜内 K^+ 顺电化学驱动力向膜外扩散，形成外向离子流，使膜内电位迅速回复到静息电位水平，形成动作电位的复极相。

（3）后电位　后电位的产生其机制与 K^+ 外流有关。在复极相迅速外流的 K^+ 在膜外暂时积聚，阻碍了 K^+ 继续快速外流。超极化后电位的形成主要由于 K^+ 通道仍然处于一定的开放状态，使较多的 K^+ 向膜外扩散；而后半部分则主要是由于生电性 Na^+ 泵的作用，泵出 Na^+ 泵入 K^+，使细胞失去更多的正电荷发生超极化。后电位之后膜电位恢复到静息状态，细胞可再次接受刺激发生兴奋。

（四）动作电位的触发

并非所有的刺激都可引起动作电位，只有当刺激强度达到或高于某一个水平时，才能引起动作电位。能使细胞产生动作电位的最小刺激强度称为阈强度（threshold intensity）或阈值。达到阈强度的刺激称为阈刺激（threshold stimulus）。大于或小于阈强度的刺激分别称为阈上刺激和阈下刺激。换言之，只有阈刺激和阈上刺激才能引起动作电位。阈下刺激作用于细胞虽然可引起一定程度的去极化，但由于达不到阈电位水平，不会引发动作电位。

（五）动作电位的传播

细胞膜某处产生动作电位可迅速沿细胞膜向周围不衰减地传导，使整个细胞膜依次发生兴奋。动作电位在同一细胞上的扩布过程称为兴奋的传导（conduction）。

细胞兴奋传导的机制可用局部电流（local current）学说解释。以无髓神经纤维为例，当神经纤维受到刺激产生动作电位时，该部位的膜电位变为膜内为正、膜外为负，而邻近静息的部位则膜内为负、膜外为正。这样，在膜的兴奋部位与邻近的静息部位之间存在电位差，在电位差的驱动下，膜外正电荷由静息部位向兴奋部位移动，膜内的正电荷由兴奋部位向静息部位移动，形成局部电流（local current）（图 2 − 11）。局部电流对邻近未兴奋部位形成有效刺激，使膜去极化，一旦达到阈电位，大量 Na$^+$ 通道被激活开启，产生动作电位，邻近部位膜发生兴奋。新兴奋部位膜电位出现同样的极性倒转，所引起的局部电流又导致下一处相邻未兴奋部位产生动作电位，如此反复连续进行，使动作电位在整个细胞上传导。由于锋电位产生时膜电位变化的幅度很大、速度极快，在单一细胞局部电流的强度超过了引起邻近膜兴奋所必需的阈强度数倍以上，因而以局部电流方式传导过程是相当"安全"的，不会出现中断现象。并且动作电位具有"全或无"的性质，足以保证局部电流的强度。所以，动作电位能沿着细胞膜进行不衰减的传导。

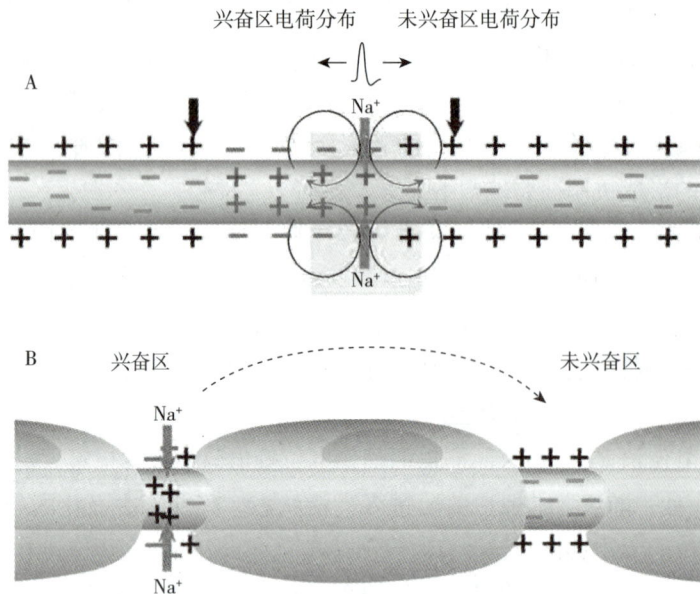

图 2 − 11　动作电位的传导过程

A：动作电位在无髓神经纤维的传导示意图

B：动作电位在有髓神经纤维的传导示意图

以上所述的动作电位传导过程和机制是可兴奋细胞兴奋传导的共同原理，心肌细胞、骨骼肌细胞及无髓神经纤维的动作电位传导均以上述方式进行。但有髓神经纤维的传导有其自己的特点。有髓神经纤维在轴突外面包有一层不导电、也不允许离子通透的高电阻和低电容的髓鞘。髓鞘在有髓纤维上呈节段性分布，每段 1~2mm，每两段髓鞘之间有 1~2μm 的轴突膜裸露区，称为郎飞氏结（node of Ranvier）。该处膜上的电压门控 Na$^+$ 通道密集，当此处产生动作电位时，很容易使邻近的郎飞氏结去极化达到阈电位，进而产生动作电位。有髓神经纤维这种动作电位在相邻的郎飞氏结间传导的方式称为跳跃式传导（saltatory conduction）。因此，有髓神经纤维传导神经冲动的速度要比无髓神经纤维快，最高传导速度可达 100m/s，这对于高等动物缩短对外界刺激做出反应的时间具有重要的意义。

一般而言，细胞之间的电阻很大，无法形成有效的局部电流，因而动作电位无法从一个细胞直接传播到另一个细胞。但在某些特殊的组织，如心肌、某些种类的平滑肌以及脑内的某些核团，细胞间存在缝隙连接（gap junction）。缝隙连接是一种特殊的细胞间连接方式，可使动作电位实现细胞间的直接传播。在缝隙连接处，相邻的两个细胞的质膜靠得很近（<3nm），每侧细胞膜上都规则地排列着一些蛋白颗粒，它们是由六个连接蛋白单体形成的同源六聚体，称为连接子（connexon）。每个连接子中央有

一个亲水性孔道。两侧膜上的连接子端端相连，使两个连接的亲水孔道对接，形成连通两个细胞的缝隙连接通道（gap junction channel）。这些缝隙连接通道通常是开放的，除了允许水溶性小分子物质和离子在两个细胞之间通过外，当一个细胞产生动作电位后，局部电流可流经缝隙连接通道直接对另一个细胞构成刺激，从而实现动作电位在细胞之间的快速传播。

（六）动作电位是可兴奋细胞的共同特征

1. 兴奋和兴奋性的概念 人体生活在不断变化着的环境中，并且能对环境的各种变化做出相应的应答。我们将环境的各种变化称为刺激（stimulus）。刺激按性质的不同可划分为：①物理性刺激，例如声、光、电、机械、温度等；②化学性刺激，例如酸、碱、盐及各种化学物质等；③生物性刺激，例如细菌、病毒等；④社会心理性刺激，例如情绪波动、社会变革等。

人体或人体的局部在接受刺激后做出的应答活动称为反应。反应可分为兴奋（excitation）和抑制（inhibition）两种表现形式。兴奋是指刺激引起的机体或者组织、细胞由相对静止的状态转为功能活动状态，或者原本活动状态加强；抑制是指机体或者组织、细胞由功能活动状态转为相对静止状态或活动状态的减弱。兴奋和抑制是人体功能状态的两种基本表现形式。两者互为前提，对立统一，可随条件改变互相转化。

组织、细胞的兴奋能力可以用兴奋性来描述，换言之，兴奋性（excitability）是指组织或细胞接受刺激后产生反应的能力或特性，也是重要的生命特征之一。人们习惯上把兴奋性高的细胞称为可兴奋细胞（excitable cell），主要包括神经细胞、腺细胞、肌细胞，它们具有较多的电压门控钠通道或电压门控钙通道，受刺激后很容易产生动作电位。由于刺激细胞引起兴奋会产生动作电位，因此，也可认为动作电位产生是细胞兴奋的标志。各种细胞兴奋会引起相应的功能反应，如腺细胞兴奋进行分泌、肌细胞兴奋进行收缩、神经细胞兴奋出现神经冲动。

2. 兴奋产生的条件 如前所述，只有达到一定水平的刺激才可引起动作电位、引起兴奋。描述一个刺激的大小有三个参数，它们是刺激的强度、刺激的时间、刺激强度对时间的变化率。

（1）刺激的强度 能够引起动作电位的最小刺激强度称为阈强度或阈值（threshold）。产生阈强度的刺激称为阈刺激；产生高于阈强度的刺激称为阈上刺激；产生低于阈强度的刺激称为阈下刺激。单个的阈下刺激作用于细胞虽然可以引起一定程度的去极化，但由于达不到阈电位水平，所以不会引发动作电位。而阈刺激或阈上刺激可使细胞膜去极化达阈电位水平，膜上大量钠通道开放，膜迅速去极化产生动作电位。另一方面，细胞兴奋性的高低也可用刺激的阈值来衡量，二者之间呈反变关系，刺激的阈值愈小，细胞兴奋性愈高；刺激的阈值愈大，细胞兴奋性愈低。

（2）刺激作用的时间 如果刺激时间太短，即便有足够大的刺激强度也不会引起兴奋。其主要原因与膜电容特性有关。当沿电压方向产生电流时，由于膜电容充电需一定的时间，膜电流产生去极化有一定滞后。因此，刺激必须持续一定的时间才能引起兴奋。临床上采用高频电脉冲的热疗法中，每一次刺激的时间很短，在不引起神经细胞兴奋的情况下使局部温度升高而达到治疗作用。再如，给患者进行肌内注射时，采取"进针快、退针快"的方法，缩短针刺刺激在皮肤上的持续时间，起到减弱刺激作用，减轻患者的痛苦。

（3）刺激强度的变化率 电压门控钠通道的激活和失活都很快，如果刺激强度的变化率很小，钠通道激活开放的过程中会同时有部分钠通道已转为失活，开放的钠通道数量少，不能有效地使膜快速去极化而产生动作电位。

3. 兴奋性的变化及其与动作电位的关系 细胞兴奋的过程也是动作电位发生的过程。在细胞产生动作电位的过程中，其自身的兴奋性也发生有规律的变化。具体而言，细胞兴奋过程中的兴奋性变化可依次出现以下四期（图2-12）。

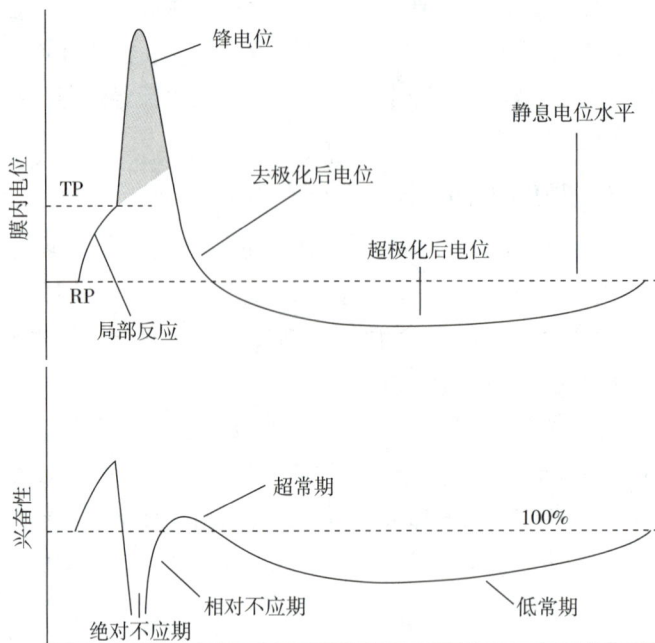

图 2-12　神经纤维兴奋过程中兴奋性的变化

TP：阈电位；RP：静息电位

（1）绝对不应期　绝对不应期在时程上相当于锋电位持续的时间。细胞在这个时期的兴奋性降低到零，无论接受多强的刺激都不能再发生兴奋，因此，将这段时期称为绝对不应期（absolute refractory period）。绝对不应期产生的原因是细胞膜 Na^+ 通道在这个时期正处于失活状态，不能再次接受刺激而被激活。正因为有绝对不应期存在，动作电位的锋电位不会发生叠加，同一部位不可能发生动作电位的重合。

（2）相对不应期　相对不应期在时程上相当于锋电位的负后电位前期所持续的一段时间。细胞在这个时期对阈刺激无反应，只有阈上刺激可引起兴奋，因此，将这段时期称为相对不应期（relative refractory period）。这段时间细胞的兴奋性已经有所恢复，但仍明显低于正常水平。相对不应期细胞兴奋性相对较低的原因是，部分 Na^+ 通道还未恢复，必须给予较强的阈上刺激才能激活足够的 Na^+ 通道，引发动作电位。

（3）超常期　超常期在时程上相当于动作电位的负后电位后半段时间。在此期，电压门控 Na^+ 通道已基本恢复到可被激活的备用状态，但膜电位尚未完全回到静息电位水平，较接近阈电位，因此，小于阈值的阈下刺激即可使膜去极化达到阈电位，表明细胞在该期的兴奋性高于正常，所以，该期被称为超常期（supernormal period）。

（4）低常期　低常期在时程上相当于动作电位的正后电位所持续的时间。此期的电压门控 Na^+（或 Ca^{2+}）通道虽然完全恢复到兴奋前水平，但细胞膜处于轻度的超极化状态，与阈电位间的距离加大，需要阈上刺激才能使膜去极化达到阈电位，表明细胞在该期的兴奋性低于正常，所以，该期被称为低常期（subnormal period）。

细胞兴奋性周期性变化中的各期以及各期所持续的时间在不同的细胞中可有很大差异，但是都有绝对不应期。绝对不应期决定着两次兴奋的最小时间间隔。不应期的长短与细胞的功能密切相关。例如，骨骼肌细胞的绝对不应期较短，约为 5 毫秒，每秒钟可兴奋 200 次，因此，骨骼肌可接受高频率的神经冲动而发生强直收缩；相反，心肌细胞的绝对不应期较长，达 150～200 毫秒，因此，心肌细胞不会接受高频率的神经冲动，也就不会发生强直收缩，而是有节律地收缩和舒张交替进行，这也更好地保证了心脏完成泵血功能。

四、电紧张电位与局部电位

电紧张电位是由被动电学特征决定的膜电位；局部电位是膜主动特征改变后少量离子跨膜移动的结果，是动作电位之外另一类重要的电信号。

（一）电紧张电位

如果将两个直流电极放置在神经纤维某两点之间，有电流流过时，电流可从正级通过膜外的溶液流向负极；同时，电流也可以穿过膜从正极流向膜内，在膜内流向负极处，再从膜内流出膜外而到达负极。这些穿过膜的电流，不仅在电极下的膜上流动，而且还会扩散到电极附近的一定区域，再进行穿膜流动。通常在电极下的一点上，电流密度最大；离电极愈远，电流密度愈小。这种由外加电流作用引起的膜电位变化称为电紧张电位（electronic potential）。

电紧张电位可以是超极化电紧张电位，也可以是去极化电紧张电位。电紧张电位无不应期，故可发生融合。如果多个去极化电紧张电位融合达到一定的电位幅度时，可使细胞膜上少量电压门控离子通道开放，形成局部电位。但是，电紧张电位幅度很小，而且，由于存在膜电阻和膜电容，使得在电紧张电位向邻近部位传播时随着时间的推移和距离的延长而迅速衰减并消失，因此扩布的距离很短，仅数毫米。这种传播方式称为电紧张方式扩布。

（二）局部电位

阈下刺激虽不能引起膜电位达到阈电位水平，但仍然能引起少量的 Na^+ 通道开放，少量 Na^+ 内流，在局部细胞膜产生低于阈电位的去极化电位变化，称为局部电位（local potential），也称为局部兴奋（local excitation）或局部反应（local response）。局部兴奋的强度较小，很快被外流的 K^+ 所抵消，因此不能引起再生性循环而发展成动作电位。只有当局部电位的幅度达到阈电位水平时，才能引起大量的 Na^+ 内流而触发动作电位。

局部电位具有以下特点。

1. 等级性反应　局部电位的去极化幅度随阈下刺激的强度而增减，不具有"全或无"式的特点。

2. 衰减性传导　局部电位只能沿着膜向邻近进行短距离的扩布，并随着扩布时间和距离的延伸迅速衰减，直至消失。

3. 可总和性　局部电位无不应期，多个阈下刺激可引起膜多次连续产生局部电位。两个或两个以上的局部电位可以叠加成一个较大的电反应。如果在距离很近的部位，细胞膜同时受到数个阈下刺激，所引起的去极化电位进行叠加的过程称为空间总和（spatial summation）。如果在细胞膜的同一部位连续高频率受到数个阈下刺激，引起的去极化电位进行叠加的过程称为时间总和（temporal summation）。如果空间总和或者时间总和的叠加效应达到阈电位，亦可触发动作电位。体内的感受器电位、慢电位、突触后电位和终板电位等均属于局部电位，都具有局部电位的特征。

局部电位与动作电位特点比较见表2-2。

表 2-2　局部电位和动作电位的比较

	动作电位	局部电位
刺激强度（单个刺激）	阈刺激或阈上刺激	阈下刺激
膜电位特点	具有"全或无"特点，即刺激未达到一定强度，不会产生；一旦产生，不会随刺激强度的增强而增大	等级性电位，幅度与刺激强度相关，不具有"全或无"特点
钠通道	大量开放	少数开放
传播特点	不衰减性传导	衰减性传导
总和现象	脉冲式发放，有不应期，无总和	没有不应期，反应可叠加总和

第四节 肌肉收缩

肌肉组织按结构和功能分为骨骼肌、心肌和平滑肌三类，其中骨骼肌和心肌在光学显微镜下显现明暗交替的横纹，故称为横纹肌。此外，按所受神经支配和控制的差异，肌肉组织又可分为受躯体运动神经支配和控制的随意肌如骨骼肌，及受自主神经调控的非随意肌如心肌和平滑肌。虽然肌肉的形态和功能各异，但在分子水平这些肌细胞收缩与舒张机制存在相同之处。本节以骨骼肌为例，说明肌肉收缩的原理。

一、骨骼肌的收缩

（一）骨骼肌神经–肌接头处的兴奋传递

骨骼肌的每个肌细胞都受躯体运动神经元轴突分支的支配，其活动受意识的控制，因此，也被称为随意肌。当支配肌肉的运动神经元兴奋时，兴奋在神经–肌接头处传递给肌细胞，引起肌细胞的兴奋和收缩。

1. 骨骼肌神经–肌接头处结构 神经–肌接头（neuromuscular junction）由运动神经纤维末梢与骨骼肌细胞膜终板相接触形成，是将运动神经的兴奋传递给所支配的骨骼肌的特定部位（图2–13）。神经–肌接头由接头前膜、接头间隙和接头后膜（运动终板）三部分组成。运动神经纤维在到达神经末梢时先失去髓鞘，末梢部位膨大，嵌入肌细胞，形成接头前膜。神经末梢中有大量的含神经递质的囊泡，称为突触囊泡（synaptic vesicle）。每个突触囊泡内中含有大约10000个乙酰胆碱（acetylcholine，ACh）分子。接头前膜上存在一种与ACh释放密切相关的电压门控Ca^{2+}通道。与前膜相对应的骨骼肌细胞膜是接头后膜，又称终板膜（endplate membrane），该膜与一般的肌细胞膜相比，具有以下特点。

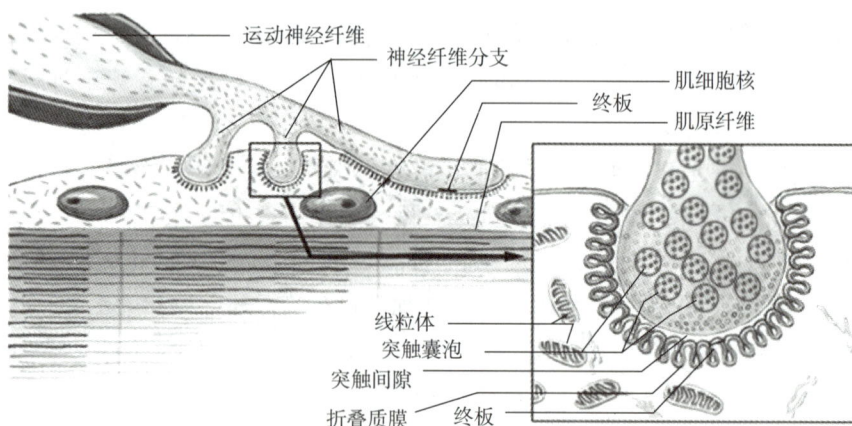

图2–13 神经–骨骼肌接头结构示意图

（1）终板皱褶 该部位的肌细胞膜增厚并形成许多皱褶，有利于增加接头后膜的接触面积。

（2）缺乏电兴奋性 由于终板膜无电压门控Na^+通道、Ca^{2+}通道，所以它不产生动作电位，只能产生终板电位。

（3）N_2型ACh受体 终板膜分布有N_2型ACh受体，它是一种阳离子通道（N_2 – ACh receptor cation channel）。

（4）胆碱酯酶 在终板膜的表面还分布有胆碱酯酶（AChE），可将ACh分解为胆碱和乙酸。接头前膜与后膜之间有一个宽 20~30nm 的间隔，被称为接头间隙。神经－肌接头间隙内充满细胞外液，其中尚含有成分不明的基质。

2. 神经－肌接头的化学传递 当运动神经末梢处接受传来神经冲动时，接头前膜去极化并激活该处膜上特有的电压门控性钙通道，细胞间隙液中的 Ca^{2+} 进入神经末梢，使囊泡靠近接头前膜内侧面，并通过出胞过程释放 ACh。释放的 ACh 通过接头间隙扩散至终板膜表面，与终板上的 N_2 型 ACh 受体（$N_2 - AChR$）结合，引起通道分子构象改变，触发 Na^+ 内流、K^+ 外流等，使终板发生去极化，形成终板电位（end－plate potential，EPP）。终板电位属于局部电位，其幅度与神经末梢释放 ACh 的量成正比例，可经电紧张扩布引起周围非终板肌膜中电压门控 Na^+ 通道开放，产生可传播的动作电位，使整个细胞膜兴奋。另一方面，ACh 释放后几毫秒内即可被终板膜上的胆碱酯酶迅速分解而作用消除。因此，终板电位的持续时间很短暂。

运动神经的兴奋在神经－肌接头处将动作电位传给骨骼肌细胞时具有电－化学－电传递的特点（图 2－14），即神经冲动诱发神经末梢释放 ACh，后者作用于终板膜转换为肌细胞的电活动。在这个过程中，ACh 释放是一个关键性步骤，它具有以下特点。

（1）Ca^{2+} 依赖性 接头前膜释放 ACh 的过程中，Ca^{2+} 内流发挥重要的作用。Ca^{2+} 内流量决定囊泡释放数目。细胞外液中低 Ca^{2+} 或（和）高 Mg^{2+} 都可阻碍 ACh 释放而影响神经－肌接头兴奋的传递。

（2）量子式释放 ACh 的释放以囊泡为最小单位进行。单个囊泡的释放可引起终板膜产生微小的去极化，即微终板电位（miniature end－plate potential，MEPP）。当大量囊泡同时释放时，这些 MEPP 可发生总和形成 EPP。一次动作电位一般可引发约 125 个囊泡释放而产生 EPP。

凡是可影响神经－肌接头处兴奋传递过程任意一个环节的药物或病变，都可影响兴奋的正常传递和肌肉的收缩功能。例如，筒箭毒碱可以与 ACh 竞争终板的 ACh 受体，使肌肉不能兴奋失去收缩能力，因此，可作为肌肉松弛剂。再如，有机磷农药具有抑制胆碱酯酶的作用，抑制胆碱酯酶活性，减弱 ACh 的分解，可造成 ACh 在接头间隙的大量积聚，从而导致肌细胞处于持续去极化状态，出现肌肉痉挛及其他中毒症状。重症肌无力患者因机体产生自身免疫抗体，导致骨骼肌终板处的 ACh 门控通道数量不足或功能障碍，进而影响神经－肌接头的信息传递，出现肌肉无力。

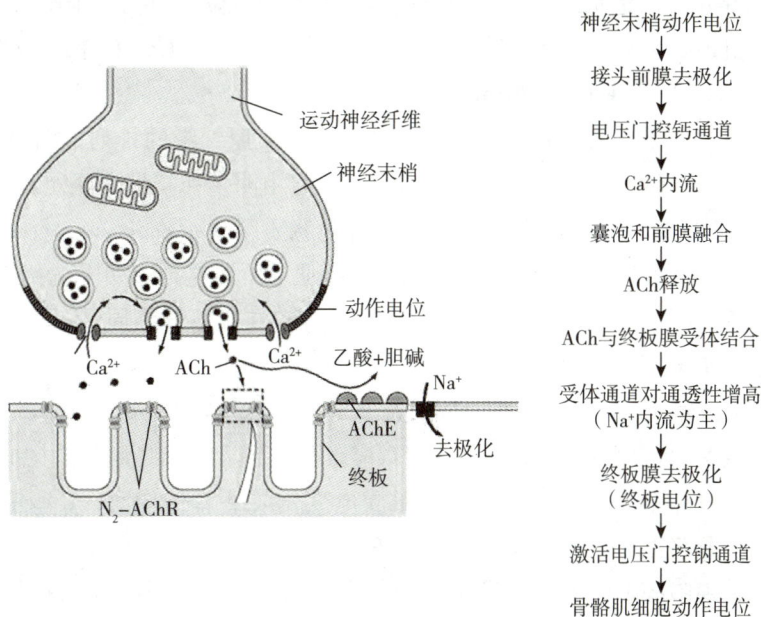

图 2－14 神经－骨骼肌接头处兴奋传递过程

⇒ 案例引导

临床案例　患者，男，57 岁，因感全身乏力，疲劳，吃饭喝水费劲就诊。自述 1 年前开始交替发生左右眼睑下垂，常感觉全身乏力、疲劳，但休息一会稍有好转。近 1 个月来全身乏力加重，进行日常的家务劳动时明显吃力易产生疲劳，特别近半个月来吃饭、喝水都觉得费劲，严重干扰正常生活。检查发现，患者的血中抗胆碱能受体的抗体数量增多，患者最终被诊断为重症肌无力，并开始服用乙酰胆碱酯酶抑制剂新斯的明。

讨论　1. 重症肌无力的病变部位可能在哪？
　　　　2. 试述乙酰胆碱酯酶抑制剂对神经 - 肌接头的作用。
　　　　3. 为什么服用新斯的明有助于缓解患者症状？

（二）骨骼肌的结构

骨骼肌是一种随意肌，附着在骨骼上使我们能够进行随意运动。骨骼肌由成束状排列的肌细胞构成，肌细胞紧密排列，长短互补。肌细胞外面包有纤细的网状膜，称肌内膜；各肌束又被胶原纤维和弹力纤维混合成的结缔组织膜包裹，称肌束膜；在每块肌肉的外面，又包有 1 层较厚的结缔组织，称肌外膜。各膜的结缔组织彼此连续，分布到肌肉的血管、神经都沿结缔组织膜进入。

骨骼肌细胞呈纤维状，不分支，有明显横纹，核较多，且都位于细胞膜下方。其主要结构特点是含有大量沿肌细胞长轴平行排列的细丝状肌原纤维和高度发达的肌管系统，规则、有序排列于肌原纤维之间。

1. 肌原纤维和肌节　每个骨骼肌细胞内含有上千条直径 $1 \sim 2 \mu m$、纵向平行排列的肌原纤维（myofibril），在光镜下，肌原纤维呈现规则的暗区与明区相交替，分别称之为暗带（dark band）和明带（ligh band）（图 2－15）。暗带由粗肌丝、细肌丝组成，粗肌丝的长度即暗带的长度；在电镜下，暗带中央可见一段相对透明的区域，称为 H 区，H 区的中央有一条较深的 M 线。明带由细肌丝组成；明带中央一条较暗的 Z 线。细肌丝就由 Z 线向两侧伸出，两侧的长度都是 $1 \mu m$。相邻两条 Z 线之间的区域称为一个肌小节。肌小节（sarcomere）是肌细胞收缩和舒张的基本功能单位，包括一个暗带和两侧各 1/2 明带。肌小节的长度在肌肉组织处于不同的功能状态下可有一定的变化，例如，安静时骨骼肌的肌小节的长度为 $2.0 \sim 2.2 \mu m$，可变动范围在 $1.6 \sim 3.6 \mu m$ 之间。

2. 肌管系统　骨骼肌细胞内存在两种肌管系统，依其与肌原纤维的排列方向分别称为横管（transverse tubule，T 管）与纵管（longitudinal tubule，L 管）。横管由明带和暗带交界处的肌细胞膜垂直向内凹陷，是与肌原纤维走行方向垂直的膜性管道。纵管又称为肌质网（sarcoplasmic reticulum，SR），是与肌原纤维走行方向平行的膜性管道，交织成网，大面积包绕肌原纤维构成，可分为纵行肌质网（longitudinal SR，LSR）和连接肌质网（junctional SR，JSR）。LSR 分布在肌原纤维周围，膜上有钙泵，可逆浓度梯度将胞质中的 Ca^{2+}，转运至 SR 内；JSR，也称为终池（terminal cisterna），是肌细胞 Ca^{2+} 贮存场所，其 Ca^{2+} 浓度比胞质高出近万倍。JSR 中有 Ca^{2+} 释放通道，或称为雷诺丁受体（ryanodine receptor，RYR），其分布与 T 管膜上电压门控 L 型钙通道相对应。T 管与两侧的终池共同构成三联管（triad）结构，它是肌细胞兴奋 - 收缩耦联的关键部位。当肌膜电变化沿 T 管传导时，L 型钙通道构象变化，使 Ca^{2+} 释放通道开放，引起终池 Ca^{2+} 释放。而肌质中 Ca^{2+} 浓度增加与肌钙蛋白结合，可触发肌小节缩短。因此，肌细胞兴奋时，细胞膜上的电变化沿 T 管膜传入肌细胞内部，引起终池贮存的 Ca^{2+} 释放，进而触发肌细胞的收缩和舒张。

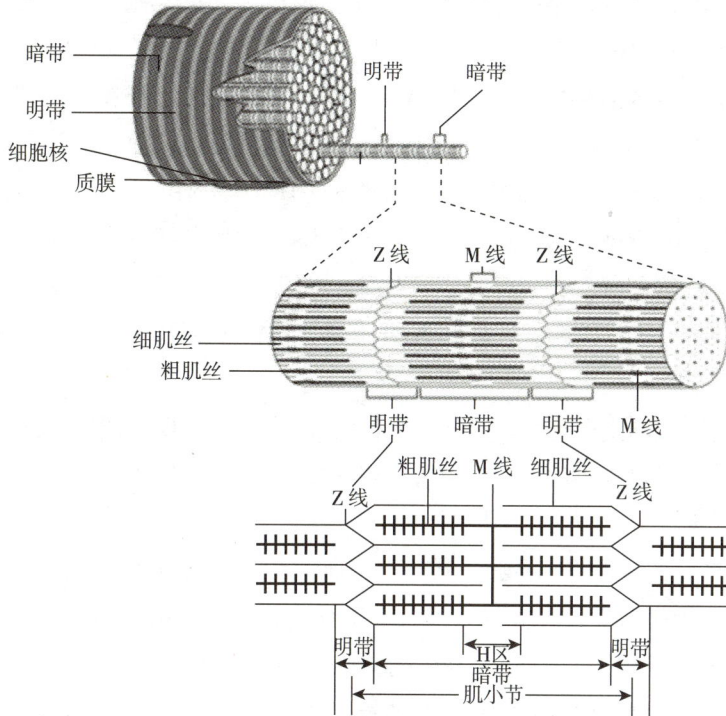

图 2-15　骨骼肌肌小节示意图

（三）骨骼肌收缩的原理

骨骼肌的收缩过程一般用肌丝滑行学说（myofilament sliding theory）来解释，其主要内容是：肌肉收缩时，在每一个肌节内发生了细肌丝向暗带中央的滑行，使各相邻的 Z 线互相靠近，肌节长度变短，造成整个肌原纤维、肌细胞乃至整条肌肉长度的缩短。

1. 肌丝的分子结构

（1）粗肌丝　粗肌丝长约 $1.6\,\mu m$，主要由数百个肌球蛋白（myosin，也称肌凝蛋白）分子组成。单个的肌球蛋白分子长约 150nm，有一个杆状部和两个球形的头部，形似豆芽状。肌球蛋白的杆状部都朝向 M 线平行排列，形成粗肌丝主干。球状部则有规则地裸露在 M 线两侧，在粗肌丝主干表面形成横桥（crossbridge）（图 2-16）。横桥具有 ATP 酶的活性，可分解 ATP 获得能量，用于横桥的竖起和扭动。在胞质 Ca^{2+} 浓度升高时，横桥可以和细肌丝上的肌动蛋白结合位点可逆性结合，释放贮存的势能，引起横桥向 M 线方向扭动。

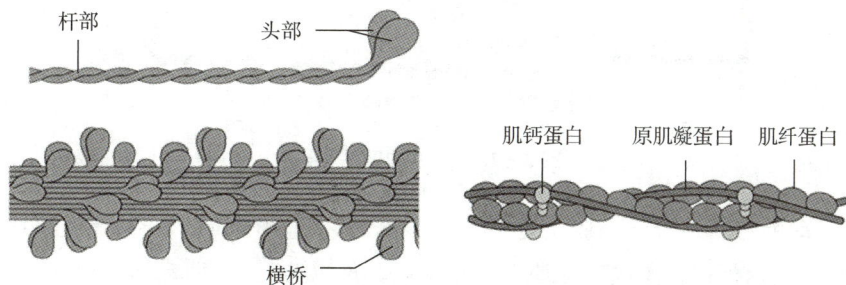

图 2-16　骨骼肌的粗肌丝和细肌丝结构示意图

（2）细肌丝　细肌丝主要由肌动蛋白（actin，也称肌纤蛋白）、原肌球蛋白（tropomyosin，也称原肌凝蛋白）和肌钙蛋白（troponin）三种成分构成。肌动蛋白单体呈球形，聚合成球形双螺旋状，构成细肌丝主干。肌动蛋白具有激活肌球蛋白头部 ATP 酶的位点，并可与肌球蛋白相结合。原肌球蛋白是长杆状分子，首尾相连聚合成杆状双螺旋结构，与肌动蛋白双螺旋并行。原肌球蛋白所在位置恰好遮盖肌动蛋白与肌球蛋白头部结合的活性位点。肌钙蛋白以一定的间隔出现在原肌球蛋白的双螺旋结构之上。肌钙蛋白呈球形，由 T、I 和 C 三个亚单位构成三聚体。在静息状态下，T 亚单位（TnT）与原肌球蛋白结合，I 亚单位（TnI）与肌动蛋白结合，C 亚单位（TnC）上有与 Ca^{2+} 结合的位点。每个原肌球蛋白分子上结合一个肌钙蛋白，每个肌钙蛋白可结合 4 个 Ca^{2+}。当肌钙蛋白 C 亚单位（TnC）与 Ca^{2+} 结合时，把信息传递给原肌球蛋白，引起后者分子变构，以解除其对肌动蛋白和肌球蛋白的横桥相互结合的阻碍作用，使肌动蛋白与横桥结合，并分解 ATP 提供能量向 M 线方向扭动，从而产生肌丝滑行，肌纤维缩短。

在肌肉收缩过程中，肌动蛋白与肌丝滑行有直接的关系，故和肌球蛋白一同被称为收缩蛋白；而原肌球蛋白和肌钙蛋白不直接参与肌丝滑行，但可影响和控制收缩蛋白之间的相互作用，故称为肌肉收缩的调节蛋白。

2. 骨骼肌的收缩与舒张　骨骼肌在舒张状态下粗肌丝和细肌丝分离，粗肌丝上横桥结合的 ATP 被分解，头部留有 ADP 和无机磷酸，其方位与细肌丝垂直。此时横桥虽与肌动蛋白有高度的亲和力，但后者的结合位点被掩盖，故不能与之结合。当肌细胞膜产生动作电位通过三联管诱发胞质［Ca^{2+}］升高，可促进粗肌丝和细肌丝之间的相互滑行，肌节长度缩短，骨骼肌收缩。该过程是通过横桥周期完成的，其主要过程如（图 2 - 17）所示。

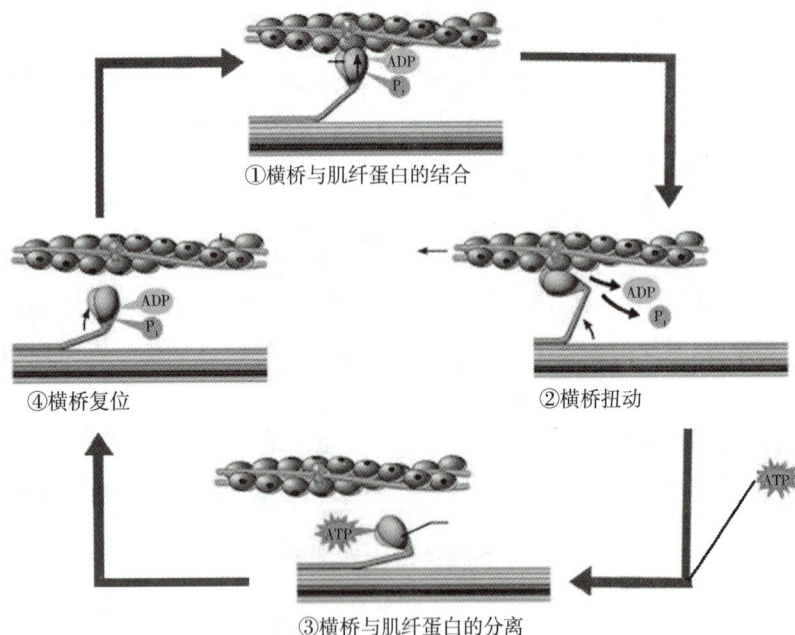

①横桥与肌纤蛋白的结合

④横桥复位

②横桥扭动

③横桥与肌纤蛋白的分离

图 2 - 17　横桥周期示意图

（1）横桥与肌动蛋白的结合　当胞质内［Ca^{2+}］升高超过 10^{-5} mol/L 时，Ca^{2+} 与肌钙蛋白的 C 亚单位（TnC）结合，肌钙蛋白构象改变，肌钙蛋白 I 亚单位（TnI）与肌动蛋白结合减弱，原肌球蛋白分子构象变化，发生位移，暴露出肌动蛋白的结合位点，使横桥与肌动蛋白结合。

（2）横桥扭动　在 Mg^{2+} 存在下，肌动蛋白可激活肌球蛋白头部的 ATP 酶，分解 ATP 释放能量，造成肌球蛋白头部构象改变，使头部向 M 线方向摆动约 45°角，拖动细肌丝向 M 线方向滑动，肌小节缩短，即横桥贮存的能量转变为克服负荷的张力和（或）肌丝滑行引起的肌小节缩短。在横桥摆动的同时，ADP 和无机磷酸分离，横桥变为低能状态。

（3）横桥与肌动蛋白的分离 当横桥结合新的 ATP 时，横桥与肌动蛋白的亲和力降低而分离。此外，当肌质内 Ca^{2+} 浓度升高时，也使肌质网的钙泵活动增强，钙泵分解 ATP 而逆浓度梯度将 Ca^{2+} 收回肌质网中，肌钙蛋白与 Ca^{2+} 解离，肌钙蛋白与原肌球蛋白复位，也促使横桥与肌动蛋白分离。

（4）横桥复位 复位的横桥对细肌丝中肌动蛋白具有高亲和力，当肌质内 Ca^{2+} 浓度再次升高时，重复上述过程，即肌球蛋白的横桥反复与肌动蛋白结合、摆动、解离、复位、再结合并周而复始反复进行，这一过程称为横桥周期（cross - bridge cycling）。当胞质〔Ca^{2+}〕降低，肌钙蛋白 C 亚单位与结合的 Ca^{2+} 解离，原肌球蛋白恢复原位，细肌丝从暗带中央滑出，骨骼肌舒张。

（四）骨骼肌的兴奋 - 收缩耦联

骨骼肌兴奋时将肌细胞膜产生的动作电位和肌细胞的机械收缩联系起来的中介过程，称为骨骼肌的兴奋 - 收缩耦联（excitation - contraction coupling）。介导兴奋 - 收缩耦联的关键结构是三联管，Ca^{2+} 离子在其中起关键作用。

骨骼肌的兴奋 - 收缩耦联包括以下主要步骤：

（1）肌膜上的动作电位传导 肌膜上的动作电位通过横管系统传向肌细胞的内部，并激活横管膜和肌膜上的 L 型钙通道。

（2）终池内 Ca^{2+} 的释放 膜电位去极化可引起 T 管膜和肌膜上的 L 型钙通道发生构象改变，直接激活终池上的 ryanodine 受体，钙释放通道开放，Ca^{2+} 顺浓度差由终池释放到胞质中，使胞质内的 Ca^{2+} 浓度迅速升高。

（3）Ca^{2+} 触发肌肉收缩 胞质内的 Ca^{2+} 与肌钙蛋白结合，触发肌肉收缩。

（4）胞质内 Ca^{2+} 的回收 胞质内 Ca^{2+} 浓度的升高也激活 LSR 膜中的钙泵，促进 Ca^{2+} 回收至肌浆网。胞质中 Ca^{2+} 浓度的降低，可致骨骼肌舒张（图 2 - 18）。

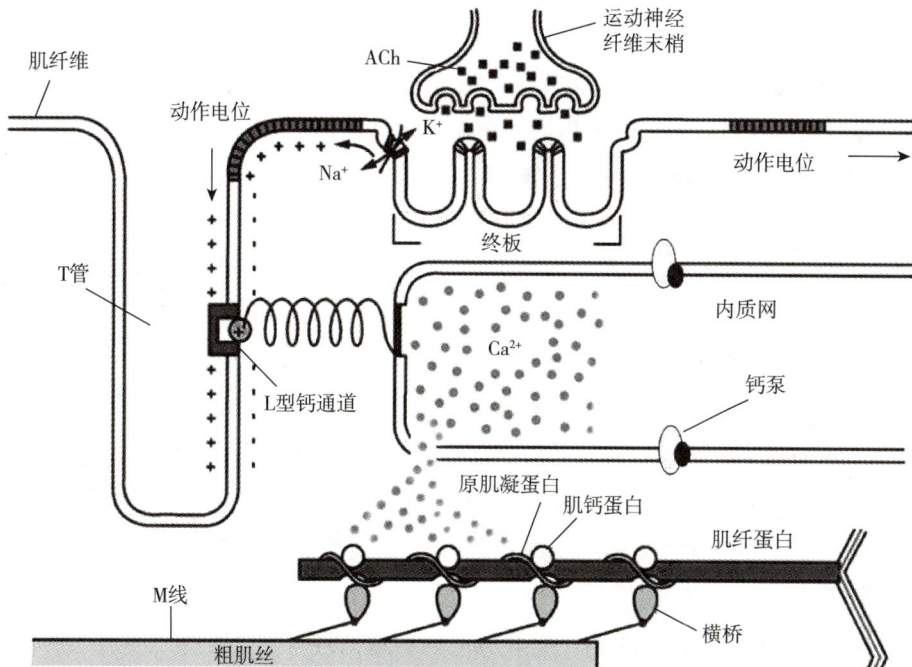

图 2 - 18 骨骼肌的兴奋 - 收缩耦联示意图

（五）骨骼肌收缩的表现形式

1. 等长收缩与等张收缩 骨骼肌根据承载负荷情况不同可分为等长收缩和等张收缩。肌肉长度不变而张力增加的收缩形式称为等长收缩（isometric contraction）（图 2 - 19A），而肌肉收缩过程中所产生的张力不变而长度缩短的肌肉收缩形式称为等张收缩（isotonic contraction）（图 2 - 19B）。在等长收缩过程中，粗肌丝的横桥与细肌丝结合，但细肌丝没有发生滑行。例如机体内一些肌肉（比目鱼肌、项背肌等），收缩时长度变化不大，但张力明显增加，以利于维持身体固定姿势和对抗外力。在等张收缩中，粗肌丝的横桥与细肌丝结合，拉动细肌丝滑行，故肌肉缩短。

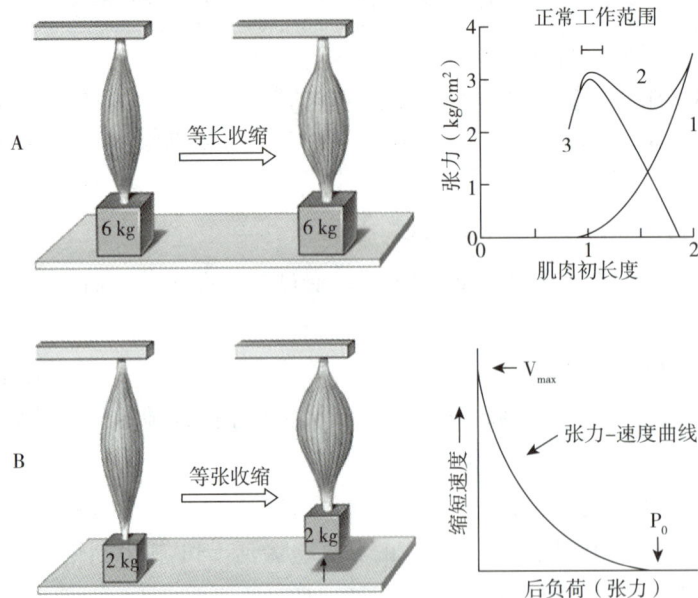

图 2 - 19 骨骼肌的等长收缩和等张收缩

人体骨骼肌的收缩大多数情况下既存在等长收缩也存在等张收缩，通常是张力增加在前，长度缩短在后。在维持姿势时肌肉收缩以等长收缩为主，而在运动时肌肉收缩以等张收缩为主。

2. 单收缩与复合收缩 骨骼肌根据所受刺激频率的不同可分为单收缩和复合收缩两种形式。骨骼肌受到单个的有效刺激，产生一次动作电位，随后引起一次机械性的收缩，称为单收缩（single twitch）。单收缩全过程分为潜伏期（latent period）、收缩期（contractile period）和舒张期（relaxing period）三个时相。如果在第一次刺激引起的单收缩尚未结束之前给予第二次刺激，两次连续刺激引起的两次单收缩叠加起来，可产生比单次收缩更强的复合收缩（compound contraction），即收缩发生了总和现象。如果提高刺激频率，但后一刺激均落在前次收缩的舒张期内，肌肉表现为舒张不完全的单收缩叠加，形成不完全强直收缩（incomplete tetanus），记录的收缩曲线呈锯齿状（图 2 - 20A）；如果继续提高刺激频率，使后一次刺激引起的收缩均落在前一次收缩的收缩期内，则每次收缩的张力或长度变化可以融合叠加，肌肉表现为无舒张期的持续收缩状态，称为完全强直收缩（complete tetanus），记录的收缩曲线呈高耸平滑而无锯齿状（图 2 - 20B）。

简而言之，复合收缩包括不完全强直收缩和完全强直收缩，它们产生的最大张力可达单收缩的 4 倍左右，这是因为在单收缩时胞质内 Ca^{2+} 浓度升高的持续时间太短，在有些收缩蛋白尚未活化和（或）活化的收缩蛋白尚未产生最大张力时，胞质 Ca^{2+} 浓度就开始下降，因此，单收缩产生的张力并未达到最大效能。而在强直收缩时，连续的动作电位使胞质 Ca^{2+} 浓度持续升高，未完全收缩和舒张的肌纤维将进一步缩短，收缩张力可达到一个稳定的最大值。生理情况下，躯体运动神经上的传出冲动总是连续的，频率较高，所以骨骼肌的收缩几乎都是完全强直收缩，只不过强直收缩的持续时间可长可短。

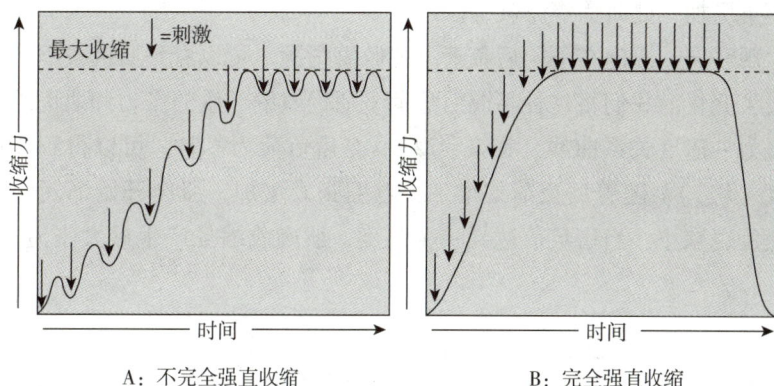

A：不完全强直收缩　　　　　　　　B：完全强直收缩

图 2 - 20　骨骼肌的刺激频率对骨骼肌收缩的影响

（六）影响骨骼肌收缩的因素

肌肉收缩的效能是对肌肉收缩时产生的张力大小、缩短程度以及产生张力或缩短的速度的综合考量。收缩效能除了受参与收缩的肌纤维数量和刺激频率等因素影响外，以下三个方面的因素直接影响肌肉的收缩。

1. 前负荷　肌肉收缩前就承载的负荷称为前负荷（preload）。由于肌肉具有弹性，加载前负荷可牵拉肌肉。我们把肌肉在收缩前就具有的一定长度称为初长度（initial length）。肌肉的前负荷决定肌纤维的初长度。换言之，前负荷通过影响肌肉的初长度影响肌肉收缩的效能。如果以不同的前负荷改变骨骼肌的初长度，将其收缩时所产生的张力变化绘制成曲线，即为长度 - 张力关系曲线（图 2 - 21）。由曲线可见，当前负荷逐渐增加时，肌肉每次收缩所产生的张力也相应增大，但前负荷超过某一限度后，再继续增加前负荷反而使收缩产生的张力越来越小。这是由于当肌小节长度为 $2.0 \sim 2.2 \mu m$ 时，粗、细肌丝处于最适重叠状态，即粗肌丝所有的横桥都能与细肌丝接触，形成横桥连接最多，肌肉收缩时产生的收缩张力最大。肌小节长度大于或小于这一范围，粗、细肌丝相互重叠程度均减少，肌肉收缩产生的张力也相应减小。因此，肌小节为 $2.0 \sim 2.2 \mu m$ 时的初长度称为最适初长度（optimal initial length），此时肌肉收缩产生的张力最大。在体骨骼肌所处的自然长度相当于最适初长度。

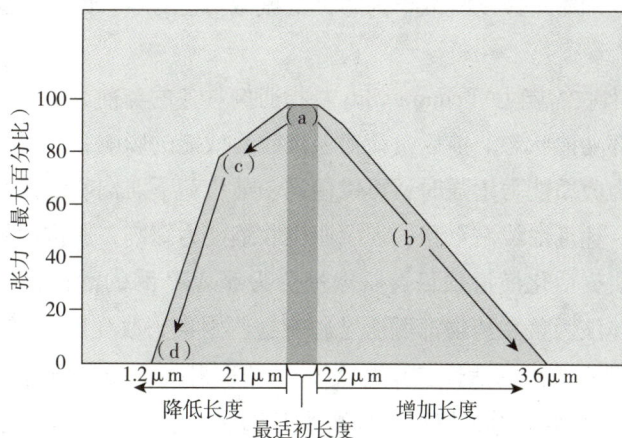

图 2 - 21　前负荷对骨骼肌收缩的影响

2. 后负荷　肌肉在收缩开始后承载的负荷，称为后负荷（afterload）。由于后负荷的存在，肌肉收缩首先要克服后负荷造成的收缩阻力才能缩短，因此，收缩开始时为等长收缩。当肌肉收缩产生张力增加达到与后负荷相等的程度时，后负荷不再阻止肌肉的缩短，肌肉则以一定的速度缩短。而且肌肉一旦开始缩短，张力即不再增加，此时为等张收缩。

若改变后负荷，观察同一肌肉在不同后负荷下的收缩情况，可以看到肌肉收缩产生的张力和肌肉缩短速度之间的关系发生变化。我们将这种不同后负荷下肌肉收缩产生的张力和肌肉缩短速度的关系绘制出一条曲线，称为张力－速度关系曲线（图2－22）。当后负荷为零时，可以得到该肌肉在当时功能状态下的最大缩短速度（V_{max}）。随着后负荷的增加，收缩张力增加，肌肉开始缩短的时间推迟，肌肉缩短的程度和收缩的速度也减小。当后负荷达到一个限度，肌肉收缩虽产生最大张力（P_0），但已不能缩短，缩短速度为零。

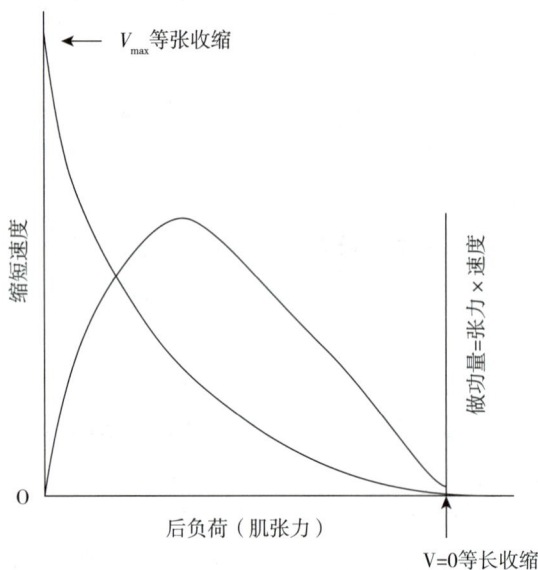

图2－22　后负荷对骨骼肌收缩的影响

肌肉收缩的张力与活化的横桥数目有关，而收缩的速度取决于横桥周期的长短，横桥周期又与后负荷有关。当后负荷为零时，横桥周期最短，但不产生张力，做功为零。当后负荷增大时，横桥周期增长，需要有较多的横桥活化，以产生和维持较大的张力来克服负荷的阻力。后负荷过大，虽然肌肉产生的张力也增大，但缩短程度和缩短速度将减小为零，机械做功也为零。因此，肌肉在适度的后负荷情况下收缩做功最大。

3. 肌肉收缩能力　肌肉收缩能力（contractility）指肌肉具备的与前、后负荷无关的，又能影响肌肉收缩效能的内在特性或内部功能状态。前后负荷对肌肉收缩效能的影响，都是在一定肌肉收缩能力条件下，外加因素的作用。肌肉收缩能力增强时，可以使同一前负荷下肌肉收缩产生的张力增加，表现为长度－张力曲线上移，张力－速度曲线右上移，表示肌肉收缩能力提高。肌肉收缩能力降低时则发生相反的变化。肌肉收缩能力主要受活化横桥数目、肌球蛋白头部ATP酶的活性，以及细胞内的能量转换等因素的影响。一些神经、体液因素和药物都可通过影响这些因素来改变肌肉（特别是心肌）收缩能力。例如，儿茶酚胺可提高L型钙通道的活性，使胞质Ca^{2+}浓度升高，提高肌肉收缩的能力。一些钙增敏剂可以增加肌钙蛋白对Ca^{2+}的亲和力，使活化横桥数目增多，肌肉收缩能力增强。而缺血、缺氧所致的代谢障碍和酸中毒等因素，则使细胞内Ca^{2+}浓度降低、能量生成不足，导致心室肌收缩力减弱和每搏输出量减少。

4. 收缩的总和　收缩的总和（summation）是指肌细胞收缩的叠加特性，使骨骼肌可快速调节其收缩的强度。

（1）运动单位数量的总和　由一个脊髓 α 运动神经元或脑干运动神经元及其所支配的全部肌纤维所组成的功能单位称为运动单位（motor unit）。参与收缩的运动单位数量越多，骨骼肌收缩的强度就越强。运动神经元的大小原则（size principle）：由于运动单位的兴奋性与其大小呈负相关，抑制性与其大小呈正相关，所以骨骼肌收缩时，首先出现小运动单位兴奋，此后较大的运动单位依次被募集，最大的运动单位最后一个被募集，使收缩逐渐加强；而在骨骼肌舒张时则相反。从而使神经系统能够更完善、更精确地控制肌肉收缩时的各种参数，保证肌力能平滑地增减，从而获得最佳的运动模式。

（2）频率效应的总和　运动神经元发放冲动的频率可影响骨骼肌的收缩形式和收缩强度。即随着刺激频率的增加，骨骼肌收缩逐渐由单收缩融合成强直收缩。

二、平滑肌的收缩功能

体内呼吸系统、消化系统、泌尿系统、生殖系统等内脏器官及血管的肌肉组织是平滑肌组织，由平滑肌细胞构成。平滑肌的结构与骨骼肌相比有显著不同之处。

（一）平滑肌的结构特点

与骨骼肌相比，①平滑肌细胞呈细长的纺锤形，直径及长度远小于骨骼肌细胞，通常只有一个核；②平滑肌纤维的粗、细丝排列不像骨骼肌那样规律整齐，因此，在光镜下看不到横纹，在电镜下不见 Z 线。细胞质内有致密体，细胞膜上有致密斑，均是细肌丝的附着点，可传递张力；③平滑肌细胞缺乏肌钙蛋白，由钙调蛋白与 Ca^{2+} 结合触发平滑肌收缩；④平滑肌细胞无横管系统，肌膜上动作电位不能及时传入细胞内部，肌肉收缩较为缓慢，此外，肌质网不发达，Ca^{2+} 的储存与释放不如骨骼肌充分，对兴奋 – 收缩耦联过程以及肌肉收缩均有影响。

（二）平滑肌的分类

根据功能特性可将平滑肌分为单个单位平滑肌（single – unit smooth muscle）和多单位平滑肌（multi – unit smooth muscle）两大类。单个单位平滑肌也称内脏平滑肌，主要分布在以胃肠、子宫和输尿管平滑肌为代表的中空的内脏器官。其结构特征是在细胞间具有大量缝隙连接，电活动可从一个肌细胞直接传导到其他肌细胞，其功能活动类似于合胞体，即所有的肌细胞作为一个整体单位对刺激发生反应。此外，这类平滑肌中有少数细胞具有自律性，能自发地产生节律性兴奋和舒缩活动，并能带动整块平滑肌的电活动和机械收缩活动。多单位平滑肌是指分布于竖毛肌、虹膜肌、睫状肌及气道和大血管的平滑肌，其细胞间很少有缝隙连接，各平滑肌细胞在活动时各自独立，没有自律性，其活动主要受自主神经支配，收缩强度取决于被激活的肌纤维的数目和神经冲动的频率。

（三）平滑肌的电活动

与横纹肌相比，平滑肌细胞的静息电位较低，在 $-50 \sim -60mV$ 之间，主要是由于平滑肌细胞膜对 Na^+ 的通透性相对较高所致。单个单位平滑肌具有自律性，其静息电位不稳定，可出现缓慢的自发节律性波动，称为慢波（详见第六章），周期约为数秒至数分钟。平滑肌细胞的动作电位产生机制因平滑肌的类型和部位而异，如肠道和输精管平滑肌细胞的动作电位去极相主要依赖于 Ca^{2+} 内流，而膀胱和输尿管平滑肌细胞则以 Na^+ 内流为主。动作电位复极相则依赖于 K^+ 外流造成。平滑肌细胞动作电位的时程与骨骼肌细胞的相比较长，可持续 $10 \sim 50$ 毫秒。

（四）平滑肌的收缩原理

平滑肌纤维与骨骼肌纤维一样是以"肌丝滑行"原理进行收缩。但是，平滑肌细胞缺乏肌钙蛋白，当细胞内 Ca^{2+} 浓度升高时，首先与细胞内的钙调蛋白结合形成复合物（Ca – CaM），Ca – CaM 激活胞质中的肌球蛋白轻链激酶（myosin light chain kinase, MLCK），MLCK 使横桥中的肌球蛋白轻链（MLC）磷酸化，磷酸化的 MLC 提高横桥 ATP 酶的活性，引发横桥与细肌丝肌动蛋白的结合，从而触发粗细肌丝滑动，平滑肌纤维收缩。平滑肌细胞内的粗肌丝没有 M 线，故细肌丝可沿着粗肌丝的全长滑动，使平滑肌缩短的程度达 80%。此外，平滑肌细胞内粗、细肌丝斜向走行，粗肌丝上相邻的横桥摆动方向相反，因而平滑肌收缩呈螺旋扭曲而变短和增粗。

（五）平滑肌活动的神经调控

大多数平滑肌接受自主神经的支配，除了一部分小动脉只接受交感神经支配，其他的平滑肌通常受交感神经和副交感神经的双重支配。平滑肌组织，特别是消化管平滑肌肌层中还有内在神经丛存在，后者也接受外来神经的影响，此外还发现有局部传入性神经元，可以引起各种反射。

平滑肌的神经-肌接头处不像骨骼肌具有终板样的特化结构，神经兴奋以非突触性化学传递方式传递至平滑肌。支配平滑肌的外来神经纤维在进入平滑肌组织时多次分支，分支上形成许多念珠状的曲张体（varicosity），内含大量分泌囊泡，它们在神经冲动到达时可以释放出神经递质或其它神经活性物质。曲张体与平滑肌之间的距离较大，肌细胞上受体分布也比较分散，因此神经和平滑肌之间的兴奋传递耗时较长。

目标检测

答案解析

一、单项选择题

1. 在静息情况下，细胞膜对下列哪种离子通透性最大

    A. Na^+ B. K^+ C. Cl^-

    D. Ca^{2+} E. Mg^{2+}

2. 当细胞受到低温、缺氧或代谢障碍等因素影响时，其电活动如何变化

    A. 静息电位增大，动作电位幅度减小

    B. 静息电位减小，动作电位幅度增大

    C. 静息电位增大，动作电位幅度增大

    D. 静息电位减小，动作电位幅度减小

    E. 静息电位和动作电位幅度均不变

3. 关于 Na^+ 跨细胞膜转运的方式，下列哪项描述正确

    A. 以单纯扩散为主要方式

    B. 以易化扩散为次要方式

    C. 以主动转运为唯一方式

    D. 有易化扩散和主动转运两种方式

    E. 有单纯扩散和易化扩散两种方式

4. 葡萄糖或氨基酸逆浓度梯度跨细胞膜转运的方式是

    A. 单纯扩散   B. 经载体易化扩散   C. 经通道易化扩散

    D. 原发性主动转运   E. 继发性主动转运

5. 在电生理实验课上，同学们成功分离出了单个心室肌细胞。当他们逐渐增加细胞外液中的 K^+ 浓度，静息电位将

    A. 逐渐增大   B. 逐渐减小   C. 不变

D. 先增大后减小　　　　　　　　E. 先减小后增大

6. 在电生理研究生实验课上，同学们成功分离出了单根神经纤维。如果增加离体神经纤维浸浴溶液中的钠离子浓度，则单根神经纤维动作电位的超射值将

　　A. 增大　　　　　　　　　　B. 减小　　　　　　　　　C. 不变

　　D. 先增大后减小　　　　　　E. 先减小后增大

7. 神经 – 骨骼肌接头处的化学递质是

　　A. 肾上腺素　　　　　　　　B. 去甲肾上腺素　　　　　C. 乙酰胆碱

　　D. 5 – 羟色胺　　　　　　　E. γ – 氨基丁酸

8. 下列哪项是具有局部兴奋特征的电信号

　　A. 神经纤维动作电位　　　　B. 终板电位　　　　　　　C. 神经干动作电位

　　D. 锋电位　　　　　　　　　E. 后电位

9. 骨骼肌收缩时，随之不缩短的有

　　A. 肌小节　　　　　　　　　B. 明带　　　　　　　　　C. 暗带

　　D. H 带　　　　　　　　　　E. 肌纤维

10. 当细胞外液的 Ca^{2+} 浓度升高时

　　A. 骨骼肌的收缩力随之升高　　　　　B. 心肌的收缩力随之升高

　　C. 平滑肌的收缩力随之下降　　　　　D. 平滑肌的收缩力不受到影响

　　E. 心肌的收缩力不受影响

（周　宇）

书网融合……

本章小结　　　　　　题库

第三章　血液生理

学习目标

　　1. 掌握　血量；血浆渗透压；红细胞生理功能；血小板生理功能；生理性止血、血液凝固的概念及过程；血型的概念；ABO 血型系统；输血原则。

　　2. 熟悉　血液的生理功能；血液的组成；各类血细胞的正常值及生理特性；红细胞的生成与调节；纤维蛋白溶解；Rh 血型系统；交叉配血试验。

　　3. 了解　血液的比重；血液的黏度；血浆 pH；红细胞的数量与形态；白细胞的破坏；血小板的破坏；血液凝固的调控；纤溶抑制物。

　　4. 具备分析常见血液指标异常的能力。

　　血液是一种在心血管系统内周而复始循环流动的流体组织，它具有运输、缓冲、防御等多种生理功能。

第一节　血液的理化特性和生理功能

PPT

一、血量及其生理波动范围

　　血量是指全身血液的总量，包括循环血量和储备血量。循环血量是指在心血管系统中循环流动的血液量，流动速度快，约占总血量的 80%。储备血量则指贮存在肝、肺、腹腔静脉和皮下静脉丛等处的血液量，流动速度缓慢，约占总血量的 20%。正常成年男性血液总量占体重的 7%～8%，即每千克体重有 70～80ml 的血液，成年女性较相同身高的男性稍低。

　　正常情况下，体内血量保持相对恒定。血量的相对恒定是维持正常血压和各组织、器官正常血液供应的必要条件，血量的恒定有赖于神经、体液的调节。当机体大失血、激烈运动时，储备血量可被动员释放，以补充循环血量，维持正常血压及心、脑等重要脏器的血液供应。一次失血在 10% 之内，机体通过神经、体液、自身调节可以逐渐恢复，机体也往往没有明显不适感。若失血达到 20%，机体可出现明显不适感，如口渴、乏力、眩晕、手足厥冷、血压降低等，可有体位性低血压，轻微活动可晕厥。失血超过 30% 时，卧位也表现低血压、肤色苍白、心率加快、脉搏微弱，往往会危及生命，需要输血抢救。

二、血液的组成

　　血液由血浆和悬浮于血浆中的血细胞组成。按照容积百分比，在成年男性，血浆占 55%，血细胞占 45%。

　　1. 血浆　血浆的基本成分包括血浆蛋白和晶体物质溶液。其中血浆蛋白占 6.2%～7.9%；晶体物质溶液包括水及溶解于水的电解质、小分子有机物、气体等，水占血浆总量为 91%～92%，电解质绝大部分以离子的形式存在，约占 1%，其余为小分子的有机化合物，如营养物质、代谢产物和激素等。血浆中最丰富的电解质是 Na$^+$、Cl$^-$，也就是每日所需的食盐成分，由于血浆中的电解质很容易通过毛细血管壁，因此血浆和组织液的电解质含量基本相等。临床检测血液中的各种电解质含量大致可以反映各组织中这些电解质的含量。

血浆蛋白（plasma protein）是血浆中多种蛋白质的总称，含量在血浆和组织液中差别很大，组织液中蛋白质含量较少。用盐析法可将血浆蛋白分为白蛋白（albumin）、球蛋白（globulin）和纤维蛋白原（fibrinogen）；用电泳法又可将球蛋白进一步分为 α$_1$-球蛋白、α$_2$-球蛋白、β-球蛋白、γ-球蛋白等。血浆蛋白是血液的重要成分，主要功能如下：①运输功能：血浆蛋白上有许多亲脂性结合位点，可作为载体与脂溶性物质结合，运输血浆中各种成分，如激素、脂质、药物和某些代谢产物；②缓冲功能：血浆中含有多对缓冲对以维持酸碱平衡，蛋白质钠盐/蛋白质是其中一对缓冲对，参与维持血浆 pH 的相对恒定；③形成血浆胶体渗透压：血浆蛋白质所形成的渗透压称为血浆胶体渗透压，由于其白蛋白分子量小、数量最多，是形成血浆胶体渗透压的主要成分，占血浆胶体渗透压的 75%～80%；④免疫功能：免疫球蛋白 IgG、IgA、IgM、IgD 和 IgE 以及一些补体均为血浆球蛋白，参与机体的体液免疫；⑤参与凝血和抗凝血功能：绝大多数的血浆凝血因子、生理性抗凝物质和促纤溶物质都是血浆蛋白质，因此血浆蛋白参与凝血和抗凝功能。如凝血因子Ⅷ缺乏，出现凝血功能障碍，引起血友病。

2. 血细胞　血细胞包括红细胞、白细胞和血小板，其中红细胞占绝大部分。取一定量的血液和抗凝剂混匀置于试管中以 3000r/min 离心 20 分钟，管内的血液发生分层：上层淡黄色、透明的为血浆，下层红色不透明的为红细胞，在红细胞层与血浆层之间有一薄的白色层，为白细胞和血小板。血细胞在血液中所占的容积百分比称为血细胞比容。正常成人血细胞比容为：男性 40%～50%，女性 37%～48%。血细胞比容反映血液中红细胞的相对值，故血细胞比容可用红细胞比容表示。

三、血液的理化特性

（一）血液的比重

正常人全血的比重为 1.050～1.060，主要取决于血液中红细胞的数量，红细胞越多，全血比重越大。血浆比重为 1.025～1.030，主要取决于血浆中蛋白质的含量，血浆蛋白含量越高，血浆比重越大。红细胞的比重为 1.090～1.092，高于全血和血浆的比重，红细胞内血红蛋白的含量越高，红细胞比重越大。

（二）血液的黏度

血液是一种流动的液体，因此具有流动性和变形性，即流变性，研究流变性的学科为流变学。血液的黏度是流变学的一种。血液具有一定的黏度，也称黏滞性，血液的黏度是由于血液内部分子或颗粒移动时摩擦所形成的，因此静态的液体不具有黏度。血液黏度通常是在体外测定血液或血浆与水相比的相对黏度。以水的黏度为 1 计，血液的相对黏度为 4～5，血浆的相对黏度为 1.6～2.4。影响血液黏度的因素主要有四个方面，即血浆蛋白含量、血细胞数量、血细胞变形性、血细胞聚集性。其中红细胞数量是最主要的影响因素。全血的黏度取决于血细胞比容的高低，血浆的黏度取决于血浆蛋白的含量。临床血液黏度升高常见于以下几种情况：血浆蛋白异常的疾病，如巨球蛋白血症、多发性骨髓瘤、先天性高纤维蛋白血症等；红细胞数增多的疾病，如原发性或继发性真红细胞增多症、长期缺氧等；红细胞聚集性增加促使血液黏度增高的疾病，如心肌梗死、冠心病等；其他疾病，如高脂血症、雷诺综合征等。血液黏度减少常见于贫血、出血性疾病、肝硬化、妇女经期及妊娠期等。

（三）血浆渗透压

正常情况下，血浆渗透浓度约为 300mmol/L，即 300mOsm/（kg·H$_2$O），约相当于 5800mmHg。渗透压的高低与溶液中溶质颗粒数目的多少有关，颗粒数越多，渗透压越大，而与溶质大小和种类无关。血浆渗透压由晶体渗透压和胶体渗透压两部分组成。血浆晶体渗透压由溶解于血浆中的晶体物质形成，因具有较多的颗粒数，所占渗透浓度约为298.5mmol/L，占99.5%，主要由Na^+、Cl^-等晶体物质吸附水分所形成。血浆胶体渗透压由血浆中的蛋白质形成，主要由血浆蛋白中的白蛋白吸附水分所形成，因具有较少的颗粒数，渗透浓度约为1.5mmol/L，占0.5%。

水和晶体物质可以自由通过毛细血管壁，因此血浆的晶体渗透压和组织液的晶体渗透压基本相等。但晶体物质不易通过细胞膜，当血液中晶体物质下降，水就可借助渗透压进入血细胞，故细胞外液晶体渗透压的相对稳定，对于保持细胞内外的水平衡、维持细胞的正常形态和功能有重要作用。血浆蛋白质所形成的胶体渗透压，虽占总渗透压的0.5%，但由于血浆蛋白不能通过毛细血管壁，一旦血浆蛋白浓度发生改变，其对毛细血管内外的水平衡有重要影响。当肝、肾疾病引起血浆蛋白含量减少，血浆胶体渗透压下降时，组织液生成增加，引起组织水肿。

临床与实验中使用的各种溶液，与血浆渗透压相等的为等渗溶液，如0.9%的氯化钠溶液，5.0%的葡萄糖溶液。高于血浆渗透压的溶液为高渗溶液，低于血浆渗透压的溶液为低渗溶液。

（四）血浆 pH

正常人血浆 pH 为7.35~7.45。在机体的代谢过程中，经常有各种酸性或碱性物质进入血液，由于血浆中缓冲系统的存在，以及在肺和肾不断排出体内过多的酸或碱的情况下，通常血浆 pH 的波动范围极小。血液中缓冲系统如 $NaHCO_3/H_2CO_3$、蛋白质钠盐/蛋白质、$KHCO_3/H_2CO_3$、Na_2HPO_4/NaH_2PO_4 等，其中最主要的是 $NaHCO_3/H_2CO_3$，通常比值为20：1。在红细胞内尚有血红蛋白钾盐/血红蛋白、氧合血红蛋白钾盐/氧合血红蛋白、Na_2HPO_4/NaH_2PO_4、KH_2PO_4/KH_2PO_4、$KHCO_3/H_2CO_3$ 等缓冲对，都是很有效的缓冲对系统。这些对于维持血浆的酸碱平衡具有良好的作用。pH 低于7.35为酸中毒，高于7.45为碱中毒。

四、血液的一般生理功能

（一）运输功能

通过血液及血浆蛋白的运输作用，可以将氧气、营养物质、激素等运送至各器官、组织、细胞，同时将细胞、组织、器官产生的代谢废物、二氧化碳等运送至排泄器官而排出体外。

（二）维持内环境相对稳定

血液中含有多种缓冲酸碱平衡的物质，具有缓冲功能，可以维持血液的酸碱平衡；同时血液中的水比热较大，有利于运送热量，参与维持体温的相对恒定。故血液在维持内环境稳态、实现机体各部分生理功能的正常进行起着极其重要的作用。

（三）防御和保护功能

血液中的白细胞进入组织，成为吞噬细胞，可以吞噬炎症部位的细菌或病毒等。血液中的抗体、补体以及白细胞产生的白介素等，参与炎症和免疫反应的调控，实现机体的防御和保护功能。

第二节　血细胞生理

PPT

一、红细胞生理

（一）红细胞的数量与形态

我国成年男性的红细胞数量为（4.0~5.5）$\times 10^{12}$/L，成年女性为（3.5~5.0）$\times 10^{12}$/L，新生儿可

达 6.0×10^{12}/L 以上。成熟红细胞内无核，充以大量血红蛋白（hemoglobin，Hb），是红细胞内的主要成分，因而使血液呈红色。我国成年男性血红蛋白浓度为 120~160g/L，成年女性为 110~150g/L，若血液中红细胞数量或血红蛋白数量低于正常值，称为贫血。年龄、性别、机体功能状态和居住地的海拔高度均可影响红细胞数量和血红蛋白浓度。儿童低于成年人，妊娠晚期因血浆量增多而使红细胞数量和血红蛋白浓度相对下降，高原地区生活者，红细胞数量和血红蛋白浓度要高于平原地区生活者。

正常红细胞呈双凹圆碟形，直径 7~8μm，容积约为 90μm²，表面积约为 140μm²，相同体积球形的表面积仅为 100μm²。因此，正常双凹圆碟形可使红细胞具有较高的表面积与体积比。红细胞维持双凹圆碟形结构需要消耗能量。红细胞从血浆摄取葡萄糖，通过糖酵解产生 ATP，维持细胞膜上 Na^+ 泵的活动，以保持红细胞内外 Na^+ 和 K^+ 的正常分布、细胞容积及双凹圆碟形结构。

（二）红细胞的生理特性与功能

1. 红细胞的生理特性 正常红细胞具有较高的表面积与容积比，使红细胞具有较高的可塑变形性、悬浮稳定性和适度的渗透脆性。

（1）可塑变形性 正常红细胞在外力作用下具有变形的能力，称可塑变形性。变形后的红细胞在撤除外力后，又恢复原状。血液循环中的红细胞通过小于其直径的毛细血管和血窦孔隙时，将会发生扭曲变形，通过后又恢复原状。红细胞变形能力受许多因素的影响：①红细胞膜表面积与容积的比值，比值越小，变形能力越差。如临床遗传性球形红细胞增多症患者，由于红细胞先天性膜缺陷，导致外周血出现球形红细胞，红细胞膜表面积与容积的比值减少，红细胞容易破裂发生溶血。②红细胞内容物的黏度增大或红细胞膜的弹性下降，也使红细胞变形能力下降，容易破裂。如衰老的红细胞，由于膜弹性下降容易破裂。③红细胞内血红蛋白变性或浓度增高也可使红细胞变形能力降低。

（2）悬浮稳定性 将血液与抗凝剂按一定比例混匀后置于一垂直竖立的血沉管内，红细胞因比重大于血浆而逐渐下沉，但正常的下沉速度非常缓慢，表示红细胞具有悬浮于血浆中不易下沉的特性，称为红细胞的悬浮稳定性。通常以抗凝血的第 1 小时末血沉管中出现的血浆柱的高度（mm）来表示红细胞沉降的速度，称为红细胞沉降率（erythrocyte sedimentation rate，ESR），简称血沉。成年男性血沉的正常值（魏氏法）为 0~15mm/h，女性为 0~20mm/h。红细胞沉降率愈大，表示悬浮稳定性愈差。红细胞之所以具有悬浮稳定性，是由于红细胞与血浆之间的摩擦力及红细胞彼此之间相同膜电荷所产生的排斥力阻碍了红细胞的下沉。双凹圆碟形的红细胞，其表面积/容积比值大，产生的摩擦力也大，下沉就慢。如果红细胞发生叠连，即多个红细胞彼此以凹面相贴重叠在一起，红细胞的表面积/容积的比值减小，血沉就加快。如果将正常人的红细胞放到血沉加快者的血浆中，发现红细胞较快出现叠连，使血沉加快；如果将血沉加快者的红细胞放到正常人的血浆中，发现红细胞较慢出现叠连，血沉正常。因此，影响红细胞血沉快慢的因素，主要是血浆而非红细胞本身。通常，血浆中白蛋白、卵磷脂增多，血沉减慢；而球蛋白、纤维蛋白原及胆固醇增多，血沉加快。

（3）渗透脆性 正常情况下，红细胞的渗透压与血浆渗透压基本相等，约相当于 0.9% 的 NaCl 溶液的渗透压。如果将红细胞悬浮于 0.9% NaCl 溶液中，则其形状和大小保持不变。如果将红细胞悬浮于一系列浓度逐渐下降的低渗 NaCl 溶液中，由于红细胞内外渗透压的差异，水不断从细胞外进入细胞内，红细胞逐渐膨胀，正常人的红细胞一般在 0.42% NaCl 溶液中开始破裂溶血，在 0.35% NaCl 溶液中完全破裂溶血。破裂红细胞内的血红蛋白逸出细胞外，仅剩一个双凹圆碟型的红细胞膜空壳，称影细胞。如果某人的红细胞在高于 0.42% 的 NaCl 溶液中已经发生溶血，说明其渗透脆性大；在低于 0.42% 的 NaCl 溶液中才开始溶血，说明其渗透脆性小。红细胞在低渗盐溶液中发生膨胀、破裂、溶血的特性，称为红细胞的渗透脆性，表明红细胞对低渗盐溶液具有一定的抵抗能力。抵抗能力大，表示渗透脆性小，不易破裂；抵抗能力小，表示渗透脆性大，易破裂。

临床与实验中使用的各种溶液，大部分是等渗溶液。但是并非每种等渗溶液都能使悬浮其中的红细胞保持正常的形态和大小。一般把能够使悬浮于其中的红细胞保持正常形态和大小的溶液称为等张溶液。等张溶液是由不能自由通过细胞膜的溶质所形成的等渗溶液。0.9% NaCl 溶液既是等渗溶液也是等张溶液，因为 NaCl 不容易通过红细胞膜，从而能维持红细胞的正常形态和大小。但不是所有的等渗溶液都是等张溶液，如 1.9% 的尿素溶液，其渗透压与血浆渗透压相等，但由于尿素分子可以自由通过细胞膜，因此，当红细胞放入 1.9% 的尿素溶液中，由于细胞外的尿素分子浓度高，尿素分子不断从细胞外进入细胞内，使红细胞内渗透压升高，水随之进入红细胞，导致红细胞发生肿胀，最后破裂溶血。因此 1.9% 的尿素溶液虽是等渗溶液，但不是等张溶液。

2. 红细胞的功能　红细胞的生理功能主要是运输 O_2 和 CO_2。红细胞内含量最丰富的蛋白成分是血红蛋白，血液中 98.5% 的 O_2 和血红蛋白结合形成氧合血红蛋白而运输，一旦红细胞破裂，血红蛋白溢出到血浆中，就丧失运输 O_2 的能力。血液中 88% 的 CO_2 以碳酸氢盐形式运输、7% 以氨基甲酰血红蛋白形式运输。红细胞内富含碳酸酐酶，CO_2 进入红细胞后，在碳酸酐酶的作用下，与 H_2O 结合形成碳酸，碳酸解离为 HCO_3^- 和 H^+。CO_2 也可直接进入红细胞和血红蛋白结合成氨基甲酰血红蛋白。红细胞的双凹圆碟形，使红细胞具有较大的表面积，有利于 O_2 和 CO_2 的气体交换。其次红细胞具有缓冲酸碱平衡，维持血浆 pH 相对稳定的能力。红细胞内有许多的缓冲对，如血红蛋白钾盐/血红蛋白、氧合血红蛋白钾盐/氧合血红蛋白、Na_2HPO_4/NaH_2PO_4、KH_2PO_4/K_2HPO_4、$KHCO_3/H_2CO_3$ 等，都是很有效的缓冲对系统，它们有效缓冲体内过多的酸碱物质，维持血浆 pH 的相对稳定。

（三）红细胞的生成与调节

1. 红细胞的生成过程　人出生前后的不同阶段，血细胞的生成部位经历不同的变迁。胚胎发育早期，造血部位在卵黄囊，胚胎第 2 个月开始，由肝、脾造血，第 4 个月后，肝、脾造血能力下降，骨髓开始造血，一直延续至出生。人出生后，血细胞的生成部位主要在红骨髓。在出生后的最初几年，所有的骨髓均为红骨髓，4 岁之后，脂肪细胞逐渐进入骨髓，形成没有造血功能的黄骨髓。到 18 岁，造血的红骨髓仅分布于脊椎骨、髂骨、肋骨、胸骨、颅骨和长骨近端骨骺处。

血细胞的生成需要经历三个阶段，即造血干细胞阶段、定向祖细胞阶段、前体细胞阶段，然后进一步发育为成熟血细胞。造血干细胞数量较少，但具有高度的自我更新能力、多向分化能力和很强的增殖潜能。造血干细胞进行分裂产生两个子细胞，其中一个即分化成早期定向祖细胞，另一个保持造血干细胞的全部特征不变，即造血干细胞本身不扩增，但会不断产生定向祖细胞，这是所有定向祖细胞的共同来源。在正常生理情况下，绝大部分造血干细胞处于不进行细胞分裂的相对静止期，一旦机体需要，可以从静止期进入有丝分裂周期。从造血干细胞发育到定向祖细胞阶段时，限定了它进一步分化的方向，也就是各系的定向祖细胞只能定向分化为一种血细胞。将各系的定向祖细胞在体外培养时，可形成相应血细胞的集落，即集落形成单位。到前体细胞阶段，各类造血细胞发育成为显微镜下可以辨认的各系幼稚细胞。这些血细胞进一步分化，成为成熟的血细胞。

⊕ **知识链接**

造血干细胞移植

造血干细胞移植是指别人或自体的造血干细胞移植到体内，承担起造血作用的治疗方法。造血干细胞移植包括骨髓移植、外周血干细胞移植、脐带血干细胞移植、宫血干细胞移植等。下面介绍异基因外周血干细胞移植。正常生理条件下，外周血干细胞量极少，不能满足移植需要，在药物动员后，加速骨髓造血干细胞的生成并释放到外周血中，通过干细胞采集机连接供体，采集外周血中的造血干细胞。获取的造血干细胞经体外净化、培养，随后 -80℃ 直接冻存。杀伤患者体内残存的肿瘤细胞，冻存的干细胞在 38~42℃ 水浴箱内迅速复温，通过静脉回输患者体内。异基因移植，需要有人献爱心提供，并需要由经验丰富的医生经严格的操作施行，这才能保证供体和受体双方的利益。

红系定向祖细胞（committed progenitor）已经限定进一步的分化方向，这个阶段的祖细胞能在半固体培养基中呈集落样生长，根据生长集落形态不同又分为两个时期，早期的红系祖细胞，称为爆式红系集落形成单位（burst forming unit erythroid，BFU-E），因为它们在半固体培养时能形成很大的细胞集落，并散布成物体爆炸的形状。每个集落约 500 个有核红细胞，在培养第 7-10 天（鼠）或 17-20 天（人）后出现。BFU-E 的增殖、分化要求促红细胞生成素（EPO）、白介素 -3（IL-3）、粒细胞 - 巨噬细胞集落刺激因子（GM-CSF）、干细胞因子（SCF）等的作用。在体外形成集落依赖于一种称为爆式促进因子（burst promoting activator，BPA）的刺激作用。BPA 可促进 BFU-E 从细胞周期的静息状态（G_0 期）进入 DNA 合成期（S 期），因而使早期祖细胞增殖活动加强。晚期的红系祖细胞称为红系集落形成单位（colony forming unit erythroid，CFU-E），在体外半固体培养时只能形成较小集落，每个集落 8~50 有核红细胞，在培养 2 天（鼠）或 7 天（人）后出现。晚期红系祖细胞对 BPA 不敏感，主要接受 EPO 的调节，其细胞表面上 EPO 受体密度最高，故 EPO 主要促进晚期红系祖细胞增殖和分化。

2. 红细胞生成所需原料　红细胞内的主要成分是血红蛋白，而合成血红蛋白的基本原料是蛋白质和铁。维生素 B_{12} 和叶酸是幼红细胞在发育、成熟过程中所需的辅助因子。此外，红细胞生成还需要氨基酸，维生素 B_6、B_2、E、C 和铜、钴、锰、锌等微量元素。

（1）铁　铁是合成血红蛋白必需的原料。成人体内铁的总量为 3~4g，65% 以血红蛋白形式存在，3% 以肌红蛋白形式存在，0.2% 以其他化合物形式存在，其余 15%~30% 则为储备铁，以铁蛋白的形式储存于肝脏、脾脏和骨髓的网状内皮系统中。正常人每日合成血红蛋白需要 20~30mg 的铁，其中 1mg 来自食物中吸收的铁，其余的来自衰老红细胞破坏后释放的铁的再利用。食物中的铁分为血红素铁和非血红素铁，动物肝脏、动物血中主要是血红素铁，可直接被吸收，吸收率高；植物性食物中主要是非血红素铁，以 Fe^{3+} 的形式存在，在胃酸作用下，还原成 Fe^{2+}，再与肠内容物中的维生素 C、某些糖及氨基酸形成络合物，在十二指肠及空肠吸收，所以维生素 C 可以促进食物中非血红素铁的有效吸收。铁在体内代谢中可反复被身体利用。一般情况下，除肠道分泌和皮肤、消化道及尿道上皮脱落可损失一定数量外，几乎不存在其他途径损失。膳食中存在的磷酸盐、碳酸盐、植酸、草酸、鞣酸等可与非血红素铁形成不溶性的铁盐而阻止铁的吸收。胃酸分泌减少也影响铁的吸收。体内缺铁或铁代谢紊乱，可导致血红蛋白合成障碍，生成细胞质不足（小红细胞）及血红蛋白含量减少（低色素）的成熟红细胞，故缺铁造成的贫血称为缺铁性贫血，又称为小细胞低色素性贫血。

（2）叶酸和维生素 B_{12}　红细胞的发育成熟过程需要叶酸和维生素 B_{12}。叶酸富含于新鲜的水果、蔬菜、肉类食品中，但不稳定，容易受阳光、加热等影响而氧化。叶酸在十二指肠和空肠吸收后，在肝内可转变为具有活性的四氢叶酸，后者参与嘌呤、嘧啶和 DNA 的合成。叶酸只有转化成四氢叶酸后才能参与 DNA 的合成。维生素 B_{12} 参与叶酸的活化，增加叶酸在体内的利用率。叶酸和（或）维生素 B_{12} 缺乏可影响红细胞 DNA 的合成，红细胞增殖分裂减慢，停留于幼稚阶段，红细胞体积增大，出现巨幼细胞性贫血。食物中的维生素 B_{12} 必须在胃内与胃黏膜壁细胞分泌的内因子（intrinsic factor）结合，形成复合物才能在回肠上段被吸收。当内因子缺乏时，可出现巨幼红细胞性贫血。正常情况下，食物中叶酸和维生素 B_{12} 的含量能满足红细胞生长的需要。孕妇和哺乳者需要适当增加。正常人体内存储的叶酸为

5~20mg，每天需要200μg。维生素 B_{12} 存储为 4~5mg，生成红细胞每天需要 4~5μg。叶酸摄入不足或吸收障碍，3~4 个月后才发生巨幼红细胞贫血，而维生素 B_{12} 吸收发生障碍，常在3~5 年后发生。内因子缺乏，影响维生素 B_{12} 的吸收，也同样需要 3~4 年。

3. 红细胞生成的调节　红系祖细胞向红系前体细胞的增殖分化是红细胞生成的关键环节。不同发育阶段的红系祖细胞因细胞表面受体表达的差异而呈现出对不同造血调控因子的不同反应。干细胞因子、IL-3 和粒细胞-巨噬细胞集落刺激因子可刺激早期红系祖细胞增殖和发育为晚期红系祖细胞。在晚期红系祖细胞上促红细胞生成素受体较为密集，而在早期红系祖细胞上的促红细胞生成素受体较稀疏，故促红细胞生成素对晚期红系祖细胞的影响较大，对早期红系祖细胞的生成影响较小。

(1) 促红细胞生成素　促红细胞生成素（erythropoietin，EPO）属肽类激素，是一种单链的酸性糖蛋白。编码 EPO 基因定位于人类 7 号染色体长臂（7q22），EPO 分子量为 35kD，其中 60% 是蛋白质，40% 为糖类。成熟的 EPO 分子有四个糖基位点。胚胎时期 EPO 主要由胎肝产生，出生后 40 天开始由肾脏产生 EPO，成人肾脏产生 90% 以上的 EPO，主要由位于肾皮质的肾小管周围成纤维细胞和内皮细胞生成。肝脏产生 EPO 不到 10%，脾、肺、脑、睾丸和卵巢可见 EPO mRNA 的表达。正常成人血清 EPO 浓度为 6~20U/L。血循环中的 EPO 浓度有昼夜波动，午夜比清晨高出 40%。肾组织中不储存 EPO，成人每天需合成 2~3U/kg 的 EPO 来满足体内代谢的需要。EPO 的生成主要受组织需氧量与供氧量相对关系的调节。如高原、低氧及贫血，这些缺氧状态可以使组织需氧量增加，导致 EPO 的基因表达增强。钴、锰、镍等元素的离子、铁的螯合剂也能刺激 EPO 的产生。EPO 半衰期为 4~12 小时。EPO 与细胞上的 EPO 受体结合而发挥作用。血循环中的 EPO 降解机制不十分清楚。报道称一小部分 EPO 通过肝脏和肾脏降解清除，而主要方式是被拥有 EPO 受体的细胞摄入后清除。

EPO 是哺乳动物调节红细胞生成的主要刺激因子，其对红细胞的作用可归纳为：①促进晚期定向祖细胞的增殖，促进红系祖细胞向原红细胞分化，对早期定向祖细胞和幼红细胞的增殖也有一定的促进作用；②加速前体细胞的增殖、分化，促进骨髓释放网织红细胞；③通过延迟 DNA 分裂速度抑制祖细胞凋亡；④激活血红蛋白等红系特异基因的表达，促进幼红细胞血红蛋白的合成。由于红细胞没有细胞核、核糖体以及线粒体等重要细胞成分，不能通过自身的分裂、分化来获得数量上的增加，因此 EPO 促进红细胞生成的作用是机体产生新生红细胞的唯一途径。血浆中 EPO 的浓度与血液中血红蛋白的含量成反比。贫血时，体内 EPO 增多，促进红细胞的生成；红细胞增多时，EPO 的分泌减少。这一负反馈作用可以维持正常红细胞数量。如果肾脏发生严重慢性肾炎或肾功能衰竭，可引起 EPO 合成和释放减少，从而可以造成红细胞合成减少，也可引起严重贫血。

(2) 雄激素　雄激素对红细胞生成也有促进作用，它既可促进肾脏产生 EPO，又能增加骨髓红系祖细胞的数量。雌激素可以抑制红细胞的生成。小剂量雌激素可以降低红系祖细胞对 EPO 的反应，在很大剂量时，雌激素还可以抑制 EPO 的生成，从而减少红细胞的生成。因此成年男性的红细胞数量和血红蛋白含量高于女性，可能与性激素的不同有关。

另外，甲状腺激素、生长激素、肾上腺皮质激素等通过提高组织对氧的需求，促进红细胞的生成。

4. 红细胞的破坏　循环血液中红细胞的寿命为 40~200 天不等，平均约 120 天。机体对衰老的红细胞具有清除能力，每天约 0.8% 的红细胞因衰老而被破坏。当红细胞衰老时，红细胞内糖酵解途径中多种关键酶的活性降低，酵解速率变慢，ATP 供能减少，Na^+-K^+ 泵活性降低，细胞肿胀成球形，细胞膜脆性增加。

血管外红细胞破坏的主要场所在脾脏和肝脏。脾脏是识别和清除衰老红细胞最主要的器官，在切除脾脏后，循环血液中的球形红细胞增多。当红细胞通过比它直径小的毛细血管及微小孔隙时，易停滞在脾脏内而被巨噬细胞所吞噬，血红蛋白被分解释放出铁，铁被再利用以合成新的红细胞。在血流湍急处，衰老的红细胞也可因机械冲击而破裂，释放出血红蛋白，后者立即与血浆中的触珠蛋白（一种 α_2 球蛋白）结合，被肝脏摄取，经脱铁后转变为胆色素。

二、白细胞生理

（一）白细胞的数量与分类

白细胞是一类无色有核的细胞。在安静状态下，正常成年人白细胞总数为 $(4.0 \sim 10) \times 10^9/L$。根据胞质内有无特殊颗粒，白细胞可分为颗粒细胞和无颗粒细胞。颗粒细胞根据颗粒的嗜色特性不同又可分为中性粒细胞、嗜酸性粒细胞和嗜碱性粒细胞；无颗粒细胞可分为单核细胞和淋巴细胞。各类白细胞数量在白细胞总数中均占一定比例，临床上用分类百分比来计数。中性粒细胞占 50% ~ 70%，嗜酸性粒细胞占 0.5% ~ 5%，嗜碱性粒细胞占 0 ~ 1%，单核细胞占 3% ~ 8%，淋巴细胞占 20% ~ 40%。

生理情况下，白细胞数目可因年龄和机体处于不同功能状态有所变化。如新生儿高于成年人，以中性粒细胞为主，可高达 70%；女性在月经、妊娠和分娩期，白细胞也有所升高；进食、情绪激动及剧烈运动时白细胞数可升高；下午白细胞数稍高于早晨。病理情况下，白细胞数量增多常见于各种急性感染，尤其是细菌感染。

白细胞可分泌白细胞介素、干扰素、肿瘤坏死因子、集落刺激因子等多种细胞因子，通过自分泌和旁分泌作用参与炎症和免疫反应的调控。

（二）白细胞的生理特性与功能

白细胞的功能是参与机体的防御和免疫反应，防止病原微生物的入侵。但各类白细胞的具体生理功能又有所不同。

1. 中性粒细胞　中性粒细胞的细胞核呈分叶状，故又称多形核白细胞。血液中的中性粒细胞约有一半随血液循环，称为循环池；另一半则附着在血管壁上，称为边缘池。这两部分可以相互交换，保持动态平衡。白细胞计数反应循环池的细胞数量。另外，骨髓中还储备了大量成熟的中性粒细胞，约 2.5×10^{12} 个，为外周血中性粒细胞总数的 15 ~ 20 倍。当机体需要时，边缘池粒细胞和骨髓储备粒细胞可大量进入血液循环发挥其防御功能。中性粒细胞在血液中停留的时间较短（6 ~ 7 小时），很快进入周围组织中发挥作用。

中性粒细胞的变形能力、趋化性（向某些化学物质游走的特性）以及吞噬能力都很强。它处在机体抵抗病原微生物，尤其是化脓性细菌感染时的第一线。当机体某处细菌入侵，在入侵区域产生的趋化物质作用下，中性粒细胞由于强大的游走能力（可达 $30\mu m/min$），自毛细血管渗出而被吸引到病变部位吞噬细菌。同时中性粒细胞产生大量具有细胞毒性作用的活性氧基因杀灭细菌。中性粒细胞还可通过颗粒中所含有的水解酶、乳铁蛋白及杀菌性、通透性增加蛋白等抗菌性蛋白分子，对细菌进行非需氧性杀伤。另外，中性粒细胞还参与吞噬细菌、衰老的红细胞、抗原 - 抗体复合物及坏死的细胞等。当中性粒细胞吞噬 3 ~ 20 个细菌后，其本身即解体，释放的各种溶酶体酶又可溶解周围组织而形成脓液。如果血液中中性粒细胞数量减少到 $1 \times 10^9/L$ 以下，机体的抵抗力就会降低，容易发生感染。

2. 嗜酸性粒细胞　嗜酸性粒细胞血液中的数目具有明显的昼夜波动，清晨数量减少，午夜时细胞数量增多，主要与血液中肾上腺皮质激素含量的昼夜波动有关。嗜酸性粒细胞具有选择性吞噬抗原 - 抗体复合物的作用，在抗细菌防御方面作用较小。嗜酸性粒细胞其主要功能有：一是抑制嗜碱性粒细胞和肥大细胞在速发型过敏反应中的作用。通过产生前列腺素 E，抑制嗜碱性粒细胞合成和释放生物活性物质；通过吞噬嗜碱性粒细胞和肥大细胞排出的颗粒以及释放组胺酶和芳香硫酸酯酶等酶类，破坏嗜碱性粒细胞所释放的生物活性物质。二是参与对蠕虫的免疫反应。嗜酸性粒细胞在特异性免疫球蛋白 IgE 抗体和补体 C3 的作用下，可借助细胞表面的 Fc 受体和 C3 受体黏着于蠕虫上，通过释放活性氧及颗粒内所含有的主要碱性蛋白、水解酶和过氧化物酶等酶类，损伤蠕虫虫体。

3. 嗜碱性粒细胞　成熟的嗜碱性粒细胞存在于血液中，只有发生炎症时受趋化因子的诱导才迁移到组织中。嗜碱性粒细胞的胞质颗粒中含有多种生物活性物质，如肝素、组胺、白三烯、嗜酸性粒细胞趋化因子 A 等。嗜碱性粒细胞释放的肝素，具有抗凝作用，有利于保持血管畅通；组胺和白三烯，可使毛细血管壁通透性增加，局部充血、水肿，并可使支气管平滑肌收缩，从而引起荨麻疹、支气管哮喘等过敏反应。嗜碱性粒细胞还能释放嗜酸性粒细胞趋化因子 A，它能吸引嗜酸性粒细胞聚集于局部，减轻过敏反应。

4. 单核细胞　单核细胞（monocyte）也具有趋化性、变形运动和吞噬能力。单核细胞从骨髓进入血液仍然尚未成熟，它在血液中停留 2 ~ 3 天后便穿出血管壁进入组织，发育转化成巨噬细胞（macro-phage）。此巨噬细胞内含有更多的非特异性酯酶，故比中性粒细胞具有更强的吞噬能力。但单核细胞的迁移能力较弱，迁移速度比中性粒细胞慢，因此需要数天或数周巨噬细胞才成为炎症局部的吞噬细胞。被激活了的巨噬细胞还能合成和释放多种细胞因子，如白介素、干扰素、肿瘤坏死因子等，调节其他细胞的生长；巨噬细胞作为一种重要的抗原呈递细胞，参与摄取、加工处理、提呈抗原并激发免疫反应；巨噬细胞还是免疫效应细胞，活化的巨噬细胞能杀伤病原体和肿瘤细胞；巨噬细胞还可识别、清除衰老和破损的细胞。

5. 淋巴细胞　淋巴细胞（lymphocyte）在机体特异性免疫应答过程中起核心作用。它们执行机体的特异性免疫功能，在免疫应答中起关键作用。根据发生过程、形态结构、表面标志与功能等不同，可将淋巴细胞分为 T 细胞、B 细胞和大颗粒细胞三大类，各类细胞又可进一步分为各种亚型。其中，T 细胞主要执行细胞免疫（cellular immunity）功能；B 细胞主要执行体液免疫（humoral immunity）功能；大颗粒细胞包括 K 细胞和 NK 细胞，K 细胞可杀伤靶细胞，NK 细胞则可直接杀伤肿瘤细胞。

（三）白细胞的生成与调节

白细胞起源于骨髓造血干细胞，从定向祖细胞到可识别的前体细胞，到成熟的外周血细胞。由于白细胞有五类，各类白细胞的调节机制各不相同。

（四）白细胞的破坏

由于白细胞主要在组织中发挥作用，故其寿命较难判断。一般情况下，中性粒细胞在循环血中停留 6 ~ 8 小时后即进入组织，4 ~ 5 天后衰老死亡，或经消化道排出。正常情况下，白细胞经凋亡而死亡，凋亡后的白细胞随即被巨噬细胞吞噬。单核细胞在血液中停留 2 ~ 3 天，然后进入组织，并发育成巨噬细胞，在组织中可生存 3 个月。

三、血小板生理

血小板是最小的血细胞，由骨髓中成熟的巨核细胞胞浆脱落而成的具有生物活性的细胞质小片。血小板无细胞核，表面有完整的细胞膜，呈双面微凸的圆盘形，直径 2 ~ 4μm，当受到刺激时，可伸出小突起，变为不规则形。电镜下可见血小板细胞质内含有大小不等的 α - 颗粒、致密体、溶酶体、管道系统、微管、微丝、溶菌酶及线粒体等。

（一）血小板的数量与功能

1. 血小板的数量　正常人的血小板数量是（100 ~ 300）×10⁹/L。可有生理范围的波动，午后、进食、剧烈运动后、妊娠中晚期血小板的数量均可升高；静脉血的血小板较动脉血数量多；冬季较春季多。当血小板的数量增加到 300×10⁹/L 以上时，称为血小板增多。血小板增多可增加血液黏滞性，容易形成血栓。当血小板数量减少到 50×10⁹/L 以下时，毛细血管壁脆性增加，微小创伤，甚至仅血压升高，就可使毛细血管破裂而引起皮肤及黏膜出现瘀点、瘀斑，甚至大块紫癜，称血小板减少性紫癜。若及时输入血小板可防止这种出血倾向。可见血小板在维持血管壁的完整性和生理性止血过程中起重要作用。

2. 血小板功能 血小板的生理功能主要包括以下几方面。

（1）对血管壁的修复支持作用 正常情况下，血小板能够黏附并融合入血管内皮细胞，以填补内皮细胞脱落留下的空隙，从而维持血管内皮的完整，使红细胞不能逸出血管外而发生出血倾向。另外，血小板还可释放血小板源生长因子，促进血管内皮细胞、平滑肌细胞及成纤维细胞增殖，有利于受损血管的修复。

（2）参与生理性止血 血小板参与生理性止血的全过程，有赖于其黏附、聚集、释放等生理特性（见本章第三节）。血小板有很强的促凝血作用。因为：①血小板质膜表面能吸附多种凝血因子；②血小板提供的磷脂表面，可促使凝血的发生；③血小板释放促凝物质，如凝血因子Ⅰ、凝血因子ⅩⅢ、各种血小板源因子。

（3）血小板参与炎症与免疫反应 血小板释放炎症介质对白细胞和肥大细胞有趋化作用。

（二）血小板的生理特性

血小板具有黏附、聚集、释放、吸附、收缩等生理特性，从而在促进凝血和止血过程中发挥重要作用。

1. 黏附 血小板黏附于非血小板表面，称为血小板的黏附作用（adhesion of platelet）。血小板不能黏附于正常内皮细胞表面。当血管内膜受损，内膜下的胶原纤维暴露，血小板便黏着在暴露的胶原纤维上。血小板的黏附需要血小板膜上的糖蛋白（glycoprotein，GP）、内皮下成分（主要是胶原纤维）、血浆中的 von Willebrand 因子（简称 vWF）的参与。血管受损后，内皮下胶原纤维暴露，血浆中的 vWF 与胶原纤维结合，vWF 发生变构，变构的 vWF 再与血小板膜上的 GP 结合，从而使血小板黏附于胶原纤维上。因此，vWF 是血小板和胶原纤维之间的桥梁。此外，血小板黏附还需要 Ca^{2+} 的参与。如果 GP 缺损或 vWF 因子缺乏、胶原纤维变性，血小板的黏附功能就受损，机体出现出血倾向。

2. 聚集 血小板与血小板之间相互黏附，称为血小板聚集（aggregation of platelet）。血小板聚集需要纤维蛋白原、Ca^{2+}、血小板膜上 GP 的参与。当血小板激活时，GP 才能被激活，在 Ca^{2+} 的作用下，纤维蛋白原可与 GP 结合，从而连接相邻的血小板，充当聚集的桥梁，使血小板聚集成团。血小板聚集可分为两个时相：第一时相聚集主要由受损组织释放的 ADP 所致，发生迅速，为可逆性聚集；第二时相聚集主要由血小板释放内源性 ADP 引起，发生缓慢，为不可逆性聚集。生理性致聚剂有 ADP、肾上腺素、5 - HT、组胺、胶原、凝血酶、血栓烷 A_2（TXA_2）；病理性致聚剂有细菌、病毒、免疫复合物、药物等。

第一时相聚集：主要由受损伤组织和解体的红细胞释放的 ADP 作用于局部血流中的血小板所引起。第一时相聚集发生迅速，为可逆聚集，即聚集后的血小板还可解聚。实验观察到，血小板发生第一时相聚集时，其细胞膜仍然是完整的，聚集的血小板之间有 $20 \sim 30nm$ 的间隙，间隙由纤维蛋白以放射状细束将血小板联系起来。低浓度的 ADP 或肾上腺素均可使血浆中的血小板引起第一时相聚集。第一时相聚集后，血小板出现释放反应。血小板第二时相的聚集发生较缓慢，是由于血小板释放内源性 ADP 所引起的，为不可逆聚集，即一旦发生后就不能解聚。在血小板贮藏颗粒缺乏 ADP（贮藏池疾病）时，或服用阿司匹林不能引起血小板释放 ADP 时，则只能产生第一时相聚集，而无第二时相聚集。患血小板无力症时，两个时相的聚集均不能产生。将胶原组织液加入血小板血浆中，引起聚集的时间延迟，这表明胶原组织本身不能引起聚集，而是由于胶原组织刺激了血小板，使其释放内源性 ADP 所引起的血小板聚集即第二时相聚集。血小板聚集后，膜的通透性逐渐发生改变，随着水分进入细胞而使血小板发生肿胀或变圆,伸出较多伪足;中心部的颗粒消失,出现释放反应;酶的活性及其代谢亦随之发生变化;最后膜破裂,血小板解体。

3. 释放 血小板内含有致密体、溶酶体、α-颗粒。致密体内含有 ATP、ADP、5-羟色胺和 Ca^{2+},其主要具有促进血小板活化的功能。α-颗粒中含有多种生物活性物质,如 β-血小板球蛋白、血小板因子 4、vWF、纤维蛋白原、凝血因子 V、凝血酶敏感蛋白等,这些物质具有促进血小板黏附,促进细胞生长和凝血、纤溶的作用。当血小板受刺激后,将存储在致密体、溶酶体、α-颗粒内的物质释放的现象,称血小板释放或血小板分泌。此外,血小板被激活后还可临时合成并释放的一些物质,如血栓烷 A_2(TXA_2)等颗粒外物质,释放的物质可以进一步促进血小板活化、聚集,加速止血过程。

血栓烷 A_2 具有强烈的聚集血小板和缩血管作用。血小板内并无 TXA_2 的储存,当血小板受刺激被激活时,血小板内的磷脂酶 A_2 被激活,进而裂解膜磷脂,游离出花生四烯酸,后者在环加氧酶作用下生成前列腺素 G_2 和 H_2,并进一步在血小板的血栓烷合成酶的催化下生成 TXA_2(图 3-1)。临床用药阿司匹林可抑制环加氧酶,减少 TXA_2 的生成而具有抗血小板聚集的作用。

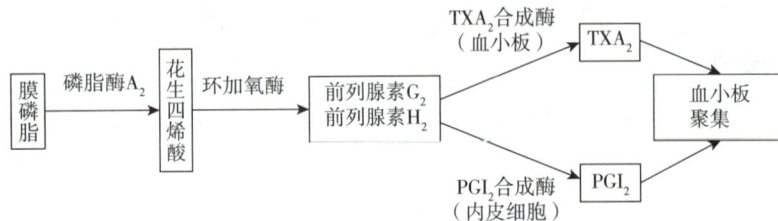

图 3-1 血小板和内皮细胞中前列腺素的代谢

4. 吸附 血小板表面可吸附血浆中的许多凝血因子(如凝血因子 I、V、XI、XIII 等),使局部凝血因子增高后有利于血液凝固和生理性止血。

5. 收缩 血小板的收缩与血小板内收缩蛋白有关。在血小板内存在着类似肌肉的收缩蛋白系统,包括肌动蛋白、肌凝蛋白、微管及各自相关蛋白,因此血小板具有收缩功能。血小板活化后,胞质内 Ca^{2+} 浓度增高,通过类似于肌肉收缩的机制引起血小板的收缩反应。如果血小板数量减少或功能降低,可使血块回缩不良。

(三)血小板的生成与调节

造血干细胞首先分化为巨核系祖细胞,然后再分化为原始巨核细胞,再经过幼巨核细胞而发育为成熟巨核细胞。骨髓内血窦壁外成熟的巨核细胞胞质伸向血窦腔,巨核细胞裂解、脱落下来的具有生物活性的小块胞质称为血小板,进入血液。一个巨核细胞可产生 2000~5000 个血小板。从原始巨核细胞到释放血小板入血,需要 8~10 天。进入血液的血小板 2/3 存于外周循环血液中,其余贮存在脾脏和肝脏内。

血小板生成素(thrombopoietin,TPO)是体内调节血小板生成的最重要的因子。它能够特异性作用于巨核系细胞调节血小板的生成,故又被称为巨核细胞生成发展因子(MGDF)。TPO 基因组定位在 3 号染色体(3q26-27),为单拷贝基因。生理情况下,TPO 主要由肝细胞持续分泌产生,少许来源于肾脏、平滑肌、脾脏和骨髓等组织。其受体 C-Mpl 基因组定位在 1 号染色体(1p34),C-Mpl 表达在造血干细胞、未成熟的造血前体细胞、巨核细胞和血小板上。TPO 和 C-Mpl 结合后启动细胞 JAK/STATS、Ras/MAKP 等信号转导途径,促使巨核细胞和造血干细胞增殖和分化;同时依赖血小板表面两者的结合,清除 TPO 分子,防止血小板升高或降低,维持造血平衡。

TPO 是目前发现的唯一全程参与巨核细胞增殖和分化的生长因子,也是造血干细胞、单核细胞、粒细胞、肥大细胞和树突细胞等发育所需的重要调节因子。体内和体外研究表明,TPO 可以广泛扩增干细胞数量，加速干细胞进入细胞周期，刺激造血干细胞的存活和增殖。

（四）血小板的破坏

血小板在进入外周血液后，寿命为 7～14 天，但血小板只在最初 2 天具有生理功能。血小板的破坏随血小板日龄的增高而增加。衰老的血小板主要在脾脏中被吞噬、破坏。此外，在生理性止血活动中，血小板聚集后，其本身将解体，并释放出其内在的全部活性物质，表明血小板除衰老破坏外，其在发挥生理功能时被消耗。

第三节　生理性止血

PPT

一、生理性止血的基本过程

正常人小血管破损后引起的出血在数分钟内就会自行停止，称为生理性止血。生理性止血是机体重要的保护机制。生理性止血包括三个基本过程：小血管收缩、血小板血栓形成、纤维蛋白血凝块的形成与维持（图 3 - 2）。生理性止血是多种因子和机制相互作用的结果。

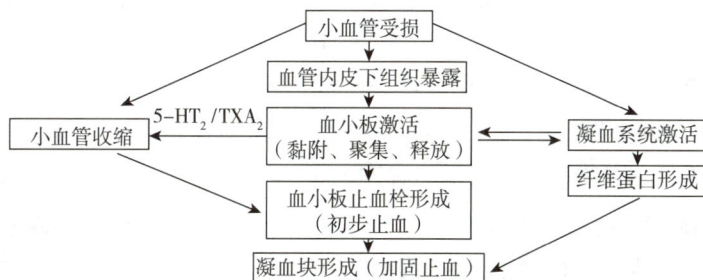

图 3 - 2　生理性止血过程示意图

（一）小血管收缩

机体受伤时，受伤处局部及附近的血管可迅速出现短暂的收缩，血管腔变窄或闭塞，使局部血流缓慢，从而减少受伤部位的出血或使出血停止。引起血管收缩的原因主要有三方面：①血管壁损伤直接引起血管平滑肌收缩；②黏附于损伤处的血小板释放 5 - HT、TXA_2 等缩血管物质，引起血管收缩；③损伤性刺激通过神经反射使血管收缩。

（二）血小板止血栓的形成

当血管损伤，血管内膜下胶原被暴露时，在 1～2 秒内少量血小板迅速黏附于内皮下的胶原并被激活。血小板被激活后，便会发生变形、黏附、聚集和释放等一系列反应，直到形成松软的血小板血栓，将伤口堵塞，实现初步止血。

（三）纤维蛋白血凝块的形成与维持

血管受损也可启动凝血机制，在局部迅速发生血液凝固，使血浆中可溶性纤维蛋白原转变成不溶性的纤维蛋白，并交织成网，以加固止血栓，称二期止血。最后局部纤维组织增生，并伸入血凝块，达到永久性止血。

在生理性止血过程中，小血管收缩、血小板血栓形成、纤维蛋白血凝块的形成与维持三个过程相继发生并相互重叠。只有在血管收缩，血流缓慢时，血小板才容易黏附，而后血小板的黏附、激活，使血小板释放 5 - HT、TXA_2，这些物质又可促进血管收缩。活化的血小板可促进血液凝固，血液凝固又可促进血小板的活化。此外，血凝块中血小板的收缩可引起血块回缩，而使血凝块变得更为坚实，牢固的封住血管的破口。因此，生理性止血的三个过程彼此相互促进，使生理性止血能及时而快速地进行。血小板在生理性止血的三个环节中均起重要作用，在止血过程中居于中心地位。

二、血液凝固

血液从流动的溶胶状态变为不流动的凝胶状态的过程，称为血液凝固，是生理性止血的重要环节。当血管受损时，一方面要迅速止血，以免血液大量流失；另一方面，要使凝血反应局限在损伤部位，以保持全身血液的流体状态。当组织损伤形成的止血栓完成止血使命后，将逐步溶解，以恢复血管的畅通，也有利于受损组织的再生和修复。止血栓的溶解完全依赖于纤维蛋白溶解系统。血液凝固后数小时，血凝块发生收缩，挤出淡黄色的液体即为血清（blood serum）。同血浆相比，血清中缺乏因子 I 及一些参与凝血的物质，但增添一些在凝血过程中产生的活性物质。血液凝固是一系列复杂的酶促反应过程，需要多种凝血因子的参与。

（一）凝血因子

血浆和组织中直接参与血液凝固的物质，统称凝血因子。目前已知的凝血因子共 14 种。用国际命名法按照发现的先后顺序，用罗马数字编号的有 12 种（表 3-1）。此外还有前激肽释放酶、高分子激肽原等。这些凝血因子中，具有如下特点：①除因子 IV（钙离子）和血小板磷脂外，其他凝血因子均为蛋白质，其中绝大多数在肝脏内合成；②一些因子如因子 II、VII、IX、X，在合成过程中需要维生素 K 的参与，又称维生素 K 依赖因子。当肝脏病变或维生素 K 缺乏时，可因凝血因子合成障碍引起凝血功能异常；③凝血因子在血液中均以无活性的酶原形式存在，必须通过有限的水解，暴露或形成活性中心后，才成为具有活性的酶。这一过程称为凝血因子的激活。习惯上在被激活的因子代号的右下角标上"a"（activated）；④因子 III 存在于内皮细胞和其他组织细胞，其余凝血因子均存在于新鲜血浆中。

表 3-1　体内凝血因子的特性

编号	中文名	合成部位	主要功能
因子 I	纤维蛋白原	肝细胞	形成纤维蛋白，参与血小板聚集
因子 II	凝血酶原	肝细胞（需维生素 K）	凝血酶促进纤维蛋白转变纤维蛋白；激活 FV、FVIII、FXI、FXIII 和血小板，正反馈促进凝血；与内皮细胞上的凝血酶调节蛋白结合而激活蛋白 C 和凝血酶激活的纤溶抑制物（TAFI）
因子 III	组织因子（TF）	内皮细胞和其他细胞	作为 FVIIa 的辅因子，是生理性凝血反应过程的启动物
因子 IV	钙离子		辅因子
因子 V	前加速素	内皮细胞和血小板	作为辅因子加速 FXa 对凝血酶原的激活
因子 VI	前转变素	肝细胞（需维生素 K）	与 TF 形成 FVIIa-TF 复合物，激活 FX 和 FIX
因子 VIII	抗血友病因子	肝细胞	作为辅因子，加速 FIXa 对 FX 的激活
因子 IX	血浆凝血激酶	肝细胞（需维生素 K）	FIXa 和 FVIIIa 形成内源性途径，FX 酶复合物激活 FX
因子 X	Stuart Prower 因子	肝细胞（需维生素 K）	与 FVa 结合形成凝血酶原酶复合物激活凝血酶原；FXa 还可激活 FVII、FVIII 和 FV
因子 XI	血浆凝血激酶前质	肝细胞	激活 FIX
因子 XII	接触因子	肝细胞	激活 FXI、纤维酶原即前激肽释放酶
因子 XIII	纤维蛋白稳定因子肝细胞	肝细胞和血小板	使纤维蛋白单体和相互交联聚合形成纤维蛋白网
	前激肽释放酶	肝细胞	激活 FXII
	高分子激肽原	肝细胞和血小板	辅因子，促进 FXIIa 对 FXI 和对 PK 的激活，促进 PK 对 FXII 的激活

（二）凝血过程

凝血过程实质是一系列凝血因子按照一定顺序相继激活，生成有活性的凝血酶，在凝血酶作用下使纤维蛋白原变为纤维蛋白，血液发生凝固。

理论上，可将血液凝固过程分为三个基本过程：①凝血酶原酶复合物的形成；②凝血酶原转变成凝血酶；③纤维蛋白原转变成纤维蛋白。

根据凝血酶原酶复合物生成的途径不同，将凝血过程分为内源性凝血途径（intrinsic coagulation）和外源性凝血途径（extrinsic coagulation）（图 3 – 3）。

1. 内源性凝血途径　是指参与凝血过程的因子全部来源于血浆，由 FXII 被激活所启动。首先血液中的 FXII 接触到带负电荷的异物表面而被激活成 FXIIa。FXIIa 激活 FXI 使之成为 FXIa，FXIa 激活 FIX 使之成为 FIXa，FIXa 激活 FX。可见，血液凝固是一系列酶促反应的过程。FXIIa 在此有两方面的作用：一方面，FXIIa 激活前激肽释放酶，使之成为激肽释放酶，激肽释放酶反过来可激活更多的 FXII，生成更多的 FXIIa，形成正反馈效应。FXII 在体内以血管内皮下胶原组织的激活作用最为重要；在体外可由带负电荷的物质激活，如玻璃、白陶土、胶原纤维等。另一方面，FXIIa 促使 FXI 活化为 FXIa，从而启动内源性凝血途径。生成的 FXIa 在 Ca^{2+} 的参与下将 FIX 转变为 FIXa。FIXa 在 Ca^{2+} 作用下可与 FVIIIa 在活化的血小板膜磷脂表面结合形成内源性途径因子 X 酶复合物，此酶复合物可激活 FX。血小板被激活后，血小板膜磷脂（platelet factor 3，PF3）由血小板质膜内侧转向质膜外侧，为凝血因子相互作用提供膜催化表面，加快凝血反应速度。当血液中血小板减少或缺乏时，凝血速度明显减慢，甚至不发生凝固。在内源性途径因子 X 酶复合物中，FVIIIa 作为辅因子，可使 FIXa 对 FX 的激活速度提高 20 万倍。机体缺乏 FVIII，引起甲型血友病，缺乏 FIX，引起乙型血友病；缺乏 FXI，引起丙型血友病。

从 FXII 结合于异物表面到形成 FXIa 的过程，称表面激活。表面激活需要高分子激肽原的参与，它主要作用是大大加速了 FXII、前激肽释放酶和 FXI 的激活过程。

2. 外源性凝血途径　由血液之外的凝血因子 III 与血液接触而启动的凝血过程，称外源性凝血过程，又称组织因子途径。凝血因子 III 也称组织因子（tissue factor，TF），TF 是一种细胞跨膜糖蛋白，广泛分布于各种组织中，很多非血管细胞都可以合成和表达 TF。在组织损伤后，这些细胞和循环血液接触，启动凝血反应。作为凝血反应的启动子，TF 主要分布于血管壁外膜，对凝血和血栓形成的调节都是有必要的。在正常情况下，与血液直接接触的细胞不产生 TF，但内皮细胞和单核细胞可以被诱导表达。某些细胞因子可诱导内皮细胞表面表达 TF，而血小板、内毒素等可诱导单核细胞表达 TF。在 Ca^{2+} 存在下，TF 与 FVII 形成复合物，进一步激活 FX 成为 FXa。另外，TF 和 FVII 形成的复合物还能激活 FIX 成为 FIXa，从而将内、外源性凝血联系起来，共同完成凝血过程。

通过上述两条途径生成 FXa 后，FXa 在 Ca^{2+} 存在情况下与 FVa 在磷脂膜表面形成凝血酶原酶复合物，即 $FXa – FVa – Ca^{2+}$ – 磷脂复合物，此复合物进一步激活凝血酶原为凝血酶，凝血酶裂解纤维蛋白原形成纤维蛋白单体。FVa 作为辅因子，可使 FXa 对 FII 的激活速度提高一万倍。在 FXIIIa 和 Ca^{2+} 的作用下，纤维蛋白单体相互聚合、交联形成纤维蛋白多聚体，组成牢固的纤维蛋白网，网罗血细胞形成凝血块。

在这个过程中，凝血酶原在凝血机制中起着重要作用。凝血酶是一种蛋白水解酶，对多种凝血因子具有水解作用。凝血酶具有的作用是：①使四聚体的纤维蛋白原从 N 端脱下四段小肽转变成纤维蛋白单体；②激活 FXIII，使 FXIII 转变成 FXIIIa，促使纤维蛋白单体相互聚合，形成不溶于水的交联纤维蛋白多聚体；③激活 FV、FVIII、FXI，活化的 FVa、FVIIIa、FXIa 促进凝血酶原激活，形成正反馈，生成更多的凝血酶；④激活血小板，为因子 X 酶复合物和凝血酶原酶复合物的形成提供有效的磷脂表面；⑤对纤溶系统也具有作用，可使纤溶酶原转变成纤溶酶，从而激活纤溶系统；激活由凝血酶激活的纤溶抑制物；激活蛋白 C 系统。因而凝血酶原缺乏或结构异常可导致凝血机制障碍。

由于血液凝固是一系列凝血因子相继酶解、激活的过程，每步酶促反应均有放大的效应，即少量被激活的凝血因子可使大量下游凝血因子激活，逐级连接下去，整个凝血过程呈现出强烈的放大现象。例如，1 分子的 FXIa 最终可产生上亿分子的纤维蛋白。

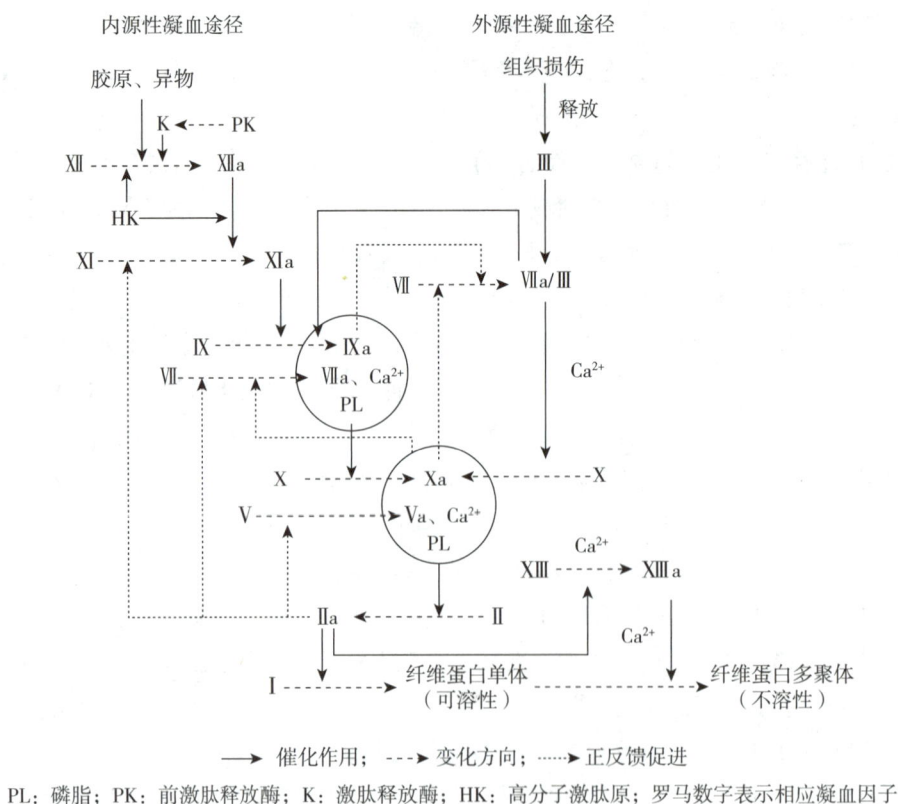

→ 催化作用；---> 变化方向；▶ 正反馈促进

PL：磷脂；PK：前激肽释放酶；K：激肽释放酶；HK：高分子激肽原；罗马数字表示相应凝血因子

图 3-3 外源性凝血和内源性凝血示意图

（三）血液凝固的调控

正常情况下，血管内的血液始终保持流动状态。日常生活中常发生轻微损伤，体内也只有低水平的凝血系统的激活，血液凝固只发生在损伤局部，往往不会影响全身的血液循环，这是由于凝血系统、抗凝系统和纤溶系统经常保持平衡。若此平衡被打破，便会造成出血倾向或血栓形成。

1. 血管内皮的抗凝作用 血管内皮与血液成分直接接触，正常血管内皮表面有一层细胞衣，可防止凝血因子、血小板与内皮下成分接触，从而避免凝血系统的激活和血小板的活化。另外，血管内皮还具有抗血小板和抗凝血功能：①血管内皮细胞表面可生成前列环素（PGI_2）和一氧化氮（NO）。PGI_2 的主要作用是抑制血小板的黏附与聚集，拮抗血栓烷 A_2，使血管扩张。PGI_2 可转变为 6 - 酮 - $PGF_{1\alpha}$，PGI_2 及 6 - 酮 - $PGF_{1\alpha}$ 可转变为 6 - 酮 - PGE_1 存在于正常血浆内，也有抑制血小板功能和扩血管作用。血管内皮细胞是体内合成一氧化氮（NO）的主要细胞，NO 可松弛平滑肌，进入血液的 NO 可抑制血小板聚集，抑制血小板黏附于血管内皮下层的胶原等基质，使聚集的血小板解聚。NO 和 PGI_2 对抑制血小板激活有协同作用。血管内皮细胞还能生成 13 羟 - 十八碳二烯酸，可抑制血小板的黏附、聚集和对抗 TXA_2 的作用。②血管内皮细胞可生成多种对抗凝血酶的物质，如黏多糖、硫酸乙酰肝素、抗凝血酶（原称抗凝血酶Ⅲ）、血栓调节蛋白（TM）、外源性凝血途径抑制物（EPI）等。硫酸乙酰肝素与抗凝血酶结合，加速抗凝血酶对凝血酶等凝血因子的灭活；血栓调节蛋白与凝血酶结合后，使凝血酶的促凝活性降低并使凝血酶激活蛋白 C 的速率大幅度提高，激活的蛋白 C 与蛋白 S 结合成复合物后具有很强的抗凝活性，能灭活凝血因子 V 和凝血因子Ⅷ，激活的蛋白 C 有促内皮细胞释放出组织型纤溶酶原活化物（tPA）和灭活纤溶酶原激活物抑制物（PAI）的作用。血管内皮细胞可合成 tPA 和尿激酶型纤溶酶原活化剂（u‑PA），使纤溶酶原转化为具有活性的纤溶酶，将已生成的纤维蛋白或血块中的纤维蛋白溶解。

2. 凝血因子的激活局限于血管受损部位 当血管局部破损时，由于释放 TF，可与 FⅦ结合，启动外源性凝血途径，TF 镶嵌在细胞膜上，起"瞄定"作用，可使 FX 的激活只发生在损伤部位。血管局部破损，内皮下胶原暴露，可引起血小板的黏附。因子X酶复合物对凝血酶原的激活是在活化的血小板磷脂膜表面上进行的，黏附于受损区域的血小板的活化，为凝血酶原的激活提供有效的磷脂膜表面。此外，纤维蛋白与凝血酶有高度的亲和力。在凝血过程中所形成的凝血酶，85% ~ 90% 可被纤维蛋白吸附，这不仅有助于加速局部凝血反应的进行，也可避免凝血酶向周围扩散。

3. 血流的稀释及单核‑巨噬细胞的吞噬作用有助于防止凝血过程的扩散 成年人体内约有 4500ml 的血量，进入血液循环的凝血因子可被血液稀释，并被血浆中的抗凝物质灭活，进而被单核‑巨噬细胞吞噬，从而防止凝血过程的扩散。

4. 生理性抗凝物质是体内抗凝的重要机制 正常人每 1ml 血浆充分激活可生成凝血酶 300 单位，但在生理性止血发生时，每 1ml 血浆所表现出的凝血酶活性很少超过 8 ~ 10 单位，可见正常人体内有很强的抗凝血酶活性。目前已知体内的抗凝物质有很多种，这里仅介绍几种主要抗凝物质。

（1）丝氨酸蛋白酶抑制物 丝氨酸蛋白酶激活是通过活性中心‑组氨酸残基变化实现的，它们之中一定有一个是丝氨酸（其名字的由来）。丝氨酸蛋白酶抑制剂是一类丝氨酸蛋白酶活性调节剂，参与凝血、纤维蛋白溶解、补体激活、炎性介质反应等过程。丝氨酸蛋白酶抑制物主要有抗凝血酶（AT，原称抗凝血酶Ⅲ）、C_1 抑制物、α_1‑抗胰蛋白酶、α_2‑抗纤溶酶、α_2‑巨球蛋白、肝素辅助因子Ⅱ等。其中最重要的是抗凝血酶，可灭活 60% ~ 70% 的凝血酶，其次是肝素辅助因子Ⅱ，可灭活 30% 的凝血酶。抗凝血酶由肝细胞和血管内皮细胞分泌。抗凝血酶的抗凝机制主要是与一些凝血因子（如因子Ⅺ、Ⅻ、Ⅸ、Ⅹ）分子中活性中心的丝氨酸残基结合，从而灭活这些凝血因子。正常情况下，抗凝血酶的直接抗凝作用非常弱，不能有效地抑制凝血，但它与肝素结合后，肝素通过与抗凝血酶的赖氨酸基团结合，使其抗凝作用可增加约 2000 倍。正常情况下，循环血液中几乎没有肝素存在，抗凝血酶主要通过与内皮细胞表面的硫酸乙酰肝素结合而增强血管内皮的抗凝功能。

（2）肝素 肝素（heparin）是一种主要由肥大细胞和嗜碱性粒细胞产生的硫酸化的葡萄糖胺聚糖，以肺、小肠黏膜含量最多。生理情况下，肝素在血浆中含量甚微。无论在体内还是体外，肝素的抗凝作用都很强，故被临床上广泛用作抗凝剂。但在缺乏抗凝血酶的条件下，肝素抗凝作用很弱。肝素的抗凝机制：①增强抗凝血酶与凝血酶的亲和力，加速凝血酶的失活；②抑制血小板的黏附、聚集；③增强蛋白质 C 的活性，刺激血管内皮细胞释放抗凝物质和纤溶物质。

（3）蛋白质 C 系统 蛋白质 C 系统是体内重要的抗凝系统，由蛋白质 C、蛋白质 S、活化蛋白质 C 抑制物和凝血酶调节蛋白组成。蛋白质 C 是一种维生素 K 依赖性蛋白，属丝氨酸蛋白酶，主要由肝脏合成。它以酶原的形式存在于血浆中，在凝血过程中被激活。凝血酶是其唯一的生理性活化剂。激活的蛋白质 C 主要是通过灭活 FVa 和 FⅧa，阻碍 FXa 与血小板磷脂膜的结合，刺激纤溶酶原激活物的释放，增强纤溶酶活性，促进纤维蛋白溶解。蛋白质 S 是活化蛋白质 C 抗凝的重要辅助因子，也是一种维生素 K 依赖性蛋白，但不是丝氨酸蛋白酶，在肝脏内合成。蛋白质 S 可使蛋白质 C 活性增加 10 多倍，蛋白质 S 能与补体 C4 结合蛋白结合，抑制补体系统的激活。

（4）组织因子途径抑制物 组织因子途径抑制物（TFPI）是 FⅢ、FⅦ和 FX 的天然抑制物，是外源性凝血途径的特异性抑制物。TFPI 是一种全长由 276 个氨基酸残基组成的单链糖蛋白，主要由血管内皮细胞产生。正常人体血浆中 TFPI 浓度范围变化较大，平均 2.5nmol/L 左右，主要以三种形式分布：

直接存在于血液循环中；结合于内皮细胞表面，在肝素等物质作用下可迅速释放入血液；储存于血小板中，在凝血酶等物质刺激下可释放入血液循环中。TFPI 对组织因子途径的抑制分两步进行。首先是 TFPI 与 FXa 结合，直接抑制 FXa 的催化活性；同时 TFPI 与 FXa 结合，引起 TFPI 变构，在 Ca^{2+} 存在条件下，再与 FVIIa/TF 结合，形成 FXa－TFPI－FVIIa－TF 四元复合物，从而灭活 FVII－TF 复合物，发挥抑制外源性凝血途径的作用。因此，TFPI 并不阻断组织因子对外源性凝血途径的启动。

三、纤维蛋白的溶解

正常情况下，组织损伤后所形成的止血栓在完成其止血任务后，将逐步溶解，从而保证血管的畅通，也有利于受损组织的再生和修复。止血栓的溶解有赖于纤维蛋白。纤维蛋白溶解是指将凝血块中的纤维蛋白水解成可溶性小片段肽的过程，简称纤溶。生理情况下，纤维蛋白也可以自然在血管局部沉着，同时体内又不断地将这些沉着的纤维蛋白溶解、清除，以保持血流畅通，有利于损伤组织的修复、愈合以及血管的再生。纤溶系统主要包括纤维蛋白溶解酶原（简称纤溶酶原）、纤溶酶、纤溶酶原激活物和纤溶抑制物。

纤溶的基本过程有两个阶段：纤溶酶原的激活和纤维蛋白的降解。

（一）纤溶酶原的激活

纤溶酶原主要在肝、骨髓、嗜酸性粒细胞和肾脏中合成，它必须在纤溶酶原激活物（activator of plasminogen）的作用下，才能成为有活性的纤溶酶。

纤溶酶原激活物主要有两类。①组织型纤溶酶原激活物（tissue－type plasminogen activator，t－PA）：主要由血管内皮细胞、间皮细胞和造血系统的一些其他细胞（如单核细胞、巨细胞）产生。t－PA 是一种丝氨酸蛋白酶，分子量为 68000。它激活纤溶酶原的作用很强，是主要的激活物。t－PA 主要是将纤溶酶原精氨酸 561－缬氨酸 562 处的肽链裂解，使其激活为具有活性的纤溶酶。单链和双链的 t－PA 都有此活性，但单链 t－PA 与纤维蛋白之间的亲和力比双链高，而双链 t－PA 激活纤溶酶原的能力比单链强，且被血浆纤溶酶原激活物抑制剂－1（plasminogen activator inhibitor type－1，PAI－1）灭活快。只有在 t－PA、纤溶酶原和纤维蛋白三者形成复合体后，t－PA 才能有效地将纤溶酶原裂解为纤溶酶，从而促使纤维蛋白凝块溶解。②尿激酶型纤溶酶原激活物（urokinase－type plasminogen activator，u－PA）：u－PA 也是一种重要的纤溶酶原激活物，u－PA 分子存在单链 u－PA 和双链 u－PA 两种形式。单链 u－PA 可被纤溶酶等水解酶催化水解肽键，转变为由 2 个二硫键连接的双链 u－PA。双链 u－PA 活性高于单链 u－PA。u－PA 是一种丝氨酸蛋白酶，由内皮细胞、巨噬细胞、肾脏上皮细胞、多种肿瘤细胞分泌，通过与细胞膜上的特异性受体（urokinase－type plasminogen activator receptor，U－PAR）结合后被激活，活化的 u－PA 不但自身能降解大多数细胞外基质成分，还能激活纤溶酶原变成纤溶酶，进一步发挥降解细胞外基质成分作用，促进内皮细胞迁移、内皮小管的形成和增强肿瘤细胞的异质黏附能力。u－PA 广泛存在于体内组织细胞中，特别是子宫、甲状腺、淋巴结和肺等组织含量较高，所以，当这些器官组织手术或外伤时，常有术后渗血或出血不易凝固的现象。

（二）纤维蛋白与纤维蛋白原的降解

纤溶酶是血浆中活性最强的蛋白水解酶，属于丝氨酸蛋白酶，它可将纤维蛋白和纤维蛋白原裂解为许多可溶性的小肽，称为纤维蛋白降解产物。这些降解产物通常不再发生凝固，且部分还有抗凝血作用。此外纤溶酶对 FII、FV、FVIII、FX、FXII 等凝血因子和补体等也有一定的降解作用。

血液凝固过程中纤维蛋白的形成是触发纤溶的启动因素。一旦纤维蛋白形成，纤溶酶就选择性的产生并作用于纤维蛋白形成部位，即血凝块所在部位，从而溶解纤维蛋白，清除血凝块，恢复正常血管结构和血流。

（三）纤溶抑制物

正常情况下，虽然有少量纤溶酶生成，但同时体内又存在抑制纤溶的物质，称为纤溶抑制物。主要有 PAI－1 和 α_2－抗纤溶酶。血浆中的 PAI－1 主要由血管内皮细胞生成，体内肝细胞、平滑肌细胞和巨核细胞也能合成和分泌。血浆中的 PAI－1 有活性和非活性两种形式，其中活性形式仅占 3%～5%，活性型 PAI－1 可与玻璃体连接蛋白结合以免被氧化。PAI－1 的主要作用是灭活 t－AP 和 u－AP，灭活方式是与其形成不可逆复合物，从而快速、有效地将其灭活。被灭活的 t－PA 则不能将纤维蛋白溶解酶原激活为纤维蛋白溶解酶，从而不能使纤维蛋白溶解。PAI－1 水平在血浆中存在昼夜规律性变化，其活性在清晨最高，至下午和晚上最低，这可能是引起纤溶活力在清晨最低的原因。PAI－1 和 t－PA 还有季节性变化，表现为纤溶活性在冬季最低，夏季最高，因此血栓性疾病冬季发病率高。α_2－抗纤溶酶是血液中的主要抑制物。α_2－抗纤溶酶又称 α_2－纤溶酶抑制物，是一种由肝脏合成、分泌的单链糖蛋白。α_2－抗纤溶酶能直接抑制纤溶酶的活性，且对纤溶酶的抑制作用约占机体全部抗纤溶活性的 90%，在有效和持久的纤维蛋白形成过程中发挥重要的调节作用。α_2－抗纤溶酶发挥作用的机制为：①特异地、快速地与纤溶酶以 1：1 的比例形成复合物，能限制性抑制纤溶酶与纤维蛋白结合；②α_2－抗纤溶酶通过 F XIII a 与纤维蛋白结合，减弱纤维蛋白对纤溶酶作用的敏感性。此外，α_2－抗纤溶酶与纤维蛋白结合还可阻止纤维蛋白与 t－PA 结合，在抑制血栓溶解方面也有重要意义。临床上常用的止血药如氨甲苯酸、6－氨基己酸和氨甲环酸等，就是抑制纤溶酶的生成及其作用的。

第四节　血型与输血原则

PPT

一、血型与红细胞凝集

血型是指血细胞膜上特异性抗原的类型。目前已发现在人类红细胞膜上有 35 个不同红细胞血型系统，如 ABO、Rh、MNSs、Kell、Lutheran 等，其中与临床关系密切的是 ABO 血型系统和 Rh 血型系统。血型是由遗传决定的，血型的鉴定对医学、法医学、人类学也具有重要的意义。

白细胞和血小板除含有 A、B、H、MN、P 等红细胞血型抗原外，还有其本身特有的抗原。其中最重要的是人类白细胞抗原（human leukocyte antigen，HLA）系统。HLA 系统在体内分布广泛，抗原种类多，是一个极其复杂的抗原系统，HLA 系统可应用于器官移植、输血、亲子鉴定和人类学等方面的研究。HLA 的编码基因是人类的主要组织相容性复合体（major histocompatibility complex，MHC），位于 6 号染色体上（6p21.31），包括一系列紧密连锁的基因座，人的 MHC 就称 HLA 基因复合体，HLA 作为抗原研究时，称 HLA 抗原系统；HLA 作为基因研究时称 HLA 复合体，它位于第 6 号染色体短臂上，全长 3600kb。

通常所谓血型，主要指红细胞血型，即红细胞膜上特异性抗原的类型。如果将两种不同血型的血液混合，会出现红细胞彼此凝集成簇，这种现象称为红细胞凝集（agglutination）。此反应过程是不可逆的，即凝集的红细胞无论怎样振荡均不能散开，如发生在体内可造成微循环的阻塞和溶血，引起严重的输血反应。红细胞凝集的本质是红细胞膜上的特异性抗原和血清中相应的抗体发生的抗原－抗体反应。所以特异性抗原也称凝集原（agglutinogen），相应的抗体称凝集素（agglutinin）。

二、红细胞血型

（一）ABO 血型系统

1. ABO 血型的分型　ABO 血型系统是 Landsteiner 在 1901 年发现的第一个人类血型系统。ABO 血型系统中存在两类不同的抗原，称为 A 抗原、B 抗原。在人类血清中存在与其相对应的抗体，即能与 A 抗原凝集的抗 A 抗体、能与 B 抗原凝集的抗 B 抗体。根据红细胞膜上 A 抗原、B 抗原的分布不同，ABO 血型系统分为 A 型、B 型、AB 型、O 型 4 种血型。凡红细胞膜上只有 A 抗原的称为 A 型血，只含 B 抗原的为 B 型血，A 和 B 抗原都存在为 AB 型血，两种抗原都缺失为 O 型血。

ABO 血型系统还有几种亚型，其中最重要的是 A 型血中的 A_1、A_2 亚型。A_1 型红细胞上含有 A 抗原和 A_1 抗原，血清中含有抗 B 抗体；而 A_2 型红细胞上只含有 A 抗原，血清中含有抗 B 和抗 A_1 抗体。由于 A 型血存在亚型，所以 AB 型血也存在亚型，即 A_1B 型血和 A_2B 型血。A_1B 型血含有 A 抗原、A_1 抗原和 B 抗原，血清中没有抗体；A_2B 型血含有 A 抗原和 B 抗原，血清中有抗 A_1 抗体。虽然在我国的汉族人群中 A_2 和 A_2B 型血分别只占 A 型和 AB 型血的 1% 以下，但是 A_1 型红细胞上含有 A_1 抗原，可与 A_2 型血清中的抗 A_1 抗体结合而发生凝集反应，况且 A_2 和 A_2B 型血的 A 抗原的抗原性较弱，用常规抗 A 抗体检测，极易被误判为没有凝集，出现血型的错误，使 A_2 和 A_2B 型血误判为 O 型和 B 型，故在临床输血时要注意 A_2 和 A_2B 型血的存在。

ABO 血型系统的抗体是天然抗体，多属 IgM，一般不易通过胎盘屏障。不同血型的人，血清中含有不同的凝集素，但不含有与自身所含凝集原相对抗的凝集素。即在 A 型血的血清中，只含抗 B 凝集素，不含抗 A 凝集素；B 型血的血清中只含抗 A 凝集素；AB 型血的血清中一般不含抗 A 和抗 B 凝集素；而 O 型血则含有抗 A 和抗 B 凝集素（表 3 - 2）。因此，当 A 型血与 B 型血混合时，A 型血红细胞上的 A 凝集原就和 B 型血血清中的抗 A 凝集素发生凝集反应。不同血型的血液相混合时出现的凝集反应也同理。

表 3 - 2　ABO 血型系统的抗原和抗体

血型	亚型	红细胞膜上的抗原	血清中的抗体
A 型	A_1	$A + A_1$	抗 B
	A_2	A	抗 B + 抗 A_1
B 型		B	抗 A
AB 型	A_1B	$A + A_1 + B$	无
	A_2B	$A + B$	抗 A_1
O 型		无 A、无 B	抗 A + 抗 B

2. ABO 血型系统的基因和抗原　ABO 基因位于 9 号染色体短臂 34.1 - 34.2，包含了长度约为 18kb 的 7 个外显子和长度约为 19514bp 的 6 个内含子。ABO 基因座上有 3 个主要的等位基因，即 A、B 和 O 基因，B 等位基因与 A 等位基因具有高度同源性，仅有 7 个位置的碱基发生改变。A、B、O 基因具有相同的前驱物质，在 H 基因编码的岩藻糖基转移酶的作用下，此前驱物质半乳糖末端上连接岩藻糖而形成 H 抗原。在 A 基因的控制下，细胞合成的 A 酶能使一个乙酰半乳糖胺连接到 H 抗原上，形成 A 抗原；在 B 基因的控制下，细胞合成的 B 酶能使一个半乳糖基连接到 H 抗原上，形成 B 抗原；O 基因由于不产生有活性的转移酶，无 A、B 抗原，因此 O 基因为无效基因，但 O 基因带有 H 抗原（图 3 - 4）。若 H 基因缺损，将缺乏岩藻糖基转移酶，不能生成 H 抗原，也不能生成 A 抗原、B 抗原，但红细胞上有前驱物质，该血型为孟买型（Bombay）。因此 A、B 基因的表达需要 H 基因的存在，在没有 H 基因存

在的情况下，A、B 基因不能形成 A、B 抗原，常规血型检测表现为 O 型血。

因此，基因通过决定生成的糖基转移酶的种类而决定催化何种糖基连接在前驱物质的哪个位置上，进而间接控制决定血型抗原特异性的寡糖链的组成，并决定其血型的表现型。

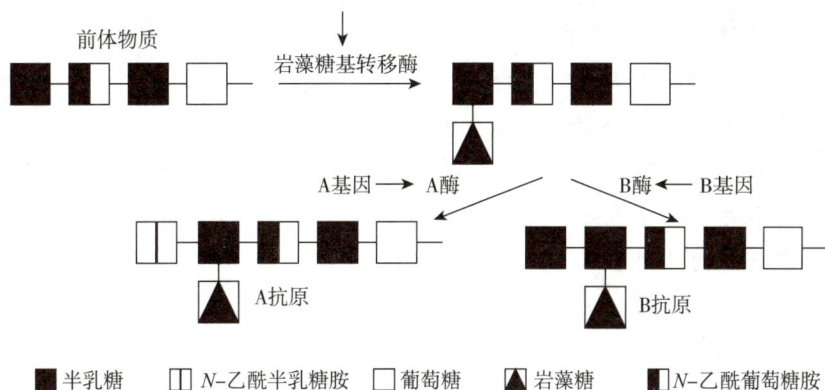

图 3-4　ABH 抗原物质的化学结构示意图

3. ABO 血型的遗传　ABO 基因座上有 3 个主要的等位基因，即 A、B 和 O 基因，在一对染色体上只可能出现 A、B、O 基因中的 2 个，分别由父母各遗传一个给子女。3 个基因可组成 6 组基因型，由于 A、B 基因为显性基因，O 基因为隐性基因，故血型的表现型仅 4 种，而基因型却有 6 种（表 3-3）。利用血型的遗传规律，可以推知子女可能的血型和不可能的血型，因此可以通过子女的血型来推断亲子关系。但法医学上依据血型判断亲子关系，只能做出否定的判断，而不能做出肯定的判断，而且由于类似孟买血型的存在，会出现误判。更确切的亲子关系要通过亲子鉴定来判断。

表 3-3　ABO 血型的基因型和表现型

表现型	基因型
A 型	AA、AO
B 型	BB、BO
AB 型	AB
O 型	OO

4. ABO 血型的鉴定　正确鉴定血型是保证输血安全的基础。常规 ABO 血型鉴定包括正向定型和反向定型。正向定型是用抗 A 与抗 B 抗体来检测红细胞膜上有无 A、B 抗原；反向定型是用已知血型的红细胞检测血清中有无抗 A 与抗 B 抗体（表 3-4）。同时进行正向和反向定型是为了相互印证。

表 3-4　红细胞常规 ABO 定型

正向定型			反向定型			血型
B 型血清（抗 A）	A 型血清（抗 B）	O 型血清（抗 A、抗 B）	A 型红细胞	B 型红细胞	O 型红细胞	
+	-	+	-	+	-	A 型
-	+	+	+	-	-	B 型
+	+	+	-	-	-	AB 型
-	-	-	+	+	-	O 型

注：ABO 血型系统中除 A₁、A₂ 亚型之外，还要 Ax 红细胞与 B 型血清不发生凝集（或有弱凝集），但可与 O 型血清发生凝集，故加用 O 型血清可发现 Ax 血型，避免误定 O 型血，加用 O 型血标准红细胞可检出血清中是否含有与 ABO 血型系统无关的红细胞抗体。

⇒ 案例引导

临床案例 患儿，男，出生 2 天，出现新生儿病理性黄疸，需进行血型检测，排除 ABO 血型溶血。通过蓝光照射等治疗，新生儿黄疸退却。但血型检测却发现父母均为 O 型血，孩子是 B 型血。亲子鉴定结果孩子和父母存在亲子关系。

讨论 1. ABO 血型的遗传规律是怎样的？

2. 出现和遗传规律不一致的原因可能是什么？如何进一步检查发现该现象发生的原因？

提示 为进一步探索问题的原因，抽取孩子祖父母、父母及孩子的血液，进行血型基因检测，发现祖父母是 B 型血，父亲是 O 型血，孩子是 B 型血，孩子父亲的血型存在异常。正常情况下，B 基因要在 B 酶的作用下和 H 抗原结合，才能表达 B 抗原，常规血型检测就可以表达。孩子的祖父母各携带一条异常的 H 基因，这异常的 H 基因传给孩子父亲，孩子父亲携带两条异常的 H 基因，无法表达 H 抗原，使孩子父亲的 B 抗原无法显示。而孩子母亲正常的 H 基因传给孩子时，孩子的 B 抗原就表现出来了。常规检测就是 B 型血。

（二）Rh 血型系统

1940 年，Landsteiner 和 Wiener 首次在恒河猴（Rhesus monkey）红细胞表面发现一类凝集原，即 Rh 抗原（或 Rh 因子）。后研究表明在人的红细胞上具有与恒河猴红细胞相同的抗原，因此这种血型系统称为 Rh 血型系统。Rh 血型系统是人类红细胞血型系统中最具多态性者，它具有高度的免疫源性，仅次于 ABO 血型系统而具有重要临床意义。近年来，Rh 血型系统的研究取得了很大进展，Rh 基因存在 RHD 和 RHCE 2 个基因座，呈单体遗传，它们分别表达 RhD 抗原和 RhCcEe 抗原。Rh 的抗原有 40 多种，与临床密切相关的是 D、E、C、c、e 5 种，其中以 D 抗原的抗原性最强，E、C、c、e 依次减弱。通常将红细胞表面存在 D 抗原称为 Rh 阳性，无 D 抗原称为 Rh 阴性。我国汉族人和其他大部分民族的 Rh 阳性约占 99%，Rh 阴性占 1%。但在某些少数民族中，Rh 阴性的人数较多，如塔塔尔族 15.8%，苗族 12.3%。红细胞膜上的 D 抗原可能会发生改变，包括质的改变以及抗原数量，即抗原性的变化。

人的血清中不存在抗 Rh 的天然抗体，抗 Rh 的抗体是经过免疫产生的。当 Rh 阴性的人接受 Rh 阳性的血液后，通过体液免疫产生抗 Rh 抗体，免疫原性的强弱在不同个体之间有差别。Rh 阴性者首次接受 Rh 阳性者的血液后，一般不产生明显的输血反应，但当再次或多次接受 Rh 阳性血液，就会发生凝集反应。因此临床上对于重复接受同一供血者的患者，输血前应特别注意。

另外，Rh 系统的抗体主要是 IgG 抗体，其分子量较小，可以通过胎盘。当 Rh 阴性的母亲怀有 Rh 阳性的胎儿时，胎儿的红细胞因某种原因（如分娩时胎盘剥离）可以进入母体，就会刺激母体产生抗 D 抗体，此抗体可通过胎盘进入胎儿体内，发生红细胞凝集反应，引起胎儿死亡或新生儿溶血性贫血。一般在妊娠末期或分娩时才有足量的红细胞进入母体，而母体血液中抗体的产生是缓慢增加的，此时胎儿已经脱离母体，因此 Rh 阴性母亲第一次怀 Rh 阳性胎儿，胎儿极少出现新生儿溶血的现象。故 Rh 阴性母亲在分娩出 Rh 阳性胎儿后，需常规输注特异性抗 D 免疫球蛋白，中和进入母体的 D 抗原，避免母体产生抗 D 抗体，以防第二次妊娠时新生儿溶血的发生。在 ABO 血型系统，如果母子的 ABO 血型不合，母亲为 O 型，胎儿为 A 型或 B 型，也可引起新生儿溶血。

三、输血原则

输血（blood transfusion）是目前临床中使用的一种特殊而重要的治疗手段，它对于恢复和维持有效循环血量、补充丢失的血液成分、增强机体的止血和抗凝血作用等方面具有重要意义。但如果输血错误或不当，将会造成严重后果，甚至危及生命。所以为确保输血安全，必须严格遵守输血原则。输血前，必须血型鉴定并进行交叉配血试验（cross - match test），以保证血型相合。交叉配血试验有主、次侧之分，将供血者的红细胞与受血者的血清进行配合试验为主侧；将受血者的红细胞与供血者的血清进行配合试验为次侧。若主、次侧均不出现凝集反应，则为配血相合，可以进行输血；若主侧出现凝集反应，则为配血不合，不能输血；如果主侧不出现凝集反应，而次侧出现凝集反应，则为配血基本相合。在缺乏同型血源的紧急情况下，可将 O 型血输给其他血型的受血者或 AB 型受血者接受其他血型的血液，且输血量不宜太多（<200ml），输血速度不宜太快并要密切观察受血者的情况，若发生输血反应，必须立即停止输注。因此，为了避免凝集反应的发生，输血原则是同型输血，输血前进行交叉配血。

随着血液学及其相关学科技术的发展，输血疗法已从输注全血发展到成分输血。成分输血是用各种方法分离出红细胞、粒细胞、血小板及血浆的不同成分，进行再输入。成分输血不仅针对性强、节约血源，而且因纯度大、浓度高而疗效好，还可减少不良反应，使输血更加安全，已成为目前输血的主要手段。如有严重贫血的患者，主要是由于红细胞减少，总血容量不少，输入红细胞成分更具有针对性。如血小板减少性紫癜患者，更适宜输入新鲜血小板成分。另外，近年来的自体输血也得到迅速发展。自体输血是指收集患者自身血液进行回输。这种情况往往在患者手术前先抽取患者一定量的血液，在手术中根据患者的具体情况再考虑是否输血。这种输血疗法不仅可以节约库血，减少输血反应和疾病传播，而且输血前不需要进行血型检测和交叉配血试验。

目标检测

答案解析

单项选择题

1. 关于血量的叙述，下列不正确的是

    A. 血量包括循环血量和储备血量

    B. 储备血量占 20%

    C. 成年男性血液总量占体重的 7%～8%

    D. 成年女性血液总量占体重的 7%～8%

    E. 一次失血在 10% 之内，机体通过神经、体液、自身调节可以逐渐恢复

2. 下列属于等渗溶液的是

    A. 9% 的氯化钠溶液

    B. 2% 的氯化钠溶液

    C. 5% 的葡萄糖溶液

    D. 10% 的葡萄糖溶液

    E. 8.5% 的氯化钠溶液

3. 关于红细胞的描述，下列哪一项不正确

    A. 一般情况下，成年男性的红细胞数量多于女性

    B. 正常红细胞呈双凹圆碟形

    C. 红细胞维持双凹圆碟形结构需要消耗能量

    D. 球形红细胞血症患者的可塑变形性更好

E. 红细胞具有悬浮于血浆中不易下沉的特性

4. 关于血小板的叙述，下列哪一项不正确

    A. 血小板增多，容易形成血栓

    B. 血小板在维持血管壁的完整性中起重要作用

    C. 血小板在生理性止血过程中起重要作用

    D. 血小板不能黏附于正常内皮细胞表面

    E. 第二时相聚集主要由受损组织释放的 ADP 引起

5. 关于生理性止血的叙述，下列哪一项不正确

    A. 正常人大血管破损后引起的出血在数分钟内就会自行停止

    B. 受伤处局部及附近的血管可迅速出现短暂的收缩

    C. 当血管损伤，血小板被激活后，通过一系列反应，形成血小板血栓

    D. 血管受损也可启动凝血机制

    E. 血凝块中纤维组织增生，达到永久性止血

6. 关于凝血因子的描述，下列哪一项不正确

    A. 一些凝血因子的合成过程需要维生素 K 的参与

    B. 凝血因子均为蛋白质，在肝脏内合成

    C. 凝血因子在血液中均以无活性

    D. 因子Ⅲ存在于内皮细胞和其他组织细胞

    E. 大部分凝血因子均存在于新鲜血浆中

7. 关于血液凝固的过程，下列描述不正确的是

    A. 凝血过程实质是一系列凝血因子按照一定顺序相继激活的酶促过程

    B. 内源性凝血过程由 FⅫ被激活所启动

    C. 外源性凝血过程由 FⅫ被激活所启动

    D. 当血液中血小板减少或缺乏时，凝血速度明显减慢

    E. 内源性和外源性凝血过程均需要 Ca^{2+} 的参与

8. 关于血型的叙述，下列描述不正确的是

    A. 血型是指血细胞膜上特异性抗原的类型

    B. 与临床关系密切的是 ABO 血型系统和 Rh 血型系统

    C. 白细胞上最重要的是人类白细胞抗原系统

    D. 所谓血型，主要指红细胞膜上特异性抗原的类型

    E. 红细胞凝集过程是可逆的，即凝集的红细胞振荡后能散开

9. 关于 ABO 血型的叙述，下列描述不正确的是

    A. ABO 血型系统中存在两类不同的抗原，称为 A 抗原、B 抗原

    B. ABO 血型系统的抗体是天然抗体，多属 IgM，一般容易通过胎盘屏障

    C. 在 A 型血的血清中，只含抗 B 凝集素

    D. ABO 基因位于 9 号染色体短臂

    E. 利用血型的遗传规律，可以推知子女可能的血型和不可能的血型

10. 关于输血原则的讲述，下列描述不正确的是

    A. 同一血型系统输血无须进行交叉配血试验

B. 输血前，必须鉴定血型

C. 将供血者的红细胞与受血者的血清进行配合试验为主侧

D. 主、次侧均不出现凝集反应，则为配血相合

E. 输血原则是同型输血，输血前交叉配血

（印媛君）

书网融合……

本章小结   题库

第四章　循环生理

第一节　心脏的泵血功能

PPT

循环系统是由心脏和血管两部分组成的封闭性管道系统，也称心血管系统。心脏通过节律性的收缩和舒张，推动血液在心血管系统中按照一定的方向周而复始的循环流动，称为血液循环（blood circulation）。其中，心脏是循环系统的动力器官，心脏收缩将血液射入动脉，动脉血管将血液分配到全身组织和器官；毛细血管是血液与组织细胞之间进行物质交换的场所；心脏舒张时则通过静脉血管将血液收集回心脏。

血液循环的主要功能是完成体内各种物质的运输，保证机体新陈代谢的正常进行，从而维持内环境的稳定。此外，还参与机体的体液调节、血液的防卫免疫功能等。循环功能一旦发生障碍，许多重要脏器将因缺血、缺氧受到严重损害，生命活动将出现异常，甚至危及生命。

一、心脏的泵血过程与机制

（一）心动周期

心脏的一次收缩和舒张构成一个机械活动周期，称为心动周期（cardiac cycle）。心房和心室的心动周期都可分为收缩期（systole）和舒张期（diastole）。在心脏泵血过程中由于心室起主要作用，故心动周期通常指心室的活动周期。

心动周期的长短与心率（heart rate）密切相关，二者成反变关系。心率是指每分钟心脏跳动的次数，正常成人安静状态下的心率为 60～100 次/分，平均 75 次/分，因此每个心动周期约为 0.8 秒。在一个心动周期中，心房和心室的活动按一定的时程和顺序进行，且左、右两心房及左、右两心室的活动同步。如图 4－1 所示，在心房的活动周期中，左、右两心房先收缩，持续约 0.1 秒，之后左、右两心房舒张，持续约 0.7 秒。在心室的活动周期中，同样也是左、右两心室先收缩，持续约 0.3 秒，随后左、右两心室舒张，持续约0.5秒。心房收缩时，心室尚处于舒张状态，心房收缩完毕，心室才开始收缩。在心室舒张的前0.4秒，心房也处于舒张状态，这段时间称为全心舒张期。无论心房还是心室，收缩期均短于舒张期，故当心率加快使心动周期缩短时，舒张期缩短的比例将会更大，此时心室的充盈不充分，射血也会相应地减少，对心脏的持久活动不利。因此，当临床上出现心动过速时，应及时采取相应措施，积极治疗，防止因心率过快导致心功能衰竭。

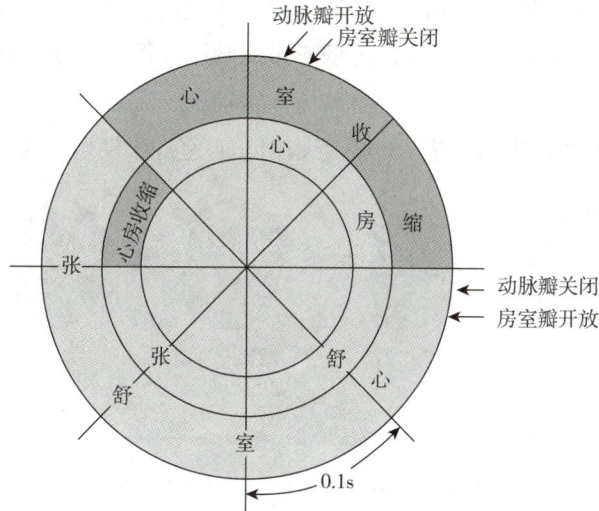

图4-1 心动周期中心房和心室活动的顺序和时间关系示意图

（二）心脏的泵血过程

左、右两心室的泵血过程几乎同时进行，且基本相似。现以左心室为例，阐明在一个心动周期中心室射血和充盈的过程（图4-2至图4-4）及机制。

1. 心室收缩期 心室收缩期可分为等容收缩期和射血期。

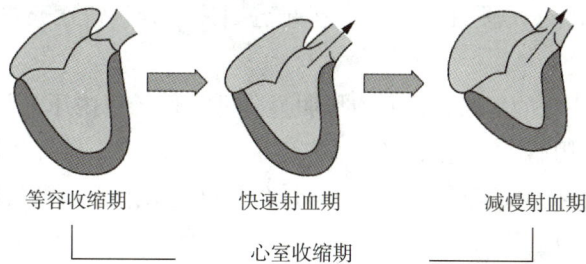

图4-2 心室收缩期泵血过程示意图

（1）等容收缩期 心室开始收缩后，心室内压力迅速升高，当室内压超过房内压时，即推动房室瓣使之关闭；但此时的室内压仍低于主动脉压，主动脉瓣尚处于关闭状态，心室成为一个封闭的腔室。从房室瓣关闭到主动脉瓣开启前的这段时期，心室肌的强烈收缩使室内压急剧升高，而心室容积恒定不变，故称为等容收缩期（period of isovolumic contraction）。此期持续时间约0.05秒。当心肌收缩力减弱或主动脉压升高时，等容收缩期将延长。

（2）射血期 当心室持续收缩使室内压超过主动脉压时，推动主动脉瓣开放，标志着等容收缩期结束，射血期（period of ventricular ejection）开始。射血期又可依据射血速度的快慢分为快速射血期和减慢射血期。

1）快速射血期 在射血期之初，心室射入主动脉的血流速度很快，射血量也较多，称为快速射血期（period of rapid ejection）。此期持续时间约0.1秒。在快速射血期内，心室射入主动脉的血液量约占心室总射血量的2/3。心室内血液因迅速、大量射入主动脉，心室容积明显减小，但心室仍在强烈收缩，此时室内压仍然继续上升并达到峰值，主动脉压也随之升高并达到高峰。

2）减慢射血期 在射血期后半部分时程，心室收缩强度减弱，射血速度也逐渐减慢，称为减慢射血期（period of slow ejection）。此期持续时间约0.15秒。减慢射血期内，室内压和主动脉压均由峰值逐渐下降，在快速射血期的中期或稍后，室内压已低于主动脉压（图4-4），但此时心室内的血液仍具有较高的动能，可在惯性的作用下逆着压力梯度继续流入主动脉。

2. 心室舒张期 心室射血结束后，进入心室舒张期。心室舒张期可分为等容舒张期和心室充盈期。

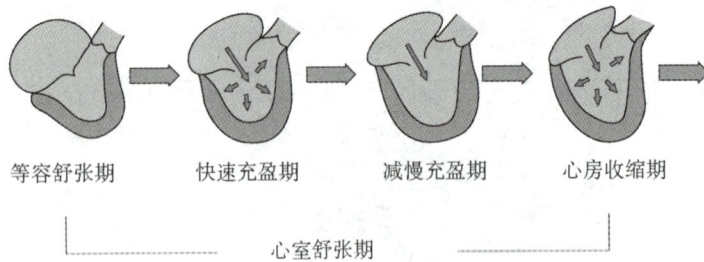

等容舒张期　　快速充盈期　　减慢充盈期　　心房收缩期

心室舒张期

图4-3 心室舒张期泵血过程示意图

（1）等容舒张期 射血结束后，心室肌开始舒张，室内压急剧下降，当室内压低于主动脉压时，主动脉内的血液将向心室方向返流，推动主动脉瓣关闭；但此时室内压仍高于房内压，房室瓣仍处于关闭状态，心室再次成为一个封闭的腔室。从主动脉瓣关闭至房室瓣开启前的这一段时间，心室舒张使室内压急剧下降，但心室的容积恒定不变，称为等容舒张期（period of isovolumic relaxation）。此期持续时间为0.06~0.08秒。

（2）心室充盈期 当心室进一步舒张，使室内压低于房内压时，血液冲开房室瓣流入心室，心室充盈期（period of ventricular filling）便开始了。心室充盈期又可分为快速充盈期、减慢充盈期和心房收缩期。

1）快速充盈期 由于心室的舒张，使室内压明显降低，低于房内压，甚至形成负压，心房和大静脉内的血液因心室的抽吸作用而快速进入心室，心室容积迅速增大、压力逐渐升高，在心室充盈之初，由于心室充盈速度较快，故称为快速充盈期（period of rapid filling）。此期历时约0.11秒。在快速充盈期进入心室的血液量为总充盈量的2/3左右。

2）减慢充盈期 随着心室的不断充盈，心室内血液量不断增加，心房与心室内的压力差逐渐减小，血液流入心室的速度减慢，称为减慢充盈期（period of slow filling）。此期历时约0.22秒。减慢充盈期内心室容积进一步增大，但增大的速度较快速充盈期缓慢。

3）心房收缩期 心室舒张期的最后0.1秒，心房开始收缩，使房内压有所升高，略高于心室内压，心房内的血液顺着压力差进入心室，心室得以进一步充盈，称为心房收缩期（period of atrial systole）。心房的收缩使心房压力升高，容积缩小，挤压血液进入心室，可使心室的充盈量再增加25%左右。

综上所述，心室肌的收缩和舒张是引起室内压发生变化，并导致心室与心房之间以及心室与主动脉之间产生压力梯度的根本原因。压力梯度则是推动血液在心房、心室和主动脉之间流动的主要动力。心脏瓣膜的结构特点及其启闭活动，确保血液单方向流动。

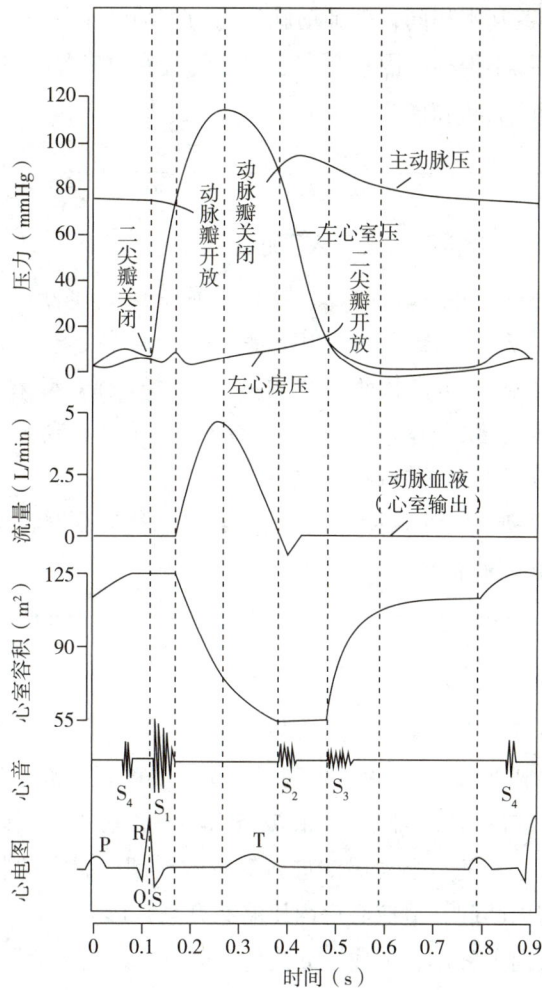

图 4-4 心动周期各时相中左心室压力、容积和瓣膜等变化示意图

P、Q、R、S、T 表示心电图基本波形；S_1、S_2、S_3、S_4 表示第一、二、三、四心音

表 4-1 心动周期各时相中左心室压力、容积和瓣膜等变化

	时相	房室瓣	动脉瓣	压力变化	血流方向及速度	心室容积	持续时间（s）
心室收缩期	等容收缩期	关	关	房内压＜室内压↑↑ ＜主动脉压	无血液流动	不变	0.05
	快速射血期	关	开	房内压＜室内压↑ ＞主动脉压	室→主动脉 （量大速度快）	迅速缩小	0.10
	减慢射血期	关	开	房内压＜室内压↓ ＜主动脉压	室→主动脉 （惯性量小速度慢）	缓慢缩小	0.15
心室舒张期	等容舒张期	关	关	房内压＜室内压↓↓ ＜主动脉压	无血液流动	不变	0.07
	快速充盈期	开	关	房内压＞室内压↓ ＜主动脉压	房→室 （量大速度快）	迅速增大	0.11
	减慢充盈期	开	关	房内压＞室内压↑ ＜主动脉压	房→室 （量小速度慢）	缓慢增大	0.22
	心房收缩期	开	关	房内压＞室内压↑ ＜主动脉压	房→室	继续增大	0.10

注：↑代表升高、↑↑代表明显升高，↓代表下降、↓↓代表明显下降，→代表血液流动方向。

右心室的泵血过程与左心室基本相同，因肺动脉压约为主动脉压的1/6，故在心动周期中，右心室内压的变化幅度要比左心室内压小得多。因左、右心室接受血液的来源和泵出的血液的流向不同，故临床上左、右心衰时也会有不同的症状和体征。

⊕ 知识链接 --

人工心脏

我国自主创新研发的全磁悬浮人工心脏，被医学界亲切地称为"中国心"，由陈琛带头研发，经历千百次反复实验、调试、检测，于2015年问世，其厚度只有26mm，直径50mm，重量不到180g。这颗具有完全自主知识产权的"中国心"人工心脏，引来了世界同行关注的目光。目前已经成功帮助几位心衰患者，重新过上了正常的生活。它不但填补了国内人工心脏领域的空白，更为上千万晚期心力衰竭患者重获新生带来希望。

陈琛同志三十年致力于研究"中国心"，其刻苦钻研、鞠躬尽瘁、默默奉献的精神以及身上的责任感、使命感是我们学习的榜样。

（三）心动周期中房内压的变化

如上所述，在心脏的泵血过程中，心室的压力发生了巨大的变化，而心房的压力变化幅度则较小。如图4-4所示，在一个心动周期中，心房内压出现了三个较小的正向波，依次为a、c和v波。在心房收缩期，房内压升高，形成a波的升支，随着血液被挤入心室，房内压回降，a波也逐渐下降，可见a波的出现就是心房收缩期的标志。随后心动周期进入等容收缩期，心室的收缩使心室内血液向上推顶，导致已经关闭的房室瓣向心房内凸起，造成心房内压略有升高，形成c波的上升支，之后随着心室的射血，心室容积减小，房室瓣又向下移动，形成了c波的下降支。继之，静脉血不断回流入心房，而房室瓣仍处于关闭状态，房内压随着心房的充盈不断升高，产生了v波的上升支，当心室的舒张使心室内压低于心房内压时，房室瓣开放，大量的血液被"抽吸"进入心室，心房内压逐渐下降形成了v波的下降支。心动周期中，心房内压的变化也可逆行波及静脉，静脉内的压力也随心动周期发生着相应的改变。

（四）心音

在一个心动周期中，心肌的收缩、瓣膜的启闭、血液流速的改变所形成的湍流和血液撞击心血管壁引起的机械振动，均可通过心脏周围组织传递至胸壁，利用听诊器在胸部某些部位便可听取这些声音，称为心音（heart sound）。若用传感装置将这些机械振动转换成电信号记录下来，即可得到心音图（phonocardiogram）（图4-4）。心音发生在心动周期的一些特定时期，其音调的高低和持续时间的长短具有一定的特征。

正常心脏在一个心动周期中，可产生四个心音，即第一、第二、第三和第四心音。使用听诊器通常只能听到第一和第二心音；在少数健康儿童和青年人有时可听到第三心音；第四心音仅出现在心音图上，正常情况下听不到第四心音，在病理情况下可听到第四心音。

1. 第一心音 发生在心室收缩期，标志着心室收缩的开始，在心尖搏动处（左锁骨中线与第五肋间交点）听诊最为清楚。第一心音的特点是音调较低，持续时间较长。第一心音主要由房室瓣突然关闭引起心室内血液和室壁的振动，以及心室射血引起的血液涡流和大血管壁所发生的振动而引起。临床上当二尖瓣关闭不全时，二尖瓣听诊区的第一心音将减弱或消失，出现全收缩期的吹风样杂音，并可向左腋下和背部传导。

2. 第二心音 发生在心室的舒张期，标志着心室舒张的开始，在主动脉瓣和肺动脉瓣听诊区（胸骨两侧第二肋间）听诊最为清楚。第二心音的特点是音调较高，持续时间较短。第二心音主要由主动脉瓣和肺动脉瓣突然关闭，血流冲击大动脉根部引起血液涡流、血管壁及心室壁的振动所引起。临床上，当主动脉瓣关闭不全时，主动脉瓣听诊区第二心音减弱或消失，且出现舒张早期泼水样杂音。

第一心音与第二心音的比较详见表4-2。

表4-2　第一心音与第二心音的比较

	第一心音	第二心音
特点	音调低、时间长	音调高，时间短
主要成因	房室瓣关闭；血流撞击大动脉壁；大血管内的湍流	主动脉瓣、肺动脉瓣关闭
最佳听诊部位	左锁中线第五肋间	第二肋间胸骨左右缘
生理意义	标志心室收缩开始	标志心室舒张开始
临床意义	心室肌收缩力大小；房室瓣的功能	动脉压高低；动脉瓣的功能
临床联系	二尖瓣关闭不全时减弱或消失	主动脉瓣关闭不全时减弱或消失

3. 第三心音　第三心音出现在心室快速充盈期末，是一种低音调、低振幅的振动。在少数健康儿童和青年人，偶尔可听到第三心音。其原因可能是由于快速充盈期末室壁和乳头肌的突然伸展及充盈的血流突然减速所致的振动引起。

4. 第四心音　第四心音是发生在心室收缩期前的与心房收缩有关的一组振动，又称心房音。正常心房收缩时一般不产生声音，在异常强烈的心房收缩或左心室壁顺应性明显下降时，方可产生第四心音。

心脏的病变所致的某些异常活动可以产生杂音或其他异常的心音。临床上，听取心音或记录心音图对于心脏疾病的诊断具有重要意义。

各瓣膜听诊区详见图4-5。

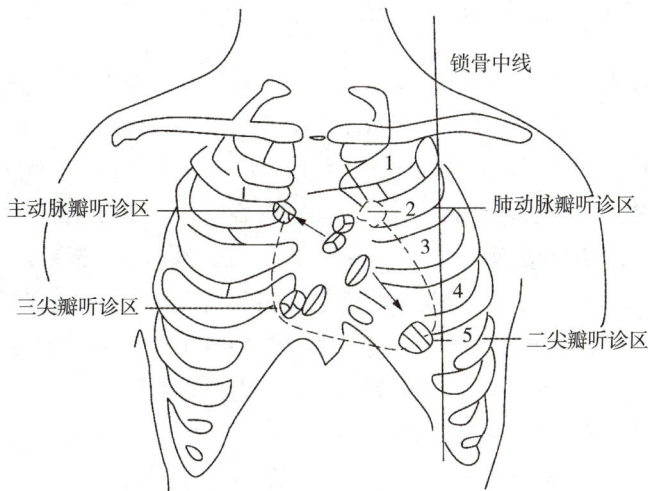

图4-5　各瓣膜听诊区示意图

⊕ **知识链接**

听心音，诊疾病

临床上，通过心音听诊可帮助诊断心脏方面的疾患。第一，可判断心率和心律是否正常；第二，听取第一心音可判断心肌收缩的力量，听取第二心音可判断主动脉压及肺动脉压的高低；第三，可反映心脏瓣膜的功能变化。通常，第一心音可间接反映房室瓣的功能状态，第二心音可间接反映动脉瓣的功能状态。

二、心脏泵血功能的评定

心脏的主要功能是泵血。临床上，常常需要对心脏的泵血功能或心脏的功能状态进行评价。心功能评价常用指标包括单位时间内心脏的射血量和心脏的做功量。

（一）心脏的输出量

1. 每搏输出量和射血分数 一侧心室一次收缩所射出的血液量，称为每搏输出量（stroke volume），简称搏量。左心室舒张末期容积和收缩末期容积之差即为搏出量。正常成年人在安静状态下，左心室舒张末期容积约为125ml，收缩末期容积约为55ml，搏出量约70ml（60~80ml）。可见，心脏每次收缩射血时，并未将心室内所充盈的血液全部射出，在收缩期结束时，仍有一部分血液剩余在心室内。

搏出量占心室舒张末期容积的百分比，称为射血分数（ejection fraction）。射血分数反映心室射血的效率，正常成年人的射血分数为55%~65%。正常情况下，搏出量始终随心室舒张末期容积的变化而发生调整，也就是说，当心室舒张末期容积增大时，搏出量也会相应增加，使射血分数保持基本不变。临床上，心室收缩功能减退或心室腔异常增大的患者，其搏出量可能与正常人差别不大，而实际上射血分数已经出现了明显的下降。故若单纯依据搏出量来评定心脏泵血功能，可能会做出错误判断。射血分数较搏出量更能全面地反映心脏的泵血功能，对及早发现心脏泵血功能异常具有重要的意义。

2. 每分输出量和心指数 一侧心室每分钟收缩所射出的血液量，称为每分输出量，简称心输出量（cardiac output），等于心率与搏出量的乘积。左、右两侧心室的心输出量基本相等。心输出量与机体的新陈代谢水平相适应，但可因年龄、性别及其他生理情况的不同而发生改变。通常情况下，青年人的心输出量大于老年人；正常成年男性在安静状态下的心输出量为4.5~6.0L/min，正常成年女性的心输出量比同体重男性约低10%；麻醉状态下，成年人的心输出量可降到2.5L/min；剧烈运动或强体力劳动时，心输出量可达25~35L/min。

对不同身材的个体进行心功能测量时，若仅采用心输出量作为指标进行比较是不全面的。因为身材高大和身材矮小的机体具有不同的能量代谢和耗氧量水平，心输出量也不相同。资料表明，机体在安静状态下的心输出量并不与体重成正比，而是与体表面积成正比。以单位体表面积（m²）计算的心输出量称为心指数（cardiac index）。其中，在安静、空腹的情况下测定的心指数，称为静息心指数。中等身材成年人安静时心输出量为5~6L/min，其体表面积约为1.6~1.7m²，因此其静息心指数为3.0~3.5L/（min·m²）。

同一个体在不同年龄段或不同的生理情况下，静息心指数也不相同。静息心指数在10岁左右时最高，可达4.0L/（min·m²）以上。随着年龄的增长，静息心指数逐渐下降，80岁时接近2.0L/（min·m²）。在运动、情绪激动、妊娠和进食等情况下，心指数均有不同程度的增高。

由于心指数的测定，如同搏出量和每分心输出量一样，未涉及心室舒张末期容积的变化，因此在评价病理状态下心室泵血功能时，其参考价值不如射血分数。

⇒ **案例引导**

> **临床案例** 患者，女，72岁。因疲乏无力、呼吸困难、脚踝肿胀被送至医院。患者自述常因夜间急性呼吸困难而醒，既往有心绞痛发作史，高血压病史10余年且服药不规律。经查体：体温36.2℃、血压185/108 mmHg、脉搏120次/分、呼吸32次/分，颈静脉扩张、肝脏增大、踝关节水肿。ECG显示：ST段改变。胸部X光片显示：心脏增大伴双侧肺基底部弥漫性阴影（肺中有液体的表现）。血流动力学检查：每搏输出量45ml，左心室射血分数38%。
>
> **讨论** 1. 请结合所学相关知识对患者病情进行初步诊断。
>
> 2. 试评估患者的心脏泵血功能。

（二）心脏做功量

心脏必须克服动脉血压所形成的阻力才能完成向动脉内的射血。在血压不同的情况下，心脏射出相同的血液量所消耗的能量或做功量是不同的。当动脉血压升高时，心肌必须增加其收缩强度才能克服增加的射血阻力，从而使搏出量维持恒定，这样就导致心脏做功量增加。由此可见，与单纯的心脏输出量相比，心脏做功量对心功能的评定更为全面，特别是在动脉血压高低不同的个体之间，或在同一个体动脉血压发生改变之后，用心脏做功量来评定心脏的泵血功能更具优势。

1. 每搏功　心室一次收缩射血所做的功，称为每搏功（stroke work），简称搏功，亦即心室完成一次舒缩所做的机械能外功。心脏收缩射血所释放的机械能主要表现为压力 – 容积功，此外，还包括推动血液向前流动的血流动能。可以通过下列公式进行计算：

每搏功 = 搏出量 × 心动周期中心室压力差 + 血流动能

机体在安静状态下，血流动能在左心室每搏功中所占比例很小，约为1%，故一般可忽略不计。由此可见，心脏收缩射血所释放的机械能主要用于射出一定容积的血量并维持血压。在一个心动周期中，心室压力差为射血期左心室内压与舒张末期左心室内压之差。由于射血期左心室内压并非恒定，而是处于不断变化之中，且测定动脉血压更为简单方便，所以在实际应用中常以平均动脉血压代表射血期左心室内压，而以左心房平均压代表左心室舒张末期压力。

2. 每分功　每分功（minute work）是指每分钟心室收缩射血所做的功，即心室完成每分输出量所做的机械能外功。

每分功 = 每搏功 × 心率

在正常情况下，左、右心室的输出量基本相等，但由于平均肺动脉压仅约为平均主动脉压的1/6，故右心室做功量也约为左心室的1/6。

三、心脏泵血功能的储备

安静状态下，正常心脏的泵血功能有相当大的储备量。正常成年人在安静状态下，心输出量为5～6L，但在剧烈运动或强体力劳动时，心输出量可增加到25～30L，为安静时的5～6倍。这种心输出量随机体代谢需要而增加的能力，称为心泵功能储备或心力储备（cardiac reserve）。心泵功能储备主要取决于搏出量和心率能够提高的程度，因此，心泵功能储备可分为搏出量储备和心率储备两部分。

（一）搏出量储备

搏出量是心室舒张末期容积和收缩末期容积之差，因此，搏出量储备又可分为收缩期储备和舒张期储备两部分。搏出量储备是通过增强心肌收缩能力，提高射血分数来获得的。正常成人安静时心室舒张末期容积约为125ml，搏出量约为70ml，心室射血期末的余血量约为55ml；而当心肌收缩力显著增强时，心室收缩末期容积最小可减小至15～20ml，由此可计算出收缩期储备为35～40ml。舒张期储备是通过增加心室舒张末期容积而实现的，由于心包的限制作用及心肌本身的弹性特征所限，心室腔不能过分扩大，心室舒张末期容积最大只能增加到140ml左右，因此舒张期储备仅为15ml左右。相比之下得知，收缩期储备明显大于舒张期储备。

（二）心率储备

在保持搏出量不变的情况下，心率在一定范围内加快时，心输出量可增加至安静时的2.0～2.5倍。正常成年人安静时心率为60～100次/分，当心率在40～180次/分之间变动时，随着心率的增加，心输出量也随之增多。但心动过缓时，心动周期延长，由于心室早已充盈完毕，舒张期的相应延长也不能使心室过度充盈，反而会引起心输出量减少；同样，当心率过快时，由于舒张期过短，心室充盈不足，也将导致搏出量和心输出量同时减少。

心泵功能储备在一定程度上可反映心脏的功能状态。经常参加体育锻炼的人，心力储备较大。例如训练有素的运动员，心肌纤维增粗，心肌收缩能力增强，搏出量增多，搏出量储备也随之增多。此外，由于心肌收缩能力增强，使心室收缩和舒张的速度明显增快，故心率储备也有明显提高，心脏的最大输出量可达 35L 以上，为安静时心输出量的 7 倍或以上，远较一般人为高。相反，缺乏锻炼的人，心力储备较小，虽然在安静状态下，心输出量尚能满足机体代谢的需要，一旦机体活动增强，心输出量则不能满足整体代谢的需要，常表现为缺血和缺氧。

四、影响心脏泵血功能的因素

如前所述，心输出量为搏出量与心率的乘积，因此凡能影响搏出量和心率的因素都将影响心输出量。影响搏出量的因素主要有心室肌的前负荷、后负荷和心肌的收缩能力。

（一）心室肌收缩的前负荷

1. 心室肌的前负荷　前负荷是指心室肌收缩之前所遇到的负荷。前负荷可使心肌在收缩前具有一定的初长度。对于中空、近于球形的心脏来说，心室肌的初长度取决于心室舒张末期的血液充盈量，也就是说，心室舒张末期容积相当于心室的前负荷。由于测定心室内压相比测量心室容积容易，且两者在一定范围内有很好的相关性，故在实验中常用心室舒张末期压力（end – diastolic pressure，EDP）来反映前负荷。

2. 心肌的异长自身调节

（1）心功能曲线　在实验过程中以心室舒张末期容积或充盈压为横坐标，以搏出量（或每搏功）为纵坐标，将给定的心室舒张末期压力值所获得的每搏功的数据绘制成的曲线，称为心室功能曲线（ventricular function curve）（图 4 – 6），用以分析前负荷或初长度对心脏泵血功能的影响。

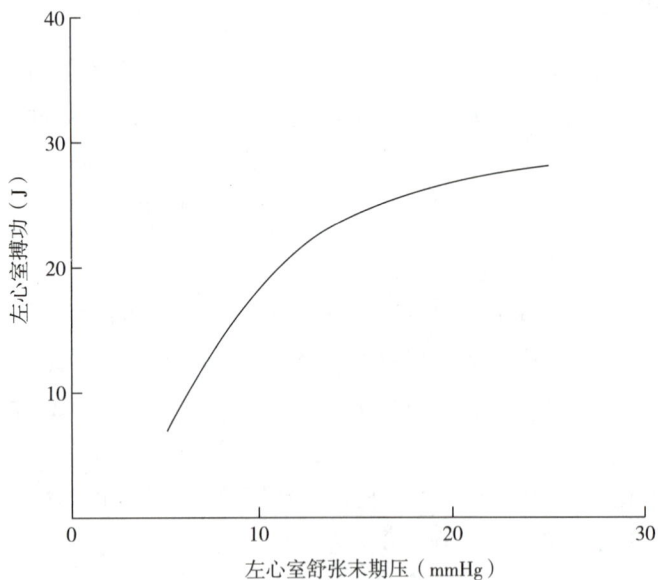

图 4 – 6　左心室功能曲线

在正常情况下，心室功能曲线大致可分为以下三段：①左心室充盈压在 5 ~ 15mmHg 时，曲线处于上升支，表明每搏功随前负荷的增加而增加。②左心室充盈压在 15 ~ 20mmHg 范围内，曲线渐趋平坦，说明此时前负荷对心泵功能影响较小。③左心室充盈压高于 20mmHg 后，曲线平坦或仅轻度下降，表明随着前负荷的明显增加，每搏功基本不变或仅轻度减少。

从心室功能曲线上可以看出，当左心室舒张末期充盈压在 12～15mmHg 之间时，心室肌细胞的初长度为最适初长度。在最适初长度之前，随着前负荷的增加，心肌收缩力逐渐加强，搏出量也逐渐增多，每搏功也随之增大。正常生理状态下，当左心室舒张末期充盈压超过 20mmHg 时，心功能曲线并不像骨骼肌一样出现明显的下降支，表明心室功能没有明显的变化。但在严重病理情况下，心功能曲线可出现明显的下降支，导致心功能不全的发生。

初长度对心肌收缩力影响的机制与骨骼肌相似，不同的初长度改变的是心肌细胞肌节中粗、细肌丝的有效重叠程度。在肌节未达最适初长度之前，随着前负荷的增加，初长度增长，粗、细肌丝的有效重叠程度增加，横桥活化形成的横桥连接的数目也在逐渐增多，引起肌节及整个心室的收缩力也逐渐加强，致使心搏出量增多，每搏功增大。当肌节的初长度为 2.0～2.2μm 时，粗、细肌丝处于最佳重叠状态，形成的活化横桥连接数目最多，肌节收缩产生的张力最大，整个心室的收缩力也最大，此时的初长度即为最适初长度。这种因心肌初长度（前负荷）不同引起心肌收缩力改变的调节，称为异长调节（heterometric regulation）。

（2）正常心室肌的抗过度延伸特性 与初长度对骨骼肌收缩影响不同的是，心室功能曲线在最适初长度之后不会出现明显的下降趋势。正常心室肌具有较强的抗过度延伸的特性，即心肌的伸张性很小，肌节的长度一般不会超过 2.25～2.30μm，主要原因有以下三种。①肌节内连接蛋白的作用，连接蛋白是一种大分子的蛋白质，其作用是将肌球蛋白固定于肌节的 Z 盘上，此外，连接蛋白还具有很强的黏弹性，可限制肌节的被动拉长；②心肌细胞外间质内含有大量胶原纤维，且心室壁多层肌纤维呈交叉方向排列，也可防止肌节被过度拉长；③当心肌肌节处于最适初长度时，产生的静息张力已经很大，足以对抗心肌被进一步拉长。在正常情况下，心肌的这种可抵抗被过度延伸的特性对心脏泵血功能具有重要的生理保护意义，可保证心脏在初长度（前负荷）明显增加时，不出现搏出量和每搏功下降的现象。但在一些慢性心脏病患者，在心脏被过度扩张时，心室功能曲线可出现明显的下降支，表明此时心肌的收缩功能已严重受损。

（3）异长自身调节的生理学意义 异长调节的主要作用是使心室射血量与静脉回心血量之间保持相对稳定的平稳状态，对回心血量造成的搏出量的变化进行精细的调节，从而使心室舒张末期容积和压力均保持在正常范围内。例如，在动脉血压突然升高或降低时，由于心室内剩余血量的改变，使心室的充盈量发生了微小的变化。这种变化可立即通过异长调节使搏出量迅速发生调整，最终使搏出量与回心血量之间重新达到相对稳定的平衡状态。但当发生幅度较大、持续时间较长的循环功能改变时，仅靠心室功能的异长调节已不足以使心脏的泵血功能满足机体需要。此时，则需要通过调节心肌收缩能力来进一步增强心脏的泵血功能。

3. 影响前负荷的因素 在整体情况下，心室的前负荷主要决定于心室舒张末期血液充盈量，而心室舒张末期血液充盈量是静脉回心血量和心室射血后剩余血量之和。因此，凡能影响静脉回心血量和心室射血后剩余血量的因素，都可通过异长自身调节对搏出量进行调节。

（1）静脉回心血量 在一般情况下，决定心室前负荷大小的主要因素是静脉回心血量的多少。而影响静脉回心血量的因素又有心室充盈的持续时间、静脉回流速度、心包腔内压力和心室顺应性等。

1）心室充盈的持续时间 当心率增快时，心动周期缩短，尤其是心室舒张期的缩短更为明显，造成心室充盈的持续时间缩短，心室充盈不完全，静脉回心血量减少；反之，当心率减慢时，心动周期延长，以心室舒张期延长尤为显著，心室充盈的持续时间延长，心室充盈完全，静脉回心血量增多。但当心室完全充盈之后，继续延长充盈持续时间并不能进一步增加静脉回心血量。

2）静脉回流速度 在维持心室充盈持续时间不变的情况下，静脉回流速度成为影响心室充盈的主要因素。静脉回流速度越快，静脉回心血量越多；反之，则静脉回流越少。而静脉回流速度又决定于外周静脉压与心房压之差，当外周静脉压增高或中心静脉压降低时，静脉回流速度加快；反之，则静脉回流速度减慢。

3）心包腔内压力 正常情况下，心包腔内一定压力的存在有助于防止心室的过度充盈。但当发生心包积液时，心包内压过度增高，使心室充盈受限，将导致静脉回心血量减少。

4）心室顺应性 心室顺应性（ventricular compliance，Cv）是指心室壁受到外力作用时可发生变形的难易程度，通常用心室在单位压力差（$\triangle P$）作用下所产生的心室容积改变（$\triangle V$）来表示（图4-7）。当心室顺应性降低时，如心肌纤维化、心肌肥厚等情况下，心室充盈量将减少。

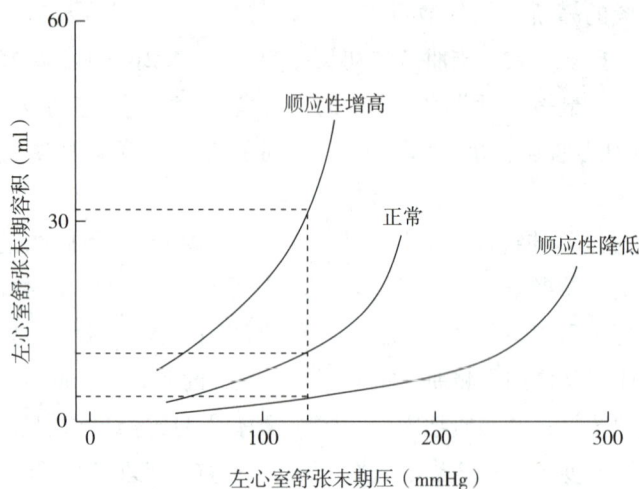

图4-7 心室顺应性曲线

（2）心室射血后的剩余血量 若保持静脉回心血量不变，心室射血后剩余血量增加时，理论上可导致心室充盈量增加，搏出量也应随之增加。但在实际情况下，心室射血后剩余血量增加时，心室舒张期末的压力也增高，静脉回心血量将会减少，所以心室充盈量并不一定增加，搏出量也不一定会增加。

（二）心室肌收缩的后负荷

后负荷是指心室肌开始收缩时所遇到的负荷。心室收缩时必须要克服大动脉血压，才能将血液射入动脉内，因此大动脉血压是心室收缩时遇到的后负荷。在其他条件都不变的情况下，如果大动脉血压升高，动脉瓣开放延迟，等容收缩期延长，射血期将缩短，射血速度也会减慢，将导致搏出量减少；反之，大动脉内血压降低时，则有利于心室射血，搏出量将增多。

动脉血压的变化除了影响搏出量外，还将引起心脏内的一些继发性调节活动。如当动脉血压突然升高使搏出量减少时，会引起心室射血后的剩余血量增多，若此时静脉回心血量无明显变化，心室舒张末期容积将会增大，致使前负荷加大。前负荷的加大则可通过异长自身调节机制，增强心肌收缩力，使搏出量回升，最终使心室舒张末期容积逐渐恢复到原来的水平（图4-8）。也就是说，尽管动脉血压仍处于较高水平，心脏的搏出量将不再减少。因此，在完整机体内，当动脉血压发生变化时，尚有更多的机制参与心脏泵血功能的调节。另外，神经和体液调节也有助于搏出量的恢复。

由此可见，在一定范围内，心室后负荷的改变可对搏出量产生的直接影响是使搏出量减少；但在整体情况下，却可通过异长和等长自身调节（见后文）机制，使心肌的初长度和收缩能力发生相应改变，从而维持搏出量的相对稳定。其生理意义是当动脉血压在一定范围内变化时，机体通过一系列的调节机制，仍可维持心输出量接近正常水平。但在临床上，高血压患者若动脉血压长期持续处于较高水平而不予降压措施时，为保证接近正常的心脏做功量，心室肌将长期增强其收缩活动，久而久之心肌逐渐发生代偿性肥厚。一旦发生失代偿，将出现心肌缺血、心脏泵血功能减退，乃至心功能衰竭。

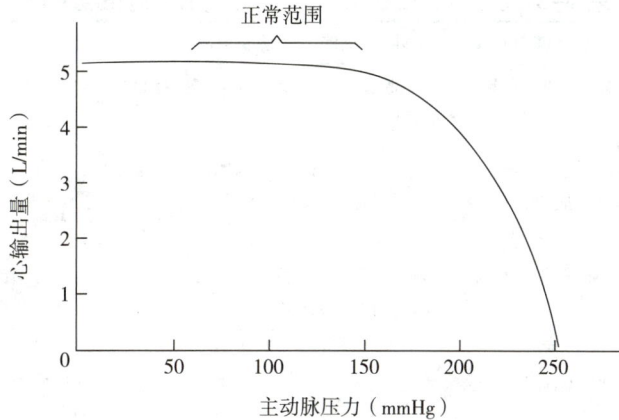

图 4-8　后负荷变化和心输出量的关系曲线

（三）心肌收缩能力

前负荷和后负荷是影响心脏泵血的外在因素，而肌肉的内部功能状态也是决定肌肉收缩效果的重要因素。心肌在不依赖于前负荷和后负荷的情况下，能改变其力学活动（包括收缩的强度和速度）的一种内在特性，称为心肌的收缩能力（myocardial contractility）。在完整的心室，心肌的收缩能力增强可使心室功能曲线向左上方移位（图 4-9），表明在同样的前负荷条件下，每搏功增加，心脏泵血功能增强。这种通过改变心肌的收缩能力实现心脏泵血功能的调节，称为等长调节（homometric regulation）。

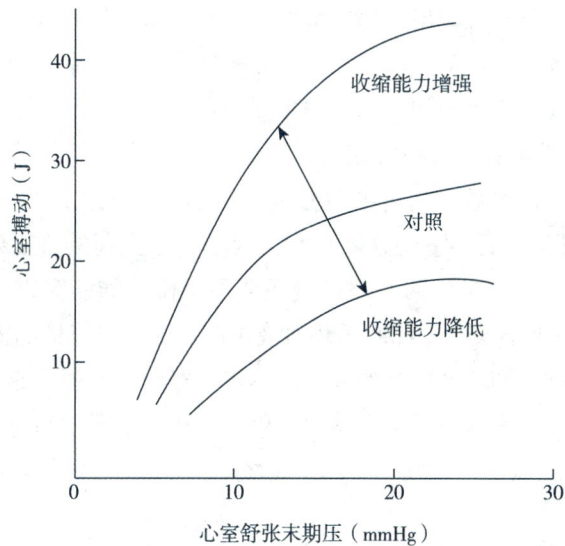

图 4-9　心肌收缩能力改变对心室功能曲线的影响

心肌的收缩能力受多种因素的影响。凡能影响心肌细胞兴奋－收缩耦联过程中各个环节的因素都可影响心肌的收缩能力，其中活化的横桥数目和肌球蛋白头部 ATP 酶的活性是影响心肌收缩能力的主要环节。活化的横桥数目在全部横桥中所占的比例决定于兴奋时胞质内 Ca^{2+} 的浓度或（和）肌钙蛋白对 Ca^{2+} 的亲和力。在运动和情绪激动时，交感神经－肾上腺髓质系统兴奋，肾上腺素和去甲肾上腺素释放增加，激动心肌细胞的 β 肾上腺素能受体，增加 Ca^{2+} 内流，从而使心肌收缩能力增强，搏出量增加。甲状腺激素可提高肌球蛋白 ATP 酶的活性，因而也能增强心肌收缩能力。老年人和甲状腺功能低下的患者，因为肌球蛋白分子 ATP 酶活性降低，故心肌收缩能力减弱。

表 4 - 3　前负荷、后负荷和心肌收缩能力对心输出量影响

名称	心室前负荷（异长自身调节）	心肌收缩能力（等长自身调节）	心室后负荷（动脉血压）
定义	心肌初长度的改变对心室搏出量的影响	心肌收缩能力的改变对心室搏出量的影响	动脉血压对搏出量的影响
主要内容	在一定范围内，心舒末期容积增大，初长度增加，心肌收缩加强，搏出量也增加	心肌收缩能力增强，搏出量增加；反之，搏出量减少	动脉血压在一定范围内变化时，对心输出量影响不大
调节机制	随着初长度的增加，心肌肌节中粗细肌丝有效重叠程度增加，心肌收缩力也增加	活化横桥数目增多、ATP 酶活性增高，横桥与肌纤蛋白结合的数量增多，心肌收缩能力增强	一定范围内后负荷增加，心搏出量减少，心室内剩余血量增多，前负荷增加，通过异长自身调节，心输出量恢复正常
影响因素	心室充盈时间、静脉回流速度、心包内压和心室顺应性等	活化横桥数、ATP 酶活性等	外周血管阻力、主动脉弹性、血液黏度和循环血量等
临床联系	前负荷增加多见于主动脉瓣、二尖瓣关闭不全和室间隔缺损等	心肌收缩能力减弱多见于缺血、缺氧、酸中毒和甲状腺机能减退等	左心室后负荷过大多见于高血压和主动脉瓣狭窄等

（四）心率

心率可随年龄、性别和不同生理状态而发生较大的变动。正常成年人在安静状态下，心率为 60 ~ 100 次/分，平均约 75 次/分。新生儿的心率较快，随着年龄的增长，心率逐渐减慢，至青春期接近成人水平。在成年人，女性的心率稍快于男性。经常进行体育锻炼的人，安静状态下心率较慢，运动时心率加快，且心率储备较大。在同一个体，安静或睡眠时的心率较慢，而运动或情绪激动时心率加快。

在一定范围内的心率增加可使心输出量随之增加。当心率增快但尚未超过一定限度时，尽管心室充盈时间有所缩短，但由于静脉回心血量大部分在快速充盈期内进入心室，因此心室充盈量和搏出量不会有明显减少，所以在一定范围内心率增加，每分输出量也随之增加。但是，如果心率过快，超过 160 ~ 180 次/分时，心室舒张期将明显缩短，心室充盈量明显减少，导致搏出量明显减少，心输出量也明显下降。如各种快速性心律失常，严重时均可导致心输出量明显降低。反之，如果心率过慢，当低于 40 次/分时，将使心室舒张期过长，而心室充盈量并不会因心室舒张期的过度延长而过多增加，因此充盈量和搏出量的增加不明显，心输出量将因心率过慢而明显下降。如病窦综合征患者，心率往往会降到 40 次/分以下，患者心输出量明显减少，此时循环血液供应不能满足机体的需求。

在整体情况下，心率受神经和体液因素的调节。迷走神经活动增强时心率减慢；交感神经活动增强时心率加快。循环血液中肾上腺素、去甲肾上腺素和甲状腺激素水平增高时心率加快。此外，心率还受体温的影响，体温每升高 1℃，心率可增加 12 ~ 18 次/分。

第二节　心脏的生物电活动与生理特性

PPT

心脏实现泵血功能是以心肌的节律性收缩和舒张为基础的，而心脏能进行有序、协调的收缩与舒张交替的活动，归根结底是由心肌细胞规律性的产生与扩布动作电位而引起的。

各类心肌细胞的跨膜电位差异较大（图 4 - 10），其形成机制也各不相同。根据组织学和电生理学特点，可将心肌细胞分为两类：一类为普通的心肌细胞，包括心房肌和心室肌细胞，具有较稳定的静息电位，主要执行收缩功能，故称为工作细胞（cardiac working cell）；另一类为特殊的心肌细胞，包括窦房结细胞、房室交界（结区除外）和浦肯野细胞等，它们组成心内特殊传导系统（specialized conduction system），大多数无稳定的静息电位，并可产生自动节律性兴奋，故称为自律细胞（autorhythmic cell）。根据心肌细胞动作电位去极相速度的快慢及其产生机制，又可将心肌细胞分为快反应细胞（fast response cell）和慢反应细胞（slow response cell）两类。前者包括心房肌细胞、心室肌细胞和浦肯野细胞等；后者包括窦房结 P 细胞和房室交界细胞等。

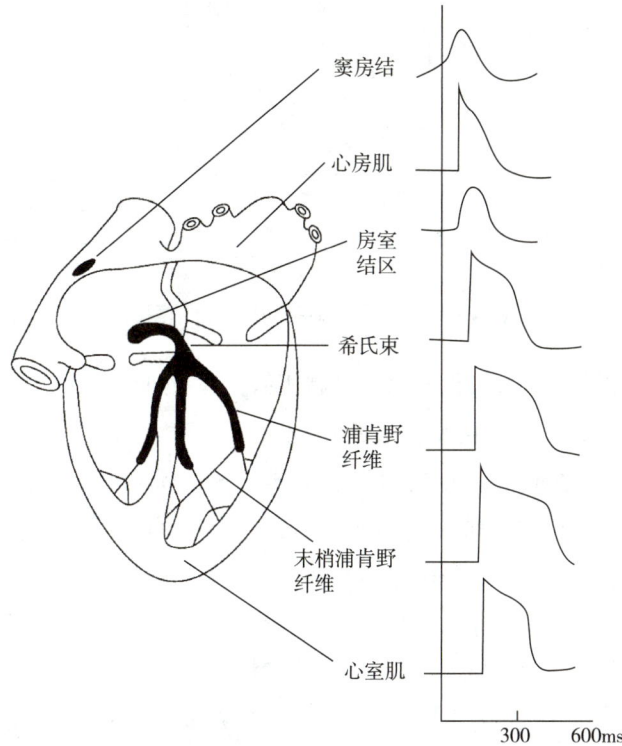

图 4 - 10 心脏不同部位细胞的跨膜电位

一、心肌细胞的跨膜电位及其形成机制

（一）工作细胞的跨膜电位及其形成机制

心房肌和心室肌细胞跨膜电位及其形成机制基本相同。现以心室肌细胞为例介绍心肌细胞的跨膜电位及其形成机制。

1. 静息电位 心室肌细胞的静息电位稳定，为 $-90 \sim -80\text{mV}$，其形成机制与静息时细胞膜对不同离子的通透性和离子的跨膜浓度差有关。心室肌细胞膜上存在丰富的内向整流钾通道（inward rectifier K^+ channel，I_{K1} 通道），此通道属于非门控离子通道，其开放程度受膜电位的影响，但不受电压或化学信号的控制。在静息状态下，I_{K1} 通道经常处于开放状态，其通透性远大于其他离子通道的通透性。因此，与神经细胞和骨骼肌细胞静息电位形成的机制相似，心室肌细胞的静息电位主要是由 I_{K1} 通道开放，K^+ 外流引起的 K^+ 平衡电位而产生的。此外，心肌细胞膜在静息时有少量 Na^+ 内流可部分抵消细胞内的负电位；生电性钠泵可使静息电位的数值略增大。

2. 动作电位 心室肌细胞的动作电位与神经、骨骼肌细胞不同，其复极化过程较为复杂，持续时间长，动作电位的上升支和下降支明显不对称。心室肌细胞的动作电位通常分为 0 期、1 期、2 期、3 期和 4 期五个时期（图 4 - 11）。

（1）0 期去极化过程 心室肌细胞在受到适当的刺激后发生兴奋，膜内电位由静息状态的 $-90 \sim -80\text{mV}$ 迅速上升到 $+30\text{mV}$ 左右，形成动作电位的上升支。0 期去极化的幅度很大，约 120mV；持续时间短暂，仅占 $1 \sim 2\text{ms}$，最大速率（V_{max}）可达 $200 \sim 400\text{V/s}$。

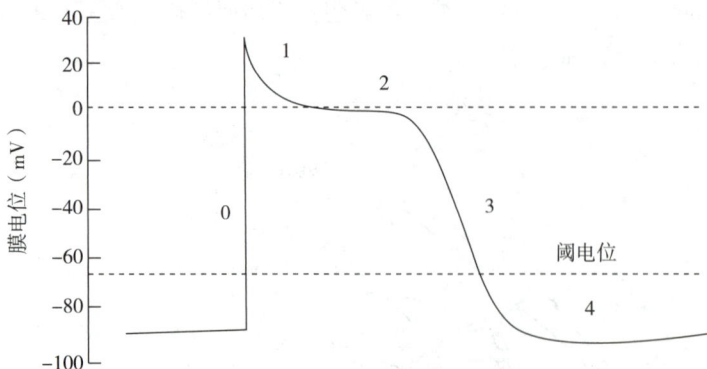

图 4-11 心室肌细胞动作电位示意图

与神经细胞和骨骼肌细胞 0 期去极化的离子机制相似，心室肌细胞 0 期去极化也是由钠通道（I_{Na} 通道）开放和 Na^+ 内流引起的。I_{Na} 通道在膜去极化达阈电位水平（约 -70mV）时激活开放，去极化到 0mV 左右时失活关闭。因 I_{Na} 通道激活开放和失活关闭的速度都很快，故称为快钠通道（fast sodium channel）。当心室肌细胞受到有效刺激时，细胞膜上少量的 Na^+ 通道处于开放状态，Na^+ 顺浓度差由膜外流向膜内，膜内电位开始升高；当膜去极化达到阈电位时，细胞膜上 Na^+ 通道开放的数量迅速增多，出现再生性循环，Na^+ 内向电流将超过 K^+ 外向电流，于是在净内向电流的作用下使膜进一步去极化，而膜的进一步去极化将引起更多的 I_{Na} 通道开放，如此便形成 Na^+ 电流与膜去极化之间的正反馈，使膜在 1~2ms 时间内迅速去极化到接近 Na^+ 平衡电位的水平。这就是心室肌细胞 0 期去极化速度快、动作电位升支陡峭的原因。这种 0 期去极化过程由快 I_{Na} 通道介导的动作电位称为快反应动作电位（fast response action potential），因而心室肌细胞属于快反应细胞。快 I_{Na} 通道可被河豚毒素（tetrodotoxin，TTX）选择性阻断，不同组织中的快 I_{Na} 通道对 TTX 的敏感性不同，心肌细胞的 I_{Na} 通道对 TTX 的敏感性仅为神经细胞和骨骼肌细胞的 1/1000~1/100。钠通道阻滞剂是临床上常用的 I 类抗心律失常药物，而 TTX 却不能用作临床抗心律失常药物，这是因为在全身使用 TTX 时，心肌细胞的 I_{Na} 通道尚未被阻滞，而神经细胞和骨骼肌细胞的 I_{Na} 通道却早已被阻滞，可危及生命。

（2）复极化过程 当心室肌细胞去极化达到顶峰后，由于 I_{Na} 通道的失活关闭，复极便开始了。复极化过程比较缓慢，历时 200~300 毫秒，包括动作电位的 1 期、2 期、3 期和 4 期四个阶段。

1）1 期 1 期又称快速复极初期。膜内电位由 +30mV 迅速下降到 0mV 左右，历时约 10 毫秒。由于 0 期去极化和 1 期复极化期间膜电位的变化速度都很快，在记录的动作电位图形上呈尖峰状，故常把这两部分合称为锋电位。

在动作电位 1 期，快 I_{Na} 通道已失活，Na^+ 内流停止，在去极化过程中又发生一过性外向电流（transient outward current，I_{to}）的激活，从而使膜电位迅速复极到 0mV 左右。I_{to} 通道是在膜电位去极化到 -30mV 时被激活的，开放 5~10 毫秒。I_{to} 的主要离子成分是 K^+，换言之，由 I_{to} 引起的 K^+ 外流是引起心室肌细胞 1 期复极化的主要外向电流。I_{to} 可被钾通道阻滞剂 4-氨基吡啶选择性阻断。

2）2 期 在 1 期复极膜电位达 0mV 左右后，复极化过程变得极为缓慢，该期历时 100~150 毫秒，记录到的动作电位波形较平坦，故称为平台期（plateau）。这是心室肌细胞动作电位时程较长的主要原因，也是其动作电位区别于神经细胞和骨骼肌细胞动作电位的主要特征。

平台期主要由外向离子流和内向离子流的共同作用而形成。外向离子流为外向的延迟整流钾电流（delayed rectifier K^+ current，I_K），复极化初期，K^+ 通透性并不是立即恢复到静息状态下时的高水平，而是极其缓慢地部分恢复，K^+ 外流随时间逐渐增强。内向离子流为 L 型钙电流（long lasting calcium current，I_{Ca-L}）引起的 Ca^{2+}（以及少量 Na^+）内向离子电流，L 型 Ca^{2+} 通道为电压门控通道，该通道激活慢，失活也慢，属于慢通道，可持续数百毫秒，可被 Mn^{2+} 和多种 Ca^{2+} 阻断剂（如维拉帕米等）所阻断。在平台期的初期，Ca^{2+} 的内向电流和 K^+ 的外向电流二者处于动态平衡状态，使膜电位持续保持在 0mV 左右；随后，Ca^{2+} 通道逐渐失活，Ca^{2+} 内流逐渐减弱；I_K 引起的 K^+ 外流逐渐增加，总的结果是出现一种随时间推移而逐渐增强的微弱的净外向电流，导致膜电位的逐渐下降，缓慢复极化，形成平台期的晚期。

3）3 期　3 期又称为快速复极末期。该期复极化的速度逐渐加快，膜电位由 0mV 水平左右以较快的速度复极到 −90mV。该期历时 100~150 毫秒。

3 期复极是由 L 型钙通道逐步失活关闭，Ca^{2+} 内流停止；而外向的 I_K 电流活动增强，K^+ 外流逐渐增加所致。到 3 期末，随着膜电位负值的不断增加，外向的 I_K 电流也逐渐增大，而后者又进一步使复极化过程加快，这种再生性循环使 3 期复极化越来越快，直至复极化完成。临床上常用的 Ⅲ 类抗心律失常药物即是主要通过抑制 I_K 而发挥治疗作用。

生理学上，将从 0 期去极化开始到 3 期复极化完毕的这一段时间，称为动作电位时程（action potential duration）。心室肌细胞的动作电位时程为 200~300 毫秒。

4）4 期　又称动作电位静息期。在心室肌细胞 4 期，膜电位虽已恢复并稳定于静息电位水平，但离子跨膜转运仍在活跃地进行，为恢复细胞内、外离子的正常浓度梯度，并保持心肌细胞的正常兴奋性做准备。在动作电位 0 期和 2 期有大量的 Na^+ 和 Ca^{2+} 进入细胞内，1 期、2 期和 3 期有部分 K^+ 流出细胞，通过 4 期将使进入细胞内的 Na^+ 和 Ca^{2+} 泵出，并把 K^+ 重新泵入细胞内，使细胞膜内外的离子分布恢复到静息状态的水平。此过程主要由钠泵和 Na^+-Ca^{2+} 交换体（Na^+-Ca^{2+} exchanger）实现的。细胞膜上钠泵的活动可将内流的 Na^+ 重新泵出，将外流的 K^+ 重新摄入细胞，由于钠泵的生电性作用，导致每次活动均多泵出一个 Na^+。Ca^{2+} 的排出主要依赖于细胞膜上的 Na^+-Ca^{2+} 交换体，Na^+-Ca^{2+} 交换体是细胞膜上的一种反向转运蛋白，它将 3 个 Na^+ 转运入细胞内，将 1 个 Ca^{2+} 交换出细胞，进入细胞的 Na^+ 则再由钠泵的活动排出细胞。可见，Na^+-Ca^{2+} 交换是一种继发性的主动转运。在这个过程中，每次 Na^+-Ca^{2+} 交换又正好多交换进入细胞内一个 Na^+，这样，钠泵活动多泵出的 Na^+ 和 Na^+-Ca^{2+} 交换多进入细胞内的 Na^+ 数目相等，不会造成膜电位的超极化，因而膜电位稳定于静息电位水平。此外，尚有少量的 Ca^{2+} 是由细胞膜上的钙泵（即 $Ca^{2+}-ATP$ 酶）活动主动转运出细胞的。实际上，钠泵和 Na^+-Ca^{2+} 交换体并非只在 4 期发挥作用，在动作电位的不同时相，它们的活动是持续进行的，其活动的强度可根据当时膜内、外不同离子分布情况的不同而发生改变。这对维持细胞膜内外离子分布的稳态具有重要的生理意义。

（二）自律细胞的跨膜电位及其形成机制

心脏内特殊传导系统的心肌细胞多为自律细胞。4 期自动去极化是自律细胞产生自动节律性兴奋的生理基础，也是自律细胞区别于工作细胞跨膜电位的最大特征。工作细胞 4 期的膜电位基本稳定于静息水平，而自律细胞 4 期的膜电位并不稳定于静息电位水平，当 3 期复极化达到最大复极电位（maximal repolarization potential）后，立即开始 4 期自动去极化（phase 4 spontaneous depolarization），去极化达到阈电位水平时，即可产生一个新的动作电位。尽管这种 4 期自动去极化的速度远较 0 期去极化缓慢，却具有随时间而逐渐递增的特点。心脏内特殊传导系统的不同类型的自律细胞，其 4 期自动去极化的速度和机制并不完全相同。下面主要讨论窦房结 P 细胞和浦肯野细胞的跨膜电位及其形成机制。

1. 窦房结 P 细胞　窦房结内含有丰富的自律细胞，称为 P（pacemaker）细胞。P 细胞是一种特殊分化的心肌细胞，属慢反应自律细胞，4 期自动去极化速度最快，具有很高的自动节律性，是控制心脏兴奋收缩活动的正常起搏点。窦房结 P 细胞的跨膜电位（图 4-12）与心室肌细胞明显不同。

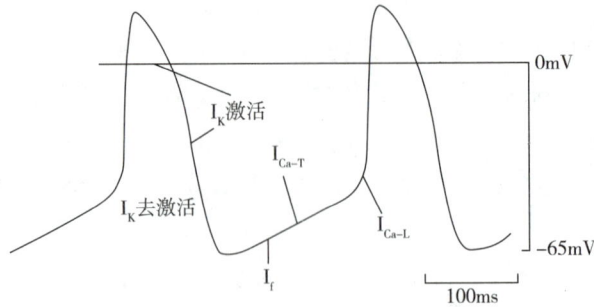

图 4-12 窦房结 P 细胞的 4 期自动去极化和动作电位发生原理示意图

窦房结 P 细胞的跨膜电位与心室肌细胞相比，具有以下特点：①P 细胞的最大复极电位（-70mV）和阈电位（-40mV）均小于心室肌细胞的静息电位和阈电位。②0 期去极化速率慢、幅度低。③没有明显的超射。④没有复极 1 期和 2 期，整个动作电位仅表现为 0 期、3 期和 4 期三个时相。⑤4 期没有稳定的静息电位，可进行自动去极化。在心肌所有自律细胞中，窦房结 P 细胞的 4 期自动去极化速率最快，因而自律性最高。

（1）去极化过程 当窦房结 P 细胞由最大复极电位（-70mV）自动去极化达阈电位水平（约 -40mV）时，可触发 0 期去极化。由于窦房结 P 细胞 I_{Na} 通道缺乏，因此 P 细胞的 0 期去极化是主要依赖于 L 型钙通道开放、Ca^{2+} 内流而产生的。L 型钙通道属于慢通道，其激活和失活速度都较缓慢，故 P 细胞 0 期去极化速率较慢、持续时间较长。这种由慢钙通道介导的 0 期去极化引起的动作电位称为慢反应动作电位（slow response action potential），因此，窦房结 P 细胞属于慢反应细胞。

（2）复极化过程 窦房结 P 细胞 3 期复极化过程是在 L 型钙通道失活关闭之后，主要是通过 I_K 通道开放，K^+ 外流使膜电位恢复至最大复极电位而实现的。

（3）4 期自动去极化过程 窦房结 P 细胞 4 期自动去极化的离子机制比较复杂，尚未完全明了。目前认为主要是由外向电流减弱和内向电流增强两个方面共同完成，下面着重介绍在 4 期自动去极化过程中发挥关键作用的三种起搏离子流（图 4-12）。

1）I_K 电流 在复极化达到 -50mV 左右时，I_K 通道的逐渐失活关闭，造成 K^+ 外流进行性衰减，其衰减的速率正好与窦房结 4 期自动去极化的速率相同，表明 K^+ 外流进行性衰减是窦房结 P 细胞 4 期自动去极化最重要的起搏离子基础。I_K 通道阻断剂 E-4031 可部分阻断 I_K 通道，降低最大复极电位，影响 I_f 通道的充分激活，从而降低窦房结 4 期自动去极化的速率，减慢窦房结的起搏速率，使心率减慢。

2）I_f 电流 I_f 电流是一种进行性增强的 Na^+ 内向离子流，I_f 通道在 3 期复极化过程中逐步激活，在膜电位达到 -100mV 时才能充分激活（图 4-12）。而窦房结的最大复极电位比较小，仅为 -70mV 左右，I_f 通道在这种膜电位水平的激活，会非常缓慢，且不充分，因而 I_f 电流在窦房结 P 细胞 4 期自动去极化过程中所起作用可能不大，但却在浦肯野细胞 4 期自动去极化过程中起着关键作用。铯（Cs^+）可选择性阻断 I_f 通道，引起窦房结的自律性轻度降低。

3）T 型钙内流 窦房结 P 细胞除 L 型钙通道外，尚有 T（transient）型钙通道，又名低电压激活钙通道（low voltage activate calcium channel），因其激活的电压较低，故在 4 期自动去极化后期才被激活，其激活快，激活后开放持续时间短，很快进入失活状态，仅引起少量的 Ca^{2+} 内流，成为 4 期自动去极化后期的一个组成成分。T 型钙通道可被镍（$NiCl_2$）所阻断，但不被一般的钙离子拮抗剂阻断。

2. 浦肯野细胞 除 4 期可进行自动去极化之外，浦肯野细胞动作电位的离子基础和机制以及其动作电位的形状均与心室肌细胞相似，其动作电位也分为 0 期、1 期、2 期、3 期和 4 期五个时相。因其 0 期去极化是由 Na^+ 内流引起，故属于快反应细胞。

浦肯野细胞 4 期自动去极化的形成机制可分为两个方面，一方面是 I_{K1} 电流引起的 K^+ 外向电流逐渐衰减；另一方面是 I_f 通道开放引起的 Na^+ 内向电流逐渐增强。I_K 电流的衰减是窦房结 4 期自动去极化的关键因素，但却不在浦肯野细胞 4 期自动去极化过程中起主要作用，相反，I_f 电流的增强是浦肯野细胞的 4 期自动去极化过程中的主要因素（图 4 – 13）。鉴于 I_f 通道的激活和开放速率均较慢，因而浦肯野细胞 4 期自动去极化速度（约 0.02V/s）远较窦房结慢，其自动节律性也较窦房结低得多。

窦房结细胞、心室肌细胞、浦肯野细胞的生物电活动及其机制见表 4 – 4。

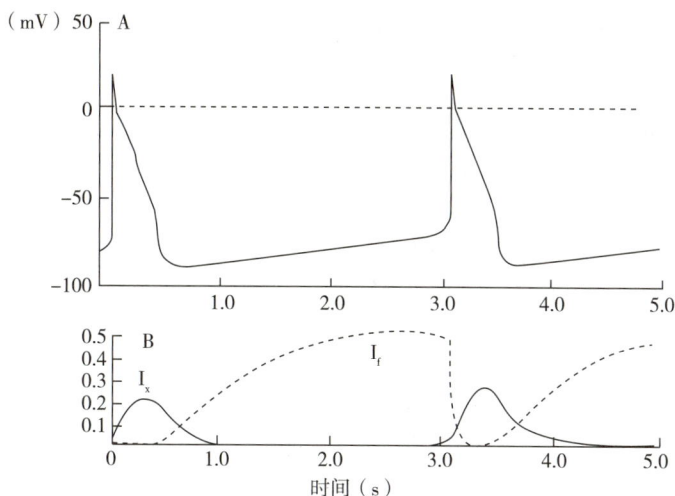

图 4 – 13　浦肯野细胞的动作电位与 4 期自动去极化机制示意图

表 4 – 4　三种心肌细胞生物电活动及其机制比较

	窦房结细胞	心室肌细胞	浦肯野细胞
0 期	去极化慢（慢钙通道开放，Ca^{2+} 内流）	去极化快（快钠通道开放，Na^+ 内流）	去极化快（快钠通道开放，Na^+ 内流）
1 期		快速复极初期（K^+ 外流，I_{to}）	与心室肌细胞相似
2 期		平台期（K^+ 外流、Ca^{2+} 内流）	与心室肌细胞相似
3 期	复极（K^+ 外流）	快速复极末期（K^+ 外流）	与心室肌细胞相似
4 期	自动去极化（K^+ 外流进行性衰减为主，Na^+ 内流进行性增强，T 型钙通道引起的 Ca^{2+} 内流）	静息期（钠泵、$Na^+ - Ca^{2+}$ 交换）	自动去极化（K^+ 外流进行性衰减，Na^+ 内流进行性增强为主）

二、心肌的生理特性

心肌细胞的基本生理特性包括兴奋性、自律性、传导性和收缩性。其中前三者以心肌细胞的生物电活动为基础，属于电生理学特性；后者则以细胞内收缩蛋白的功能活动为基础，属于机械特性。心肌的收缩功能是心脏泵血功能的重要基础保障，且一定程度上受到心肌细胞电生理特性的影响。心肌细胞的四大生理特性对心脏有序而协调的舒缩活动起着至关重要的作用。

（一）兴奋性

心肌属于可兴奋组织，在适宜刺激下可产生动作电位。衡量心肌兴奋性高低的指标是刺激阈值，阈值与兴奋性成反变关系，阈值高表示兴奋性低，阈值低表示兴奋性高。

1. 兴奋性的周期性变化　心肌细胞每产生一次动作电位，其膜电位就发生一次有规律的变化，在此期间，心肌细胞的兴奋性也随之发生一系列相应的周期性改变。心肌细胞兴奋性的周期性变化，使得心肌细胞在不同时期内对重复刺激表现出不同的反应能力或特性，这对心肌细胞兴奋的产生和传导以及收缩过程都具有重要的影响。现以心室肌细胞为例，阐明在一次动作电位过程中，兴奋性的周期性变化（图4-14）。

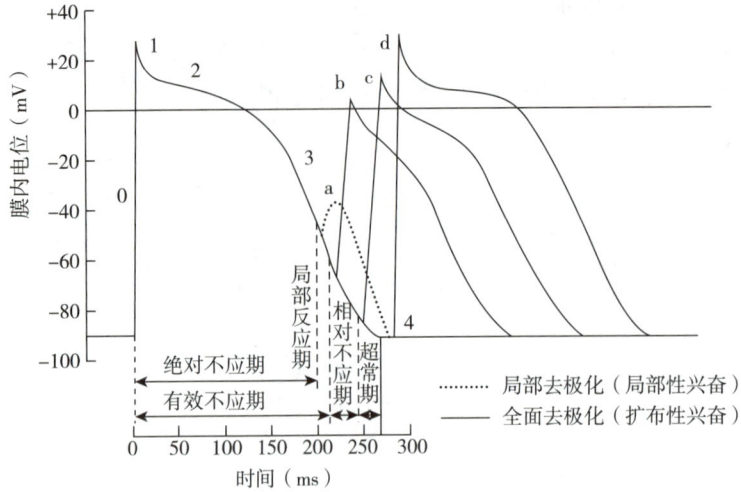

图4-14　心室肌细胞在一次兴奋过程中兴奋性的周期性变化

a为局部反应；b、c和d为0期去极化速度和幅度均减小的动作电位

（1）有效不应期　有效不应期（effective refractory period，ERP）包括绝对不应期（absolute refractory period，ARP）和局部反应期（local response period）。绝对不应期指从动作电位0期去极化开始到3期复极化至膜电位为-55mV的这段时期，在此期间，由于钠通道完全处于失活状态，膜的兴奋性完全丧失，无论给予多大强度的刺激均不能产生去极化反应。局部反应期指膜电位由复极化-55mV继续复极至-60mV的这段时期，在此期间，钠通道仅少量复活但尚未恢复到可以被激活的备用状态，如给予一个阈上刺激可产生一个局部的去极化反应，但细胞膜不会产生新的动作电位。总之，在有效不应期内，无论给予任何强度的刺激，心肌细胞都不能产生新的动作电位。

（2）相对不应期　相对不应期（relative refractory period，RRP）指膜电位由复极化-60mV至-80mV这段时期。此期内，已有相当数量的钠通道复活至备用状态，但由于膜电位尚未达到静息电位水平，仍有一部分钠通道处于失活状态。此时阈刺激可激活的钠通道数目仍少于静息电位水平可激活的钠通道数目，引起的Na^+内流还不足以使膜去极化达到阈电位水平，只有给心肌细胞施加一个比较大的阈上刺激时，才有可能产生一个新的动作电位，但动作电位幅度要低于正常的动作电位，且0期去极化的速率也较低。此期心肌细胞的兴奋性虽比有效不应期时有所恢复，但仍然低于正常水平。

（3）超常期　3期复极化膜电位由-80mV恢复到-90mV期间，钠通道已基本完全复活至备用状态，但膜电位尚未恢复至静息电位水平，因此，膜电位与阈电位水平之间的差距较小，需要引起兴奋的阈刺激就较小。此时若给予心肌一个阈下刺激，有可能引起一个新的动作电位，表明此时心肌的兴奋性高于正常，故将此期称为超常期（supranormal period，SNP）。

在相对不应期和超常期，因膜电位低于静息电位水平，当心肌细胞接收一次额外刺激时，钠通道开放的数目和速率都较静息电位水平时低，因而产生的新的动作电位0期极化的速率慢、幅度低，并且其动作电位的持续时间和有效不应期也比正常的动作电位短。由于心脏各部位的兴奋性恢复程度各有不同，在有效不应期较短的部位就容易产生兴奋的折返，导致异常激动，从而引起快速型心律失常。

一次兴奋过程中兴奋性的周期性变化见表4-5。

表4-5 一次兴奋过程中兴奋性的周期性变化

周期变化	膜电位	机制	兴奋性
有效不应期	去极至复极 −60mV	Na⁺通道完全失活或刚开始复活	无
相对不应期	−60 ~ −80mV	Na⁺通道大部分复活	低于正常
超常期	−80 ~ −90mV	Na⁺通道基本恢复到静息状态	高于正常

2. 影响兴奋性的因素 心肌细胞兴奋的产生包括细胞的膜电位去极化达到阈电位水平以及引起0期去极化的离子通道的激活两个环节。凡是能影响这两个环节的因素均可改变心肌细胞的兴奋性。

（1）静息电位或最大复极电位水平 静息电位或最大复极电位水平下移时，与阈电位之间的差距加大，引起兴奋所需的阈刺激强度增大，兴奋性降低（图4-15）。反之，当静息电位水平上移时，与阈电位之间的差距减小，兴奋性则升高。但若静息电位显著减小时，将导致部分钠通道失活，兴奋性反而会降低。例如，当细胞外K⁺浓度轻中度升高时，细胞膜内外K⁺浓度差减小，促使K⁺外流的力量减弱，静息电位水平上移，细胞膜兴奋性增高；而当细胞外K⁺浓度显著升高时，导致部分钠通道失活，兴奋性降低。所以，随着细胞外K⁺浓度逐步升高，心肌细胞的兴奋性出现先升高后降低的现象。

（2）阈电位水平 若静息电位或最大复极电位水平不变，而阈电位水平上移时，两者之间的差距加大，引起兴奋所需的刺激阈值也将增大，兴奋性降低（图4-16）。反之，当阈电位水平下移时，两者之间的差距缩小，引起兴奋所需的刺激阈值也将减小，兴奋性则增高。

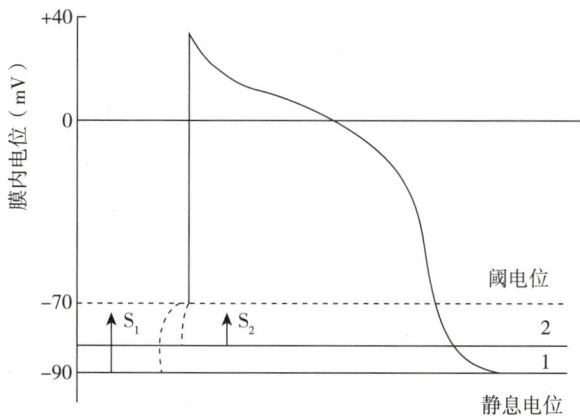

图4-15 静息电位改变对兴奋性的影响
S₁：刺激1；S₂：刺激2

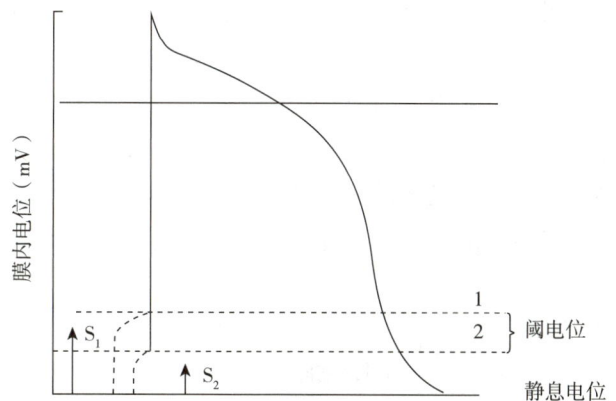

图4-16 阈电位改变对兴奋性的影响
S₁：刺激1；S₂：刺激2

（3）引起0期去极化的离子通道性状 0期去极化时，离子通道的激活是心肌细胞产生兴奋的前提。离子通道一般具有三种功能状态：备用、激活和失活。膜电位水平和该电位的时间进程，即通道的活动具有电压依从性和时间依从性，决定了通道将处于何种状态。在快反应细胞，当膜电位处于静息电位或最大复极电位水平时，钠通道处于备用状态。在受到有效刺激使膜电位去极化达到阈电位水平时，大量的钠通道瞬间被激活开放。当膜电位去极化达到0电位水平时，钠通道迅速失活关闭。处于失活状态的钠通道不能再次被激活，这就是落在有效不应期内的刺激不能再次产生有效兴奋的原因。当膜电位复极化到 −55mV 或更负时，钠通道才开始逐渐复活。钠通道的复活比较缓慢，随着部分钠通道的复活，细胞的兴奋性进入相对不应期和超常期。只有当膜电位复极化到静息电位或最大复极电位水平时，钠通道才能全部恢复至备用状态，细胞的兴奋性也随之恢复到正常水平。由此可见，心肌细胞兴奋性的周期性变化主要取决于当时钠通道所处的功能状态（图4-17）。

3. 兴奋性的周期性变化与收缩活动的关系 为保证心脏的正常泵血功能得以实现，心肌必须始终有序地进行收缩和舒张的交替活动，而不能像骨骼肌一样发生完全强直收缩。这得益于心肌细胞的有效

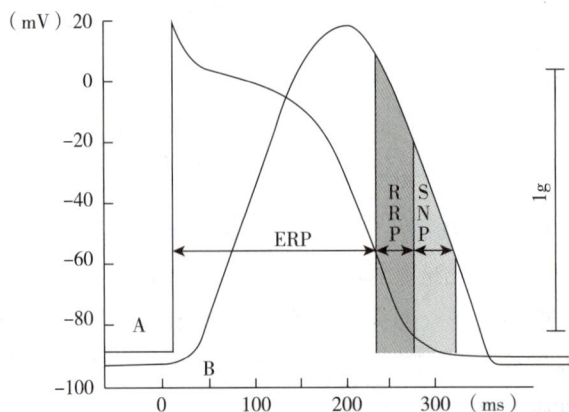

图 4 - 17　心室肌细胞一次动作电位期间兴奋性的变化与机械收缩的关系

ERP：绝对不应期；RRP：相对不应期；SNP：超常期

不应期特别长，从心脏收缩期开始，一直延续到舒张早期，从而保证了心脏在舒张充盈之后方可进行下一次的收缩活动。

窦房结控制着整个心脏的节律性舒缩活动，在正常情况下，当窦房结产生的兴奋传至心房肌和心室肌时，心房肌和心室肌的前一次兴奋的有效不应期已经结束，可不断产生新的兴奋和收缩。若在心室肌有效不应期之后超常期结束之前，也就是在相对不应期和超常期之内，给心室施加一次额外刺激，可提前产生一次兴奋和收缩，分别称为期前兴奋（premature excitation）和期前收缩（premature systole）（图 4 - 18）。期前兴奋也有其本身的有效不应期，若窦房结传来的下一个兴奋正好落在期前兴奋的有效不应期内，则此次窦房结传来的兴奋将不能引起心室的兴奋和收缩，将形成一次兴奋和收缩的"脱失"，只有待再下一次窦房结的兴奋传来才能引起兴奋和收缩。因此，在一次期前收缩后往往会出现一段较长时间的心室舒张期，称为代偿间歇（compensatory pause），之后随着窦房结正常兴奋的到来，心脏才能恢复窦性节律。

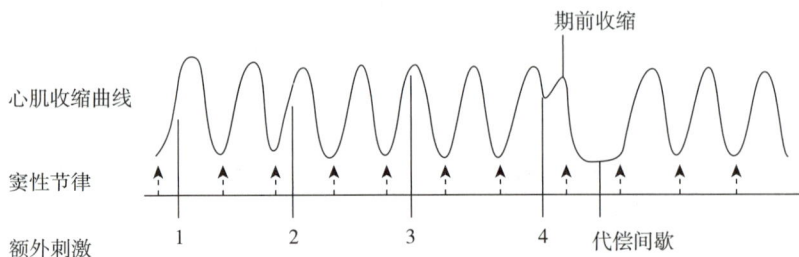

图 4 - 18　期前收缩与代偿间歇

🌐 **知识链接**

期前收缩

期前收缩又称为过早搏动，简称早搏，是临床最常见的一种心律失常，分为窦性、房性、房室交界性和室性四种，其中以室性早搏最常见，其次是房性早搏，结性早搏较少见，窦性早搏非常罕见。在正常起搏点冲动发出之前，任何异位起搏点如能发出兴奋冲动而引起心脏搏动，就可产生期前收缩，可偶发或频发。正常人的期前收缩多属于偶发性，见于精神紧张、过度疲劳、情绪激动、过量吸饮烟酒茶等，避免诱因即可恢复正常；病理情况下的期前收缩多属于频发性，常见于风湿性心脏病、高血压性心脏病、冠心病等器质性心脏病患者，严重时可引起心律失常。

（二）自动节律性

自动节律性（autorhythmicity）简称自律性，是指心脏特殊传导系统的心肌细胞在没有其他外来刺激情况下，自动发生节律性兴奋的能力或特性。单位时间内发生兴奋次数的多少是衡量自律性高低的指标。

1. 心脏的起搏点 心脏特殊传导系统中的绝大部分细胞都具有自律性，但自律性高低差异很大。正常情况下，窦房结的自律性最高，控制着整个心脏的节律性兴奋和收缩。去除神经、体液等调节因素后，窦房结 P 细胞的自动节律性最高，约为 100 次/分；房室交界和房室束的自动节律性分别为 50 次/分和 40 次/分左右；末梢浦肯野纤维网的自动节律性最低，约为 25 次/分。生理情况下，整个心脏总是按照当时自律性最高的部位所发出的节律性兴奋来进行活动的。由此可见，正常情况下，窦房结是引领整个心脏兴奋和搏动的部位，故称为正常起搏点（normal pacemaker），并将窦房结起搏而形成的心脏节律称为窦性节律（sinus rhythm）。

由于心脏其他部位自律组织的自律性较低，在正常情况下仅起传导兴奋的作用，而不表现出其自身的自律性，称为潜在起搏点（latent pacemaker）。但某些病理情况下，如窦房结以外的自律组织的自律性增高，或窦房结的自律性降低，或窦房结产生的兴奋因传导阻滞而不能控制其他自律组织的活动时，心房或心室就会随当时自律性最高的部位所发出的兴奋节律进行搏动，此时就将这些异常的起搏部位称为异位起搏点（ectopic pacemaker）。

2. 窦房结对潜在起搏点的控制机制

（1）抢先占领 由于窦房结的自律性高于其他潜在起搏点，潜在起搏点在 4 期自动去极化尚未达到阈电位水平之前，已经受到窦房结传来的兴奋而产生动作电位。正是这种抢先占领（capture）作用，使潜在起搏点不能表现出其本身的自律性。

（2）超速驱动压抑 当自律细胞接受高于其自身频率的刺激时，就按高频刺激的频率发生兴奋，从而使其本身的自律性受到压抑，称为超速驱动压抑（overdrive suppression）。在这种情况下，一旦外来的超速驱动刺激突然停止，自律细胞不能立即恢复其固有的自律性活动，需经一段时间之后才能恢复其自律性。超速驱动压抑具有频率依赖性，即两个起搏点自动兴奋的频率差值愈大，压抑效应愈强，当额外的超速驱动中断后，自律性较低的部位停止活动的时间也愈长。临床上，当突然发生窦性停搏时，往往需要较长时间才会出现房室交界性或室性的自主心律。故临床上安装心脏人工起搏器的患者，若需暂时中断起搏器工作（如更换电池）时，应在此之前使起搏器的驱动频率逐步减慢，以免发生长时间心搏停止，危及生命。

3. 影响自律性的因素 自律性是由自律细胞 4 期自动去极化达阈电位水平而产生的。因此，凡是可改变 4 期自动去极化速率，以及最大复极电位与阈电位之间差距的因素，均可影响自律性。

（1）4 期自动去极化的速率 影响心肌自律性的最重要因素是动作电位 4 期自动去极化的速率。如 4 期自动去极化速率加快，从最大复极电位去极化达到阈电位水平所需的时间将会缩短，单位时间内发生的兴奋次数就将增多，自律性增高（图 4-19）；反之，自律性降低。

（2）最大复极电位与阈电位之间的差距 若最大复极电位水平上移，或阈电位水平下移，导致二者之间的差距缩短，则自动去极化达到阈电位水平所需的时间将减少，自律性增高；反之，自律性降低。

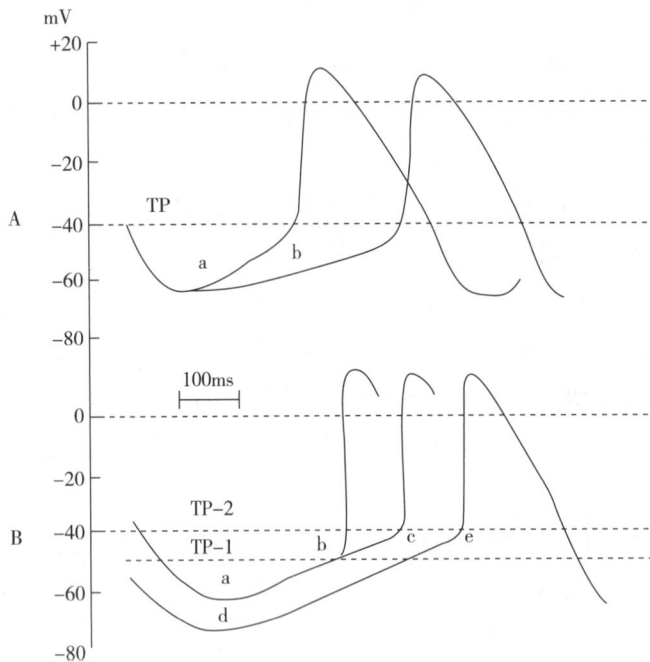

图 4 - 19 影响自律性的因素示意图

A：4 期自动去极化速率由 a 变为 b 时，自律性降低；TP：阈电位

B：最大复极电位由 a 变为 b 时，或阈电位由 TP - 1 变为 TP - 2 时，自律性降低

（三）传导性

心肌细胞具有的传导兴奋的能力或特性，称为传导性（conductivity），同一心肌细胞上或心肌细胞间均可传导兴奋。兴奋传播的速度是衡量传导性高低的指标。

1. 心脏内兴奋传导的途径和特点 心肌细胞间兴奋传导的结构基础是闰盘处肌膜中的缝隙连接。这些缝隙连接构成了细胞间的兴奋传导的通道，兴奋以局部电流的形式，通过这些低电阻通道可直接将兴奋传给相邻的细胞，从而实现心肌细胞的同步兴奋和收缩。

（1）兴奋传导的途径 心脏内兴奋的传导是通过特殊传导系统有序进行的。正常情况下，窦房结发出的兴奋通过心房肌传导到整个右心房和左心房，并沿着由心房肌构成的优势传导通路（preferential pathway）迅速传到房室交界区，再经房室束、左右束支、浦肯野纤维网传导至整个心室内膜的心室肌细胞，并由内膜的心室肌细胞传至外膜的心室肌细胞，最终引起整个心室肌兴奋。

（2）兴奋传导的速度及其意义 心脏不同部位细胞的兴奋传导速度存在很大的差异（图 4 - 20）。一般来说，心房肌的传导速度比较慢，约为 0.4m/s，但心房"优势传导通路"的传导速度比较快，约为 1.0 ~ 1.2m/s，所以窦房结的兴奋可沿此通路迅速传到房室交界（可分为房结区、结区和结希区）。房室交界是兴奋由心房传向心室的唯一通道，兴奋在房室交界的传导速度很慢，特别是结区更为缓慢，约为 0.02m/s，致使兴奋传导至此处时会延搁一段时间，这种现象称为房 - 室延搁（atrioventricular delay）。房 - 室延搁具有重要的生理意义，能保证心脏在心房收缩完毕之后，才开始心室的收缩，因而心房和心室的收缩绝不会发生重叠，有利于心室的充盈和射血。也正是由于房 - 室延搁的特点，使房室交界成为传导阻滞的易发部位，因此，房 - 室传导阻滞是临床上极为常见的一种心律失常。心室肌的传导速度约为 1m/s。而浦肯野纤维的传导速度可高达 4m/s，可见，兴奋可沿浦肯野纤维网迅速而广泛地传导到左、右两心室，有助于左、右两心室的同步兴奋和收缩。

2. 影响传导性的因素 心肌细胞的传导性与心肌细胞的结构特点和电生理特性有关，因此，凡是

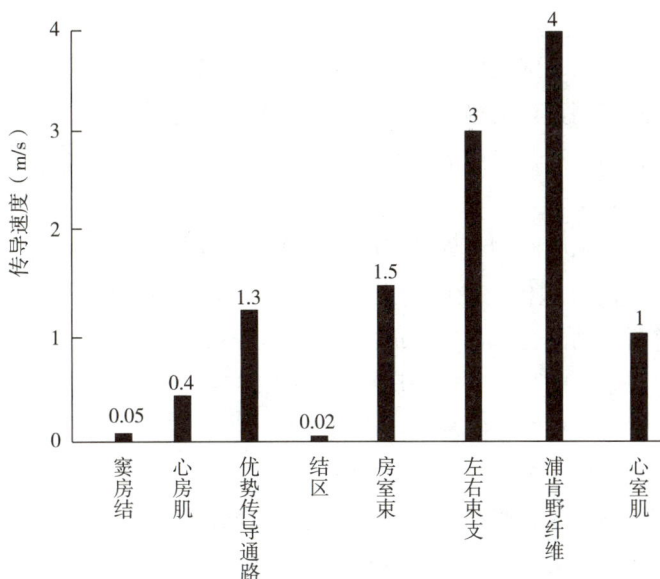

图 4-20 各种心肌细胞传导速度示意图

可以改变此两项的因素，均可影响心肌细胞的传导性。

（1）结构因素 心肌细胞兴奋的传导速度与其直径大小成正变关系。细胞直径越大，内阻越小，形成的局部电流就越大，兴奋的传导速度就越快；反之，兴奋的传导速度就越慢。心房肌、心室肌和浦肯野细胞的直径都较大，尤以浦肯野纤维末梢的细胞直径最大，所以其兴奋的传导速度最快。窦房结 P 细胞的直径较小，其兴奋的传导速度较慢；而房室交界处细胞的直径最小，其兴奋传导速度最慢。此外，心肌细胞间闰盘处缝隙连接的数目和功能状态也对兴奋的传导速度有一定的影响。窦房结和房室交界区不仅细胞直径较小，而且细胞间的缝隙连接数目也较少，所以其传导速度慢。在一些病理情况下，如心肌缺血时，细胞间的缝隙连接通道可以关闭，此时心肌兴奋的传导将明显减慢，甚至出现传导阻滞，导致心律失常。

（2）生理因素 对于心肌细胞的结构因素而言，一般情况下是相对固定的。而心肌细胞的生理因素却经常有较大的变动，因此，对心肌细胞传导性影响最大的因素是心肌细胞的电生理特性。

1）0 期去极化的速度和幅度 动作电位 0 期去极化的速度和幅度是影响心肌细胞兴奋传导速度的最重要因素。0 期去极化的速度愈快，局部电流的形成就愈快，促使邻近未兴奋部位细胞膜去极化达到阈电位水平所需的时间就愈短，传导兴奋速度就愈快。同样，0 期去极化的幅度愈大，心肌细胞膜上已兴奋部位和未兴奋部位之间的电位差就愈大，形成的局部电流就愈强，并且局部电流传播距离也更远，可使前方距已兴奋部位更远的区域细胞膜去极化达到阈电位，局部电流的形成速度也加快，所以兴奋的传导速度就愈快。

此外，0 期去极化速度和幅度也依赖于膜静息电位水平。如在正常静息电位水平时，心肌细胞膜接受刺激，因此时钠通道已全部处于备用状态，故钠通道开放速度快、数量多，动作电位 0 期去极化速度就越快、幅度也越大，兴奋的传导速度就快；而若在低于正常静息电位水平时，心肌细胞膜接受刺激，则因钠通道尚未全部恢复至备用状态，动作电位 0 期去极化速度就越慢、幅度也越小，兴奋的传导速度就慢。

2）邻近未兴奋细胞膜的兴奋性 兴奋的传导就是细胞膜依次发生兴奋的过程，因此邻近未兴奋部位膜的兴奋性也会影响兴奋的传导。当邻近未兴奋部位膜受到外来刺激时，若邻近未兴奋部位膜上的离子通道处于失活状态，即处于有效不应期，局部电流不能使之兴奋，可导致传导阻滞；若邻近部位膜处于相对不应期或超常期内，由于细胞膜上的离子通道尚未全部复活，此时产生的动作电位 0 期去极化速度慢、幅度低，兴奋传导的传导速度也将减慢。

（四）收缩性

心肌细胞和骨骼肌一样，粗、细肌丝呈规则排列，也属横纹肌，因此，心肌的收缩特性与骨骼肌大致相似。但由于心肌细胞间以闰盘处的缝隙连接相连，且心肌细胞的生物电活动也与骨骼肌细胞有明显的不同，所以心肌细胞的收缩也有其自身的特点。

1. 心肌收缩的特点

（1）同步收缩　由于心肌细胞间闰盘处的肌膜中存在缝隙连接，兴奋可在心肌细胞间迅速传播，因此心脏可看作是一个功能上的合胞体。在解剖上，心房与心室之间，有纤维环和结缔组织将两者分隔开，所以心脏实际上是由两个功能合胞体所组成的，左、右心房是一个功能合胞体，左、右心室是另一个功能合胞体。连接心房与心室的唯一结构是房室交界的传导纤维。当窦房结兴奋之后，先使整个心房的所有心肌细胞同步收缩，再使整个心室的所有心肌细胞同步收缩。心房或心室的同步收缩的现象，也称"全或无"式收缩。心脏只有通过同步收缩，才能迅速升高心房、心室内的压力，才能有效地完成心脏的泵血功能。临床上，当出现心肌梗死时，缺血梗死的部位，不但不能进行同步收缩，反而会在正常心室肌收缩时向外隆起，将严重影响心脏的泵血功能，甚至引起死亡。

（2）不发生强直收缩　心肌细胞兴奋性的周期性变化区别于骨骼肌细胞的最大特点是有效不应期特别长，一直延续至舒张早期。在有效不应期内，任何刺激都不会使心肌细胞再次兴奋而产生收缩，所以，心脏不会发生强直收缩，而是始终保持收缩与舒张交替进行的节律活动。这对于保证心脏的充盈与射血，以及维持心脏正常的泵血功能具有极其重要的生理意义。

（3）对细胞外 Ca^{2+} 的依赖性　由于心肌细胞的肌质网不如骨骼肌发达，Ca^{2+} 储备量较少，且肌浆网释放 Ca^{2+} 需细胞外 Ca^{2+} 内流进入胞浆来触发，因此心肌细胞的收缩活动依赖于细胞外 Ca^{2+} 的流入。由少量 Ca^{2+} 内流引起细胞内 Ca^{2+} 库大量释放的过程，称为钙触发钙释放（calcium – induced calcium release, CICR）。当细胞外 Ca^{2+} 浓度在一定范围内增加时，动作电位平台期 Ca^{2+} 内流量就会增加，心肌收缩力增强；反之，细胞外 Ca^{2+} 浓度降低，则心肌收缩力减弱。当细胞外 Ca^{2+} 浓度极低甚至无 Ca^{2+} 时，心肌细胞虽然仍能产生动作电位，却不能产生收缩，这一现象称为兴奋 – 收缩脱耦联。

2. 影响心肌收缩的因素　凡是能影响搏出量的因素，如前负荷、后负荷和心肌收缩能力，以及细胞外 Ca^{2+} 浓度的改变等，都将对心肌细胞的收缩产生一定的影响（图 4 –21）。

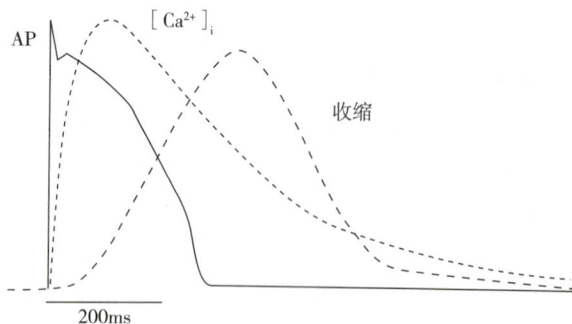

图 4 –21　心室肌细胞动作电位、钙离子浓度变化与收缩曲线的关系

AP：动作电位；$[Ca^{2+}]_i$：细胞内钙离子浓度

三、心电图

（一）心电图的基本原理与记录方法

在正常人体，心脏的兴奋自窦房结按一定的途径和时程向心房和心室传导，并相继引起心房、心室的去极化和复极化。心脏各部分在兴奋过程中产生的生物电活动，可通过心脏周围的导电组织和体液传导至体表，如果将测量电极放置于体表的一定部位，便可将心脏兴奋过程中所发生的电变化引导出来。这种电变化经一定处理后，记录到特殊的记录纸上，即为心电图（electrocardiogram，ECG）。临床上，心电图可辅助诊断多种心脏疾病。

心电图记录的是心电活动的电压随时间变化的曲线。心电图记录在特定的坐标纸上，坐标纸为由 $1mm \times 1mm$ 的小格组成。横坐标表示时间，纵坐标表示电压。通常情况下，采用 25mm/s 纸速记录，则 1 小格相当于 0.04 秒；灵敏度设置为 1mV/cm，则纵坐标电压 1 小格相当于 0.1mV。

将测量心电图的电极置于体表不同部位，或改变记录电极的连线方式，就能记录到不同的心电图波形。心电图有多种导联，一般情况下，临床上常用的导联有 12 个，包括三个标准导联（I、II、III），三个加压单极肢体导联（aVR、aVL、aVF）和六个单极胸导联（V_1、V_2、V_3、V_4、V_5和V_6）。

静息状态时，心肌细胞膜外排列一定数量带正电荷的阳离子，膜内排列相同数量带负电荷的阴离子，膜外电位高于膜内，称为极化状态。静息状态下，由于心脏各部位心肌细胞都处于极化状态，没有电位差，心电图仪描记的电位曲线平直，即为体表心电图的等电位线。在心肌细胞受到一定强度的刺激时，细胞膜通透性发生改变，大量 Na^+ 离子迅速流入膜内，使膜内电位由负变正，这个过程称为去极化。在心肌细胞由心内膜向心外膜顺序去极化的过程中，由心电图仪描记的电位曲线称为去极化波，即体表心电图上心房的 P 波和心室的 QRS 波。当去极化完成之后，大量 K^+ 离子流出细胞，使膜内电位由正变负，恢复原来的极化状态，此过程由心外膜向心内膜进行，称为复极化。此时由心电图仪描记出的波称为复极化波。由于复极过程相对缓慢，复极化波较去极化波低。心房的复极波不仅低，且埋于心室的去极化波中，在体表心电图上不易辨认。心室的复极化波在体表心电图上表现为 T 波。整个心肌细胞全部复极之后，再次恢复极化状态，各部位心肌细胞间没有电位差，体表心电图再次记录到等电位线。

（二）正常心电图各波和间期的形成及其意义

用不同导联记录的心电图的波形并不完全相同，但都包含几个基本波形，即会相继出现一个 P 波，一个 QRS 波群和一个 T 波（图 4-22）。下面以标准 II 导联为例，介绍心电图各个波、间期和段的形态及意义。

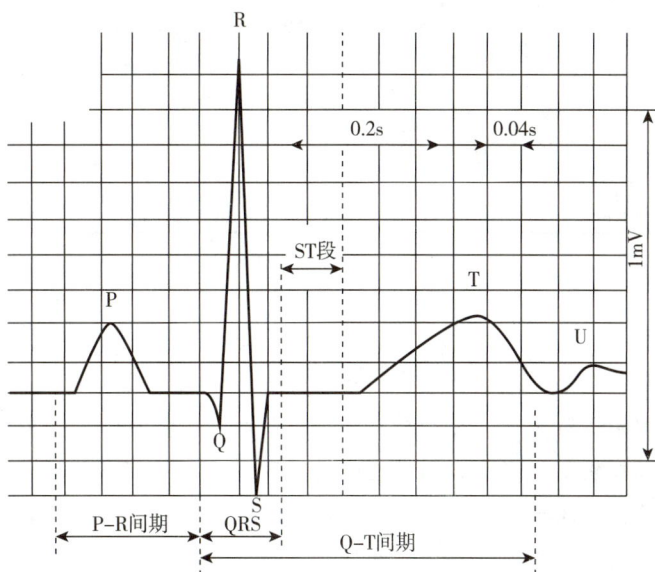

图 4-22　正常人体心电图模式图

1. P 波　P 波反映左、右两心房的去极化过程，前半部分代表右心房去极化，后半部分代表左心房去极化。P 波波形小而光滑圆钝，波幅不超过 0.25mV，历时 0.08 ~ 0.11 秒。窦房结的去极化虽然发生在心房去极化之前，但因窦房结体积很小，其兴奋所产生的综合电位也很小，不能被心电图仪记录到。

2. QRS 波群　QRS 波群反映左、右两心室的去极化过程。典型的 QRS 波群由 3 个紧密相连的电位波动所组成，第一个向下的波为 Q 波，其后向上的高波是 R 波，最后是向下的 S 波。正常情况下，在不同导联的记录中，这三个波不一定都同时出现，通常依据各波的方向和大小，以大、小写英文字母来表示。QRS 波群一般历时 0.06 ~ 0.10 秒，代表左、右两心室完成去极化所需的时间。

3. T 波　反映两心室复极化的过程，波幅为 0.1 ~ 0.8mV，历时 0.05 ~ 0.25 秒。T 波的方向与 QRS 波群的主波方向保持一致，波幅不低于 R 波的 1/10。当心肌缺血时，T 波会出现低平、双向或倒置的变化，称为 T 波改变。

4. P－Q 间期（或 P－R 间期）　P－Q 间期是指由 P 波起点到 QRS 波群起点之间的时程，持续 0.12 ~ 0.20 秒。PQ 间期表示心房兴奋开始，经心房、房室交界、房室束、左右束支和浦肯野纤维，引起心室兴奋开始所需的时间，也称为房室传导时间。临床上，当出现房室传导阻滞时，P－Q 间期将延长。

5. PR 段　是指由 P 波终点到 QRS 波起点之间的线段，心电图中所描记到的 PR 段通常位于基线水平上。PR 段代表两心房去极化完毕，兴奋通过房室交界形成的电位变化。由于兴奋在通过房室交界时，其传导速度非常缓慢，形成的综合电位很微弱，因而 PR 段一般呈等电位线。

6. ST 段　ST 段是指由 QRS 波群终点到 T 波起点之间的时段。ST 段代表心室各部分心肌细胞都已处于去极化状态（相当于动作电位的平台期），各部分之间无电位差，曲线重新回到基线水平。正常情况下，ST 段应与基线平齐，若 ST 段出现异常抬高或压低，通常表明心肌的缺血或损伤。

7. Q－T 间期　Q－T 间期是指由 QRS 波起点到 T 波终点的时程，代表心室从去极化开始到复极化完毕所经历的时间。Q－T 间期的长短与心率成反变关系，心率越快，Q－T 间期越短。反之，则 Q－T 间期越长。

心电图各波、间期和段的意义见表 4－6。

表 4－6　心电图各波、间期和段的意义

名称	生理意义	临床意义
P 波	两心房去极化波	增宽提示心房肥大、甲状腺功能亢进
QRS 波群	两心室去极化波	增宽提示室内传导阻滞，高电压提示心室肥大，异常 Q 波提示心肌梗死
T 波	两心室复极化波	低平、双向或倒置提示心肌缺血
P－Q 间期	房室传导时间	延长提示房室传导阻滞
Q－T 间期	心室兴奋时间	与心率呈反变关系
ST 段	心室肌电活动处于动作电位平台期	异常抬高或压低提示心肌缺血或损伤

🌐 **知识链接**

动态心电图

动态心电图又称 Holter 监测仪，是一种可动态长时间连续记录心电图的装置。和常规心电图相比，其携带方便、可提供受试者全日的动态心电活动信息，目前在临床被广泛应用，对诊断心血管系统的疾病意义重大。Holter 监测仪包括两个部分：磁带记录仪和计算机分析仪，磁带记录仪主要用于记录心电图的动态变化，并能标明时间；计算机分析仪主要将磁带记录仪记录的心电图进行回放，并进一步分析心率、心律的变化以及心肌缺血的情况。

（三）心电图与心肌细胞动作电位的对应关系

虽然心电图与心肌细胞动作电位记录的都是心肌细胞电位的变化，但单个心肌细胞兴奋时所描记的动作电位的图形与每个心动周期描记的心电图却有着显著的差别，原因为：心肌细胞动作电位采用的是细胞内记录法，记录的是单个细胞兴奋时膜电位的变化；而心电图则采用细胞外记录的方式，描记整个心脏不同部位大量心肌细胞共同形成的电位变化。心电图不仅与单个心肌细胞的动作电位明显不同，而且不同导联描出的波形也有很大差别。但归根结底，单个心肌细胞的动作电位的产生与心电图各波之间仍存在明确的对应关系（图4-23）。心房肌细胞的动作电位0期去极化与P波相对应，心室肌细胞动作电位0期与心电图QRS波群相呼应，心室肌细胞动作电位平台期与心电图的ST段一致，心室肌细胞动作电位的3期复极化与心电图的T波相对应。

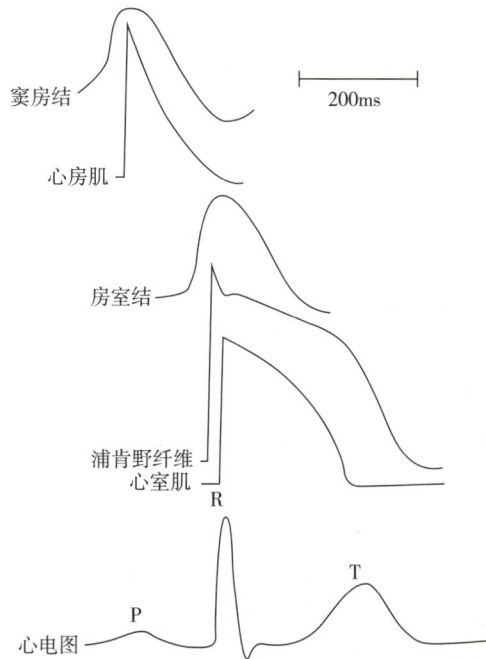

图4-23 各部分心肌细胞动作电位与体表心电图的时相关系示意图

第三节 血管生理

PPT

遍布于人体的血管是一个相对密闭且连续的管道系统，包括动脉、毛细血管和静脉，它们与心脏共同构成心血管系统。血液在心血管系统中的分布见图4-24。血管通过其内流动着的血液实现物质运输、调节血压、生成组织液以及物质交换等生理功能。心血管系统又分为体循环和肺循环两大部分，本节主要介绍体循环。血液由左心室泵入主动脉后，经大、中、小等各级动脉血管将血液运送至各个器官和组织，在毛细血管与组织间完成物质交换，最后由静脉返回心房，如此循环往复，形成体循环。在组织液的回流过程中，大部分经毛细血管重吸收回血管，还有一少部分经淋巴系统流回静脉，对血液循环起辅助作用。因此，本节主要介绍血管的生理功能，也简要介绍淋巴循环的功能特点。

一、各类血管的功能特点

构成体循环和肺循环的血管系统（vascular system）都是由动脉、毛细血管和静脉组成，完成运输血液和交换物质的功能。动脉和静脉管壁从外到内依次为外膜、中膜和内膜。外膜是包裹在血管外层的疏松结缔组织。中膜主要是由胶原纤维、弹性纤维和血管平滑肌三种成分构成，不同种类的血管其厚度和成分比例有所不同。内膜由内皮细胞和内皮下层组成，内皮细胞主要构成管壁两侧的通透性屏障，还兼有内分泌功能。

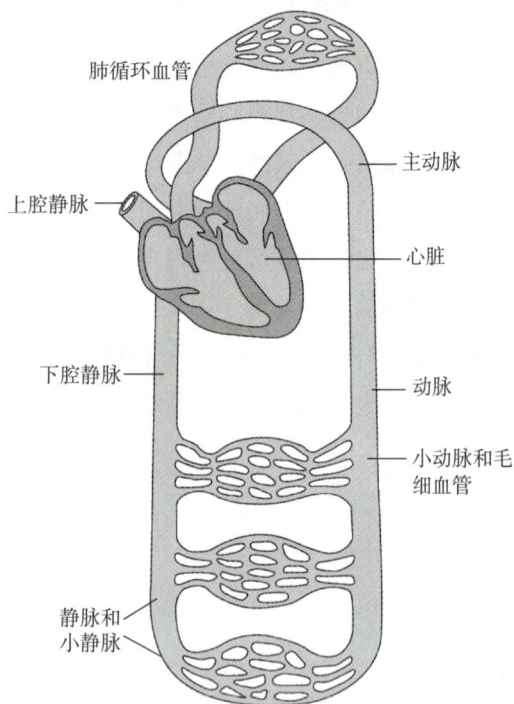

图 4 - 24 　心血管系统中的血液分布

（一）血管的功能性分类

在心血管系统中，各类血管由于所处的部位和组织结构不同，因此也具有不同的功能特点。按生理功能不同，可将血管分为以下几类。

1. 弹性贮器血管　指主动脉、肺动脉主干及其所发出的最大分支，因其口径粗、管壁厚，富含弹性纤维，有较大的弹性和可扩张性，故这些血管被称为弹性贮器血管（windkessel vessel）。大动脉的弹性贮器作用使心脏的间断射血变为在血管中的连续血流，同时能缓冲心动周期中血压的波动幅度。当左心室收缩时，从心室射出的血液仅有一部分在射血期通过动脉流入外周，另一部分则暂时被储存在扩张的大动脉内。左心室收缩射血所释放的能量可转化为两部分，一部分是推动血液在动脉内向前流动的动能，另一部分转化为引起血管壁扩张的弹性势能，使大动脉扩张，容积增大，将一定量的血液暂时储存于大动脉内。当左心室舒张时，心室射血停止，大动脉管壁则依其弹性回缩作用，把在射血期多容纳的那部分血液继续推向外周。

2. 分配血管　从弹性贮器血管后到分支为小动脉前的动脉血管被称为分配血管（distribution vessel），它的主要功能是将血液分配输送到各个组织器官。

3. 毛细血管前阻力血管　毛细血管前阻力血管（precapillary resistance vessel）主要指小动脉和微动脉（arteriole），此类血管管径小，血流阻力大，血管壁中又富含平滑肌，这些平滑肌的收缩舒张可使血管口径发生变化，从而改变血流阻力和流入组织器官的血流量。

4. 毛细血管前括约肌　环绕在真毛细血管起始部的平滑肌，属于阻力血管的一部分，被称为毛细血管前括约肌（precapillary sphincter）。它的舒缩活动可控制毛细血管的开放或关闭，因此控制着某一时间内毛细血管开放数量的多少。

5. 交换血管　真毛细血管（true capillary）位于动脉和静脉之间，相互连通，数量众多，分布广泛，形成毛细血管网。其管壁仅由单层内皮细胞组成，外面只包绕一层薄基膜，故通透性很高，是血管内、外进行物质交换的主要场所，故称为交换血管（exchange vessel）。

6. 毛细血管后阻力血管　由于微静脉管径小，含有平滑肌，对血流也产生一定的阻力，故被称为毛细血管后阻力血管（postcapillary resistance vessel）。其舒缩活动可影响毛细血管前、后阻力的比值，继而改变毛细血管血压以及组织液的滤过作用。

7. 容量血管　安静状态下，静脉可容纳 60% ~ 70% 的循环血量，起着血液储存库的作用，因而把静脉系统称为容量血管（capacitance vessel）。与同级动脉相比，静脉数量多，管壁薄，口径也大，故其可扩张性大，容量也大。因此，静脉口径发生比较微小的改变，容纳的血量就可发生很大变化。

8. 短路血管 在血管床中，一些小动脉和小静脉之间存在有直接吻合支，称为短路血管（shunt vessel），它使小动脉内的血液不经过毛细血管而直接流入小静脉。短路血管不能进行物质交换，在功能上与体温调节有关，多分布于耳廓、手指、足趾等处的皮肤中。

（二）血管的内分泌功能

1. 血管内皮细胞的内分泌功能 在生理情况下，血管内皮细胞合成和释放的各种生物活性物质在局部维持一定的浓度比，对维持内环境稳态、生命活动的正常进行及调节血液循环起重要作用。

血管内皮细胞合成和释放的缩血管物质和舒血管物质相互制约，保持着动态平衡。缩血管物质主要有内皮素、血栓素 A_2 等；舒血管物质主要包括硫化氢、一氧化氮、前列环素等。血管内皮细胞一旦受损，其释放的舒血管物质就会减少，进而诱发动脉粥样硬化、高血压等疾病。

2. 血管平滑肌细胞的内分泌功能 近年来，人们用现代实验技术证明，血管平滑肌细胞可合成并分泌肾素和血管紧张素，来调节局部血管的紧张性和血流量。此外，平滑肌细胞还能合成蛋白多糖、弹力蛋白和细胞外基质胶原等。

3. 血管其他细胞的内分泌功能 血管壁中还含有大量脂肪细胞、成纤维细胞、肥大细胞、淋巴细胞和巨噬细胞等多种细胞。近年的研究发现，这些细胞除了对血管起支撑、营养和保护作用外，还能分泌多种血管活性物质，以旁分泌和自分泌的方式来调节血管的舒缩功能及结构变化。

二、血液的流体力学基础

血流动力学（hemodynamics）是指血液在心血管系统中流动的一系列力学问题。它是流体力学的一个分支，主要研究血流量、血流阻力、血压以及它们之间的相互关系。血流动力学既具有流体力学的一般共性，又有其自身的特点。

（一）血流量与血流速度

单位时间内流经血管某一横截面的血量称为血流量（blood flow），也称为容积速度（volume velocity）。血流速度（blood velocity）是指血液中的某一质点在管内移动的线速度。当血液在血管内流动时，其血流速度与血流量成正比，与血管的横截面积成反比。

1. 泊肃叶定律 Poiseuille 研究了在管道系统内液体流动的规律，可用如下公式表示：

$$Q = \pi \triangle P \, r^4 / 8\eta L$$

该公式为泊肃叶定律（Poiseuille's law）。从以上公式可知，单位时间内的血流量（Q）与管道两端的压力差（$P_1 - P_2$）或（$\triangle P$）及血管半径（r）的 4 次方成正比，与液体黏度（η）和管道的长度（L）成反比。在其他因素都相同的情况，如果甲血管的半径是乙血管半径的 2 倍，经过计算，甲血管中的 Q 是乙血管中 Q 的 16 倍，所以，血管内血流量的多少主要取决于血管半径的大小。

2. 层流和湍流 血液在血管内流动的方式可分为两种，即层流（laminar flow）和湍流（turbulence）。泊肃叶定律适用于层流的情况。层流时，液体中每个质点的流动方向一致，均与管道长轴平行，但各质点的流速却不相同，在管道轴心处流速最快，越靠近管壁，流速越慢。如图 4-25 所示，图中箭头长度表示流速矢量，箭头的方向指示血流方向，在血管的纵剖面上，将各轴层的流速矢量的顶端连线为一抛物线。正常情况下，人体的血流方式以层流为主。然而，当血液流速加快到一定程度时，层流即被破坏，此时血液中各质点的流动方向不再一致，会出现漩涡，称为涡流或湍流。发生湍流时，泊肃叶定律不再适用。在血流速度快、血液黏度低、血管口径大的情况，容易发生湍流。

在生理情况下，心室腔和主动脉内的血流方式是湍流，认为这有利于血液的充分混合，其余血管系统中的血流方式是层流。但在病理情况下，如动脉导管未闭及主动脉瓣狭窄时，局部血流速度会加快出现湍流，在相应体表处能听到杂音。

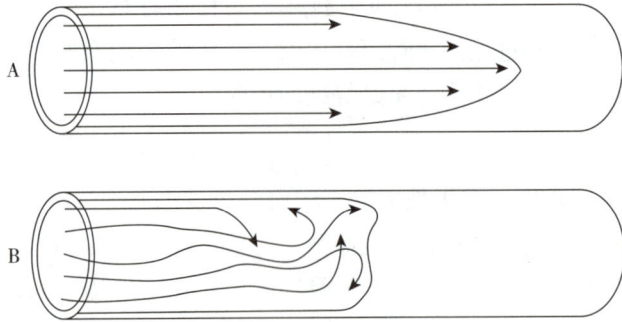

图 4 – 25　层流与湍流示意图
A：层流；B：湍流

（二）血流阻力

血液在流经血管时所遇到的阻力，称为血流阻力（blood resistance）。血液在流动过程中，由于血液与血管壁之间或者血液内部分子之间的相互摩擦产生，消耗的一部分能量转化为热能，故血液在血管内流动时，压力是逐渐降低的。当发生湍流时，消耗的能量比层流时多，血流阻力也较大，主要是由于湍流时血液中各个质点不断变换流动方向导致的。层流时，血流阻力与血管长度（L）和血液黏度（η）成正比，与血管半径（r）的 4 次方成反比，可用下式表示：

$$R = 8\eta L / \pi r^4$$

血管的长度变化很小，所以血流阻力主要取决于血管半径和血液黏度。对于一个器官来说，如果血液黏度不变，血流阻力主要取决于血管半径大小。当血管半径减小到原来的 1/2 时，血流阻力则增加到原来的 16 倍。机体主要通过各种调节方式来改变血管平滑肌的紧张性和血管半径，进而改变血流阻力的大小，从而来分配流入各器官的血量。生理情况下，血管产生阻力的主要部位是小动脉及微动脉，因此它们被称为阻力血管。

在某些情况下，血液黏度（blood viscosity）也是可变的。影响血液黏度的因素主要有以下几个方面。

1. 血细胞比容　血细胞比容是影响血液黏度最重要的因素。血细胞比容越大，血液的黏度就越高。长期生活在高原的人，由于高原地区氧分压低，红细胞生成增多，生活在高原的人血细胞比容就比生活在平原人的血细胞比容大，因此，其血黏度就高。

2. 血流的切率　在层流情况下，相邻两层血液的流速差和两液层厚度的比值，称为血流的切率（shear rate）。当血流的切率较高时，层流现象较为明显，即红细胞集中在血流的中轴，其长轴与血管纵轴平行，血细胞间相互撞击摩擦以及红细胞移动时发生的旋转机会就越少，血液黏度就较低。反之，当血流的切率较低时，红细胞向中轴集中的趋势就不明显，血液黏度便增高。

3. 血管口径　血液在流经口径较大的血管内时，对血液黏度影响较小。但当血液流过直径小于0.2~0.3mm 的微动脉时，只要切率足够高，血液黏度会随着血管口径的变小而降低。产生此效应的机制可能与小血管内的血细胞比容降低有关。这一效应对机体有明显的益处，可使血液在流经小血管时的血流阻力降低。

4. 温度　血液黏度可随温度的降低而升高。如果把手指浸在冰水中，局部血液的黏度可增加 2 倍。人的体表比深部温度低，故血液流经体表时黏度会升高。

（三）血压

血压（blood pressure）是指血管内流动的血液对单位面积血管壁的侧压力，即压强。按照国际标准计量单位，压强的单位是帕（Pa）或千帕（kPa），帕的单位比较小，故习惯上血压数值常以毫米汞柱

（mmHg）或千帕（kPa）为单位表示，1mmHg＝0.133kPa。通常所说的血压是指动脉血压。各段血管的动脉血压并不相同，从主动脉到外周血管，血压将逐渐降低。大静脉压和心房压较低，常以厘米水柱（cmH₂O）为单位，1cmH₂O＝0.098kPa。

三、动脉血压与动脉脉搏

（一）动脉血压

1. 动脉血压的形成 动脉血压（arterial blood pressure）主要是指主动脉血压。动脉血压的形成需要满足以下四个条件：心血管系统内有足够的血液充盈、心脏射血、外周阻力，以及主动脉和大动脉的弹性贮器作用。

（1）心血管系统内有足够的血液充盈 这是动脉血压形成的前提条件。通常用循环系统平均充盈压（mean circulatory filling pressure）来表示心血管系统中的血液充盈程度。在动物实验中，用电击法引起心室发生颤动使心脏暂时停止射血，血流即暂停，此时测得循环系统中各部位的压力值都是相同的，这一压力值即为循环系统平均充盈压。用苯巴比妥麻醉的狗，测得其循环系统平均充盈压约为7mmHg。人的循环系统平均充盈压数值估计也接近于此数值。循环系统平均充盈压数值的高低取决于循环血量和血管系统容量之间的相对关系。如果循环血量减少或血管系统容量增大，循环系统平均充盈压则降低。反之，如果循环血量增多或血管系统容量减小，循环系统平均充盈压则会相应增高。

（2）心脏射血 这是动脉血压形成的必要条件。心室收缩时所释放的能量，假设血管内没有外周阻力，则会全部转化为推动血液向前流动的动能。但在正常情况下，由于有外周阻力，心室收缩时释放的能量被转化为两部分，一部分是推动血液向前流动的动能；另一部分则转化为大动脉血管壁扩张所储存的势能，即压强能。而当心室舒张时，大动脉则发生弹性回缩，将储存的势能再转化为继续推动血液流动的动能。由于心脏射血是间断的，因此在一个心动周期中，动脉血压也会发生周期性变化，心室收缩时血压升高，舒张时血压则降低。

（3）外周阻力 小动脉和微动脉对血流的阻力被称为外周阻力（peripheral resistance）。外周阻力的存在，使得心室每次收缩射出的血液只有大约1/3流到外周，其余的血液暂时储存于主动脉和大动脉中，因而在心室收缩期，动脉血压升高。如果没有外周阻力，大动脉内的血压将不能维持在正常水平。血液从主动脉流向外周的过程中，由于需要不断克服阻力消耗能量，故血压逐渐降低（图4-26）。在各段血管中，血压降落的幅度与该段血管对血流阻力的大小成正比。在主动脉和大动脉段，血流阻力较小，血压降落也不大。在体循环中，小动脉和微动脉的血流阻力最大，血压降落也最明显。

（4）主动脉和大动脉的弹性贮器作用 这对在心动周期中减少血压的波动幅度具有重要意义。心室射血是间断进行的，但动脉血管内的血流却是连续的。在心动周期中，随着心室的收缩和舒张，左心室内压会发生较大幅度的变化，但动脉血压却变化不大。主要是由于主动脉和大动脉管壁具有较大的可扩张性以及外周阻力的存在，左心室收缩时，动脉血压会升高，但由于大部分血液以势能形式储存在主动脉和大动脉管壁中，缓冲了主动脉压升高的速度和幅度，使得射血期动脉压不会升得过高，使其维持在适当的水平。当心室舒张时，被扩张的主动脉和大动脉依其弹性回缩，把储存的那部分势能释放出来，推动射血期多容纳的那部分血液继续流向外周，因此，主动脉压在心舒期也不会降得太低，仍能维持在一定水平。可见，主动脉和大动脉的弹性贮器作用，使心动周期中动脉血压的波动幅度得到缓冲，只在一定范围内波动；另一方面，可使左心室的间断射血变为动脉内的连续血流（图4-27）。

2. 动脉血压的正常值 动脉血压（arterial blood pressure）可用收缩压、舒张压、脉压和平均动脉压等数值来表示。一般所说的动脉血压是指主动脉血压。收缩压（systolic pressure）是指主动脉压在心室收缩中期升高达到的最高值。舒张压（diastolic pressure）指主动脉压在心室舒张末期下降到的最低值。脉搏压（pulse pressure），简称脉压，是指收缩压和舒张压的差值。平均动脉压（mean arterial pressure）

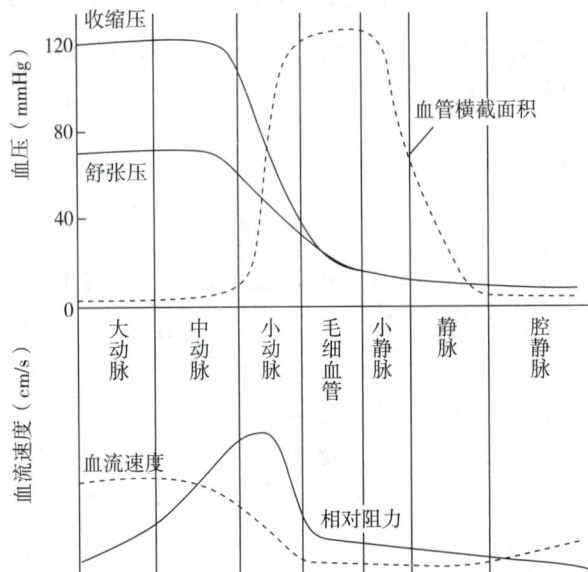

图 4 – 26　血管系统中压力、流速和总横截面积之间的关系

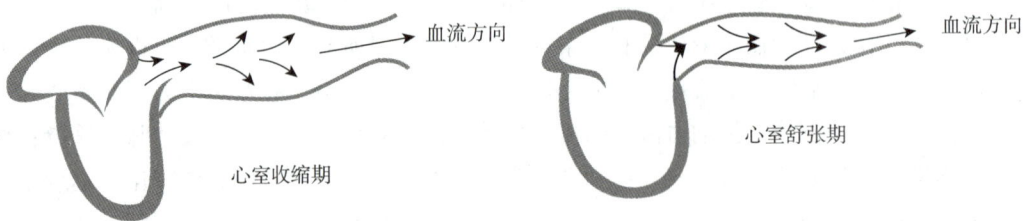

图 4 – 27　大动脉管壁弹性作用示意图

是指在一个心动周期中，每一瞬间动脉血压的平均值，其准确数值可通过血压曲线下面积的微积分来计算，粗略估算，平均动脉压约等于舒张压与 1/3 脉压之和。

　　临床上，通常将在上臂测得的肱动脉压来代表主动脉压。习惯以收缩压/舒张压的形式表示，如120/80mmHg。我国健康青年人在安静状态下的收缩压为 100~120mmHg，舒张压为 60~80mmHg，脉压为 30~40mmHg，平均动脉压接近于 100mmHg（图 4 – 28）。

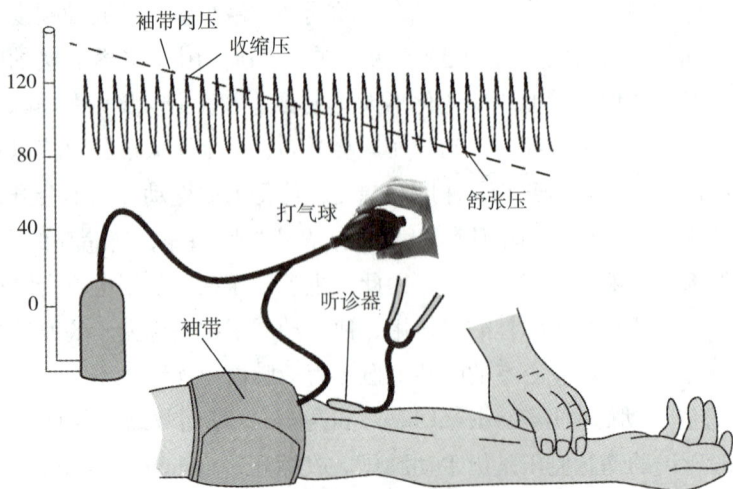

图 4 – 28　Korotkoff 听诊法间接测量肱动脉血压的示意图

⊕ **知识链接**

高血压的危害

高血压（hypertension）是心脑血管疾病最主要的危险因素，是最常见的慢性病。它是指以体循环动脉血压增高（收缩压≥140mmHg和（或）舒张压≥90mmHg）为主要特征，可伴有心、脑、肾等脏器功能或器质性损害的临床综合征。

高血压的早期临床表现是头晕、头疼，伴有恶心、呕吐、眩晕、失眠、心悸气短、肢体麻木等；中后期容易引起小动脉硬化，会诱发多种心脑血管疾病，使心、脑等重要脏器缺血缺氧，易发生心肌梗死、脑梗死等心脑血管疾病，严重影响正常的生活质量。另外，高血压还会引起肾脏疾病以及猝死等严重的并发症。因此，高血压现在已经成为危害人类健康的"隐形杀手"。通过改变生活习惯，服用降压药物及针对病因进行治疗等方式来调理治疗高血压。

3. 影响动脉血压的因素 在生理情况下，动脉血压的变化是受多种因素综合影响的结果。为了便于理解，下面是在假定其他条件不变时，分析单一因素变化对动脉血压产生的影响。

（1）心脏每搏输出量 心脏每搏输出量的变化主要影响收缩压。当搏出量增加时，心脏收缩期射入主动脉的血量相对增多，动脉管壁所受的压强则增大，故收缩压明显升高。由于血压升高，动脉管壁弹性扩张程度也明显增加，在增强的管壁弹性回缩作用下，心脏舒张期时血液流向外周的流速明显加快、血量增多，因此，在心室舒张末期，最终存留于大动脉血管中的血量增加并不多，故舒张压升高的幅度相对不大，故脉压增大。反之，当心脏每搏输出量减少时，收缩压降低的幅度比舒张压降低的幅度更明显，故脉压减小。所以，通常情况下，收缩压的高低主要反映心脏每搏输出量的多少。

（2）心率 心率的改变主要影响舒张压。心率加快时，心动周期变短，心室舒张期也明显缩短，在心脏舒张期从大动脉流向外周的血量就减少，故心舒末期存留在主动脉内的血量就增多，因此，舒张压就明显升高。心舒期末，主动脉内存留的血量增多，致使心脏收缩期时主动脉内的血量也增多，收缩压也相应升高，但血压的升高致使血流速度也加快，在心脏收缩期会有较多的血液从大动脉流向外周，因此收缩压升高的幅度不大，故脉压相应减小。反之，当心率减慢时，舒张压下降的幅度也比收缩压下降的幅度更明显，故脉压增大。

（3）外周阻力 外周阻力以影响舒张压为主。外周阻力增加时，即心脏舒张期血液从主动脉流向外周的阻力增大，血流速度即减慢，因此心脏舒张期末存留于主动脉内的血液量比正常时增多，故舒张压升高明显。心脏收缩期由于血压升高，血流速度会加快，有更多的血液从主动脉流向外周，因此，当外周阻力增加时，收缩压升高不如舒张压明显，故脉压减小。反之，当外周阻力减小时，舒张压下降的幅度也比收缩压明显，故脉压增加。所以，通常用舒张压的高低来反映外周阻力的大小。

（4）主动脉和大动脉的弹性贮器作用 如前所述，主动脉和大动脉的弹性贮器作用具有减小动脉血压波动幅度的作用。老年人主动脉和大动脉的管壁硬化，管壁胶原纤维增多，而弹性纤维减少，血管的可扩张性差，弹性贮器作用减弱，对血压的缓冲作用也减弱，因而收缩压升高，舒张压下降，结果使脉压明显增大。

（5）循环血量与血管系统容量的匹配情况 在生理情况下，循环血量和血管系统容量是相匹配的，即循环血量略高于血管系统容量，从而维持一定的循环系统平均充盈压，这是血压形成的前提条件。大失血后，循环血量减少，如果血管系统容量变化不大，则体循环平均充盈压必将降低而使动脉血压也降低。如果循环血量不变而血管系统容量明显增大时，动脉血压也将降低。

在实际情况中测得的血压变化是多种因素综合的结果（表4-7）。

表 4 – 7　动脉血压的影响因素

	收缩压	舒张压	脉压	平均动脉压
搏出量↑（↓）	↑↑（↓↓）	↑（↓）	↑（↓）	↑（↓）
心率↑（↓）	↑（↓）	↑↑（↓↓）	↓（↑）	↑（↓）
外周阻力↑（↓）	↑（↓）	↑↑（↓↓）	↓（↑）	↑（↓）
循环血量/血管系统容量↓（↑）	↓（↑）	↓（↑）	↓（↑）	↓（↑）
主动脉和大动脉弹性作用↓	↑↑	↓	↑↑	↑

注：↑或↓表示血压升高或降低，↑↑或↓↓表示血压明显升高或降低。

⇒ 案例引导

临床案例　马某，男，47岁。突发头痛，头晕1小时为主诉入院。既往有"高血压""糖尿病"病史，间断服用药物控制，效果一般，血压维持在 140 ~ 170/90 ~ 95mmHg，血糖维持在 8mmol/L，吸烟饮酒史20余年，未戒断。入院查体：BP 190/105mmHg，痛苦面容，余无特殊。

讨论　1. 该患者目前被诊断为什么疾病？
　　　　2. 如何对该患者进行治疗？

（二）动脉脉搏

在每个心动周期中，动脉的压力和容积随着心室的收缩和舒张变化会发生周期性的变化。伴随这种变化会引起动脉管壁周期性的波动，称为动脉脉搏（arterial pulse），简称脉搏。中医的"切脉"就是通过感知桡动脉脉搏变化来判断机体状态的。动脉脉搏波的传播速度比血流速度快，可沿动脉管壁向外周传播。动脉管壁的可扩张性越大，脉搏波的传播速度就越慢。主动脉的可扩张性最大，故其脉搏波的传播速度最慢，为 3 ~ 5m/s，大动脉段为 7 ~ 10m/s，小动脉段加快到 15 ~ 35m/s。小动脉和微动脉对血流阻力比较大，故微动脉以后的脉搏波动明显减弱。到毛细血管，脉搏已基本消失。

用脉搏记录仪描记到的浅表动脉脉搏的波形图（图 4 – 29）一般包括：①上升支，较为陡峭，是由于心室快速射血，血压迅速升高，使动脉管壁被扩张所致，其幅度和斜率受心输出量、射血速度和血流阻力等因素影响。如果射血速度加快，心输出量大和血流阻力小时，则上升支的斜率和幅度都增加；反之，则上升支的斜率和幅度都会变小。②下降支，分为前、后两段。下降支的前段是在心室射血的后期，射血速度减慢，进入主动脉的血量少于流向外周的血量，主动脉管壁开始回缩，动脉内的压力逐渐降低形成的。随后，心室开始舒张，主动脉内的血液开始反向流向心室，反流的血液会被关闭的主动脉瓣阻断挡回，使主动脉根部的容积增大，引起一个小的折返波，称为降中波（dicrotic wave），在降中波前有一个的小切迹，称为降中峡（dicrotic notch）。

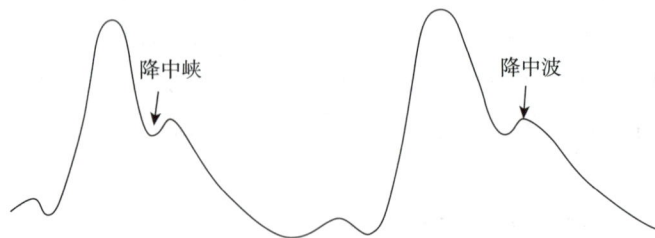

图 4 – 29　颈总动脉的脉搏图

四、静脉血压和静脉回心血量

静脉的主要功能是汇集毛细血管的血液使其回流入心脏，由于静脉系统易被扩张，容量大，故又被称为容量血管，可起血液储存库的作用。静脉血管的收缩或舒张可有效调节回心血量和心输出量，从而使循环功能适应机体对不同代谢水平的需要。

（一）静脉血压

当血液流经微动脉和毛细血管到达微静脉时，血压已经降至 15～20mmHg。微静脉的血压无收缩压与舒张压之分，几乎不受心脏活动的影响。右心房是体循环的终点，血压最低，几乎接近于零。通常把右心房和胸腔内大静脉的血压称为中心静脉压（central venous pressure），将各器官静脉的血压称为外周静脉压（peripheral venous pressure）。中心静脉压相对较低，其正常变动范围为 4～12cmH$_2$O，它是反映心血管功能的一项重要指标，其压力高低取决于静脉回心血量和心脏射血能力之间的关系。当发生心力衰竭时，心脏射血能力降低，不能将回流入心脏的血液及时泵出到动脉血管，腔静脉及右心房内会淤血，中心静脉压随之升高。反之，如果同样情况下，心脏射血能力增大时，中心静脉压就会较低。另一方面，如果静脉回流血量增多或静脉回流速度加快，中心静脉压也将升高。因此，在循环血量增加、全身静脉收缩或因微动脉舒张使外周静脉压升高等情况下，中心静脉压都可能升高。因此，中心静脉压的高低常作为判断心血管功能的指标，在临床上用以监测补液量和补液速度。如在以输液治疗休克时，如果中心静脉压比正常高或有不断升高的趋势，则提示输液过快过多或心脏射血功能不全；如果中心静脉压偏低或有进行性下降趋势，则常提示输液量不足。如果中心静脉压升高，静脉回流速度会减慢，滞留在外周静脉内的血液会增多，外周静脉压也将升高。

（二）重力对静脉压的影响

由于受地球重力的影响，心血管系统内的血液可产生一定大小的静水压（hydrostatic pressure）。因此，当人体处于不同体位时，各部分血管的静水压会有不同。当处于平卧位时，人体各部位血管的位置大多处在与心脏相同的水平面上，故静水压也基本相等。但是，当人体由平卧位转为直立位时，身体各部位血管所受的静水压就不同。在心脏水平以下的部分，血管内的压力要比平卧位时的高，比如足部血管的血压比平卧位时高约 90mmHg（图 4-30）；而在心脏水平以上的部分，血管内的压力比平卧时要低，如脑膜矢状窦内压可降低至 -10mmHg 左右。

对处于同一水平面上的动脉与静脉而言，静水压的高低是相同的。但由于静脉血压低，管壁薄，可扩张性大，因此，与同一水平的动脉相比，静脉受静水压的影响更大。血管能够保持充盈膨胀的前提条件是要有一定的跨壁压。跨壁压（transmural pressure）是指血管内血液对血管壁的压力与血管外组织

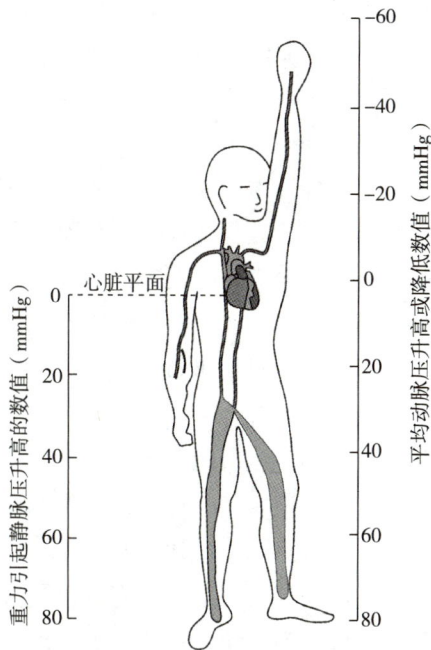

图 4-30　直立体位对静脉压的影响

对血管壁的压力之差。当跨壁压减小到某一数值时，血管就不能保持膨胀状态。与同一水平的动脉相比，静脉的跨壁压值比较低，因为血管外组织对管壁的压力容易大于静脉压而使静脉塌陷，静脉容量也减小；而当跨壁压增大时，静脉就充盈，容积也相应增大。例如，人处于直立位时，颈部的静脉会塌陷；而足部的静脉则充盈扩张明显，其血容量也比在卧位时显著增多。

（三）静脉血流

1. 静脉对血流的阻力 静脉在血液循环中起着血液储存库的作用，可作为血液从组织回流入心脏的通道。静脉的血流阻力较小，这与静脉的功能是相适应的。在静脉系统中，由微静脉至右心房的血压仅下降约 15mmHg 左右。可见静脉对血流的阻力很小，仅占整个体循环总阻力的 15%。毛细血管后阻力的改变可影响毛细血管血压，因为后者的高低决定于毛细血管前、后阻力的比值。微静脉在功能上是毛细血管后阻力血管。当微静脉收缩时，可使毛细血管后阻力升高，如果毛细血管前阻力不变，则毛细血管前、后阻力的比值减小，于是毛细血管血压升高，组织液生成增多。因此，机体可通过对微静脉收缩状态的调节来控制血液和组织液之间的液体交换，从而间接地调节循环血量。

2. 静脉回心血量及其影响因素 单位时间内静脉回心血量的多少主要取决于外周静脉压和中心静脉压之差，以及静脉对血流的阻力大小。故凡能影响中心静脉压、外周静脉压以及静脉阻力大小的因素，都能影响静脉回心血量。

（1）体循环平均充盈压 体循环平均充盈压是反映循环系统充盈程度的指标，它反映循环血量和血管系统容量之间的相对关系。实验证明，当循环血量减少或容量血管舒张时，循环系统的平均充盈压就降低，则静脉回心血量减少。反之，当血量增加或容量血管收缩时，体循环平均充盈压就升高，因而静脉回心血量增多。

（2）心脏收缩力 心脏收缩时将血液射入到动脉血管，舒张时则可从静脉血管抽吸血液。如果心肌收缩力增强，搏出量增多，射血分数升高，舒张早期心室内压降低，对心房和大静脉内血液的"抽吸"力量也相应增大。例如，当右心功能衰竭时，心肌收缩力减弱，射血能力下降，舒张期右心室内压将升高，血液淤积在右心房和大静脉内，静脉回心血量显著减少。患者可出现颈外静脉怒张，肝充血肿大，下肢浮肿等体征。在左心功能衰竭时，左心房压和肺静脉压升高，可造成肺淤血与肺水肿等。

（3）骨骼肌的挤压作用 在站立状态下，是否进行肌肉活动对人体的静脉回心血量产生较大影响。一方面，由于肌肉收缩时，静脉会受到挤压，使静脉血流加快；另一方面，静脉内存在瓣膜，使静脉内的血液只能朝向心脏方向单向流动而不能倒流。这样，肌肉和静脉瓣膜一起，对静脉回流起到"泵"的作用，这种"泵"称为"静脉泵"或"肌肉泵"。下肢肌肉在进行节律性舒缩活动（如步行）时，肌肉泵的作用可以得到较好地发挥。肌肉泵的作用对于在直立情况下减少下肢静脉血液潴留和降低下肢静脉压具有重要意义。因为当肌肉收缩时，静脉压升高，可将静脉内的血液挤向心脏；而当肌肉舒张时，静脉压降低，有利于微静脉和毛细血管内的血液向静脉血管流动，使静脉充盈。例如，足部静脉压，在站立不动时为 90mmHg，而在步行时可下降至 25mmHg 以下。当跑步时，两下肢肌肉泵每分钟挤出的血液多达数升。在这种情况下，下肢肌肉泵的做功在相当程度上加速了全身的血液循环，对心脏泵血起辅助作用。但若肌肉不是作节律性的舒缩，而是长时间维持紧张性收缩状态，则静脉将持续受压，静脉回流反而减少，容易引起下肢静脉曲张。

（4）呼吸运动 通常情况下，胸膜腔内压低于大气压，称为胸膜腔负压。由于胸膜腔内压为负压，胸腔内大静脉经常处于扩张充盈状态。当吸气时，胸膜腔容积加大，胸膜腔负压值进一步增大，使胸腔内的大静脉和右心房扩张愈加明显，压力进一步降低，因此，有利于静脉血管内的血液回流至右心房。由于回心血量增加，心输出量也相应增加。而当呼气时，胸膜腔负压值减小，由静脉回流入右心房的血量也相应减少。可见，呼吸运动对静脉血液回流起着"呼吸泵"的作用。

（5）体位改变 当人体从平卧位转为直立位时，身体低垂部分的静脉血管可因跨壁压的增大而充盈扩张，容量增大，故回心血量减少。静脉的这一特性在人类特别值得注意。因为当人处于直立位时，身体中大多数容量血管都处于心脏水平以下，如果站立不动，由于身体低垂部分的静脉充盈扩张，可比平卧位时多容纳 400～600ml 血液，该部分血液主要来自胸腔内的血管。这样就造成体内各部分器官之间血量的重新分配，引起回心血量的暂时性减少，中心静脉压降低，搏出量减少和收缩压降低。这些变化可通过神经和体液调节机制，使动脉血压得以迅速恢复。

影响静脉回流的因素见表4-8。

表4-8 影响静脉回流的因素

影响因素	静脉回流量	举例
体循环平均充盈压↓（↑）	↓（↑）	腹泻、大量呕吐，大量失血（大量输液）
心肌收缩力↓（↑）	↓（↑）	心力衰竭（在激动等使心功能增强时）
体位改变卧位→直立（直立→卧位）	↓（↑）	长期卧床者，突然站起时，可致血压明显降低而昏厥
骨骼肌的挤压作用↓（↑）	↓（↑）	静止站立，易导致静脉曲张（行走、跑步等运动时）
呼吸运动呼气（吸气）	↓（↑）	呼气时（吸气时）

注：↑：升高或增加；↓：下降或减少。

人体直立时下肢静脉容纳血量增加的程度受呼吸运动、肌肉收缩状态和静脉瓣等因素的影响。例如，下肢静脉瓣膜受损的人，常不能长久站立。即便是正常人，若长久站立不动也会使回心血量减少，进而使动脉血压降低。在高温环境中体位改变对静脉回心血量的影响更加明显。在高温环境中，皮肤血管舒张，皮肤血管中容纳的血量增多。如果在高温环境中人长时间站立不动，回心血量就会显著减少，导致心输出量减少和脑部供血不足，可引起头晕甚至晕厥。长期卧床的患者，静脉管壁的紧张性较低，可扩张性较高，加之腹壁和下肢肌肉的收缩力量降低，对静脉的挤压作用减弱，故由平卧位突然起立时，可因大量血液积滞在下肢，回心血量过少，导致体位性低血压，而发生晕厥。

五、微循环

微循环（microcirculation）是指微动脉与微静脉之间的血液循环。血液和组织液之间通过微循环实现物质和气体交换过程，使内环境的各项理化因素维持相对稳定，从而保证组织细胞新陈代谢的正常进行。

（一）微循环的组成

微循环的结构依各器官、组织的结构和功能不同而不尽相同。人手指甲皱微循环形态较简单，肠系膜和骨骼肌微循环的形态则比较复杂。典型的微循环由以下7个部分组成：微动脉、后微动脉、毛细血管前括约肌、真毛细血管、通血毛细血管（即直捷通路）、动－静脉吻合支和微静脉等。图4-31是一个典型的微循环单元。

微动脉（arteriole）是微循环的起点，其管壁有环行平滑肌，当平滑肌收缩或舒张时，血管内径相应地发生缩小或扩大，从而控制进入微循环的血流量，起着"总闸门"的作用。微动脉向下分支成为管径更细的后微动脉（metarteriole），其管壁仅有一层平滑肌。每根后微动脉向一根或数根真毛细血管供血。通常在真毛细血管起始端有1~2个平滑肌细胞，形成一个环，称为毛细血管前括约肌，该括约肌的舒缩状态决定着进入真毛细血管的血流量，起着"分闸门"的作用。管径较粗的微静脉也有平滑肌，属于毛细血管后阻力血管，通过平滑肌的舒缩控制着毛细血管血压，在微循环血流分配中起着"后闸门"的作用。

微循环包括三条结构和功能不同的通路。

1. 迂回通路 迂回通路（circuitous channel）是指血液经由微动脉、后微动脉、毛细血管前括约肌和真毛细血管网，最终流入到微静脉的通路，这是微循环血流最重要的功能通路。同一组织器官中不同部位的真毛细血管是轮流开放的，而同一毛细血管的开放和关闭也是交替进行的。由于真毛细血管数量多，管壁薄且通透性大，再加上其中血流缓慢，使得毛细血管中的血液与组织细胞之间能进行充分的营

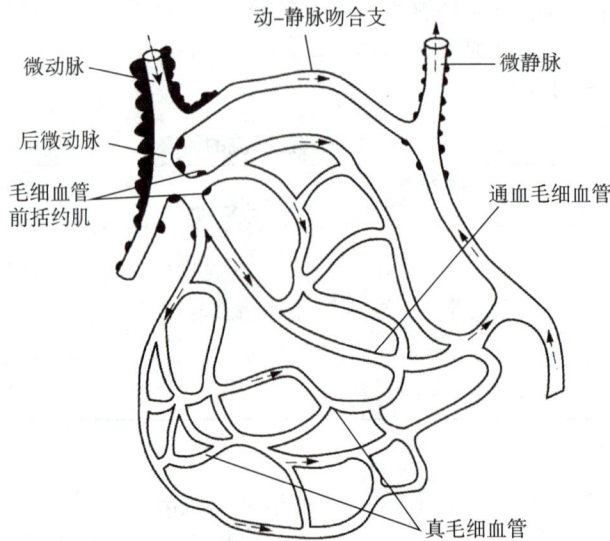

图 4 - 31 微循环组成示意图

养物质交换，故又将迂回通路称为"营养通路"。

2. 直捷通路 直捷通路（thoroughfare channel）是指血液从微动脉、流经后微动脉、通血毛细血管，最后汇集流入微静脉的通路。直捷通路的通血毛细血管实际上是后微动脉向后的延伸部分，其管壁平滑肌逐渐减少以至消失。直捷通路粗短且直，血流阻力小，故血流速度快，通路常处于开放状态，承受的压力较大，其主要功能并不是进行物质交换，而是使一部分血液能迅速通过微循环而回流进入静脉，以保证静脉回心血量。直捷通路在骨骼肌的微循环中比较多见。机体安静时，直捷通路开放较多。

3. 动 - 静脉短路 动 - 静脉短路（arterio - venous shunt）指血液从微动脉经动 - 静脉吻合支直接流入微静脉的通路。与迂回通路不同的是，动 - 静脉吻合支血流速度快，无物质交换功能，但在体温调节中发挥重要作用。这类通路在人体皮肤和某些器官较多，特别是耳廓、手指、足趾、唇和鼻等处。在环境温度适宜时，动 - 静脉短路大多是关闭的，这有利于体内热量的保存；当环境温度升高时，动 - 静脉吻合支开放增多，皮肤血流量增多，有利于体热的散失；而当环境温度降低时，动 - 静脉吻合支关闭增加，皮肤血流量减少，有利于体热的保存。动 - 静脉短路的开放会相对减少组织对血液中氧的摄取。在某些病理状态下，如发生感染性和中毒性休克时，皮肤中大量的直捷通路和动 - 静脉短路开放，使皮肤血流增多，患者虽然处于休克状态但皮肤温度比较高，称为"暖休克"，此时因大量血液未与组织细胞进行有效的物质交换即进入微静脉，故可加重组织缺氧，使患者的病情恶化。

微循环三条通路的结构、特点及功能见表 4 - 9。

表 4 - 9 微循环三条通路的结构、特点及功能

名称	血流通路	血流特点	作用
迂回通路	微 A→后微 A→Cap. 前括约肌→真 Cap. 网→微 V	血流缓慢	物质交换的主要场所
直捷通路	微 A→后微 A→通血 Cap. →微 V	血流速度较快	利于血液回流
动 - 静脉短路	微 A→A - V 吻合支→微 V	随温度变化	调节体温

注：A，动脉；Cap.，毛细血管；V，静脉。

（二）毛细血管壁的结构特点及其物质交换功能

1. 毛细血管壁的结构和通透性 毛细血管的管壁没有平滑肌，仅由单层内皮细胞和外面包被的很薄的一层基膜构成，总厚度仅约为 0.5 μm。而且单层内皮细胞的相互连接处有细微裂隙，成为沟通毛细

血管内、外的重要结构。因此，毛细胞血管的管壁具有良好的通透性。在不同组织器官中，毛细血管管壁的厚度不同，内皮细胞之间的缝隙大小也不尽相同，因此其通透性也存在差异。

2. 毛细血管的数量和交换面积　毛细血管数量众多、迂曲交织，穿行于组织细胞间，具有比较大的表面积，使得总有效交换面积可高达 $1000m^2$，且血流速度较慢，使毛细血管血液与组织细胞之间能进行充分的营养物质交换，故又将毛细血管参与的迂回通路称为"营养通路"。据估计，人体全身约有400 亿根毛细血管，其密度在不同组织器官中有很大差异。例如，在肝、肾、脑和心肌中的毛细血管密度较大；在骨骼肌中的毛细血管的密度稍低；在脂肪、骨和结缔组织中的毛细血管的密度较低。

（三）血液和组织液之间的物质交换方式

细胞和组织间的空隙被称为组织间隙，其中充满组织液（interstitial fluid）。组织液是细胞和组织直接接触的环境，细胞、组织与组织液之间是通过细胞膜进行物质交换的，而组织液则是通过毛细血管壁和血液之间实现了物质交换。因此，需要通过组织液作为中介才能实现组织、细胞和血液之间的物质交换。不同的分子在血液和组织液之间的交换方式也不同。

1. 扩散　扩散（diffusion）是血液和组织液之间溶质分子进行物质交换最主要的方式。它是一种被动热运动。扩散的速率与毛细血管壁的通透性、管壁两侧物质的浓度差以及有效交换面积成正比，而与毛细血管壁的厚度成反比。对于 O_2、CO_2 等脂溶性物质，可直接通过内皮细胞进行扩散，扩散速率快、扩散面积大。分子直径愈小，扩散速率愈大。对于如 Na^+、Cl^-、葡萄糖和尿素等这些水溶性物质，其分子直径小于毛细血管壁裂隙的，也可通过裂隙进行扩散。此外，能溶解于水且直径比毛细血管壁裂隙小的溶质分子，也能随水分子转运而一起转运（溶剂拖曳）。

2. 滤过和重吸收　在毛细血管壁两侧胶体渗透压差以及毛细血管血压与组织静水压差的作用下，液体由毛细血管内向血管外的移动称为滤过（filtration），而将液体向相反方向的移动过程称为重吸收（reabsorption）。与通过扩散方式进行的物质交换相比，通过滤过和重吸收的方式血液和组织液之间进行的物质交换（溶剂拖曳）仅占很小一部分，但在组织液的生成中却起重要作用（见后文）。当血管壁两侧的静水压不相等时，水分子可通过毛细血管壁从压力高的一侧向压力低的一侧转移。另外，当两侧的渗透压不等时，水分子可从低渗透压侧向高渗透压侧转移。由于血浆蛋白等大分子胶体物质比较难通过毛细血管壁的裂隙，因此血浆胶体渗透压起着限制血浆中的水分子向毛细血管外转移的作用；同样，组织液胶体渗透压起着限制组织液中的水分子向毛细血管内转移的作用。

3. 吞饮　吞饮（pinocytosis）是需要消耗能量才能完成的物质交换过程。当溶质分子直径大于毛细血管壁裂隙时，如大分子量的血浆蛋白等，可通过吞饮的方式发生交换。当大分子物质靠近毛细血管内皮细胞一侧时，可被内皮细胞的膜包围并形成吞饮囊泡进入细胞内，吞饮入细胞内的囊泡再被运送到细胞的另一侧，并被排出细胞外，从而使被转运物穿过整个内皮细胞。

（四）微循环在血液循环中的调节作用

微循环中血流量以及血流分配主要受局部代谢产物的影响，神经和体液因素对其也有调节作用，但作用相对较小。

1. 微循环血流阻力　微循环中的血流一般以层流的形式流动，其血流量与微动脉、微静脉之间的压力差成正比，而与微循环中的总血流阻力成反比。在直径为 $8\sim40\mu m$ 的微动脉处，由于血流阻力最大，造成此处血压降落幅度也最大。毛细血管前、后阻力的比值决定了毛细血管的血压。通常，当毛细血管前、后阻力的比例为 5∶1 时，毛细血管的平均血压约为 20mmHg；若比值增大，会导致毛细血管血压降低；若比值减少，会导致毛细血管血压升高。由于微动脉阻力在总血流阻力中占的比例较高，因而对微循环血流量中起主要的控制作用。

2. 局部代谢产物对血流量的影响　后微动脉和毛细血管前括约肌以每分钟 $5\sim10$ 次的频率发生交替

性收缩和舒张活动，即血管舒缩活动（vasomotion）。即便在一定时间内器官的血流量是相对稳定的情况下，不同微血管中同一时间内的血流速度也差别很大。当毛细血管前括约肌和后微动脉收缩时，毛细血管网关闭，舒张时则真毛细血管网开放。血管舒缩活动主要与局部组织的代谢活动有关。毛细血管关闭时，该血管周围组织的代谢产物（如组胺、CO_2、乳酸、腺苷）积聚，氧分压降低。低氧以及代谢产物均会引起局部的后微动脉和毛细血管前括约肌舒张，其后的真毛细血管网再次开放，于是在局部积聚的代谢产物又会被重新畅通的血流清除掉，接着后微动脉和毛细血管前括约肌在血流中缩血管物质的作用下又开始收缩，使真毛细血管网再次关闭。这样，开放和关闭周而复始地进行（图4-32）。安静时，组织代谢水平较低，在同一时间内骨骼肌中只有20%~35%的真毛细血管保持开放状态。即一处的毛细血管开放时，其他部位的毛细血管是关闭的，反之亦然，如此不断交替进行。

微循环的血流量是与组织细胞的代谢活动水平相适应的。比如当组织代谢活动加强时，会有更多的微动脉和毛细血管前括约肌舒张，使更多的毛细血管处于开放状态，从而使血液和细胞、组织之间进行交换的面积增大。反之，当细胞组织代谢活动减弱时，处于开放状态的毛细血管数量会减少，组织细胞与血液之间进行物质交换的面积会减小。

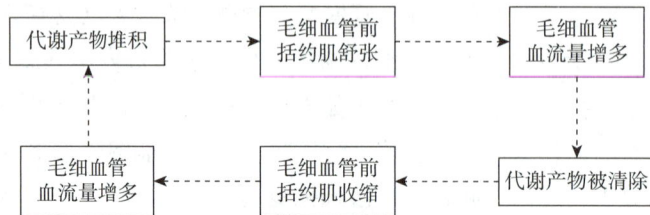

图4-32 微循环血流调节示意图

3. 神经和体液因素对血流量的调节 微动脉和微静脉血管壁上的平滑肌均受交感缩血管神经纤维和儿茶酚胺类神经递质的支配。当交感缩血管神经纤维兴奋时，微动脉和微静脉均会收缩，但是收缩的程度不同。由于微动脉上的交感神经密度大于微静脉，而且对儿茶酚胺的敏感性微动脉也高于微静脉，因此，当交感神经紧张性活动增强时，微动脉要比微静脉收缩的更为强烈，以至于进入到微循环的血流量会减少，毛细血管血压会降低。反之，当交感缩血管神经纤维受到抑制时，血管平滑肌舒张明显，致使血流量增多，毛细血管血压就会增高。另外，在血液中还存在有血管紧张素Ⅱ、血管升压素、肾上腺素和去甲肾上腺素等血管活性物质，这些物质能使血管平滑肌收缩。

六、组织液的生成与重吸收

存在于细胞、组织间隙内的组织液绝大部分呈胶冻状，因此不可自由流动，也不会因重力作用向身体的低垂部分流动，用注射针头也无法从组织间隙抽出。但组织液凝胶中的水和各种溶质分子可自由地与血液和细胞内液进行物质交换，并不受影响。靠近毛细血管的极小一部分组织液呈液态，可自由流动。透明质酸细丝和胶原纤维是组织液凝胶的基质。

组织液生成过程是在有效滤过压的作用下实现的，血浆中的一些成分通过毛细血管壁进入组织细胞间隙的过程，称为组织液的生成；相反，组织液通过毛细血管壁重吸收进入毛细血管的过程，称为组织液的回流。组织液中的各种离子成分与血浆相同，但各种血浆蛋白质的浓度却明显低于血浆。

（一）组织液的生成

组织液是血浆通过毛细血管壁滤过而形成的。决定液体通过毛细血管壁的滤过和重吸收的因素有四个，即毛细血管血压、组织液胶体渗透压、血浆胶体渗透压和组织液静水压。其中，前两个因素是促使液体由毛细血管向组织滤过的力量，即促进组织液生成的力量，而后两个因素则是将液体从组织液重吸收回毛细血管的力量，即阻碍组织液生成的力量。促进液体滤过与促进液体重吸收的力量之差，称为有效滤过压（effective filtration pressure，EFP）。

有效滤过压 =（毛细血管血压 + 组织液胶体渗透压）-（血浆胶体渗透压 + 组织液静水压）

单位时间内通过毛细血管壁滤过的组织液量取决于有效滤过压与滤过系数（capillary filtration coefficient，K_f）的乘积，K_f 的大小与毛细血管壁对液体的滤过面积和通透性密切相关。大体上来说，通过毛细血管生成的组织液约有 90% 在静脉端被重吸收入血，剩余的 10% 则进入毛细淋巴管，由淋巴系统回流入血，从而使组织液的生成和回流处于动态平衡之中（图 4-33）。

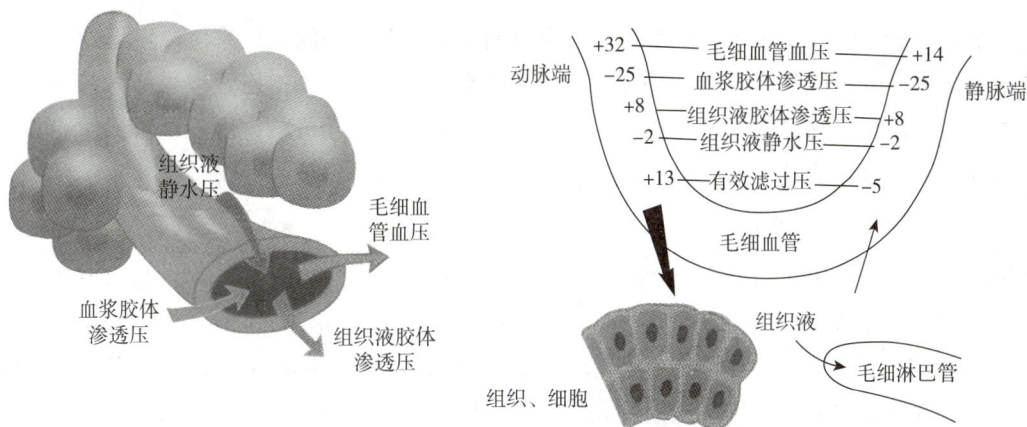

图 4-33　组织液生成与回流示意图

（二）影响组织液生成的因素

在正常情况下，组织液不断生成，又不断被重吸收，血浆量和组织液量维持相对稳定，保持相对平衡。一旦这种动态平衡遭受破坏，组织液的滤过量过多或重吸收量减少，组织间隙中就会有过多的组织液潴留，形成组织水肿（edema）。影响组织液生成的因素如下（表 4-10）。

1. 毛细血管血压　毛细血管血压是促进组织液生成，阻止组织液回流的主要因素。当右心衰竭时，右心室射血功能减弱，引起中心静脉压升高，静脉回流受阻，会逆行性引起毛细血管血压升高，因而有效滤过压增大，组织液生成增多，将引起组织水肿。当左心衰竭时，肺静脉高压而使肺毛细血管血压急剧上升，肺抵抗水肿的代偿能力不足，肺水肿就会发生，引起呼吸困难等症状。

2. 血浆胶体渗透压　血浆胶体渗透压是由血浆蛋白特别是白蛋白形成的。临床上，一些慢性肝脏疾病和营养不良，会引起血浆蛋白的合成减少，某些肾脏疾病，会导致血浆蛋白随尿丢失，也可使血浆胶体渗透压降低，导致有效滤过压增大而引起水肿。

3. 淋巴液回流　由毛细血管滤出的液体约 10% 进入毛细淋巴管形成淋巴液，再通过淋巴管道向心回流。当淋巴管道阻塞，淋巴回流受阻时，比如丝虫病或部分癌症转移的患者，会发生淋巴管道阻塞，淋巴液回流障碍，将出现淋巴液潴留于组织间隙引起局部淋巴水肿。

4. 毛细血管壁通透性　指毛细血管内皮细胞对物质的通透能力。正常情况下，血浆中的蛋白质是不能轻易通过毛细血管壁的。但当烧伤或过敏时，毛细血管壁的通透性会增加，对物质的通透性明显增加，造成部分血浆蛋白质从血管壁滤出进入组织液，导致有效滤过压升高，组织液生成增多，引起水肿。

表4-10 影响组织液生成的因素

影响因素	组织液生成量	举例
毛细血管血压↑	↑	炎症、充血性心功能不全等
血浆胶体渗透压↓	↑	营养不良、肾炎等所致的血浆蛋白↓
淋巴回流受阻	↑	丝虫病、癌症等
毛细血管壁通透性↑	↑	烫伤、烧伤、过敏

注：↑：升高或增加；↓：下降或减少。

七、淋巴液的生成与回流

淋巴管系统（lymphatic system）是组织液向血液回流的一个重要的辅助系统。淋巴回流的速度虽然比较缓慢，却在组织液生成和重吸收的平衡中起着非常重要作用。毛细淋巴管以稍膨大的盲端形式，起始于组织间隙，彼此相互吻合成网，并逐渐汇合形成大的淋巴管。全身的淋巴液经淋巴管收集，最终由胸导管和右淋巴导管流入静脉。

（一）淋巴液的生成与回流

安静状态下，正常成年人每小时大约有120ml淋巴液流入血液循环，其中，大约100ml经由胸导管，约20ml经由右淋巴导管进入血液。因而，每天生成的淋巴液总量为2~4L，与全身的血浆总量大致相当。组织液进入毛细淋巴管的动力是组织液和毛细淋巴管内淋巴液间的压力差。当组织液压力升高时，淋巴液的生成速度加快。一旦组织液进入淋巴管，即成为淋巴液（lymph）。可见，来自某一组织的淋巴液，和该组织处组织液的成分非常接近。毛细淋巴管末端为袋状盲管，管壁只有单层内皮细胞，并没有基膜。相邻内皮细胞的边缘呈叠瓦状排列，形成了向管腔内开启的单向活瓣。此外，当组织液在组织间隙积聚较多时，组织中的胶原纤维和毛细淋巴管之间的胶原细丝相互配合，可将重叠的内皮细胞边缘拉开，使内皮细胞间呈现较大的缝隙，因而毛细淋巴管的通透性很高，大分子物质容易通过此缝隙进入毛细淋巴管。由此可见，组织液中的蛋白质等大分子和红细胞可自由进入毛细淋巴管进行回收。

毛细淋巴管汇合形成集合淋巴管，集合淋巴管的管壁含有可收缩平滑肌。另外，内皮细胞间形成的向管腔内开放的单向活瓣，可以阻止淋巴液倒流入组织间隙。淋巴管壁平滑肌的收缩及毛细淋巴管壁瓣膜活动共同构成"淋巴管泵"，不断推动淋巴液回流入心。凡能增加淋巴液生成的因素也都能促进淋巴液的回流（图4-34）。

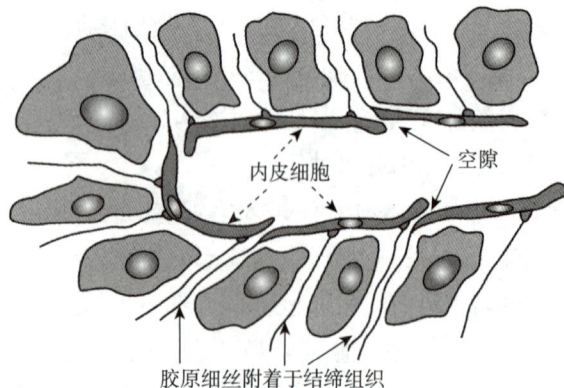

图4-34 毛细淋巴管末端结构示意图

（二）淋巴液的生理功能

将组织液中的蛋白质分子带回到血液是淋巴液的主要功能，除此之外，还能清除组织液中其他不能被毛细血管重吸收的较大分子，以及组织中的红细胞和细菌等。小肠绒毛的毛细淋巴管对营养物质尤其是对脂肪的吸收起着重要的作用。淋巴液生成与回流主要具有以下 4 种作用。

1. 回收蛋白质　是淋巴液回流最主要的功能。进入组织液的蛋白质不易逆浓度差通过毛细血管壁进入血液，而比较容易通过毛细淋巴管进入淋巴液。每天由淋巴液输送回血液的蛋白质有 75～100g，这有利于保持血浆和组织液的胶体渗透压。

2. 运输营养物质　小肠吸收的营养物质特别是脂肪，80%～90% 是经小肠绒毛的毛细淋巴管的吸收而进入血液的。其他的物质如少量胆固醇和磷脂也是经淋巴管吸收。

3. 调节液体平衡　生成的组织液中约有 10% 是经过淋巴系统回流进入循环系统的，因而在调节血浆量与组织液量的平衡中，淋巴循环也起着重要作用。

4. 防御屏障作用　淋巴结具有过滤作用，且富含各种类型的免疫细胞，可参与免疫反应。组织间隙中的红细胞、异物及细菌等进入淋巴循环后，在经过淋巴结时可被其中的巨噬细胞所吞噬而得以清除。由此可见，淋巴液的生成与回流，对机体而言，发挥着重要的防御屏障作用。

第四节　心血管活动的调节

PPT

⇒ 案例引导

> **临床案例**　张某，男，33 岁，体重 66kg，因车祸致失血约 1000ml，表现：贫血貌、口渴、腹痛、腹胀、乏力。查体：脉率 120～140 次/分，血压 60/45mmHg，全腹膨胀，压痛和反跳痛明显，肠鸣音减弱。B 超提示：脾区肿块，腹腔积液，腹穿抽出不凝血。CT 检查提示：腹腔液性暗区。诊断：脾破裂、失血性休克。治疗：输血，纠正休克症状，实施手术。
>
> **讨论**　1. 大失血时，心血管系统的应急机制有哪些？
>
> 　　　　2. 能否说一下，在急救中采供血服务体系的重要性？
>
> 　　　　3. 我国近年来公共卫生体系的发展成就有哪些？

在不同生理状况下，机体的代谢水平不同，各器官或组织对血流量的需要也不同。心血管活动在神经调节、体液调节和自身调节等机制作用下，通过改变心输出量、外周阻力、静脉回心血量等，以维持动脉血压稳定，保证各器官的血流分配，适应机体代谢需要。

一、神经调节

神经反射是机体调节心血管活动的快速途径和重要方式。心脏和血管均受到自主神经支配，作为心血管反射的效应器，接受心血管中枢的调节信号。

（一）心血管系统的神经支配

1. 心脏的神经支配

（1）心交感神经及其作用　心交感神经的节前纤维起自于脊髓 $T_1 \sim T_5$ 段中间外侧柱，到达颈交感神经节或星状神经节内换元，其末梢释放乙酰胆碱（acetylcholine，ACh）。节后纤维组成心脏神经丛，支配窦房结、房室交界、房室束、心房肌和心室肌。心交感神经节后纤维释放的递质是去甲肾上腺素（norepinephrine，NE），能与心肌细胞膜上的 β_1 肾上腺素能受体（β_1 adrenergic receptor）结合，兴奋 β_1 受体，激活腺苷酸环化酶，环化 ATP，使心肌细胞内的 cAMP 浓度升高，激活蛋白激酶，使蛋白质磷酸化，激活心肌细胞膜上的钙通道，Ca^{2+} 内流增加。同时，内流的 Ca^{2+} 通过雷诺丁受体（ryanodine receptor，RYR）使肌浆网中的 Ca^{2+} 释放进一步增加，使心肌收缩能力增强。另外，NE 还能使肌钙蛋白对 Ca^{2+} 的释放速度加快，加速肌质网对 Ca^{2+} 的回收，从而加速心肌的舒张过程。所以，心交感神经兴奋可使心缩期缩短，室内压升高速率加快，峰值增大，有利于心室射血；同时心舒期室内压降低速率加快，有利于心室充盈。在自律细胞，NE 能通过类似的机制升高细胞内 cAMP 水平，增强 4 期的内向电流，使其自动去极化速率加快，窦房结的自律性增高，心率加快。在房室交界，NE 增加细胞膜上 Ca^{2+} 通道开放的概率，增加 Ca^{2+} 内流，使慢反应细胞 0 期去极化速率加快，房室传导时间缩短。交感神经兴奋引起的正性变传导作用使心室中肌纤维的收缩更趋同步化，有利于心肌收缩力的加强。以上效应分别称为正性变时作用（positive chronotropic action）、正性变力作用（positive inotropic action）和正性变传导作用（positive dromotropic action），即交感神经兴奋可以使心率加快，心房肌和心室肌收缩能力加强，房室交界的传导速度加快。

左、右心交感神经对心脏的支配范围不对称，作用也有差别。右侧心交感神经主要支配窦房结，兴奋时以引起心率加快的效应为主；左侧心交感神经纤维广泛分布于心房肌、心室肌以及房室交界，兴奋时以加强心肌收缩能力和房室传导速度的效应为主。除交感神经外，循环血液中的儿茶酚胺也能作用于心肌细胞膜的 β_1 受体，发挥类似作用。临床应用普萘洛尔等 β 受体阻断剂，可阻断 NE 对心脏的兴奋作用，引起心率降低、心肌收缩力减弱等负性作用，可用于治疗心动过速、高血压等。

心肌内膜上同时存在少量 α 肾上腺素能受体。激活 α 受体，主要表现为正性变力效应，心率无明显变化。另外，室内压上升和下降速率无明显加快，故心肌的收缩期延长。目前还不很清楚心肌 α 受体的生理功能，有人认为，当长期使用 β 受体拮抗剂，或 β 受体功能受损等情况下，心交感神经和儿茶酚胺可继续通过 α 受体发生反应。另外，α 受体在心肌缺血后再灌注导致的心律失常等病理过程中，可能也有一定作用。

（2）心迷走神经及其作用　支配心脏的副交感节前纤维起自于延髓迷走神经背核和疑核，沿迷走神经走行，分支出心迷走神经纤维，与颈交感神经节发出的心交感神经纤维一起伴行，组成心丛，进入心脏后与心内神经节细胞形成突触联系，更换神经元。心迷走神经的节前和节后纤维释放的递质都是 ACh。节后神经纤维支配窦房结、心房肌、房室交界、房室束及其分支。心室肌中迷走神经纤维末梢的数量远少于心房肌，所以迷走神经兴奋对心室的负性肌力作用比心房弱。另外，左、右心迷走神经对心脏不同区域的支配存在差别，右侧迷走神经主要支配窦房结，左侧迷走神经对房室交界的作用更强，但这种差异不如两侧心交感神经显著。

心迷走神经末梢释放 ACh 作用于心肌细胞膜上的 M 型胆碱能受体（muscarinic cholinergic receptor），通过 G_i 蛋白抑制腺苷酸环化酶，致使细胞内 cAMP 浓度降低，肌浆网释放 Ca^{2+} 减少，心肌收缩能力减弱。ACh 和窦房结细胞的 M 受体结合后，通过 G_k 蛋白激活细胞膜上的特殊钾通道（I_{Kach} 通道），使 K^+ 外流增加，最大舒张电位的绝对值增大，与阈电位的电位差增大，4 期自动去极化时程延长，窦房结自律性降低。此外，ACh 还能够抑制 4 期的内向电流 I_f，使 4 期自动去极化速度减慢，导致心率减慢。ACh 可抑制房室交界的慢反应细胞的 Ca^{2+} 通道，减少 Ca^{2+} 内流，使其动作电位 0 期除极幅度减小，速率减慢，导致房室传导速度减慢。以上心迷走神经对心脏的作用总称为负性变时、负性变力和负性变传导作用，即迷走神经紧张性增强，可导致心率减慢，心房肌收缩能力减弱，房室传导速度减慢。阿托品作为临床常用的 M 受体拮抗剂，可阻断 ACh 对心脏的负性作用，提升心率。

（3）心脏的肽能神经元及其作用　通过免疫组化的方法证明，支配心脏的神经纤维末梢释放多种肽类递质，包括血管活性肠肽（vasoactive intestinal polypeptide，VIP）、降钙素基因相关肽（calcitonin gene - related peptide，CGRP）、阿片肽（opioid peptides）、神经肽 Y（neuropeptide Y）等。某些肽类递质可与多巴胺、ACh 等递质共存于同一神经元内，共同释放。目前，对该类肽能神经元的生理功能尚不清楚，已知 VIP 对心脏有正性变力作用，同时可舒张冠状动脉，CGRP 可加快心率，这说明肽类递质可参与调节心脏和冠脉。

心脏主要受到心迷走神经和心交感神经支配，两者平时以低频电冲动发挥紧张性调节作用，且作用相互拮抗。在交感神经末梢存在接头前 M 受体，当迷走神经兴奋，末梢释放的 ACh 可作用于该受体，使交感神经末梢释放 NE 减少。同样，在迷走神经末梢存在接头前 α 受体，交感神经末梢释放 NE 增加，可使迷走神经末梢减少 ACh 释放，从而产生统一的整体生物学效应。这种通过突触前膜受体影响神经末梢递质释放的过程称为突触前（或接头前）调制。心迷走神经和心交感神经维持制约平衡，当阻断其中一种神经时，另一种作用相应增强。当同时刺激心迷走神经和心交感神经时，其总效应并不等于两者分别效应的代数和，而是出现心率减慢，这称为迷走优势。

2. 血管的神经支配　血管平滑肌的舒缩活动称为血管运动，支配血管平滑肌的神经纤维称为血管运动神经纤维。除真毛细血管外，血管壁都有平滑肌分布。不同血管的平滑肌具有不同的生理特性，它们一部分具有自发的肌源性活动，而另一部分则很少有肌源性活动。它们绝大多数受自主神经支配和调节，但毛细血管前括约肌的神经分布较少，其舒缩活动主要受局部代谢产物的影响。血管运动神经纤维可分为缩血管神经纤维和舒血管神经纤维。

（1）缩血管神经纤维　缩血管神经纤维都属于交感神经，故一般称为交感缩血管神经纤维，其节前神经元胞体位于脊髓胸、腰段中央外侧柱，末梢释放的递质为 ACh。节后神经元胞体位于椎旁和椎前神经节内，末梢释放的递质为 NE。血管平滑肌细胞膜上有 α 和 β 两类肾上腺素能受体。NE 与 α 受体结合，可导致血管收缩；与 β_2 受体结合，则导致血管舒张。NE 与 α 受体的结合力较强，与 β_2 受体结合力较弱，故缩血管纤维兴奋时主要引起缩血管效应。该效应可被 α 受体拮抗剂酚妥拉明阻断。

⊕ **知识链接**

神经肽 Y

近年来证明，缩血管纤维末梢有神经肽 Y（neuropeptide Y，NPY）与 NE 共存，同时释放具有协同作用。NPY 广泛存在于中枢和外周，在中枢，NPY 有抗焦虑、抗癫痫、促进食欲等功能；但是在外周，NPY 具有强烈的缩血管效应，且具有长期性。

此外，NPY 还具有诱导血管平滑肌增殖，重构血管；刺激单核细胞、T 淋巴细胞，参与免疫反应；激活血小板，参与动脉粥样斑块形成；升高血脂，导致糖耐受，促进脂肪细胞因子释放等功能。这表明 NPY 是一种具有长期、慢性调节功能的物质，能够增强应激反应。NPY 受体有不同亚型，广泛存在于从平滑肌细胞、免疫细胞、内皮细胞到前体脂肪细胞等多种细胞，其受体拮抗剂的开发具有广阔的临床应用前景。

交感缩血管纤维几乎遍布于全身所有血管壁，但分布密度不同。其中，皮肤血管分布最密，其次是骨骼肌和内脏的血管，在冠状血管和脑血管中分布较少。在同一器官中，动脉中的分布密度高于静脉，微动脉中分布密度最高，但在后微动脉和毛细血管前括约肌中分布很少。

人体内多数血管只接受单一的交感缩血管神经纤维支配。在安静状态下，交感缩血管纤维以 1～3 次/秒的频率持续发放冲动，使血管平滑肌保持一定程度的紧张性收缩状态，称为交感缩血管紧张。当交感缩血管紧张增强时，血管平滑肌会在原基础上增强收缩；当交感缩血管紧张减弱时，血管舒张。根据不同的生理状况，交感缩血管纤维的放电频率会有相应的波动，最低可低于 1 次/秒，最高不超过 8～

10 次/秒。随着放电频率的波动，血管口径也相应变化，进而调节不同器官的血流量和血流阻力。当支配某一器官血管的交感缩血管纤维兴奋时，可引起该器官的血流量减少，血流阻力增高；同时，该器官毛细血管前阻力、后阻力的比值增大，使毛细血管血压降低，组织液的生成减少，而回流增加；此外，容量血管收缩，器官内的血容量减少，回流增加。

（2）舒血管神经纤维　体内有一部分血管同时接受缩血管纤维和舒血管纤维支配。舒血管神经纤维主要有以下几种。

1）交感舒血管神经纤维　有些动物如狗和猫，支配骨骼肌微动脉的交感神经中既有缩血管纤维，也有舒血管纤维。交感舒血管纤维末梢释放 ACh，不存在紧张性活动，只在动物情绪激动或发生防御反应时才发放冲动，使骨骼肌血管舒张，血流量增多。这种生物学效应可能属于防御反应的一部分，并可被阿托品阻断。在人体内，可能也存在交感舒血管纤维。

2）副交感舒血管神经纤维　面神经中支配软脑膜血管的副交感纤维，迷走神经中支配肝血管的副交感纤维，盆神经中支配盆腔器官和外生殖器血管的副交感纤维等都有舒血管作用。其末梢释放的递质是 ACh，可以作用于所支配器官的血管平滑肌 M 受体，引起局部血管舒张，血流增加，对循环系统总的外周阻力的影响很小。

3）脊髓背根舒血管纤维　皮肤伤害性感觉传入纤维的外周末梢存在分支，支配感受器邻近的微动脉。当皮肤受到伤害性刺激时，神经冲动一方面沿传入纤维向中枢传导，另一方面可沿其分支到达受刺激部位邻近的微动脉，使血管舒张，皮肤出现红晕。这种仅通过轴突外周部位完成的反应，称为轴突反射（axon reflex）。这种神经纤维也称背根舒血管纤维（dorsal root vasodilator fiber），其释放的递质还不很清楚，有人认为是 P 物质（substance P），也有人认为可能是组胺（histamine）或 ATP。实验证明，脊神经节感觉神经元中有 CGRP 与 P 物质共存，CGRP 相关神经纤维在血管周围分布较多，且 CGRP 有强烈的舒血管效应，故有人认为 CGRP 可能是引起轴突反射舒血管效应的递质。

4）血管活性肠肽神经元　有些自主神经元，如支配汗腺的交感神经元和支配颌下腺的副交感神经元等，末梢有 VIP 和 ACh 递质共存，可以产生协同作用。当这些神经元兴奋时，其末梢释放的 ACh 引起腺细胞分泌，释放的 VIP 可引起血管舒张，使局部组织血流增加，有利于腺细胞分泌。

（二）心血管活动的神经中枢

心血管中枢（cardiovascular center）是指中枢神经系统中与调节心血管活动有关的神经元集中的部位，分布于从脊髓到大脑皮层的各个水平。它们各具不同的功能，又互相联系，使整个心血管系统的活动协调一致，并与整个机体的活动相适应。

1. 延髓心血管中枢　目前认为，最基本的心血管中枢位于延髓。这一概念最早在 19 世纪 70 年代被提出。主要的证据是：在动物延髓上缘横断脑干后，血压无明显变化，刺激坐骨神经仍可引起反射性血压升高。如果将横断水平逐步移向脑干尾端，则动脉血压逐渐降低，刺激坐骨神经的反射效应也相应减弱。当横断水平下移至延髓闩部时，血压降低至大约 40mmHg。这说明正常的心血管紧张性活动起源于延髓闩部以上的部位，因为只要保留延髓及其以下的中枢完整，就可以维持心血管正常的紧张性活动，并完成一定的心血管反射。

在安静状态时，延髓心血管中枢的神经元存在紧张性活动，分别为心迷走紧张、心交感紧张和交感缩血管紧张，表现为持续的低频放电。延髓心血管中枢包括以下四个部位。

（1）缩血管区　延髓头端的腹外侧部（C1 区）神经元兴奋，可引起心交感紧张和交感缩血管紧张增强，被称为缩血管区。该区神经元的轴突下行到脊髓的中间外侧柱，末梢释放 NE。

（2）舒血管区　　延髓尾端腹外侧部（A1 区）的神经元兴奋时，末梢释放的递质为 NE，可抑制 C1 区，使交感缩血管紧张降低，血管舒张，被称为舒血管区。

（3）传入神经接替站　　延髓孤束核的神经元可接受由颈动脉窦、主动脉弓和心脏感受器经舌咽神经和迷走神经传入的信息，然后发出纤维至延髓和其他高位中枢，继而影响心血管活动。

（4）心抑制区　　延髓迷走神经背核和疑核是心迷走神经元胞体聚集的部位，该区兴奋可通过迷走神经产生心脏抑制效应。

2. 延髓以上的心血管中枢　　在延髓以上的脑干、大脑和小脑中，也存在心血管中枢。它们在心血管活动调节中的作用比延髓更高级，特别是与机体其他功能之间复杂的整合，例如，在摄食、水平衡、体温平衡以及发怒、恐惧等情绪反应的调节过程中，都有心血管活动的参与。下丘脑在整合过程中起到非常重要的作用。实验中，电刺激动物下丘脑"防御反应区"可立即引起警觉状态，表现为骨骼肌紧张性加强及准备防御的姿势等行为反应，同时出现心率加快、心肌收缩力加强、心输出量增加、皮肤和内脏血管收缩、骨骼肌血管舒张、血压升高等一系列心血管活动的改变。这些心血管反应显然与机体所处的警觉状态相协调，以适应防御、搏斗或逃跑等行为的需要，使机体的行为和内脏活动具有整体协调性。

大脑边缘系统，如颞极、额叶眶面、扣带回前部、杏仁核、隔、海马等区域，能通过下行纤维影响下丘脑和脑干心血管中枢的活动，并和机体的各种行为相协调。大脑新皮层的运动区兴奋时，除引起相应的骨骼肌收缩外，还能引起该骨骼肌的血管舒张。小脑部分区域也可参与心血管活动调节，如刺激小脑顶核可引起血压升高、心率加快，该效应与小脑顶核参与的姿势和体位反射相适应。

（三）心血管反射

当内、外环境发生变化时，机体会产生相应的心血管反射，改变心输出量、血液分布、动脉血压等，以使循环功能与当时机体所处的状态相适应。

1. 颈动脉窦和主动脉弓压力感受性反射　　当动脉血压升高时，可引起压力感受性反射，使心率减慢，外周血管阻力降低，血压回降，因此这一反射也被称为降压反射。

（1）感觉器　　颈动脉窦和主动脉弓血管外膜下的感觉神经末梢是压力反射的感受装置，称为动脉压力感受器（baroreceptor，图 4 - 35）。它们并不是直接感受血压的变化，而是感受血管壁的机械牵张程度。当动脉血压升高时，动脉管壁被牵张程度增强，颈动脉窦和主动脉弓发放的神经冲动频率也随之增多，且在一定范围内与动脉管壁的扩张程度成正比（图 4 - 36）。

（2）传入神经　　颈动脉窦压力感受器的传入神经纤维组成颈动脉窦神经。窦神经一经形成很快并入舌咽神经，进入延髓，和孤束核的神经元发生突触联系。主动脉弓压力感受器的传入神经纤维在不同物种之间存在差异性，人的传入神经沿迷走神经干进入延髓，到达孤束核，而兔的传入纤维自成一束与迷走神经伴行，称为缓冲神经（buffer nerves）或主动脉神经。

（3）反射中枢内部机制　　压力信号沿传入神经到达孤束核后，可通过延髓内的神经通路使延髓头端腹外侧部 C1 区的神经元受到抑制，从而使交感神经紧张性活动减弱。孤束核神经元还与延髓、脑桥、下丘脑等部位的神经核团发生联系，其效应也是抑制延髓 C1 区活动。另外，孤束核神经元还与迷走神经背核和疑核发生联系，使迷走神经紧张性活动加强。

（4）反射效应　　动脉血压升高时，压力感受器传入冲动增加，通过上述中枢内部机制，使心迷走紧张加强，心交感紧张和交感缩血管紧张减弱，其效应为心率减慢，心肌收缩力减弱，心输出量减少，血管扩张，外周血管阻力降低，动脉血压下降。反之，当动脉血压降低时，压力感受器传入冲动减少，通过相反的机制使血压回升，因此压力感受性反射是一种典型的负反馈调节机制。

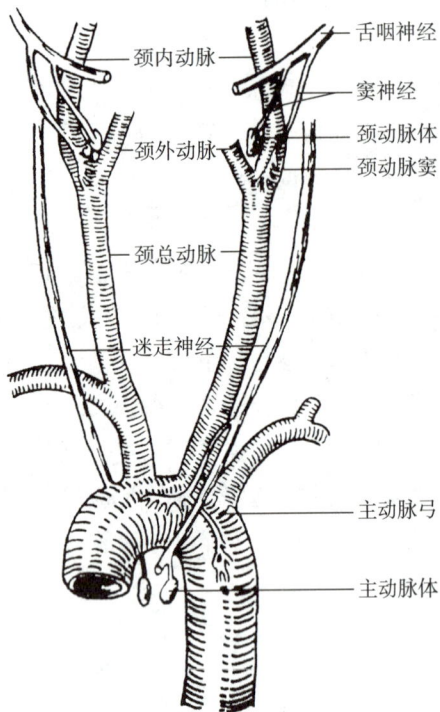

图4-35　颈动脉窦区和主动脉弓区的压力
感受器和化学感受器

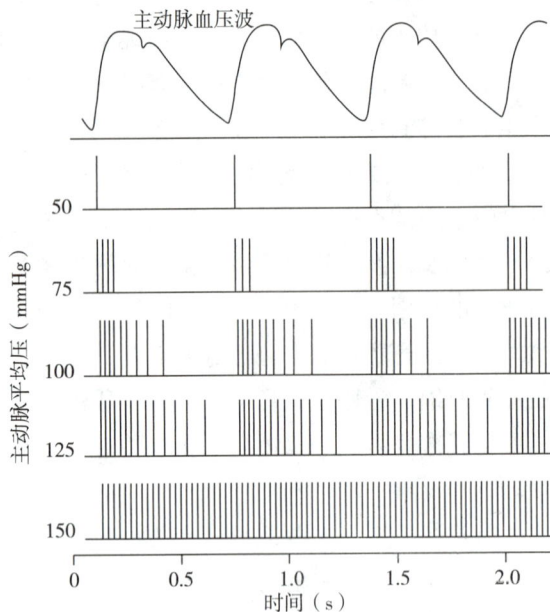

图4-36　单根窦神经压力感受器传入纤维在
不同动脉血压时的放电

在实验中，如果将颈动脉窦区同循环系统其余部分离开来，且保留它和窦神经以及心血管中枢的联系，然后人为改变颈动脉窦的灌注压，可以引起体循环动脉压的相应变化，并得到压力感受性反射功能曲线（图4-37）。由图可见，压力感受性反射功能曲线的中间部分比较陡直，两端渐趋平坦。这说明当窦内压在100mmHg上下，即正常平均动脉压水平附近波动时，压力感受性反射最为敏感，纠正血压波动的能力最强。当颈动脉窦内压力过高或过低（＞150mmHg或＜70mmHg）时，压力感受性反射纠正血压异常的能力明显降低。

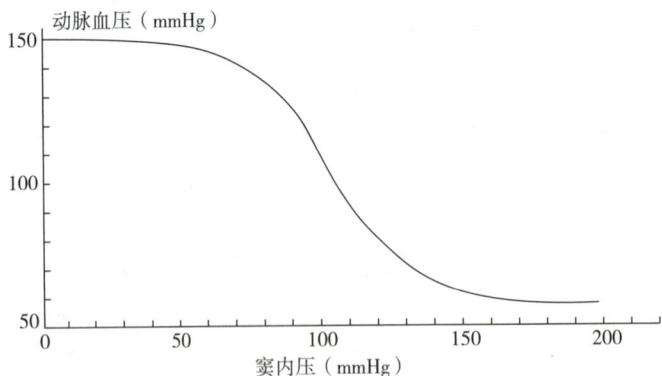

图4-37　在实验中测得的颈动脉窦内压力和动脉血压的关系

（5）生理意义　压力感受性反射在维持动脉血压相对稳定的过程中起重要的作用，属于负反馈调节。当心输出量、外周阻力、循环血量等发生突然变化时，可快速调节动脉血压，使其不致发生过大的波动。此外，颈动脉窦和主动脉弓压力感受器分别位于心和脑供血的起始部，维持该处的血压稳定也有利于维持心和脑的供血稳定。动物实验中，正常狗24小时内动脉血压的变化范围一般维持在平均动脉压（约100mmHg）上下10~15mmHg的范围内；而切除狗双侧缓冲神经后，血压波动范围可超过平均动脉压上下各50mmHg。但是，该动物一天中血压的平均值并未表现明显异常，据此可知压力感受性反射在动脉血压的长期调节中不发挥主要作用。在慢性高血压患者或动物模型中，压力感受性反射功能曲线向右移位，这种现象称为压力感受性反射重调定（resetting）。这表明在高血压时，压力感受性反射的工作范围也相应升高，因此无法在动脉血压的长期调节中纠正病理状态下的异常血压。压力感受性反射重调定的机制比较复杂，可发生在感受器的水平，也可发生在中枢部位。

2. 心肺感受器引起的心血管反射 在心房、心室和肺循环大血管壁存在许多感受器，统称为心肺感受器（cardiopulmonary receptor）。其适宜的刺激主要有两大类：一类是血管壁和心脏受到的机械牵张刺激，另一类是化学性刺激。当心房、心室或肺循环大血管的压力升高或血容量增多，可使心脏或血管壁受到牵张，局部的机械感受器和压力感受器会发生兴奋。生理情况下，心房对回心血量比较敏感，因此心房壁的牵张感受器也称为容量感受器（volume receptor）。另外，相对于颈动脉窦、主动脉弓压力感受器，心肺感受器位于循环系统压力较低的部分，故称之为低压力感受器，而前者被称为高压力感受器。内源性化学物质如前列腺素、缓激肽等，或某些药物如藜芦碱等也能刺激该心肺感受器。

大多数心肺感受器受刺激时，传入神经纤维沿迷走神经上行进入延髓，引起的反射效应是使心交感紧张降低，心迷走紧张加强，引起心率减慢，心输出量减少，外周血管阻力降低，导致血压下降。多种动物实验结果显示，心肺感受器兴奋时都能明显抑制肾交感神经活动，使肾血流量增加，排尿和排钠量增多。此外，该反射增强还可抑制血管升压素释放，进一步导致肾排水增多（详见第八章）。这表明心肺感受器引起的反射在循环血量、体液量及其成分的调节中具有生理意义。

3. 颈动脉体和主动脉体化学感受性反射 在颈总动脉分叉处和主动脉弓区域存在一些细胞团，它们血供丰富，能感受血液中某些化学成分的变化。当缺氧、CO_2分压过高或H^+浓度过高时，这些感受装置会兴奋，因此它们被称为颈动脉体和主动脉体化学感受器（chemoreceptor）。这些化学感受器兴奋后，其神经冲动分别由窦神经和迷走神经传入至延髓孤束核，进而影响延髓内呼吸神经元和心血管神经元的活动。

化学感受性反射的主要效应是使呼吸加深加快（详见第五章）。在心血管方面的效应，分为直接效应和间接效应。动物实验中，在人为地维持呼吸频率和深度不变的情况下，化学感受性反射对心血管活动的直接效应是使心率减慢，心输出量减少，冠状动脉舒张，骨骼肌和内脏血管收缩，总外周阻力增大，且外周阻力增大的升压作用超过心脏的负性作用，故血压升高。但在人体，化学感受性反射增强时，由于受到呼吸因素的影响，往往表现为心输出量增加，外周血管阻力增大，血压升高。生理情况下，化学感受性反射对心血管活动并不起明显的调节作用，只有在低氧、窒息、失血、动脉血压过低和酸中毒情况下才发挥升压作用，并使血液重新分布，以优先满足心和脑的血液供应。

4. 躯体感受器引起的心血管反射 刺激躯体传入神经可引起各种心血管反射，其效应取决于刺激的强度和频率以及感受器的性质等因素。用低或中等强度的低频脉冲电刺激骨骼肌传入神经，可引起降血压效应；用高强度高频率电刺激皮肤传入神经，常引起升血压效应。日常，肌肉活动、皮肤温度刺激以及伤害性刺激等都能引起心血管反射。中医针灸可治疗一些心血管疾病，其生理机制可能与激活皮肤或肌肉的某些感受器，进而诱导相应的心血管反射有关。

5. 其他内脏感受器引起的心血管反射 扩张肺、胃、肠、膀胱等空腔脏器，或挤压睾丸等内脏刺激，常可引起心率减慢、外周血管舒张、血压降低等效应。这些内脏感受器的传入神经纤维行走于迷走神经或交感神经干内。

6. 脑缺血反应 脑血流量减少可导致心血管中枢作出反射性调节，引起交感缩血管紧张显著加强，外周血管高度收缩，动脉血压升高，该反射称为脑缺血反应（brain ischemic response）。

（四）心血管反射的中枢整合型式

生理学曾认为整个交感神经系统的兴奋或抑制具有同步性，后来逐渐认识到不同部分的交感神经和副交感神经的活动是有分化的。具体而言，对于某种特定刺激，不同部分的交感神经其反应方式和程度有差异性，使各器官之间的血流分配存在差异性，以适应机体当时功能活动的需要，即表现为一定整合型式（integration pattern）的反应。例如，当动物处于警觉、戒备状态时，可出现一系列复杂的行为并伴有相应的心血管反应，称为防御反应（defence reaction）。猫的防御反应表现为瞳孔扩大、竖毛、弓背、伸爪、耳廓平展、呼吸加深、怒叫，最后发展为搏斗或逃跑；伴随防御反应的心血管整合型式，最具特征的是内脏和皮肤血管收缩，骨骼肌血管却舒张，同时心率加快，心输出量增加，血压升高。人在情绪激动时也可发生这一心血管反应整合型式。肌肉运动时心血管活动的整合型式与防御反应相似，但只有运动的肌肉血管舒张，不运动的肌肉则血管收缩。睡眠时心脏和血管的活动与防御反应相反，即心率减慢，心输出量稍减少，骨骼肌血管收缩，内脏血管舒张，血压稍降低。

二、体液调节

血液和组织液中的一些化学物质对心脏和血管的活动起调节作用，称为心血管活动的体液调节。部分内分泌物质可通过血液广泛作用于心血管系统，而组织中形成的生物活性物质或代谢产物则主要调节局部血流。

（一）肾素 - 血管紧张素系统

肾素（renin）是由肾近球细胞合成和分泌的一种酸性蛋白酶，经肾静脉进入血液循环。血浆中的血管紧张素原（angiotensinogen）是肾素的底物，在肾素的作用下，水解为十肽的血管紧张素 I（angiotensin I，Ang I）。在血浆和组织中，特别是在肺循环的血管内皮细胞表面，含有血管紧张素转换酶（angiotensin converting enzyme，ACE），可将 Ang I 水解，再脱去两个氨基酸，成为八肽的血管紧张素 II（angiotensin II，Ang II）。在血浆和组织中存在血管紧张素酶 A，可以将 Ang II 再脱去一个氨基酸，形成七肽的血管紧张素 III（angiotensin III，Ang III）。上述过程可由图 4 - 38 表示。

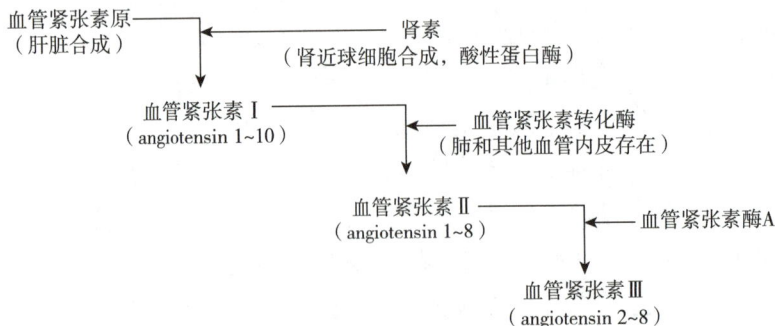

图 4 - 38　肾素 - 血管紧张素系统

肾素分泌受神经和体液因素的调节，当各种原因引起肾脏灌注血流减少，入球小动脉血压降低时，球旁细胞分泌肾素会增多；反之，肾素分泌会减少。血浆中 Na^+ 浓度降低时，或交感神经兴奋时，也会导致肾素分泌增加。

Ang I 对体内多数组织、细胞不具有活性，其缩血管活性较弱。血管紧张素家族中最重要的是 Ang II，它是已知最强的缩血管活性物质之一。血管紧张素受体广泛存在于血管平滑肌上，在肾上腺皮质球状带细胞以及脑组织、心脏和肾脏等器官的细胞上也有血管紧张素受体分布。

Ang II 与血管平滑肌上的血管紧张素受体（angiotensin receptor，AT）结合，可使全身微动脉收缩，导致血压升高；也可使静脉收缩，使回心血量增多。Ang Ⅱ 可作用于交感缩血管纤维末梢的接头前血管紧张素受体，通过接头前调制的作用，使交感神经末梢释放的 NE 增多。因此，Ang Ⅱ 可以通过外周机制，使外周血管阻力增大，血压升高。

Ang Ⅱ 还可作用于中枢神经系统内的一些血管紧张素受体，通过中枢机制升高血压。在中枢神经系统中，血管紧张素受体主要分布于脑的室周器（circumventricular organ），如后缘区（area postrema）、穹窿下区（subfornical organ）。Ang Ⅱ 与之结合的效应主要是使交感缩血管紧张加强，引起或增强渴觉，使动物产生觅水、饮水行为，还可使血管升压素和促肾上腺皮质激素的释放增加。Ang Ⅱ 还可抑制压力感受性反射，故血压升高引起的心率减慢等负反馈调节机制的效应明显减弱。

此外，Ang Ⅱ 可与肾上腺皮质球状带细胞上的血管紧张素受体结合，强烈刺激醛固酮合成和释放。醛固酮可促进肾脏远曲小管和集合管对 Na^+ 的重吸收和 K^+ 的分泌，同时促进水的重吸收，使细胞外液量增加（详见第八章）。

Ang Ⅲ 的缩血管效应仅为 Ang Ⅱ 的 10%～20%，但刺激肾上腺皮质球状带合成和释放醛固酮的作用较强。

肾素－血管紧张素系统的生理功能主要是对血压、体液和电解质平衡进行调节，对维持组织器官的血液灌注有一定作用（详见第八章）。在正常生理情况下，血液中低浓度的血管紧张素 Ⅱ 可能与交感缩血管紧张的维持有一定的关系。在某些病理情况下，如大失血时，肾素－血管紧张素系统的活动加强，对循环功能的调节起重要作用。另外，肾素－血管紧张素系统的功能异常与高血压等心血管疾病的发生有关。临床抗高血压药常以 Ang Ⅱ 及其受体为靶点。血管紧张素转化酶抑制剂（angiotensin - converting enzyme inhibition，ACEI）类药物如卡托普利等可减少 Ang Ⅱ 的合成，血管紧张素 Ⅱ 受体阻断剂（angiotensin receptor blocker，ARB）类药物如缬沙坦等可以阻断 Ang Ⅱ 受体，都可以起到降压的效果，两者联合应用效果更强。

⊕ 知识链接

血管紧张素

2000 年以来新发现血管紧张素转换酶（angiotensin converting enzyme 2，ACE 2）。它与 ACE 具有同源性，可将 AngⅠ 水解为血管紧张素 1～9（Ang1～9），Ang1～9 又可以在 ACE 等肽酶的作用下水解为血管紧张素 1～7（Ang1～7）。关于 Ang1～7 的生理作用的研究显示，它一方面可以拮抗 Ang Ⅱ 的缩血管作用；抑制 Ang Ⅱ 诱导的平滑肌生长。另一方面又可以作用于下丘脑室旁核，促进血管升压素的合成和释放，与 Ang Ⅱ 产生协同的中枢性升压作用。

关于血管紧张素受体（angiotensin receptor，AT）的研究，发现有 AT_1、AT_2、AT_3 和 AT_4 四种亚型，在人体，除了心脏和血管之外，还有广泛分布于脑、肺、肝、肾、胃肠、肾上腺以及生殖系统。

（二）肾上腺素和去甲肾上腺素

肾上腺素（epinephrine，E）和去甲肾上腺素（norepinephrine，NE）在化学结构上都属于儿茶酚胺（catecholamine）类激素。循环血液中的 E 和 NE 主要由肾上腺髓质分泌，其中，E 约占 80%，NE 约占 20%。血液中的 NE 还有一小部分来自于肾上腺素能神经末梢释放的递质。

肾上腺素和去甲肾上腺素对心脏和血管的作用有诸多共同点，如两者都能与 α 和 β 两类肾上腺素能受体结合。但因为两者对不同亚型的肾上腺素能受体的结合能力不同，以及 α 和 β 受体在机体分布的差异性，导致二者的生物效应并不完全相同。肾上腺素对心脏的作用是正性变时和变力作用，可使心率加快，心输出量增加，机制与兴奋 β_1 肾上腺素能受体有关。肾上腺素对血管的作用取决于血管平滑肌上 α 和 β 肾上腺素能受体分布的情况以及肾上腺素的剂量，在皮肤、肾、胃肠的血管平滑肌上 α 肾上腺素能受体在数量上占优势，肾上腺素与 α 受体结合，可使血管收缩，血流量减少；在心、脑、骨骼肌和肝的血管，β_2 肾上腺素能受体占优势，肾上腺素与 β_2 受体结合，使这些器官的血管舒张。小剂量的肾上腺素以兴奋 β_2 受体的效应为主，血管舒张，总外周阻力降低；大剂量的肾上腺素以兴奋 α 肾上腺素能受体为主，引起血管收缩，总外周阻力增加。去甲肾上腺素与 α 和 β 两类肾上腺素能受体的结合力有明显的差异性，其中与 α 受体的结合力最强，也可与心肌的 β_1 受体结合，但和 β_2 受体的结合能力较弱。静脉注射 NE，主要体现 α 受体样作用，使全身血管广泛收缩，动脉血压升高。血压升高又使压力感受性反射加强，通过负反馈调节对心脏产生负性效应，掩盖甚至超过了 NE 对心脏直接的正性效应，导致心率减慢。为此，临床上常将肾上腺素用作强心药，而将去甲肾上腺素用作升压药（表 4 – 11）。

表 4 – 11   肾上腺素和去甲肾上腺素的作用对比

	肾上腺素	去甲肾上腺素
受体和结合力	与 α、β_1、β_2 受体都可以结合	与 α 受体的结合力最强，与 β_1 受体的结合力次之，与 β_2 受体的结合力最弱
作用	与 β_1 受体结合，产生正性变时、变力、变传导作用；小剂量的肾上腺素以兴奋 β_2 受体的效应为主，血管舒张，外周阻力降低；大剂量的肾上腺素以兴奋 α 受体为主，血管收缩，外周阻力增加	在血管，主要表现 α 受体样作用，全身血管广泛收缩，动脉血压升高；压力感受性反射活动加强，对心脏的负性效应超过去甲肾上腺素对心脏 β_1 受体的直接正性效应，故心率减慢
临床应用	强心药	升压药

（三）血管升压素

血管升压素（vasopressin，VP）是下丘脑视上核（supraoptic nucleus）和室旁核（paraventricular nucleus）神经元合成的一种神经激素，其合成和释放过程也称为神经分泌（neurosecretion）。下丘脑视上核和室旁核的神经元轴突沿下丘脑垂体束进入垂体后叶，末梢释放血管升压素并储存在垂体后叶中，在机体需要时将 VP 从垂体后叶中释放入血。

血管升压素在肾集合管可促进水的重吸收，故又称为抗利尿激素（antidiuretic hormone，ADH）（详见第八章）。血管升压素作用于血管平滑肌的相应受体，可引起血管平滑肌收缩，是已知最强的缩血管物质之一。在生理情况下，血浆中血管升压素浓度升高首先表现抗利尿效应，只有当其血浆浓度明显高于正常时，才引起血压升高。这是因为血管升压素受体存在 V_1 和 V_2 两种亚型，V_1 型受体存在于血管平滑肌，介导升压效果；V_2 型受体存在于肾脏远曲小管和集合管，介导抗利尿效果，但 V_1 型受体敏感性较 V_2 型受体弱，只有在血管升压素浓度明显升高时才被激活。另外，VP 还能提高压力感受性反射的敏感性，缓冲其自身升高血压的效应，最终 VP 有利于纠正异常降低的血压，而对正常血压的干预较弱。VP 对体内细胞外液量起重要的调节作用，在禁水、失水、失血等导致血浆晶体渗透压升高、循环血量减少和血压降低的情况下，VP 释放增加不仅可以减少尿液排出，保留体内液体量，而且对维持血浆晶体渗透压，维持动脉血压稳定，都起重要的作用。此外，血管升压素在动脉血压的长期调节中起重要作用，与调节细胞外液量有关。

（四）血管内皮生成的血管活性物质

血管内皮细胞可以生成并释放多种生物活性物质，引起血管平滑肌舒张或收缩。血管内血流对血管内皮产生的切应力是促使血管内皮细胞合成和释放生物活性物质的重要因素。

1. 血管内皮生成的舒血管物质   血管内皮生成和释放的舒血管物质有多种。内皮细胞内的前列环素合成酶可以合成前列环素（prostacyclin），也称前列腺素 I_2（PGI_2）。血管内的搏动性血流对内皮产生的切应力可使内皮释放 PGI_2，后者使血管舒张。

目前认为，内皮可生成另一类更重要的舒血管物质，即内皮舒张因子（endothelium - derived relaxing factor，EDRF）。EDRF 的化学结构现基本被确认为一氧化氮（nitric oxide，NO），从前体物质 L - 精氨酸转化得来。NO 可使血管平滑肌内的鸟苷酸环化酶激活，cGMP 浓度升高，抑制钙通道，使游离 Ca^{2+} 浓度降低，故血管舒张。当血压突然升高时，血流对血管的切应力增大，血管内皮细胞释放 NO 增加，使阻力血管扩张，有利于缓冲升高的血压。低氧也可使内皮释放 NO，扩张局部血管，可增加局部供血。此外，内皮细胞表面存在 P 物质受体、5 - 羟色胺受体、ATP 受体、M 型胆碱能受体等，这些受体被激活后，内皮细胞也可释放 NO。部分缩血管物质，如去甲肾上腺素、血管升压素、血管紧张素 II 等，也可促使内皮释放 NO，从而减弱缩血管物质对血管平滑肌的直接收缩效应。

动物实验中，刺激胆碱能神经纤维可引起血管舒张，ACh 的舒血管机制与促进血管内皮细胞释放 NO 增加有关。实验中，如果先阻断 NO 的合成，再刺激胆碱能神经，则舒血管效应明显减弱。在离体实验中，ACh 对内皮完整的血管起舒张作用；而将血管内皮去除后，ACh 则使血管收缩，这说明 ACh 的舒血管作用是通过内皮系统实现的，其机制与 NO 的中间作用有关。肾上腺素兴奋 β_2 受体引起的舒血管效应同样与 NO 的作用有关，阻断冠状动脉 NO 的合成，β_2 受体兴奋引起的舒血管效应会明显减弱。NO 还可能与缓激肽的舒血管效应有关。

NO 可作用于延髓心血管神经元，降低交感缩血管紧张，以神经递质的形式发挥中枢性降压作用。动物实验中，阻断脑内 NO 的合成，可引起血压的轻度升高，肾交感神经放电活动明显增强。此外，NO 还可与 PGI_2 等舒血管物质共同对抗 NE 及其他缩血管物质的作用，保证正常的血压与器官灌流量。NO 可通过突触前调制抑制交感神经末梢释放 NE，间接发挥舒血管作用。在动物实验中，将血管内皮去除后，再刺激肾上腺素能神经纤维，末梢释放的 NE 明显增多。

⊕ 知识链接

NO 的生理效应

1998 年，三位科学家 Furchgott、Ignarro 和 Murad 因为发现 NO 是心血管系统的信号分子，获得诺贝尔医学或生理学奖。

在血管内皮细胞，L - 精氨酸在一氧化氮合酶（NOS）的作用下转化为 L - 瓜氨酸，同时生成 NO。NO 可激活血管平滑肌的鸟苷酸环化酶，导致 cGMP 增加，进而使肌凝蛋白的轻链即横桥去磷酸化，从而引起血管舒张。不仅证明了内皮细胞分泌的 EDRF 就是 NO，也回应了早期关于硝酸甘油舒张血管的相关机制研究。NO 作为一种气体分子很不稳定，被内皮细胞合成后在血液中存在不超过 10 秒即迅速转变成亚硝酸盐和硝酸盐。

随着研究的深入，NO 的作用范围不断扩大，包括抑制血小板聚集、控制呼吸、调节胰岛素释放、调节神经递质释放以及参与细胞凋亡和免疫应答等。

2. 血管内皮生成的缩血管物质　血管内皮细胞产生的具有收缩血管作用的物质统称为内皮缩血管因子（endothelium - derived vasoconstrictor factor，EDCF）。近年来研究较深入的是内皮素（endothelin，ET）。在生理情况下，血管内血流对内皮产生的切应力可使内皮细胞合成和释放 ET，它是一种由 21 个氨基酸构成的多肽，是已知最强烈的缩血管物质之一。给动物注射 ET 可引起持续时间较长的升血压效应。ET 与血管平滑肌细胞上的特异性受体结合后，促进肌浆网释放 Ca^{2+}，从而使血管平滑肌收缩加强，血压升高，但在升血压之前常先出现一个短暂的降血压过程，这可能与 NO 的释放有关。

（五）激肽系统

激肽释放酶（kallikrein）是体内的一类蛋白酶，可使某些激肽原分解为激肽。激肽具有舒血管活性，对血压和局部组织血流有调节作用。

机体内的激肽释放酶分为两类，一类是血浆激肽释放酶；另一类是腺体激肽释放酶或组织激肽释放酶，后者主要存在于肾、唾液腺、胰腺、汗腺以及胃肠黏膜等器官组织内。激肽原可分为高分子量和低分子量激肽原，是一些存在于血浆中的蛋白质。血浆激肽释放酶的作用是使高分子量激肽原水解为一种九肽，即缓激肽（bradykinin）。腺体激肽释放酶可将低分子量激肽原水解，产生一种十肽的赖氨酰缓激肽（lysylbradykinin），也称胰激肽或血管舒张素（kallidin）。赖氨酰缓激肽在氨基肽酶的作用下，水解掉赖氨酸转化成缓激肽。缓激肽在激肽酶 I 和激肽酶 II 的作用下水解失活，激肽酶 II 即是 ACE。临床上使用血管紧张素转化酶抑制剂类药物降血压的机制，一方面与减少 Ang II 的生成有关，另一方面与减少缓激肽的降解有关。

血液循环中的缓激肽和赖氨酰缓激肽可参与动脉血压调节。组织器官生成的激肽，可以使局部的血管舒张，血流量增加。激肽可使血管平滑肌舒张，毛细血管通透性增强，但激肽对其他平滑肌有收缩效应，其作用机制是通过刺激内皮细胞释放 NO 实现的。临床试验和动物实验都已经证实，缓激肽和赖氨酰缓激肽是已知最强烈的舒血管物质。

（六）心房钠尿肽

心房钠尿肽（atrial natriuretic peptide，ANP）是一类由心房肌细胞合成和释放的多肽，是一种调节体内水盐平衡的重要激素。在人体中，最主要的是一种由 28 个氨基酸构成的多肽。ANP 可使血管舒张，外周阻力降低；心率减慢，每搏输出量减少，心输出量减少。ANP 还可以作用于肾脏的相应受体，使排水、排钠增多。此外，ANP 还能抑制球旁细胞释放肾素，抑制肾上腺皮质球状带细胞释放醛固酮，抑制肾素－血管紧张素－醛固酮系统的效应；抑制下丘脑合成和释放血管升压素，导致机体细胞外液量减少。

当心房壁受到牵拉时，可引起 ANP 的释放增加。在生理情况下，取头低足高的体位、身体浸入水中（头露出水面）或血容量增多时，心房壁受到牵拉增加，血浆 ANP 浓度相应升高，引起排尿、排钠增多等效应。内皮素和血管升压素也可刺激 ANP 释放。ANP 和其他一些体液因素在调节血压和水盐代谢中具有相互制约平衡的作用。

（七）前列腺素

前列腺素（prostaglandin，PG）是一个二十碳不饱和脂肪酸的家族，分子中都有一个环戊烷。前列腺素的前体是花生四烯酸或其他二十碳不饱和脂肪酸，广泛存在于全身各部的组织细胞中，由于几乎全身的组织细胞都含有生成前列腺素的酶，因此全身组织都能产生前列腺素。前列腺素分布广泛，按其分子结构的差别可分为多种类型，它们对血管平滑肌的作用并不相同。例如：前列腺素 E_2（PGE_2）具有强烈的舒血管作用；前列腺素 I_2（PGI_2）也称为前列环素，同样有强烈的舒血管作用，而且是局部致炎的重要因子；前列腺素 $F_{2\alpha}$（$PGF_{2\alpha}$）则可使静脉收缩。

NE 和 Ang II 等缩血管物质引起血管平滑肌收缩的同时，也促使血管平滑肌生成 PGE_2 和 PGI_2，并通过两种机制抵抗收缩血管作用。一方面，PGE_2 和 PGI_2 使血管平滑肌对 NE 和 Ang II 的敏感性降低。另外，血管平滑肌生成的前列腺素主要是 PGI_2，可通过接头间隙作用于交感神经纤维末梢的接头前 PG 受体，使交感纤维末梢释放 NE 减少。现已证明前列腺素可在血管交感神经－平滑肌接头处发挥局部负反馈调节的作用。

（八）阿片肽

机体内有多种阿片肽（opioid peptide）。垂体释放的 β－内啡肽（β－endorphin）和促肾上腺皮质激素由同一个前体转化而来，二者在应激状态时被同时释放入血。β-内啡肽可使血压降低，促肾上腺皮质激素则通过刺激靶腺发挥升压作用。β-内啡肽降血压的机制主要与干预心血管中枢活动有关。血浆中的β-内啡肽可进入脑内，并与某些心血管活动中枢内的阿片受体结合，抑制心交感神经紧张，增强心迷走神经紧张。失血、内毒素等强烈刺激可引起β-内啡肽释放，这可能是中毒性休克和失血性休克的原因之一。针刺穴位也可引起脑内阿片肽的释放，这可能是针刺治疗高血压的作用机制之一。

阿片肽除具有中枢作用外，也可与外周血管的阿片受体结合，发挥舒张血管和降压作用。另外，交感缩血管纤维末梢存在接头前阿片受体，阿片肽通过接头前调制作用，可使交感缩血管纤维释放 NE 减少。

（九）组胺

组胺（histamine）的前体是组氨酸，经脱羧酶的作用而产生组胺。在皮肤、肺和肠黏膜等许多组织的肥大细胞中都含有大量的组胺。在组织受到损伤或发生炎症、过敏反应时，肥大细胞可释放组胺。组胺有强烈的舒血管作用，并能增加毛细血管和微静脉管壁的通透性，血浆漏入组织，导致局部组织水肿。

（十）肾上腺髓质素

肾上腺髓质素（adrenomedullin）是一种 52 个氨基酸残基组成的活性肽，最初是从人的肾上腺嗜铬细胞瘤提取物中分离得到的。后来发现它在体内几乎所有的组织都有分布，在肾上腺、肺和心房等组织中最多，而合成和分泌肾上腺髓质素的组织主要是血管内皮。肾上腺髓质素的特异受体广泛分布在心、肺、肝、脾、骨骼肌等组织中，许多血管的内皮和平滑肌细胞上也有分布。肾上腺髓质素能使血管内皮细胞合成和释放 NO，进而使血管舒张。此外，肾上腺髓质素还能作用于降钙素基因相关肽的受体，并产生舒张血管的作用。

（十一）其他因素

此外，还有其他体液因子，如神经肽酪氨酸（neuropeptide Y）具有缩血管作用；利尿钠激素（natriuretic hormone）可通过抑制肾小管 Na^+,K^+-ATP 酶促进 Na^+ 的排泄，增加水的排出；另外还有血管活性肠肽、肌苷等都对心血管活动发挥直接或间接的调节作用。

三、自身调节

体内各器官的代谢活动一般决定了该器官组织的血流量，代谢活动愈强，耗氧和血流量也就愈多。机体主要通过调节阻力血管的口径来控制该器官的血流量，局部组织内的调节机制也参与该过程。实验证明，即便去除外部神经、体液因素，器官、组织仍能适应一定范围内的血压变动，并通过局部机制使血流量得到适当的调节。这种存在于器官组织或血管本身的调节机制，称为自身调节（详见本章第一节）。

（一）局部代谢产物的自身调节

对组织局部的血流量起代谢性自身调节作用的主要物质是局部组织中的氧和代谢产物。组织细胞代谢需要氧，同时产生各种代谢产物。当组织代谢活动增强时，局部组织中氧分压降低，积聚的代谢产物增加，进而使局部的微动脉和毛细血管前括约肌舒张。CO_2、H^+、腺苷、K^+ 等多种组织代谢产物，都有舒张局部微动脉和毛细血管前括约肌的作用。局部的血流量增多，可以给组织提供更多的氧，并带走代谢产物，与增强的组织代谢活动（例如肌肉运动）相适应。这种代谢性局部舒血管效应有时相当明显，即使同时伴有交感缩血管神经活动加强，该组织的血管仍在局部调节的作用下舒张。

前面提到如 NO、激肽、前列腺素、组胺等，这些体液因素也可在组织中形成，并起到调节局部血流量的作用，但由于这些物质都是特殊的体液因素，故将它们归在体液调节中。

（二）肌源性自身调节机制

许多血管平滑肌经常保持一定的紧张性收缩，这种收缩存在于血管自身，称为肌源性活动。当血管平滑肌被牵张时，其肌源性活动往往加强，表现为血管收缩。因此，当供应某一器官的血管灌注压突然升高时，血管跨壁压增大，血管平滑肌受到牵张刺激增大，于是血管肌源性活动增强。在毛细血管前阻力血管段这种血管肌源性活动的改变特别明显。其结果是器官的血流阻力增大，缓冲了因灌注压升高导致的器官血流量增多，即器官血流量能在一定的血压波动范围内保持相对稳定。当器官血管的灌注压突然降低时，可发生阻力血管舒张等相反的变化，仍能保持血流量的相对稳定。在肾和脑血管，这种肌源性的自身调节现象表现特别明显，在心、肝、肠系膜和骨骼肌的血管也存在，但一般皮肤血管没有这种表现。用罂粟碱、水合氯醛或氰化钠等药物抑制血管平滑肌的活动后，这种肌源性自身调节现象也随之消失。

神经调节、体液调节和自身调节三种机制在多数情况下起协同作用，但在有些情况下也可在局部起相互拮抗的作用，但与整体功能活动是整合的。神经调节主要对动脉血压的快速波动发挥调节作用，当血压发生较长时间（数小时、数天、数月或更长）的变化时，神经调节常不足以将血压恢复到正常水平，只能依靠肾–体液控制系统。

肾在动脉血压的长期调节中起重要作用，主要通过对细胞外液量的调节发挥作用，有人将此机制称为肾–体液控制系统。具体过程如下：当体内细胞外液量增多时，血量也相应增多，血量和循环系统容量之间的比值增大，使动脉血压升高；而当动脉血压升高时，能通过神经体液机制导致肾排水和排钠增加，将多余的体液排出体外，恢复血压到正常水平。体内细胞外液量减少时，发生相反的过程。肾–体液控制系统调节血压的效能取决于肾排水、排钠随血压变化的强度。实验证明，只要发生很小的血压变化，就可引起肾排尿量的明显变化。平均动脉压从正常水平（约100mmHg）升高10mmHg，肾排尿量可增加数倍，使细胞外液量减少，进而使动脉血压下降。反之，当动脉血压降低时，肾排尿则减少。

体液因素如血管升压素、肾素–血管紧张素–醛固酮系统等，既能直接影响心血管调节血压，也可影响肾–体液控制系统的活动发挥间接作用。血管升压素可增加肾远曲小管和集合管对水的重吸收，使细胞外液量增加。当血量增加时，容量感受器可使血管升压素释放减少，使肾排水增加；反之亦然。Ang II既能引起血管收缩，血压升高，也能促使肾上腺皮质球状带分泌醛固酮。醛固酮能促进肾小管对Na^+的重吸收，在重吸收Na^+的同时也促进水的重吸收，故细胞外液量和体内的Na^+量都增加，血压升高。

总之，血压的调节过程很复杂，有多种机制参与。每一种机制都在发挥某一方面的调节作用，但无法完成复杂调节的全过程。自身调节主要依据代谢活动的需要发挥局部血流量调节作用，对全身血压调节作用很小；神经调节主要是作用于阻力血管口径及心脏活动来实现的，一般起到快速的、短期的调节作用；而长期调节则主要依赖于体液调节和肾脏对细胞外液量的调节作用。

第五节　几个特殊的器官循环

PPT

体内每一个器官的血流量取决于该器官的动、静脉压力差，取决于该器官前、后阻力血管的舒缩状态。不同器官的结构和功能各不相同，血管分布各有特征，其血流量的调节也在一般规律之外各有其自身的特点。血流量变化范围在不同器官也有较大的差别，功能活动变化较大的器官，如胃肠、肝、肺、骨骼肌、皮肤等，血流量的变化范围也较大；脑、肾等器官在一定的血压变化范围内，血流量则相对保持稳定。本节主要介绍心、肺、脑几个器官的血液循环特征，肾的血液循环特征将在第八章叙述。

一、冠脉循环

冠脉循环（coronary circulation）是指心脏本身的血液循环。心脏处于终生连续活动状态之中，其工作量很大，所以它需要的营养物质、供氧量、供血量很大。心脏的供给完全依靠冠脉循环，因此，冠脉循环对保证心脏功能极为重要。

（一）冠脉循环的解剖特点

心肌的血液供应全部来自左、右冠状动脉。冠状动脉起自主动脉根部，动脉干走行于心脏的表面，发出的小分支垂直于心脏表面穿入心肌，并在心内膜下交织成网。在心肌收缩时，冠脉血管容易受到压迫，与这种分支走行方式有关。在大部分人中，左冠状动脉主要供给左心室的前部，右冠状动脉供应右心室和左心室的后部，但左、右冠状动脉分支的走向及其支配范围也存在多种变异。左冠状动脉的血液流经毛细血管后从静脉经由冠状窦回流入右心房，而右冠动脉的血液主要经较细的心前静脉直接回流入右心房。另外，有一小部分血液可通过心最小静脉直接回流入左、右心房和心室腔。

心肌中的毛细血管网分布极为丰富，每平方毫米的心肌横截面上有 2500～3000 根毛细血管，毛细血管数和心肌纤维数的比例约为 1∶1，因此心肌细胞和血液之间能够很快地进行物质交换。在人类，冠状动脉之间有侧支互相吻合，它们主要在心内膜下，一般较细小，血流量很少。当冠状动脉突然阻塞时，不易快速建立侧支循环，常可导致心肌梗死或缺血。但如果冠状动脉阻塞是缓慢的进程，则冠脉侧支可逐渐扩张，进而建立新的侧支循环，起到代偿作用。

（二）冠脉循环的生理特点

冠脉循环血压高，流速快，血流量大。安静状态下，人的冠脉血流量为每百克心肌 60～80ml/min。中等身材的人，总冠脉血流量为 225ml/min，占心输出量的 4%～5%。心肌的活动决定了冠脉血流量的多少，故单位克重的左心室心肌组织的血流量大于右心室。当心肌活动加强时，冠脉血流量最大可增加到每百克心肌 300～400ml/min，为安静状态时的 4～5 倍。

冠脉血流量不仅取决于动脉压，还取决于心肌的舒缩挤压。由于大部分心脏血管的分支都深埋于心肌内，在心脏每次收缩时埋于其内的血管都受到压迫，从而影响冠脉血流。如图 4-39 示在一个心动周期中，狗的左、右冠状动脉血流量发生明显的变化。等容收缩期，由于左心室肌强烈收缩压迫左冠状动脉，血流急剧减少，甚至发生倒流；快速射血期，冠状动脉血压随主动脉压升高而升高，冠脉血流量增加；慢速射血期，主动脉压有所降低，冠脉受压迫加强，冠脉血流量有所下降；等容舒张期，心肌对血管的压迫解除，冠脉血流的阻力减小，血流量突然增加；在舒张早期，冠脉血流量达到峰值，之后逐渐回降，进入下一个周期。一般安静时，左心室收缩期的血流量只有舒张期血流量的 20%～30%；当心率加快心肌收缩加强时，心缩期血流量的占比更小。由此可见，心舒期的长短和动脉舒张压的高低是影响冠脉血流量的主要因素。当心率加快时，心动周期缩短，主要表现为心室舒张期缩短，冠脉血流量减少，而心率加快又会使心肌耗氧量增加，所以过快的心率对机体不利，容易发生心肌缺氧。当外周阻力增大时，动脉舒张压升高，冠脉血流量增多。心肌收缩对冠脉血流的影响在左心室深层最为明显，右心室壁比较薄，收缩力弱，对血流的影响不如左心室明显。安静情况下，右心室收缩期和舒张期的血流量相差不多，甚或多于后者。心房收缩对冠脉血流的影响不明显。

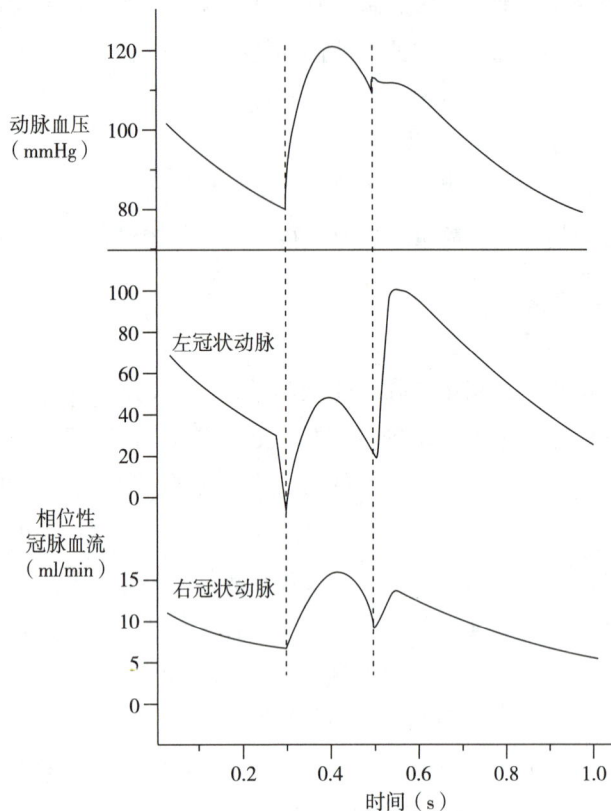

图 4 - 39　一个心动周期中左、右冠状动脉血流变化的情况

（三）冠脉血流量的调节

各种影响冠脉血流量的因素中，心肌自身的代谢水平作用最重要。冠脉血管平滑肌也有交感和副交感神经支配，但它们的调节作用是次要的。

1. 心肌代谢水平对冠脉血流量的影响　心肌需连续不断地进行舒缩，耗氧量大，有氧代谢几乎是心肌唯一的能量来源。安静状态下，心肌可摄取动脉血中 65% ~ 75% 的氧，因此流经心脏的动脉血和静脉血的氧含量差值很大，心肌从单位血液中提高摄取氧的潜力不大。当心肌代谢活动增强时，心肌耗氧量增加，机体主要通过扩张冠脉血管，即增加血流量来满足心肌供氧。实验证明，冠脉血流量和心肌代谢水平成正比，且在没有神经支配和体液因素作用的情况下，这种关系依然存在。目前认为，心肌代谢增强引起冠脉血管舒张的原因是由于某些心肌代谢产物的增加，而非低氧本身。腺苷在各种代谢产物中可能起最重要的作用。当心肌代谢增强，局部组织中氧分压降低，心肌细胞中的 ATP 被分解为 ADP，甚至是 AMP。AMP 可被冠脉血管周围的间质细胞中含有的 5′ - 核苷酸酶分解，其产物就是腺苷，能够强烈的舒张小动脉。腺苷生成后，几秒钟内即被破坏，因此主要在局部发挥舒张血管的作用。心肌的其他代谢产物如 H^+、CO_2、乳酸等，也能舒张冠脉，但作用较弱。此外，一些体液因素如缓激肽和前列腺素 E 等也能使冠脉血管舒张。

2. 神经调节　迷走神经和交感神经都可支配冠状动脉。如果保持心率不变的情况下，刺激迷走神经可引起冠脉舒张，说明迷走神经末梢释放 ACh 可直接舒张冠状动脉。但在整体情况下，迷走神经对冠脉血流量的作用较小，因为迷走神经兴奋对心肌收缩有负性作用，会导致心肌代谢率降低，这些因素抵消了迷走神经对冠状动脉的直接舒张作用。心交感神经兴奋时，末梢释放 NE 直接与冠脉平滑肌上的 α 肾上腺素能受体结合，使血管收缩，但 NE 同时又可作用于心肌的 $β_1$ 肾上腺素能受体，使心率加快，心肌收缩加强，心肌耗氧量增加，进而通过局部代谢使冠脉舒张，且舒张作用更强。在完整机体内，刺激交感神经冠状动脉往往表现为先收缩后舒张。这是由于初期的 α 受体缩血管效应较强，且局部代谢产物的作用尚未彰显，随着兴奋心肌作用的持续，继发的舒血管作用强大而持久，会掩盖进而超过 α 受体的缩血管效应。在阻断 β₁ 受体后，刺激交感神经表现为冠脉收缩的效应，这是直接兴奋 α 受体的结果。冠脉平滑肌上也存在 β₂ 受体，激活它可直接舒张冠脉，但 NE 与 β 受体的结合力较弱，所以交感神经兴奋对动脉直接扩张的作用不明显。异丙肾上腺素能直接兴奋 β₂ 受体，起到舒张冠脉的作用。

总之，在整体条件下，心肌本身的代谢水平对冠脉血流的调节起主导作用。神经因素对冠脉血流的调节在短时间内可发挥作用，但很快就被心肌代谢改变所引起局部调节作用所掩盖。

3. 激素调节　肾上腺素和去甲肾上腺素可直接作用于冠脉血管 α 或 β 肾上腺素能受体，收缩或舒张冠脉血管；也可增强心肌的代谢活动和耗氧量，通过局部代谢产物间接增加冠脉血流量。甲状腺激素增多时，心率加快，心肌代谢加强，耗氧量增加，冠状动脉舒张，血流量增加。Ang Ⅱ 和大剂量的血管升压素可使冠状动脉收缩，血流量减少。

二、肺循环

肺循环（pulmonary circulation）指从右心室到左心房的血液循环，血液在肺泡进行气体交换，从静脉血转化为动脉血。支气管动脉是体循环的分支，为呼吸性小支气管以上的呼吸道提供营养物质。支气管动脉末梢与肺循环有吻合支沟通，因此，有一部分支气管静脉血经过这些吻合支进入肺静脉和左心房，所以动脉血中常掺入 1%～2% 的静脉血。

（一）肺循环的生理特点

右心室和左心室的每分输出量基本相同，肺循环和体循环在单位时间内的血流量也基本相同；肺循环的全部血管都在胸腔内，而胸腔内的压力常低于大气压；肺动脉及其分支相对较粗，管壁比同级的主动脉薄。以上这些因素使肺循环与体循环有一些不同的特点。

1. 血流阻力和血压　虽然右心室和左心室每分输出量相等，但由于肺动脉分支短而管径较粗，所以血流阻力小，因此肺动脉压远低于主动脉压。用插入导管的方法，直接测量正常人的右心室内压和肺动脉压，即肺循环起点的压力，右心室收缩压平均约为 22mmHg，舒张压平均为 0～1mmHg。肺动脉的收缩压和右心室相同，舒张压略高于右心室约为 8mmHg，平均动脉压约为 13mmHg。肺静脉和左心房内压，即肺循环终点的压力为 1～4mmHg，平均约为 2mmHg。肺动脉和肺静脉的总阻力大致相等，故血压降低速度也基本相等，所以肺毛细血管压大致在右心室压和左心房压的中点，用间接方法测得的结果也证明了这一点，平均值约为 7mmHg。

2. 肺的血容量　肺部的血容量占全身总血量的 9%，约为 450ml，但由于肺组织和血管的可扩张性大，因此血容量的变化范围较大。如肺动脉仅为主动脉管壁厚度的 1/3，可扩张性高，肺静脉和毛细血管的可扩张性和受呼吸影响的程度更大。肺部血容量在呼气时会减少，最大可减少至 200ml；而在深吸气时，肺部血容量可增加到 1000ml。由于肺的血容量大和变化范围大，故肺循环血管起到储血库的作用。当机体失血时，肺循环可将一部分血液代偿性地转移至体循环。肺循环的血容量在每一个呼吸周期中都发生相应的周期性变化，并对左心室回心血量、输出量和动脉血压都发生影响。在吸气时，胸腔内压力降低，上、下腔静脉扩张，静脉压降低，回心血量增多，右心射血量增加。但由于肺扩张牵拉肺循环的血管，使血管容量增大，容纳的血液增加，由肺静脉回流入左心房的血液反而减少，随着扩张的血管在几次心搏后即被充盈，肺静脉流入左心房的血量也会逐渐增加。在呼气时，发生相反的过程，右心回心血量减少，而左心回心血量增加。因此，动脉血压在吸气开始时下降，到吸气相的后半期降至最低点，然后逐渐回升，在呼气相的后半期升到最高点。这种随呼吸周期而出现的血压波动被称为动脉血压的呼吸波。

3. 肺循环毛细血管处的液体交换 肺循环毛细血管压力较低，只有约 7mmHg，而血浆胶体渗透压约为 25mmHg，故有效滤过压的方向是将组织中的液体吸收入毛细血管。目前认为，肺部组织液生成的压力为负值，这一负压有利于肺泡膜和毛细血管壁互相紧密贴合，有利于肺泡和血液之间的气体交换；另外有利于吸收肺泡内的液体，防止液体在肺泡内积聚。在左心衰竭时，肺静脉回流受阻，出现肺淤血；同时，肺循环毛细血管压随着升高，在肺泡或组织间隙中有液体积聚，形成肺水肿。肺水肿将严重影响气体交换，导致呼吸困难。

（二）肺循环血流量的调节

由于肺部血管壁薄，管腔大，可扩张性大，因此肺循环的血管口径变化多数情况下是被动的，同时血流量也受到局部化学因素及神经和体液因素的调节。

1. 肺泡气的氧分压 肺部血管的舒缩活动受肺泡气的氧分压影响十分明显，急性或慢性缺氧都能使血管收缩。当部分肺泡内的气体氧分压降低时，会引起这些肺泡周围的微动脉收缩，当伴有肺泡气的 CO_2 分压升高时，微动脉对低氧会更加敏感。而血液中的氧张力降低则不会引起肺血管收缩，可见肺循环和体循环的血管对局部低氧发生的反应是不同的。目前，对低氧时肺部血管发生缩血管反应的机制还不完全清楚。有人推测低氧可能使肺组织产生某种缩血管物质，也有人认为这种缩血管反应具有血管内皮依赖性的特点。肺泡内低氧引起周围血管收缩反应具有一定的生理意义。当通气不足导致一部分肺泡氧分压降低时，这些肺泡周围的血管收缩，血流量相应减少，从而使更多的血液流经通气充足、氧分压高的肺泡，进而确保体循环中动脉血的含氧量。在高海拔地区，吸入的空气中氧分压过低，可引起肺动脉广泛收缩，血流阻力增大，肺动脉压升高，可诱发急性肺水肿。居住在高海拔地区的人群，常可因慢性的肺动脉高压使右心室负荷长期过重，进而导致右心室肥厚。

2. 神经调节 肺循环血管受交感神经和迷走神经双重支配。交感神经兴奋对肺的直接作用是收缩血管，引起血流阻力增大，但在整体情况下，由于血液重新分布，可使肺循环的血容量增加，因为交感神经兴奋引起皮肤和胃肠等部位血管收缩更明显，一部分血液被挤入肺循环。儿茶酚胺也具有类似与交感神经兴奋的效应。迷走神经兴奋可舒张肺血管，与 ACh 的舒张血管作用机制有关，但在流经肺部后 ACh 即被分解而失活。

3. 血管活性物质对肺血管的影响 能使肺循环的微动脉收缩的血管活性物质包括 E、NE、Ang II、TXA_2、$PGF_{2\alpha}$ 等。组胺和 5 - HT 能使肺循环静脉收缩，但仅在肺发挥作用，流经肺循环后即分解失活。

三、脑循环

脑循环（cerebral circulation）的血液供应来自颈内动脉和椎动脉。两侧椎动脉在颅腔内先合成基底动脉，再与两侧颈内动脉的分支合成颅底动脉环，然后发出分支供应脑的各部。静脉血则通过静脉窦由颈内静脉回流。

（一）脑循环的生理特点

脑作为人体功能调节的最高级中枢，组织代谢水平高，耗氧量大，血流量大。在安静情况下，每百克脑组织耗氧 3 ~ 3.5ml/min，整个脑的耗氧量占全身耗氧量的 20% 左右。脑组织对缺血的耐受性很低，脑缺血数秒钟，人即会意识丧失；脑缺血 5 ~ 6 分钟，大脑功能将出现不可逆的损伤，因此保证脑供血非常重要。在安静情况下，脑组织的血流量为每百克 50 ~ 60ml/min，全脑的血流量约为 750ml/min。占心输出量的 15% 左右，脑的重量虽仅占体重的 2%。

脑位于骨性的颅腔内，脑、脑血管和脑脊液共同充满颅腔，三者的容积总和是固定的，体积受限。由于脑组织是不可压缩的，在相当的程度内也就限制了脑血管的舒缩程度。因此，脑血流量的变化较小，主要依靠改变脑循环的血流速度实现，即使在惊厥等中枢神经系统极端兴奋的情况下，动物的脑血流量增加值也不超过50%。而当脑组织水肿或脑脊液增加时，都会使颅内压升高，进而会导致血流阻力增大，降低脑血流量。

脑循环毛细血管壁的内皮细胞之间相互接触紧密，且有部分的重叠，管壁上没有小孔。并且毛细血管和神经元之间被神经胶质细胞隔开，并不直接接触。这一特征性结构对于物质在脑组织和血液之间交换起到屏障作用，称为血 – 脑屏障（blood – brain barrier，BBB）。

（二）脑循环的调节

1. 脑血管的自身调节　脑动脉和脑静脉的压力差和血流阻力决定了血流速度和血流量。由于颈内静脉压变化不大，与右心房内压即中心静脉压接近，故颈动脉压是影响脑血流量的主要因素。当平均动脉压在60～140mmHg范围内变化时，脑血流量保持恒定，主要与脑血管的自身调节机制有关。平均动脉压低于60mmHg时，脑血流量会显著减少，引起脑的功能障碍。反之，当平均动脉压超过140mmHg时，脑血流量显著增加，导致毛细血管血压过高，引起脑水肿。

2. CO_2和O_2分压对脑血流量的影响　血液中CO_2分压升高时，能直接舒张脑血管，使血流量增加；过多的CO_2还可引起颈动脉体和主动脉体化学感受性反射增强，使外周血管收缩，但脑血管对化学感受性反射的缩血管效益影响较小，所以血液重新分配会进一步增加脑供血，综合前两者，CO_2分压升高可明显舒张血管，增加脑血流量。O_2分压降低引起的化学感受性反射和CO_2分压升高的机制相同，也引起舒张脑血管的效应。目前认为，CO_2分压升高时引起脑血管舒张的效应，是通过促进血管内皮生成NO完成的；O_2分压降低促使脑血管舒张的机制除了通过NO发挥作用外，还与刺激局部腺苷合成、激活K^+通道有关。反之，在过度通气时，CO_2呼出过多，动脉血中的CO_2分压降低，脑血管收缩，血流量减少，可引起头晕等症状。

3. 脑的代谢对脑血流量的影响　实验证明，不同部分的脑组织在同一时间内，其血流量是不同的，当某一部分脑组织的活动加强时，该部分的血流量就相应增多。例如在肌肉运动时，对侧大脑皮层运动区的血流量就增加；在阅读时，许多区域的脑组织血流量都增加，尤其是与语言功能有关的皮层枕叶和颞叶部分血流量增加更为明显。脑血流量随局部代谢活动加强而增加的机制，可能是通过代谢产物如H^+、K^+、腺苷、CO_2分压升高以及O_2分压降低等引起脑血管舒张。研究表明，脑的代谢产物可使某些神经元或脑血管内皮合成NO增加，引起舒张脑血管的效应。

4. 神经调节　脑的动脉和静脉受到多种来源的神经支配，如颈上神经节的节后纤维末梢释放的递质为NE，广泛分布于脑血管和软脑膜血管；起自蓝斑的神经元的轴突末梢同样释放NE，分布于脑实质内的小血管；副交感神经的末梢释放ACh，也分布于脑血管；此外，还有部分支配脑血管的神经纤维末梢释放VIP、神经肽等。但神经对脑血管活动的调节作用并不明显，当支配脑血管的交感或副交感神经被刺激或切除时，脑血流量却没有明显变化；在各种心血管反射中，脑血流量的变化一般都很小。其可能的原因是神经调节的作用可被局部自身调节机制掩盖或抵抗。

（三）血 – 脑脊液屏障和血 – 脑屏障

脑脊液可被视为脑和脊髓的组织液和淋巴，其成分和血浆相比有诸多不同。脑脊液中蛋白质的含量极微，葡萄糖含量也比血浆少，但Na^+和Mg^{2+}的浓度比血浆高，K^+、HCO_3^-和Ca^{2+}的浓度比血浆低。可见，血液和脑脊液之间的物质转运具有选择性，存在主动转运的过程。另外，一些大分子物质难以从血液进入脑脊液，在血液和脑脊液之间仿佛存在着某种特殊的屏障，称之为血 – 脑脊液屏障（blood – cerebrospinal fluid barrier）。这种屏障对不同物质表现出不同的通透性。例如O_2、CO_2等脂溶性小分子物质很容易通过血 – 脑脊液屏障，但许多离子的通透性则较低。血 – 脑脊液屏障的结构基础是无孔的毛细血管壁和脉络丛细胞中各种特殊的载体系统。

血液和脑组织之间也存在类似的屏障，可限制血液和脑组织之间的物质自由交换，称为血 – 脑屏障

（blood – brain barrier）。脂溶性小分子物质如 O_2、CO_2、乙醇以及某些麻醉药等，很容易通过血 – 脑屏障。对于水溶性物质，其通透性和分子的大小并不一定相关。如葡萄糖和氨基酸的通透性较高，反之，蔗糖、甘露醇和许多离子的通透性很低，甚至不通透。这说明脑组织和毛细血管的物质交换也存在主动转运的过程。在电子显微镜下，脑内大多数毛细血管外周都有大量的星形胶质细胞，它们伸出突起（血管周足）包围住毛细血管的表面。据此推测，毛细血管的内皮、基膜和星形胶质细胞的血管周足等结构构成了血 – 脑屏障的结构基础。

血 – 脑脊液屏障和血 – 脑屏障的存在，对于保护脑组织周围稳定的化学环境，防止血液中有害物质侵入脑内，具有重要的生理意义。例如，在实验中使血浆 K^+ 浓度加倍，脑脊液中 K^+ 浓度仍能保持在正常水平，因此血浆中 K^+ 浓度的变化不会对脑内神经元的兴奋性产生明显的影响。另外，循环血液中的 ACh、多巴胺、NE、甘氨酸等物质也不易穿过血 – 脑屏障，以免它们扰乱脑的正常功能。

血 – 脑屏障在有些部位比较薄弱，如下丘脑第三脑室周围和延髓后缘区等处的室周器官，该处的毛细血管壁对许多物质的通透性高于脑的其他部分。因此，循环血液中的有些物质，如 AngⅡ 和其他肽类物质，可以从这些部位进入脑内，引起各种效应。另外，在某些病理情况下毛细血管壁的通透性增加，如脑组织发生缺氧、损伤等情况，又或者在脑肿瘤的部位，平时不易通过血 – 脑屏障的物质容易经受损的部位进入脑组织。在临床上常利用这一特点，用同位素标记的方法定位脑瘤的发生部位。在临床上治疗神经系统疾病时，必须确定所用的药物是否可以通过血 – 脑屏障。

在脑室系统，室管将脑脊液和脑组织分隔；在脑的表面，软脑膜将脑脊液和脑组织分隔。室管膜和软脑膜的通透性很高，脑脊液和脑组织很容易通过室管膜或软脑膜进行物质交换。因此，在临床上不易通过血 – 脑屏障的药物可直接注入脑脊液，使之能较快地进入脑组织。

目标检测

答案解析

单项选择题

1. 在等容收缩期，压力梯度正确的是
   - A. 房内压 > 室内压 > 主动脉压
   - B. 房内压 < 室内压 > 主动脉压
   - C. 房内压 = 室内压 > 主动脉压
   - D. 房内压 < 室内压 < 主动脉压
   - E. 房内压 > 室内压 < 主动脉压

2. 下列因素中，哪一项不能引起心输出量增加
   - A. 焦虑
   - B. 代谢性酸中毒
   - C. 贫血
   - D. 运动
   - E. 妊娠

3. 下列关于心室肌细胞钠通道的叙述，错误的是
   - A. 属于电压依从性离子通道
   - B. 主要是 Na^+ 可以通过
   - C. 去极化到 $-40mV$ 时被启动
   - D. 可被河豚毒阻断
   - E. 启动和失活的速度都快

4. 心室肌细胞动作电位平台期是哪些离子跨膜流动的综合结果
   - A. Na^+ 内流，Cl^- 外流
   - B. Na^+ 内流，K^+ 外流
   - C. K^+ 内流，Ca^{2+} 外流
   - D. Na^+ 内流，Cl^- 内流
   - E. Ca^{2+} 内流，K^+ 外流

5. 下列关于各类血管的功能特点叙述，正确的是
   - A. 主动脉和大动脉有弹性贮器的作用，能使血液在血管系统内匀速流动

B. 毛细血管前括约肌属于毛细血管前阻力部分，交感缩血管纤维的分布极少

C. 毛细血管分支多，总的截面积大，可容纳循环血量的 60% 以上

D. 微静脉口径不变时，微动脉舒张有利于组织液进入血液

E. 静脉的舒缩活动是促使静脉回流入心脏的主要动力

6. 下列关于动脉压的叙述，正确的是

　　A. 心室收缩时，血液对动脉管壁的侧压，称为收缩压

　　B. 平均动脉压是收缩压和舒张压的平均值

　　C. 主动脉和左心室内压的变动幅度是相同的

　　D. 其他因素不变时，心率加快使脉压增大

　　E. 男女性的动脉血压均随年龄的增长而逐渐升高

7. 右心衰竭时组织液生成增加而致水肿，主要原因是

　　A. 血浆胶体渗透压降低　　　　　　　　B. 毛细血管血压增高

　　C. 组织液静水压降低　　　　　　　　　D. 组织液胶体渗透压增高

　　E. 淋巴回流受阻

8. 关于迷走神经兴奋对心脏作用的叙述，正确的是

　　A. 心率减慢、传导加速、有效不应期延长

　　B. 心率减慢、传导减慢、有效不应期延长

　　C. 心率减慢、传导减慢、有效不应期缩短

　　D. 心率减慢、传导加速、有效不应期不变

　　E. 心率加快、传导加速、有效不应期缩短

9. 在动物实验中，短时间夹闭家兔的双侧颈总动脉可引起

　　A. 心率减慢　　　　　　　B. 心肌收缩力减弱　　　　　　C. 外周血管收缩

　　D. 心交感神经活动减弱　　E. 心迷走神经活动增强

10. 关于肾素－血管紧张素系统的功能描述错误的是

　　A. 对血压、体液和电解质平衡进行调节

　　B. 血管紧张素Ⅱ可能与交感缩血管紧张的维持有关

　　C. 失血时肾素－血管紧张素系统的活动加强

　　D. 肾素是已知最强的缩血管活性物质之一

　　E. 肾素－血管紧张素系统的功能异常与高血压的发生有关

（李淑芬　侯软玲　海青山）

书网融合……

本章小结　　　　　　题库

第五章 呼吸生理

📖 **学习目标**

1. 掌握 呼吸的三个环节；肺通气的动力，肺通气的弹性阻力和顺应性；肺通气功能测定；气体交换原理，影响肺换气和组织换气的因素；氧气和二氧化碳在血液中的运输，氧解离曲线及其影响因素；化学感受性呼吸调节和肺牵张反射。

2. 熟悉 呼吸道的功能；肺通气的非弹性阻力，胸廓的弹性阻力和顺应性；脑干呼吸中枢的组成和呼吸神经元的种类。

3. 了解 组织换气的过程；二氧化碳解离曲线和影响因素；呼吸节律形成机制；呼吸肌本体感受性反射，防御性反射。

4. 学会运用肺通气功能测定的基本原理，对临床中慢性阻塞性肺疾病进行诊断；学会应用呼吸运动的调节机制，解决临床各种原因引起的呼吸功能障碍。

➡️ **案例引导**

临床案例 患者，男，65岁。病史与主诉：6年前开始无明显诱因反复出现咳嗽、咳白色泡沫痰，晨起较多，冬季加重，无胸痛、咯血。每年累计发作时间达4个月以上。1年前，患者出现活动后气促，且进行性加重。患者曾吸烟40年，平均2包/天。否认肺结核、肿瘤等病史。体格检查：桶状胸，肋间隙明显增宽；双肺呼吸对称，活动度减弱，叩诊呈过清音；双肺呼吸音减弱，未闻及干湿音；心率85次/分，律齐；双下肢无水肿。辅助检查：胸部X线检查慢性支气管炎，肺气肿改变；肺动脉高压；主动脉硬化。肺功能检查：①FEV_1和FVC分别占预计值%为50.4%和75.4%，FEV_1/FVC为50.4%；②支气管舒张试验显示，FEV_1增加180ml、升高16%，FEV_1/FVC为50%，FEV_1占预计值%为58.7%。初步诊断：慢性阻塞性肺疾病。

讨论 1. 测定肺通气功能有哪些指标？
　　　　2. 如何解释该患者的临床表现？

呼吸系统由呼吸道和肺等器官组成，其主要功能是呼吸。呼吸（respiration）是指机体与外界环境之间的气体交换过程，即从外界环境摄取氧气，而向外界排出代谢产物二氧化碳。呼吸是维持机体新陈代谢和其他功能活动所必需的基本生理过程之一，一旦机体出现呼吸停止，生命也将终止。

在高等动物和人体，呼吸的全过程包括三个相互衔接并且同时进行的环节（图5-1）：①外呼吸（external respiration）是指肺毛细血管血液与外界环境之间的气体交换过程，包括肺通气（外界空气与肺之间的气体交换过程）和肺换气（肺泡与肺毛细血管血液之间的气体交换过程）两方面；②呼吸气体（氧和二氧化碳）在血液中的运输；③内呼吸（internal respiration）或组织呼吸，即组织换气（血液与组织、细胞之间的气体交换过程），有时细胞内的氧化过程也包括在内呼吸之中。呼吸过程不仅依靠呼吸系统来完成，还需要血液循环系统的配合，并受到神经和体液因素的调节，从而与机体的代谢水平相适应。

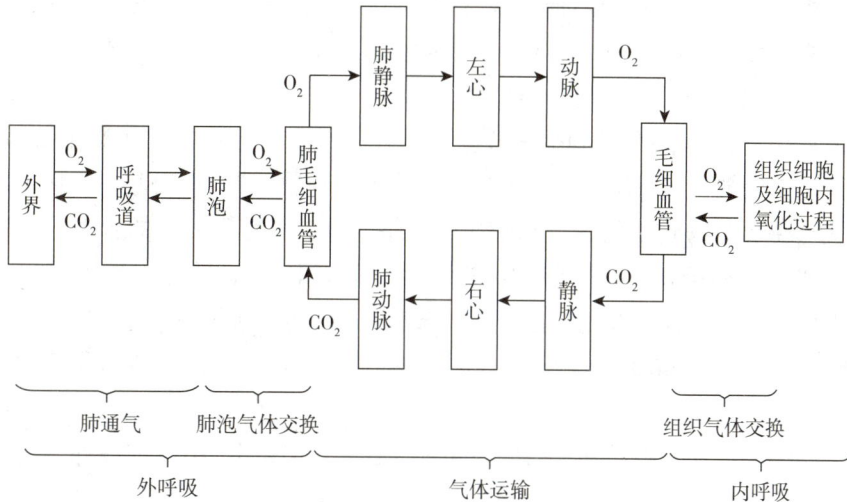

图 5-1 呼吸全过程示意图

第一节 肺通气

PPT

肺通气（pulmonary ventilation）是肺与外界环境之间的气体交换过程。实现肺通气的器官包括呼吸道、肺泡、胸膜腔、膈和胸廓等。呼吸道有通气、加温、加湿、防御、保护机体等作用；肺泡是肺内气体与血液气体进行交换的场所；胸廓的节律性运动是实现肺通气的动力。

一、肺通气的原理

（一）呼吸道的结构特征和功能

呼吸道也称气道，包括鼻、咽、喉、气管和支气管，是气体进出肺脏的管道。临床上通常以环状软骨下缘为界把鼻、咽、喉称为上呼吸道，气管、支气管及其在肺内的分支称为下呼吸道。呼吸道黏膜内壁有丰富的毛细血管网，并有黏液腺分泌黏液，这些结构特征使吸入的空气在到达肺泡之前就得到湿润和加温，并阻挡吸入气体中尘埃的进入。另外，鼻毛也可阻挡尘埃进入，或通过黏膜上皮的纤毛运动将尘埃排出，从而使肺泡获得较为洁净的空气。

气管由许多不完全的环状软骨、平滑肌和弹性纤维所组成，故呼吸时，气管的管径变化很小，也不因平滑肌舒缩而有显著改变。气管向下分为左右支气管，进入肺门后反复分支，若以气管为 0 级，可不断分支至 23 级，数目越来越多，管径越来越细，最后以呼吸性细支气管与肺泡接通。气管与支气管的结构很像一棵倒立的树，随着气管的分支，软骨组织逐渐减少以至消失，而平滑肌组织相对增多。因此在支气管和细支气管处，因软骨组织减少，平滑肌的舒缩对管径的影响较大，从而成为平滑肌舒缩影响气道阻力的主要部位。

呼吸道的主要功能如下。

1. 通气功能 呼吸道是呼吸气体进出的通道，通气是其主要功能。

2. 调节气道阻力 通过调节气道阻力从而调节进出肺的气体的量、速度和呼吸功。呼吸道口径的大小直接影响气道阻力，而平滑肌的舒缩受神经和体液调节。

（1）神经调节 呼吸道平滑肌受迷走神经和交感神经的双重支配。迷走神经兴奋时，其节后纤维末梢释放的递质是乙酰胆碱（ACh），与气管平滑肌上的 M 胆碱能受体结合，使气管平滑肌收缩，支气管和细支气管管径变小，气道阻力随之增加；交感神经的作用与此相反，当交感神经兴奋时，其节后纤维末梢释放的递质是去甲肾上腺素（NE），与气管平滑肌上的 β_2 肾上腺素能受体结合，使气管平滑肌舒张，支气管和细支气管管径增大，气道阻力随之下降。

（2）体液因素　组胺、5-羟色胺和缓激肽等物质可引起呼吸道平滑肌的强烈收缩。此外，某些过敏原在支气管黏膜上发生抗原抗体反应时，产生一种"慢反应物质"，能引起平滑肌的痉挛。支气管哮喘的发作与组胺或"慢反应物质"的释放有密切的关系。肾上腺髓质分泌的肾上腺素和去甲肾上腺素作用于呼吸道平滑肌上的 β_2 受体，有舒张呼吸道平滑肌的作用。因此临床上常用拟交感药物，如 β_2 受体激动剂异丙肾上腺素使支气管平滑肌舒张，从而降低气道阻力，缓解支气管哮喘。

3. 防御和保护功能　呼吸道具有对吸入气体进行加温、湿润、过滤、清洁作用和防御反射等保护功能。

（1）加温湿润作用　主要在鼻和咽，而气管和支气管的作用较小。一般情况下，外界空气的温度和湿度都较肺内为低。由于鼻、咽黏膜有丰富的血流，并有黏液腺分泌黏液，所以吸入气在到达气管时已被加温和被水蒸气饱和，变为温暖而湿润的气体进入肺泡。如果外界气温高于体温，则通过呼吸道血流的作用，也可以使吸入气的温度下降到体温水平。呼吸道的这种空气调节功能对肺组织有重要的保护作用。经气管插管呼吸的患者，失去了呼吸道的空气调节功能，可使呼吸道上皮、纤毛及腺体等受到损伤，因此应给患者呼吸湿润的空气为宜。

（2）过滤、清洁作用　通常通过呼吸道的过滤和清洁作用，阻挡和清除了随空气进入呼吸道的颗粒、异物，使进入肺泡的气体几乎清洁无菌。呼吸道的不同部位有各种不同的机制防止异物到达肺泡。在上呼吸道：鼻毛可以阻挡较大颗粒进入，鼻甲的形状使颗粒直接沉积在黏膜上，直径大于 $10\mu m$ 的颗粒几乎完全从鼻腔空气中被清除掉。在气管、支气管和细支气管：直径 $2\sim10\mu m$ 的颗粒可通过鼻腔而进入下呼吸道，其管壁黏膜有分泌黏液的杯状细胞和纤毛上皮细胞，所分泌的黏液覆盖在纤毛上。纤毛通过协调而有节奏地摆动，将黏液层和附着于其上的颗粒向喉咽方向移动。纤毛推动黏液层及所附着的颗粒到达咽部后，或被吞咽或被咳出。吸入气干燥或含有刺激性物质，如二氧化硫等，可以损害纤毛的运动，影响呼吸道的防御功能。在呼吸道末端及肺泡内：直径小于 $2\mu m$ 的小颗粒可以进入呼吸性细支气管、肺泡管和肺泡，巨噬细胞可吞噬吸入的颗粒和细菌，并向上游走到细支气管壁上的黏液层，随黏液排出；肺泡巨噬细胞生活在氧分压较高的肺泡中，当通气量减少或氧分压降低时，其功能将减退。此外，呼吸道的分泌物中还含有免疫球蛋白和其他物质，有助于防止感染和维持黏膜的完整性。

呼吸道受到机械或化学刺激时，可以引起防御反射，将在本章第四节呼吸调节中叙述。

（二）肺通气的动力

气体进出肺是由于大气和肺泡气之间存在着压力差，此压力差为实现肺通气的直接动力；在自然呼吸条件下，此压力差产生于肺的扩张和收缩所引起的肺容积的变化。可是肺本身不具有主动运动的能力，它的扩张和收缩是由胸廓的扩大和缩小引起，而胸廓的扩大和缩小又是由呼吸肌的收缩和舒张引起。当吸气肌收缩时，胸廓扩大，肺随之扩张，肺容积增大，肺内压暂时下降并低于大气压，空气就顺此压力差而进入肺，造成吸气（inspiration）。反之，当吸气肌舒张和（或）呼气肌收缩时，胸廓缩小，肺也随之缩小，肺内压暂时升高并高于大气压，肺内气体顺此压力差流出肺，造成呼气（expiration）。呼吸肌收缩、舒张所造成的胸廓的扩大和缩小，称为呼吸运动（respiratory movement）。呼吸运动是肺通气的原动力。

1. 呼吸运动　引起呼吸运动的骨骼肌为呼吸肌。使胸廓扩大产生吸气动作的肌肉为吸气肌，主要有膈肌和肋间外肌；使胸廓缩小产生呼气动作的是呼气肌，主要有肋间内肌和腹壁肌。此外，还有一些辅助呼吸肌，如斜角肌、胸锁乳突肌和胸背部的其他肌肉等，这些肌肉只在用力呼吸时才参与呼吸运动。

（1）吸气运动　平静呼吸时，只有吸气肌收缩，才会发生吸气运动，所以吸气是主动过程。引起吸气运动的主要有膈肌和肋间外肌，肋间外肌的肌纤维起自上一肋骨的近脊椎端的下缘，斜向前下方走行，止于下一肋骨近胸骨端的上缘。由于脊椎的位置是固定的，而胸骨可以上下移动，所以当肋间外肌收缩时，肋骨和胸骨上提，肋骨下缘还向外侧偏转，从而增大胸腔的前后径和左右径；膈的形状似钟罩，静止时向上隆起，位于胸腔和腹腔之间，构成胸腔的底。膈肌收缩时，隆起的中心下移，从而增大了胸腔的上下径，胸腔和肺容积增大，产生吸气。膈下移的距离视其收缩强度而异，平静吸气时，下移1～2cm，深吸气时，下移可达7～10cm。由于胸廓呈圆锥形，其横截面积上部较小，下部明显加大。因此，膈略微下降就可使胸腔容积显著增加。

（2）呼气运动　平静呼气时，呼气运动不是由呼气肌收缩所引起，而是因膈肌和肋间外肌舒张，肺依靠本身的回缩力量而回位，并牵引胸廓，使之上下径、前后径、左右径均缩小，恢复其吸气开始前的位置，从而引起胸腔和肺的容积减小，肺内压升高，产生呼气（图5-2）。所以平静呼吸时，呼气是被动的。

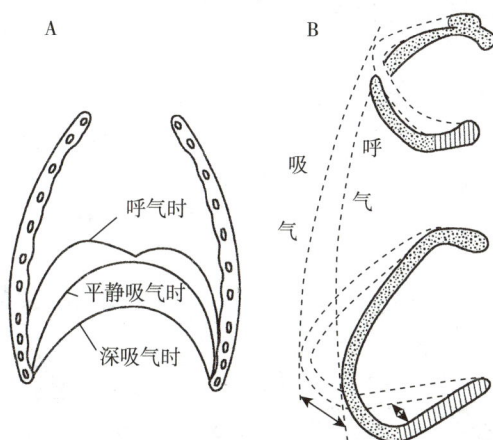

图5-2　胸腔容积随呼吸运动变化示意图

A 膈肌收缩引起胸腔上下径的变化；B：肋间内、外肌收缩引起胸腔的前后径和左右径的变化

（3）平静呼吸和用力呼吸　安静状态下的自然呼吸称为平静呼吸（eupnea）。其特点是呼吸运动较为平衡均匀，呼吸频率为12～18次/分，吸气是主动过程，呼气是被动过程。

机体活动加剧，或吸入气中的二氧化碳含量增加或氧含量减少时，呼吸将加深、加快，称为用力呼吸（forced breathing），这时不仅有更多的吸气辅助肌参与收缩，或收缩加强，而且呼气肌也主动参与收缩。控制第一对肋骨和胸骨运动的胸锁乳突肌及斜角肌参加收缩，可使胸骨柄和第一对肋骨向上向外提起，扩展胸廓上部，胸廓和肺的容积进一步扩大，更多的气体被吸入肺内。在缺氧或二氧化碳增多较严重的情况下，会出现呼吸困难（dyspnea），此时，不仅呼吸大大加深，还可出现鼻翼扇动等，同时主观上有不舒服的困压感。

用力呼气时，除吸气肌舒张引起的被动呼气过程外，还存在呼气肌收缩引起的主动呼气过程。参与收缩的腹肌和肋间内肌使胸廓进一步缩小，促进气体更多更快的排出。腹肌是主要的呼气肌，其收缩时一方面压迫腹腔器官，推动膈上移，另一方面也牵拉下部的肋骨向下向内移位，两者都使胸腔容积缩小，协助产生呼气；肋间内肌也是呼气肌，其走行方向与肋间外肌相反，从上一肋骨的近胸骨端斜向下止于下一肋骨的近脊柱端，收缩时使肋骨和胸骨下移，肋骨向内侧旋转，使胸腔前后径、左右径均缩小，从而呼出更多的气体。

（4）腹式呼吸和胸式呼吸　呼吸时，以膈肌舒缩伴随腹部起伏为主的呼吸运动称为腹式呼吸（ab-dominal breathing）。据估计，平静呼吸时因膈肌收缩而增加的胸腔容积相当于总通气量的4/5，所以膈肌的舒缩在肺通气中起重要作用。膈肌收缩而膈下移时，腹腔内的器官因受压迫而使腹壁突出，膈肌舒张时，腹腔内脏恢复原位。呼吸时，由肋间肌舒缩使肋骨和胸骨运动、胸部起伏为主的呼吸运动称为胸式呼吸（thoracic breathing）。肋间外肌收缩越强，胸腔容积增大越多。在平静呼吸中肋间外肌所起的作用较膈肌为小。一般情况下，成年人的呼吸运动中，腹式呼吸和胸式呼吸常同时存在，其中某种型式可占优势；只有在胸部或腹部活动受到限制时，才可能单独出现某一种型式的呼吸。如在妊娠后期、胃肠道胀气或腹膜炎症等情况下，因膈肌运动受限，故主要依靠肋间外肌舒缩而呈胸式呼吸；在肋骨骨折、急性胸膜炎等导致肋骨活动受限时，主要依靠膈肌舒缩而呈腹式呼吸。在婴幼儿，因肋骨的排列基本上与脊柱垂直，倾斜度小，肋骨运动不易扩大胸腔容量，故也以腹式呼吸为主。

2. 肺内压（intrapulmonary pressure）　是指气道和肺泡内气体的压力。肺通过呼吸道与外界相通，在呼吸暂停、呼吸道通畅时，肺内压与大气压相等。在呼吸过程中，气体之所以能进出肺泡，是因肺泡与大气之间存在着一定的压力差，气体从压力高处流向压力低处。吸气之初，由于肺随着胸廓扩大而增大了容积，肺泡内原有气量未变，致使肺内压力下降而低于大气压，空气即借此压力差通过呼吸道从外界进入肺泡；到吸气末期，进入的空气已充满了扩大的肺容积，肺内压又与大气压相等。呼气时，肺容积缩小，气体被压缩，于是肺内压高于大气压，肺泡内气体通过呼吸道流向外界；至呼气末期，肺内压又与大气压相等（图5-3）。

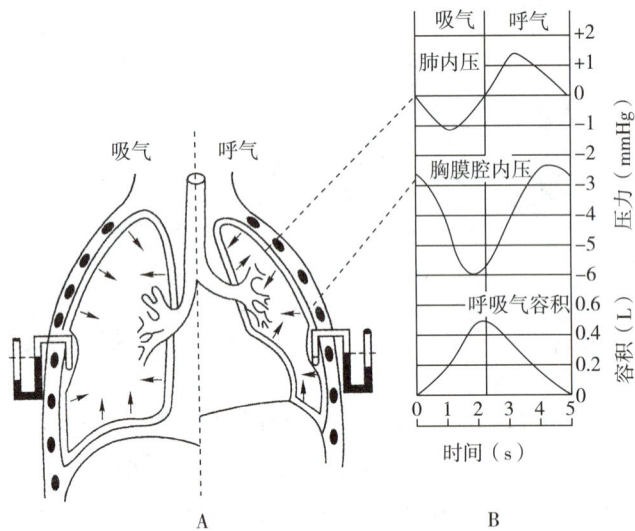

图5-3　吸气和呼气时肺内压、胸膜腔内压、呼吸气容积的变化（B）
以及胸膜腔内压直接测量（A）示意图

呼吸过程中肺内压变化的程度，视呼吸的缓急、深浅和呼吸道是否通畅而定。若呼吸慢，呼吸道通畅，则肺内压变化较小；若呼吸较快，呼吸道不够通畅，则肺内压变化较大。平静呼吸时，呼吸缓和，肺容积的变化也较小，吸气时，肺内压较大气压低1~2mmHg，即肺内压为-2~-1mmHg；呼气时较大气压高1~2mmHg。用力呼吸时，呼吸深快，肺内压变化的程度增大。当呼吸道不够通畅时，肺内压的升降将更大。例如紧闭声门，尽力作呼吸动作，吸气时，肺内压可为-100~-30mmHg，呼气时可达60~140mmHg。

由此可见，在呼吸过程中正是由于肺内压的周期性交替升降，造成肺内压和大气压之间的压力差，这一压力差成为推动气体进出肺的直接动力。一旦自然呼吸停止，便可根据这一原理，用人工方法建立肺内压和大气压之间的压力差来维持肺通气，这便是人工呼吸（artificial respiration）。人工呼吸的方法很多，如用人工呼吸机进行正压通气；简便易行的口对口的人工呼吸、节律地举臂压背或挤压胸廓等负压通气。在进行人工呼吸时，首先要保持呼吸道畅通，注意清除呼吸道内的异物和痰液等，否则，对肺通气而言，操作将是无效的。

3. 胸膜腔和胸膜腔内压 胸膜有两层，即紧贴于肺表面的脏层和紧贴于胸廓内壁的壁层。两层胸膜形成一个密闭的潜在的腔隙，为胸膜腔（pleural cavity）。正常情况下，胸膜腔内仅有约 $10\mu m$ 厚的少量浆液，没有气体。这一薄层浆液有两方面的作用：一是在两层胸膜之间起润滑作用。由于浆液的黏滞性很低，所以在呼吸运动过程中，两层胸膜可以互相滑动，减小摩擦。二是浆液分子的内聚力使两层胸膜贴附在一起，不易因胸廓增大或减小而分开，从而保证呼吸运动中肺能紧贴胸廓内侧，随胸廓的大小变化而变化。因此，胸膜腔的密闭性和两层胸膜间浆液分子的内聚力有重要的生理意义。

胸膜腔内的压力为胸膜腔内压（intrapleural pressure），可用两种方法进行测定。一种是直接法，将与检压计相连接的注射针头斜刺入胸膜腔内，检压计的液面即可直接指示胸膜腔内的压力（图 5-3A）。直接法的缺点是有刺破胸膜脏层和肺的危险。另一种方法是间接法，让受试者吞下带有薄壁气囊的导管至下胸部的食管，由测量呼吸过程中食管内压变化来间接地指示胸膜腔内压变化。这是因为食管在胸内介于肺和胸壁之间，食管壁薄而软，在呼吸过程中两者的变化值基本一致。故可以测食管内压力的变化以间接反映胸膜腔内压的变化。

测量表明胸膜腔内压可随着呼吸运动而发生周期性波动。一般情况下，胸膜腔内压比大气压低，为负压。平静呼气末胸膜腔内压为 $-5 \sim -3mmHg$，吸气末为 $-10 \sim -5mmHg$（图 5-3B）。紧闭声门，用力吸气时，胸膜腔内压可降至 $-90mmHg$；用力呼气时，可升高至 $110mmHg$。

胸膜腔负压的形成与肺和胸廓的自然容积不同有关。人出生之后，胸廓的发育较肺为快，使胸廓的自然容积明显大于肺的自然容积，由于两层胸膜紧紧贴在一起且密闭，肺受胸廓向外牵引而始终处于被动扩张状态，被扩张的肺所产生的回缩力向内牵拉脏层胸膜，使胸廓的容积缩小。

胸膜腔内负压实际上是作用于胸膜表面的压力间接形成的。壁层胸膜的表面受到胸廓组织的保护（骨骼和肌肉），故不受大气压的影响。肺扩张状态的维持取决于跨肺压，跨肺压（transpulmonary pressure）是指肺泡壁内外的压力差，由于肺组织间隙内压与胸膜腔内压几乎相等，所以，

$$跨肺压 = 肺内压 - 胸膜腔内压 \tag{5-1}$$

在吸气末或呼气末，由于呼吸道内气流停止流动，且呼吸道与大气相通，故肺内压在大多数情况下与大气压相等，可将上式改写成：

$$跨肺压 = 大气压 - 胸膜腔内压 \tag{5-2}$$

若设大气压为 0，则：

$$跨肺压 = - 胸膜腔内压 \tag{5-3}$$

可见，使肺维持扩张状态的主要因素实际上是胸膜腔内压。

脏层胸膜表面的压力受两方面因素影响：其一是肺泡内的压力，即肺内压，吸气末或呼气末与大气压相等，它使肺处于扩张状态；其二是肺组织由于被动扩张而产生的弹性回缩力，其作用方向与肺内压相反，因此胸膜腔内的压力实际是：

$$胸膜腔内压 = 肺内压（大气压）+ （- 肺回缩力） \tag{5-4}$$

若设大气压力为 0，肺处于静止状态时，则：

$$胸膜腔内压 = - 肺回缩力 \tag{5-5}$$

由于胸内负压是肺回缩力形成的，因此，吸气时，胸廓扩大，肺进一步被扩张，回缩力增大，胸内负压也增大。呼气时则相反，胸内负压减小。由于婴儿出生后，胸廓生长的速度比肺快，以致胸廓经常

牵引着肺，即便在胸廓因呼气而缩小时，仍使肺处于一定程度的扩张状态，只是扩张程度小些而已。所以，正常情况下，肺总是表现出回缩倾向，胸膜腔内压因而经常为负。

胸膜腔内保持负压具有重要的生理意义，它不仅作用于肺，牵引其扩张，也作用于胸腔内其他器官，特别是壁薄而可扩张性大的腔静脉和胸导管等，可促进静脉血和淋巴液的回流。

⊕ 知识链接

气 胸

胸膜腔内保持负压的一个重要前提是胸膜腔必须维持密闭状态，如外伤致胸壁破裂或因肺气肿使肺大泡破裂，使胸膜腔与大气相通，空气将立即进入胸膜腔，形成气胸（pneumothorax）。此时两层胸膜彼此分开，肺将因其本身的回缩力而塌陷，造成肺不张。这时，尽管呼吸运动仍在进行，肺却减小或失去了随胸廓运动而运动的能力，其程度视气胸的程度和类型而异。气胸时，肺的通气功能受到阻碍，静脉和淋巴回流也受到阻碍。严重者，不但患侧呼吸和循环功能发生障碍，由于纵隔向健侧移位甚至出现纵隔随呼吸左右摆动，还将累及部分健侧的呼吸和循环功能，如不紧急处理，可危及生命。

（三）肺通气的阻力

肺通气的动力需要克服肺通气的阻力方能实现肺通气。通气阻力增高是临床上肺通气障碍最常见的原因。肺通气的阻力有两种：弹性阻力是平静呼吸时主要阻力，包括肺和胸廓的弹性阻力，约占总阻力的70%；非弹性阻力包括气道阻力、惯性阻力和组织的黏滞阻力，约占总阻力的30%，其中又以气道阻力为主。弹性阻力在气流停止状态下仍然存在，属于静态阻力；非弹性阻力仅在气体流动时才发生，为动态阻力。

1. 弹性阻力和顺应性 弹性组织对抗外力作用所引起的变形的力称为弹性阻力（elastic resistance）。用同等大小的外力作用时，弹性阻力大者，变形程度小；弹性阻力小者，变形程度大。一般用顺应性（compliance）来度量弹性阻力。顺应性是指在外力作用下弹性组织的可扩张性。容易扩张者顺应性大，弹性阻力小；不易扩张者顺应性小，弹性阻力大。可见顺应性（C）与弹性阻力（R）成反变关系：

$$C = \frac{1}{R} \tag{5-6}$$

顺应性可以用单位压力变化（ΔP）所引起的容积变化（ΔV）来表示，单位是 L/cmH_2O，即

$$C = \frac{\Delta V}{\Delta P} \left(\frac{L}{cmH_2O} \right) \tag{5-7}$$

（1）肺弹性阻力和肺顺应性 肺具有弹性，在肺扩张变形时产生弹性回缩力，其方向与肺扩张的方向相反，成为吸气阻力，即肺弹性回缩力是肺的弹性阻力。肺弹性阻力可用肺顺应性表示：

$$肺顺应性（C_L） = \frac{肺容积的变化（\Delta V）}{跨肺压的变化（\Delta P）} \ (L/cmH_2O) \tag{5-8}$$

1）肺静态顺应性曲线 测定肺顺应性时，可采用分步吸气（打气入肺）或分步呼气（从肺内抽气）的方法，每步吸气或呼气后，受试者屏息，放松呼吸肌，测定肺容积的变化和胸膜腔内压（由于此时呼吸道内无气流流动，肺内压等于大气压，故只测胸膜腔内压即可知跨肺压），绘制容积–压力（$V-P$）曲线（图5-4），此为肺的顺应性曲线。由于测定是在屏气无气流的情况下进行的，故而是肺静态顺应性。曲线的斜率反映不同肺容量下顺应性和弹性阻力的大小。曲线斜率大，顺应性大，弹性阻力小；曲线斜率小，则意义相反。正常成年人在平静呼气末，肺容积约为肺总量的40%左右时，肺顺

应性正好位于曲线的中段，此段斜率最大，故平静呼吸时肺弹性阻力小，呼吸省力。此时健康成年人 C_L 约为 0.2L/cmH$_2$O。当肺充血、肺组织纤维化或肺泡表面活性物质减少时，肺的弹性阻力增加，患者吸气困难；肺气肿时，肺弹性纤维等弹性成分大量被破坏，肺回缩力减小，弹性阻力减小，患者呼气困难。

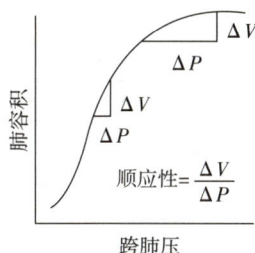

图 5-4　肺的静态顺应性曲线（1cmH$_2$O = 0.098kPa）

2）肺总量对肺顺应性的影响　肺总量是指肺所能容纳的最大气体量。不同个体因身材差异肺总量亦不相同。肺总量还会影响肺顺应性。肺总量大的，其顺应性较大；反之则较小。设若用 5cmH$_2$O 的压力将 1L 的气体注入一个人的两肺，根据公式 5-8 计算得出全肺顺应性为 0.2L/cmH$_2$O。如果左、右两肺的容积和顺应性是一样的，那么同样 5cmH$_2$O 的压力，将同样 1L 气体送入肺内，每侧肺容量仅增加 0.5L，计算出每侧肺的顺应性只有 0.1L/cmH$_2$O，而不是 0.2L/cmH$_2$O。吸入同等容积的气体，在肺总量较大者，其扩张程度较小，弹性回缩力也较小，弹性阻力小，仅需较小的跨肺压变化即可，顺应性大；而在肺总量较小者，其扩张程度大，弹性回缩力也大，弹性阻力大，需较大的跨肺压变化，故顺应性小。由于不同个体间肺总量存在着差别，在比较其顺应性时必须排除肺总量的影响，进行标准化，测定单位肺容量下的顺应性，即比顺应性（specific compliance）。

$$比顺应性 = \frac{平静呼吸时的肺顺应性（L/cmH_2O）}{功能余气量（L）} \tag{5-9}$$

3）肺弹性阻力的来源　肺弹性阻力来自于两个方面，一方面是肺组织本身的弹性回缩力，另一方面是肺泡内侧的液体层同肺泡内气体之间的液-气界面的表面张力所产生的回缩力，两者均使肺具有回缩倾向。

肺组织的弹性回缩力主要来自弹力纤维和胶原纤维等结构，当肺扩张时，这些纤维被牵拉而倾向于回缩。肺扩张越大，纤维受牵拉幅度越大，回缩力越大，弹性阻力越大，反之则小。

作用于液体表面，使液体表面尽量缩小的力称为液体的表面张力。这是由于液体分子间的吸引力远大于液-气分子间的吸引力，从而产生尽量缩小的趋势。肺泡内表面有一薄层的液体层，肺泡内充满空气，从而形成肺泡的液-气交界面，其回缩力称为肺泡表面张力。肺泡近似球形，其液-气界面的表面张力方向是向中心的，倾向于使肺泡缩小，是回缩力。实验结果表明，离体的肺在充气和充生理盐水时顺应性曲线不同。向动物离体肺充气比充生理盐水所需的跨肺压力大得多，前者约为后者的 3 倍（图 5-5）。充气时，由于存在肺泡表面张力，使其弹性阻力大大增加；而充生理盐水时，没有液-气界面，因此不存在表面张力作用，仅有肺组织的弹性回缩所产生的阻力作用。由此可见，肺泡表面张力是肺弹性阻力的主要来源，约占 2/3，而肺弹性成分的弹性阻力仅占 1/3，因此，表面张力对肺的张缩有重要的作用。

根据 Laplace 定律，吹胀的液泡的内缩压强（回缩力）（P）与液泡表面张力系数（T）成正比，与液泡的半径（r）成反比，即：

$$P = \frac{2T}{r} \tag{5-10}$$

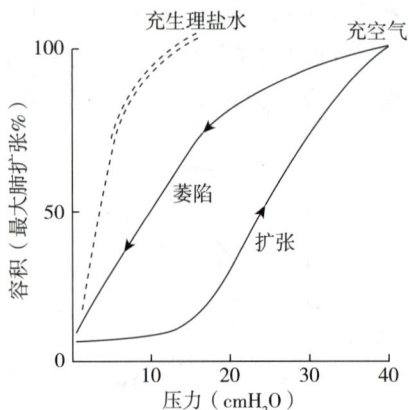

图 5 - 5   充空气和充生理盐水时肺的压力容积曲线（1cmH₂O = 0.098kPa）

如表面张力系数不变，则肺泡回缩力将与肺泡半径的大小成反比，即小肺泡的回缩力大；大肺泡回缩力小。若大小肺泡之间彼此相通，在肺泡回缩力的作用下，小肺泡内的气体将流入大肺泡，使小肺泡塌陷，大肺泡膨胀，肺泡将失去稳定性（图 5 - 6）。但由于肺泡存在着降低表面张力作用的表面活性物质，此情况实际并不会发生。

肺泡表面活性物质（pulmonary surfactant）是一种复杂的脂蛋白混合物，主要成分是二棕榈酰卵磷脂（dipalmitoylphosphatidyl choline，DPPC），由肺泡Ⅱ型上皮细胞合成并释放。DPPC 分子具有双嗜性，其一端为疏水的非极性脂肪酸，不溶于水；另一端为亲水的极性端，易溶于水。因此，DPPC 分子分布于肺泡表面时，可垂直排列于液 - 气界面，极性端插入液体层中，非极性端朝向肺泡腔中，形成单分子层分布在液 - 气界面上，并随肺泡的张缩而改变其密度。正常肺泡不断更新表面活性物质，以保持其正常的功能。

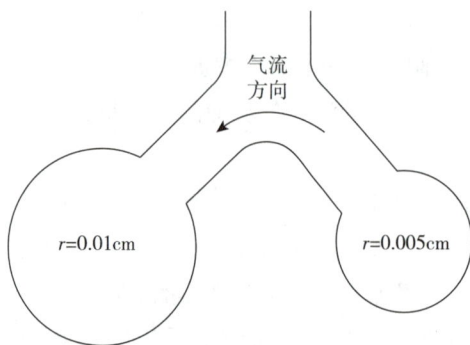

图 5 - 6   相联通的大小不同的液泡内压及气流方向示意图（1cmH₂O = 0.098kPa）

$$P_1（大液泡内压）= 2 \times 20/0.01 = 4 \times 10^{-2} N/cm^2 = 4.0 cmH_2O$$
$$P_2（小液泡内压）= 2 \times 20/0.005 = 8 \times 10^{-2} N/cm^2 = 8.0 cmH_2O$$

肺泡表面活性物质的主要生理作用是降低肺泡表面张力。肺泡表面活性物质可使肺泡液 - 气界面的表面张力降至（5 ~ 30）× 10^{-3} N/m，比血浆的表面张力（5 × 10^{-2} N/m）低得多。肺泡表面活性物质的生理意义主要包括以下三个方面。①减小肺泡回缩力，降低吸气阻力，减少吸气做功。②维持肺泡容积的相对稳定：由于小肺泡内肺泡表面活性物质的密度大，降低表面张力的作用强，使小肺泡内压力不致过高，防止了小肺泡的塌陷；大肺泡表面张力则因表面活性物质分子的稀疏而不致明显下降，维持了肺内压力与小肺泡相等，不致过度膨胀，这样就保持了大小肺泡的稳定性，有利于吸入气在肺内得到较为均匀地分布。③防止肺水肿的发生：肺泡表面张力是回缩力，其方向指向肺泡腔内，根据组织液生成的原理，该回缩力对肺毛细血管血浆和肺组织间液产生"抽吸"作用，使肺组织液生成增加，可引起肺水肿，但是由于肺泡表面活性物质降低肺泡表面张力，从而减弱了表面张力对肺毛细血管中液体的吸引作用，防止液体渗入肺泡，使肺泡得以保持相对干燥。

⊕ 知识链接

新生儿呼吸窘迫综合征

在胚胎发育过程中，肺泡Ⅱ型上皮细胞发育较晚，在妊娠30周或更晚些才开始合成和分泌肺泡表面活性物质。故早产儿可因肺泡Ⅱ型上皮细胞尚未成熟，缺乏DPPC而发生肺不张，同时由于肺泡表面张力过高，吸引肺毛细血管血浆进入肺泡，在肺泡内壁形成一层"透明膜"阻碍气体交换，造成新生儿呼吸窘迫综合征（neonatal respiratory distress syndrome，NRDS），严重者可导致新生儿死亡。由于肺泡液可进入羊水，临床可通过抽取羊水并检查其表面活性物质含量的方法，协助判断肺发育成熟的状态，以便在缺乏肺泡表面活性物质时采取相应的措施，如延长妊娠时间或用糖皮质激素促进其合成，以防止NRDS的发生；新生儿出生后，也可直接给予外源性肺泡表面活性物质替代。成年人患肺炎、肺血栓等疾病时，也可因表面活性物质减少而发生肺不张。

（2）胸廓的弹性阻力和顺应性 胸廓具有弹性，呼吸运动时也产生弹性阻力。但因胸廓弹性阻力增大而使肺通气发生障碍的情况较为少见，所以临床意义相对较小。胸廓处于自然位置时的肺容量，相当于肺总量的67%左右，此时胸廓无变化，不表现弹性回缩力。肺容量小于总量的67%时，胸廓被牵引向内而缩小，胸廓的弹性回缩力向外，是吸气的动力，呼气的弹性阻力；肺容量大于肺总量的67%时，胸廓被牵引向外而扩大，其弹性回缩力向内，成为吸气的阻力，呼气的动力。所以胸廓的弹性回缩力既可以是吸气的弹性阻力，也可以是吸气的动力，视胸廓的位置而定。这与肺的弹性阻力不同，肺的弹性回缩力总是吸气的弹性阻力。

胸廓弹性阻力可用胸廓顺应性（compliance of chest wall，C_{chw}）来表示，即：

$$胸廓的顺应性(C_{chw}) = \frac{胸腔容积的变化(\Delta V)}{跨胸壁压的变化(\Delta P)}（L/cmH_2O）\tag{5-11}$$

其中，跨胸壁压为胸膜内压与胸壁外大气压之差。正常人的胸廓顺应性是0.2L/cmH₂O。胸廓顺应性可因肥胖、胸廓畸形、胸膜增厚和腹内占位病变等因素而降低，但临床上由此引发的肺通气障碍较少见。

（3）肺和胸廓的总弹性阻力和总顺应性 因为肺和胸廓的弹性阻力呈串联排列，所以肺和胸廓的总弹性阻力是两者弹性阻力之和，肺和胸廓的总弹性阻力可用下式来计算：

$$\frac{1}{C_{L+chw}} = \frac{1}{C_L} + \frac{1}{C_{chw}} = \frac{1}{0.2} + \frac{1}{0.2}\tag{5-12}$$

如以顺应性来表示，其平静呼吸时总顺应性（C_{L+chw}）为0.1L/cmH₂O。

2. 非弹性阻力 非弹性阻力包括惯性阻力、黏滞阻力和气道阻力。惯性阻力是气流在发动、变速、换向时因气流和组织的惯性所产生的阻止运动的因素，平静呼吸时，呼吸频率低、气流流速慢，惯性阻力小，可忽略不计。黏滞阻力来自呼吸时组织相对位移所发生的摩擦，平静呼吸时此阻力亦较小。气道阻力来自气体流经呼吸道时气体分子间和气体分子与气道之间的摩擦，是非弹性阻力的主要成分，占80%~90%。非弹性阻力在气体流动时产生，并随流速加快而增加，是动态阻力。

气道阻力（airway resistance）可用维持单位时间内气体流量所需压力差来表示：

$$气道阻力 = \frac{大气压与肺内压之差(cmH_2O)}{单位时间内气体流量(L/s)} \qquad (5-13)$$

健康人平静呼吸时的总气道阻力为 $1 \sim 3cmH_2O \cdot S/L$，主要发生在鼻（约占总阻力50%）、声门（约占25%）及气管和支气管（约占15%）等部位，仅10%的阻力发生于口径小于2mm的细支气管。

气道阻力受气流流速、气流形式和气道管径大小影响。流速快，阻力大；流速慢，阻力小。气流形式有层流和湍流，层流阻力小，湍流阻力大；气流太快和管道不规则容易发生湍流。如气管内有黏液、渗出物或肿瘤、异物等时，可用排痰、清除异物、减轻黏膜肿胀等方法减少湍流，降低阻力。气道管径大小是影响气道阻力的另一重要因素，气道管径缩小，气道阻力大增。气道管径可受到四个方面因素影响。

（1）气道跨壁压　指呼吸道内外压力差。呼吸道内压力高，跨壁压增大，管径被动扩大，阻力变小；反之则增大。

（2）肺实质对气道壁的外向放射状牵引　小气道的弹力纤维和胶原纤维与肺泡壁的纤维彼此穿插，这些纤维像帐篷的拉线一样对气道发挥牵引作用，以保持那些没有软骨支持的细支气管的通畅。

（3）自主神经系统对气道管壁平滑肌舒缩活动的调节　呼吸道平滑肌受交感、副交感双重神经支配，两者均有紧张性。副交感神经使气道平滑肌收缩，管径变小，阻力增加；交感神经使平滑肌舒张，管径变大，阻力降低，临床上常用拟肾上腺素能药物解除支气管痉挛，缓解呼吸困难，近来发现呼吸道平滑肌的舒缩还受自主神经释放的非乙酰胆碱的共存递质的调制，如神经肽（血管活性肠肽、神经肽Y、速激肽等）。它们或作用于接头前受体，调节递质的释放，或作用于接头后受体，调节对递质的反应或直接改变效应器的反应。

（4）化学因素　儿茶酚胺可使气道平滑肌舒张；前列腺素 $F_{2\alpha}$ 可使之收缩，而 PGE_2 使之舒张；过敏反应时由肥大细胞释放的组胺和慢反应物质使支气管收缩；吸入气 CO_2 含量的增加可以刺激支气管、肺的C类纤维，反射性引起支气管收缩，气道阻力增加。呼吸道上皮还可合成、释放内皮素，使呼吸道平滑肌收缩。哮喘患者肺内皮素的合成和释放增加，提示内皮素可能参与哮喘的病理生理过程。

在上述四种因素中，前三种均随呼吸而发生周期性变化，气道阻力也因之出现周期性改变。跨壁压增大（因胸膜内压下降），交感神经兴奋均可使气道口径增大，阻力减小；呼气时发生相反的变化，使气道口径变小，阻力增大，这也成为支气管哮喘患者呼气比吸气更加困难的主要原因。

二、肺通气功能的评价

肺通气过程的影响因素很多，包括呼吸肌的收缩活动、肺和胸廓的弹性特征及气道阻力等，而通气不足则是肺通气功能下降的直接表现。其中呼吸肌麻痹、肺和胸廓的弹性变化以及气胸等可引起肺的扩张受限，从而导致限制性通气不足（restrictive hypoventilation）；而支气管平滑肌痉挛、气道内异物、气管和支气管等黏膜腺体分泌过多以及气道外肿瘤压迫引起气道口径减小或呼吸道阻塞时，则可引起阻塞性通气不足（obstructive hypoventilation）。测定肺通气功能可明确肺通气功能是否存在异常，鉴别肺通气功能异常的类型及程度。

（一）肺的容量

了解肺通气量的简单方法是用肺量计记录进出肺的气量。肺容积和肺容量是评价肺通气功能的基础。

1. **基本肺容积**　不同状态下肺所能容纳的气体量称为肺容积（pulmonary volume），它可随呼吸运动而变化。通常可将肺的容积分为四种基本容积，它们互不重叠，全部相加等于肺的最大容量（图5-7左）。

（1）潮气量 每次呼吸时吸入或呼出的气量为潮气量（tidal volume，TV）。平静呼吸时，潮气量为400～600ml，一般以500ml计算。运动时，潮气量将增大。潮气量的大小与呼吸肌的收缩强度、胸和肺的机械特性以及机体的代谢水平有关。

（2）补吸气量或吸气贮备量 平静吸气末，再尽力吸气所能吸入的气量为补吸气量（inspiratory reserve volume，IRV），正常成年人为1500～2000ml。补吸气量可反映机体吸气的储备能力。

（3）补呼气量或呼气贮备量 平静呼气末，再尽力呼气所能呼出的气量为补呼气量（expiratory reserve volume，ERV），正常成年人为900～1200ml。补呼气量可反映机体呼气的储备能力。

（4）余气量 最大呼气末存留于肺中不能呼出的气量为余气量（residual volume，RV）。只能通过间接方法测定，正常成人为1000～1500ml。目前认为余气量是由于最大呼气之末，细支气管，特别是呼吸性细支气管关闭所致。支气管哮喘和肺气肿患者，余气量增加。余气量的存在可避免肺泡在低肺容积条件下发生塌陷。

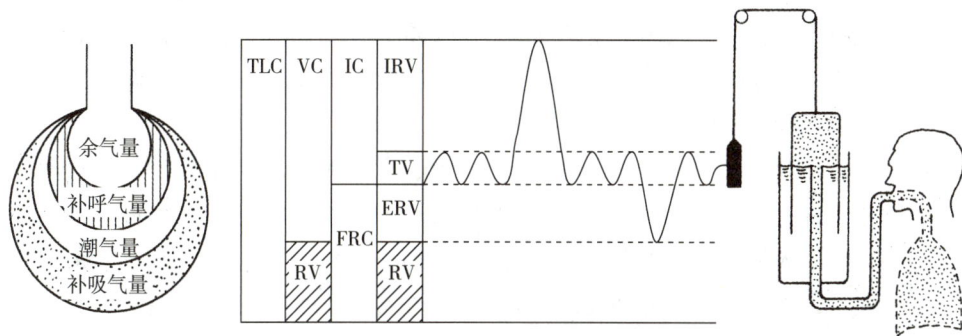

图5-7 肺量计检测与基本肺容积和肺容量图解

TV：潮气量；IRV：补吸气量；ERV：补呼气量；RV：余气量
FRC：功能余气量；IC：深吸气量；VC：肺活量；TLC：肺总量

2. 肺容量 基本肺容积中两项或两项以上的联合气量称为肺容量（pulmonary capacity，PC），包括深吸气量、功能余气量、肺活量和肺总量（图5-7右）。

（1）深吸气量 从平静呼气末做最大吸气时所能吸入的气量为深吸气量（inspiratory capacity，IC），它是潮气量与补吸气量之和，是衡量最大通气潜力的一个重要指标。胸廓、胸膜、肺组织和呼吸肌等的病变，可使深吸气量减少而降低最大通气潜力。

（2）功能余气量 平静呼气末尚存留于肺内的气量为功能余气量（functional residual capacity，FRC），等于余气量和补呼气量之和。正常成年人约为2500ml，肺气肿患者的功能余气量增加，肺实质性病变时减小。其生理意义在于缓冲呼吸过程中肺泡气氧和二氧化碳分压（PO_2 和 PCO_2）的过度变化。由于功能余气量的稀释作用，吸气时，使肺内 PO_2 不致突然升得太高，而 PCO_2 不致降得太低；呼气时，肺内 PO_2 则不会降得太低，PCO_2 不致升得太高。这样，肺泡气和动脉血液的 PO_2 和 PCO_2 就不会随呼吸而发生大幅度的波动，利于气体交换。

（3）肺活量、用力肺活量和用力呼气量 最大吸气后，从肺内所能呼出的最大气量称作肺活量（vital capacity，VC），等于潮气量、补吸气量和补呼气量之和。肺活量有较大的个体差异，与身材、性别、年龄、呼吸肌强弱等有关。正常成年男性平均约为3500ml，女性约为2500ml。

肺活量反映了肺一次通气的最大能力，在一定程度上可作为肺通气功能的指标，是肺功能测定的常用指标。但由于测定肺活量时不限制呼气的时间，所以不能充分反映肺组织的弹性状态和气道的通畅程度，即通气功能的好坏。例如，某些患者肺组织弹性降低或呼吸道狭窄，通气功能已经受到损害，但是如果延长呼气时间，所测得的肺活量是正常的。因此，用力肺活量和用力呼气量能更好地反映肺通气的状态。用力肺活量（forced vital capacity，FVC）是指一次最大吸气后，尽力尽快呼气所能呼出的最大气体量。一般来说，用力肺活量略小于在没有时间限制条件下测得的肺活量。

用力呼气量（forced expiratory volume，FEV）是指一次最大吸气后尽力尽快呼气，在一定时间内所能呼出的气量。通常以第1、2、3秒末的FEV占FVC的百分比来表示，正常人各占比83%、96%和99%；其中以第1秒末所占的比值最有临床意义。FEV是一种动态指标，不仅反映肺活量容量的大小，而且反映了呼吸所遇阻力的变化，所以是评论肺通气功能的较好指标。阻塞性肺疾病患者往往需要5~6秒或更长的时间才能呼出全部肺活量。

（4）肺总量　肺所能容纳的最大气量为肺总量（total lung capacity，TLC），是肺活量和余气量之和。其值可受性别、年龄、身材、运动锻炼情况和体位影响而不同。成年男性平均为5000ml，女性3500ml。

（二）肺通气量和肺泡通气量

1. 肺通气量（pulmonary ventilation volume）　是指每分钟进或出肺的气体总量，等于潮气量乘以呼吸频率。平静呼吸时，正常成年人潮气量500ml，呼吸频率12~18次/分，则每分肺通气量为6~9L。肺通气量随性别、年龄、身材和活动量不同而有差异。为便于比较，可在基础条件下（详见第七章）测定，以每平方米体表面积的肺通气量为单位来计算。

体力劳动和体育运动时，每分肺通气量增大。尽力作深快呼吸时，每分钟所能吸入或呼出的最大气量为最大随意通气量（maximal voluntary ventilation）。它反映单位时间内充分发挥全部通气能力所能达到的通气量，是估计一个人所能完成多大运动量的生理指标之一。测定时，一般只测量10秒或15秒最深最快的呼出或吸入量，再换算成每分钟的，即为最大通气量。最大通气量一般可达120~150L，是平静呼吸时通气量的25倍左右。比较平静呼吸时的每分通气量和最大通气量，可以了解肺通气功能的贮备能力，通常用通气贮量百分比表示：

$$通气贮量百分比 = \frac{最大通气量 - 每分平静通气量}{最大通气量} \times 100\% \qquad (5-14)$$

正常值等于或大于93%。当肺或胸廓顺应性降低、呼吸肌收缩力下降、气道阻力增大时，可降低通气贮量。

2. 无效腔和肺泡通气量　每次吸入的气体，一部分将留在从上呼吸道至呼吸性细支气管之间的呼吸道内，这部分气体不参与肺泡与血液之间的气体交换，此传导性呼吸道的容积称为解剖无效腔（anatomical dead space）。其容积与体重有关，约2.2ml/kg。体重70kg的成年人，解剖无效腔约为150ml。进入肺泡内的气体，也可因血流在肺内分布不均而未能完全与血液之间进行气体交换，未能发生气体交换的这一部分肺泡容量称为肺泡无效腔（alveolar dead space），正常人平卧状态下肺泡无效腔接近于零。肺泡无效腔与解剖无效腔一起合称生理无效腔（physiological dead space）。健康人平卧时生理无效腔等于或接近于解剖无效腔。

由于无效腔的存在，每次吸入的新鲜空气不能全部到达肺泡进行气体交换，因此，应以肺泡通气量计算真正有效的气体交换量。肺泡通气量（alveolar ventilation）是指每分钟吸入肺泡的新鲜空气量，用公式表示，即：肺泡通气量 =（潮气量 - 无效腔气量）×呼吸频率。如潮气量是500ml，无效腔气量是150ml，则每次吸入的新鲜空气量为350ml。若功能余气量为2500ml，则每次呼吸仅使肺泡内气体更新1/7左右。潮气量和呼吸频率的变化，对肺通气和肺泡通气有不同的影响。在潮气量减半和呼吸频率加倍或潮气量加倍而呼吸频率减半时，肺通气量保持不变，但是肺泡通气量却发生明显的变化，如表5-1所示。故从气体交换而言，浅而快的呼吸是不利的。

表 5 – 1　不同呼吸频率和潮气量情况下的肺通气量和肺泡通气量

呼吸频率（次/分）	潮气量（ml）	肺通气量（ml/min）	肺泡通气量（ml/min）
16	500	8000	5600
8	1000	8000	6800
32	250	8000	3200

⊕ 知识链接

高频通气

近年来，临床上在某些情况下（如配合支气管镜检查，治疗呼吸衰竭等）使用一种特殊形式的人工通气，即高频通气。这是一种频率很高，潮气量很低的人工通气，其频率可为 60～100 次/分或更高，潮气量小于解剖无效腔，但却可以保持有效的通气和换气，这似乎与上述浅快呼吸不利于气体交换的观点矛盾。目前，对于高频通气何以能维持有效的通气和换气还不太清楚，可能其通气原理与通常情况下的通气原理不尽相同，有人认为它和气体对流的加强及气体分子扩散的加速有关。

（三）最大呼气流速 – 容积曲线

小气道阻力受肺组织弹性和小气道病变双重影响，常规肺功能检查不易发现小气道病变，主要缘于以下因素：直径 2mm 以下的小气道，管壁薄，炎症易波及其全层和周围组织；管腔小，当分泌物或渗出物增多时易阻塞；缺乏软骨支撑，依赖于肺组织的弹性纤维牵拉而维持其开放；总截面积大，气道阻力小，约占总气道阻力 10%。故而当小气道阻力增高时，只有排除肺组织弹性减退才能认为是小气道本身病变所致。

临床上为诊断气道堵塞情况，常测定最大呼气流速 – 容积（maximum expiratory flow volume，MEFV）曲线。让受试者尽力吸气后，尽力尽快呼气至余气量，同步记录呼出的气量和流速，即可绘制成最大呼气流速随肺容积变化而变化的关系曲线，即 MEFV 曲线，肺容积变化常用肺容积所占肺活量的百分比（% 肺活量）表示。MEFV 曲线的升支较陡，在肺容积较大时，呼气流速随呼气肌用力程度的加强而增大，曲线很快达到峰值。MEFV 曲线的降支较平坦，表示呼气过程中不同肺容积时的最大呼气流速。在小气道阻力增大时，在特定的肺容积，其最大呼气流速降低，且 MEFV 曲线降支下移（图 5 – 8）。

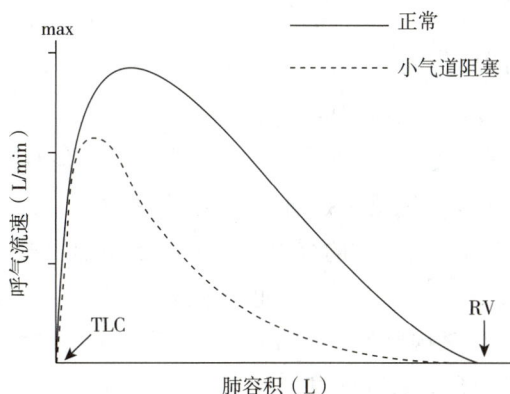

图 5 – 8　最大呼气流速 – 容积曲线

（四）呼吸功

在呼吸过程中，呼吸肌为克服弹性阻力和非弹性阻力而实现肺通气所做的功为呼吸功（work of breathing）。呼吸功通常以单位时间内压力（跨壁压，单位：cmH_2O）变化乘以肺容积（潮气量或每分肺通气量，单位：L）变化来计算，通常以一次呼吸运动或一分钟所做的功来表示，其计量单位是焦耳（J）（可按 $1L \cdot cmH_2O = 0.098J$ 或 $1J = 10.2L \cdot cmH_2O$ 换算）。正常人平静呼吸时，呼吸功不大，每分钟约为 0.25J，其中 2/3 用来克服弹性阻力，1/3 用来克服非弹性阻力。劳动或运动时，呼吸频率、深度增加，呼气也有主动成分的参与，呼吸功可增大。病理情况下，弹性或非弹性阻力增大时，也可使呼吸功增大。

正常人平静呼吸时，呼吸功主要产生于吸气运动，呼吸耗能仅占全身耗能的 3% ~ 5%。剧烈运动时，呼吸耗能可升高 25 ~ 50 倍，但由于全身总耗能也增大 15 ~ 20 倍，所以呼吸耗能仍只占总耗能的 3% ~ 4%。不同的呼吸形式对呼吸功产生不同的影响。在进行深而慢的呼吸时，用于克服弹性阻力所做的功增加，而用于克服气道阻力所做的功减少。在气道阻力增大时，机体常进行深而慢的形式呼吸，从而减少克服阻力所做的功。在肺顺应性降低、弹性阻力增大时，机体常表现为这种形式的呼吸以减少克服弹性阻力所做的功。

第二节　肺换气和组织换气

PPT

肺通气使肺泡气不断更新，保持了肺泡气 PO_2、PCO_2 的相对稳定，这是气体交换得以顺利进行的前提。呼吸气体交换是指肺泡和血液之间、血液和组织之间氧和二氧化碳的交换过程，前者是肺换气，后者是组织换气。在这两处换气的原理相同，都是通过单纯扩散完成的。所谓扩散是指气体分子从高分压向低分压处的净转移，气体分压差是气体扩散的动力。

一、气体交换的基本原理

（一）气体的扩散

按照物理学规律，两个含有不同浓度气体的容器如果相互交通，则浓度较高一侧的气体向浓度较低的一侧扩散，直至取得动态平衡。扩散的动力是气体的分压差，混合气体中各种气体的扩散只取决于该气体本身的分压差，而与其他气体无关。肺泡和血液之间的呼吸膜厚度仅 0.2 ~ 0.6μm，能让脂溶性的 O_2、CO_2 和 N_2 等气体分子自由扩散。

（二）呼吸气体和入体不同部位的气体分压

既然气体交换的动力是分压差，则有必要首先了解进行气体交换各有关部位的气体组成和分压。

1. 呼吸气和肺泡气的成分和分压　人体吸入的空气，主要成分是 O_2 和 N_2，其中 O_2 占 20.96%，N_2 占 79.00%，CO_2 含量只占约 0.04%。N_2 既不是动物组织需要的气体，也对机体无害，可视为无关气体；具有生理意义的是 O_2 和 CO_2。空气中各气体的容积百分比一般不因地域不同而异，但分压却因总大气压的变动而改变。高原大气压降低，各气体的分压也低。吸入的空气在呼吸道内被水蒸气所饱和，所在呼吸道内吸入气的成分已不同于大气，因此各成分的分压也发生相应的改变。由肺内呼出的气体，其容积百分比已有显著改变，O_2 减少到 16.4%，CO_2 增加至 4.1%。肺泡气与呼出气的成分又不同，因为呼出气除来自肺泡气外，还混有上次吸入的存留于解剖无效腔中的新鲜空气，故含 O_2 量较肺泡气高，而 CO_2 量则低于肺泡气。干燥肺泡气总压力为 713mmHg，按各气体所占容积计算，则 PO_2 为 104mmHg，PCO_2 为 40mmHg，见表 5 - 2。

2. 血液气体和组织气体的分压（张力）　液体中的气体分压称为气体的张力（P），其数值与分压相同。

流经肺毛细血管的静脉血，不断从肺泡气中获得 O_2 并释放出 CO_2 成为动脉血；而动脉血在流经组织毛细血管时，O_2 可被组织细胞摄取利用，而组织代谢产生的 CO_2 则扩散进入血中，使动脉血又成为静脉血，所以动、静脉血中所含的气体量和分压各不相同。动脉血中 PO_2 约为 100mmHg，PCO_2 约为 40mmHg；混合静脉血中 PO_2 约为 40mmHg，PCO_2 约为 46mmHg。

组织代谢消耗 O_2 的同时产生 CO_2。所以，组织中的 PO_2 仅为 30mmHg，PCO_2 则可达 50mmHg，见表 5-2。

表 5-2　海平面空气、肺泡气、血液和组织内 O_2 和 CO_2 的分压（mmHg）

	空气	肺泡气	混合静脉血	动脉血	组织
PO_2	159	104	40	100	30
PCO_2	0.3	40	46	40	50

（三）影响气体扩散的因素

单位时间内气体扩散的容积称为气体扩散速率（diffusion rate，D）。根据 Fick 弥散定律，气体扩散速率与气体分压差、温度、扩散面积和该气体的扩散系数成正比，而与扩散距离（组织厚度）成反比，即：

$$气体扩散速率(D) \propto \frac{气体的分压差(\Delta P) \times 温度(T) \times 扩散面积(A) \times 气体溶解度(S)}{气体扩散距离(d) \times \sqrt{气体分子量(M_W)}}$$

$$(5-15)$$

1. 气体分压差　分压（P）是指混合气体中，某一种气体所具有的压力。混合气体的总压力等于各气体分压之和。气体分压也等于总压力乘以该气体占总容积的百分比。空气是混合气体，在标准状态下大气压力约为 760mmHg，空气中氮（N_2）约占 79%，氧（O_2）约占 20.96%，二氧化碳（CO_2）约占 0.04%，其中氮分压（PN_2）为 600mmHg、氧分压（PO_2）为 159mmHg、二氧化碳分压（PCO_2）为 0.3mmHg。两个区域之间的某一种气体的分压差（ΔP）是该气体扩散的动力，分压差大，则扩散快，扩散速率大；分压差小，则扩散慢，扩散速率小。

2. 气体的分子量和气体溶解度　分子量小的气体扩散较快，在相同条件下，气体扩散速率和气体分子量（M_W）的平方根成反比。在液体中或气体与液体的交界面上，气体的扩散速率还与它在液体中的溶解度成正比，溶解度高的气体则扩散快。溶解度（S）是指单位分压下溶解于单位容积溶液中的气体量。一般以 1 个大气压、38℃时 100ml 液体中溶解气体的毫升数来表示。溶解度与分子质量的平方根之比（$S/\sqrt{M_W}$）为扩散系数，它取决于气体分子本身的特性。CO_2 在血浆中的溶解度（51.5ml）比 O_2（2.14ml）大 24 倍，但 CO_2 的分子量（44）略大于 O_2 的分子量（32），两者分子量平方根之比为 1.14:1，所以 CO_2 的扩散系数约为 O_2 的 21 倍（24/1.14）。

3. 扩散面积和扩散距离　气体扩散速率与扩散面积（A）成正比，与扩散距离（d）成反比。

4. 温度　气体扩散速率与温度（T）成正比。人体的体温相对恒定，温度因素可忽略不计。

二、肺换气

（一）肺换气过程

混合静脉血流经肺毛细血管时，其 PO_2 为 40mmHg，比肺泡气 PO_2 低，肺泡气中的 O_2 便顺分压差由肺泡向血液扩散；混合静脉血的 PCO_2 约为 46mmHg，肺泡气的 PCO_2 为 40mmHg，所以，CO_2 则以相反方向由血液扩散进入肺泡。O_2 和 CO_2 的扩散都极为迅速，仅需约 0.3 秒即可达到平衡。通常情况下，血液流经肺毛细血管的时间约 0.7 秒，所以当血液流经肺毛细血管全长约 1/3 时，静脉血就已变成了动脉血（图 5-9）。可见，通常情况下肺换气时间有很大的储备量。安静时流入两肺的静脉血每 100ml 含 O_2 量为 15ml，经过肺换气后，流出的动脉血每 100ml 含 O_2 量升高到至 20ml，而 CO_2 含量由静脉血的每 100ml 的 52ml 下降至 48ml。经计算，当心输出量为 5L/min 时，流经两肺的血液每分钟可运走 250ml 的 O_2，同时向肺泡释放 200ml 的 CO_2。

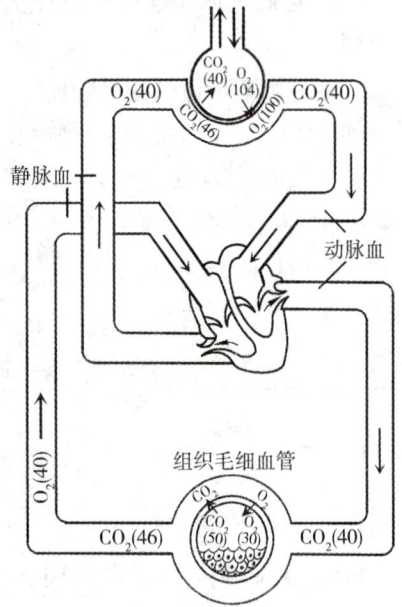

图 5-9 肺换气和组织换气示意图
图中数字为气体分压（mmHg）

（二）影响肺换气的因素

前面已经提到气体扩散速率受分压差、扩散面积、扩散距离、温度和扩散系数的影响。这里只讨论肺的扩散距离和扩散面积以及影响肺换气的其他因素，即通气/血流比值的影响。

1. 呼吸膜的厚度 肺泡气体与肺毛细血管血液之间进行气体交换时，气体扩散所通过的组织结构，即肺泡-毛细血管膜，称为呼吸膜（respiratory membrane）。呼吸膜在电子显微镜下可分为 6 层，自肺泡内表面向外依次为：含肺泡表面活性物质的液体分子层、肺泡上皮细胞层、肺泡上皮基底膜层、由胶原纤维和弹性纤维交织成网的间质层、毛细血管基膜层和毛细血管内皮层（图 5-10）。气体扩散速率与呼吸膜厚度成反比关系，膜越厚，单位时间内交换的气体量就越少。虽然呼吸膜有六层结构，但却很薄，总厚度不到 $1\mu m$，有的部位只有 $0.2\mu m$，气体易于扩散通过。此外，因为呼吸膜的面积很大（见下文），肺毛细血管总血量不多，只有 60~140ml，这样少的血液分布于这样大的面积，所以血液层很薄。肺毛细血管平均直径不足 $8\mu m$，因此，红细胞膜通常能直接接触毛细血管壁，所以 O_2、CO_2 不必经过大量的血浆层就可到达红细胞或进入肺泡，扩散距离短，交换速度快。病理情况下，任何使呼吸膜增厚或扩散距离增加的疾病，都会降低扩散速率，减少扩散量，如肺纤维化、肺水肿等，可出现低氧血症；特别是运动时，由于血流加速，缩短了气体在肺部的交换时间，这时呼吸膜的厚度和扩散距离的改变显得更具重要性。

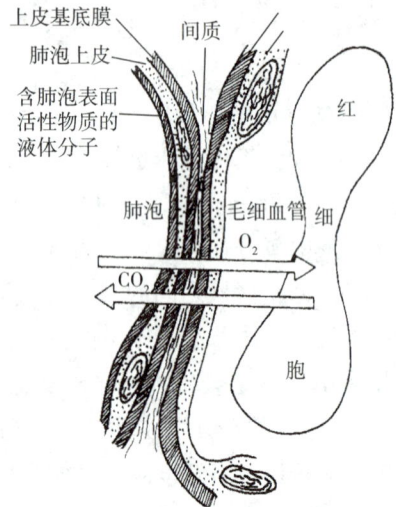

图 5-10 呼吸膜结构示意图

2. 呼吸膜的面积 在肺部，扩散面积是指与毛细血管血液进行气体交换的呼吸膜面积。单位时间内气体扩散量与扩散面积成正比，扩散面积大则单位时间内扩散的气体量多。正常成人约有 3 亿多个肺泡，安静状态下，呼吸膜的扩散面积约为 $40m^2$，而在运动或劳动时，则因肺毛细血管舒张和开放数量增多，扩散的面积可达 $70m^2$ 以上。扩散面积可因肺本身的病变而减少（如肺不张、肺实变、肺气肿、肺毛细血管关闭和阻塞、肺叶切除等），均使呼吸膜扩散面积减小。

3. 通气/血流比值的影响 因为肺泡气体交换是在肺泡和肺毛细血管之间通过呼吸膜来完成的，因此其交换效率不仅受呼吸膜的影响，而且也受肺泡通气量、肺血流量以及两者比值的影响。通气/血流比值（ventilation/perfusion ratio）是指每分钟肺泡通气量（$\dot{V}_A$）和每分钟肺血流量（$\dot{Q}$）的比值（$\dot{V}_A/\dot{Q}$）。正常人安静时肺泡通气量约为 4.2L/min，肺血流量（心输出量约等于肺血流量）约为 5L/min，则 $\dot{V}_A/\dot{Q}$ 为 0.84，此时的匹配最为合适，即流经肺部的混合静脉血能充分地进行气体交换，全部变成动脉血。如果 $\dot{V}_A/\dot{Q}$ 增大，说明通气过度或血流减少，表示有部分肺泡气不能与血液充分进行气体交换，使生理无效腔增大；$\dot{V}_A/\dot{Q}$ 减小，如通气不良或血流过剩时，则表示有部分静脉血流经通气不良的肺泡，混合静脉血中的气体未能得到充分更新，未能成为动脉血就流回了心。犹如发生了动 - 静脉短路，只不过是功能性的而不是解剖结构所造成的动 - 静脉短路。

　　以上两种情况都妨碍了有效的气体交换，可导致血液缺 O_2 或 CO_2 潴留，但主要是血液缺 O_2。这是因为，动、静脉血液之间 O_2 分压差远远大于 CO_2 的分压差，所以动 - 静脉短路时，动脉血 PO_2 下降的程度大于 PCO_2 升高的程度；CO_2 的扩散系数是 O_2 的 20 倍，所以 CO_2 的扩散较 O_2 为快，不易潴留；动脉血 PO_2 下降和 PCO_2 升高，可以刺激呼吸，增加肺泡通气量，有助于 CO_2 的排出，却几乎无助于 O_2 摄取，这是由氧解离曲线和 CO_2 解离曲线的特点所决定的（见第三节）。肺气肿患者，因许多细支气管阻塞和肺泡壁的破坏，上述两种 $\dot{V}_A/\dot{Q}$ 异常都可以存在，致使肺换气速率受到极大损害，这是造成肺换气功能异常最常见的一种疾病。都使气体交换的效率或质量下降，因此 $\dot{V}_A/\dot{Q}$ 可作为衡量肺换气功能的指标。

　　健康成人平卧状态下全肺的平均 $\dot{V}_A/\dot{Q}$ 是 0.84；但是肺内肺泡通气量和肺毛细血管血流量的分布并不均匀，因此，各个局部的 $\dot{V}_A/\dot{Q}$ 也不相同。例如人直立时，由于重力等因素的作用，肺尖部的通气和血流都较肺底的小，不过血流量的减少更为显著，所以肺尖部的 $\dot{V}_A/\dot{Q}$ 增大，使肺泡无效腔增加；而肺底的比值减小，产生功能性动 - 静脉短路（图 5 - 11）。虽然正常情况下存在着肺泡通气和血流的不均匀分布，但从总体上说，由于呼吸膜面积远远超过气体交换的实际需要，所以并未明显影响 O_2 的摄取和 CO_2 的排出。

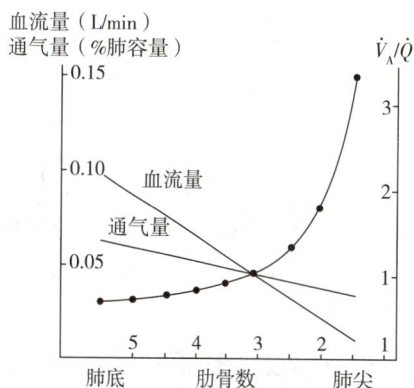

图 5 - 11　正常人直立时肺通气和血流量的分布

（三）肺扩散容量

　　气体在 1mmHg 分压差作用下，每分钟通过呼吸膜扩散的气体的毫升数为肺扩散容量（diffusing capacity of lung，D_L），即：

$$D_L = \frac{V}{|\bar{P}_A - \bar{P}_C|} \tag{5 - 16}$$

V 是每分钟通过呼吸膜的气体容积（ml/min），P_A 是肺泡气中该气体的平均分压，Pc 是肺毛细血管血液内该气体的平均分压。肺扩散容量是测定呼吸气通过呼吸膜的能力的一种指标。正常人安静时氧的 D_L 平均约为 20ml/（min·mmHg），CO_2 的 D_L 为 O_2 的 20 倍。运动时 D_L 增加，是因为参与气体交换的肺泡膜面积和肺毛细血管血流量增加以及通气、血流的不均分布得到改善所致，D_L 可因有效扩散面积减小扩散距离增加而降低。

三、组织换气

　　气体在组织的交换机制、影响因素与肺泡处相似，所不同者是交换发生于液相（血液、组织液、细胞内液）之间，而且扩散膜两侧的 O_2 和 CO_2 的分压差随细胞内氧化代谢的强度和组织血流量而异。血流量不变时，代谢强、耗 O_2 多，则组织液 CO_2 低，PCO_2 高；代谢率不变时，血流量大，则 PO_2 高，

PCO₂ 低。

在组织处，由于 O_2 被细胞利用，O_2 被消耗并产生 CO_2，PO_2 可低至 30mmHg 以下，PCO_2 可高达 30mmHg 以上。动脉血流经组织毛细血管时，可顺着分压差由血液向细胞扩散，CO_2 则由细胞内血液扩散（图 5-9），动脉血因失去 O_2 和得到 CO_2 而变成静脉血。CO_2 分压差虽不如 O_2 的分压差大，但它的扩散速度比 O_2 快，故仍能迅速完成气体交换。但是，组织的血流量明显减少时或血流速度过慢时，运送到组织的 O_2 量和带走的 CO_2 量都减少，从而导致组织缺氧和局部 CO_2 含量升高，甚至出现发绀。

> ⊕ **知识链接** -
>
> ### 新型冠状病毒
>
> 新型冠状病毒（2019 – nCoV）为 β 属的冠状病毒，其主要传播途径为经呼吸道飞沫和密切接触传播。人感染了冠状病毒后常见体征有发热、咳嗽、气促和呼吸困难等呼吸道症状。在较严重病例中，感染可导致肺炎、严重急性呼吸综合征、肾衰竭，甚至死亡。
>
> 新型冠状病毒肺炎（新冠肺炎，COVID – 19）作为新发急性呼吸道传染病，成为蔓延全球的严重疫情，是一场全球性重大的公共卫生事件。

第三节　气体在血液中的运输

机体通过肺换气摄入 O_2，使静脉血转变为动脉血，经体循环运送至全身各组织，满足机体代谢需要；细胞代谢产生的 CO_2 经过组织换气，使动脉血再转变为静脉血，回流至肺。由此可见，在气体交换过程中，O_2 和 CO_2 在血液中的运输是重要的一环。血液循环通过其气体运输功能将肺换气和组织换气紧密联系起来。

O_2 和 CO_2 在血液中都有两种存在形式，即物理溶解和化学结合。根据 Henry 定律，气体在溶液中溶解的量与其分压和溶解度成正比，与温度成反比。当温度为 38℃、气压等于 1 个标准大气压时，O_2 和 CO_2 在 100ml 血液中溶解的量分别为 2.36ml 和 48ml。动脉血中 PO_2 为 100mmHg，则每 100ml 血液可溶解 O_2 0.31ml；静脉血中 PCO_2 为 46mmHg，则每 100ml 血液可溶解 CO_2 2.9ml。以安静时正常成年人心输出量为 5L/min 计算，以物理溶解方式存在于动脉血中的 O_2 流量仅约 15ml/min，而 CO_2 流量约为 145ml/min。而机体在此状态下的耗氧量约 250ml/min，CO_2 生成量约 200ml/min；运动时则更高，仅依靠物理溶解的形式运输远远不能满足机体代谢的需要，故此，化学结合运输是呼吸气体运输的重要形式（表5-3）。

表 5 – 3　血液中 O_2 和 CO_2 的含量（ml/min 血液）

	动脉血			静脉血		
	物理溶解	化学结合	合计	物理溶解	化学结合	合计
O_2	3.0	200.0	203.0	1.2	152.0	153.2
CO_2	26.2	464.0	490.2	30.0	500.0	530.0

表 5 – 3 中可见，血液中 O_2 和 CO_2 主要是以化学结合形式存在，化学结合可提高血液运输 O_2 的能力 65 ~ 140 倍，提高血液运输 CO_2 的能力近 20 倍；物理溶解的量虽然较小，但从气体交换的角度来看，物理溶解却起着十分重要的作用，在呼吸气体的运输中起着"桥梁"作用。因为气体交换时，气体进入血液，首先要溶解于血浆提高自身的张力，而后才进一步发生化学结合。相反，血液中的气体释放时，

也首先从物理溶解的部分开始，使其在血浆中的张力下降，气体再由结合状态分离出来加以补充，以便继续释放。在生理范围内，气体的物理溶解和化学结合状态之间，经常保持动态平衡。下面主要介绍 O_2 和 CO_2 的化学结合形式的运输。

一、氧的运输

血液运输的 O_2 主要与血红蛋白（hemoglobin，Hb）以化学结合形式存在于红细胞内，占运输总量的 98.5%，而物理溶解的量极少，只占运输总量的 1.5%。

（一）Hb 的分子结构

每个 Hb 分子由 1 个珠蛋白和 4 个血红素（又称亚铁原卟啉）组成。每个血红素又由 4 个吡咯基组成一个环，中心为 Fe^{2+}。每个珠蛋白有 4 条多肽链，每条多肽链与 1 个血红素连接，构成 Hb 的单体或亚单位。一个 Hb 是由 4 个亚单位构成的四聚体。不同 Hb 分子的珠蛋白多肽链的组成不同，成年人 Hb（HbA）的多肽链是 2 条 α 链和 2 条 β 链，为 $\alpha_2\beta_2$ 结构；胎儿 Hb（HbF）则是 2 条 α 链和 2 条 γ 链，为 $\alpha_2\gamma_2$ 结构。出生后不久 HbF 即为 HbA 所取代。多肽链中氨基酸的排列顺序已经清楚，每条 α 链由 141 个氨基酸残基组成，每条 β 链由 146 个氨基酸残基组成。血红素的 Fe^{2+} 均连接在多肽链的组氨酸残基上，这个组氨酸残基若被其他氨基酸取代，或其邻近的氨基酸有所改变，都会影响 Hb 的功能。

血红素基团中心的 Fe^{2+} 可与 O_2 结合，使 Hb 成为氧合血红蛋白（HbO_2），没与 O_2 结合的 Hb 称为去氧血红蛋白（deoxyhemoglobin，通常简写成 Hb，Hb 既可是血红蛋白的一般称谓，也可以指去氧血红蛋白）。

（二）Hb 与 O_2 结合的特征

1. 快速而可逆 血液中的主要是以氧合血红蛋白（HbO_2）的形式存在。O_2 与血红蛋白的结合和解离是可逆反应，反应进行的很快，不到 0.01 秒，此反应不需要酶的催化，但可受 PO_2 的影响。当血液流经 PO_2 高的肺部时，Hb 与 O_2 结合，形成 HbO_2；当血液经 PO_2 低的组织时，HbO_2 迅速解离，释放 O_2，成为 Hb，此反应可以用下式表示：

$$Hb + O_2 \underset{PO_2 低（组织）}{\overset{PO_2 高（肺部）}{\rightleftharpoons}} HbO_2 \tag{5-17}$$

氧合血红蛋白呈鲜红色，去氧血红蛋白呈紫蓝色。当皮肤浅表毛细血管血液中去氧血红蛋白含量达 50g/L 时，皮肤或黏膜会出现青紫色，称为发绀（cyanopathy），是缺氧的表现。另外，一氧化碳（CO）也能与 Hb 结合成 HbCO，使 Hb 丧失运输 O_2 的能力，而且 CO 的结合力比 O_2 大 210 倍。但由于 HbCO 呈樱桃红色，患者虽严重缺氧却不出现发绀。

2. 是氧合反应而不是氧化还原反应 虽然 Fe^{2+} 是还原剂，O_2 是氧化剂，但 Fe^{2+} 与 O_2 结合后仍是二价铁，二者并未发生氧化还原反应。

3. Hb 结合 O_2 的量 通常将每升血液中血红蛋白能够结合 O_2 的最大量，称为氧容量（oxygen capacity）；而将每升血液中血红蛋白实际结合 O_2 的量，称为氧含量（oxygen content）；氧含量占氧容量的百分比称为氧饱和度（oxygen saturation）。在 PO_2 达到或超过 100mmHg 时，每克（g）血红蛋白至少可结合 1.34ml 的 O_2，人正常每升血液中血红蛋白含量约为 150g，故氧容量为 201ml（150×1.34）左右。正常情况下，动脉血的 PO_2 为 100mmHg，则每升动脉血中的氧含量也为 201ml 左右，故动脉血的氧饱和度为 100%；静脉血的 PO_2 为 40mmHg，氧含量减少到 150ml 左右，其氧饱和度下降至 75%，即氧含量与动脉血相比下降了 1/4。

（三）氧解离曲线

1. 氧解离曲线 血红蛋白氧饱和度和氧分压之间有密切关系，当氧分压升高时，Hb氧饱和度也随之增加；相反，当氧分压降低时，Hb氧饱和度也随之降低。反映血红蛋白氧饱和度与氧分压两者间关系的函数曲线，称为氧解离曲线（oxygen dissociation curve）。图5-12的横坐标代表氧分压（PO_2），纵坐标代表Hb氧饱和度，100%表示Hb最高的氧饱和度，百分比愈低，表示O_2饱和度愈小，亦即O_2的解离愈多。从氧解离曲线可以看出，氧分压和Hb氧饱和度之间，并非呈直线关系，而是表现为"S"形曲线。

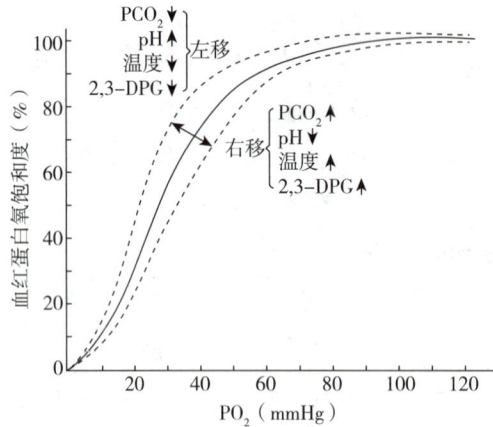

图5-12 氧解离曲线及其主要影响因素图

氧解离曲线呈"S"形与Hb的变构效应有关。Hb的4条多肽链（4个亚单位）与4个血红素联结，每个血红素的中心都含有一个Fe^{2+}，每个Fe^{2+}能结合一个O_2，故每个Hb分子最多可结合4个O_2。珠蛋白的4条多肽链，每结合一个O_2都会使Hb的构型发生改变，进而影响与O_2的亲和力。研究认为Hb有两种构型：去氧Hb为紧密型（T型），氧合Hb为疏松型（R型）。当O_2与Hb的Fe^{2+}结合后，Hb分子逐步由T型变为R型，对O_2的亲和力逐步增加。R型对O_2的亲和力为T型的数百倍。也就是说，Hb的4个亚单位无论在结合O_2或释放O_2时，彼此间有协同效应，即1个亚单位与O_2结合后，由于变构效应，其他亚单位更易与O_2结合；反之，当HbO_2的1个亚单位释放出O_2后，其他亚单位更易释放O_2。所以，这种变构效应，对结合或释放O_2都具有重要意义。在氧分压高的肺部由于变构效应，Hb迅速与O_2结合达到氧饱和；而在氧分压低的组织部位，变构效应却又能促使O_2的释放。

2. 氧解离曲线各段的特点及意义

（1）曲线上段（右段） 其特点是PO_2在60~100mmHg时，曲线较为平坦，PO_2虽有较大变化，但血氧饱和度的变化不大。曲线上段显示出机体对空气中O_2含量降低或呼吸性缺氧有很大的耐受能力。在高原、高空或某些呼吸系统疾病时，吸入气或肺泡气的PO_2将会降低，但只要不低于60mmHg，Hb氧饱和度仍能保持在90%左右，血液仍能保证有较高的氧含量。另外，氧解离曲线上段平坦，还意味着当PO_2超过100mmHg以上时，Hb氧饱和度的增加也极为有限。

（2）曲线中段 其特点是PO_2在40~60mmHg时，曲线坡度较陡，在这一范围内PO_2下降时，O_2与Hb的解离加速。安静时，动脉血的氧含量约200ml/L，混合静脉血的PO_2为40mmHg，血氧饱和度为75%，血氧含量约150ml/L，即每升动脉血流经组织时，释放出约50ml的O_2以保证组织代谢的需要。此段曲线可以反映安静状态下机体的供O_2情况。

（3）曲线下段（左段） 其特点是PO_2在15~40mmHg时，曲线坡度最陡。说明在这一范围内只要血

中的 PO_2 稍有下降，血氧饱和度就会大幅度下降，释放出大量的 O_2 以供组织利用。组织活动加强时，PO_2 可降至 15mmHg，氧合 Hb 迅速解离出大量的 O_2，血氧饱和度下降到 22% 左右，血氧含量降到 44ml/L，即每升动脉血此时能供给组织 150ml 以上的 O_2，为安静时的 3 倍。此段曲线可以反映血液供 O_2 的储备能力。

3. 影响氧解离曲线的因素　Hb 与 O_2 的结合和解离，受下列因素的影响。

（1）血液 pH 和 PCO_2 分压的影响　血液 pH 降低与 PCO_2 升高，使 Hb 对 O_2 的亲和力降低，氧解离曲线右移。反之，血液 pH 升高与 PCO_2 降低，使 Hb 对 O_2 的亲和力增加，氧解离曲线左移。氧解离曲线右移有利于氧合 Hb 解离 O_2，左移则 Hb 氧饱和度升高。pH 和 PCO_2 对 Hb 氧亲和力的这种影响称为波尔效应（Bohr effect）。当血液 pH 降低即 H^+ 增多时，H^+ 与 Hb 多肽链的某些氨基酸残基的集团结合，促使 Hb 分子构型由 R 型变为 T 型，从而降低 Hb 对 O_2 的亲和力；相反，当血液 pH 升高时，促使 Hb 分子构型由 T 型变为 R 型，Hb 对 O_2 的亲和力增加。PCO_2 的影响，一方面是 PCO_2 改变时，pH 会发生相应的改变；另一方面 CO_2 与 Hb 结合可直接影响 Hb 与 O_2 的亲和力。例如在 PCO_2 为 40mmHg 的氧解离曲线上，PO_2 为 50mmHg 时，氧饱和度为 85% 左右；但是，在 PCO_2 为 90mmHg 的氧解离曲线上，同样的 PO_2（50mmHg）其相应的氧饱和度不足 70%。表明即使血液中 PO_2 不变，单纯 PCO_2 升高，就能使 Hb 释放出更多的 O_2。波尔效应亦有利于 O_2 的运输，因肺泡中 PO_2 高，PCO_2 低，Hb 与 O_2 结合会很快达到饱和；动脉血液流入组织毛细血管时，组织细胞的 PO_2 低，而 PCO_2 高，则 Hb 与 O_2 的亲和力下降，将更多的 O_2 解离下来供组织细胞利用。

（2）温度的影响　温度变化对氧解离曲线亦有影响。温度升高，氧解离曲线右移，促进 O_2 的释放；温度降低，曲线左移，Hb 对 O_2 的亲和力增加而不利于 O_2 的释放。温度对氧解离曲线的影响，可能与温度影响了 H^+ 活度有关。温度升高，H^+ 活度增加，降低了 Hb 与 O_2 的亲和力。组织代谢活跃时，局部组织温度升高，CO_2 和酸性代谢产物增加，都有利于 Hb 解离出 O_2，使组织获得更多的 O_2 以适应代谢的需要。温度降低，H^+ 活度降低，Hb 对 O_2 的亲和力增加而不易释放 O_2。

（3）红细胞内 2,3 二磷酸甘油酸的影响　2,3 二磷酸甘油酸（2,3 - DPG）是红细胞无氧糖酵解的中间产物，2,3 - DPG 浓度升高，Hb 与 O_2 的亲和力降低，使氧解离曲线右移。反之，2,3 - DPG 浓度降低，使氧解离曲线左移。贫血和缺 O_2 等情况下，可刺激红细胞产生更多的 2,3 - DPG，在相同 PO_2 下，Hb 可解离出更多的 O_2 供组织利用。人到达高海拔地区两三天后其红细胞 2,3 - DPG 含量即开始增加，这是对缺氧的一种适应反应。

二、二氧化碳的运输

（一）CO_2 的运输形式

血液中 CO_2 也以物理溶解和化学结合的两种形式运输。化学结合的 CO_2 主要是碳酸氢盐和氨基甲酰血红蛋白。表 5 - 4 表示血液中各种形式 CO_2 的含量（ml/100ml 血液）、运输量（%）和释出量（%）。溶解的 CO_2 约占总运输量的 5%，结合的占 95%（碳酸氢盐形式的占 88%，氨基甲酰血红蛋白形式占 7%）。

表 5 - 4　血液中各种形式 CO_2 的含量（ml/100ml 血液）、运输量（%）和释出量（%）

	动脉血		静脉血		动、静脉血含量差值	释出量（%）
	含量	（%）	含量	（%）		
总量 CO_2	48.5	100.00	52.5	100.00	4.0	100.00
溶解的 CO_2	2.5	5.15	2.8	5.33	0.3	7.50

续表

	动脉血		静脉血		动、静脉血含量差值	释出量（%）
	含量	（%）	含量	（%）		
HCO_3^- 形式的 CO_2	43.0	88.66	46.0	87.62	3.0	75.00
HbNHCOOH 形式的 CO_2	3.0	6.19	3.7	7.05	0.7	17.50

注：运输量（%）是指各种形式的 CO_2 含量/CO_2 总含量×100%

释放量（%）是指各种形式的 CO_2 在肺释放量/CO_2 总释放量×100%

从组织扩散入血 CO_2 首先溶解于血浆，一小部分溶解的 CO_2 缓慢地和水结合生成碳酸，碳酸又解离成碳酸氢根和氢离子，H^+ 被血浆缓冲系统缓冲，pH 无明显变化。溶解的 CO_2 也与血浆蛋白的游离氨基反应，生成氨基甲酰血浆蛋白，但形成的量极少，而且动静脉中的含量相同，表明它对 CO_2 的运输不起作用。

在血浆中溶解的 CO_2 绝大部分扩散进入红细胞内，在红细胞内主要以下述结合形式存在。

1. 碳酸氢盐 从组织扩散进入血液的大部分 CO_2，在红细胞内与水反应生成碳酸，碳酸又解离成 HCO_3^- 和 H^+，此反应迅速、可逆。这是因为红细胞内含有较高浓度的碳酸酐酶，在其催化下，使反应加速 5000 倍，不到 1 秒即达平衡。在此反应过程中红细胞内 HCO_3^- 浓度不断增加，HCO_3^- 顺浓度梯度由红细胞膜扩散进入血浆。红细胞负离子的减少应伴有同等数量的正离子的向外扩散，才能维持电平衡。可是红细胞膜不允许正离子自由通过，小的负离子可以通过，所以 Cl^- 便由血浆扩散进入红细胞，这一现象称为 Cl^- 转移（chloride shift）。在红细胞膜上有特异的 HCO_3^-–Cl^- 载体，运载这两类离子跨膜交换。这样，碳酸氢根便不会在红细胞内堆积，有利于反应向右进行和 CO_2 的运输。在红细胞内，HCO_3^- 与 K^+ 结合，在血浆中则与 Na^+ 结合。上述反应中产生的 H^+，大部分与 Hb 结合，Hb 是强有力的缓冲剂。

在肺部，反应向相反方向（左）进行。因为肺泡气 PCO_2 比静脉血的低，血浆中溶解的 CO_2 首先扩散入肺泡，红细胞内的 HCO_3^- 与 H^+ 结合生成 H_2CO_3，碳酸酐酶催化 H_2CO_3 分解成 CO_2 和 H_2O，CO_2 又从红细胞扩散入血浆，而血浆中 HCO_3^- 便进入红细胞以补充消耗的 HCO_3^-，Cl^- 则出红细胞。这样以 HCO_3^- 形式运输的 CO_2，在肺部又转变成 CO_2 释出。

2. 氨基甲酰血红蛋白 一部分 CO_2 与 Hb 的氨基结合生成氨基甲酰血红蛋白（HHbNHCOOH），这一反应无需酶的催化，且迅速、可逆，主要调节因素是氧合作用。

HbO_2 与 CO_2 结合形成 HbNHCOOH 的能力比去氧 Hb 弱。在组织里，解离释出 O_2，部分 HbO_2 变成去氧 Hb，与 CO_2 结合生成 HbNHCOOH。此外，去氧 Hb 酸性较 HbO_2 弱，去氧 Hb 与 H^+ 结合，也促进反应向形成氨基甲酰血红蛋白的方向进行，并缓冲了血液的 pH 变化。在肺的 HbO_2 生成增多，促使 HHbNH-COOH 解离释放 CO_2 和 H^+，反应向相反方向进行。氧合作用的调节有重要意义，从表 5-4 可以看出，虽然以氨基甲酰血红蛋白形式运输的 CO_2 仅占总运输量的 7%，但从肺排出的 CO_2 中却有 17.5% 是从氨基甲酰血红蛋白释放出来的，说明氨基甲酰血红蛋白在肺受到 PO_2 的影响释放 CO_2 较充分。

（二）CO_2 解离曲线

CO_2 解离曲线（carbondioxide dissociation curve）是表示血液中 CO_2 含量与 PCO_2 关系的曲线（图 5-13）。与氧解离曲线不同，血液 CO_2 含量随 PCO_2 上升而增加，几乎成线性关系而不是 S 形，而且没有饱和点。因此，CO_2 解离曲线的纵坐标不用饱和度而用浓度来表示。

图 5-13 的 A 点是静脉血 PO_2 为 40mmHg，PCO_2 为 45mmHg 时的 CO_2 含量，约为 52ml/100ml；B 点是动脉血 PO_2 为 13.3kPa（100mmHg），PCO_2 为 40mmHg 时的 CO_2 含量，约为 48ml/100ml；血液流经肺时通常释出 CO_2，约 4ml/100ml 血液。

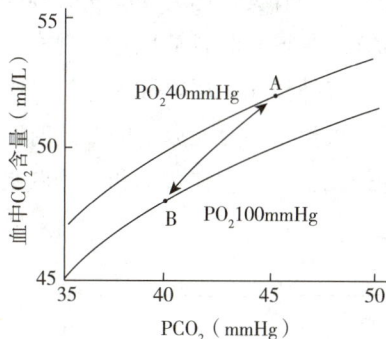

图 5 - 13　CO₂ 解离曲线

A：静脉血；B：动脉血（1mmHg = 0.133kPa）

（三）影响 CO_2 运输的因素

O_2 与 Hb 结合将促使 CO_2 释放，这一效应称作何尔登效应（Haldane effect）。从图 5 - 13 可以看出，在相同 PCO_2 下，动脉血（HbO_2）携带的 CO_2 比静脉血少。这主要是因为 HbO_2 酸性较强，而去氧 Hb 酸性较弱的缘故。所以去氧 Hb 易和 CO_2 结合生成 HbNHCOOH，也易于和 H^+ 结合，使 H_2CO_3 解离过程中产生的 H^+ 被及时中和，有利于反应向形成氨基甲酰血红蛋白的方向进行，提高了血液运输 CO_2 的能力。于是，在组织中，由于 HbO_2 释出 O_2 而变为去氧 Hb，经何尔登效应促使血液摄取并结合 CO_2；在肺，则因 Hb 与 O_2 结合，促使 CO_2 释放。可见 O_2 和 CO_2 的运输不是孤立进行的，而是相互影响的。CO_2 通过波尔效应影响 O_2 的结合和释放，O_2 又通过何尔登效应影响 CO_2 的结合和释放，两者都与 Hb 的理化特性有关。

第四节　呼吸运动的调节

PPT

呼吸运动的意义在于保证肺与外界的气体交换，从而提供机体代谢所需要的 O_2，同时排出体内产生的 CO_2。呼吸运动是靠呼吸肌的舒缩来完成的。呼吸肌虽然受大脑皮层的控制，在一定限度内可以随意舒缩，但呼吸运动主要是一种不受意识支配且具有自动节律性的生理活动。应用分段横截脑干的实验，可以证明调节呼吸运动的基本中枢在延髓。正常呼吸运动是在各级中枢相互配合共同调节下进行的，当受到各种因素影响时，可反射性地引起呼吸频率和深度的变化，从而改变肺的通气量以适应机体代谢的需要。

一、呼吸中枢与呼吸节律的形成

呼吸中枢（respiratory center）是指在中枢神经内产生呼吸节律和调控呼吸运动的神经细胞群。呼吸中枢分布在大脑皮层、间脑、脑桥、延髓和脊髓等部位，其中延髓呼吸中枢最为重要，是呼吸节律起源的关键部位。

（一）呼吸中枢

1. 脊髓　脊髓中支配呼吸肌的运动神经元位于颈 3 ~ 颈 5 节段（支配膈肌）和胸段（支配肋间肌和腹肌）脊髓前角。人们在很早以前就知道在延髓和脊髓之间离断脊髓，呼吸即行停止，所以认为节律性呼吸运动不在脊髓产生，脊髓只是联系上位脑和呼吸肌的中继站和整合某些呼吸反射的初级中枢。

2. 脑干

（1）延髓　实验证明，基本呼吸节律产生于延髓。用微电极记录神经元的电活动表明，在低位脑干内有的神经元呈节律性放电，并和呼吸周期有关，称为呼吸相关神经元或呼吸神经元。在吸气时相放电的称为吸气神经元（inspiratory neuron），在呼气时相放电的为呼气神经元（expiratory neuron），在吸气相放电并延续至呼气相的称为吸气－呼气神经元，反之称为呼气－吸气神经元。吸气－呼气神经元和呼气－吸气神经元均为跨时相神经元。还可根据神经元放电的开始时间，放电频率的变化及对各种刺激的反应作进一步划分。在延髓，呼吸神经元主要集中在背侧和腹侧两组神经核团内，分别称为背侧呼吸组和腹侧呼吸组（图5－14）。

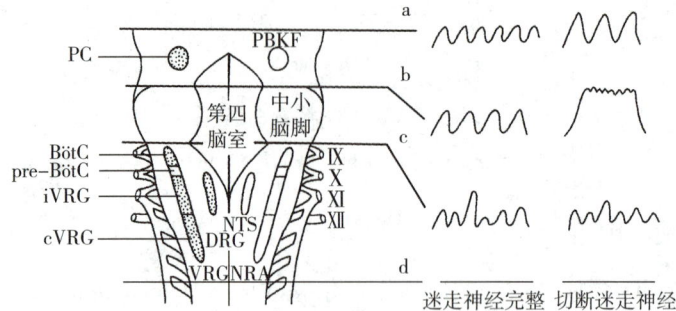

图5－14 脑干与呼吸有关的核团（左）和在不同平面横切脑干后呼吸的变化（右）示意图

Böt C：包钦格复合体；pre－Bot C：前包钦格复合体；cVRG：尾段VRG；iVRG：中段VRG；DRG：背侧呼吸组；VRG：腹侧呼吸组；NRA：后疑核；NTS：孤束核；PBKF：臂旁内侧核和Kolliker－Fuse核；PC：呼吸调整中枢；a、b、c、d为不同平面横切

1）背侧呼吸组（dorsal respiratory group，DRG） 其呼吸神经元主要集中在孤束核的腹外侧部，主要含吸气神经元，其轴突交叉到对侧下行至脊髓颈段和胸段，与支配膈肌和肋间外肌的运动神经元形成突触联系，兴奋时产生吸气。DRG有的吸气神经元轴突投射到腹侧呼吸组或脑桥、边缘系统等部位，DRG还接受来自肺支气管、窦神经、对侧腹侧呼吸组头端、脑桥、大脑皮层等处传入的信息。

2）腹侧呼吸组（ventral respiratory group，VRG） 其呼吸神经元主要集中于后疑核、疑核和面神经后核附近的包钦格复合体（Bötzinger complex，Böt C）。后疑核内主要含呼气神经元，其轴突交叉下行至脊髓胸段，与支配肋间内肌和腹肌的运动神经元形成突触联系，兴奋时产生主动呼气。疑核内主要含吸气神经元，其轴突交叉下行至脊髓颈段和胸段，也与支配膈肌和肋间外肌的运动神经元形成突触联系，兴奋时产生吸气。疑核内的吸气和呼气神经元的轴突还随同侧舌咽神经和迷走神经传出，支配咽喉部呼吸辅助肌。包钦格复合体（Böt C）内主要含呼气神经元，其轴突投射到脊髓和延髓内侧部，抑制吸气神经元的活动。此区也含有调节咽喉部呼吸辅助肌的呼吸运动神经元。

近来有实验证明，在疑核和外侧网状核之间的前包钦格复合体（pre－Bötzinger complex，pre－Böt C或PBC）有起搏样放电活动，认为它可能起呼吸节律发生器的作用，是呼吸节律起源的关键部位。

（2）脑桥 在脑桥前部，呼吸神经元相对集中于臂旁内侧核（NPBM）和相邻的Kolliker－Fuse（KF）核，合称PBKF核群，内含有一种跨时相神经元，其表现在吸气相与呼气相转换期间发放冲动增多。PBKF核群和延髓的呼吸神经核团之间有双向联系，形成调控呼吸的神经元回路。将猫麻醉后，切断双侧迷走神经，损坏PBKF核群，可出现长吸式呼吸，这说明脑桥上部有抑制吸气的中枢结构，称为脑桥呼吸调整中枢（pneumotaxic center）。该中枢主要位于PBKF核群，其作用为限制吸气，促使吸气向呼气转换，防止吸气过长过深。

3. 大脑皮层 呼吸运动在一定范围内可以随意进行，并能按自身主观意志，在一定限度内停止呼吸或用力加快呼吸。在饮水、进食、说话、唱歌等与呼吸相关的活动中，尽管人们并没有意识到同时存在呼吸运动的变化，但这些活动和呼吸运动的协调变化都是在大脑皮层严密控制和协调下完成的。大脑皮层运动区通过皮层脊髓束和皮层脑干束控制呼吸运动神经元的活动，是随意控制呼吸运动的高级调节系统，而低位脑干的呼吸中枢则是不随意的自主呼吸节律调节系统。

（二）呼吸节律的形成

基本呼吸节律起源于延髓。关于呼吸节律的形成，目前有两种假说，即起步细胞学说和神经元网络学说。起步细胞学说认为，延髓内有与窦房结起搏细胞相类似的具有起步样活动的呼吸神经元，产生呼吸节律。并有实验证明，前包钦格复合体（PBC）有起搏样放电活动，认为它可能起着呼吸节律发生器的作用，是呼吸节律起源的关键部位。神经元网络学说认为，延髓内呼吸神经元通过相互兴奋和抑制而形成复杂的神经元网络，在此基础上产生呼吸节律。平静呼吸时，由于吸气是主动的，故 20 世纪 70 年代有人提出吸气活动发生器（central inspiratory activity generator）和吸气切断机制模型（inspiratory off - switch mechanism），认为延髓有一些起着吸气发生器作用的神经元，引起吸气神经元呈渐增性放电，产生吸气；另有一些起着吸气切断机制作用的神经元，当其活动增强达到一定阈值时，使吸气活动终止（切断吸气）而转为呼气。呼气末，吸气切断机制的活动减弱，吸气活动便再次发生。激活吸气切断机制神经元的兴奋来自吸气神经元、脑桥臂旁内侧核和肺牵张感受器的传入信号。切断迷走神经或损坏臂旁内侧核或两者都损坏，吸气切断机制达到阈值所需时间会延长，吸气因而延长，呈现长吸式呼吸。这两种学说中，何种为主导作用尚无定论，普遍看法是 PBC 的起步细胞固然重要，但神经元网络对于正常节律性呼吸活动的方式和频率的维持也是必不可少的。

二、呼吸运动的反射性调节

节律性呼吸运动还受到来自各种感受器传入信息的反射性调节，使呼吸运动的频率、深度和形式等发生相应的改变。这些反射可分为机械感受性反射、化学感受性反射和防御性反射三类。

（一）化学感受性呼吸反射

血液中化学成分的改变，特别是缺氧、二氧化碳和氢离子浓度增加，可刺激化学感受器，引起呼吸中枢活动的改变，从而调节呼吸运动的频率和深度，增加通气量，以保证动脉血氧分压、二氧化碳分压及 pH 的相对恒定。

1. 外周和中枢化学感受器　化学感受器是指能感受血液中化学物质刺激的感受器，因其所在部位的不同，分为外周化学感受器（peripheral chemoreceptor）和中枢化学感受器（central chemoreceptor）。

（1）外周化学感受器　血液循环一章已提及颈动脉体和主动脉体为外周化学感受器，能感受动脉血中 PCO_2、PO_2 和 H^+ 变化的刺激。1930 年 Heymans 首次证明颈动脉体和主动脉体在化学感受性呼吸调节中的作用，并于 1938 年获诺贝尔生理学或医学奖。颈动脉体的传入冲动经窦神经、主动脉体的传入冲动经迷走神经传入延髓。在 PCO_2 升高、PO_2 下降和 H^+ 浓度增加时传入冲动增多，反之则减少。对呼吸调节来说，颈动脉体作用远大于主动脉体。颈动脉体的血液供应极其丰富，如猫的颈动脉体重量仅 2mg，但在正常血压下平均血流量多达 0.04ml/min，远远高于其他组织。需要指出的是，外周化学感受器感受的是动脉血 PO_2 水平变化的刺激，而不是动脉血 O_2 的含量刺激，因为在贫血或 CO 中毒时，血 O_2 含量虽然下降，但由于 PO_2 正常，只要血流量充分，外周化学感受器的传入冲动就不会增加。

（2）中枢化学感受器　摘除动物外周化学感受器或切断其传入神经后，外周化学感受器的作用即被消除，但吸入 CO_2 仍能使呼吸加强。过去认为这是 CO_2 对延髓呼吸中枢直接刺激的结果，后来证明在延髓腹外侧浅表部位（表面下约 200μm，分头、中、尾三个区）存在一种化学感受器，与延髓呼吸中枢截然不同，称为中枢化学感受器（图 5 - 15）。中枢化学感受器的生理刺激是脑脊液和局部细胞外液中的 H^+，而不是 CO_2。血液中的 CO_2 能迅速扩散透过血 - 脑脊液屏障，与脑脊液中的 H_2O 反应生成 H_2CO_3，然后解离出 H^+，对中枢化学感受器起刺激作用。如果只提高脑脊液中的 CO_2 浓度，保持 pH 不变，则刺激作用不明显。任何提高脑脊液中 H^+ 浓度的因素，都能加强呼吸，并与 H^+ 的增加呈平行关系。血液中的 H^+ 几乎不能透过血－脑屏障，故血液中 H^+ 对中枢化学感受器的作用不及 CO_2。

中枢化学感受器与外周化学感受器不同，它不感受缺氧刺激，但中枢化学感受器对血液 CO_2 升高的敏感性比外周化学感受器高，但反应潜伏期比较长，原因是脑脊液中的碳酸酐酶含量很少，扩散进入脑脊液的 CO_2 与 H_2O 反应生成碳酸的反应进行的较慢。

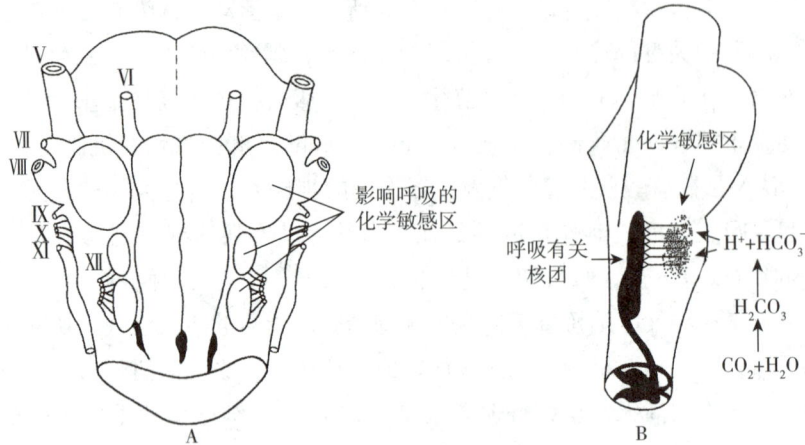

图 5 – 15　中枢化学感受器

A：延髓腹外侧的三个化学敏感区；B：血液或脑脊液 PCO_2 升高时，刺激呼吸的中枢机制

2. PCO_2、H^+ 和 PO_2 对呼吸的调节

（1）CO_2 对呼吸的调节　CO_2 是呼吸最重要的生理性刺激因素，一定水平的 PCO_2 对维持呼吸中枢的兴奋性甚为必要。如人在过度通气后，由于呼出较多 CO_2，使动脉血中 PCO_2 下降，减弱了对中枢和外周化学感受器的刺激，可使呼吸中枢的兴奋性下降，出现呼吸运动减弱或暂停，直到由机体代谢产生的 CO_2 使动脉血液 PCO_2 升高至正常水平，才会恢复正常呼吸。吸入气中 CO_2 浓度升高后，肺泡气和动脉血中 PCO_2 也随之升高，呼吸加深加快，肺通气量增加。CO_2 刺激呼吸的作用，还可以从人体的实验中得到证明：当吸入气 CO_2 浓度为 2% 时，潮气量即有增加；CO_2 浓度 4% 时，呼吸频率也见增加；随着吸入气中 CO_2 浓度逐步增高，通气量也随之增加，甚至可达每分钟 80L 以上。但是，如果吸入气中 CO_2 浓度超过 7%，通气量已不能相应增加，但动脉血中 PCO_2 的陡然升高，会抑制中枢神经系统包括呼吸中枢的活动，引起呼吸困难、甚至昏迷；如果吸入气中 CO_2 达 15% 以上，就会很快丧失意识，出现肌肉强直和震颤，称此为 CO_2 麻醉。

CO_2 刺激呼吸加强是通过两条途径实现的：一是刺激中枢化学感受器而兴奋呼吸中枢，二是刺激外周化学感受器反射性调节呼吸中枢的活动。两条途径中以中枢化学感受器的作用为主。如切断外周化学感受器的传入神经，CO_2 对呼吸的刺激作用仅略有下降。而且在动脉血中 PCO_2 比正常高 10mmHg 时，刺激外周化学感受器提高肺通气的效应才会表现出来，而刺激中枢化学感受器只要 PCO_2 升高 3mmHg 就可以引起呼吸的改变。

提高血液中 CO_2 浓度，引起呼吸加强的效应在 1 分钟左右即达高峰。但如果血液中 CO_2 浓度长期维持在较高水平，则 2～3 天后，其效应就会逐渐下降，最终仅及初期效应的 1/8～1/5。这一变化的确切机制尚不清楚，有人认为，血中 HCO_3^- 可通过脑脊液表层蛛网膜细胞主动转移入脑脊液，与 H^+ 结合而降低其浓度，从而降低 H^+ 对呼吸的刺激作用。因此血液中 CO_2 对呼吸的作用，初期是快速的急性反应，几天后则变成缓慢的适应性反应。

（2）低 O_2 对呼吸的调节　吸入气 PO_2 降低时，肺泡气 PO_2 也随之降低，导致动脉血 PO_2 降低时，能反射性地引起呼吸加深加快，肺通气增加（图 5 – 16）。同 CO_2 一样，机体对低 O_2 的反应也有个体差异。

一般在动脉 PO_2 下降到 80mmHg 以下时，肺通气才出现可觉察到的增加，可见动脉血 PO_2 对正常呼吸的调节作用不大，仅在特殊情况下低 O_2 刺激才有重要意义。如严重肺气肿、肺心病患者，肺换气受到障碍，导致低 O_2 和 CO_2 潴留。长时间 CO_2 潴留使中枢化学感受器对 CO_2 的刺激作用发生适应，而外周化学感受器对低 O_2 刺激适应很慢，这时低 O_2 对外周化学感受器的刺激成为驱动呼吸的主要刺激。

低 O_2 对呼吸的刺激作用完全是通过外周化学感受器实现的。切断动物外周化学感受器的传入神经或摘除人的颈动脉体，急性低 O_2 的呼吸刺激反应完全消失。低 O_2 对中枢的直接作用是抑制作用。但是低 O_2 可以通过对外周化学感受器的刺激而兴奋呼吸中枢，这样在一定程度上可以对抗低 O_2 对中枢的直接压抑作用。然而在严重低 O_2 时，外周化学感受性反射已不足以克服低 O_2 对中枢的压抑作用，终将导致呼吸障碍。在低 O_2 时吸入纯 O_2，由于解除了外周化学感受器的低 O_2 刺激，会引起呼吸暂停，临床上给 O_2 治疗时应予以注意。

（3）H^+ 对呼吸的调节　当动脉血中 H^+ 增加时，可引起呼吸加强；动脉血中 H^+ 下降时，则引起呼吸抑制。H^+ 对呼吸的影响，是通过外周化学感受器和中枢化学感受器两条途径起作用的。因为 H^+ 不易透过血脑屏障，所以对中枢化学感受器的作用较小，而以外周化学感受器的途径为主。如实验中切断动物的双侧窦神经，原来血液在 pH 7.3 ~ 7.5 之间变动所引起的肺通气反应就会消失。由此可以说明，H^+ 对呼吸的调节主要是通过外周化学感受器特别是颈动脉体而起作用的。

3. PCO_2、H^+ 和 PO_2 在呼吸调节中的相互作用　在这三个因素中，如果使其中两个因素保持不变，只改变其中一个因素，对通气量的影响可见图 5 - 16。图示说明，PO_2 的波动对呼吸的影响最小。在一般动脉血 PO_2 变动范围内（80 ~ 140mmHg），通气量变化不明显，只在 PO_2 低于 75mmHg 以后，通气量才逐渐增大。PCO_2 和 H^+ 则不然，只略有波动，就能出现肺通气量明显变化，尤其是 PCO_2 作用更明显。可见在正常呼吸的调节中，PCO_2 起着重要作用，而 PO_2 只在缺 O_2 情况下才起作用。

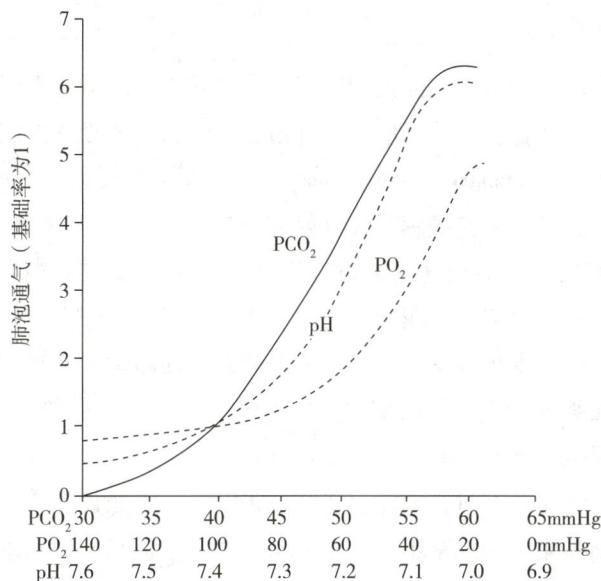

图 5 - 16　改变动脉血液 PCO_2、PO_2、pH 三因素之一而维持另外两个因素正常时的肺泡通气反应

但是，在 PCO_2、H^+ 和 PO_2 三个因素中，如果改变其中一个因素，而对其余两因素不加限制，则通气量的改变与上述有明显的不同（图 5 - 17），PCO_2 的效应大为增加而 PO_2 效应则明显降低。这是因为三者在起调节作用时，可以协同而加强，也可以相互抵消而减弱。当 PCO_2 增高时，也提高了 H^+ 的浓度，两者的刺激作用相加，使肺通气量比 PCO_2 单独增高时明显加大。在 H^+ 增加使肺通气量增大时，由于通气增加而降低了 PCO_2，也因排出大量 CO_2，使 H^+ 也有所下降，因此，这时的通气量比单独增加

H^+ 时为小。当 PO_2 下降时，也因增加通气，呼出较多 CO_2，使 PCO_2 下降，从而降低了缺氧的刺激作用。由此可见，上述三因素是相互联系、相互影响的，在探讨它们对呼吸的调节时，必须全面地进行观察和分析，才能有正确的结论。

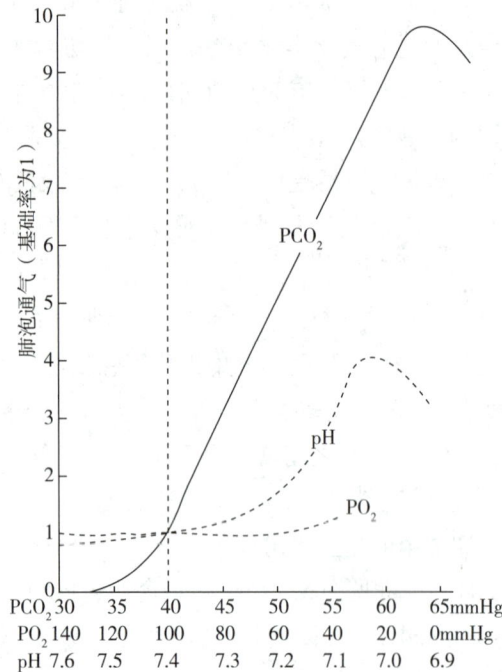

图 5－17　改变动脉血液 PCO_2、PO_2、pH 三因素之一而不控制另外两个因素时的肺泡通气反应

（二）肺牵张反射

麻醉的动物在肺充气或肺扩张时，均能抑制吸气，在肺缩小萎陷时，则引起吸气。切断双侧迷走神经，上述反应消失，说明这是一种反射性反应。这种由肺扩张引起的吸气抑制以及由肺缩小萎陷引起的吸气反射统称为肺牵张反射（pulmonary stretch reflex），也叫黑－伯反射（Hering－Breuer reflex），它包括肺扩张反射与肺萎陷反射，是一种机械感受性反射。

1. 肺扩张反射　肺扩张反射是肺充气或扩张时抑制吸气的反射。其感受器位于气管至细支气管的平滑肌中，是一种牵张感受器，阈值低，属于慢适应感受器。当肺扩张牵拉呼吸道使之扩张时，感受器兴奋，冲动经迷走神经中的粗纤维传入延髓。通过相应的神经通路联系使吸气切断机制活动加强，促使吸气转为呼气。该反射能加强吸气和呼气的交替，使呼吸频率加快。切断双侧迷走神经后，反射消失，表现为吸气延长、加深，呼吸变慢。

成年人当潮气量增至 800ml 以上时，才能引起肺扩张反射，可能是由于人肺扩张反射的中枢阈值较高。所以，平静呼吸时，肺扩张反射几乎不参与呼吸深度调节。但在中度到剧烈运动时，该反射在调节呼吸深度和频率中起重要的作用。病理情况下，肺顺应性降低，肺扩张时使气道扩张较大，刺激增强，可以引起该反射加强，使呼吸变浅变快。

2. 肺萎陷反射　肺萎陷反射是指肺缩小萎陷时引起吸气的反射。其感受器也在气管平滑肌内，传入神经纤维走行于迷走神经干中。肺萎陷反射在肺明显缩小时才出现，在平静呼吸时调节意义不大，但对于阻止呼气过深起一定作用，并可能与气胸时发生的呼吸增强有关。

（三）呼吸肌本体感受器反射

呼吸肌的本体感受器为肌梭（参见第十章），当呼吸肌被动拉长或肌梭中的梭内肌收缩时，肌梭就会产生兴奋，冲动通过背根传入纤维到达脊髓，反射性使肌梭所在的同一呼吸肌收缩力量加强。

呼吸肌本体感受器即肌梭传入冲动在调节呼吸中有一定作用。当气道阻力增大时，呼吸肌本体感受器反射也会相应加强，增强呼吸肌的收缩力量，以克服气道阻力。病理情况下该反射的传入纤维被切断，可见呼吸肌的收缩减弱。例如为解除癌症患者身体某处剧痛，而不得不切断与痛觉有关的脊神经根，以消除痛觉传入。若切除的是高位颈脊髓若干神经背根管，则该侧膈肌呼吸运动会暂时消失或明显减弱（因膈肌的本体感受器传入纤维在颈3～颈5节的脊神经根中）。

（四）防御性呼吸反射

呼吸道的鼻、咽、喉、气管和支气管黏膜受到机械性或化学性刺激时，都将引起防御性呼吸反射，借以排除呼吸道中的异物，保持呼吸道畅通。

1. 咳嗽反射　咳嗽反射的感受器存在于喉、气管和支气管黏膜中。大支气管以上部位对机械刺激比较敏感，二级支气管以下部位对化学刺激比较敏感。传入纤维在迷走神经中上行进入延髓。

咳嗽时，先有短促的深吸气，接着紧闭声门做强的呼气动作，使胸内压与肺内压都迅速上升。然后突然开放声门，由于压差大，使肺泡内气体高速冲出，同时排出气道中的异物或分泌物。

2. 喷嚏反射　喷嚏反射是鼻黏膜受刺激引起的防御性反射。传入神经为三叉神经，反射动作与咳嗽类似，气体主要从鼻腔急速喷出，以清除鼻腔中的刺激物。

目标检测

答案解析

单项选择题

1. 每分通气量和每分肺泡通气量之差等于
   - A. 余气量 × 呼吸频率
   - B. 潮气量 × 呼吸频率
   - C. 功能余气量 × 呼吸频率
   - D. 无效腔气量 × 呼吸频率
   - E. 肺活量 × 呼吸频率

2. 参与平静吸气的肌肉主要是
   - A. 膈肌、肋间外肌
   - B. 肋间外肌
   - C. 膈肌
   - D. 膈肌、腹壁肌
   - E. 膈肌、肋间内肌

3. 在下列哪一时相中，肺内压等于大气压
   - A. 呼气末期和吸气中期
   - B. 吸气末期和呼气末期
   - C. 呼吸全程
   - D. 吸气全程
   - E. 呼气全程

4. 呼吸频率加倍，潮气量减半时，将使
   - A. 每分通气量减少
   - B. 每分通气量增加
   - C. 肺泡通气量不变
   - D. 肺泡通气量增加
   - E. 肺泡通气量减少

5. 内呼吸是指
   - A. 线粒体内外的气体交换
   - B. 组织细胞和组织毛细血管血液之间的气体交换
   - C. 细胞器之间的气体交换
   - D. 组织细胞之间的气体交换
   - E. 肺泡和肺毛细血管血液之间的气体交换

6. 下列关于肺泡表面活性物质的描述，错误的是
   A. 由肺泡 II 型细胞所分泌　　B. 减少肺泡内的组织液生成　　C. 降低肺泡表面张力
   D. 降低肺的顺应性　　E. 稳定肺泡容积

7. 二氧化碳在血液中运输的最主要形式是
   A. 形成碳酸　　B. 物理溶解　　C. 形成碳酸氢盐
   D. 形成二氧化碳 Hb　　E. 形成氨基甲酸 Hb

8. 维持胸膜腔内负压的必要条件是
   A. 气道跨壁压等于大气压　　B. 气道内压高于大气压　　C. 胸膜腔密闭
   D. 肺内压高于大气压　　E. 肺内压高于胸膜腔内压

9. 呼吸节律形成机制最有可能的是
   A. 下丘脑神经网络的调控　　B. 大脑皮层有意识的控制　　C. 脊髓的反馈调节
   D. 延髓吸气切断机制　　E. 脑桥的自发节律性活动

10. 肺的顺应性越大，表示
    A. 肺的弹性阻力和肺的扩张度均大
    B. 肺的弹性阻力大，肺的扩张度
    C. 肺的弹性阻力和肺的扩张度均小
    D. 肺的弹性阻力和肺的扩张度无变化
    E. 肺的弹性阻力小，肺的扩张度大

（王冰梅）

书网融合……

本章小结　　题库

第六章　消化和吸收

第一节　概　述

PPT

消化系统由消化道和消化腺组成，主要为机体提供水、电解质及各种营养物质，以满足机体新陈代谢的需要。这一功能的实现涉及以下几个方面的活动：①将摄入的食物进行研磨并同消化液混合形成食糜，通过消化道的运动将内容物向下推进；②分泌消化液并对各种食物进行消化；③吸收各种营养物质；④消化活动的调节。

食物中小分子营养物质（如水、维生素和无机盐等）可被机体直接吸收，但大分子的蛋白质、脂肪和糖类物质等均不能被机体直接吸收，须在消化道内分解为小分子物质后，才能被机体吸收利用。食物在消化道内被分解为可吸收的小分子物质的过程，称为消化（digestion）。消化有两种方式：一种是机械消化（mechanical digestion），即通过消化道肌肉的舒缩活动，将食物磨碎，使之与消化液充分混合，并不断向消化道远端推送的过程。另一种是化学消化（chemical digestion），即通过消化液中消化酶把食物分解为可吸收的小分子物质的过程。通常这两种方式同时进行、相互配合，为机体提供各种营养物质和能量。经消化后的营养成分及消化道内的水、维生素、无机盐等透过消化道黏膜进入血液和淋巴液的过程，称为吸收（absorption）。消化和吸收两个过程相辅相成、紧密联系，并受神经、体液因素的调节。不能被消化和吸收的食物残渣形成粪便排出体外。

一、消化道平滑肌的生理特性

（一）消化道平滑肌的一般生理特性

人的消化道是由口腔、咽、食管、胃、小肠、大肠和肛门共同组成的肌性管道。除口腔、咽、食管上端的肌组织和肛门外括约肌为骨骼肌外，其余均为平滑肌。消化道平滑肌和其他肌肉组织一样，同样具有兴奋性、传导性、自律性和收缩性。但这些特性均有它自身的特点。

1. 对机械牵拉、温度和化学刺激敏感　消化道平滑肌对电刺激不敏感，但对机械牵拉、温度和化学刺激敏感。例如，温度升高、乙酰胆碱、突然牵拉胃肠等可引起平滑肌收缩，而肾上腺素可使平滑肌舒张。

2. 紧张性收缩 消化道平滑肌经常保持一种微弱的持续收缩状态，即具有一定的紧张性。这对于保持消化道内一定的基础压力、保持胃肠道一定的形状和位置具有重要的生理意义，而且平滑肌的各种收缩活动都是在此基础上发生的。

3. 富有伸展性 消化道平滑肌能适应肠腔内容物的需要做较大伸展，以增加其容积，作为中空消化器官，良好的伸展性这一特点有利于胃肠道容纳更多的食物而不发生明显的压力变化和运动障碍。

4. 自动节律性 消化道平滑肌在离体后，置于适宜的环境内仍能自动进行节律性收缩和舒张，但其节律缓慢，远不如心肌规则。

5. 兴奋性低、收缩缓慢 消化道平滑肌兴奋性低，其收缩的潜伏期、收缩期和舒张期所占的时间比骨骼肌长得多，一次舒缩时程可达 20 秒以上，而且变异很大。这一特点与平滑肌细胞 ATP 水解过程和横桥构型变化缓慢、肌质网不发达、Ca^{2+} 回收较慢有关。

(二) 消化道平滑肌的电生理特性

消化道平滑肌的电活动形式要比骨骼肌复杂，包括静息电位、慢波电位和动作电位三种形式。平滑肌的电生理特性与其收缩特性密切相关。

1. 静息电位 消化道平滑肌的静息电位极不稳定，波动较大，其值为 $-50 \sim -60mV$，主要由 K^+ 外流产生；此外，Na^+、Cl^-、Ca^{2+} 以及生电性钠泵活动也参与了静息电位的形成，这可能是其绝对值略小于神经细胞和骨骼肌细胞的原因。

2. 慢波电位 安静状态下，消化道平滑肌在静息电位基础上自动产生的节律性去极化和复极化电位波动，频率较慢，简称慢波。因其决定着消化道平滑肌的收缩节律，故又称基本电节律（basic electrical rhythm，BER）。消化道不同部位的慢波频率不同，在人类，胃的慢波频率约为 3 次/分，十二指肠约为 12 次/分，回肠末端约为 9 次/分。慢波的波幅为 $5 \sim 15mV$，持续时间为数秒至十几秒。

目前认为慢波起源于纵行肌与环行肌之间的 Cajal 细胞（interstitial Cajal cell，ICC）。ICC 是一种兼有成纤维细胞和平滑肌细胞特性的间质细胞，具有较长的突起并相互连接，也连接平滑肌细胞，在连接处形成缝隙连接。ICC 产生的慢波可以电紧张的形式通过低电阻的缝隙连接快速传给纵行肌和环行肌层。实验表明，慢波活动受自主神经调节，交感神经活动增强时，慢波的幅度减小；副交感神经活动增强时，其幅度则增大。但去除平滑肌的神经支配或用药物阻断神经冲动后，慢波仍然存在，提示慢波的产生并不依赖于神经。实验还观察到，在纵行肌和环形肌交界处，慢波波幅最大，并从交界向两肌层传播；若去除两肌层交界处的 ICC，慢波消失；电刺激带有 ICC 的游离小肠肌条，则可产生慢波。表明 ICC 是慢波产生的必要条件。关于慢波产生的离子基础，目前尚不十分清楚。实验提示，它的产生可能与细胞膜上生电性钠泵活动的周期性减弱或停止有关。

3. 动作电位 当 BER 的电位波动使细胞膜去极化达到阈电位时，就可触发一个或多个动作电位，随后出现肌肉收缩。消化道平滑肌细胞动作电位的去极相主要由一种开放较慢的通道介导的内向离子流（主要是 Ca^{2+}，也有 Na^+）引起，复极化是由 K^+ 通道开放，K^+ 外流引起。锋电位上升慢，幅值较低，持续时间较骨骼肌长（$10 \sim 20$ 毫秒），频率 $1 \sim 10$ 次/秒。动作电位数目的多少与肌肉收缩的幅度之间存在很好的相关性，每个慢波上出现的动作电位数目越多，触发平滑肌收缩的 Ca^{2+} 内流量越多，肌肉收缩力越大（图 6-1）。

综上所述，BER 是平滑肌的起步电位，控制着平滑肌收缩的节律，并决定消化道运动的方向、节律和速度。

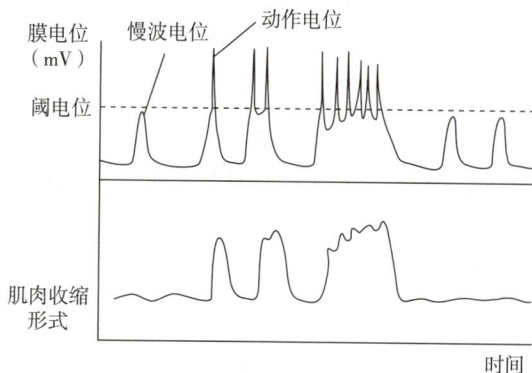

图6-1 消化道平滑肌的电活动与收缩形式

二、消化道的神经支配及其作用

(一) 内在神经系统

胃肠道的内在神经系统又称为肠神经系统（enteric nervous system，ENS），是由无数不同类型的神经元和神经纤维所组成的复杂神经网络，分布于食管中段至肛门的绝大部分消化道壁内。内在神经丛由无数的神经元和神经纤维组成，神经元包括感觉神经元、中间神经元和运动神经元，各种神经元之间通过短的神经纤维形成网络联系，把胃肠壁的各种感受器和效应器联系在一起，构成了一个相对独立而完整的网络整合系统，因此有"肠-脑"（gut brain）之称，可通过局部反射对胃肠道活动发挥重要的调节作用。切除外来神经后，食物对胃肠道的刺激仍能引起胃肠运动及腺体分泌，此时的作用主要是通过内在神经系统的局部反射来完成，但在完整的机体内，ENS的活动受副交感和交感神经的调节。

ENS根据所在位置分为肌间神经丛和黏膜下神经丛，两者合称为壁内神经丛（图6-2）。①肌间神经丛（myenteric plexus），位于纵行肌与环行肌之间，主要支配胃肠平滑肌，调节胃肠运动，包括胃肠紧张性收缩、节律性收缩的强度与频率等。②黏膜下神经丛（submucosal plexus），位于消化道黏膜下层，主要调节腺细胞和上皮细胞的功能，也可支配黏膜下血管，从而调节局部血流量。

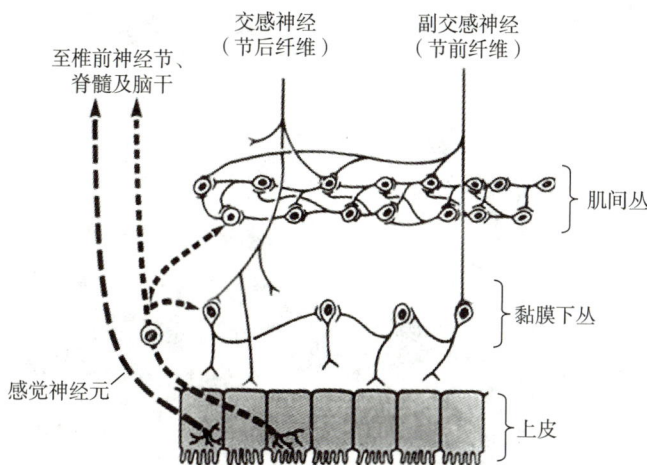

图6-2 消化道壁内神经丛和外来神经结构关系图

(二) 外来神经系统

支配消化道的自主神经被称为外来神经，包括交感神经和副交感神经。除口腔、咽、食管上段和肛门外括约肌外，几乎整个消化道都受交感和副交感神经双重支配，其中以副交感神经对胃肠功能的作用为主。支配胃肠道的副交感神经主要来自迷走神经和盆神经，其节前纤维直接终止于消化道的壁内神经元，与壁内神经元形成突触，然后发出节后纤维支配消化道的腺细胞、上皮细胞和平滑肌细胞（图6-2）。副交感神经的大部分节后纤维释放的递质是乙酰胆碱（ACh），作用于胃肠道平滑肌和消化腺，使胃肠道运动增强，消化腺分泌增加，而消化道括约肌舒张，这一作用可被阿托品（atropine）阻断。少数副交感神经节后神经纤维释放某些肽类物质，如血管活性肠肽（vasoactive intestinal peptide，VIP）、P物质、脑啡肽和生长抑素（somatostatin，SS）等，调节胃的容受性舒张以及机械刺激引起的小肠充血等，因而有肽能神经纤维之称。

支配消化道的交感神经节前纤维来自第5胸段至第2腰段脊髓侧角，在腹腔神经节和肠系膜神经节内换元后，节后纤维分布到胃、小肠和大肠。节后纤维末梢释放的递质为去甲肾上腺素，可抑制内在神经丛的活动，使胃肠运动减弱，消化腺分泌减少，而消化道括约肌收缩。

三、消化腺的分泌功能

人体每日由各种消化腺分泌的消化液总量可达6~8L。消化液主要由有机物（主要含多种消化酶、黏液、抗体等）、离子和水组成。消化液的主要功能为：①稀释食物，使胃肠内容物与血浆的渗透压相等，以利于吸收；②提供适宜的pH环境，使之适用于消化酶活性的需要；③水解食物中的大分子营养物质，使之便于吸收；④通过分泌黏液、抗体和大量液体，保护消化道黏膜，防止物理性和化学性的损伤。

分泌过程是腺细胞主动活动的过程，包括由血液内摄取原料、在细胞内合成分泌物、以酶原颗粒和囊泡等形式存储以及将分泌物排出等一连串的复杂过程。对消化腺分泌细胞的兴奋-分泌耦联的研究表明，腺细胞膜上存在着多种受体，不同的刺激物与相应的受体结合，可引起细胞内一系列的生化反应，最终导致分泌物的释放。

四、消化道的内分泌功能

（一）消化道的内分泌细胞

在胃肠道黏膜内存在着40多种内分泌细胞，常单个散在于胃肠道黏膜上皮细胞之间，不同类型的内分泌细胞的分布各异。消化道的内分泌细胞包括两种类型（图6-3）。

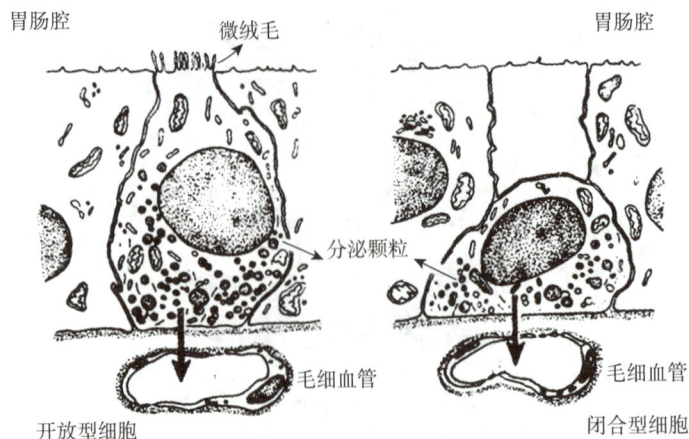

图6-3　开放型与闭合型消化道内分泌细胞模式图

1. 开放型细胞　大部分胃肠道内分泌细胞属于开放型细胞。呈锥形，顶端有微绒毛突起伸入胃肠腔内，直接感受胃肠内食物成分和 pH 的刺激而引起细胞的分泌活动；细胞核大，密度低，线粒体散布于分泌颗粒之间，分泌颗粒集中在细胞基底部。如分泌促胃液素的 G 细胞。

2. 闭合型细胞　少数胃肠内分泌细胞属于闭合型细胞。细胞顶端无微绒毛，与胃肠腔无直接接触，主要存在于胃底和胃体的泌酸区和胰腺内。细胞呈卵圆形、锥形，位于基膜上，核居中，核下聚集分泌颗粒，其分泌受神经或周围内环境变化的影响。如分泌 SS 的 D 细胞。

（二）APUD 细胞的概念

APUD 细胞（amine precursor uptake decarboxylation cell）是指体内具有摄取胺前体、进行脱羧而产生肽类或活性胺能力的内分泌细胞的统称，来源于胚胎外胚层的神经内分泌程序细胞。消化道内所有内分泌细胞都属 APUD 细胞。截至目前，除了消化道，丘脑、垂体、松果体、胰岛、呼吸道、泌尿生殖道、纵隔腹后壁的嗜铬组织、甲状腺、甲状旁腺、肾上腺髓质、交感神经节等部位也含有 APUD 细胞。

消化道黏膜中内分泌细胞的总数远超过体内其他内分泌细胞的总和，因此消化道被认为是人体内最大，也是最复杂的内分泌器官。由这些内分泌细胞合成和释放的具有多种生物活性的化学物质统称为胃肠激素（gastrointestinal hormone），又称胃肠肽（gastrointestinal peptide）。迄今已被鉴定的胃肠激素有 30 多种，其中主要的有促胃液素（胃泌素），促胰液素，缩胆囊素（cholecystokinin，CCK）及抑胃肽（gastric inhibitory polypeptide，GIP）等，与神经系统一起共同调节着消化系统的运动、分泌和吸收功能。

（三）胃肠激素的分泌方式

胃肠激素分泌后作用于其靶细胞的方式有多种。多数胃肠激素被直接释放入血液，经血液循环运输至靶器官或靶细胞起作用，称为远距分泌，如促胃液素、促胰液素、CCK、GIP 等；有些胃肠激素并不直接释放入血，而是通过细胞间隙扩散至周围邻近的靶细胞，在局部发挥作用，为旁分泌，如胃窦部和胰岛内的 D 细胞释放的 SS；促胃液素、胰多肽（pancreatic polypeptide，PP）等则沿着细胞与细胞之间的缝隙被直接释放进入胃、肠腔，再作用于靶细胞，这种方式为腔分泌。此外，VIP、P 物质和蛙皮素等胃肠激素可作为胃肠道肽能神经元的递质或调质而起作用，为神经分泌；还有些胃肠激素分泌到细胞外，扩散到细胞间隙，再反过来作用于分泌该激素的细胞自身，为自分泌。

（四）胃肠激素的生理作用

1. 调节消化腺的分泌和消化道的运动　是胃肠激素的主要生理作用，主要胃肠激素的作用见表 6-1。

表 6-1　几种主要胃肠激素的作用

名称	分泌细胞	分布部位	主要生理作用	引起释放的刺激因素
促胃液素	G 细胞	胃窦、十二指肠、空肠上段	促进胃酸和胃蛋白酶原分泌；使胃窦和幽门括约肌收缩，延缓胃排空；促进胃肠运动和胃肠上皮生长；促进胰液（主要是酶）分泌、胆汁分泌	蛋白质消化产物、迷走神经兴奋、胃窦部扩张
促胰液素	S 细胞	小肠上部	促进胰液及胆汁（主要是水和 HCO_3^-）的分泌，抑制胃酸分泌和胃肠运动，收缩幽门括约肌，抑制胃排空，促进胰腺组织生长	盐酸、蛋白质消化产物、脂肪酸
缩胆囊素（CCK）	I 细胞	小肠上部	促进胰液（胰酶）分泌、胆囊收缩，增强小肠和结肠运动，抑制胃排空，增强幽门括约肌收缩，松弛 Oddi 括约肌，促进胰腺组织生长	蛋白质消化产物、脂肪酸、盐酸
抑胃肽（GIP）	K 细胞	小肠上部	促进胰岛素分泌，抑制胃酸和胃蛋白酶分泌，抑制胃排空	葡萄糖、脂肪酸、氨基酸

续表

名称	分泌细胞	分布部位	主要生理作用	引起释放的刺激因素
胃动素	M_0细胞	小肠	促进消化间期胃和小肠的运动	迷走神经、盐酸、脂肪
生长抑素（SS）	D细胞	胃、小肠、胰等	抑制胃液、胰液分泌，抑制促胃液素、促胰液素和胰岛素的分泌	蛋白、脂肪酸、盐酸

2. 调节其他激素的释放 食物消化时，从胃肠释放的抑胃肽（gastric inhibitory polypeptide，GIP）有很强的刺激胰岛素分泌的作用。因此，与静脉注射相同剂量的葡萄糖比较，口服葡萄糖能引起更多的胰岛素分泌。此外，影响其他激素释放的胃肠激素还有生长抑素、胰多肽、VIP、促胃液素释放肽等，它们对生长激素、胰岛素、胰高血糖素、促胃液素等的释放均有调节作用。

3. 营养作用 某些胃肠激素具有刺激消化道组织代谢和促进生长的作用，称为营养作用（trophic action）。例如，促胃液素能刺激胃泌酸部位黏膜和十二指肠黏膜的蛋白质、RNA 和 DNA 的合成，从而促进其生长。此外小肠黏膜内 I 细胞释放的缩胆囊素也具有重要的营养作用，它能引起胰腺内 DNA、RNA 和蛋白质的合成增加，促进胰腺外分泌组织的生长。

有些激素除了存在于胃肠道外，还同时存在于脑组织内，在脑和胃肠道中双重分布的肽类被统称为脑 - 肠肽（brain - gut peptide）。脑 - 肠肽不仅在外周调节着胃肠道的各种功能，而且在中枢也参与对胃肠道生理功能的调节。已知的脑 - 肠肽有促胃液素、缩胆囊素、P 物质、生长抑素、神经降压素等 20 余种。

五、消化道血液循环的特点

（一）消化道血供的特点

消化道是机体最大的贮血器官，供给胃肠道的血液主要来自腹主动脉三大分支：腹腔动脉、肠系膜上动脉和肠系膜下动脉。在静息状态下，消化系统（包括胃、肠、肝、胰、脾）的血流量约占心输出量的1/3。在急性大失血或其他严重应激情况下，这部分贮存的血液可被释放进入循环，以保证心、脑等重要器官的供血。在进食后，小肠绒毛及其邻近的黏膜下层的血流量可增加到平时的 8 倍以上，胃肠壁肌层的血流量也随之增加，直至 2~4 小时后才降至进食前水平。可见，消化道血流量与局部组织的活动水平密切相关。

（二）影响消化道血流量的因素

消化期内消化道血流量增多的原因是多方面的。由于消化系统活动增强，可使消化道组织的代谢增加，导致局部代谢产物（如腺苷）生成增多，因而血管舒张；同时，由于食物的刺激，消化道可释放多种胃肠激素，如 CCK、VIP、促胃液素和促胰液素等，且某些腺体还能释放 NO 和缓激肽等，这些物质均具有舒血管作用。

此外，消化道血流量也受神经调节。副交感神经兴奋时，局部血流量增加；交感神经兴奋时，则消化道血管收缩，血流量减少，但数分钟后，血流量即可恢复，以维持胃肠的血供需要。这可能是由于血管收缩造成组织缺血、缺 O_2，使局部代谢产物增加所致。

第二节 口腔内消化

食物的消化过程从口腔开始，其停留时间为 15~20 秒。食物在口腔内经咀嚼磨碎，与唾液混合，形成食团而被吞咽。唾液对食物有较弱的化学性消化作用。

一、唾液及其分泌

唾液（saliva）是由三对大的唾液腺（腮腺、颌下腺和舌下腺）和口腔黏膜中许多散在的小唾液腺分泌的混合液所组成。

（一）唾液的成分和作用

唾液为无色、无味近于中性（pH 6.6~7.1）的低渗黏稠液体。成人每日分泌量为 1~1.5L。唾液中水分约占99%。有机物主要为黏蛋白、唾液淀粉酶（salivary amylase）、溶菌酶、免疫球蛋白（IgA、IgG、IgM）、氨基酸和血型物质等，还含有一定量的气体，如 O_2、NH_3、N_2 和 CO_2。

唾液的生理作用：①湿润和溶解食物，以引起味觉并易于吞咽；②清洁和保护口腔，唾液可清除口腔中的残余食物、稀释与中和有毒物质；③唾液中的溶菌酶和免疫球蛋白具有杀灭细菌和病毒的作用；④唾液淀粉酶可分解淀粉为麦芽糖。此酶最适 pH 是 7.0，食物进入胃后，仍可继续发挥作用，直到胃酸分泌增多使 pH<4.5 时，其作用才终止。⑤排泄作用：进入体内的某些异物（铅、汞、碘、药物等）可随唾液排出；有些毒性很强的微生物如狂犬病毒、脊髓灰质炎病毒等也可随唾液分泌，具有传染性。

（二）唾液分泌的调节

在安静情况下，唾液腺不断分泌少量唾液，分泌量约为 0.5ml/min，以润湿口腔，称为基础分泌（basic secretion）。进食时唾液的分泌完全是神经反射性调节，包括非条件反射和条件反射。进食时，食物对口腔黏膜机械性、化学性和温热性刺激所引起的唾液分泌，称为非条件反射性分泌。其反射调节过程是：食物的刺激引起口腔黏膜和舌的感受器发生兴奋，冲动沿第 Ⅴ、Ⅶ、Ⅸ、Ⅹ 对脑神经传入，到达延髓的上涎核和下涎核初级中枢，以及下丘脑和大脑皮层的嗅觉、味觉感受区，然后通过第Ⅶ、Ⅸ对脑神经中的副交感纤维和交感传出纤维到达唾液腺（以副交感神经为主）。副交感神经兴奋时，其末梢释放 ACh，作用于腺细胞膜上的 M 受体，引起胞内 IP_3 释放，触发胞内钙库释放 Ca^{2+}，使腺细胞分泌活动加强，唾液腺血管舒张，腺体的血流量增加，结果使唾液分泌增加。副交感神经兴奋引起的唾液分泌主要是量多而固体成分少，即稀薄的唾液；M 受体拮抗剂阿托品可阻断该作用。交感节后纤维释放的 NE 可作用于唾液腺细胞膜上的 β 受体，引起胞内 cAMP 增高，使唾液腺分泌黏稠的唾液。在进食活动中，食物的形状、颜色、气味以及进食的环境乃至语言文字描述引起的唾液分泌，称为条件反射性唾液分泌，是在大脑皮层参与下实现的。"望梅止渴"就是条件反射性唾液分泌的典型例子。其他因素如前列腺能通过 ACh 释放间接促进唾液分泌，血糖浓度升高可改变副交感中枢的兴奋性使唾液分泌增加。此外，在睡眠、疲劳、失水、恐惧等情况下，可通过抑制延髓唾液分泌中枢的活动使唾液分泌减少。

二、咀嚼和吞咽

食物的消化从口腔开始，口腔的运动主要为咀嚼和吞咽。食物在口腔内经过咀嚼被切割、磨碎并经咀嚼运动和舌的活动使食物与唾液混合形成食团。食物在口腔中经过短暂停留后，再经吞咽进入胃内进行消化。

（一）咀嚼

咀嚼（mastication）是由咀嚼肌群的顺序收缩所完成的复杂的节律性动作。咀嚼肌是骨骼肌，由躯体运动神经支配，因此咀嚼是随意运动，受大脑皮层控制。咀嚼的作用是：①切碎、研磨、搅拌和湿润食物，使食物与唾液混合而成食团，便于吞咽；②使食物与唾液淀粉酶充分接触，利于化学性消化；

③咀嚼动作能反射性地引起胃肠、胰、肝和胆囊等消化器官的活动，为食物的进一步消化做好准备。

（二）吞咽

吞咽（deglutition）是指口腔内的食团经咽和食管送入胃内的过程，由口腔和咽、喉以及食管密切配合的高度协调的反射活动构成。根据食团在吞咽时所经过的部位不同，可将吞咽动作分为以下 3 个时期。

第 1 期称为口腔期，指食团由口腔进入咽的时期。这是在大脑皮层控制下的随意运动。主要依靠舌的运动把食团由舌背推向咽部。

第 2 期称为咽期，指食团由咽进入食管上端的时期。是食团刺激软腭和咽部的触觉感受器所引起的一系列快速的反射动作。

第 3 期称为食管期，指食团从食管上端经贲门进入胃的时期。当食团通过食管上端括约肌后，该括约肌反射性收缩，食管即产生由上而下的蠕动，将食团推送入胃。蠕动（peristalsis）是空腔器官平滑肌普遍存在的一种运动形式，由平滑肌的顺序舒缩引起，形成一种使消化道内容物向前推进的波形运动。蠕动反射通常包含两个部分：一是食团上端食管的兴奋性反应，表现为环行肌收缩和纵行肌舒张；二是食团下端食管的抑制性反应，表现为纵行肌收缩和环行肌舒张。这样，在食团上端食管出现一收缩波，食团下端食管出现一舒张波，食团因此被挤压推送入胃。

吞咽过程所需时间很短，在直立位咽水时只需 1 秒，一般不超过 15 秒。昏迷或脑神经功能障碍（如偏瘫）的患者，因吞咽功能障碍，进食（尤其是流质食物）时易误入气管。

在正常情况下，胃内的食糜或其他内容物不会向食管逆流。形态学观察表明，在食管下端和胃连接处并不存在明显的括约肌，但在这一区域有一宽 3～5cm 的高压区，其内压比胃内压高 5～10mmHg，成为阻止胃内容物逆流入食管的一道屏障，起到生理性括约肌的作用，故称为食管下括约肌（lower esophageal sphincter，LES）。LES 受迷走神经抑制性和兴奋性纤维的双重支配。当食管壁感受器受到食团刺激时，迷走神经中的抑制性纤维兴奋，末梢释放 VIP 和 NO，使 LES 舒张，以便食团通过；随后其兴奋性纤维兴奋，末梢释放 ACh，使该括约肌收缩，防止胃内容物的逆流。此外，LES 也受体液因素的调节，食物入胃后可引起促胃液素和胃动素等的释放，使 LES 收缩；而促胰液素、CCK 等可使 LES 舒张。

> ### 💡 知识拓展
>
> #### 反流性食管炎与食管 - 贲门失弛缓症
>
> 反流性食管炎（reflux esophagitis）是一种食管反流病，主要病变是胃酸或胃液及胆汁反流至食管所引起的食管黏膜炎症、糜烂、溃疡或纤维化等。食管的三重保护作用包括 LES、食管对胃反流物的廓清作用及食管黏膜屏障。反流性食管炎的发生与这三重保护作用减退有关，LES 屏障功能减退为主要发病机制。正常 LES 静息压为 13.6～20.8mmHg，当其压力减低为 5～10mmHg或更低时，容易导致发病。
>
> 食管 - 贲门失弛缓症（achalasia）常见于食管下 2/3 部的肌间神经丛受损时，引起食管推送食物入胃受阻，从而出现吞咽困难、胸骨下疼痛和食物反流等症状，称为失弛缓症。此时食管在吞咽后不产生蠕动，而是表现为全食管收缩，LES 压力异常升高，达到正常值的 2 倍以上。

第三节　胃内消化

PPT

⇨ **案例引导**

　　临床案例　患者，男，42岁，公交车司机，周期性胃部胀痛3年，呈反复发作，并伴反酸和嗳气。疼痛多在餐后半小时出现，持续1~2小时后逐渐消失，直至下次进餐后重复出现上述症状。发作期与缓解期交替出现。胃镜检查显示：胃小弯处可见一黏膜溃疡，基底部有白色或灰白色厚苔，边缘整齐，周围黏膜充血、水肿、易出血。病理检查为良性溃疡，幽门螺杆菌检测阳性，粪便隐血阳性。诊断：胃溃疡。

　　讨论　1. 胃黏膜如何保护自身免受胃酸和胃蛋白酶的侵蚀？

　　　　　　2. 如何解释该患者的临床表现？如何防治该疾病？

　　提示　1. 胃黏膜通过黏液－HCO_3^-屏障和胃黏膜屏障等保护自身。

　　　　　　2. 胃溃疡的疼痛多为餐后，周期性发作，患者会出现呕血、粪便隐血、大便颜色暗红或柏油样便。

　　胃具有暂时储存和初步消化食物的功能，其容量一般为1~2L。食物入胃后，受到机械性、化学性消化，与胃液充分混合成半流体的消化物，即食糜（chyme），然后被逐步、分批地通过幽门排入十二指肠。

一、胃液的分泌与功能

　　胃对食物的化学性消化是通过黏膜中多种外分泌腺分泌的胃液来完成。胃黏膜含有三种管状外分泌腺：①贲门腺，分布在胃与食管连接处宽1~4cm的环状区内，主要由黏液细胞组成，分泌碱性黏液；②泌酸腺，分布在占全胃约2/3的胃底和胃体部，由壁细胞、主细胞和颈黏液细胞组成，它们分别分泌盐酸、胃蛋白酶原、黏液和内因子；③幽门腺，分布在幽门部，主要由黏液细胞组成，分泌碱性黏液和少量胃蛋白酶原。胃液主要是由这三种腺体和胃黏膜上皮细胞的分泌物组成。胃黏膜中的内分泌细胞主要为：①G细胞，分布于胃窦部，分泌促胃液素和促肾上腺皮质激素样物质；②D细胞，分布于胃体、胃底、胃窦的黏膜内，分泌SS；③肠嗜铬样细胞（enterochromaffin－like cell，ECL细胞）分布于胃底、胃体黏膜，合成和释放组胺。

（一）胃液的成分、来源和作用

　　纯净的胃液（gastric juice）是一种无色透明的酸性液体，pH为0.9~1.5。正常人每日分泌的胃液量为1.5~2.5L，其主要成分有盐酸、胃蛋白酶原、内因子和黏蛋白，其余为水、HCO_3^-、Na^+、K^+等无机物。

　　1. 盐酸　胃液中的盐酸（hydrochloric acid）也称胃酸（gastric acid），由壁细胞分泌。它有两种存在形式：一种呈游离状态，称为游离酸；另一种与蛋白质结合，称为结合酸，两者在胃液中的总浓度称为胃液总酸度。空腹6小时后，无任何食物刺激的情况下，胃酸也有少量分泌，称为基础胃酸分泌，平均0~5mmol/h。在食物或药物的刺激下，胃酸排出量可进一步增加。正常成人的盐酸最大排出量可达20~25mmol/h。一般认为，胃酸排出量与壁细胞数量和功能状态有关，男性的胃酸分泌量多于女性，50岁以后，分泌速率有所下降。

　　胃液中H^+的浓度为150~170mmol/L，比血浆中的H^+浓度高出300万~400万倍。因此，壁细胞

分泌 H^+ 是逆着巨大的浓度梯度进行的。现已证明，H^+ 的分泌是依靠壁细胞顶端膜上的质子泵（proton pump），即 H^+ 泵实现的。质子泵是一种镶嵌于细胞膜内具有逆向转运 H^+、K^+ 和催化 ATP 水解的酶，故也称 H^+,K^+ - ATP 酶。同时壁细胞内含有丰富的碳酸酐酶（carbonic anhydrase，CA），在它的催化下，由细胞代谢产生的 CO_2 和由血浆中摄取的 CO_2 可迅速地水合而形成 H_2CO_3，H_2CO_3 随即解离成 H^+ 和 HCO_3^-。H^+ 在顶端膜上的质子泵的帮助下，主动分泌到分泌小管腔，并从分泌小管腔内换回一个 K^+；与此同时，顶端膜上的 K^+ 通道和 Cl^- 通道也开放，使进入壁细胞内的 K^+ 又回至分泌小管的同时，细胞内的 Cl^- 也由 Cl^- 通道分泌至分泌小管，继而与 H^+ 结合形成 HCl 并进入胃腔。细胞内的 HCO_3^- 在基底侧通过基底膜上的 Cl^- - HCO_3^- 逆向转运体与 Cl^- 交换后进入血液；在消化期，由于胃酸大量分泌的同时有大量 HCO_3^- 进入血液与 Cl^- 交换，使血液暂时碱化，形成"餐后碱潮"。另外，壁细胞基底侧膜上还存在 Na^+ - K^+ 泵，可以将细胞内的 Na^+ 泵出细胞转运至血液，同时将 K^+ 泵入壁细胞内，以补充由细胞转至分泌小管腔内的部分 K^+（图 6-4）。

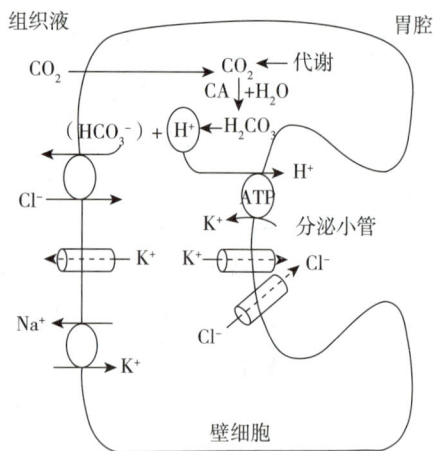

图 6-4 壁细胞分泌盐酸示意图
CA：碳酸酐酶

通过上述的离子交换过程，可以看出质子泵在壁细胞泌酸过程中的重要作用，质子泵是各种因素引起胃酸分泌的最后通路。胃酸分泌可被质子泵选择性抑制剂奥美拉唑（omeprazole）等阻断，故临床上用这类药物治疗消化性溃疡。

盐酸的生理作用：①激活胃蛋白酶原，使之转变为有活性的胃蛋白酶，并为其提供适宜的 pH 环境；②杀死随食物进入胃内的细菌，以保持胃和小肠的无菌状态；③盐酸进入小肠后，可引起促胰液素、缩胆囊素的释放，从而促进胰液、胆汁和小肠液的分泌；④盐酸所造成的酸性环境，有助于小肠对铁和钙的吸收；⑤促进食物中蛋白质变性，使之易于消化。临床上胃酸分泌不足，常引起食欲不振、腹胀、腹泻等消化不良和贫血，如萎缩性胃炎；但若盐酸分泌过多，会对胃和十二指肠黏膜造成侵蚀作用，因而是溃疡病发病的重要原因之一。

💡 知识拓展

消化性溃疡

一般将胃溃疡和十二指肠溃疡总称为消化性溃疡。大量研究已经证明，消化性溃疡与幽门螺杆菌（Helicobacter pylori, Hp）感染有密切的关系，其中 90% 以上的十二指肠溃疡和 80% 的胃溃疡都是由 Hp 感染所致。Hp 能产生大量的尿素酶，可以分解尿素为氨和 CO_2。氨能中和胃酸，尿素酶和氨能损伤胃黏液层和黏膜细胞，从而破坏黏液-碳酸氢盐屏障和胃黏膜屏障，损伤黏膜组织，导致消化性溃疡的发生。同时，幽门螺杆菌还可引起黏膜局部产生炎症和免疫反应，增加促胃液素的分泌，加重胃或十二指肠黏膜的损伤。Warren 和 Marshall 由于发现并分离出 Hp 而获得了 2005 年诺贝尔生理学或医学奖。

2. 胃蛋白酶原 胃蛋白酶原（pepsinogen）主要由主细胞合成和分泌，另外，颈黏液细胞、贲门腺和幽门腺的黏液细胞及十二指肠近端的腺体也有少量分泌。胃蛋白酶原无活性，在胃酸或有活性的胃蛋白酶作用下，激活成有活性的胃蛋白酶（pepsin）。胃蛋白酶为内切酶，主要作用是水解食物中的蛋白质，生成胨、胨及少量多肽和氨基酸。胃蛋白酶的最适 pH 为 2.0~3.5，随 pH 的升高，胃蛋白酶的活性逐渐降低，当 pH > 5.0 时就会发生不可逆变性而完全丧失活性。

3. 内因子 内因子（intrinsic factor）是壁细胞分泌的一种糖蛋白。可与进入胃内的维生素 B_{12} 结合形成复合物，保护维生素 B_{12} 不被小肠内蛋白水解酶的破坏，同时促进其在回肠末端吸收。当内因子缺乏（如胃大部切除、慢性萎缩性胃炎或泌酸功能降低等），或产生抗内因子抗体时，可发生维生素 B_{12} 吸收不良，导致红细胞内 DNA 合成障碍，出现巨幼红细胞性贫血。

4. 黏液和碳酸氢盐 胃的黏液（mucus）是由胃黏膜表面的上皮细胞、颈黏液细胞、泌酸腺、贲门腺和幽门腺共同分泌的。其主要成分是糖蛋白，具有较高的黏滞性和形成凝胶的特性。它在正常人的胃黏膜表面形成厚约 0.5mm 的黏液凝胶保护层，为胃黏膜上皮细胞厚度的 10 ~ 20 倍。这个保护层具有润滑作用，并可减少坚硬食物对胃黏膜的机械性损伤。

胃内 HCO_3^- 主要由胃黏膜非泌酸细胞所分泌，仅有少量的 HCO_3^- 是从组织间液渗入胃内的。基础状态下，其分泌速率仅为 H^+ 分泌速率的 5%，进食时，分泌速率增加。研究表明，单独的黏液或碳酸氢盐的分泌都不能有效地保护胃黏膜免受胃腔内盐酸和胃蛋白酶的损伤，而是由黏液和碳酸氢盐共同构成的一个厚 0.5 ~ 1.5mm 的屏障，称为黏液 – 碳酸氢盐屏障（mucus – bicarbonate barrier）。当胃腔中的 H^+ 向黏液凝胶深层扩散时，由于黏液具有较高的黏滞性，其移动速度明显减慢，并与上皮细胞分泌的 HCO_3^- 在黏液层内发生中和作用，使黏液层内出现 pH 梯度，即黏液层靠近胃腔面的一侧呈酸性，pH 为 2.0 左右，而靠近上皮细胞表面的黏液则呈中性或稍偏碱性，pH 为 7.0 左右（图 6 – 5）。从而有效地阻挡 H^+ 的逆向弥散，保护胃黏膜免受 H^+ 的直接侵蚀，并避免胃蛋白酶对胃黏膜的消化作用。

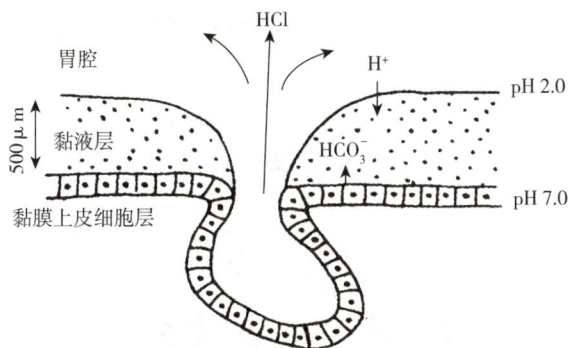

图 6 – 5 黏液 – 碳酸氢盐屏障

（二）胃黏膜的保护作用

黏液 – HCO_3^- 屏障是胃黏膜保护的第一道防线，除此之外，胃黏膜上皮细胞的顶端膜和相邻细胞侧膜之间存在紧密连接，称为胃黏膜屏障（gastric mucosal barrier），可防止 H^+ 由胃腔向胃黏膜逆向扩散及阻止 Na^+ 从黏膜向胃腔内扩散，成为胃黏膜保护的第二道防线。同时，胃黏膜细胞还能合成和释放某些前列腺素（prostaglandin，PG）和表皮生长因子（epidermalgrowthfactor，EGF），它们能抑制胃酸和胃蛋白酶原的分泌，刺激黏液和碳酸氢盐的分泌，促进胃黏膜黏液糖蛋白的合成，扩张胃黏膜的微血管，增加黏膜的血流量等，从而参与胃黏膜损伤后的修复及抗炎作用。另外，胃黏膜上皮细胞具有较强的自我更新能力；胃黏膜由于其功能的特殊性，是机体中细胞更新较快的组织之一，衰老的细胞通过细胞凋亡途径被清除，并通过位于胃颈部的干细胞增殖分化进行补充，胃黏膜结构保持完整和黏膜损伤后的及时修复是胃黏膜保护机制的重要方面，许多胃黏膜病变的发生、发展都和细胞更新过程发生异常有关。

酒精、胆盐、阿司匹林类药物、肾上腺素以及幽门螺杆菌感染等，均可破坏和削弱上述保护作用，严重时可造成胃黏膜的损伤，引起胃炎或溃疡。

（三）胃液分泌的调节

空腹时胃液分泌少，进食后，在神经体液的调节下，胃液大量分泌，进食是胃液分泌的自然刺激。

1. 影响胃酸分泌的内源性物质

（1）乙酰胆碱（ACh）   大部分支配胃的副交感神经节后纤维和部分肠壁内在神经末梢均可释放。它可直接作用于壁细胞上的 M 受体，引起胃酸分泌。故临床上可通过应用胆碱能受体阻断剂阿托品，以减少胃酸的分泌来治疗消化性溃疡。此外，ACh 还可以作用于胃泌酸腺内的 ECL，引起组胺分泌。

（2）胃泌素（gastrin，即促胃液素）   主要由胃窦和十二指肠、空肠上段黏膜的 G 细胞分泌。胃泌素作用较为广泛：①可促进胃酸和胃蛋白酶原的分泌；②刺激 ECL 细胞引起组胺分泌，而间接促进胃液的分泌；③促进消化道黏膜增殖；④加强胃肠运动和胆囊收缩，促进胰液、胆汁的分泌。体内存在的促胃液素有多种分子形式，主要有大胃泌素（G-34）和小胃泌素（G-17）两种。胃窦部黏膜内主要是 G-17，而十二指肠黏膜内 G-17 和 G-34 各占一半。G-17 刺激胃分泌作用比 G-34 强 5~6 倍，且清除速度快。

（3）组胺（histamine）   由胃泌酸区黏膜中的 ECL 细胞分泌。它可通过旁分泌途径到达邻近的壁细胞，与壁细胞上的组胺 H_2 受体结合，具有很强的促进胃酸分泌的作用。

现已证明，ECL 细胞上存在促胃液素受体和胆碱受体。促胃液素和 ACh 可通过作用于各自的受体引起 ECL 细胞释放组胺而调节胃酸分泌。可见，三种内源性泌酸物质不仅可各自独立刺激壁细胞分泌胃酸，三者之间还存在着复杂的相互关系（图6-6）。组胺被认为是胃酸分泌的重要调控因素，临床上使用组胺受体阻断剂西咪替丁及其类似物治疗消化性溃疡时，不仅可阻断壁细胞对组胺的反应，而且还能降低壁细胞对促胃液素和 ACh 的敏感性。

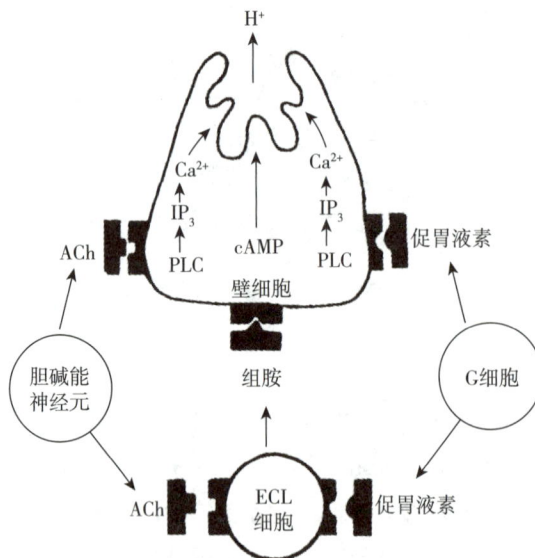

图6-6   ACh、促胃液素、组胺对盐酸的分泌及相互关系模式图

（4）生长抑素（somatostatin，SS）   是由胃窦、胃底及胃体部黏膜的 D 细胞分泌的，可抑制胃酸的分泌。其机制是通过直接抑制壁细胞的功能和抑制促胃液素和组胺的作用来间接抑制胃液的分泌。

此外，CCK、促胰液素、胰高血糖素、GIP、VIP 也能抑制胃酸的分泌。

2. 消化期胃液分泌

进食后的胃液分泌称为消化期胃液分泌，按接受食物刺激的部位，人为地将消化期胃液分泌划分为头期、胃期和肠期。实际上，这三个时期几乎是同时开始、互相重叠的，它们都受神经和体液的双重调节，但头期主要受神经调节，肠期主要受体液调节。

（1）头期胃液分泌 头期（cephalic phase）的胃液分泌是指进食动作刺激头面部感受器而导致的胃液分泌。其机制可用"假饲"实验证实，即预先将狗的食管和胃做成食管瘘和胃瘘（图6-7）。当食物进入食管后，随即由食管瘘流出，而不能进入胃，但却在胃瘘处收集到大量胃液。机制包括条件反射和非条件反射。前者是由和食物有关的形状、气味、声音等刺激了视、嗅、听等感受器而引起的；后者则是当咀嚼和吞咽食物时，刺激了口腔和咽喉等处的化学和机械感受器而引起的，冲动沿传入神经纤维（Ⅴ、Ⅶ、Ⅸ、Ⅹ对脑神经）到达中枢（延髓、下丘脑、边缘叶和大脑皮层），经迷走神经传出。迷走神经一方面通过其末梢释放ACh，直接引起腺体细胞分泌；另一方面还可通过非胆碱能节后纤维释放蛙皮素（bombesin），兴奋胃窦G细胞分泌促胃液素，间接刺激胃腺分泌。在人类的头期胃液分泌中，以直接作用为主。切断迷走神经可导致头期胃液分泌消失，可见，迷走神经是头期胃液分泌的唯一传出通路。

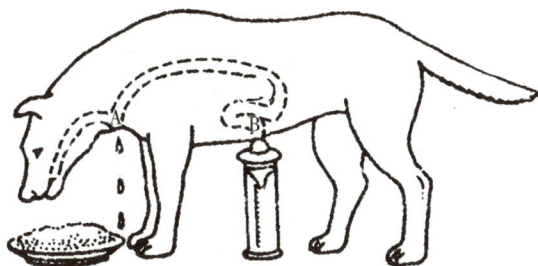

图6-7 "假饲"实验方法示意图

A. 食管瘘；B. 胃瘘

头期胃液分泌的特点：持续时间长（2～4小时），分泌量大，占消化期胃液分泌量的30%，酸度高，胃蛋白酶含量很高，故消化能力强。分泌强弱与情绪、食欲有关。

（2）胃期胃液分泌 胃期（gastric phase）胃液分泌是指进食后食物的机械和化学刺激作用于胃部感受器，继而引起的胃液分泌。胃期胃液分泌机制既有神经调节也有体液调节：①食物刺激胃底、胃体部的感受器，通过迷走-迷走神经长反射和壁内神经丛的短反射，引起胃液分泌；②食物刺激胃幽门部，通过壁内神经丛作用于G细胞，释放促胃液素引起胃液分泌；③食物中的化学成分（以蛋白质消化产物刺激作用最强，如多肽、氨基酸）直接刺激幽门部G细胞，释放促胃液素，引起胃液的分泌。

胃期分泌的特点：胃液酸度高、分泌量大，占消化期胃液分泌量的60%，持续时间很长，可达3～4小时，胃酸的最大分泌率发生在进食后1小时左右；但胃蛋白酶含量较头期少，故消化能力较头期弱。

（3）肠期胃液分泌 肠期（intestinal phase）胃液分泌指食糜进入小肠上段（主要是十二指肠）后继续引起的胃液分泌。食糜进入小肠后，可通过其机械扩张和消化产物的化学性刺激，使十二指肠黏膜的G细胞释放促胃液素，同时还刺激小肠释放肠泌酸素（entero-oxyntin）等来刺激胃酸分泌。实验观察到，当切断支配胃的迷走神经后，食物对小肠的刺激仍可引起胃液分泌，提示肠期胃液分泌主要通过体液调节机制而实现。

肠期胃液分泌的特点：分泌量少，仅占消化期胃液分泌量的10%，酸度低，胃蛋白酶原含量少。因此，胃液的分泌以头期、胃期最为重要。这可能与酸、脂肪、高张溶液进入小肠后对胃液分泌的抑制作用有关。

3. 抑制胃液分泌的主要因素

（1）盐酸 当胃液中盐酸分泌过多，胃窦内pH降至1.2～1.5或十二指肠内pH≤2.5时，盐酸能抑制胃腺的活动，这是典型的负反馈调节，对于防止胃酸过多，保护胃黏膜具有重要意义。这种抑制作用的机制可能是：①盐酸直接抑制胃窦部G细胞分泌促胃液素，使胃液分泌减少；②盐酸刺激胃窦部D

细胞分泌 SS，间接地抑制 G 细胞释放促胃液素和胃酸分泌；③当胃酸排到十二指肠时，可刺激十二指肠黏膜释放促胰液素和球抑胃素（bulbogastrone），促胰液素对促胃液素引起的胃酸分泌有明显的抑制作用，球抑胃素是一种具有抑制胃分泌的肽类激素。

（2）脂肪　脂肪及其消化产物进入十二指肠后，具有抑制胃酸分泌的作用。早在 20 世纪 30 年代，我国生理学家林可胜等就从小肠黏膜中提取出一种能抑制胃液分泌和胃运动的物质。这种物质被认为是脂肪在进入小肠后引起小肠黏膜释放的，因而称为肠抑胃素（enterogastrone），目前认为，肠抑胃素可能是几种具有此类作用的激素的总称，如促胰液素、抑胃肽、神经降压素、胰高血糖素等。

（3）高张溶液　当食糜进入十二指肠后，肠腔内形成的高张溶液可刺激小肠内的渗透压感受器，通过肠 – 胃反射（enterogastric reflex）反射性抑制胃酸分泌；也能通过刺激小肠黏膜释放多种胃肠激素抑制胃液分泌。

二、胃的运动

根据胃壁肌层的结构和功能特点，胃底和胃体上 1/3（头区）的主要功能是容纳和暂时贮存食物，调节胃内压；胃体其余 2/3 和胃窦（尾区）的主要功能是混合、磨碎食物形成食糜，并促进食糜的排空。

（一）胃的运动形式

1. 容受性舒张　咀嚼和吞咽食物时，食物刺激位于口腔、咽、食管、胃壁牵张感受器，反射性引起胃底和胃体肌肉舒张，称为容受性舒张（receptive relaxation）。它能使胃腔容量由空腹时的 50ml，增加到进食后的 1.5L，虽有大量食物摄入，而胃内压基本不变，以完成容纳储存食物的功能；同时防止食糜过早地排入十二指肠，利于食物在胃内消化。胃的容受性舒张可能是通过迷走神经末梢释放 VIP 和 NO 等来实现的。

2. 紧张性收缩　指胃壁平滑肌经常处于一定程度的缓慢持续收缩状态，称紧张性收缩。紧张性收缩在空腹时便已存在，进食后逐渐增强。这种运动能使胃维持一定的位置与形状，防止胃下垂或胃扩张；使胃腔内有一定的压力，有助于胃液渗入食物内部促进化学消化，并协助推动食糜移向幽门方向；它还是其他运动形式的基础。

3. 蠕动　食物进入胃 5 分钟后蠕动即开始。它由胃的中部开始，以尾区为主，频率约 3 次/分。蠕动初期较弱，在向幽门推进的过程中逐渐增强，当接近幽门时明显增强；在幽门括约肌舒张，蠕动波产生的压力作用下，每次可将少量食糜（1～2ml）推入十二指肠，这种作用称为幽门泵。通常胃蠕动前进的速度要比胃内容物向前推进的速度快，所以当蠕动波超过内容物到达幽门时，又由于幽门括约肌的收缩使大部分食糜被反向推回至胃窦部或胃体部（图 6 – 8）。这种不断推进、后退的蠕动过程可使食糜与消化液充分混合，利于化学消化，还可以充分研磨、粉碎食物并推进胃内容物通过幽门进入十二指肠。

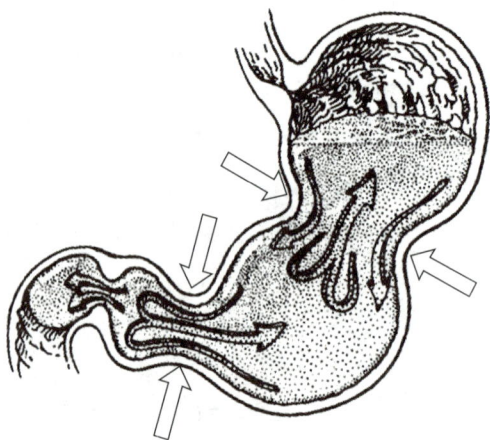

图 6 – 8　胃的蠕动方式

胃的蠕动受胃平滑肌基本电节律的控制，神经和体液因素可通过影响胃的基本电节律和动作电位而影响胃蠕动。迷走神经兴奋、促胃液素、胃动素等可使基本电节律和动作电位的频率增加，从而增加蠕动的频率和幅度；而交感神经兴奋、促胰液素和 GIP 则作用相反，降低胃蠕动的频率和幅度。

（二）胃排空及其影响因素

食糜由胃排入十二指肠的过程称为胃排空（gastric emptying）。一般食物入胃后5分钟即有部分食糜排入十二指肠。胃排空的速度因食物的种类、性状和胃的运动情况而异。颗粒较小的食物比大块的食物排空快。液体食物比固体食物排空快。等张溶液比高张或低张溶液排空快。三大营养物质中糖类排空最快，蛋白质次之，脂肪最慢。混合性食物排空通常需要4~6小时。

胃排空的直接动力是胃和十二指肠内的压力差，而其原动力则为平滑肌的收缩。当胃运动加强使胃内压大于十二指肠内压时，便发生一次胃排空，而胃运动被抑制时则可延缓胃排空。胃的排空是间断进行的，其速率受胃和十二指肠两方面因素的影响，而且都与神经和体液调节有关。

1. 胃内因素促进胃排空　胃内食糜对胃壁的机械扩张刺激，通过迷走-迷走反射和壁内神经丛反射，使胃运动增强、胃排空加快。胃内容物（尤其是蛋白质消化产物）刺激又可使G细胞分泌促胃液素使胃运动加强，胃内压升高，促进胃排空。

2. 十二指肠内因素抑制胃排空　胃内容物进入十二指肠后，食糜中的盐酸、脂肪及蛋白质消化产物、高渗溶液和机械性扩张刺激十二指肠壁感受器，反射性地抑制胃运动，延缓胃排空，称为肠-胃反射（entero-gastric reflex）。同时食糜（特别是胃酸和脂肪）进入十二指肠后，刺激小肠黏膜释放CCK、促胰液素、GIP等多种激素，均可抑制胃运动和胃排空。

可见，在食糜被排空进入十二指肠后，受到十二指肠内因素的抑制作用，使胃运动减弱，胃排空暂停；随着胃酸被中和、消化产物被吸收，对胃运动的抑制作用渐渐减弱并消失，胃的运动又逐渐增强，胃排空再次发生，如此反复，直至食糜全部排入十二指肠。胃内因素与十二指肠内因素两者互相消长、互相交替，自动控制着胃排空，使胃内容物的排空能较好地适应十二指肠内消化和吸收的速度。

（三）消化间期的胃运动

空腹（或称消化间期）时，人胃的运动并未完全停止，而是以间歇性强力收缩并伴较长静息期为特征的周期性运动，这种运动称为移行性复合运动（migrating motor complex，MMC）。MMC始于胃体上1/3部，并向肠道方向扩布。MMC的每一周期90~120分钟，可分为四个时相。Ⅰ相为运动静止期，此时只能记录到慢波电位，不出现胃运动，持续45~60分钟；Ⅱ相出现不规则的峰电位，并开始有蠕动，持续30~45分钟；Ⅲ相出现成簇的峰电位，并出现连续规则的强力收缩，持续5~10分钟；Ⅳ相是转向下一周期Ⅰ相的短暂过渡期，持续约5分钟。

MMC使整个胃肠道在消化间期仍有断断续续的运动，特别是Ⅲ相强力收缩通过胃时，可将未消化的食物残渣、空腹时咽下的唾液、胃黏液、剥落的细胞和细菌等清除干净，因而起"清道夫"的作用。MMC的发生和移行受内在神经系统和胃肠激素的调节。NO可能是Ⅰ相的控制者，Ⅲ相可能与内在神经系统的胃动素神经元释放胃动素有关。若消化间期的这种移行性复合运动减弱，可引起功能性消化不良及肠道内细菌过度繁殖等疾病。

（四）呕吐

呕吐是将胃及部分肠内容物从口腔强力驱出的动作。机械和化学的刺激作用于舌根、咽部、胃肠、胆总管、腹膜、泌尿生殖器官、视觉和内耳前庭等处的感受器，都可以引起呕吐。呕吐前常伴有恶心、流涎、呼吸急促、心率快而不规则等表现。呕吐时，先深吸气、声门鼻咽关闭，接着胃窦部、膈肌和腹壁肌强烈收缩挤压胃，迫使胃内容物经食管由口腔驱出。剧烈呕吐时，十二指肠和空肠上段也强烈收缩，使十二指肠内容物倒流入胃，故呕吐物中可见到胆汁和小肠液。

呕吐是一种具有保护意义的防御反射，其中枢在延髓。如消化道炎症、胆绞痛、肾绞痛、盆腔炎等病变刺激胃肠道感受器，通过迷走神经和交感神经传入呕吐中枢；晕车、晕船时刺激前庭器官，经前庭神经传入中枢；视觉、嗅觉刺激在传入间脑和大脑皮层后，再作用于呕吐中枢；而颅内压升高时可直接刺激呕吐中枢。传出冲动沿迷走神经、交感神经、膈神经和脊神经等传至胃、小肠、膈肌、腹壁肌等，引起呕吐。

呕吐可将胃内有害的物质排出体外。但长期剧烈的呕吐会影响进食和正常消化活动，并且使大量的消化液丢失，造成体内水、电解质和酸碱平衡的紊乱。

第四节　小肠内消化

PPT

食糜由胃进入十二指肠后，即开始了小肠内的消化。小肠是消化吸收最重要的部位。食糜在小肠停留的时间为 3 ~ 8 小时，它通过胰液、胆汁和小肠液的化学消化及肠壁肌肉运动的机械消化变成小分子物质而被小肠吸收。少量不被消化吸收的食物残渣进入大肠。

一、胰液的分泌

（一）胰液的性质、成分和作用

胰液为无色透明的碱性液体，pH 为 7.8 ~ 8.4，渗透压与血浆大致相等，正常成年人每日分泌量为 1 ~ 2L。胰液中无机物主要有 HCO_3^-、Na^+、Cl^-、K^+ 等，以 HCO_3^- 为主，主要由导管细胞分泌；有机物主要是各种消化酶，由腺泡细胞分泌。

1. 碳酸氢盐　胰液中的碳酸氢盐浓度可达 140mmol/L，比血浆中高 4 倍，其含量与胰液的分泌速率有关。它的生理作用：①中和进入十二指肠内的 HCl，使肠黏膜免受 HCl 侵蚀。②pH 7.0 ~ 8.0，为小肠内的各种消化酶提供适宜的 pH，保护酶活性。

2. 消化酶

（1）胰淀粉酶　以活性成分分泌，是一种 α - 淀粉酶，其作用的最适 pH 为 6.7 ~ 7.0。作用是水解淀粉、糖原及其他碳水化合物，水解产物为二糖及少量单糖，如糊精、麦芽糖等，但不能水解纤维素。胰淀粉酶水解效率高、速度快，淀粉与胰液接触约 10 分钟就完全水解。急性胰腺炎时血和尿中胰淀粉酶含量增加。

（2）胰蛋白酶原和糜蛋白酶原　胰腺腺泡分泌的是无活性的胰蛋白酶原和糜蛋白酶原。胰蛋白酶原被肠致活酶（肠激酶）激活为有活性的胰蛋白酶，胰蛋白酶可激活糜蛋白酶原，也可激活胰蛋白酶原，形成一种正反馈，生成更多的胰蛋白酶和糜蛋白酶；此外胃酸、组织液等也可激活胰蛋白酶原。两种酶分别作用可使蛋白质分解为䏡、胨和多肽，共同作用可使蛋白质分解为小分子多肽和氨基酸。

胰液中还有羧基肽酶、核糖核酸酶、脱氧核糖核酸酶等。它们也以酶原的形式存在，在已活化的糜蛋白酶作用下激活。激活后，羧基肽酶可作用于多肽末端的肽键，释出具有自由羧基的氨基酸，核酸酶则可使相应的核酸部分水解为单核苷酸。

（3）胰脂肪酶　是分解脂肪的主要消化酶，属于糖蛋白，最适 pH 为 7.5 ~ 8.5。在胆盐及辅脂酶的作用下，胰脂肪酶可将三酰甘油分解为甘油、一酰甘油及脂肪酸。胰脂肪酶需在辅脂酶（colipase）存在的条件下才能发挥作用。辅脂酶是脂肪酶的辅因子，以酶原形式由胰腺分泌，经胰蛋白酶激活；辅脂酶与脂肪酶在三酰甘油表面形成一种高亲和力的复合物，紧紧地黏附在脂肪颗粒的表面，防止胆盐从脂肪表面将胰脂肪酶置换下来。胰液还含有胆固醇酯酶和磷脂酶 A_2，分别水解胆固醇酯和磷脂。

由于胰液中含有水解糖、脂肪和蛋白质三类主要营养物质的酶，因而是最重要的消化液。临床和实验证明，当胰液分泌障碍时，即使其他消化腺的分泌功能正常，食物中的脂肪和蛋白质仍不能完全消化，从而影响吸收，引起脂肪泻，但糖的消化和吸收一般不受影响。

正常情况下，胰液中的蛋白水解酶并不消化胰腺本身，是因为它们是以无活性的酶原形式分泌，同时腺泡细胞还分泌少量胰蛋白酶抑制物（trypsin inhibitor）。胰蛋白酶抑制物是一种多肽，在 pH 3.0 ~ 7.0 的环境中可与胰蛋白酶结合，并使其失活，防止少量胰蛋白酶在腺体内被激活发生自身消化。但由于其含量较低，作用有限，当胰腺导管梗阻、痉挛或饮食不当引起胰液分泌急剧增加时，可使胰管内压力升高导致胰小管和胰腺腺泡破裂，胰蛋白酶原渗入胰腺间质而被组织液激活，出现胰腺组织的自身消化，从而发生急性胰腺炎。

（二）胰液分泌的调节

在非消化期，胰液几乎是不分泌或很少分泌的。进食开始后，胰液分泌即开始。所以食物是刺激胰腺分泌的自然因素。进食时胰液的分泌受神经和体液双重控制，但以体液调节为主。

1. 神经调节　食物的形状、气味以及对口腔、食管、胃和小肠的刺激都可通过神经调节（包括条件反射和非条件反射）引起胰液分泌。反射的传出神经主要是迷走神经。通过其末梢释放 ACh 直接作用于胰腺腺泡细胞引起胰液分泌；也可作用于胃窦部 G 细胞，引起促胃液素分泌而间接引起胰液分泌。切断迷走神经，或注射阿托品阻断迷走神经的作用，都可显著地减少胰液分泌。迷走神经主要作用于胰腺的腺泡细胞，对导管细胞的作用较弱。因此，它引起胰液分泌的特点是：水和碳酸氢盐含量很少，而酶的含量却很丰富。

内脏大神经（属交感神经）对胰液分泌的影响不明显：一方面促进胰液的分泌；另一方面，其中的肾上腺素能纤维则促使胰腺血管收缩，血流量减少，从而抑制胰液的分泌。

2. 体液调节　引起胰液分泌的体液因素主要有促胰液素和缩胆囊素两种。

（1）促胰液素（secritin）　由小肠黏膜 S 细胞分泌。当酸性食糜进入小肠后，可刺激小肠黏膜释放促胰液素。盐酸是最强的刺激因素，引起小肠内释放的促胰液素 pH 在 4.5 以下；其次为蛋白质分解产物和脂酸钠，糖类几乎没有作用。迷走神经兴奋不引起促胰液素释放；切除小肠的外来神经后，小肠内的盐酸仍能引起胰液分泌，说明促胰液素的释放不依赖于肠外来神经。促胰液素主要作用于胰腺导管细胞使其分泌大量的水和碳酸氢盐，因而使胰液的分泌量大为增加，但酶的含量却很低。

（2）缩胆囊素（cholecystokinin，CCK）　由小肠黏膜 I 细胞分泌，又称促胰酶素（pancreozymin，PZ）。引起缩胆囊素释放的因素由强到弱依次为：蛋白质分解产物、脂酸钠、盐酸、脂肪。糖类没有作用。它作用于胰腺腺泡细胞，产生各种消化酶，而水和碳酸氢盐的量少；同时也可促进胆囊强烈收缩，排出胆汁；另外，还可促进胰腺组织蛋白质和核酸的合成，对胰腺组织具有营养作用。

近年来的资料表明，促胰液素和缩胆囊素对胰液的分泌作用是通过不同的细胞内信号转导机制实现的。促胰液素以 cAMP 为第二信使，缩胆囊素则通过激活磷脂酰肌醇系统，在 Ca^{2+} 介导下而起作用。促胰液素和缩胆囊素之间存在协同作用，即一个激素可加强另一个激素的作用。此外，迷走神经对促胰液素也有加强作用，在阻断迷走神经后，促胰液素引起的胰液分泌量将大大减少。激素之间以及激素与神经之间的相互加强作用，对进餐时胰液的大量分泌具有重要意义。

（3）其他因素　促胃液素可促进胰蛋白酶原、糜蛋白酶原和淀粉酶的分泌；VIP 可促进胰腺导管上皮细胞分泌水和碳酸氢盐；促进胰液分泌的因素还有神经降压素等。而 PP 可抑制基础胰腺分泌及迷走神经所引起的胰酶分泌；SS 是已知抑制胰液分泌最强的激素，它可抑制促胰液素和 CCK 对胰腺分泌的刺激作用；降钙素基因相关肽（calcitonin gene related peptide，CGRP）能抑制生理剂量 CCK 刺激的胰腺分泌。正常情况下，调节胰液分泌的刺激因素和抑制因素相互作用，使胰液分泌处于相对稳定水平。

二、肝脏的消化功能

（一）肝脏功能概述

1. 肝脏分泌胆汁的作用　肝细胞能够不断地生成胆汁酸和分泌胆汁。正常情况下每天经胆管输送到胆囊的胆汁为 800~1000ml。胆汁主要促进脂肪在小肠内的消化和吸收。如胆汁缺乏，摄入的脂肪将有 40% 从粪便中丢失，且还伴有脂溶性维生素的吸收不良。胆汁还可排泄有害物质。

肝脏合成的胆汁酸是具有反馈控制的连续过程，合成量取决于胆汁酸在肠-肝循环中返回肝脏的量。如果有绝大部分的分泌量又返回肝脏，则肝细胞只合成少量的胆汁酸以补充它在粪便中的丢失；反之，若返回量少，则合成量将会增加。

2. 肝脏对物质代谢的作用

（1）糖代谢　单糖经小肠黏膜吸收后，由门静脉到达肝脏，在肝内转变为肝糖原而储存。成年人肝内约含 100g 肝糖原，仅够禁食 24 小时内用。当血糖浓度超过正常时，葡萄糖合成糖原增加；当血糖浓度低于正常时，贮存的肝糖原立刻分解为葡萄糖进入血液，以提高血糖水平。所以，肝糖原在调节血糖浓度以维持其稳定作用中起到了重要作用。此外，许多非糖物质如蛋白质分解产物氨基酸、脂肪分解产物甘油等在肝内通过糖异生转变为糖，而葡萄糖也可在肝内转变为脂肪酸和某些氨基酸。

（2）蛋白质代谢　由消化道吸收的氨基酸通过肝脏时，仅约 20% 不经过任何化学反应而进入体循环到达各组织，而大部分的氨基酸则在肝内进行蛋白质合成、脱氨、转氨等作用后进入血液循环供全身器官组织之所需。肝脏是合成血浆蛋白的主要场所，它是维持血浆胶体渗透压的主要成分，肝病时可引起血浆蛋白减少，导致组织水肿（如肝硬化引起的腹腔积液）。许多凝血因子的主要合成部位也是肝脏，如纤维蛋白原、凝血酶原及凝血因子 Ⅱ、Ⅶ、Ⅸ、Ⅹ 等，肝病时可引起凝血时间延长和发生出血倾向。蛋白质氧化、脱氨作用也主要在肝内进行，脱氨后生成的氨可合成尿素由尿液排出，故肝病时也可出现血氨升高。

（3）脂类代谢　肝脏是脂类代谢的主要场所和脂肪运输的枢纽。消化吸收后的一部分脂肪进入肝脏，后转变成体脂而储存。饥饿时，储存的体脂先被运送到肝脏，然后进行分解，转化为机体利用的能量。在肝内中性脂肪可水解为甘油和脂肪酸，此反应可被肝脂肪酶加速；甘油可通过糖代谢途径被利用，而脂肪酸被完全氧化为 CO_2 和水。肝脏还是体内胆固醇、脂肪酸、磷脂合成的主要器官之一，多余的胆固醇随胆汁排出。人体内血脂的各种成分是相对恒定的，其比例靠肝细胞调节。当脂肪代谢紊乱时，可使脂肪堆积于肝脏内形成脂肪肝。

（4）维生素代谢　肝脏可储存脂溶性维生素，人体 95% 的维生素 A 都贮存在肝内，肝脏也是维生素 C、D、E、K、B_1、B_6、B_{12} 及烟酸、叶酸贮存和代谢的场所。

（5）肝脏对激素代谢的作用　肝脏是许多激素生物转化、灭活或排泄的重要场所。许多激素如雌激素、雄激素、甲状腺激素、胰岛素、肾上腺皮质激素等，在肝脏内经类似上述方法处理后被灭活、降解、随胆汁排泄。如某些肝病患者可因雌激素灭活障碍而在体内积蓄，可引起男性乳房发育、女性月经不调及性征改变等；醛固酮和抗利尿激素灭活的障碍则可引起钠和水在体内潴留而发生水肿。

3. 肝脏的解毒作用　在代谢过程中，门静脉收集腹腔血液，血液中的有害物质及微生物抗原物质将在肝脏内被解毒和清除。肝脏是人体内主要的解毒器官，能保护机体免受损害，对机体的保护作用极为重要。有毒物质在肝脏经过氧化、甲基化及结合反应等，使毒物转化为比较无毒的或溶解度大的物质，随胆汁或尿液排出体外。

肝脏解毒的方式如下。①化学作用：通过氧化、还原、分解、结合和脱氨等作用，其中结合作用是一种重要方式。毒物在肝内与葡萄糖醛酸、硫酸、氨基酸等结合后变为无害物质，随尿排出。体内氨基酸脱氨和肠道内细菌分解含氮物质时所产生的氨，是有害的代谢产物，氨的解毒主要是在肝内合成尿素，随尿排出。当肝功能衰竭时血氨含量升高，可导致肝昏迷。②分泌作用：一些重金属如汞，以及来自肠道的细菌可由胆汁分泌排出。③蓄积作用：某些生物碱如士的宁和吗啡，可在肝脏蓄积，然后逐渐少量释放，以减少中毒程度。④吞噬作用：肝血窦的内皮层含有大量枯否细胞（Kupffer cell），具有很强的吞噬功能，可吞噬血液中的异物、细菌及其他颗粒。据估计，门静脉血液中的细菌有 99% 在经过肝血窦时被吞噬。如果肝脏受损，人体就易中毒或感染。

4. 肝脏的防御和免疫作用　肝脏是人体内最大的网状内皮细胞吞噬系统。肝静脉窦内皮层含有大量的枯否细胞，能吞噬血液中的异物、细菌、染料及其他颗粒物质。在肠黏膜因感染而受损伤时，致病性抗原物质便可穿过肠黏膜（称之为肠道免疫系统的第一道防线）而进入肠壁内的毛细血管和毛细淋巴管，因此，肠系膜淋巴结和肝脏便成为肠道免疫系统的第二道防线。实验证明，来自肠道的大分子抗原可经淋巴结至肠系膜淋巴结，而小分子抗原则主要经过门脉微血管至肝脏。肝脏中的单核 – 巨噬细胞可吞噬这些抗原物质，经过处理的抗原物质可刺激机体的免疫反应。因此，健康的肝脏可发挥其免疫调节作用。

5. 肝脏的其他作用　除上述作用外，肝脏还能调节循环血量，参与机体热量的产生、水电解质的平衡等。在胚胎时期，肝脏还有造血功能。

（二）胆汁的成分与分泌

胆汁（bile）味苦有色，由肝细胞不断生成。在消化期由肝管流出，经胆总管而至十二指肠，称为肝胆汁，呈金黄色，pH 为 7.4。在非消化期流入胆囊管而储存于胆囊，当消化时再由胆囊经胆总管排入至十二指肠，故称为胆囊胆汁，呈黄绿色，并因碳酸氢盐被胆囊吸收而呈弱酸性，pH 约 6.8。成年人每日分泌胆汁为 0.8 ~ 1.0L。胆汁的成分很复杂，除水和钠、钾、钙、碳酸氢盐等无机成分外，其有机物主要有胆盐、胆色素、脂肪酸、胆固醇、卵磷脂、黏蛋白及少量重金属离子（如 Cu^{2+}、Zn^{2+}、Mn^{2+}等）。胆汁中没有消化酶，与消化功能有关的是胆盐。弱碱性胆汁进入十二指肠后，有助于中和食糜中的部分胃酸，从而保护十二指肠黏膜免受胃酸侵蚀，并提供小肠内消化酶所需的 pH 环境。

胆汁中的胆色素是血红蛋白的分解产物，包括胆红素和它的氧化物 – 胆绿素。胆色素的种类和浓度决定了胆汁的颜色。肝能合成胆固醇，约占胆汁固体成分的 4%，其中约一半转化成胆汁酸，剩余的则随胆汁进入胆囊或排入小肠。胆盐是肝细胞利用胆固醇合成的胆汁酸与甘氨酸或牛磺酸结合，再与 Na^+、K^+ 结合而形成的钠盐或钾盐，占胆汁固定成分的 50%，为双嗜性分子（其疏水面朝向内部，亲水面朝外与水接触），可在水溶液中形成圆筒形的微胶粒，是胆汁参与消化和吸收的主要成分。卵磷脂占胆汁固体成分的 30% ~ 40%，也是双嗜性分子，参与脂肪的乳化和混合微胶粒的形成并促进胆固醇溶解于微胶粒中。正常情况下，胆汁中的胆盐、胆固醇和卵磷脂的适当比例是维持胆固醇呈溶解状态的必要条件。当胆固醇分泌过多，或胆盐、卵磷脂合成减少时，胆固醇就容易与 Ca^{2+} 结合生成胆红素钙而沉淀，这是形成胆结石的重要原因。

（三）胆汁的作用

胆汁对于脂肪的消化和吸收具有重要意义，其作用主要由胆盐来承担。

1. 促进脂肪消化　胆盐可乳化脂肪，降低脂肪表面张力，使脂肪乳化成脂肪微滴分散在肠腔内，增加了胰脂肪酶的作用面积，使其分解脂肪的作用加速。

2. 促进脂肪和脂溶性维生素的吸收　胆汁中的胆盐能够帮助脂肪酸、一酰甘油及其他脂类从小肠黏膜吸收。胆盐达到一定浓度后，其分子可聚合成为直径 3 ~ 6μm 的微胶粒，肠腔中脂肪分解产物，如脂肪酸和一酰甘油及胆固醇等均可渗入到微胶粒中，形成水溶性复合物，即混合微胶粒。这样，胆盐作为运载工具，能将不溶于水的脂肪分解产物运送到小肠黏膜刷状缘表面，从而促进脂肪消化产物的吸收。如果缺乏胆盐，食入的脂肪将有 40% 左右不能被消化和吸收。胆盐通过促进脂肪分解产物的消化吸收，对脂溶性维生素（维生素 A、D、E、K）的吸收也有促进作用。

3. 中和胃酸及促进胆汁自身分泌 胆汁在十二指肠内可中和一部分胃酸；胆汁中的胆盐或胆汁酸排至小肠后，90% 以上在回肠末端重吸收入门静脉，到达肝脏再次形成胆汁分泌入小肠，这一过程称为胆盐的肠 – 肝循环（enterohepatic circulation）（图 6 – 9）。返回到肝脏的胆盐有刺激肝胆汁分泌的作用，称为胆盐的利胆作用，临床常作利胆剂使用。

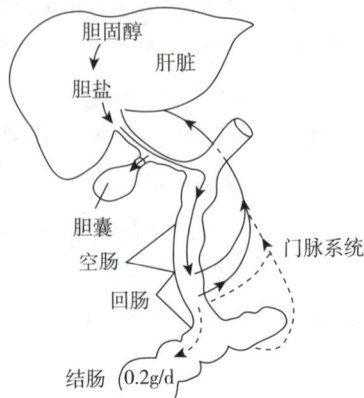

图 6 – 9 胆盐的肠 – 肝循环

（四）胆汁分泌和排出的调节

在非消化期，由肝细胞持续分泌的胆汁大部分流入胆囊储存。胆囊可吸收胆汁中的水和无机盐，使胆汁浓缩 4～10 倍，因而能增加储存效能。在消化期，胆汁可直接由肝脏以及由胆囊经胆总管排至十二指肠。消化道内的食物是引起胆汁分泌和排放的自然刺激物。高蛋白食物（蛋黄、肉类）引起的胆汁排放量最多，高脂肪或混合性食物次之，糖类食物的作用最小。在胆汁排出的过程中，胆囊和 Oddi 括约肌的活动具有相互协调的关系。在非消化期，Oddi 括约肌收缩，胆汁不能流入肠腔，胆囊便舒张而容纳胆汁，使胆管内压力不至过高；进食后，胆囊收缩，Oddi 括约肌舒张，胆汁被排至十二指肠。

1. 神经调节 神经调节对胆汁分泌和胆囊收缩的作用较弱。条件反射（进食动作）、非条件反射（食物对胃、小肠的刺激）可通过迷走神经引起肝胆汁少量分泌、胆囊收缩轻度加强。同时引起促胃液素释放间接影响肝胆汁的分泌、胆囊的收缩。切断两侧迷走神经，或应用胆碱能受体阻断剂，均可阻断这种反应。

2. 体液调节

（1）胆盐 通过胆盐的肠 – 肝循环，刺激肝胆汁的分泌，是最强的利胆剂，但对胆囊的运动并无明显影响。胆盐每循环一次约损失 5%，每次进餐后可进行 2～3 次的肠 – 肝循环，有 6～8g 胆盐排出。

（2）促胃液素 通过血液循环作用于肝细胞和胆囊，直接促进肝胆汁分泌，胆囊收缩；或通过影响胃酸分泌引起十二指肠 S 细胞产生促胰液素，间接促进肝胆汁分泌。

（3）促胰液素 促胰液素的主要作用是促进胰液分泌，同时作用于胆管系统，促进胆汁分泌，分泌的胆汁以水和 HCO_3^- 为主，对胆盐分泌无影响。

（4）缩胆囊素 在胆管、胆囊和 Oddi 括约肌上均有 CCK 受体的分布。在蛋白质分解产物、盐酸和脂肪等的作用下，小肠上部的 I 细胞可释放 CCK，后者通过血液循环到达靶器官，引起胆囊强烈收缩和 Oddi 括约肌舒张，促使胆囊胆汁排出。

总之，由进食开始，到食物进入小肠内，在神经和体液因素的调节下，都可引起胆汁的分泌和排出。尤以食物进入小肠的作用最为明显。这时不仅肝胆汁的分泌明显增加，而且，由于胆囊的强烈收缩，使贮存在胆囊的胆汁也大量排出。

三、小肠液的分泌

小肠内有两种腺体：十二指肠腺和小肠腺。十二指肠腺又称勃氏腺（Brunner's gland），分布在十二指肠的黏膜下层中，分泌碱性液体，内含黏蛋白，因而黏稠度很高。小肠腺又称李氏腺（Lieberkühn crypt），分布于整个小肠黏膜层，其分泌物构成了小肠液的主要部分。

（一）小肠液的性质、成分和作用

小肠液的分泌量变动范围很大，成人每日分泌 1.0 ~ 3.0L。小肠液是一种弱碱性液体，pH 约 7.6，渗透压与血浆相等。除大量水外，无机物有 Na^+、K^+、Ca^{2+}、Cl^-、HCO_3^- 等，有机物有黏蛋白、IgA、溶菌酶和肠激酶等。此外，小肠液中还混有脱落的肠上皮细胞、白细胞以及由肠上皮细胞分泌的免疫球蛋白。在上皮细胞表面（如刷状缘）和细胞内还含有一些消化酶，如肽酶和寡糖酶（如蔗糖酶、麦芽糖酶、乳糖酶等）、肠脂肪酶等，一般认为这些酶由肠黏膜上皮细胞分泌，而非肠腺所分泌。当营养物质被吸收入上皮细胞时，这些存在于上皮细胞刷状缘内的消化酶可发挥消化作用。所以，这些酶只在肠上皮细胞刷状缘和细胞内起消化作用，当这些酶随脱落的肠上皮细胞进入肠腔后，则对小肠内营养物质的消化作用消失。小肠液的主要作用如下。

1. 稀释作用　小肠液的主要作用是稀释肠内消化产物，降低渗透压以利吸收。小肠液分泌后，很快被肠绒毛重吸收，这种液体的交换为小肠内营养物质的吸收提供了媒介。

2. 消化作用　十二指肠腺在促胰液素作用下，可分泌富含 HCO_3^- 的碱性液体（pH 为 8.2 ~ 9.3），与胰液和胆汁一起为小肠内多种消化酶提供适宜的 pH 环境。从小肠腺分泌入肠腔的消化酶只有肠激酶一种，它能激活胰液中的胰蛋白酶原，使之变为有活性的胰蛋白酶，从而有利于蛋白质的消化。

目前认为，小肠本身对食物的消化是以一种特殊的方式进行的，即在小肠上皮细胞的刷状缘和细胞内进行。如小肠上皮细胞和细胞内的肽酶可将多肽分解成单个氨基酸，蔗糖酶、麦芽糖酶、异麦芽糖酶和乳糖酶均可将双糖分解成单糖，脂肪酶可将中性脂肪分解成甘油和脂肪酸，从而发挥对进入上皮细胞的营养物质进行继续消化的作用，为吸收入血做好充分的准备。

3. 保护作用　十二指肠分泌的碱性黏稠液体有润滑作用，含黏蛋白且黏度很高，可保护十二指肠免受胃酸的侵蚀；溶菌酶可溶解肠壁内的细菌；IgA 可防止小肠受到有害抗原物质的损害等。

（二）小肠液分泌的调节

小肠液在不同的条件下分泌量变化很大。食糜对肠黏膜的机械刺激和化学刺激都可通过壁内神经丛的局部反射引起小肠液的分泌。小肠黏膜对扩张的刺激最为敏感，肠内食糜越多，其分泌也越多。研究表明，刺激迷走神经可引起十二指肠腺分泌，但对其他部位的肠腺作用不明显；只有切断内脏大神经（取消了抑制性影响）后，刺激迷走神经才能引起小肠液的分泌。此外，促胃液素、促胰液素、CCK、VIP 和胰高血糖素都有刺激小肠液分泌的作用。

四、小肠的运动

小肠是消化道最长、也是最重要的消化器官。空腹时，小肠运动很弱，进食后逐渐增强，与胰液、胆汁和小肠液的化学性消化协同作用。小肠平滑肌有内层较厚的环形肌和外层较薄的纵行肌，小肠运动就是靠这两层平滑肌的舒缩活动来完成的。通过小肠的运动可以完成机械消化、促进化学消化和吸收、推送食糜进入大肠等功能。

（一）小肠运动的形式

1. 紧张性收缩　空腹时小肠就有一定的紧张性收缩活动，可使小肠保持基本形状，并使小肠腔内维持一定的腔内压，有助于肠内容物的混合，有利于食糜的消化与吸收；同时也是小肠其他运动形式的基础。

2. 分节运动　分节运动（segmental motility）是一种以环行肌为主的节律性收缩和舒张交替进行的运动，是小肠特有的运动形式。在食糜所在的一段肠管上，环行肌许多点同时收缩，把食糜分割成许多节段；随后，原来收缩处舒张、舒张处收缩，使原来的节段分为两半，而相邻的两半合并又形成一个新的节段；如此反复进行，食糜得以不断地分开，又不断地混合（图6-10）。

分节运动在空腹时几乎不存在，进食后逐渐增强。小肠各段分节运动的频率不同，上部频率较高，下部较低。在人十二指肠约11次/分，回肠末端约8次/分。分节运动的作用在于：①食糜与消化液充分混合，便于对食物进行化学消化；②使食糜与小肠壁紧密接触，有利于营养物质的吸收；③挤压肠壁，促进小肠壁中血液和淋巴液的回流，为吸收创造良好条件。

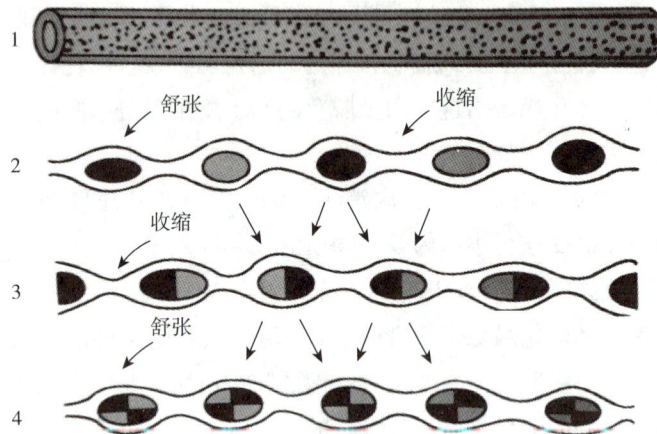

图6-10　小肠分节运动模式图

1：肠管表面观；2、3、4：肠管纵切面观，分别表示不同阶段的食糜节段分割和合拢的组合情况

3. 蠕动　小肠的蠕动可发生在小肠的任何部位，它是由小肠的环行肌和纵行肌由上而下依次发生的推进性收缩运动。其速度为 0.5~2.0cm/s，近端小肠的蠕动速度大于远端，可见小肠蠕动波很弱。每个蠕动波只把食糜推进一小段距离，进食后蠕动明显增强。蠕动的意义在于使经过分节运动的食糜向前推进一步，到达一个新肠段，再开始一个新的分节运动。

大多数小肠蠕动波是从十二指肠向回肠方向推进，这是由小肠慢波的方向及频率梯度决定的。在回肠末端可出现一种与蠕动方向相反的运动，称为逆蠕动（antiperistalsis），它可使食糜在小肠内来回移动，防止食糜过早地通过回盲部进入大肠，有利于食糜充分消化吸收。另外，小肠还有一种传播速度很快（2~25cm/s）、传播距离较远的蠕动，称为蠕动冲（peristaltic rush）。蠕动冲可把食糜从小肠始端一直推送到末端，有时还可推送到大肠。蠕动冲是由进食时的吞咽动作或食糜刺激十二指肠引起的。

小肠蠕动时推送肠管内气体和液体而产生的声音，称为肠鸣音（borborygmus）。临床上在腹部用听诊器可以听到肠鸣音，其强弱可反映肠蠕动的情况，当肠鸣音亢进，提示肠蠕动增强；肠鸣音减弱或消失，常提示肠麻痹。

4. 移行性复合运动　在非消化期，小肠也存在周期性的移行性复合运动（MMC），它是胃MMC向下游传播形成的。其基本特点是：从十二指肠到回肠末端，传播速度逐渐减慢；十二指肠MMC的Ⅲ相时程约为8分钟，越到小肠远端Ⅲ相时程越长，最大收缩频率呈递减趋势。移行性复合运动的生理意义与胃MMC相似，利于小肠内容物的清除、限制细菌的生长，同时使小肠肌肉在长期禁食期内保持良好的功能状态。诱发机制可能与十二指肠黏膜细胞释放的胃动素有关。

（二）回盲括约肌的功能

回肠末端与盲肠交界处的环行肌显著加厚，其长度约4cm，起着括约肌的作用，称为回盲括约肌。回盲括约肌在平时保持轻度收缩状态，其内压力约比结肠内压力高2.67kPa（20mmHg）。进食时，食物入胃，引起胃-回肠反射，使回肠运动增强，当蠕动波到达回肠末端时，回盲括约肌舒张，有3~4ml

食糜被排入结肠。正常情况下，每日有 450~500ml 食糜进入大肠。对盲肠黏膜的机械刺激或充胀刺激，可通过肠段局部的壁内神经丛反射，引起回盲括约肌收缩和回肠运动减弱，延缓回肠内容物向盲肠排放。

回盲括约肌的主要功能是防止回肠内容物过快的进入大肠，从而延长食糜在小肠内停留的时间，因此有利于小肠内容物的进一步消化和吸收。此外，回盲括约肌还具有活瓣样作用，可阻止大肠内容物逆流入回肠。

（三）小肠运动的调节

1. 神经调节

（1）内在神经丛　肌间神经丛对小肠的运动起主要调节作用。当食糜的机械和化学刺激作用于肠壁感受器时，通过肠壁神经丛的局部反射可引起平滑肌的运动。如摄食可使远端回肠的运动和肌电活动增多，称为胃 - 回肠反射。切断小肠的外来神经，其运动仍可进行。

（2）外来神经　副交感神经兴奋能加强肠运动，而交感神经兴奋则产生抑制作用。但这种效应还受肠肌当时状态的影响，如肠肌紧张性增高时，则无论交感神经和副交感神经的兴奋都使之抑制；相反，如肠肌的紧张性降低，则这两种神经的兴奋都增强其活动。

2. 体液调节　促胃液素、CCK、P 物质、脑啡肽和 5 - 羟色胺可增强小肠运动；而促胰液素、肾上腺素、VIP 和 SS 等可抑制小肠运动。

第五节　大肠的功能

PPT

大肠内没有重要的消化活动。它的主要功能在于吸收水分、无机盐和由结肠内微生物产生的 B 族维生素和维生素 K，完成对食物残渣的加工，形成并暂时贮存粪便，以及将粪便排出体外。

一、大肠液和肠内细菌的活动

（一）大肠液的分泌

大肠液由大肠黏膜表面的上皮细胞和杯状细胞分泌。大肠的分泌物富含黏液和碳酸氢盐，pH 为 8.3~8.4。可能含有少量二肽酶和淀粉酶，但它们对物质的分解作用不明显。大肠液的主要作用在于其中的黏蛋白，它能保护肠黏膜、润滑粪便。其分泌主要由食物残渣对肠壁的机械性刺激引起。刺激副交感神经可使其分泌量增加，而刺激交感神经则可使分泌减少。

（二）大肠内细菌的活动

大肠内有许多细菌，主要为大肠埃希菌、葡萄球菌等。细菌主要来自食物和空气，它们由口腔入胃，最后到达大肠。由于大肠内的酸碱度和温度对一般细菌的繁殖极为适宜，因此细菌便在这里大量繁殖，但正常情况下这些细菌并不致病。据估计，粪便中死的和活的细菌占粪便固体重量的 20%~30%。大肠内细菌含有分解食物残渣相关的酶，它们对糖和脂肪的分解称发酵，其产物有乳酸、乙酸、CO_2、甲烷、脂肪酸、甘油、胆碱等；对蛋白质的分解称为腐败，产物有胨、氨基酸、NH_3、H_2S、组胺、吲哚等，其中有的成分由肠壁吸收后到肝脏解毒。大肠内细菌还能利用肠内较为简单的物质合成 B 族维生素（B_1、B_2、B_{12}）和维生素 K，由大肠黏膜吸收，供人体利用。若长期应用抗生素，肠内细菌被抑制，可引起肠道菌群紊乱和维生素缺乏。

二、大肠的运动和排便反射

(一) 大肠的运动形式

1. 袋状往返运动　是大肠空腹和安静时最常见的一种运动形式。它是由环行肌的不规则收缩引起的，它使结肠出现一串结肠袋，结肠内压力升高，内容物向两个方向作短距离移动，但不向前推动，有助于促进水的吸收。

2. 分节推进和多袋推进运动　主要见于进食后或副交感神经兴奋时。分节推进运动是由环形肌有规则的收缩，将一个结肠袋的内容物推移到邻近肠段，收缩结束后，肠内容物不返回原处；如果在一段较长的结肠壁同时发生多个结肠袋收缩，并使其内容物向下推移，则称为多袋推进运动。

3. 蠕动　与消化道其他部位一样，大肠蠕动的意义也在于将肠内容物向远端推进。此外大肠还有一种进行速度快而传播远的蠕动，称为集团蠕动。通常始于横结肠，可将一部分大肠内容物推送至降结肠或乙状结肠。这种蠕动每日发生 3~4 次，常见于餐后或胃内有大量食物充盈时，常发生在早餐后 60 分钟内。可能是胃内食糜进入十二指肠，由十二指肠–结肠反射引起。十二指肠–结肠反射敏感的人往往在餐后或餐间产生便意，此属于正常现象，多见于儿童。

(二) 排便

正常人的直肠通常是空的，没有粪便。当肠蠕动将粪便推入直肠时，刺激了直肠壁内的感受器，冲动经盆神经和腹下神经传至脊髓腰骶段的初级排便中枢，同时上传到大脑皮层，引起便意。若条件许可，即可产生排便反射（defecation reflex）。此时，传出冲动沿盆神经下传，使降结肠、乙状结肠和直肠收缩，肛门内括约肌舒张；同时，阴部神经的冲动减少，肛门外括约肌舒张，于是将粪便排出体外。此外，支配腹肌和膈肌的神经也参与活动，使腹肌和膈肌也发生收缩，腹内压增加，促进粪便排出。

排便反射受大脑皮层的意识控制。正常人的直肠对粪便的压力刺激具有一定的阈值，当达到此阈值时即可引起便意；但若在粪便刺激直肠时，环境或条件不适宜排便，便意即受到大脑皮层的抑制。人们若对便意经常予以制止，就使直肠渐渐地对粪便压力刺激的敏感性降低，便意的刺激阈值提高。粪便在大肠内停留过久，水分吸收过多而变得干硬，引起排便困难和排便次数减少，成为便秘的最常见原因之一。另外，直肠黏膜由于炎症而敏感性提高，即使大肠内只有少量粪便和黏液等，也可引起便意及排便反射，并在便后有排便未尽的感觉，临床上称为"里急后重"，常见于痢疾或肠炎。

第六节　吸　收

PPT

一、吸收的部位和途径

(一) 吸收的部位

消化道不同部位的吸收能力和吸收速度是不同的，这主要取决于各部分消化道的组织结构，以及食物在各部位被消化的程度和停留的时间。在口腔和食管内食物基本不吸收，只能吸收某些脂溶性药物，如硝酸甘油。食物到达胃停留时间为 3~5 小时，但胃黏膜没有绒毛，上皮细胞之间都是紧密连接，而且胃内食物的消化程度较低，因此，胃的吸收能力很弱，仅能吸收少量的水、高脂溶性的物质（如乙醇）和某些药物（如阿司匹林）等。小肠是吸收的主要部位，食物中的糖类、蛋白质和脂肪的消化产物大部分是在十二指肠和空肠吸收，回肠有其独特的功能，即主动吸收胆盐和维生素 B_{12}。食物中大部分营养物质在到达回肠时，通常已吸收完毕，小肠内容物在进入大肠后可被吸收的物质已非常少。大肠主要吸收水分和无机盐，结肠可吸收其内容物中80%的水和90%的 Na^+ 和 Cl^-（图6-11）。

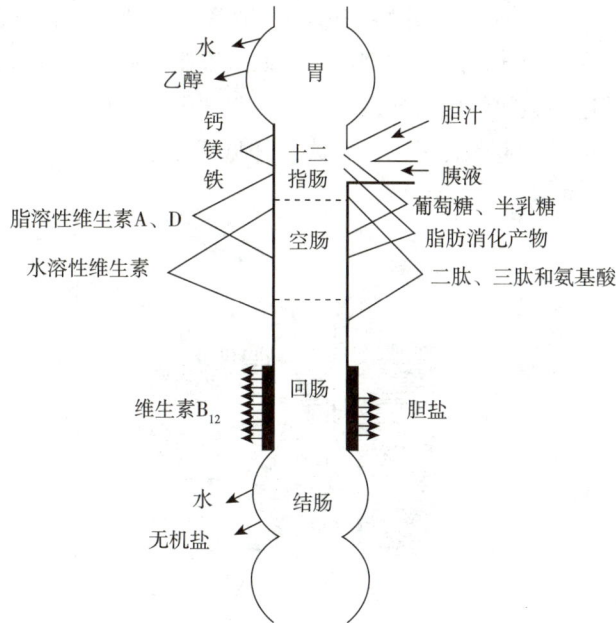

图6-11　各种营养物质在消化道的吸收部位示意图

　　小肠成为各种营养物质吸收主要部位的原因是小肠具有以下多方面的有利条件：①食物在小肠内停留时间较长，一般为3~8小时；②吸收面积巨大。小肠长4~5m，它的黏膜具有环形皱褶，并拥有大量的绒毛，每一条绒毛的外面是一层柱状上皮细胞，每一柱状上皮细胞顶端约有1700条微绒毛，最终使小肠的吸收面积扩大600倍，为200~250m²（图6-12）；③进入小肠的食物已被消化为适于吸收的小分子物质；④绒毛内富含毛细血管、毛细淋巴管、平滑肌纤维和神经纤维网等结构。淋巴管纵贯绒毛中央，称为中央乳糜管。消化期内，小肠绒毛产生节律性伸缩和摆动，可促进绒毛内毛细血管网和中央乳糜管内的血液和淋巴向小静脉和淋巴管流动，有利于吸收。

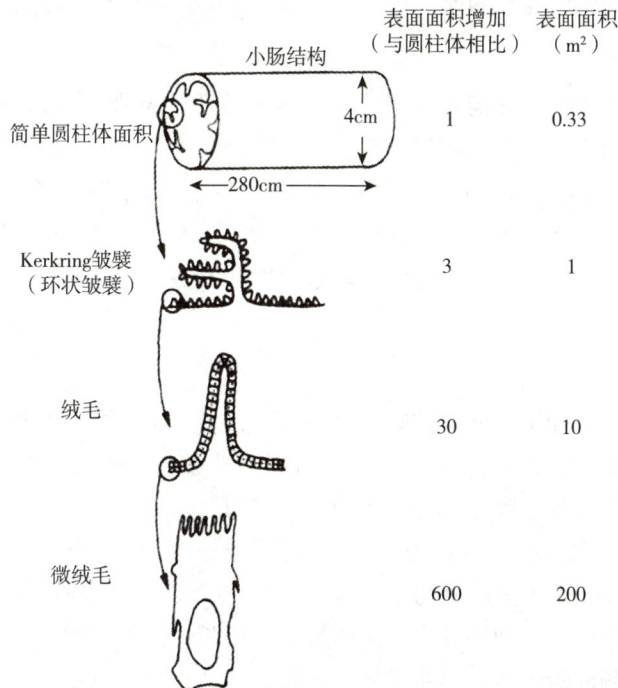

图6-12　小肠黏膜表面面积增大的机制示意图

（二）小肠吸收的途径及机制

小肠内的水、电解质和食物水解产物的吸收主要通过两条途径进入血液或淋巴：一方面为跨细胞途径，即通过绒毛柱状上皮细胞的腔面膜进入细胞内，再通过细胞基底侧膜进入血液或淋巴；另一方面为旁细胞途径，即物质或水通过细胞间的紧密连接，进入细胞间隙，然后再进入血液或淋巴（图6-13）。营养物质吸收的机制有被动转运、主动转运以及胞饮（详见第二章）。

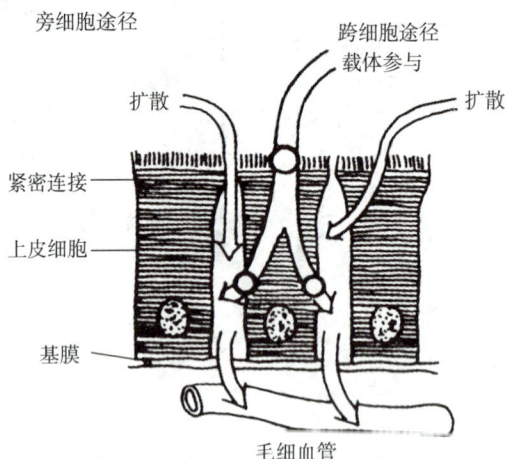

图6-13　小肠黏膜吸收水和小分子溶质的途径

二、主要物质在小肠内的吸收

小肠各部位对营养物质的吸收能力、速度和机制不完全相同。在小肠被吸收的物质除了由膳食供给外，还有各种消化腺分泌的大量消化液（6~8L），由粪便带走的水仅为0.1~0.2L，因此每天重吸收的液体总量约达8L以上。正常情况下，小肠每天吸收几百克糖、100g以上的脂肪、50~100g氨基酸、50~100g各种离子和6~8L水等。如此大量的水若不能重新回到体内势必造成严重脱水，致使内环境稳态遭受破坏。急性呕吐和腹泻时，在短时间内损失大量液体的严重性便在于此。

（一）水的吸收

水的吸收都是随溶质分子的吸收而被动吸收的，各种溶质，特别是NaCl的主动吸收所产生的渗透压梯度是水分吸收的主要动力。由于上皮细胞膜及细胞紧密连接对水通透性很高，因此，驱使水吸收的渗透压一般只有$3~5mOsm/(kg \cdot H_2O)$。水可以经跨细胞途径和旁细胞途径进入血液。

消化道的水分绝大部分是在小肠吸收。在十二指肠和空肠上段，水分由肠腔进入血液的量和水分由血液进入肠腔的量都很大，因此，肠腔内的液体量减少得并不多；而在回肠，离开肠腔的液体比进入的多，从而使肠内容物大为减少。

（二）无机盐的吸收

一般来说，单价碱性盐类如钠、钾、铵盐的吸收很快，多价碱性盐类则吸收很慢，而凡能与钙结合而形成沉淀的盐，如硫酸盐、磷酸盐、草酸盐等，则不能被吸收。因$MgSO_4$、Na_2SO_4等在肠内不易吸收，可维持肠内高渗透压以减少水吸收，临床作为泻药使用。

1. 钠的吸收　成人每日经口摄入Na^+为5~8g，每日分泌到消化液中的Na^+为20~30g，而每日大肠吸收的总Na^+为25~35g，说明肠内容物中95%~99%的Na^+都被吸收了。小肠和结肠均可吸收钠，单位面积吸收的钠量以空肠最多，回肠其次，结肠最少，从粪便排出的钠很少。

小肠黏膜上皮细胞从肠腔吸收Na^+是主动转运过程。动力来自上皮细胞基底侧膜中钠泵的活动。钠泵的活动造成细胞内低Na^+，且黏膜上皮细胞内的电位较膜外肠腔内负约40mV，因此，Na^+顺-电化学梯度，并与其他物质（如葡萄糖、氨基酸等逆浓度差）同向转运入细胞内。进入细胞内的 Na^+ 再在基底侧膜经钠泵被转运出细胞，进入组织间隙，然后进入血液（图 6-14）。

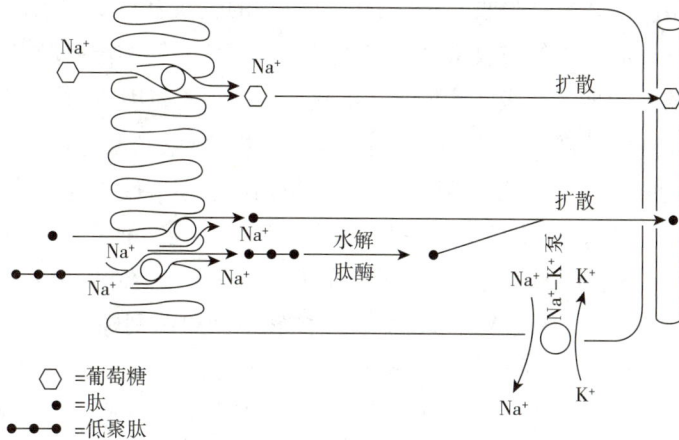

图 6-14 Na^+、葡萄糖和氨基酸在小肠的吸收

由于单糖和氨基酸的转运往往是借助转运钠的载体，因此钠的主动吸收为单糖和氨基酸的吸收提供了动力；反之，单糖和氨基酸的存在也促进 Na^+ 的吸收。钠与单糖和氨基酸的吸收具有相互促进的作用。因此临床上治疗 Na^+、水丢失的腹泻时，口服的 NaCl 溶液中常添加葡萄糖。

2. 铁的吸收 铁主要在十二指肠和空肠被吸收。成人每日吸收的铁约为 1mg，仅为每日膳食中含铁量的 1/10。铁的吸收与机体对铁的需要有关，孕妇、生长发育期的儿童及缺铁的患者，铁的吸收量较大。食物中的铁主要为 Fe^{3+}，只有被还原为 Fe^{2+} 才能吸收，维生素 C 能将 Fe^{3+} 还原为 Fe^{2+} 而促进铁的吸收；酸性环境使铁易于溶解为 Fe^{2+}，因此胃酸可促进铁的吸收。胃大部切除或慢性萎缩性胃炎患者，因长期胃酸分泌不足而影响铁的吸收，可引起缺铁性贫血。

肠黏膜细胞吸收无机铁是一个主动过程，包括上皮细胞对肠腔中铁的摄取和向血浆中的转运。在十二指肠和空肠的肠上皮细胞存在铁的转运体，即转铁蛋白（transferrin），释放进入肠腔后与肠腔中的 Fe^{2+} 结合为复合物，再通过受体介导的入胞方式进入细胞内。随后转铁蛋白在细胞内释放出 Fe^{2+} 后重新分泌到肠腔中再利用；进入细胞内的 Fe^{2+}，小部分从细胞基底侧膜以主动转运形式进入血液，大部分重新氧化为 Fe^{3+} 并与胞内脱铁铁蛋白（apoferrritin）结合成铁蛋白（ferritin），从而暂时贮存在细胞内留待日后缓慢释放（图 6-15）。黏膜细胞在刚吸收铁而尚未将它们转移至血浆时，则暂时失去其由肠腔再吸收铁的能力。

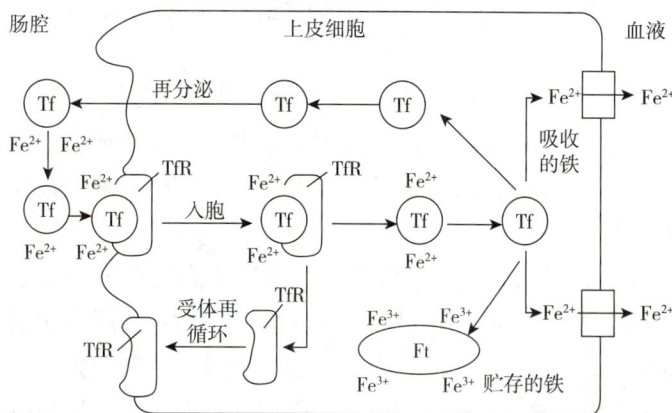

图 6-15 小肠上皮细胞吸收铁的机制
Tf：转铁蛋白；TfR：转铁蛋白受体；Ft：铁蛋白

3. 钙的吸收　小肠各部分均有吸收钙的能力，主要部位在十二指肠。食物中的钙仅有 20% ~ 30% 被吸收，大部分随粪便排出。钙盐只有在水溶液状态（如氯化钙、葡萄糖酸钙溶液），而且在不被肠腔中任何其他物质沉淀的情况下才能被吸收。肠内的酸度对钙的吸收有重要影响，在 pH 约为 3.0 时，钙呈离子化状态，吸收最好。同时钙的吸收量也受维生素 D 和机体对钙的需要调控，如在儿童、孕妇和哺乳期妇女等情况下，钙的需求增大而吸收量增加；活化的 $1,25-(OH)_2$ 维生素 D_3 可诱导钙结合蛋白及 Ca^{2+} 泵合成而促进小肠对钙的吸收。另外，食物中脂肪酸、乳酸、某些氨基酸（如赖氨酸、色氨酸和亮氨酸）等可促进钙的吸收；而食物中草酸和植酸因与钙形成不溶性复合物而抑制钙吸收。

钙的吸收是主动转运过程。在小肠黏膜细胞的微绒毛上存在一种钙结合蛋白（calcium - binding protein，CaBP），与 Ca^{2+} 有很强的亲和力。每一分子的 CaBP 每次可运载 4 个 Ca^{2+} 进入胞质。进入细胞内的 Ca^{2+} 通过基底侧膜上的 Ca^{2+} 泵及 $Na^+ - Ca^{2+}$ 转运体转运到组织间隙，然后转入血液。此外，肠腔内的 Ca^{2+} 也可通过上皮细胞顶端膜的 Ca^{2+} 通道进入细胞，或由旁细胞途径被动吸收。

4. 负离子的吸收　在小肠内吸收的负离子主要有 Cl^-、HCO_3^-。由钠泵产生的电位差可促进肠腔内负离子向细胞内移动。但也有证据认为，负离子也可以被独立吸收。

（三）糖的吸收

食物中的糖主要为淀粉，其次为双糖。糖类一般需分解为单糖时才能被小肠黏膜上皮细胞所吸收。各种单糖的吸收速率有很大差别，己糖的吸收很快，而戊糖则很慢。在己糖中，又以半乳糖和葡萄糖的吸收为最快，果糖次之，甘露糖最慢。葡萄糖是膳食中碳水化合物的最终消化产物，其余的单糖是果糖和半乳糖。绝大部分葡萄糖在人的十二指肠和上段空肠内吸收。

单糖的吸收是逆着浓度差、消耗能量的主动过程，能量来自钠泵，属于继发性同向主动转运。葡萄糖的吸收是与 Na^+ 的吸收耦联进行的。在肠上皮细胞顶端膜上的 $Na^+ -$ 葡萄糖同向转运体可与肠腔中的两个 Na^+ 和一个葡萄糖分子结合，并将其同时转运进细胞。进入细胞的 Na^+ 由细胞膜上的钠泵主动转运出细胞，以维持细胞内低 Na^+，从而保证转运体可以转运 Na^+ 入胞，同时也为葡萄糖的转运提供动力。而进入细胞内的葡萄糖则通过基底侧膜上的另一非 Na^+ 依赖性的葡萄糖转运体以易化方式扩散进入血液（图 6 - 14）。由于各种单糖与转运体蛋白的亲和力不同，从而导致吸收的速度也不同。半乳糖的分子结构和葡萄糖相似，所以存在竞争性抑制。果糖的吸收机制与葡萄糖有所不同，它是通过顶端膜上的非 Na^+ 依赖性转运体转运入细胞，是不需要额外耗能的被动转运过程。

（四）蛋白质的吸收

蛋白质在肠腔内经胰蛋白酶水解后的最终产物为氨基酸和含有 2 ~ 6 个氨基酸残基的寡肽。氨基酸几乎全部在小肠吸收，寡肽可在黏膜细胞表面或胞质内经寡肽酶进一步水解为氨基酸，也可被完整地吸收（图 6 - 14）。

1. 氨基酸的吸收　氨基酸的吸收与葡萄糖的吸收相似，也是通过与 Na^+ 吸收耦联进入血液循环，属继发性同向主动转运。由于氨基酸侧链不同，主动转运各种氨基酸载体也不同。目前在小肠壁上已确定出三种主要转运氨基酸的特殊运载系统，它们分别转运中性、酸性和碱性氨基酸。一般来讲，中性氨基酸的转运比酸性和碱性氨基酸速度快。

2. 寡肽的吸收　曾经认为，蛋白质只有水解为氨基酸后才能被吸收。现已证明，小肠的纹状缘上还存在有二肽和三肽的转运系统，称为 $H^+ -$ 肽同向转运体，可顺浓度梯度由肠腔向细胞内转运 H^+ 的同时，逆浓度差将寡肽同向转运入细胞，因此，许多二肽和三肽也可被小肠上皮细胞吸收。肽的转运系统也是依赖 Na^+ 的继发主动转运。进入细胞内的二肽和三肽，大部分可被细胞内的二肽酶和三肽酶进一步分解为氨基酸，经基底侧膜上氨基酸载体转运出细胞，然后进入血液循环；小部分二肽可逃避刷状缘和胞质内水解酶的作用，直接入血；四肽或更长的肽不能完整的进入血液，必须在刷状缘上水解为氨基酸、二肽或三肽后再吸收。

3. 完整蛋白质的吸收　实验证明，少量的食物蛋白可完整的进入血液，由于吸收量很少，并无营养意义，相反，它们常作为抗原可引起过敏反应或中毒反应，对人体不利。

（五）脂肪的吸收

膳食中的脂肪多为三酰甘油，在小肠水解为甘油、一酰甘油、脂肪酸。甘油溶于水，同单糖一起被吸收。其余形式很快和胆盐结合形成水溶性混合微胶粒，由于胆盐的双嗜特性，它能携带脂肪消化产物通过覆盖在小肠绒毛表面的非流动水层到达微绒毛上。在这里，一酰甘油、脂肪酸等又逐渐地从混合微胶粒中释出，透过上皮细胞脂质膜进入黏膜上皮细胞，而胆盐被留在肠腔内继续发挥作用。长链脂肪酸（含 12 个碳原子以上）和一酰甘油进入肠上皮细胞后，大部分在内质网重新合成三酰甘油，并与细胞中生成的载脂蛋白合成乳糜微粒（chylomicron）。乳糜微粒一旦形成即进入高尔基复合体中形成囊泡，以胞吐的方式进入细胞外组织间隙，然后扩散至淋巴。中、短链三酰甘油（含 12 个碳原子以下）水解产生的脂肪酸和一酰甘油是水溶性的，进入上皮细胞后可直接进入门静脉系统而不进入淋巴管。由于膳食中的动、植物油中含有 15 个以上碳原子的长链脂肪酸很多，所以脂肪的吸收途径仍以淋巴为主（图6－16）。

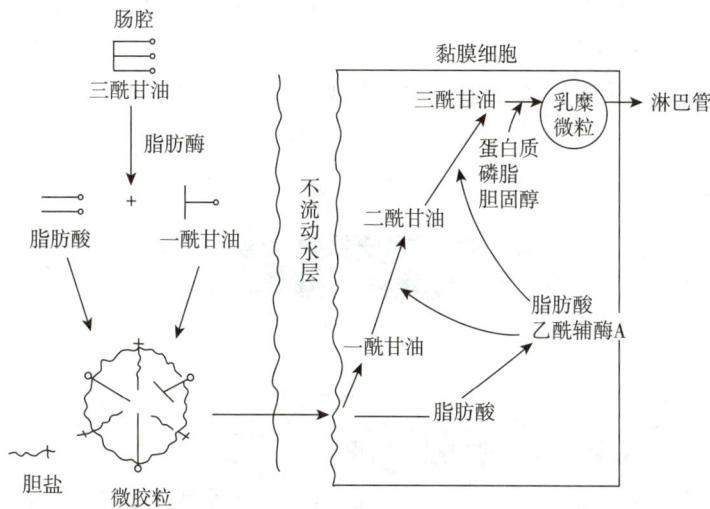

图 6－16　小肠上皮细胞吸收脂肪的机制

（六）胆固醇的吸收

进入肠道的胆固醇主要来自食物和胆汁。胆汁中的胆固醇是游离的，而食物中的胆固醇部分是酯化的。酯化的胆固醇必须在肠腔中经消化液中的胆固醇酯酶的作用，水解为游离胆固醇后才能被吸收。游离的胆固醇通过形成混合微胶粒，在小肠上段被吸收。被吸收的胆固醇大部分在小肠黏膜细胞中又重新酯化，生成胆固醇酯，最后与载脂蛋白一起组成乳糜微粒经由淋巴系统进入血液循环中。

影响胆固醇吸收的因素很多。食物中胆固醇含量越多，吸收也越多，但两者不呈线性关系。食物中的脂肪和脂肪酸能促进胆固醇吸收，而各种植物固醇（如豆固醇、β－谷固醇）则抑制其吸收；胆盐可与胆固醇形成混合微胶粒而促进其吸收；食物中不能吸收的纤维素、果胶、琼脂等易与胆盐形成复合物，可阻碍微胶粒形成，从而降低胆固醇的吸收；抑制肠黏膜细胞载脂蛋白合成的物质可因妨碍乳糜微粒的形成而减少胆固醇的吸收。

（七）维生素的吸收

维生素分为脂溶性维生素和水溶性维生素。水溶性维生素包括维生素 C 和 B 族维生素，后者又包括

维生素 B_1、B_2、B_6、B_{12}、PP 及叶酸、泛酸和生物素等。水溶性维生素主要在小肠上段通过单纯扩散的方式或依赖于 Na^+ 同向转运体的方式被吸收，但维生素 B_{12} 必须与内因子结合形成水溶性复合物后才能在回肠末端主动吸收。脂溶性维生素 A、D、E、K 的吸收与脂肪类消化产物相同。

三、大肠的吸收功能

每日进入大肠的小肠内容物有 1000～1500ml，其中水和电解质大部分被大肠吸收，仅约 100ml 液体和少量 Na^+、Cl^- 随粪便排出。如果粪便在大肠内停留时间过久，则几乎所有水分都被吸收，而形成较干燥的粪便。

大肠黏膜具有很强的主动吸收 Na^+ 的能力。Na^+ 的主动吸收导致 Cl^- 的被动同向转运；由于 Na^+ 和 Cl^- 的吸收，又可引起水的渗透性吸收。大肠在吸收 Cl^- 时，通过 $Cl^- - HCO_3^-$ 逆向转运，伴有 HCO_3^- 的分泌，进入肠腔内的 HCO_3^- 可中和结肠内细菌产生的酸性产物。严重腹泻患者，由于 HCO_3^- 的大量丢失，可导致代谢性酸中毒。

大肠黏膜有很强的吸水能力。每日可吸收 5～8L 水和电解质溶液。当从回肠进入大肠的液体或大肠分泌的液体超过此数量或大肠的吸收发生障碍，可引起腹泻。由于大肠具有很强的吸收能力，所以通过直肠灌肠可作为一种有效的给药途径。如某些麻醉药、镇静剂等药物可以通过灌肠迅速被大肠吸收。

大肠也能吸收肠内细菌合成的维生素等，以补充机体维生素摄入的不足；此外，大肠也能吸收由细菌分解食物残渣产生的短链脂肪酸，如乙酸、丙酸和丁酸等。

目标检测

答案解析

单项选择题

1. 下列关于胃黏液－碳酸氢盐屏障的叙述，错误的是

    A. 与胃黏膜屏障是同一概念　　　　　　B. 由黏液及胃黏膜分泌的碳酸氢根组成

    C. 使胃黏膜表面处于中性或偏碱性状态　　D. 防止胃酸及胃蛋白酶对胃黏膜的侵蚀

    E. 保护胃黏膜免受食物的摩擦损伤

2. 大肠内的细菌可利用肠内物质合成下列哪种维生素

    A. 维生素 A　　　　　　　B. 维生素 D　　　　　　　C. 维生素 E

    D. 维生素 K　　　　　　　E. 叶酸

3. 可被胃黏膜吸收的物质是

    A. 糖的消化产物　　　　　B. 维生素　　　　　　　　C. 水和酒精

    D. 肽类物质　　　　　　　E. 无机盐

4. 对脂肪、蛋白质消化作用最强的消化液是

    A. 唾液　　　　　　　　　B. 胃液　　　　　　　　　C. 胆汁

    D. 胰液　　　　　　　　　E. 小肠液

5. 胆盐被吸收的部位是

    A. 十二指肠　　　　　　　B. 空肠　　　　　　　　　C. 结肠

    D. 胃　　　　　　　　　　E. 回肠末端

6. 动物实验显示，口服葡萄糖比静脉注射相同剂量葡萄糖引起的胰岛素分泌更多，这是由于口服葡萄糖可刺激哪种胃肠激素分泌

　　A. 促胃液素　　　　　　　B. 抑胃肽　　　　　　　C. 缩胆囊素

　　D. 胰高血糖素　　　　　　E. 促胰液素

7. 患者，男，45岁，因胃癌接受胃大部切除术，术后3年出现巨幼红细胞性贫血。该患者发生巨幼红细胞性贫血的主要原因是机体对哪种营养吸收障碍所致

　　A. 蛋白质　　　　　　　　B. 叶酸　　　　　　　　C. 维生素 B_{12}

　　D. 内因子　　　　　　　　E. 铁

8. 下列关于壁细胞质子泵的叙述，错误的是

　　A. 存在于顶端膜内凹的分泌小管膜上　　B. 是一种 H^+-K^+ 依赖式的 ATP 酶

　　C. 抑制质子泵不影响胃酸的分泌　　　　D. 分泌 H^+ 同时伴有 K^+ 进入细胞

　　E. 分泌 H^+ 同时伴有 HCO_3^- 移出细胞

9. 下列关于糖在小肠被吸收的叙述，正确的是

　　A. 单糖是小肠吸收的唯一形式　　　　　B. 单糖的吸收都与 Na^+ 同向转运

　　C. 果糖的吸收速度比葡萄糖快　　　　　D. 果糖的吸收速度比半乳糖慢

　　E. 毒毛花苷可抑制果糖的吸收

10. 下列关于铁在小肠被吸收的叙述，正确的是

　　A. 铁都以 Fe^{3+} 的形式被吸收　　　　　B. 植酸、草酸、鞣酸可促进铁的吸收

　　C. 胃酸及维生素C可抑制铁的吸收　　　　D. 血红蛋白中的铁不易被吸收

　　E. 铁主要在十二指肠和空肠被吸收

（李　杨）

书网融合……

本章小结　　　题库

第七章 能量代谢与体温

📖 学习目标

1. 掌握 食物的热价、氧热价、呼吸商、非蛋白呼吸商等基本概念；影响能量代谢的主要因素；基础代谢的测定方法和意义；体温的概念和正常值；机体产热过程和散热过程；主要产热器官及影响产热的因素；皮肤散热的方式和散热的调节反应；体温调节中枢及体温调定点学说。

2. 熟悉 能量代谢的测定方法；间接测热法的原理；汗腺的神经支配及发汗的种类；体温调节的类型。

3. 了解 机体能量的来源和去路，在机体代谢过程中能量的释放、转移、储存和利用；体温的生理波动。

➡️ 案例引导

临床案例 患者，男，15岁，身高172cm，体重120kg，初中三年级学生，平时功课压力大，运动少，食欲好，身体没有明显不适表现。但是，因为身体过于肥胖导致体能差，体育课考核不达标，担心由此影响升学。

讨论 如何为该生设计一套不影响其正常学习生活的情况下的健康减肥的方法？

通过第六章的学习，我们了解到人体每天摄取的食物，通过消化系统的功能被消化分解，并进一步通过消化道黏膜细胞吸收进入血液循环，为机体的新陈代谢提供物质基础。新陈代谢是生命最基本的特征之一，其包括物质代谢和能量代谢两个方面，而且，物质代谢与能量代谢在体内是相互转化、相互影响的。关于物质代谢的具体过程等知识，在生物化学的相关章节有详细的介绍，本章我们重点介绍能量代谢以及与其相关的体温调节知识。

第一节 能量代谢

能量代谢（energy metabolism）是指生物体内伴随物质代谢过程而发生的能量的释放、转移、储存和利用。机体每天从外界摄取的营养物质在分解代谢过程中，释放出蕴藏的化学能，用于维持体温以及为各系统完成功能活动提供动力，例如躯体运动、心脏射血、细胞的生物电活动以及生物分子的合成等。而在物质合成代谢过程中则吸收消耗能量，将能量转化成为物质进行存储。因此，物质代谢与能量代谢是代谢过程中的两个方面，密不可分。换言之，能量代谢不能离开物质代谢而独立存在，物质代谢也一定伴随着能量代谢。在生物化学的物质代谢的相关章节中比较细致地介绍了物质代谢与能量转化的过程，乃至对该过程调节的各关键酶的作用（参见生物化学相关章节），生理学的角度介绍能量代谢的重点不是探讨各种物质代谢过程中能量释放、转移和利用的具体方式和途径，而是从机能的角度探讨能量的来源和去路、能量代谢的测定以及影响机体能量代谢的因素。了解这些内容，对于营养学、劳动卫生学以及临床医学都有重要意义。

一、机体能量的来源与利用

（一）能量的来源

1. 三磷酸腺苷的生成与作用　机体所利用的能量来源于食物中糖、脂肪和蛋白质分子结构中蕴藏的化学能。当这些营养物质被氧化分解时，碳氢键断裂，释放出能量。但机体的组织细胞在进行各种生理活动时并不能直接利用这种能量形式。能够被组织细胞所直接利用的能量形式是三磷酸腺苷（adenosine triphosphate，ATP），这在我们中学的生物学中已有介绍。ATP 是糖、脂肪和蛋白质在生物氧化过程中合成的一种高能化合物，其来源是营养物质在体内被氧化分解所释放能量，这个能量使二磷酸腺苷（adenosine diphosphate，ADP）发生氧化磷酸化而形成富含高能磷酸键的 ATP，被赋予高能的 ATP 成为机体活动直接被利用的能源物质。ATP 的能量被应用的过程是将 ATP 水解，成为 ADP 与磷酸，同时释放出能量（在生理条件下可释放 51.6kJ/mol）供机体利用。不难理解，ATP 也是体内能量储存的重要形式。

除 ATP 外，体内还有其他高能化合物，如磷酸肌酸（creatine phosphate，CP）等。CP 主要存在于肌肉和脑组织中。当物质氧化释放的能量过剩时，ATP 将高能磷酸键转给肌酸，在肌酸激酶催化下合成 CP。相反，当组织消耗的 ATP 量超过营养物质氧化生成 ATP 的速度时，CP 的高能磷酸键又可快速转给 ADP，生成 ATP，以补充 ATP 的消耗。因此，磷酸肌酸是体内 ATP 的储存库。从机体能量代谢的整个过程来看，ATP 的合成与分解是体内能量转化和利用的关键环节。

2. 三大营养物质的能量转化

（1）糖　糖（carbohydrate）的主要生理功能是为机体生命活动提供所需要的能量。人体所需能量的 50% ~ 70% 是由糖类物质的氧化分解提供的。食物中的糖经过消化被分解为单糖。在被吸收的单糖中，葡萄糖占总量的 80%，人们通常所说的血糖即是指血液中所含的葡萄糖。体内的糖代谢途径可因供氧情况的不同而有所不同。在氧供应充足的情况下，葡萄糖进行有氧氧化，生成 CO_2 和水，1mol 葡萄糖完全氧化所释放的能量可合成 38mol ATP；在缺氧的情况下，葡萄糖进行无氧酵解，生成乳酸，此时 1mol 葡萄糖只能合成 2mol ATP（详见生物化学的糖代谢章节）。在生理状况下，由于呼吸、循环功能正常，机体的组织细胞有足够的氧供应，葡萄糖的分解代谢主要通过糖的有氧氧化，为机体的活动提供足够的能量，仅少数细胞，例如成熟的红细胞，由于缺乏有氧氧化的酶系，则通过糖酵解来供能。糖酵解虽然只能释放少量能量，而且在正常的不缺氧的生理状况下并不占主导地位，但是，当机体处于缺氧状态时则非常重要。例如，人在进行剧烈运动时，骨骼肌的耗氧量剧增，但由于循环、呼吸等功能活动的加强有限，不能完全满足此时机体对氧的需要，骨骼肌因而处于相对缺氧的状态，这种现象被称为氧债（oxygen debt）。在这种情况下，主要通过无氧酵解来提供能量。在肌肉活动停止后的一段时间内，循环、呼吸活动仍维持在较高的代偿水平，因而可继续摄取较多的氧，以偿还氧债。需要特别注意的是，正常成年人脑组织主要依赖葡萄糖的有氧氧化供能。而且，脑组织的耗氧量高，成年人的脑每日消耗 100 ~ 150g 葡萄糖。但是，脑组织的糖原储存量较少，因此，对血糖的依赖性也较高，所以，脑组织对缺氧非常敏感。因此，当发生低血糖时，可引起脑功能活动的障碍，出现头晕等症状，重者可发生抽搐甚至昏迷。

（2）脂肪　脂肪（fat）在体内的主要功能是储存与供给能量。每克脂肪在体内氧化所释放的能量约为糖的 2 倍，而且，体内储存的脂肪量较多，可占体重的 20% 左右，因此，脂肪的储存能量的功能更为突出。通常成年人储备的肝糖原在饥饿 24 小时后即被耗尽，而储存的脂肪所提供的能量可供机体使用达 10 多天至 2 个月之久。当机体需要时，储存的脂肪首先在脂肪酶的催化下分解为甘油和脂肪酸。甘油主要在肝脏被利用，经过磷酸化和脱氢而进入糖的氧化分解途径供能，或转变为糖。脂肪酸的氧化分解可在心、肝、骨骼肌等许多组织细胞内进行。脂肪酸与辅酶 A 结合后，经过 β - 氧化，逐步分解为乙酰辅酶 A 而进入糖的氧化途径，同时释放能量。详见生物化学的脂肪代谢章节。

（3）蛋白质　蛋白质（protein）的基本组成单位是氨基酸。氨基酸分解也同糖的氧化分解一样为机体提供能量。但是，为机体提供能量是氨基酸的次要功能，在生理状况下，不论是由肠道吸收的氨基酸，还是由机体自身蛋白质分解所产生的氨基酸，都主要用于重新合成蛋白质，成为细胞的构成成分，以实现组织的自我更新，或用于合成酶、激素等生物活性物质。只有在某些特殊情况下，例如，长期不能进食或体力极度消耗时，机体才会依靠由组织蛋白质分解所产生的氨基酸供能，以维持基本的生理功能。

（二）能量的利用

由各种能源物质在体内氧化过程中释放的能量，50% 以上转化为热能，其余部分是以化学能的形式储存于 ATP 等高能化合物的高能磷酸键中，供机体完成各种生理功能，如肌肉的收缩和舒张、细胞成分的合成、生物活性物质的合成、产生生物电活动的某些离子转运、神经传导、小肠和肾小管细胞对某些物质的主动转运、腺体的分泌和递质的释放等。其中，除了骨骼肌收缩是对外界物体做机械功（简称外功）之外，其他进行各种功能活动所消耗的能量最终都转化为热能。换言之，热能是最低形式的能量，它不能转化为其他形式的能，不能用来做功。热能对于机体主要用于维持体温，而且，它还可通过体表散发到外界环境中去。另有一小部分体热通过呼吸道呼出热气、尿道排泄尿液以及消化道的排泄物等被带出体外。

综上所述，人们每天摄取的能源物质在体内分解代谢所产生的能量的最终去路是：①转变成热能；②肌肉收缩完成机械功；③转化为细胞合成代谢中贮备的化学能（图 7 - 1）。

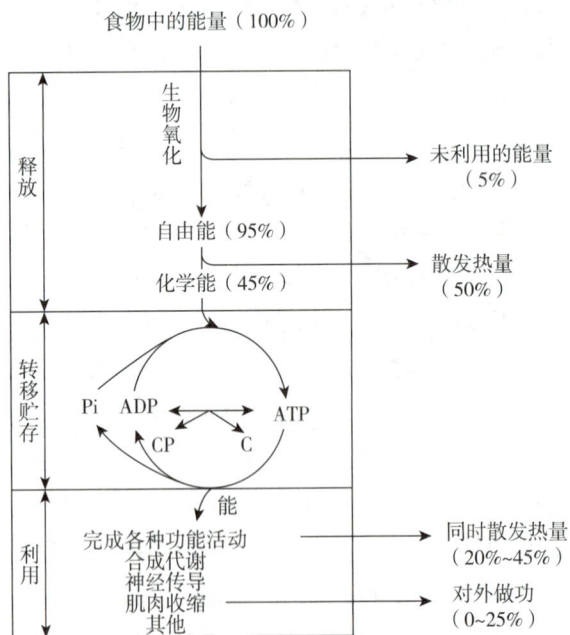

图 7 - 1　体内能量的转移、贮存和利用
C：肌酸；Pi：无机磷酸

（三）能量平衡

能量平衡是指机体摄入的能量与消耗的能量之间的平衡。若某人在一段时间内体重不变，可以认为这段时间内其摄入的能量与消耗的能量基本相等，能量达到"收支"平衡。

　　人体每日消耗的能量主要包括基础代谢的能量消耗、食物的特殊动力效应、身体运动的能量消耗和其他的生理活动所需能量，例如个体的生长发育、孕妇的胎儿生长等。若机体从食物中摄取的能量少于消耗的能量，机体则动用体内储存的能源物质，从而减轻体重。这种状态称为能量的负平衡；反之，若机体摄入的能量多于消耗的能量，多余的能量则转变为脂肪等贮存于体内，从而增加体重，这种状态称为能量的正平衡。能量代谢的显著正平衡会导致肥胖，而肥胖与许多疾病（如糖尿病、高血压）的发生或代谢异常（如血脂紊乱）有关。可见维持机体能量平衡是非常重要的。

　　临床上常用体重指数（body mass index）、腰围和腰臀围比等参数作为判断肥胖的简易诊断指标。体重指数是以身高（m）的平方除体重（kg）所得之商，主要反映全身性超重和肥胖。通常以体重指数24 为超重界限，28 为肥胖界限。腰围和腰臀围比也能反映体内脂肪总量和脂肪分布情况。因此，在日常生活中，人们须根据自身的实际生理状况、活动强度等给予适当的能量供应，以保证机体的能量平衡。

⊕ 知识链接

影响能量代谢的生物活性物质

　　体内有很多影响能量代谢的蛋白和活性肽，如解耦联蛋白、瘦素、增食因子、神经肽 Y、黑色素浓缩激素、脂联素、抵抗素等。解耦联蛋白（uncoupling protein, UCP）是一种线粒体的质子转运蛋白，可调节 H^+ 的跨膜转运，消除 H^+ 在线粒体内膜两侧的电化学梯度，解除呼吸链氧化磷酸化和 ATP 合成的耦联，使 H^+ 氧化过程中释出的能量转化为热量释放，而不生成 ATP。目前已发现 5 种 UCP 家族成员，UCP1 主要在棕色脂肪组织（brown adipose tissue, BAT）中表达，这对新生儿的体温调节具有重要意义（详见后面体温调节部分）。UCP2 分布在白色脂肪组织、BAT、骨骼肌、心脏、脾、肾和淋巴结等处，在基础代谢的调节中起重要作用；UCP3 主要在骨骼肌、BAT 和心肌中表达，是产热的重要调节因素；UCP4 在脑组织中表达；UCP5 则在脑组织和睾丸组织中表达，可能参与体温调节的产热作用和脑组织的代谢。瘦素（leptin）是由肥胖（obese）基因编码的 16kD 的单链蛋白质，在脂肪组织表达，通过中枢及外周受体影响摄食、能量消耗、脂肪分解等。当机体能量摄入过剩而转换成脂肪储存，脂肪细胞含脂质增多而增大时，能促进瘦素表达。瘦素与靶细胞受体结合后，可激活 JAK，进而使 STAT 磷酸化，磷酸化的 STAT 进入核内调节细胞的代谢活动和能量消耗（细胞内机制）；另外，瘦素还可抑制下丘脑的摄食中枢而兴奋饱中枢，抑制食欲，减少食物的摄入量（细胞外机制）。增食因子（orexin）是具有增强食欲作用的神经肽，分为 orexin A 和 orexin B 两种亚型。神经元胞体主要位于下丘脑外侧区和穹隆周围核。主要作用是刺激摄食和减少能量消耗，与肥胖的发生密切相关。

二、能量代谢的测定

（一）能量代谢的测定原理

　　我们在物理学中了解到的能量守恒定律，对于机体的能量代谢也完全适用，即机体的能量代谢也遵循能量守恒定律。在整个生命活动过程中，机体每日摄入的蕴藏于食物中的化学能与其在机能活动中最终转化的热能和所做的外功，按能量来折算是完全相等的。即能量可以互相转化，但不能凭空冒出或消失。因此，我们可以通过测定每日摄取的食物中的能量来了解机体的能量代谢情况。

　　我们把机体在单位时间内所消耗的能量称为能量代谢率（energy metabolism rate）。要想测定能量代谢率，可测定机体在一定时间内所消耗的食物，按照食物的热价（见后文）计算出这些食物所包含的能量，或者测定机体一定时间内产生的热量与所做的外功。机体处于安静平卧不活动的静息状态下几乎不做外功，则在一定时间内机体产生的热量即为机体消耗的全部能量。这种情况下，只需要测量单位时间内机体的产热量即可得到机体在静息状态下的能量代谢率。

（二）与能量代谢测定有关的几个概念

如何根据上述能量代谢的测定原理进行具体的测定，我们需要了解以下与能量代谢测定有关的基本概念。

1. 食物的热价　1g 食物完全氧化（或在体外燃烧）时所释放的能量，称为该食物的热价（thermal equivalent of food）。食物的热价通常用焦耳（J）作为计量单位（$1cal = 4.187J$）。

食物的热价分为生物热价和物理热价，分别指食物在体内氧化和体外燃烧时释放的能量。糖、脂肪及蛋白质三种主要营养物质的热价列于表 7 - 1 中。从表 7 - 1 中可见，糖与脂肪的生物热价和物理热价相同，因为食物在体内的完全氧化与在体外的完全燃烧所释放的能量是相同的。糖与脂肪在体内可以被完全氧化。而蛋白质的生物热价和物理热价则不同，其生物热价低于物理热价，这是由于蛋白质在体内不能完全被氧化。在生物化学中，我们了解了蛋白质的代谢过程，其代谢产物尿素、尿酸和肌酐等分子中依然蕴藏部分能量，而这些代谢产物从尿、粪便中排泄，会带走部分能量，因此，蛋白质的生物热价小于其物理热价。

2. 食物的氧热价　食物氧化过程中每消耗 1L O_2 所产生的热量，称为该食物的氧热价（thermal equivalent of oxygen）。氧热价表明了某种物质氧化时的耗氧量和产热量之间的关系。由于各种营养物质中所含的碳、氢和氧等元素的比例不同，因此，同样消耗 1L O_2，各种物质氧化时所释放的热量也各不相同（表 7 - 1）。

3. 呼吸商　营养物质在氧化供能的过程中，需要消耗 O_2，并产生 CO_2。测定一定时间内机体呼出的 CO_2 量与吸入的 O_2 量的比值，称之为呼吸商（respiratory quotient，RQ）。测算呼吸商时，严格地说，应以 CO_2 和 O_2 的摩尔数来计算呼吸商，但由于在同一温度和气压条件下，不同气体的摩尔数之比与其容积之比是一致的，所以，通常采用 CO_2 与 O_2 的容积数（ml 或 L）比值来表示呼吸商，即

$$RQ = \frac{产生的\ CO_2\ mol\ 数}{消耗的\ O_2\ mol\ 数} = \frac{产生的\ CO_2\ ml\ 数}{消耗的\ O_2\ ml\ 数}$$

由于糖、脂肪和蛋白质氧化时产生的 CO_2 量和耗 O_2 量各不相同，其呼吸商也有差异（表 7 - 1）。其中，葡萄糖氧化时，产生的 CO_2 量与消耗的 O_2 量是相等的，所以糖氧化时的呼吸商等于 1.00，而蛋白质和脂肪氧化时的呼吸商分别为 0.80 和 0.71。如果某人的呼吸商接近于 1.00，说明此人在这段时间内所利用的能量主要来自糖的氧化。在糖尿病患者，因葡萄糖的利用发生障碍，机体主要依靠脂肪代谢供能，因此呼吸商偏低，接近于 0.71。在长期饥饿的情况下，人体的能量主要来自自身蛋白质的分解，故呼吸商接近于 0.80。正常人进食混合食物时，呼吸商一般在 0.85 左右，此为混合食物的呼吸商。

表 7 - 1　三种营养物质氧化时的几种相关数据

营养物质	产热量（kJ/g）			耗 O_2 量（L/g）	产 CO_2 量（L/g）	氧热价（kJ/L）	呼吸商（RQ）
	物理热价	生物热价	营养学热价*				
糖	17.15	17.15	16.7	0.83	0.83	21	1.00
蛋白质	23.43	17.99	16.7	0.95	0.76	18.8	0.80
脂肪	39.75	39.75	37.7	2.03	1.43	19.7	0.71

＊营养学通常采用该数据计算食物的热价

通常认为，整体条件下的呼吸商可反映机体代谢过程中三种营养物质氧化分解的比例，但是，我们应该明白这种提法与实际情况并非完全吻合。因为机体的组织细胞不仅能同时氧化分解各种营养物质，

还可使一种营养物质转变成另一种营养物质，具体过程请参见生物化学中物质代谢的章节。例如，脂肪的分子组成中 O_2 的含量较少，当一部分糖转化为脂肪时，原来糖分子中的 O_2 就有剩余，这些剩余的 O_2 可参与机体代谢过程中的氧化反应，相应减少了从外界摄入的 O_2 量，从而使呼吸商变大，甚至超过 1。因此，如果让受试者在一定时期内只摄取某种单一的营养物质，结果所测得的呼吸商与理论计算值并不完全一致。

再比如，在肌肉剧烈活动时，由于出现氧债，糖酵解加强，可产生大量乳酸，而乳酸与体内缓冲系统作用，结果使肺排出的 CO_2 量明显增加。在肺过度通气或酸中毒等情况下，CO_2 的排出量也增多，这些情况均可使呼吸商变大。相反，在肺通气不足或碱中毒等情况下，呼吸商则变小。请在后面学习病理生理学相关内容时注意这一点。

在一般情况下，体内能量主要来自糖和脂肪的氧化，蛋白质的代谢量可忽略不计。由糖和脂肪氧化时产生的 CO_2 量和消耗的 O_2 量的比值称为非蛋白呼吸商（non – protein respiratory quotient，NPRQ）。不难理解，食物中糖与脂肪组成比例不同时，其对应的非蛋白呼吸商也不同，它们之间的对应值见表 7 – 2 中。利用表中数据，可更为方便地测算能量代谢。

表 7 – 2　非蛋白呼吸商和氧热价

非蛋白呼吸商	氧化的百分比		氧热价（kJ/L）
	糖	脂肪	
0.70	0.00	100.0	19.62
0.71	1.10	98.9	19.64
0.72	4.75	95.2	19.69
0.73	8.40	91.6	19.74
0.74	12.0	88.0	19.79
0.75	15.6	84.4	19.84
0.76	19.2	80.8	19.89
0.77	22.8	77.2	19.95
0.78	26.3	73.7	19.99
0.79	29.0	70.1	20.05
0.80	33.4	66.6	20.10
0.81	36.9	63.1	20.15
0.82	40.3	59.7	20.20
0.83	43.8	56.2	20.26
0.84	47,2	52.8	20.31
0.85	50.7	49.3	20.36
0.86	54.1	45.9	20.41
0.87	57.5	42.5	20.46
0.88	60.8	39.2	20.51
0.89	64.2	35.8	20.56
0.90	67.5	32.5	20.61
0.91	70.8	29.2	20.67
0.92	74.1	25.9	20.71
0.93	77.4	22.6	20.77
0.94	80.7	19.3	20.82
0.95	84.0	16.0	20.87
0.96	87.2	12.8	20.93
0.97	90.4	9.58	20.98

续表

非蛋白呼吸商	氧化的百分比		氧热价（kJ/L）
	糖	脂肪	
0.98	93.6	6.37	21.03
0.99	96.8	3.18	21.08
1.00	100.0	0.0	21.13

（三）能量代谢的测定方法

测定整个机体能量代谢率通常有三种方法：直接测热法、间接测热法和双标记水法。前两种测定方法是在受试者安静状态下进行直接测定散热量或间接测定产热量，最后一种方法则能够测定机体在自由活动状态下的能量代谢量。

1. 直接测热法　直接测热法（direct calorimetry）是让受试者居于一个特殊的隔热小空间内，收集受试者安静状态下在一定时间内发散的总热量。由于这种方法所使用的装置结构较为复杂，操作也很繁琐，使用不方便，因此，直接测热法极少应用。

2. 间接测热法　间接测热法（indirect calorimetry）是利用了解食物成分的比例关系，通过数据计算来测定受试者在一定时间内产热量的一种方法。具体来说，是应用上述的食物热价、氧热价和呼吸商（非蛋白呼吸商）的数据进行数据测定与计算相结合，了解能量代谢的过程。间接测热法的测定步骤如下。

（1）测定机体在一定时间内总的耗 O_2 量和总的 CO_2 产生量。

（2）计算氧化蛋白质食物的产热量　先测定机体在一定时间内的尿氮排出量（a）。由于蛋白质的含氮量相对固定，一般为16%左右，即体内氧化1g蛋白质可产生0.16g左右的氮，以尿素的形式从尿中排出（粪便中的氮排出量忽略不计）。因此，收集该段时间的尿液，测定出其中的尿氮量，以0.16除测出的尿氮量，即为该时段体内氧化消耗的蛋白质的量（b）。根据蛋白质的生物热价（表7-1），即可计算出氧化食物中蛋白质部分的产热量（c）。

（3）计算氧化非蛋白食物的产热量　收集、测量该时段呼吸所产生的 CO_2 量与消耗的 O_2 总量（d），并用表7-1中蛋白质氧化时的几种相关数据计算蛋白质量（b）在氧化过程中所产生的 CO_2 量与消耗的 O_2 量（e）。并从总 CO_2 产生量与总耗 O_2 量（d）中减去蛋白质代谢产生的 CO_2 与消耗的 O_2 部分（e），得到糖和脂肪的非蛋白部分的食物氧化时的 CO_2 产生量与耗 O_2 量（f），由此计算出此段时间的非蛋白呼吸商（g）。从表7-2中可查得此非蛋白呼吸商（g）对应的非蛋白氧热价，由此非蛋白氧热价乘以非蛋白食物的耗 O_2 量（f），计算出氧化非蛋白食物（糖与脂肪）的产热量（h）。

（4）计算出总产热量　将氧化食物中蛋白质部分的产热量（c）与氧化非蛋白食物（糖与脂肪）的产热量（h）相加，则为该段时间内的总产热量。

下面举例计算间接测热法的应用。

首先测定受试者一定时间内的耗 O_2 量和 CO_2 产量，假定受试者24小时的耗氧量为400L， CO_2 产量为340L（已换算成标准状态的气体容积）。另经测定尿氮排出量为12g。根据这些数据和查表7-1、表7-2，计算24小时产热量，其步骤如下：

① 蛋白质的氧化量 $= 12 \times 6.25 = 75g$

$$产热量 = 18 \times 75 = 1350kJ$$

$$耗氧量 = 0.95 \times 75 = 71.25L$$

$$CO_2 产量 = 0.76 \times 75 = 57L$$

②非蛋白呼吸商

$$非蛋白代谢耗氧量 = 400 - 71.25 = 328.75L$$

$$非蛋白代谢 CO_2 产量 = 340 - 57 = 283L$$

$$非蛋白呼吸商 = 283/328.75 = 0.86$$

③ 根据非蛋白呼吸商的氧热价计算非蛋白代谢的热量

查表 7 - 2，非蛋白呼吸商为 0.86 时，氧热价为 20.41。所以，非蛋白代谢产热量 = 328.75 × 20.41 = 6709.8kJ。

④ 计算 24 小时产热量 = 蛋白质代谢产热量 + 非蛋白代谢产热量

$$24 小时产热量 = 1350 + 6709.8 = 8059.8kJ$$

3. 临床应用的简便方法　由于间接测热法的测算程序复杂而繁琐，应用不便。专家们根据对国人普通饮食进行数据统计发现，人们混合食膳的呼吸商基本维持在 0.85 左右，即忽略食物中蛋白质氧化与非蛋白食物氧化的区别，测得一定时间内的 CO_2 产生量与耗 O_2 量，计算其比值，此总体的呼吸商大致为 0.85，而且此混合食物的氧热价为 20.36kJ。因此，用此氧热价乘以总耗 O_2 量，即大致计算出该时间内的产热量。这个简便的计算方法在实际应用中更为普遍。其计算公式为：

$$产热量(kJ) = 20.36(kJ/L) \times V_{O_2}(L)$$

仍以上述间接测热法计算方法列举的数据为例，受试者 24 小时的耗氧量为 400L，CO_2 产量为 340L，按此简略法计算，得到混合食物总呼吸商 = 340/400 = 0.85，查表 7 - 2，呼吸商 0.85 时的氧热价为 20.36kJ，用此氧热价乘以耗 O_2 量，即为 24 小时内的产热量。所以，其 24 小时的产热量 = 20.36 × 400 = 8144kJ。这个数值与前面按详细的间接法计算得出的数值 8059.8kJ 是很近似的，误差仅在 1% 左右。而且在非蛋白呼吸商从 0.70 ~ 1.00 的范围内，氧热价变动范围限定在 19.6 ~ 21.1 之间。因此，此法在实际工作中便捷易用。但是，需要注意的是，随着生活的物质水平提高，许多人的饮食习惯有明显的变化，这样的简化计算的偏差会大一些，尤其是针对糖尿病等一些代谢性疾病患者的饮食指导，更加需要注意这种简化计算结果的偏差。

（四）能量代谢的衡量标准

统计结果显示，不同大小的个体其能量代谢量有较大的差异。若以每千克体重的产热量进行比较，则身材矮小的人每千克体重的产热量要高于身材高大的人。研究资料表明，若不论身材大小，以每平方米体表面积的产热量进行比较，则每平方米体表面积每小时的产热量非常接近。这与按平方米体表面积计算机体的心输出量、肺通气量等生理活动指标类似。即能量代谢的水平与体表面积成正比，而不是与体重成比例关系。

人们常用能量代谢率来衡量能量代谢的水平，它是以单位时间（1 小时）内每平方米体表面积的产热量为衡量单位，即用 $kJ/(m^2 \cdot h)$ 来表示。

按照 Stevenson 公式测算成人的体表面积，则为

$$体表面积(m^2) = 0.0061 \times 身高(cm) + 0.0128 \times 体重(kg) - 0.1529$$

近年来对国人体表面积的测算结果显示，利用 Stevenson 公式的计算值较实测值略小。在实际应用中，根据受试者的身高和体重，可从图 7 - 2 上直接读取体表面积。具体方法是：在图中分别找出受试者的身高值和体重值在各自标尺上的对应点，这两点的连线与体表面积标尺交点的读数，即为该受试者的体表面积。

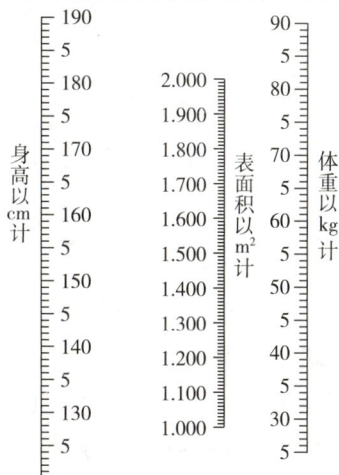

图 7 - 2　体表面积测算图

三、影响能量代谢的主要因素

影响能量代谢的主要因素有肌肉活动、精神活动、食物的特殊动力作用和环境温度等。

（一）肌肉活动

在影响能量代谢的各类因素中，肌肉活动对能量代谢的影响最为显著。机体任何轻微的活动都可提高代谢率。人在运动或劳动时耗 O_2 量显著增加，这是因为肌肉活动需要消耗更多的能量，而能量的增加来自更多的营养物质的氧化，由此引起机体耗 O_2 量的增加。机体耗 O_2 量的增加与肌肉活动的强度成正比关系，持续体育运动或劳动时的耗 O_2 量可达安静时的 10～20 倍。因此，测定能量代谢率时，应避免肌肉运动。

肌肉活动的强度通常用单位时间内机体的产热量来表示，所以，可以将能量代谢率作为评估肌肉活动强度的指标。表 7-3 列举了几种不同劳动强度或运动时的能量代谢率。

表 7-3　休息、劳动、运动时的能量代谢率

机体的状态	平均产热量 [kJ/ (m² · min)]
躺卧	2.73
开会	3.40
擦窗子	8.30
洗衣	9.89
扫地	11.37
打排球	17.05
打篮球	24.22
踢足球	24.98

（二）精神活动

机体在安静时的各组织中血流量相比，脑组织的血流量大，代谢水平也高。在安静状态下，每 100g 脑组织的耗 O_2 量为 3～3.5ml/min（氧化的葡萄糖量约为 4.5mg/min），此值约为肌肉组织安静时耗 O_2 量的 20 倍。肌肉组织在运动时耗 O_2 量非常显著地增加，但是，脑组织的能量代谢率在一般的精神活动状态下却变化不大。研究结果表明，人在睡眠时与在精神活动活跃的状态下，脑中葡萄糖的代谢率几乎没有差异。人在平静地思考问题时，脑组织的产热量比睡眠时增加一般不超过 4%。然而，当人处于精神紧张状态时，如烦恼、恐惧或情绪激动时，能量代谢率则显著增高。这是由于精神紧张状态时肌紧张增强，甲状腺、肾上腺髓质等激素分泌增多，使机体代谢水平增高，导致产热量显著增加。

（三）食物的特殊动力效应

人在进食后的一段时间内会出现能量代谢率增加的现象，这种能量代谢率增加的现象即使在人体处于安静状态下也会发生。人们把这种由进食引起的机体产生"额外"热量的现象，称为食物的特殊动力效应（food specific dynamic effect）。该效应一般从进食后 1 小时左右开始，延续 7～8 小时。研究结果表明，在三种主要营养物质中，进食蛋白质食物产生的特殊动力效应最为显著，蛋白质的特殊动力效应产生的能量代谢可增加 30%；糖和脂肪的特殊动力效应为 4%～6%；混合性食物约为 10%。因此，在计算人体所需要的能量摄入量时，应注意到食物的特殊动力效应，以达到机体能量的收支平衡。

食物特殊动力效应产生的确切机制目前尚不清楚。研究结果表明，将蛋白质的分解产物氨基酸直接经静脉注射进入机体后，仍然可以出现这种能量代谢增加的现象，但是，在切除肝脏后此现象即消失。因而认为，食物的特殊动力效应与食物在消化道内的消化和吸收过程无关，而可能主要与氨基酸在肝脏

内的氧化脱羧过程有关。

（四）环境温度

当人在安静时，环境温度在 20～30℃范围内，在裸体或只穿薄衣的情况下，其能量代谢率较低，且最为稳定。当环境温度低于 20℃时，能量代谢率便开始增加；在 10℃以下时，则能量代谢率显著增加。另一方面，当环境温度超过 30℃时，代谢率也逐渐增加。

在环境温度较低时，能量代谢率增加的原因主要是由于寒冷刺激反射性地引起肌肉紧张度增强甚至出现寒战而致。在 20～30℃时，能量代谢率较为稳定，主要是因为环境温度适宜使肌肉比较松弛。当环境温度超过 30℃时，代谢率又逐渐增加，这与体内化学反应速度加快，发汗功能旺盛以及呼吸、循环功能增强等因素有关。

四、基础代谢

从上述内容中我们了解到，能量代谢率受到肌肉活动、精神紧张、食物特殊动力效应及环境温度等的影响。因此，在排除这些因素的影响后，即人体在清醒、安静，空腹 12 小时以上、室温保持在 20～25℃时的状态时的能量代谢率最低。人们把人体在清醒、安静，空腹 12 小时以上、室温保持在 20～25℃时的状态称为基础状态。在基础状态下的能量代谢称为基础代谢（basal metabolism）。

人在基础状态下体内的能量消耗主要用以维持血液循环、呼吸等一些基本的生命活动，因此，此时的能量代谢也比较稳定。人们用基础代谢率（basal metabolism rate，BMR）描述单位时间内的基础代谢水平。即基础代谢率是人体在室温保持在 20～25℃时处于清醒、安静且排除了食物特殊动力效应时的能量代谢率，常用于作为评价机体能量代谢水平的指标。当人进入熟睡状态时，机体的各种生理功能减弱至更低水平，此时的能量代谢率更低，但是，在做梦时能量代谢率可增高。

基础代谢率的表示方法为：在排除体表面积影响后，将实测值与同年龄、同性别正常平均值（表7-4）比较，以排除年龄和性别的影响，用实测值与正常平均值相差百分比表示，即

$$基础代谢率（BMR）= \frac{实测值 - 正常平均值}{正常平均值} \times 100\%$$

表 7 - 4　我国人正常的基础代谢率平均值 [kJ/（m² · h）]

年龄	11～15	16～17	18～19	20～30	31～40	41～50	51 以上
男性	195.5	193.4	166.2	157.8	158.7	154.1	149.1
女性	172.5	181.7	154.1	146.4	142.4	142.4	138.6

临床上在评价基础代谢率时，常将实测值和表 7 - 4 中的正常平均值进行比较，即采用相对值来表示。如与正常平均值相差在 ±15% 以内，属于正常范围；如与正常平均值相差超过 ±20% ，提示可能存在病理性变化。很多疾病都伴有基础代谢率的改变，特别是影响甲状腺功能的疾病。当甲状腺功能低下时，基础代谢率可比正常值低 20%～40%；而甲状腺功能亢进时，基础代谢率可比正常值高 25%～80%。其他一些疾病，如肾上腺皮质和垂体功能低下、肾病综合征、病理性饥饿等，常出现基础代谢率降低；糖尿病、红细胞增多症、白血病以及伴有呼吸困难的心脏病等，基础代谢率可升高。当人体发热时，基础代谢率也升高，一般情况下，体温每升高 1℃，基础代谢率可升高 13% 左右。因此，基础代谢率的测定曾经是临床上某些疾病的辅助诊断方法，尤其是用于甲状腺疾病的辅助诊断。但是，随着技术的发展与普及，目前已经普遍采用直接测定反映甲状腺功能的血清激素水平的方法，故基础代谢率作为临床诊断的辅助检查方法已越来越少地被使用。

第二节　体温及其调节

一、体温及其生理波动

(一) 体温的概念及其正常值

鸟类、哺乳动物和人的体温是相对稳定的，被称为恒温动物（homeotherm）。而低等动物，如爬虫类、两栖类的体温则随环境温度的变化而变化，因而被称为变温动物（poikilotherm）。恒温动物保持正常的体温是机体进行新陈代谢和生命活动的必要条件。

人的体温分为体表温度（shell temperature）和体核温度（core temperature）。生理学所说的体温（body temperature）是指机体深部的平均温度，即体核温度。

尽管机体的温度有体表温度与体核温度之分，但机体核心部分与表层部分的分区并不是固定不变的，随着环境温度的变化，核心部分与表层部分的分区也发生改变。如图7-3所示，在寒冷的环境中，核心温度分布区域缩小，主要集中在头部与胸腹内脏，表层温度分布区域相应扩大，表层部分与核心部分之间存在着温度梯度。相反，在炎热环境中，核心温度分布区域扩大，可扩展到四肢，而表层温度分布区域明显缩小。

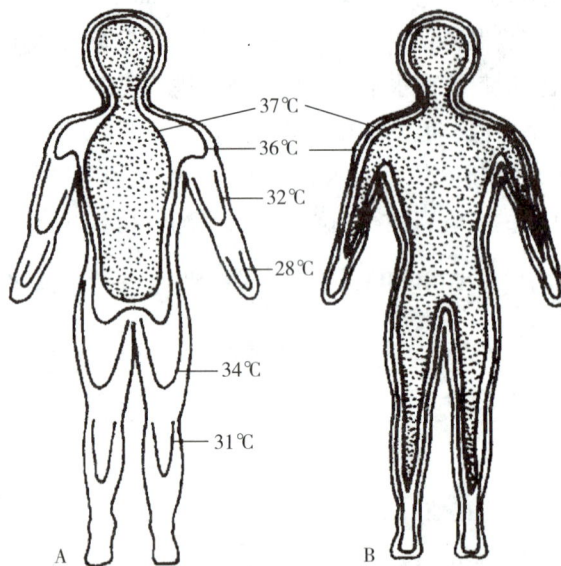

图7-3　不同环境温度下人体体温分布图

1. 体表温度　体表温度是指体表及体表下结构（如皮肤、皮下组织等）的温度。其中，机体的最外层即皮肤的温度称为皮肤温度（skin temperature）。体表温度易受环境温度的影响，且各部位之间的温度差异较大。例如，当环境温度为23℃时，足部皮肤温度约27℃，手部约30℃，躯干部约32℃，额部为33~34℃。四肢末梢皮肤温度最低，越近躯干、头部，皮肤温度越高。当气温达32℃以上时，皮肤温度的部位差别将变小。在寒冷环境中，随着气温下降，手、足部皮肤温度降低最为显著，而头部皮肤温度的变动相对较小。皮肤温度与局部血流量的关系密切，凡能影响皮肤血管收缩与舒张的因素，如环境温度变化或精神紧张等，都能改变皮肤温度。例如，人在情绪激动时，交感神经兴奋，皮肤血管紧张性增高，皮肤温度，特别是手的皮肤温度显著降低，可从30℃骤降至24℃。因此，皮肤温度的变化在一定程度上可以反映血管的功能状态。由此，临床上常用皮肤温度作为辅助了解外周血管状态的指标。

2. 体核温度 体核温度是指人体深部（如内脏）的温度。相对于体表温度而言，体核温度比较稳定，且体内各器官之间的温度差异也小。其中，肝脏在全身各器官中温度最高，为38℃左右；脑的产热量较多，也接近38℃；肾、胰腺及十二指肠等器官温度略低；直肠的温度则更低，约37.5℃。由于机体深部各个器官通过循环的血液交换热量而使温度趋于一致，因此，机体深部血液的温度可以代表内脏器官温度的平均值。

由于机体深部温度不易测量，所以，临床上通常用直肠、口腔和腋窝等部位的温度来代表体温。直肠温度（rectal temperature）的正常值为36.9~37.9℃，测量时温度计应插入直肠6cm以上，才能比较接近深部温度。口腔温度（oral temperature）的正常值为36.7~37.7℃，测量时应将温度计含于舌下。由于测量口腔温度比较方便，因而成为临床上常用的测温方法。但是，需注意口腔温度受呼吸以及进冷、热食物等因素的影响；而且，对于一些不能配合测量的患者，如哭闹的小儿和精神病患者，则不宜采用测定口腔温度。腋窝温度（axillary temperature）的正常值为36.0~37.4℃。测量时需注意腋窝处是皮肤表面的一部分，其表层温度并不能代表核心部的体温，只有让被测者将上臂紧贴胸廓，使腋窝紧闭而形成人工体腔，机体内部的热量才能逐渐传至腋窝，使腋窝的温度逐渐升高至接近于机体深部温度的水平，此时所测得的温度才能反映深部温度。因此，测量腋窝温度的时间一般需要持续5~10分钟，还应保持腋窝处干燥。

此外，在实验中还有测定食管温度。食管温度比直肠温度低0.3℃左右。食管中央部分的温度与右心房内的温度大致相等，而且，两者在体温调节中发生反应的时间过程也是一致的，所以，在实验研究中可将食管温度作为深部温度的一个指标。另外，鼓膜的温度大致与下丘脑温度相近，在研究体温调节的生理学实验中常用鼓膜温度作为脑组织温度的指标。随着鼓膜温度计的开发，临床上也有将鼓膜温度用作衡量体温的指标。

（二）体温的生理波动

在生理情况下，体温可随昼夜、年龄因素的变化而变动，且男女有别。但是，这些变化的幅度较小，一般不超过1℃。

1. 昼夜波动 体温在一昼夜之间有周期性的波动，在清晨2~6时最低，午后1~6时最高。这种人体体温的昼夜周期性波动，称为体温的昼夜节律（circadian rhythm）或日节律。体温的日节律是由机体内在的生物节律所决定的，是生物节律的典型代表。机体功能活动的周期节律性变化的特性，称为生物节律（详见第十章）。

研究结果表明，体温的日节律与机体的精神或肌肉活动状态等没有因果关系。例如，让受试者处于特定的环境中，将一切标志时间的外在因素，如昼夜明暗周期、环境温度的规律性变化、定时的进餐等都去除，此时，受试者的体温仍然表现出昼夜节律性波动的特性，但是，这种节律的周期要比地球的自转周期（24小时）略长，故称为自由运转周期（free-running period）。人在日常生活中，由于上述各种外在因素的作用，使得自由运转周期与24小时运转周期同步化了。因此，体温的昼夜节律与地球自转周期是相吻合的。关于生物节律现象的产生机制，人们已经了解到其是由特定的基因所调控。该领域的三位研究者杰弗里·霍尔（Jeffrey C. Hall）、迈克尔·罗斯巴什（MichaelRosbash）和迈克尔·杨（Michael W. Young）于2017年获得诺贝尔生理医学奖。

2. 性别 在相同状态下，男性和女性体温略有差别，成年女性的体温平均高于男性0.3℃。此外，女性的基础体温随月经周期而变化（图7-4）。基础体温是指在基础状态下的体温，即在室温保持在20~25℃时处于清醒、安静且排除了食物特殊动力效应时测得的体温。因此，基础体温通常在早晨起床前测定。

女性的基础体温随月经周期呈现的变化表现为，在卵泡期内体温较低，排卵日最低，排卵后升高 0.3～0.6℃。因此，可以通过每天测定基础体温而了解有无排卵以及排卵的日期。排卵后体温升高是由于黄体分泌的孕激素的作用所致（详见第十二章）。

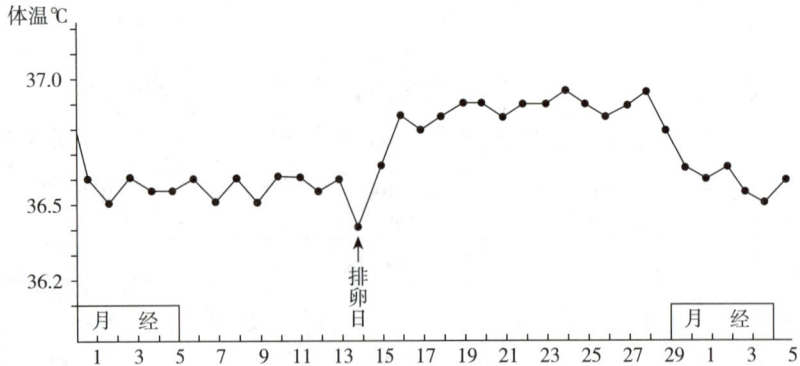

图 7 - 4　女子基础体温的变化曲线

3. 年龄　不同年龄的人体温也不同。儿童和青少年的体温较高，而老年人因基础代谢率低，体温偏低。新生儿，特别是早产儿，由于其体温调节机构的发育还不完善，调节体温的能力差，因此，新生儿的体温易受环境因素的影响而发生改变。例如，如果没注意保温，洗澡时婴儿的体温可降低 2～4℃。因此，对婴幼儿应注意加强保温护理。

4. 其他影响因素　如前所述，肌肉剧烈活动时，产热量增加，可使体温升高 1～2℃。因此，临床上测量体温时应让受试者先安静一段时间后再进行测量，而且，给小儿测量体温时应防止小儿哭闹。

此外，情绪激动、精神紧张、进食及环境温度等均可影响体温。睡眠时体温略低。麻醉药物的作用也可降低体温。

二、机体的产热与散热

如前所述，营养物质代谢所释放的化学能在体内进行能量转化，其中，50% 以上直接转变成热能，剩余的不足 50% 的化学能则负载于 ATP 等高能化合物的高能磷酸键上，然后经过能量的转化与利用，最终大部分也变成热能。体内的一部分热能用以维持体温，多余的热能则由循环血液传送到体表并散发到体外。人体的体温是相对稳定的，是由于在体温调节机制的控制下，产热（heat production）和散热（heat loss）两个生理过程能取得动态平衡的结果。

（一）产热

1. 主要产热器官　如前所述，机体的热量是由三大营养物质在组织细胞中进行分解代谢时产生的，其中对体温影响较大的主要产热器官是肝和骨骼肌。从表 7 - 5 中可见，机体在安静时主要由内脏产热，占总产热量的 56%。在各内脏中肝的代谢最旺盛，产热量最高，肝的血液温度比主动脉血液温度高 0.4～0.8℃。当机体进行体育运动或劳动时，肌肉则成为主要的产热器官。由于骨骼肌的总重量约占体重的 40%，因而具有巨大的产热潜力，骨骼肌的紧张度稍微有所增强，其产热量即可发生明显改变。当剧烈运动时，骨骼肌的产热量增加可达 40 倍，占机体总产热量的 90% 左右。在新生儿，还有棕色脂肪组织参与产热过程。

表 7 - 5　几种组织器官在不同状态下的产热百分比

组织器官	重量（占体重%）	产热量（%）	
		安静状态	运动或劳动状态
脑	2.5	16	1
内脏	34.0	56	8
骨骼肌	56.0	18	90
其他	7.5	10	1

2. 机体的产热形式　机体有多种产热形式，如基础代谢产热、骨骼肌运动产热、食物的特殊动力效应产热、寒战和非寒战产热等。安静状态下，机体的产热量大部分来自全身各组织器官的基础代谢，其中内脏器官和脑组织的产热量约占基础代谢产热量的 70%。在寒冷环境中机体主要通过寒战产热（shiveringthermogenesis）和非寒战产热（non - shivering thermogenesis）两种形式增加产热量。

（1）寒战产热　寒战是指在寒冷环境中骨骼肌发生不随意的节律性收缩，其节律为每分钟 9 ~ 11 次。寒战的特点是屈肌和伸肌同时收缩，许多肌纤维同步化放电，因此，寒战时肌肉收缩不做外功，能量全部转化为热量。当发生寒战时，机体的代谢率可增加 4 ~ 5 倍，有利于机体在寒冷环境中维持体热平衡。

（2）非寒战产热　非寒战产热又称代谢产热，指处于寒冷环境中时，机体通过提高组织代谢而使产热增加。非寒战产热作用最大的组织是分布在肩胛下区、颈部大血管周围、腹股沟等处的棕色脂肪组织。在棕色脂肪组织细胞的线粒体内膜上存在解耦联蛋白（UCP），UCP 的作用是使线粒体呼吸链中的氧化磷酸化和 ATP 合成之间的耦联被解除，从而使氧化还原反应过程中释放的能量不再被用于合成ATP，而是转化为热量散发出来。棕色脂肪组织的产热量最大，约占非寒战产热总量的 70%。在新生儿体内棕色脂肪组织产热尤其重要，因为新生儿的体温调节功能尚不完善，不能发生寒战，所以新生儿主要靠非寒战产热。

3. 产热活动的调节　机体产热活动的调节包括体液调节和神经调节。

（1）体液调节　甲状腺激素是调节产热活动最重要的体液因素。如果机体暴露于寒冷环境中数周，甲状腺的活动明显增强，甲状腺激素大量分泌，可使机体代谢率增加 20% ~ 30%。甲状腺激素调节代谢的特点是作用缓慢，但持续时间长。肾上腺素、去甲肾上腺素以及生长激素等也可刺激产热，其特点是作用迅速，但维持时间短。

（2）神经调节　寒冷刺激可使位于下丘脑后部的寒战中枢兴奋，经传出通路到达脊髓前角运动神经元，引起寒战。其还可使交感神经系统兴奋，进而引起肾上腺髓质活动增强，导致肾上腺素和去甲肾上腺素等激素释放增多，产热增加。而且，前面提到的寒冷对于甲状腺激素释放的影响也是首先作用于中枢神经系统，通过促进下丘脑释放促甲状腺激素释放激素，刺激腺垂体促甲状腺激素的释放，进而加强甲状腺的活动而实现的，详见第十一章。

（二）散热

机体散热的方式主要有辐射、传导、对流、蒸发四种方式。散热的途径主要是通过皮肤散热，此外，还有一小部分热量随着呼吸道气体的呼出以及尿、粪等排泄出体外而散发。但是，后面这两个途径的散热量很少，人体的主要散热部位是皮肤。当环境温度低于人的表层温度时，体内大部分热量可以通过皮肤的辐射、传导和对流等方式向外界发散，当环境温度接近或高于体表层温度时，蒸发散热则成为唯一有效的散热方式。

1. 散热方式

（1）辐射散热　机体以热射线（红外线）的形式将体热传给外界的散热方式称为辐射散热（thermal radiation）。辐射散热是机体在常温和安静状态下的最主要散热方式，大约占总热量的60%。辐射散热量的多少主要取决于皮肤温度与周围环境温度的差值、有效辐射面积等因素。当皮肤温度高于环境温度的差值越大时，散热量越多；反之，如果环境温度高于皮肤温度，则皮肤不仅不能散热反而会吸收周围的热量。例如，在高温环境中作业（如舰船、炼钢人员），因环境温度高于皮肤温度，机体不能通过辐射散热，反而周围环境中的热量会辐射到人体，因此，非常容易发生中暑。

（2）传导散热　传导散热（thermal conduction）是指机体的热量直接传给与之相接触的较冷物体的散热方式。传导散热量的多少与所接触物体的面积、温度以及导热性能有关。如果所接触物体较冷、导热性较好，则传导散热量大；反之则传导散热量小。由于脂肪、衣服或棉被等导热性较差，机体深部的热量以传导方式传到皮肤，再经皮肤传给与之接触的物体（如衣物）时，散失的体热并不多，因此，衣服或棉被可以有效地保存体温。水的导热性较好，因此，临床上常用冰帽或冰袋等为高热患者实施物理性降温，此为应用传导散热的常见方式。

（3）对流散热　对流散热（thermal convection）是指通过气体或液体的流动来交换能量的一种散热方式。对流散热是传导散热的一种特殊形式。人体周围围绕着被体热加温了的薄层热空气，由于空气不断流动，人体周围的薄层热空气被带走，同时，流动而来的冷空气则填补其位置围绕人体周围。由此，体热则不断散发到周围的空间，并被对流的空气带走。对流散热量的多少，受空气对流速度以及温度差的影响最大。夏天扇扇子或用电风扇使空气对流速度加快，散发的热量多，散热效果好。冬天穿着厚厚的棉衣保暖，是因为棉毛纤维间的空气不易流动，可在体表形成不流动的空气层，使散热量减少而达到保暖目的。因此，增加衣着可以保温御寒。若长时间在较密闭的高温环境中（如船舱内）或闷热气候，人体会因为空气对流差而散热困难，机体代谢产生的热量无法及时排出，因此容易发生中暑。

（4）蒸发散热　蒸发散热（thermal evaporation）是指机体通过体表水分的蒸发进行发散体热的一种形式。当气温等于或高于皮肤温度时，机体已不能通过辐散、对流、传导等方式进行散热，蒸发散热便成为唯一有效的散热方式。据测定，在常温下，每蒸发1.0g水可带走2.44kJ的热量。蒸发散热分为不感蒸发（insensible evaporation）和出汗（perspiration）两种形式。不感蒸发是指机体中水分直接渗透到体表汽化蒸发的过程。这个过程不被人们所察觉，但却持续不断地进行，即使在人处于低温环境中也同样发生。人体每日不感蒸发量约为1000ml，其中，通过皮肤蒸发的水分为600~800ml，另200~400ml的水则随呼吸而蒸发。皮肤的水分蒸发又叫不显汗（insensible perspiration），其过程与汗腺的活动无关。不感蒸发是一种很有效的散热途径，有些动物的汗腺不发达，如狗，在高温下只能通过喘气加强呼吸道和舌面的蒸发散热。与不感蒸发相反，出汗则是通过汗腺主动分泌汗液的过程散热，汗液蒸发可有效地带走热量。因为人在汗腺分泌汗液而出汗时是可以感觉到的，所以，通过出汗蒸发散热又被称为可感蒸发（sensible evaporation）。人在安静状态下，当环境温度达30℃以上，或人在进行劳动、运动时，汗腺则分泌汗液。如果空气湿度大、衣着又多时，气温达25℃便可发汗。出汗会受到环境温度、空气对流速度、空气湿度等因素的影响。环境温度越高，出汗速度越快，但是，若在高温环境中停留时间过久，其出汗速度会因汗腺疲劳而明显减慢。空气对流速度越快，汗液越易蒸发。空气湿度大时，汗液不易蒸发，体热因而不易散失，结果会反射性地引起大量出汗。值得注意的是，汗液必须在皮肤表面汽化，才能吸收体内的热量，达到散热效果。汗液如果被擦掉，就不能起到散热的作用。汗腺缺乏（如烧伤患者）或汗腺分泌障碍者，在热环境中容易导致体温升高而危及生命。

2. 散热的调节反应　机体散热的调节反应主要有皮肤血流量的改变和出汗两种形式。

（1）皮肤血流量的改变　皮肤温度与散热的关系十分密切。机体通过交感神经系统调节皮肤血管的口径，改变皮肤血流量，从而改变皮肤温度来控制散热。炎热的环境中交感神经紧张性降低，皮肤血管扩张，动 - 静脉吻合支开放使皮肤血流量增加，散热加强。据推算，全身皮肤的血流量最多可达到心输出量的 12%。皮肤血流量增多时，有较多的体热从机体深部被带到机体表层，皮肤温度升高，散热作用增强。与此同时，汗腺的活动也加强，皮肤血流量增加也给汗腺分泌提供必要的水分。相反，在寒冷环境中，交感神经紧张性活动增强，皮肤血管收缩，动 - 静脉吻合支关闭，皮肤血流量剧减，散热量也因此显著减少，此时身体表层如一个隔热器，可起到防止体热散失的作用。当环境温度在 20 ~ 30℃时，机体的产热量没有大幅度变化，机体既不发汗，也无寒战，仅仅通过调节皮肤血管的口径，改变皮肤温度，即可控制机体的散热量以维持体热的平衡。

（2）出汗　出汗是一种反射性活动，是通过反射而引起的汗腺分泌活动。人体的汗腺有大汗腺和小汗腺。大汗腺主要集中于腋窝和外阴等处，开口于毛根附近。小汗腺分布于全身皮肤，其分布密度因部位而异：掌心、足跖最多，额部、手背、四肢和躯干较少，然而，分泌能力却以四肢和躯干最强。与蒸发散热有关的是小汗腺。

人体的汗腺主要接受交感神经胆碱能纤维支配，其神经末梢释放的神经递质为乙酰胆碱。汗腺的分泌可被阿托品阻断。由环境温度升高或剧烈运动等温热性刺激引起的发汗称为温热性发汗（thermal sweating），见于全身各处，其生理意义在于增加蒸发散热，调节体温。下丘脑的发汗中枢在温热性发汗中起重要调节作用。有些汗腺受肾上腺素能纤维支配，当情绪激动、精神紧张引起发汗，称为精神性发汗（mental sweating），发汗部位主要见于手掌、足跖和前额等处，这部分汗腺的分泌与体温调节的关系不大，它是由大脑皮层运动前区发出的传出冲动引起的。但是，这两种发汗的形式通常并非截然分开，而是常常同时出现。

汗液中水分约占 99%，固体成分约占 1%。在固体成分中，大部分为 NaCl，也有少量 KCl 和尿素等。实验测得，在汗腺分泌时分泌管腔内的压力可达 250mmHg 以上，表明汗液不是简单的血浆滤出物，而是汗腺细胞的主动分泌物。刚从汗腺分泌出来的汗液的渗透压与血浆渗透压相等，当汗液流经汗腺导管时，在醛固酮的作用下，汗液中的 Na^+ 和 Cl^- 被重吸收，最后排出的汗液是低渗的。因此，当机体大量出汗时，机体丧失的水分比电解质多，会引起血浆晶体渗透压升高，导致高渗性脱水，因此，大量出汗的人应注意及时补充水分。但是，当发汗速度快时，由于汗腺导管不能充分吸收 NaCl，汗液中的 NaCl 浓度高，机体丢失大量水分的同时，也丢失大量 NaCl，因此，在注意补充水的同时，还应注意适当补充 NaCl，以免引起水和电解质平衡紊乱。当出现严重水和电解质平衡紊乱时，甚至会引起神经系统和骨骼肌组织的兴奋性改变而发生热痉挛。

三、体温调节

人类属于恒温动物，人体体温的相对恒定有赖于自主性体温调节和行为性体温调节的功能活动。自主性体温调节（autonomic thermoregulation）是在体温调节中枢的控制下，通过增减皮肤的血流量、发汗或寒战等生理调节反应，维持产热和散热过程的动态平衡，使体温保持相对稳定的水平。行为性体温调节（behavioral thermoregulation）是指有意识地调节体热平衡的活动，即通过在不同环境中采取的姿势和发生的行为来调节体热的平衡。例如，人通过增减衣着来调节，动物则在寒冷环境中具有日光趋向性、在炎热时躲在树荫下或钻进洞穴中。行为性体温调节是变温动物的重要调节手段，而包括人类在内的恒温动物显然以自主性体温调节为基础的，行为性体温调节是对体温调节中除了自主性体温调节的一个补充。例如，人在严寒环境中，如果衣着不暖，则在发生肌肉寒战的同时，还会采取拱肩缩背的姿势和踏步或跑步等御寒行为。下文中主要讨论自主性体温调节。

自主性体温调节是由温度感受器、体温调节中枢、效应器共同完成（图 7-5）。自主性体温调节使体温维持相对稳定是依靠负反馈控制系统实现的。下丘脑的体温调节中枢，包括调定点（set point）在内，属于控制系统，它发出的传出信息控制产热器官（如肝、骨骼肌等）与散热器官（如皮肤、汗腺等）受控系统的活动，使体温维持在相对稳定的水平。与此同时，体温还会受到内、外环境因素变化的干扰，包括代谢率、气温、风速和湿度等因素。这些因素产生的干扰信息通过温度检测装置（皮肤及机体深部的温度感受器），将干扰信息反馈至体温调节中枢，再经过体温调节中枢的整合，进一步调整受控系统的活动，建立当时新条件下的体热平衡，使体温保持相对稳定。

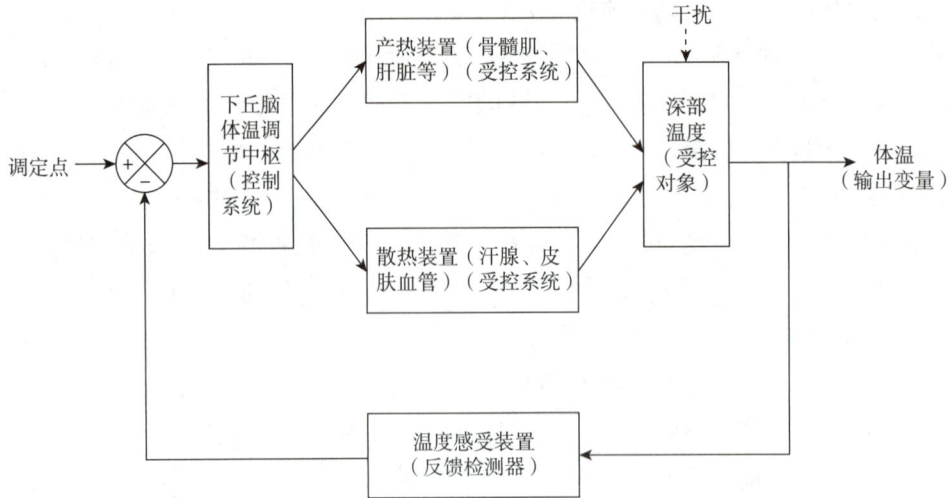

图 7 - 5 体温调节自动控制示意图

（一）温度感受器

温度感受器是感受机体温度变化的特殊感受装置。根据其存在的部位，可将温度感受器分为外周温度感受器和中枢温度感受器；根据感受温度的性质又可其分为冷感受器和热感受器。

1. 外周温度感受器 外周温度感受器（peripheral thermoreceptor）是存在于皮肤、黏膜和内脏中的对温度变化敏感的游离神经末梢。当局部温度升高时，热感受器兴奋；反之，当温度降低时冷感受器兴奋。温度感受器在皮肤呈点状分布，其中，冷感受器占多数，是热感受器的 4～10 倍。故皮肤温度感受器在体温调节中主要感受外界环境的冷刺激，防止体温下降。这两种感受器各自对一定范围的温度敏感。例如，冷感受器在低于正常体温的某一温度时放电频率最高，而热感受器在高于正常体温的某一温度时放电频率达高峰。当温度偏离各自敏感的温度时，感受器发放冲动的频率将减少。此外，皮肤的温度感受器对温度的变化速率更为敏感。

2. 中枢温度感受器 中枢温度感受器（central thermoreceptor）是指脊髓、延髓、脑干网状结构以及下丘脑等处对温度变化敏感的神经元。热敏神经元（warm - sensitive neuron）在局部组织温度升高时发放冲动频率增加；而冷敏神经元（cold - sensitive neuron）则在局部组织温度降低时发放冲动频率增加。动物实验表明，在脑干网状结构和下丘脑的弓状核，冷敏神经元较多；在视前区 - 下丘脑前部（preoptic - anterior hypothalamus area，PO/AH），热敏神经元居多。当局部脑组织温度变动 0.1℃ 时，这两种神经元的放电频率都会发生变化，且不出现适应现象。PO/AH 中的某些温度敏感神经元除能感受局部脑温的变化外，还能对下丘脑以外部位温度变化的传入信息发生反应。这表明来自中枢和外周的温度信息可会聚于这类神经元。此外，这类神经元能直接对致热原（pyrogen）、5 - HT、NE 以及多种多肽类物质发生反应，并导致体温的改变。

🌐 **知识链接**

瞬时感受器电位

近年来发现一种被称为瞬时感受器电位（transient receptor potential，TRP）的非选择性阳离子通道，在感觉神经末梢、皮肤和中枢神经系统等多种组织中广泛表达。根据氨基酸残基序列的同源性，哺乳动物的 TRP 通道家族可分为 6 个亚家族，即 TRPC、TRPV、TRPM、TRPA、TRPP 和 TRPML，每一亚家族再分为若干亚型。各种 TRP 通道的共同作用是调节细胞内的 Ca^{2+}、Na^+ 浓度和膜电位。其中 TRPV1、TRPV2、TRPV3、TRPV4、TRPM8 和 ANKTM1 具有感受温度刺激的功能。TRPV3 和 TRPV4 感受温热刺激，TRPV1 和 TRPV2 感受伤害性高温刺激，而 TRPM8 和 ANKTM1 则感受冷（凉）刺激。这些通道蛋白不仅可感受温度刺激，还能分别感受不同的理化刺激，如渗透压、H^+ 浓度、辣椒素和薄荷醇等。关于 TRP 通道在温度感受中的确切作用及其详细机制人们还在进一步探索。

（二）体温调节中枢

虽然从脊髓到大脑皮层的整个中枢神经系统中都存在参与调节体温的神经元，但是，对恒温动物进行脑分段横断实验证明，只要保持下丘脑及其以下的神经结构完整，动物虽然在行为等方面可能出现障碍，但仍具有维持体温相对恒定的能力，这说明体温调节的基本中枢位于下丘脑。其中，PO/AH 是体温调节中枢的关键部位。其主要实验结果依据包括：①破坏 PO/AH 区后，与体温调节有关的散热和产热反应都明显减弱或消失；②PO/AH 区不仅能感受局部脑温的变化，也可以会聚机体各个部位传入的温度信息而引起相应的体温调节反应；③致热原或 5 - 羟色胺、去甲肾上腺素以及多种肽类物质直接作用于 PO/AH 区的温度敏感神经元，能引起相应的体温调节反应。这些实验结果共同说明 PO/AH 是体温调节中枢整合机构的中心部位。而且，由 PO/AH 区发出的传出信号可通过自主神经系统参与血管收缩、出汗等；也可通过躯体神经系统参与行为性体温调节和骨骼肌紧张性改变；还可通过内分泌系统参与代谢性调节反应以维持体温的稳定。

（三）体温调定点学说

关于体温调节的理论机制，目前普遍公认的是体温调定点学说，该学说认为，体温的调节类似于恒温器的调节，在 PO/AH 区有一个控制体温的调定点，如 37℃，而 PO/AH 区的温度敏感神经元可能是起调定点作用的结构基础。体温调定点将机体温度的标准设定在一个温度值，体温调节中枢就按照这个设定温度进行体温调节。当体温与调定点的水平一致时，体温调节中枢的热敏神经元与冷敏神经元的放电频率处于平衡状态，机体的产热与散热也处于相对平衡，使体温能维持在调定点设定的温度水平。当某种因素引起调定点水平改变时，体温调节中枢的热敏神经元与冷敏神经元的活动便发生改变，使机体的产热和散热活动随之发生变化，从而引起体温的变化。如果该因素使调定点向高温侧移动，则出现发热（fever）。例如，由细菌感染所致的发热，是感染产生致热原，在该致热原的作用下，PO/AH 区热敏神经元的反应阈值升高，而冷敏神经元的反应阈值则下降，使体温调定点被重新设置，例如从 37℃ 重新调定上移到 39℃。由于在感染初期体温低于此时的调定点水平，机体会出现皮肤血管收缩，减少散热，随即出现寒战等产热反应，直到体温升高到 39℃，此时的产热和散热过程在 39℃ 的新调定点水平达到平衡。由此可见，发热的症状源于调节性体温升高，是体温调节活动的结果。由于环境温度过高而引起机体中暑时，也可出现体温升高。但是，这种情况并非因为体温调节中枢调定点的上移，而是由于体温调节的产热与散热过程的平衡被打乱所致，而且，如果不能及时更正这种紊乱，可进一步导致神经中枢的功能发生障碍。

四、温度习服

机体持续或反复在低温或高温环境下，逐渐产生适应性变化，使机体的调节能力增强，这种现象称为温度习服，包括热习服（heat acclimation）和冷习服（cold acclimation）。

1. 热习服　机体在长期暴露于高温后逐渐产生的适应性变化，被称为热习服。热习服主要表现为机体对热环境的反射性调节功能逐步完善，各种生理功能达到一个新的水平，对热环境的耐受性提高。

2. 冷习服　机体在长期暴露于冷环境后逐渐出现的适应性改变，被称为冷习服。冷习服主要表现为机体对冷环境的反射性调节活动加强，例如，基础代谢率增加、非寒战性产热增加、细胞膜流动性改变、细胞骨架重新构建、Na^+,K^+ – ATP 酶活性增高、热绝缘层（皮下脂肪层或动物的羽毛密度）增大等，这些方面的变化可加强产热、减少散热，使人在冷环境中更好地生存。

目标检测

答案解析

单项选择题

1. 发热开始时，患者常自感发冷、寒战，最可能的原因是
    A. 产热量不足　　　　　　B. 散热量不足　　　　　　C. 调定点上移
    D. 体温调节机制障碍　　　E. 皮肤血流量增加

2. 下列哪种物质既是重要的贮能物质，又是直接的供能物质
    A. 二磷酸腺苷　　　　　　B. 三磷酸腺苷　　　　　　C. 脂肪酸
    D. 磷酸肌酸　　　　　　　E. 葡萄糖

3. 食物的生物热价和物理热价相等的是
    A. 糖　　　　　　　　　　B. 蛋白质　　　　　　　　C. 脂肪
    D. 糖和脂肪　　　　　　　E. 糖和蛋白质

4. 影响能量代谢率最为显著的因素是
    A. 寒冷　　　　　　　　　B. 炎热　　　　　　　　　C. 精神活动
    D. 肌肉活动　　　　　　　E. 进食

5. 特殊动力效应最大的食物是
    A. 糖类　　　　　　　　　B. 脂肪　　　　　　　　　C. 蛋白质
    D. 混合食物　　　　　　　E. 高脂食物

6. 下列对基础代谢的下列叙述，错误的是
    A. 指"基础状态"下的能量代谢
    B. 清晨、清醒、空腹、静卧时测定
    C. 20～25℃环境中能量代谢最稳定
    D. 基础代谢率与体表面积成正比
    E. 基础代谢是机体最低的代谢水平

7. 基础代谢率的实测值与正常平均值比较，正常变动范围是
    A. ±5%　　　　　　　　　B. ±（5%～15%）　　　　C. ±（10%～15%）

D. ±20%　　　　　　　　　E. ±（20% ~ 30%）

8. 下述有关体温的生理变异，错误的是

A. 清晨 2~6 时最低，下午 1~6 时最高

B. 运动时体温可暂升高

C. 女子基础体温排卵之日最高

D. 新生儿体温易波动，老年则略有下降

E. 儿童略高于成人，女性略高于男性

9. 下列关于发汗的叙述，错误的是

A. 汗液是等渗液　　　　　　　　B. 汗腺受交感胆碱能纤维支配

C. 精神性发汗与体温调节无关　　D. 主要发汗中枢位于下丘脑

E. 人体不感蒸发与汗腺无关

10. 某受试者的体表面积为 1.5m²，在基础状态下 6 分钟的耗氧量为 1.5L，此人的基础代谢率应为多少 kcal/（m²·h）（呼吸商为 0.82 时的氧热价为 4.825kcal/L 即 19.78kJ/L）

A. 48.25（197.82）　　　B. 4.825（19.78）　　　C. 20.7（84.87）

D. 2.07（8.48）　　　　　E. 24.12（88.91）

（叶本兰）

书网融合……

本章小结　　题库

第八章 泌尿生理

📋 **学习目标**

1. 掌握 尿生成的基本过程及影响因素；肾小球的滤过功能、有效滤过压及影响肾小球滤过的因素；肾小球滤过率、滤过分数、肾糖阈等概念；各段肾小管的转运特点以及几种主要物质的重吸收和分泌；抗利尿激素和醛固酮的作用及分泌调节。

2. 熟悉 肾脏的主要功能、结构特征、血液循环特点；影响肾小管和集合管重吸收的因素；肾髓质渗透梯度的形成及其与尿液浓缩的关系。

3. 了解 清除率的概念、计算及意义；尿的排放过程、排尿反射与排尿异常。

4. 学会应用泌尿生理的重要概念、机制及调节过程等知识解决实际问题，具备分析解决泌尿系统常见问题的能力。

在新陈代谢过程中，人体需要不断地将物质代谢终产物、摄入体内过剩的物质以及进入体内的异物（如药物）排出体外，以维持内环境的稳态，使生理功能活动能够正常进行。这些物质经血液循环由相应的途径排出体外的过程称为排泄（excretion）。

人体主要的排泄途径有 4 条。①皮肤：以不感蒸发和发汗的形式排出水、少量氯化钠、氯化钾、尿素、乳酸等；②呼吸器官：排出 CO_2、少量水分和挥发性药物；③消化器官：唾液腺和口腔黏膜可排出少量铅和汞，肝脏通过分泌胆汁排出胆色素，大肠黏膜可排出一些无机盐类。④肾脏：通过生成尿液排出代谢终产物、进入体内的异物以及过剩物质。由于肾脏排泄物质的种类最多、数量最大，并且能够根据机体的状态改变排泄物质的种类和数量，起到调节水和电解质平衡、酸碱平衡等作用。因此，肾脏是机体最重要的排泄器官。

尿生成包括三个基本过程：①血浆经肾小球毛细血管处的滤过，形成超滤液即原尿；②超滤液在流经肾小管和集合管的过程中被选择性重吸收；③肾小管和集合管的分泌，最后形成终尿。

肾脏除排泄功能外，还具有内分泌功能，能够产生多种生物活性物质，如肾素、促红细胞生成素、1,25 - 二羟维生素 D_3、激肽、前列腺素等。此外，肾脏还是糖异生的场所之一。可见，肾脏具有多种功能，本章重点讨论尿的生成和排出。

PPT

第一节 概 述

肾为成对的扁豆状实质性器官，红褐色，位于腹腔后上部脊柱两旁浅窝中，左右各一。临床上常将竖脊肌外侧缘与第 12 肋之间的部位，称为肾区（肋腰点）。当肾发生病变时，触压或叩击该区常有压痛或震痛。肾实质分为内外两层：皮质位于表层，富含血管，主要由肾小体和肾小管构成；髓质位于深部，血管较少，由 15 ~ 25 个肾锥体构成，锥体底部朝向肾凸面，顶部伸向肾窦，终止于肾乳头（图8 - 1）。在肾单位和集合管生成的尿液，经集合管在肾乳头处的开口

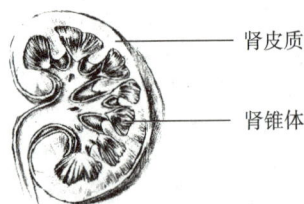

肾皮质

肾锥体

图 8 - 1 肾结构示意图

进入肾小盏，再进入肾大盏和肾盂，最后经输尿管进入膀胱。排尿时，膀胱内的尿液经尿道排出体外。

一、肾的功能解剖

（一）肾单位和集合管

肾实质主要由肾单位（nephron）和集合管（collecting duct）构成，二者共同完成尿的生成过程。正常人每个肾有80万～100万个肾单位，是尿生成的基本结构和功能单位。肾单位没有再生能力，肾脏损伤、疾病或正常老年化，肾单位的数目将逐渐减少。肾单位由肾小体（renal corpuscle）和与之相连的肾小管构成（图8-2）。肾小体包括肾小球（glomerulus）和肾小囊（Bowman's capsule）两部分。肾小球是位于入球小动脉（afferent arteriole）和出球小动脉（efferent arteriole）之间的一团经分支再吻合的毛细血管网。肾小囊由脏、壁两层上皮细胞构成，肾小囊脏层与肾小球毛细血管壁紧密相贴，壁层延伸为肾小管，脏壁两层之间的腔隙为肾小囊腔，与肾小管管腔相通。肾小管由近端小管、髓袢和远端小管三部分构成。近端小管包括近曲小管和髓袢降支粗段。髓袢按照其走行方向分为降支和升支，降支包括降支粗段（近端小管的组成部分）和降支细段；升支包括升支细段和升支粗段（远端小管的组成部分）。远端小管包括髓袢升支粗段和远曲小管，远曲小管末端与集合管相连。集合管在胚胎发生中起源于尿道嵴，不属于肾单位，但在功能上与远端小管有许多相同之处，在尿液浓缩过程中发挥重要作用。

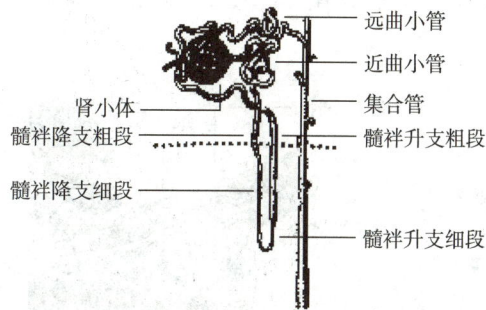

图8-2　肾单位组成示意图

肾单位按照其所在部位不同，分为皮质肾单位（cortical nephron）和近髓肾单位（juxtamedullary nephron）。皮质肾单位的肾小体主要分布于外皮质和中皮质层，占肾单位总数的85%～90%，肾小球体积相对较小，入球小动脉的口径比出球小动脉的大（二者比例约为2∶1）。出球小动脉分支形成肾小管周围毛细血管网，包绕在肾小管外面，有利于肾小管的重吸收。髓袢较短，只达外髓质层，有的甚至不到髓质。皮质肾单位主要与尿生成和肾素分泌有关。近髓肾单位的肾小体分布于靠近髓质的内皮质层，占肾单位总数的10%～15%，肾小球体积较大，入球小动脉和出球小动脉的口径无明显差异。出球小动脉进一步分支，形成两种小血管：一种是U形直小血管，有利于肾小管的重吸收；另一种是细而长的U形直小血管，可深入到髓质，在维持髓质高渗中发挥重要作用。髓袢长，与U形直小血管伴行，深入内髓质层，有的可达肾乳头部。近髓肾单位的主要功能是参与尿液的浓缩和稀释。皮质肾单位和近髓肾单位的主要区别见表8-1。

表8-1　皮质肾单位和近髓肾单位的区别

	皮质肾单位	近髓肾单位
分布	外、中皮质层	内皮质层（近髓层）
数量	85%～90%	10%～15%
肾小球体积	小	大
入球小动脉口径	约为出球小动脉口径的2倍	与出球小动脉口径无明显差异

续表

	皮质肾单位	近髓肾单位
出球小动脉分支	形成肾小管周围毛细血管网	U 形直小血管 网状分布于肾小管周围
髓袢	较短，只达外髓质层	长，深入内髓质层，有的可达肾乳头部
交感神经支配	丰富	较少
肾素含量	较多	很少
功能	泌尿	尿的浓缩与稀释

（二）球旁器

球旁器（juxtaglomerular apparatus），又称为近球小体，主要分布于皮质肾单位，由球旁细胞（juxta-glomerular cell）、球外系膜细胞（extra – glomerular mesangial cell）和致密斑（mecular densa）组成（图 8 –3）。球旁细胞（又称为颗粒细胞），是入球和出球小动脉管壁中一些特殊分化的平滑肌细胞，内含分泌颗粒，能够合成、储存和释放肾素。球外系膜细胞位于入球和出球小动脉与致密斑之间的三角形区域内，具有吞噬和收缩功能。致密斑位于远曲小管的起始部分，细胞呈高柱状，能够调节球旁细胞对肾素的释放。当髓袢升粗段流到远曲小管的小管液流量和 NaCl 含量减少时，远曲小管的直径变小，致密斑与血管的接触面积减小，导致肾素分泌增多。反之，致密斑与血管的接触面积增大时，肾素分泌减少。

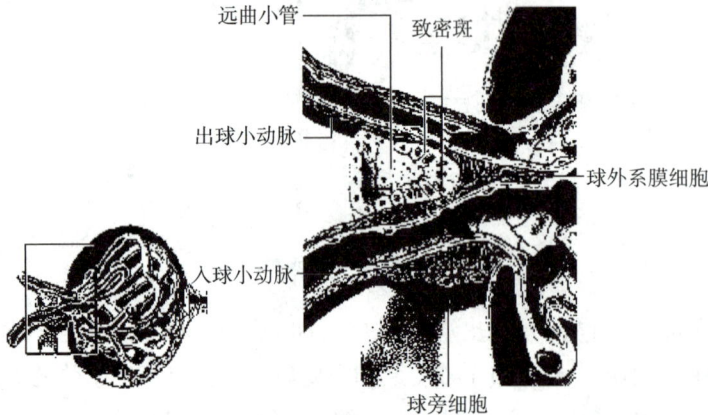

图 8 –3　球旁器示意图

（三）滤过膜

肾小球毛细血管与肾小囊之间的结构称为滤过膜（filtration membrane），由毛细血管内皮细胞、基膜和肾小囊脏层足细胞的足突共同构成（图 8 –4）。滤过膜是肾小球滤过的结构基础，每层结构上有不同直径的孔隙。①内层为毛细血管内皮细胞，其上有许多直径为 70 ~ 90nm 的微孔，称为窗孔，可阻止血细胞通过，但小分子溶质和小分子量蛋白质可自由通过。②中间层（基膜层）为非细胞性结构，是水合凝胶形成的纤维网架，其上有直径为 2 ~ 8nm 的多角形网孔，是阻碍血浆蛋白滤过的一个重要屏障。③外层为肾小囊脏层上皮细胞，有许多足状突起，相互交错对插，在突起之间形成滤过裂隙膜，其上有直径为 4 ~ 11nm 的微孔，是滤过膜的最后一道屏障。滤过膜的三层结构中，均含有大小不等的孔隙，形成滤过的机械屏障；均含有带负电荷的唾液蛋白，形成滤过的电学屏障，可使血浆中带负电荷的物质尤其是蛋白质不易通过滤过膜，但发挥主要阻碍作用的仍是机械屏障。

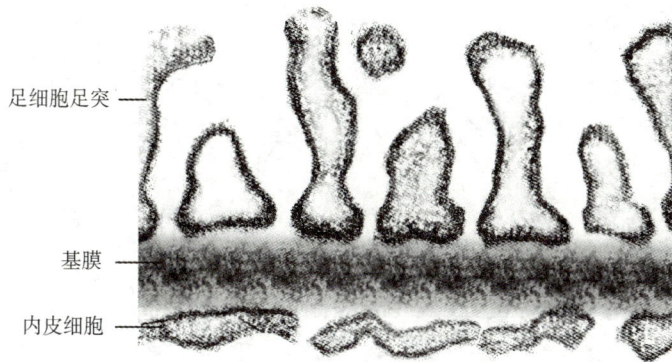

足细胞足突

基膜

内皮细胞

图 8 - 4　肾小球滤过膜示意图

二、肾血流的特点及其调节

肾的血液供应来自肾动脉。肾动脉由腹主动脉垂直分出，在肾门处进入肾内，依次分支形成叶间动脉→弓状动脉→小叶间动脉→入球小动脉。入球小动脉进入肾小体后分支并相互吻合形成肾小球毛细血管网，其远端汇合成出球小动脉离开肾小体。出球小动脉再分支形成肾小管周围毛细血管网或直小血管，汇合成静脉，经小叶间静脉→弓状静脉→叶间静脉，最后汇入肾静脉。

（一）肾血流的特点

1. 血流量大，分布不均　安静状态下，健康成人肾血流量约为 1200ml/min，相当于心输出量的 20% ~25%，而肾仅占体重的 0.5%。因此，肾的血液供应非常丰富。肾血流量的 94% 供应肾皮质，5% ~6% 供应外髓质部，不到 1% 供应内髓质部。肾组织代谢仅需要肾血流量的 10% 左右，肾血流量大有利于完成其泌尿功能。

2. 两套毛细血管网血压差异大　肾小球毛细血管网介于入球和出球小动脉之间。在皮质肾单位，入球小动脉口径明显大于出球小动脉，使肾小球毛细血管血压较高，有利于肾小球的滤过作用。肾小管周围毛细血管网由出球小动脉的分支形成，血压较低，但血管内胶体渗透压较高，有利于肾小管的重吸收。

（二）肾血流量的调节

肾血流量在不同状态下会发生很大变化。通常情况下，肾主要通过自身调节，使肾血流量和肾小球滤过率保持相对稳定，以维持正常的泌尿功能。在紧急情况下，通过神经和体液调节使肾血流量急剧减少，全身血液重新分配并转移到重要器官，以保证机体整体功能活动的正常进行。

1. 自身调节　在离体肾动脉灌流实验中观察到，当肾动脉灌注压在 70 ~180mmHg 范围内变动时，肾血流量基本保持恒定（图 8 -5）。该实验排除了外来神经与体液因素的影响，因此，这种调节被称为肾血流量的自身调节。其生理意义在于维持肾血流量和肾小球滤过率的相对稳定，使肾脏对钠、水和其他物质的排泄不会因为血压的波动而发生较大的变化，这对于稳定肾的泌尿功能具有重要意义。

关于肾血流量自身调节的机制，目前有两种学说，即肌源学说和管 - 球反馈。

（1）肌源学说　当肾动脉灌注压升高时，入球小动脉血管平滑肌受到的牵张刺激增强，使更多 Ca^{2+} 从胞外进入胞内，导致平滑肌的收缩加强，血管口径减小，血流阻力增大。因此，肾血流量不致因灌注压的升高而增加。反之，当肾动脉灌注压降低时，入球小动脉平滑肌受到的牵张刺激减小，血管平滑肌舒张，血管口径增大，血流阻力减小。70mmHg 和 180mmHg 分别为血管平滑肌舒缩的极限，故动

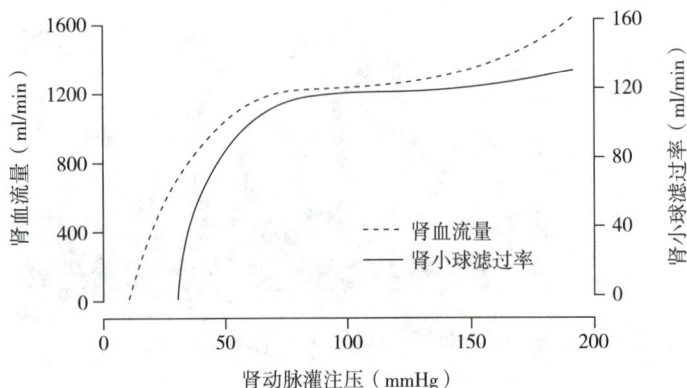

图 8-5 肾动脉灌注压的变化对肾血流量的影响

脉血压在 70 mmHg 以下和 180 mmHg 以上时，肾血流量的自身调节不能维持，肾血流量将随血压改变而变化。用罂粟碱、水合氯醛或氰化钠等药物抑制血管平滑肌活动后，自身调节即消失。

（2）管-球反馈 当肾血流量和肾小球滤过率下降时，到达远曲小管致密斑的小管液流量减少，致密斑将此信息反馈至肾小球，使肾血流量和肾小球滤过率恢复至正常。相反，当肾血流量和肾小球滤过率增加时，流经致密斑的小管液流量增多，致密斑将信息反馈至肾小球，使肾血流量和肾小球滤过率降低至正常水平。这种小管液流量变化影响肾血流量和肾小球滤过率的现象称为管-球反馈（tubuloglomerular feedback，TGF）。

2. 神经和体液调节 肾交感神经分布于肾动脉（尤其是入球小动脉和出球小动脉）平滑肌、肾小管及球旁细胞。安静时，肾交感神经的紧张性活动使血管平滑肌保持一定程度的收缩。肾交感神经活动加强时，可引起肾血管强烈收缩，肾血流量减少，肾小管和集合管对 Na^+ 的重吸收增加，球旁细胞释放肾素增多。

体液因素中，肾上腺髓质激素（肾上腺素和去甲肾上腺素）、血管升压素、血管紧张素 II 和内皮素等物质均可引起肾血管收缩，使肾血流量减少。肾组织中生成的 PGI_2、PGE_2、NO 和缓激肽等可引起肾血管舒张，使肾血流量增加；而腺苷则引起入球小动脉收缩，肾血流量减少。

一般情况下，肾主要通过自身调节来保持肾血流量和肾小球滤过率的相对稳定，维持正常的尿生成。而机体剧烈运动或精神高度紧张时，则通过交感神经和肾上腺髓质激素等使体内血液重新分配，肾血流量减少，优先保证心、脑等重要器官的血液供应，以维持紧急状况下整体功能活动的进行。

第二节 肾小球的滤过功能

PPT

肾小球的滤过（glomerular filtration）是指血液流经肾小球毛细血管时，在有效滤过压（effective filtration pressure）的驱动下，血浆中的水和小分子物质通过滤过膜进入肾小囊腔形成原尿的过程。用微穿刺技术获取肾小囊腔内的原尿进行微量化学分析，结果表明，原尿除蛋白质含量甚少外，其他成分及渗透压、酸碱度等均与血浆相似，由此证明原尿就是血浆的超滤液而不是分泌物。

单位时间（每分钟）内两肾生成的超滤液量称为肾小球滤过率（glomerular filtration rate，GFR）。正常成人安静状态时肾小球滤过率的平均值约为 125ml/min。据此计算，每天两肾从肾小球滤出的超滤液量约为 180L。血液在流经肾小球时，血浆中只有一部分被滤过到肾小囊内形成原尿，肾小球滤过率与肾血浆流量的比值称为滤过分数（filtration fraction，FF）。若肾血浆流量为 660ml/min，滤过分数为（125/660）×100% = 19%，即流经肾的血浆约有 19% 经肾小球滤出形成原尿，其余血浆则进入出球小动脉。发生急性肾小球肾炎时，肾血浆流量变化不大，肾小球滤过率却明显降低，此时滤过分数减小；发生心力衰竭时，肾血浆流量明显减少，肾小球滤过率却变化不大，此时滤过分数增大。肾小球滤过率和滤过分数均可作为评价肾小球滤过功能的重要指标。

一、有效滤过压

有效滤过压是肾小球滤过作用的动力。与组织液生成的有效滤过压相似，肾小球有效滤过压等于动力（肾小球毛细血管血压、囊内液胶体渗透压）与阻力（血浆胶体渗透压、肾小囊内压）的差值。正常情况下，由于肾小囊内超滤液中几乎不含蛋白质，囊内液胶体渗透压接近零。因此，有效滤过压 = 肾小球毛细血管压 - （血浆胶体渗透压 + 肾小囊内压）（图 8 - 6）。

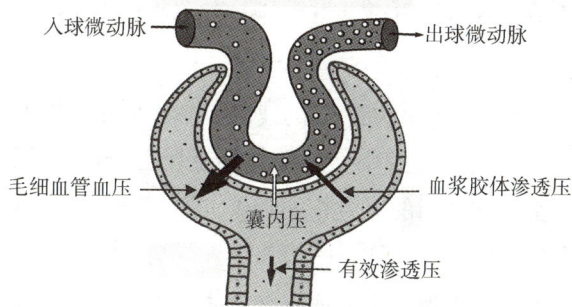

图 8 - 6　有效滤过压示意图

肾小球毛细血管血压平均值为 45mmHg，从入球端到出球端血压几乎相等。肾小囊内压较为恒定，约为 10mmHg。在肾小球毛细血管入球端，血浆胶体渗透压约为 25mmHg，故入球端肾小球有效滤过压为 45 - （25 + 10）= 10mmHg。血液流经肾小球毛细血管时，由于血浆中的水和小分子物质不断滤出，使血浆蛋白浓度逐渐增加，血浆胶体渗透压随之升高，故肾小球毛细血管不同部位的有效滤过压并不相同，从入球端开始肾小球有效滤过压逐渐降低。当有效滤过压下降到零时，滤过阻力与滤过动力大小相等，滤过停止，达到滤过平衡（filtration equilibrium）。由此可见，只有入球端到滤过平衡这段肾小球毛细血管才具有滤过功能，滤过平衡越靠近入球端，有效滤过的肾小球毛细血管长度越短，有效滤过面积减小，肾小球滤过率就越低。相反，滤过平衡越靠近出球端，有效滤过的肾小球毛细血管长度越长，有效滤过面积增大，肾小球滤过率就越高。如果不出现滤过平衡，则全段肾小球毛细血管都有滤过功能。

二、影响肾小球滤过的因素

肾小球滤过率的大小受到许多因素的影响，如有效滤过压、滤过膜的滤过系数和肾血浆流量等。

（一）有效滤过压

有效滤过压是肾小球毛细血管血压、肾小囊内压和血浆胶体渗透压三者的代数和，其中任何一项发生改变时都会使肾小球滤过功能发生变化。

1. 肾小球毛细血管血压　由于肾血流量的自身调节机制，当动脉血压在 70 ~ 180mmHg 范围内变化时，肾小球毛细血管血压保持相对稳定，故肾小球滤过率基本不变。如动脉血压变化超过自身调节的范围，肾小球毛细血管血压、肾小球滤过率将发生相应变化。当动脉血压低于 40mmHg 时，肾小球毛细血管血压急剧下降，肾小球滤过率几乎为零，尿生成停止。在循环血量减少、剧烈运动、强烈的伤害性刺激或情绪激动等情况下，交感神经活动明显加强，使入球小动脉强烈收缩，导致肾血流量、肾小球毛细血管血压降低，从而影响肾小球滤过功能。在高血压病晚期，因入球小动脉内膜增厚、管径减小，使肾小球毛细血管压明显降低，肾小球滤过率减小，导致少尿甚至无尿。

2. 肾小囊内压 肾小囊内压在正常情况下比较稳定，约为 10 mmHg。发生肾盂或输尿管结石、肿瘤压迫或其他原因引起的输尿管阻塞时，小管液或终尿不能排出，导致逆行性压力升高，此时肾小囊内压也升高，从而使有效滤过压、肾小球滤过率减小。

3. 血浆胶体渗透压 血浆胶体渗透压在正常情况下仅在很小范围内发生波动，对肾小球滤过率影响不大。在病理情况下，如肝功能严重受损可使血浆蛋白合成减少，或因肾毛细血管通透性增大使大量血浆蛋白从尿中丢失，或静脉快速输入大量生理盐水使血浆蛋白被稀释，均可导致血浆胶体渗透压降低，从而使有效滤过压和肾小球滤过率增加。但临床发现，当血浆蛋白浓度显著降低时尿量并不会明显增加。其原因可能为此时肾小球滤过膜的通透性有所下降，而且体循环毛细血管床组织液生成增多，所以肝肾疾病引起的低蛋白血症患者常出现腹水（肝硬化）和组织水肿（肾病）。

（二）肾血浆流量

肾血浆流量主要通过调节血浆胶体渗透压上升的速度使滤过平衡的位置发生改变而影响肾小球滤过率。当肾血浆流量增加时，肾小球毛细血管中血浆胶体渗透压上升的速度减慢，滤过平衡向出球端移动，甚至不出现滤过平衡，即有滤过作用的血管长度延长，故肾小球滤过率增大。反之，当肾血浆流量减少时，血浆胶体渗透压上升的速度加快，滤过平衡靠近入球端，即有滤过作用的血管长度缩短，故肾小球滤过率减小。发生剧烈运动、大失血、缺氧或中毒性休克等情况时，肾交感神经兴奋，引起入球小动脉阻力增大，使肾血流量、肾血浆流量明显减少，肾小球滤过率显著降低。

（三）滤过系数

滤过系数（filtration coefficient，K_f）是指在单位有效滤过压的驱动下，单位时间内通过滤过膜的滤液量，即有效通透系数和滤过面积的乘积。

1. 滤过面积 正常成年人两肾肾小球的总滤过面积可达 $1.5 m^2$ 左右，且保持相对稳定。但是在发生某些疾病（如急性肾小球肾炎）时，由于肾小球毛细血管管腔变窄甚至阻塞，导致有滤过功能的肾小球数量和有效滤过面积明显减少，肾小球滤过率下降，出现少尿甚至无尿。

2. 滤过膜的通透性 物质通过滤过膜的能力取决于被滤过物质的分子大小及其所带的电荷。一般来说，分子量小于 6000、有效半径小于 2.0nm 的中性物质（如水、葡萄糖、尿素等）可自由滤过；分子量大于 70000、有效半径等于或大于 4.2nm 的大分子物质则不能滤过；有效半径在 2.0～4.2nm 的各种物质分子，随着有效半径的增加滤过量逐渐降低。研究显示，带正电荷的右旋糖酐较容易通过滤过膜，而带负电荷的右旋糖酐则较难通过。综上，滤过膜的通透性不仅与滤过膜孔隙的大小有关，还与滤过膜所带的电荷相关（图 8-7）。血浆白蛋白分子量为 69000，有效半径为 3.6nm，由于带负电荷不能通过电学屏障而无法通过滤过膜。在病理情况下（如肾病综合征、急性肾小球肾炎等），滤过膜上带负电荷的唾液蛋白可减少或消失，导致带负电荷的血浆蛋白滤过量比正常时明显增多，从而形成蛋白尿。

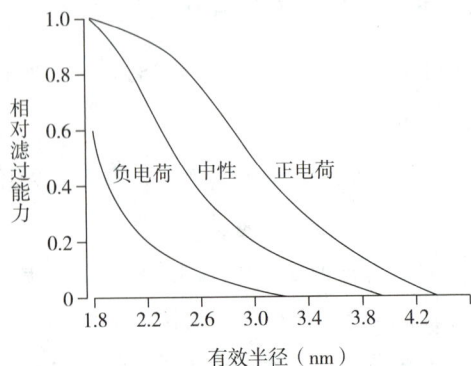

图 8-7 分子半径和所带电荷对右旋糖酐滤过能力的影响

第三节 肾小管和集合管的物质转运功能

PPT

一、肾小管和集合管中物质转运的方式

正常成人每天两肾生成的超滤液量可达 180L，而终尿量仅为 1.5L，表明原尿中约 99% 的水被肾小管和集合管重吸收。此外，小管液中葡萄糖、氨基酸全部被重吸收，Na^+、Ca^{2+}、H^+、K^+、尿素、尿酸等被不同程度重吸收，肌酐、少部分 H^+ 和 K^+ 等则被分泌到小管液中而随着尿液排出。与原尿相比，终尿的质和量都发生了很大变化。可见，肾小管和集合管上皮细胞对小管液中的各种物质进行了选择性重吸收、主动分泌或排泄。

重吸收是指肾小管和集合管上皮细胞将小管液中的成分转运至管周血液的过程；分泌是指上皮细胞将自身代谢产生的或血液中的物质转运至小管液的过程。肾小管和集合管的物质转运是通过被动转运和主动转运实现的。被动转运包括单纯扩散、易化扩散和渗透，主动转运包括原发性主动转运和继发性主动转运。此外，小管液中少量小分子蛋白质可通过入胞的方式被肾小管上皮细胞重吸收。许多物质的转运都直接或间接与 Na^+ 的转运相关，因此，Na^+ 的转运在肾小管和集合管上皮细胞的物质转运中发挥着关键作用。

二、肾小管和集合管的重吸收

由于转运体在肾小管上皮细胞管腔膜和基底侧膜中的分布不同，故管腔膜和基底侧膜对各种物质的转运情况也不同。与肠黏膜上皮细胞吸收肠腔内物质相同，肾小管和集合管的物质重吸收也通过跨细胞和细胞旁两条途径实现（图 8-8）。

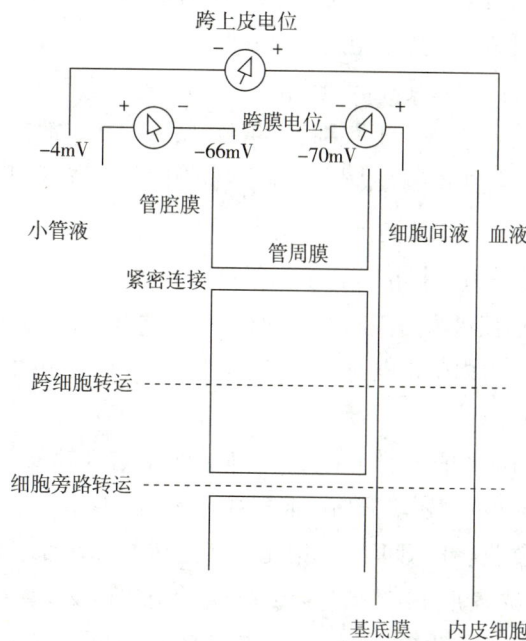

图 8-8 肾小管物质转运示意图

（一）Na^+、Cl^- 和水的重吸收

各段肾小管和集合管对 Na^+、Cl^- 和水的重吸收率不同。近端小管重吸收 65% ~ 70% Na^+、Cl^- 和

水，髓袢重吸收约20%的Na^+、Cl^-和15%的水，远曲小管和集合管重吸收约12%的Na^+、Cl^-及不等量的水（图8-9）。

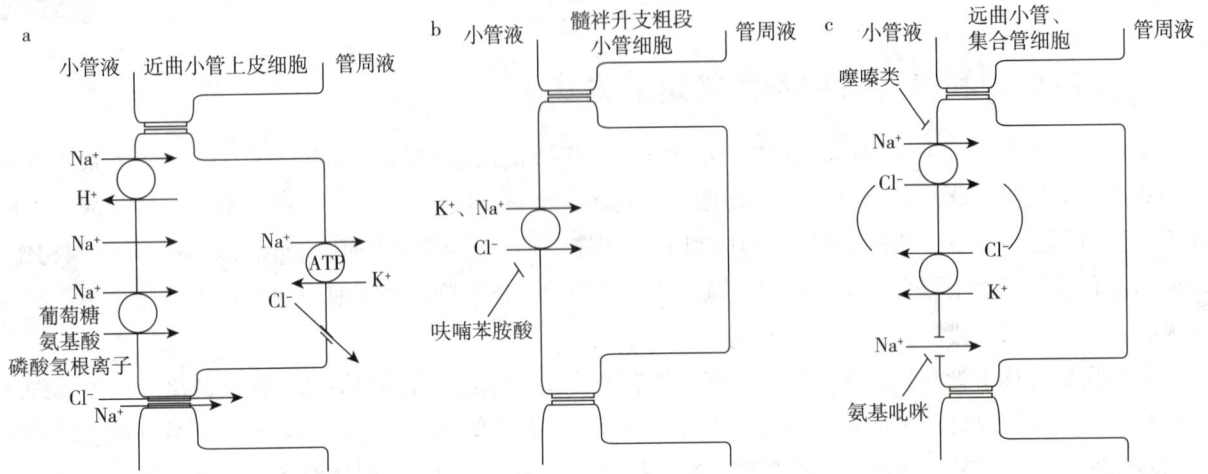

图8-9 Na^+在各段肾小管中重吸收机制示意图

1. 近端小管 近端小管是Na^+、Cl^-和水重吸收的主要部位，在近端小管的前半段约2/3经跨细胞途径被重吸收，在近端小管的后半段约1/3经细胞旁途径被重吸收（图8-9a）。

在近端小管的前半段，Na^+的重吸收与H^+的分泌以及葡萄糖、氨基酸的转运相耦联。细胞内的Na^+被上皮细胞基底侧膜上的钠泵转运至组织间隙，然后通过扩散进入肾小管周围毛细血管，从而维持细胞内低Na^+和负电位。小管液中的Na^+顺电-化学梯度进入上皮细胞时，借助管腔膜上的同向转运体将葡萄糖或氨基酸转运到细胞内，借助管腔膜上的Na^+-H^+交换体将H^+转运进入小管液。进入细胞内的Na^+再经基底侧膜上的钠泵转运出上皮细胞，进入组织间液。进入细胞内的葡萄糖和氨基酸以经载体易化扩散的方式通过基底侧膜离开上皮细胞进入血液循环。由于Na^+、葡萄糖和氨基酸等物质进入组织间液，使组织间液的渗透压升高，水便在渗透梯度的作用下进入组织间隙。因此，近端小管物质的重吸收为等渗性重吸收，小管液为等渗液。上皮细胞间存在紧密连接，故组织间液静水压的升高可促进Na^+和水进入肾小管周围毛细血管被重吸收。分泌到小管液中的H^+有利于HCO_3^-的重吸收，而Cl^-却不被重吸收，结果导致小管液中Cl^-浓度高于管周组织间液。

在近端小管的后半段，小管液中Cl^-浓度比组织间液的高20%~40%，Cl^-可顺浓度梯度经细胞旁途径（通过上皮细胞间的紧密连接进入组织间液）而被重吸收。Cl^-的重吸收使小管液中正离子相对增多，造成管内外出现电位差，管腔内带正电荷，驱使小管液内的Na^+顺电位梯度也通过细胞旁途径被动重吸收。

2. 髓袢 髓袢降支细段对NaCl的通透性极低，但对水的通透性较高，因此，水在组织液高渗的作用下被重吸收，使小管液中NaCl浓度逐渐升高。而髓袢升支细段对水几乎不通透，对NaCl的通透性较高，小管液中的NaCl便不断扩散进入组织间液，使小管液渗透压逐渐降低。髓袢升支粗段是NaCl在髓袢重吸收的主要部位，在尿液稀释和浓缩机制中具有重要意义。髓袢升支粗段的管腔膜上有$Na^+-K^+-2Cl^-$同向转运体，使小管液中1个Na^+顺电-化学梯度进入上皮细胞，同时将2个Cl^-和1个K^+同向转运至上皮细胞内。进入细胞内的Na^+经基底侧膜上的钠泵转运进入组织间液，Cl^-经基底侧膜上的氯通道进入组织间液，而K^+则顺浓度梯度经管腔膜上的钾通道返回小管液中，使小管液带正电，这一电位差可使小管液中Na^+、K^+、Ca^{2+}等正离子经细胞旁途径而被动重吸收（图8-9b）。由于髓袢升支粗段对水不通透，故小管液在沿升支粗段流动时渗透压逐渐降低，而管外组织间液渗透压逐渐升高。钠泵抑制剂毒毛花苷可使髓袢升支粗段对 Na^+ 和 Cl^- 的重吸收明显减少，远端小管和集合管对水的重吸收减少，尿量增加。呋塞米（速尿）和依他尼酸（利尿酸）可抑制 $Na^+-K^+-2Cl^-$ 同向转运体，使髓袢对 Na^+ 和 Cl^- 的重吸收减少，使尿量增加。

3. 远端小管和集合管 远端小管和集合管对 Na^+、Cl^- 和水的重吸收可根据机体水盐平衡状况进行调节，Na^+ 的重吸收主要受醛固酮的调节，而水的重吸收主要受血管升压素的调节。

远曲小管始段对水的通透性很低，但仍能主动重吸收 NaCl，使小管液渗透压继续下降。小管液中的 Na^+、Cl^- 经管腔膜上的 Na^+-Cl^- 同向转运体进入细胞内，Na^+ 再由基底膜侧膜上的钠泵转运进入组织间液而被重吸收（图 8-9c）。Na^+-Cl^- 同向转运体可被噻嗪类利尿剂所抑制。

远曲小管后段和集合管含有两类上皮细胞：主细胞和闰细胞。主细胞基底膜上的钠泵活动维持细胞内低 Na^+，小管液中 Na^+ 顺电-化学梯度通过管腔膜上的钠通道进入细胞，再经钠泵转运至组织间液而被重吸收。Na^+ 的重吸收使小管液带正电，从而驱使小管液中的 Cl^- 经细胞旁途径而被动重吸收，也成为 K^+ 从细胞内分泌至小管液的动力。阿米洛利可抑制远曲小管和集合管上皮细胞管腔膜中的钠通道，减少 Na^+、Cl^- 的重吸收产生利尿作用。闰细胞主要分泌 H^+（见后文）。

（二）HCO_3^- 的重吸收

一般情况下，机体代谢产生的酸性产物多于碱性产物。挥发性酸（CO_2）主要经肺排出，肾通过重吸收 HCO_3^-、分泌 H^+ 和氨在排出固定酸和维持机体酸碱平衡中发挥重要作用。肾小球滤过的 HCO_3^-，约 80% 在近端小管被重吸收，约 15% 在髓袢升支粗段被重吸收，其余在远曲小管和集合管被重吸收。

近端小管 HCO_3^- 的重吸收与管腔膜上的 Na^+-H^+ 交换密切相关。HCO_3^- 在血浆中以 $NaHCO_3$ 的形式存在，滤入肾小囊后解离为 Na^+ 和 HCO_3^-。小管液中的 HCO_3^- 不易透过管腔膜，可与分泌的 H^+ 结合生成 H_2CO_3，在上皮细胞管腔膜碳酸酐酶的作用下又迅速解离为 CO_2 和水。CO_2 是高度脂溶性物质，以单纯扩散的方式迅速进入上皮细胞，在细胞内碳酸酐酶的作用下与水结合重新生成 H_2CO_3，又解离为 H^+ 和 HCO_3^-。H^+ 通过 Na^+-H^+ 交换从细胞分泌到小管液中，HCO_3^- 则与 Na^+ 一起转运回血液循环（图 8-10）。近端小管对 HCO_3^- 的重吸收是以 CO_2 的形式进行的。因此，HCO_3^- 的重吸收优先于 Cl^- 的重吸收。碳酸酐酶抑制剂乙酰唑胺可抑制肾小管上皮细胞内碳酸酐酶的活性，从而减少 HCO_3^- 的重吸收和 H^+ 的分泌。髓袢对 HCO_3^- 的重吸收主要发生在升支粗段，其机制与近端小管相同。

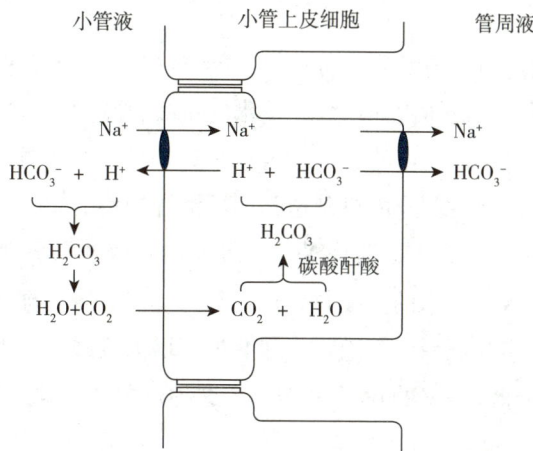

图 8-10　肾小管重吸收 HCO_3^- 的细胞机制示意图

（三）葡萄糖和氨基酸的重吸收

原尿中葡萄糖浓度与血糖浓度相同，但正常情况下，尿中几乎不含葡萄糖，说明葡萄糖全部被重吸收。微穿刺实验表明，葡萄糖重吸收的部位仅限于近端小管，尤其是近端小管前半段，其他各段肾小管没有重吸收葡萄糖的能力。如果近端小管之后的小管液中仍含有葡萄糖，则尿中就会出现葡萄糖。如前所述，葡萄糖的重吸收与 Na^+ 密切相关，属于继发性主动转运，即近端小管上皮细胞管腔膜上有 Na^+ - 葡萄糖同向转运体，小管液中的 Na^+ 和葡萄糖与转运体结合后被转运入细胞内，进入细胞内的葡萄糖则由基底侧膜上的转运体以易化扩散的方式转运至肾小管周围组织液再扩散入血。

由于近端小管 Na^+ - 葡萄糖同向转运体的数目是有限的，近端小管对葡萄糖的重吸收有一定的限度。当血糖浓度达到 180mg/100ml 时，有一部分肾小管对葡萄糖的重吸收已达极限，尿中则开始出现葡萄糖，此时的血糖浓度称为肾糖阈（renal glucose threshold）。血糖浓度继续升高时，尿中葡萄糖含量也将随之升高。当血糖浓度达到 300mg/100ml 时，全部肾小管对葡萄糖的重吸收均已达到或超过近端小管对葡萄糖的最大转运率，尿中葡萄糖排出率将随血糖浓度升高而平行增加。正常成人两肾葡萄糖重吸收的极限量，男性平均为 375mg/100ml，女性平均为 300mg/100ml。

（四）其他物质的重吸收

肾小球滤过的 K^+ 有 65% ~70% 在近端小管被重吸收，25% ~30% 在髓袢被重吸收，远端小管和皮质集合管既能重吸收 K^+，也能分泌 K^+，并受多种因素的调节而改变其重吸收和分泌的量。尿中排出的 K^+ 主要是由远曲小管和集合管分泌的。小管液中 K^+ 浓度为 4mmol/L，远低于细胞内 K^+ 浓度（150mmol/L），因此 K^+ 通过管腔膜重吸收是逆浓度梯度进行的主动重吸收。

小管液中氨基酸的重吸收机制与葡萄糖的重吸收机制相同，全部在近端小管被重吸收，都与 Na^+ 同向转运有关，其方式也是继发性主动重吸收。此外，HPO_4^{2-}、SO_4^{2-} 重吸收也与 Na^+ 同向转运有关。

（五）影响肾小管重吸收的因素

1. 小管液中溶质的浓度　小管液中溶质所形成的渗透压是对抗肾小管、集合管重吸收水的力量。若小管液溶质浓度增加，其渗透压随之升高，对抗水重吸收的力量增强，使一部分水保留在小管内导致小管液中 Na^+ 被稀释而浓度降低，于是小管液和上皮细胞之间 Na^+ 浓度梯度下降，使 Na^+ 的重吸收减少，而小管液中较多的 Na^+ 进而使小管液中保留更多的水，结果使水的重吸收减少，尿量和 NaCl 排出量增多。这种由于小管液中溶质浓度增加，渗透压升高而引起尿量增多的现象称为渗透性利尿（osmotic diuresis）。

糖尿病患者由于血糖浓度超过了肾糖阈，肾小管不能将滤液中的葡萄糖完全重吸收回血液，造成小管液中葡萄糖含量增多，小管液渗透压因而增高，使水的重吸收减少，可出现多尿及尿中含葡萄糖。临床上有时给水肿患者使用可经肾小球自由滤过但不被肾小管重吸收的物质，如甘露醇、山梨醇等，来提高小管液中溶质的浓度，借助渗透性利尿的机制达到利尿消肿的目的。

2. 球 - 管平衡　近端小管对溶质（特别是 Na^+）和水的重吸收随肾小球滤过率的变化而改变。肾小球滤过率增大，近端小管对 Na^+ 和水的重吸收率也提高；反之，肾小球滤过率减小，近端小管对 Na^+ 和水的重吸收率也相应降低。实验证明，不论肾小球滤过率增大或减小，近端小管是定比重吸收的，即近端小管重吸收率始终为肾小球滤过率的 65% ~70%，这种现象称为球 - 管平衡（glomerulotubular balance）。

定比重吸收产生的机制与肾小管周围毛细血管内血浆胶体渗透压的变化有关。近端小管周围毛细血管内的血液来源于肾小球的出球小动脉。在肾血流量不变的前提下，肾小球滤过率增加时，进入近端小管周围毛细血管的血液量就会减少，毛细血管血压下降，而血浆胶体渗透压升高，从而促进近端小管对 Na^+ 和水的重吸收；当肾小球滤过率减少时，则发生相反的变化，近端小管对 Na^+ 和水的重吸收量减少。所以，无论肾小球滤过率增加还是减少，近端小管对 Na^+ 和水重吸收的百分率基本保持不变。

球 – 管平衡在维持尿量和尿钠的相对稳定方面具有一定的生理意义，使尿中排出的 Na^+ 和水不会因为肾小球滤过率的变化而发生较大的改变。例如，肾小球滤过率为 125ml/min 时，近端小管重吸收率约 87.5ml/min（占 70%），流向肾小管远端的液体量约 37.5ml/min，终尿量为 1ml/min。若肾小球滤过率增加到 150ml/min，则近端小管的重吸收率变为 105ml/min（仍占 70%），而流到肾小管远端的液体量为 45ml/min，在这种情况下远端部分的重吸收也有所增加，因此尿量变化不大。同样，如果肾小球滤过率减少到 100ml/min，近端小管的重吸收率为 70ml/min（仍占 70%），流到肾小管远端的液体量为 30ml/min，在这种情况下远端部分的重吸收也会减少，因此尿量变化仍然不大。如果没有球 – 管平衡机制，当肾小球滤过率增加 2ml/min 时，终尿量就会达到 2ml/min，尿钠排出量也增加 1 倍。肾小球滤过率减少 2ml/min 时，出现无尿，没有尿钠排出。球 – 管平衡机制的存在，使肾小球的滤过和肾小管的重吸收之间保持一定的比例关系，可以维持尿量和尿钠的相对稳定。

有些情况可以影响球 – 管平衡。例如，在充血性心力衰竭时，心输出量减少，肾灌注压和肾血流量显著下降，然而出球小动脉代偿性收缩使肾小球滤过率仍然保持原有水平，故滤过分数增大。此时近端小管周围毛细血管压下降而血浆胶体渗透压升高，导致 Na^+ 和水的重吸收增加，重吸收率超过 65% ~ 70%，其结果是造成体内钠水潴留，细胞外液量增多而出现水肿。另外，在渗透性利尿时，肾小球滤过率不受影响而近端小管重吸收作用减弱，此时近端小管重吸收率低于 65% ~ 70%。

三、肾小管和集合管的分泌

肾小管和集合管分泌的物质主要有 H^+、NH_3 和 K^+。

（一）H^+ 的分泌

各段肾小管和集合管都能分泌 H^+，但泌 H^+ 能力最强的是近端小管。近端小管泌 H^+ 是通过 Na^+ – H^+ 交换实现的，属于继发性主动转运。小管液及管周组织液的 CO_2 可扩散进入肾小管上皮细胞，上皮细胞代谢也可产生 CO_2，CO_2 在细胞内碳酸酐酶催化下与 H_2O 生成 H_2CO_3，后者解离为 H^+ 和 HCO_3^-。H^+ 与小管液内的 Na^+ 经管腔膜上 Na^+ – H^+ 交换体逆向同步转运，即 H^+ 进入小管液，Na^+ 进入肾小管上皮细胞，这一过程称为 Na^+ – H^+ 交换。进入上皮细胞内的 Na^+，通过基底侧膜上的钠泵进入组织间液，继而转运到血液中。由于 H^+ 不断被分泌，使细胞内 HCO_3^- 逐渐增多，HCO_3^- 顺浓度梯度通过基底侧膜扩散进入组织液，并随 Na^+ 一起重吸收回血。肾小管上皮细胞分泌 1 个 H^+，就可使 1 个 HCO_3^- 和 1 个 Na^+ 重吸收回到血液循环。而 $NaHCO_3$ 是体内重要的碱储，因此 H^+ 的分泌是肾排酸保碱的过程。

远端小管和集合管的闰细胞可主动分泌 H^+，其机制为通过管腔膜上的两种质子泵（H^+ – ATP 酶和 H^+,K^+ – ATP 酶）主动将细胞内的 H^+ 转运至小管液。细胞外液的 H^+ 浓度增加（酸中毒）时，肾小管上皮细胞内的碳酸酐酶活性增强，H^+ 生成增多，Na^+ – H^+ 交换和质子泵泌 H^+ 增加，有利于肾的排酸保碱。H^+ 的分泌量与小管液的酸碱度有关。小管液 pH 降低时，H^+ 的分泌减少；小管液 pH 降低至 4.5，H^+ 分泌停止。闰细胞分泌的 H^+ 与小管液中的 HPO_4^{2-} 结合形成磷酸，还可与上皮细胞分泌的 NH_3 结合形成 NH_4^+，磷酸和 NH_4^+ 都不易透过管腔膜进入上皮细胞而留在小管液中，决定了尿液的酸碱度。

（二）NH_3 的分泌

NH_3 主要由谷氨酰胺脱氨而来，具有脂溶性，能以单纯扩散的方式通过细胞膜进入肾小管周围组织间液和小管液。扩散量取决于两种液体的 pH。小管液的 pH 较低，所以 NH_3 容易向小管液中扩散，与小管液中的 H^+ 结合生成 NH_4^+。小管液中 NH_3 浓度因而下降，有利于 NH_3 的继续分泌。同时小管液中 H^+

浓度亦下降，有利于 H^+ 的继续分泌。上皮细胞膜对 NH_3 高度通透，而对 NH_4^+ 的通透性则较低。小管液中 NH_3 与 H^+ 结合生成 NH_4^+ 后，可进一步与强酸盐（如 NaCl 等）的负离子结合，生成铵盐随尿排出。这一过程中，每排出 1 个 NH_4^+，就可有 1 个 HCO_3^- 被重吸收。

NH_3 的分泌与 H^+ 的分泌密切相关，如果 H^+ 的分泌被抑制，则尿中排出的 NH_4^+ 也会减少。慢性酸中毒时，可刺激肾小管和集合管上皮细胞谷氨酰胺的代谢，使 NH_3 和 NH_4^+ 的排泄及 HCO_3^- 的生成增加，故 NH_3 的分泌也是肾脏调节酸碱平衡的重要机制之一。

（三） K^+ 的分泌

体内的 K^+ 主要通过肾的分泌而排出体外。肾功能不全患者出现少尿或无尿时，K^+ 排出障碍，导致高钾血症。K^+ 的排泄量与其摄入量有关，通常"多吃多排，少吃少排，但不吃也要排"。因此，对不能进食的患者，应及时补 K^+ 防止发生低钾血症。血钾过高或过低都会对人体功能，尤其是神经系统和心脏的兴奋性产生不利影响。

K^+ 分泌的动力包括：①在远曲小管和集合管，Na^+ 的重吸收使管腔内呈负电位，这种电位梯度成为 K^+ 从上皮细胞内分泌至小管液的动力。阿米洛利可抑制上皮细胞管腔膜的钠通道，减少 Na^+ 的重吸收，使管腔内负电位减小而减少 K^+ 的分泌，故称为保钾利尿剂。②主细胞内 K^+ 浓度明显高于小管液，这种浓度梯度是 K^+ 从细胞内通过管腔膜上钾通道进入小管液的动力。③主细胞基底侧膜上的钠泵在泵出 Na^+ 的同时将 K^+ 从细胞外液泵入细胞，提高细胞内 K^+ 浓度，使其与小管液之间 K^+ 浓度梯度增大，从而促进 K^+ 分泌。由此可见，K^+ 的分泌与 Na^+ 的重吸收相耦联。Na^+ 主动重吸收的同时，K^+ 被分泌到管腔的过程称为 $Na^+ - K^+$ 交换，它与 $Na^+ - H^+$ 交换存在竞争性抑制。酸中毒时，小管上皮细胞内碳酸酐酶活性增强，H^+ 生成增多，$Na^+ - H^+$ 交换增强，$Na^+ - K^+$ 交换受到抑制，K^+ 的分泌减少导致血钾升高；相反，高钾血症时 $Na^+ - K^+$ 交换增强，$Na^+ - H^+$ 交换受到抑制，尿中排 K^+ 增多而排 H^+ 减少，导致酸中毒。同理，碱中毒时易出现血钾降低，低钾血症时易出现碱中毒。远曲小管和集合管上皮细胞对 K^+ 的分泌主要受醛固酮的调节，醛固酮分泌增加时，$Na^+ - K^+$ 交换增强，K^+ 的排出增多。

（四）其他物质的分泌

肌酐可通过肾小球滤过，也可被肾小管和集合管分泌而排出。青霉素、酚红和大多数利尿剂等可与血浆蛋白结合而不能被肾小球滤过，它们均在近端小管被主动分泌到小管液中而排出体外。进入体内的酚红 94% 由近端小管主动分泌入小管液而随尿排出，临床常用酚红排泄试验来检查肾小管的排泄功能。

各段肾小管物质转运功能概况见图 8-11。

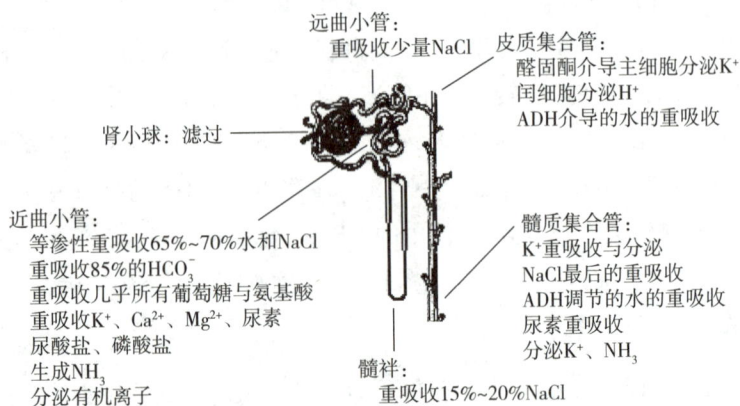

图 8-11　各段肾小管物质转运功能概况示意图

血液透析

血液透析（hemodialysis）是血液净化疗法最卓有成效的临床应用之一。1913 年，Abel 等在活体动物实验中用火棉胶制成血液透析器，称为"人工肾"。1943 年，Kolff 用醋酸纤维膜"人工肾"成功抢救了急性肾衰竭的患者。目前临床上所使用的血液透析，其原理为：利用血液泵将动脉端血液送至人工肾，而人工肾的透析膜为半透膜，半透膜的另一侧为透析液，即因血液及透析液中物质的浓度差，利用扩散的原理达到移除毒物的目的。若给予半透膜的血液端加压，可使溶剂（水分）由血液端进入透析液端再达到微过滤的效果，微过滤的过程可利用溶剂拉力将药物带出，但是只有分子量小于 600 和高度水溶性的毒物才有可能在血液透析中被大量清除。

目前研究表明，中国慢性肾病患者超过一亿，而其中尿毒症患者已经超过 300 万，这个数字还在逐年增加。很多尿毒症患者都需要通过血液透析来维持生命，对尿毒症患者家庭造成很大负担。因此，我们要从各方面提高对于肾病以及尿毒症的意识，远离不健康的生活方式，如不规律作息、憋尿、滥用药物、酗酒等，爱护肾脏，守护自身健康，培养积极向上的生活态度。

第四节　尿液的浓缩与稀释

PPT

正常成人尿液的渗透压可在 $50 \sim 1200 \text{mOsm}/(\text{kg} \cdot \text{H}_2\text{O})$ 范围内变动。机体缺水时，肾脏将排出渗透压明显高于血浆渗透压 $[300 \text{mOsm}/\text{L}/(\text{kg} \cdot \text{H}_2\text{O})]$ 的高渗尿，即尿液被浓缩。而体内水过多时，排出渗透压明显低于血浆渗透压的低渗尿，即尿液被稀释。肾对尿液的浓缩与稀释功能有助于维持机体内水和渗透压的平衡。如果肾丧失了浓缩和稀释尿液的能力，则不论体内是否缺水，均排出渗透压与血浆渗透压相同或相近的等渗尿。

一、尿液浓缩和稀释的过程

尿液发生浓缩或稀释取决于小管液中水的重吸收量，水的重吸收需要渗透动力和上皮细胞对水具有通透性两个条件。尿液的浓缩和稀释主要发生在远端小管和集合管。近端小管为等渗重吸收，在近端小管末端小管液渗透浓度与血浆相同。髓袢降支细段对水高度通透，而对 NaCl 不易通透，髓质组织间液高浓度的尿素可扩散进入小管液，在小管外组织液高渗的作用下水被重吸收，使小管液渗透浓度逐渐升高，直至与髓质组织液渗透浓度相近。髓袢升支细段对水不通透，而对 NaCl 和尿素通透，由于小管液 NaCl 浓度高于同平面髓质组织液中的浓度，故 NaCl 被重吸收。在此过程中，小管液渗透浓度逐渐降低。髓袢升支粗段对水和尿素不通透，但能主动重吸收 NaCl，使小管液渗透浓度逐渐下降，至升支粗段末端小管液为低渗液。如果体内水过多使血浆晶体渗透压降低，可导致抗利尿激素的释放被抑制，远曲小管和集合管对水的通透性降低，水不能被重吸收，而小管液中的溶质将继续被主动重吸收，溶质重吸收大大超过水的重吸收，使小管液的渗透浓度进一步下降，形成稀释尿液。如果机体缺水，抗利尿激素分泌较多，远曲小管和集合管对水的通透性增大，在管外高渗透压的作用下，小管液中的水不断被重吸收，小管液内溶质浓度不断升高，形成高渗尿，即尿液被浓缩。

二、尿液浓缩的结构功能基础——肾髓质高渗梯度

（一）逆流倍增学说

在物理学上，将一端相通而其中液体流动方向相反的两个并列管道称为逆流系统。如果两管中间的隔膜允许液体中的溶质或热量在两管之间交换，就称为逆流交换。逆流倍增现象可由图 8 - 12 所示的模型来解释。甲、乙、丙三个管并列，甲管下端与乙管相通。含有 NaCl 的液体从甲管流入，通过管下端的弯曲部分折返流入乙管，然后从乙管反向流出，构成逆流系统。如果甲、乙管之间的膜 M_1 能主动将 NaCl 从乙管不断泵入甲管，且 M_1 对水不通透，就使甲管中向下流动的溶液不断接受由乙管泵入的 NaCl，故甲管中 NaCl 浓度自上而下逐渐升高，至甲乙管连接的弯曲部达到最大值。当液体从乙管下部向上流动时，则 NaCl 浓度逐渐降低。可见，不论甲管还是乙管，从上而

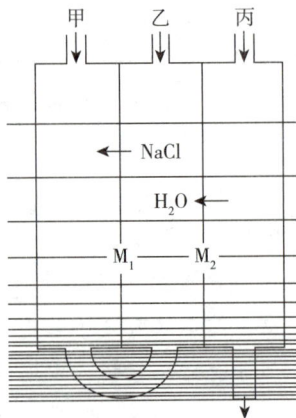

图 8 - 12　逆流倍增作用模型

下，液体的浓度均逐渐升高，从而形成浓度梯度，这种现象称为逆流倍增（counter current multiplication）。如果有渗透浓度较低的溶液从丙管向下流动，且乙、丙管之间的膜 M_2 对水通透对溶质不通透，丙管内的水将因渗透作用进入乙管，使丙管内溶质的浓度从上至下逐渐升高，从丙管流出的液体浓度比流入时明显增高。

髓袢和集合管的结构排列与上述逆流倍增模型相似。小管液从近端小管经髓袢降支向下流动，折返后经髓袢升支向相反方向流动，在经集合管向下流动，最后进入肾小盏。

（二）肾髓质高渗梯度的形成

用冰点降低法测定鼠肾组织液的渗透浓度，发现肾皮质部组织液的渗透压与血浆相等，由髓质外层向乳头部组织液与血浆的渗透压之比分别为 2.0、3.0、4.0，说明肾髓质组织液的渗透压由外向内逐渐升高。在不同动物的实验中发现，动物肾髓质越厚，内髓质部的渗透浓度就越高，尿的浓缩能力就越强。如沙鼠肾脏可产生 20 倍于血浆渗透浓度的高渗尿，人类肾脏最多能产生 4~5 倍于血浆渗透浓度的高渗尿。可见，肾髓质高渗梯度是尿浓缩的必要条件。

1. 升支粗段　在外髓部，髓袢升支粗段能主动重吸收 NaCl 而对水不通透，故升支粗段内小管液向皮质方向流动时渗透浓度逐渐降低，而小管周围组织液则由于 NaCl 堆积渗透浓度升高，形成外髓质高渗。越靠近皮质部渗透浓度越低，越靠近内髓部渗透浓度越高。

2. 降支细段　髓袢降支细段对水通透，而对 NaCl 和尿素不通透。从外髓质部向内髓质部组织液存在的高渗梯度使降支细段中的水不断进入组织液，故小管液从上至下形成一个逐渐升高的浓度梯度，至髓袢折返处渗透浓度达到峰值。

3. 升支细段　髓袢升支细段对水不通透，对 NaCl 通透，对尿素中等通透。当小管液从内髓质部向皮质方向流动时，NaCl 不断向组织液扩散，使小管液中 NaCl 浓度逐渐降低，而管外组织液中 NaCl 浓度逐渐升高，形成高渗。

4. 髓质集合管　肾小球滤过的尿素除在近端小管可被重吸收外，髓袢升支细段对尿素中等通透，内髓质部集合管对尿素高度通透，其他部位对尿素不通透或通透性很低。小管液流经远端小管时，水的重吸收使小管液内尿素浓度逐渐升高，到达内髓质部集合管时，由于上皮细胞对尿素通透性高，尿素从小管液向内髓质部组织液扩散，使组织液的尿素浓度升高，渗透浓度进一步增加。故内髓质部组织高渗是由 NaCl 和尿素共同形成的。由于髓袢升支细段对尿素中等通透，且小管液中尿素浓度比管外组织液低，故髓质组织液中的尿素扩散进入髓袢升支细段小管液，而后流经升支粗段、远曲小管、皮质部和外

髓部集合管，又回到内髓部集合管处再扩散到内髓部组织液，形成了尿素的再循环（urea recycling）（图8-13）。

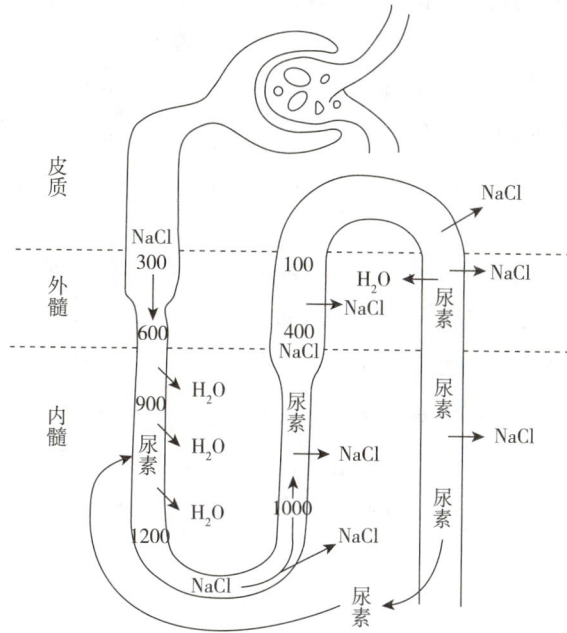

图8-13 肾髓质高渗梯度形成示意图

（三）肾髓质高渗梯度的维持

如前所述，通过逆流倍增作用，不断有溶质（NaCl和尿素）进入髓质组织液形成渗透梯度，也不断有水被肾小管和集合管重吸收到组织液。因此，必须把组织液中多余的水除去，才能保持髓质高渗梯度，这是通过直小血管的逆流交换作用实现的。

直小血管的降支和升支是并行的毛细血管，在髓质中形成逆流系统。直小血管对水和溶质都高度通透。当它向髓质深部下行时，任一平面的组织液渗透浓度均比直小血管内血浆高，故组织液中的溶质不断向直小血管内扩散，而血液中的水则进入组织液，使直小血管内血浆渗透浓度与组织液趋向平衡。越向内髓质部深入，直小血管中血浆的渗透浓度越高，在折返处，其渗透浓度达到峰值，约1200mOsm/（kg·H_2O）。当直小血管内血液在升支中向皮质方向流动时，血浆渗透浓度均高于同一水平的组织液，故血液中的溶质向组织液扩散，而水从组织液进入血管。逆流交换过程，仅将髓质中多余的溶质和水带回循环血液，从而使肾髓质的高渗梯度得以维持（图8-14）。

三、影响尿液浓缩和稀释的因素

（一）影响肾髓质高渗梯度形成的因素

NaCl是形成肾髓质高渗梯度的重要因素。凡是

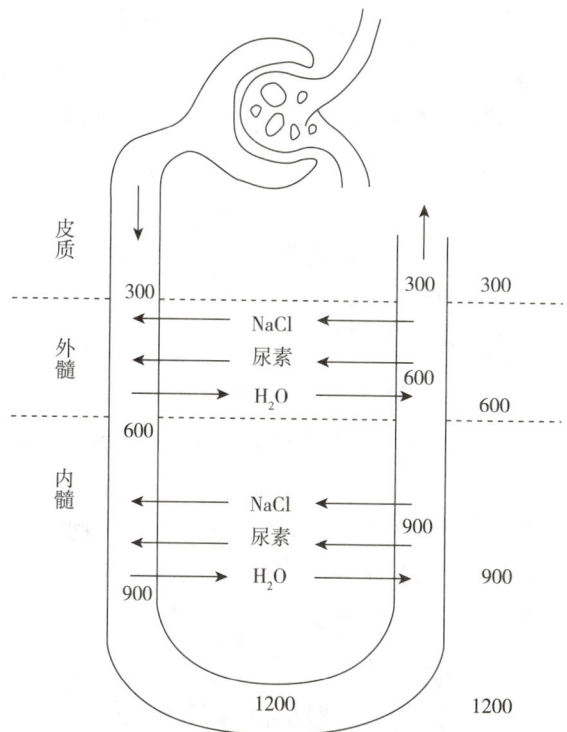

图8-14 直小血管作用示意图

影响髓袢升支粗段主动重吸收 Na$^+$ 和 Cl$^-$ 的因素都能影响髓质高渗梯度的形成，如利尿剂呋塞米和依他尼酸可抑制髓袢升支粗段 Na$^+$ – K$^+$ – 2Cl$^-$ 同向转运体，减少 Na$^+$ 和 Cl$^-$ 的主动重吸收，降低外髓质高渗，从而减少远端小管和集合管对水的重吸收，阻碍尿的浓缩。

形成髓质高渗梯度的另一重要因素是尿素。尿素通过尿素再循环进入肾髓质，其进入肾髓质的数量取决于尿素的浓度和集合管对尿素的通透性。营养不良、长期蛋白质摄入不足的患者，蛋白质代谢减少，尿素生成量减少，可影响肾髓质高渗梯度的形成，从而降低肾的尿液浓缩能力。另外，抗利尿激素能增加内髓质集合管对尿素的通透性，有助于提高髓质高渗，促进对水的重吸收，增强肾的尿液浓缩能力。

髓袢结构的完整性也是逆流倍增的重要基础。肾髓质受损，尤其是内髓质部的髓袢受损，如髓质钙化、萎缩或纤维化等疾病时，逆流倍增效率将减退或丧失而影响尿浓缩。

（二）影响远端小管和集合管对水通透性的因素

远端小管和集合管对水的通透性依赖于血液中抗利尿激素的浓度。当抗利尿激素分泌增多时，远端小管和集合管对水的通透性增加，水的重吸收增多，故尿液被浓缩；相反，抗利尿激素分泌减少时，远端小管和集合管对水的通透性降低，水的重吸收减少，故尿液被稀释。若抗利尿激素完全缺乏或肾小管和集合管缺乏其受体时，可出现尿崩症，每天可排出高达20L的低渗尿。

（三）直小血管血流量和血流速度对髓质高渗梯度的影响

若直小血管的血流量增加和血流速度过快，可使 NaCl 和尿素不能充分交换，血液从肾髓质组织中带走较多的溶质，使肾髓质高渗梯度降低；若肾血流量明显减少，血流速度变慢，则可因供氧不足使肾小管转运功能发生障碍，特别是髓袢升支粗段主动重吸收 Na$^+$ 和 Cl$^-$ 的功能受损，从而影响髓质高渗梯度的维持。

第五节　尿生成的调节

PPT

⇒ 案例引导

临床案例　患儿，女，16个月，因腹泻、呕吐4天入院。发病以来每日腹泻5~7次，水样便，呕吐5次，不能进食，入院前3天测血清 ［Na$^+$］ 130mmol/L，给予静脉滴注5%葡萄糖溶液1000ml，但疗效欠佳。入院时精神萎靡，皮肤弹性差，眼窝、前囟凹陷，呼吸浅快，脉搏速弱，腹胀，肠鸣音减弱，腹壁反射消失，膝反射迟钝，尿量减少。实验室检查：血清 ［Na$^+$］ 123mmol/L。立即给予5%氯化钠溶液静脉滴注治疗。诊断：低渗性脱水。

讨论　1. 患儿为何出现低渗性脱水？

2. 为何给予5%氯化钠溶液静脉滴注治疗？

3. 低渗性脱水时为何出现尿量减少？

提示　患儿腹泻、呕吐初期，机体为等渗性脱水。但静脉滴注5%葡萄糖溶液，导致从等渗性脱水转变为低渗性脱水。因此，治疗时应立即补充血容量，同时还要补充钠盐。有效循环血量减少，导致交感神经、入球小动脉牵张感受器兴奋。同时，低钠导致致密斑感受器兴奋、循环血量不足通过容量感受器反射性引起抗利尿激素释放增加，导致尿量减少。

肾在很大程度上通过自身调节来保持肾血流量和肾小球滤过率的相对稳定，从而维持正常的尿生成。此外，肾血流量和尿生成的全过程，包括肾小球的滤过、肾小管和集合管的重吸收和分泌，都受神经和体液因素的调节。

一、神经调节

肾有丰富的交感神经支配，但是没有发现肾有副交感神经分布。支配肾的交感神经节前神经元胞体位于脊髓第 12 胸段至第 2 腰段的中间外侧柱，由其发出的节前神经纤维进入腹腔神经节以及主动脉和肾动脉部的神经节换元后，节后纤维与肾动脉伴行，由肾门进入肾。

肾交感神经兴奋时节后纤维末梢释放去甲肾上腺素，可产生以下三方面的作用：①激活入球小动脉和出球小动脉上的 α_1 肾上腺素能受体引起小动脉收缩加强，以入球小动脉收缩更为显著，因此肾小球毛细血管的血流量减少，血压降低，肾小球有效滤过压下降，肾小球滤过率降低；②激活球旁细胞上的 β 肾上腺素能受体使肾素释放增加，肾素 – 血管紧张素 – 醛固酮系统（见后述）的作用加强，增加肾小管对 NaCl 和水的重吸收；③激活近端小管和髓袢上皮细胞上的 α_1 肾上腺素能受体，促进近端小管和髓袢上皮细胞对 Na^+、Cl^- 和水的重吸收。

二、体液调节

（一）抗利尿激素

1. 抗利尿激素合成与分泌的部位　抗利尿激素（antidiuretic hormone，ADH）也称血管升压素（vasopressin，AVP），由下丘脑的视上核和室旁核的神经元胞体合成的一种九肽激素，经下丘脑 – 垂体束通过轴浆运输至神经垂体进行储存，并由神经垂体释放入血。

2. 抗利尿激素的生理作用及其机制　抗利尿激素的生理作用包括：①提高远曲小管和集合管上皮细胞对水的通透性，促进水的重吸收，使尿量减少。其作用机制为与远曲小管和集合管上皮细胞膜上的相应受体（V_2 受体）结合，激活腺苷酸环化酶，使细胞内 cAMP 增加，进而激活蛋白激酶 A 使蛋白质发生磷酸化引起胞质内水通道蛋白 AQP – 2 向管腔膜迁移并与之融合，使管腔膜对水的通透性增高，加强细胞对水的转运；反之，当抗利尿激素缺乏时，细胞膜上的水通道蛋白 AQP – 2 移入胞质内，管腔膜对水的通透性降低，水的转运受到抑制。②增加髓袢升支粗段对氯化钠的主动重吸收和内髓部集合管对尿素的通透性，进一步提高髓质高渗梯度，有利于尿的浓缩。③抗利尿激素与血管平滑肌上相应受体结合（V_1 受体），使血管平滑肌收缩（详见第四章）（图 8 – 15）。

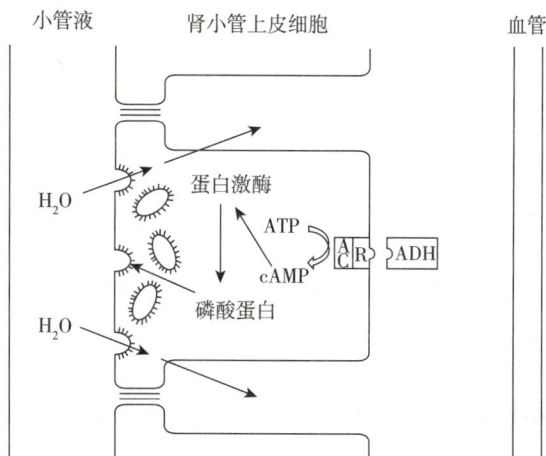

图 8 – 15　抗利尿激素作用机制模式图

3. 抗利尿激素分泌的调节　调节抗利尿激素分泌的因素主要包括以下三方面：①血浆晶体渗透压。

血浆晶体渗透压是调节抗利尿激素释放最主要的因素，血浆晶体渗透压每升高1%，抗利尿激素浓度可升高1pg/ml。血浆晶体渗透压改变对抗利尿激素分泌的影响是通过下丘脑渗透压感受器介导的反射活动实现的。但渗透压感受器对不同溶质引起的血浆晶体渗透压升高的敏感性不同。Na^+和Cl^-形成的渗透压是引起抗利尿激素释放最有效的刺激，静脉注射甘露糖和蔗糖也能刺激抗利尿激素的分泌，但葡萄糖和尿素的刺激作用较小。严重腹泻或呕吐、大量出汗等情况导致机体水分丧失明显多于溶质，血浆晶体渗透压升高，可通过刺激渗透压感受器促进抗利尿激素的分泌，使肾小管和集合管对水的重吸收加强，尿量减少，尿液浓缩。反之，大量饮用清水后，体液被稀释，血浆晶体渗透压降低，抗利尿激素分泌减少或停止，肾小管和集合管对水的重吸收减少，尿量增多，尿液稀释（图8-16）。饮用生理盐水则排尿量不会出现饮清水后尿量显著增加的变化。饮用大量清水引起尿量增多的现象，称为水利尿（water diuresis）。②循环血量和动脉血压。循环血量增多时，如通过静脉大量快速输液，回心血量增加，左心房和大静脉扩张，对心肺感受器刺激加强，通过迷走神经传入至下丘脑的冲动增多，抑制抗利尿激素释放。相反，循环血量减少时，如机体出现大量失血，回心血量减少，对心肺感受器刺激减弱，促进抗利尿激素释放。动脉血压的变化可通过压力感受性反射对抗利尿激素的分泌进行调节。正常范围的动脉血压或动脉血压升高可以刺激颈动脉窦和主动脉弓压力感受器，反射性地抑制抗利尿激素的分泌。反之，动脉血压降低，这种抑制作用减弱，抗利尿激素分泌增加。③其他因素。烟碱、吗啡、疼痛、窒息、情绪紧张、应激、恶心、血管紧张素Ⅱ、低血糖均可刺激抗利尿激素分泌；寒冷刺激、乙醇、心房钠尿肽则抑制其分泌（图8-17）。

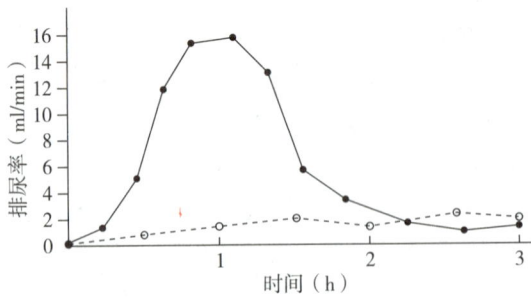

图 8-16 水利尿示意图

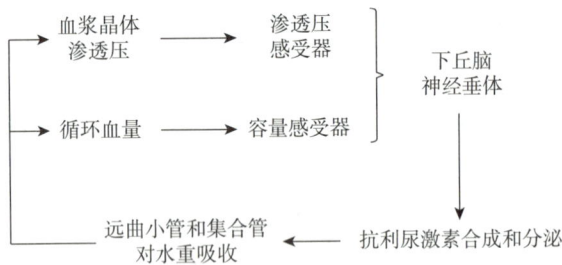

图 8-17 抗利尿激素分泌的调节

（二）醛固酮

1. 醛固酮的生理作用及其机制 醛固酮是肾上腺皮质球状带细胞分泌的一种类固醇激素，其主要生理作用是促进肾远曲小管和集合管对钠、水的重吸收，增加钾的排泄，故有"保钠保水排钾"的作用。醛固酮进入远曲小管和集合管上皮细胞后，与胞质内受体结合形成激素-受体复合物，随后通过核膜进入细胞核后调节特异性 mRNA 转录，合成多种醛固酮诱导蛋白（aldosterone-induced protein）。醛固酮诱导蛋白可能为：①管腔膜 Na^+ 通道蛋白，增加管腔膜 Na^+ 通道数量，有利于小管液 Na^+ 向细胞内的转运。②线粒体中合成 ATP 的酶,使线粒体内 ATP 生成增加,为上皮细胞活动(如 Na^+ 泵)提供更多能量。③基底侧膜上的 Na^+ 泵,促进细胞内 Na^+ 被泵出和 K^+ 被泵入细胞,增大细胞内与小管液之间 K^+ 的浓度差,促进 K^+ 的分泌。Na^+ 的重吸收增加使小管液呈负电位,有利于 K^+ 的分泌和 Cl^- 的重吸收。同时,随着 NaCl 的重吸收增加,水的重吸收也加强(图 8-18)。

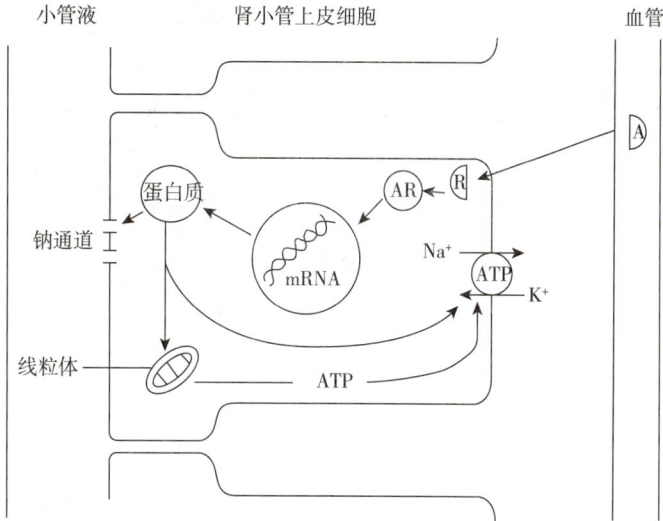

图 8-18 醛固酮作用机制模式图

2. 醛固酮分泌的调节 醛固酮的分泌主要受肾素-血管紧张素-醛固酮系统和血 Na^+、血 K^+ 浓度的调节。

(1)肾素-血管紧张素-醛固酮系统 肾素-血管紧张素-醛固酮系统的组成已在第四章中介绍。肾素的分泌受到多种因素的调节:①神经机制,肾交感神经兴奋时,节后纤维释放的去甲肾上腺素作用于球旁细胞膜中的 β 受体,可直接刺激肾素分泌。急性大失血、血量减少、血压下降均可反射性兴奋肾交感神经,使肾素分泌增加。②体液机制,循环血液中的肾上腺素、去甲肾上腺素、肾内生成的前列腺素(主要是 PGE_2 和 PGI_2)促进肾素分泌;而抗利尿激素、血管紧张素 Ⅱ、心房钠尿肽、内皮素和 NO 则抑制其分泌。③肾内机制,肾动脉灌注压降低,导致入球小动脉管壁受牵拉的程度减小,通过入球小动脉牵张感受器促进肾素分泌;肾小球滤过率减少或其他因素导致流经致密斑的小管液中 Na^+ 减少时,通过致密斑感受器促进肾素分泌。

血管紧张素 Ⅱ 对尿生成的调节作用主要包括:①收缩肾脏血管,血管紧张素 Ⅱ 浓度较低时,由于出球小动脉对血管紧张素 Ⅱ 的敏感性高于入球小动脉,故出球小动脉收缩导致肾血流量减少而肾小球毛细血管血压升高,肾小球滤过率变化不大。在血管紧张素 Ⅱ 浓度较高时,入球小动脉强烈收缩,则肾小球滤过率减小;②促进抗利尿激素和醛固酮的合成与分泌,使尿量减少;③直接刺激近端小管对 NaCl 的重吸收,减少 NaCl 的排出。

(2)血 Na^+ 和血 K^+ 浓度 血 K^+ 浓度升高或血 Na^+ 浓度降低时,可促进醛固酮分泌,导致保 Na^+ 排 K^+ 作用加强,有利于维持血 K^+ 和血 Na^+ 浓度的平衡;反之,血 K^+ 浓度降低或血 Na^+ 浓度升高时,则抑制醛固酮分泌。醛固酮的分泌对血 K^+ 浓度升高更为敏感,血 K^+ 浓度仅增加 0.5~1.0mmol/L 就能引起醛固酮分泌,而血 Na^+ 浓度则需要降低较多时才能引起同样的效应。

(三)心房钠尿肽

心房钠尿肽(atrial natriuretic peptide,ANP)是由心房肌细胞合成并分泌的一种多肽激素,其主要生理作用是舒张血管平滑肌和促进肾排 Na^+ 和排水。其作用途径有:①使血管平滑肌胞质中 Ca^{2+} 浓度下降，入球小动脉和出球小动脉舒张（尤其是前者），增加肾血流量和肾小球滤过率；②通过第二信使 cGMP 使集合管上皮细胞管腔膜 Na^+ 通道关闭，抑制集合管对 Na^+ 的重吸收，水的重吸收也减少；③抑制肾素、醛固酮和抗利尿激素的合成和分泌。当心房壁受到牵拉（如中心静脉压升高、头低足高位、血量过多）时，心房钠尿肽分泌增加。去甲肾上腺素、乙酰胆碱、血管升压素、降钙素基因相关肽和高血钾均可刺激心房钠尿肽的分泌。

（四）其他因素

缓激肽可使肾小动脉舒张，抑制集合管对 Na^+ 和水的重吸收。NO 可对抗血管紧张素 Ⅱ 和去甲肾上腺素的缩血管作用。前列腺素（主要是 PGE_2 和 PGI_2）通过舒张小动脉使肾血流量增加，滤过增多；拮抗抗利尿激素的作用；抑制近端小管和髓袢升支粗段对 Na^+ 的重吸收，使 Na^+ 排出增加。

第六节　清除率

PPT

一、清除率的概念及计算方法

清除率是指在单位时间内（每分钟）两肾能将多少毫升血浆中所含的某种物质完全清除，这个被完全清除了某物质的血浆毫升数就称为该物质的清除率（clearance, C）。清除率用来描述肾对于血液中某物的清除能力。

如果某物质在血浆中的浓度为 P（mg/dl），在尿中的浓度为 U（mg/dl），每分钟尿量为 V（ml/min）。因为尿中该物质均来自血浆，根据 $U \times V = P \times C$，可以计算清除率 $C = U \times V/P$。例如，测得尿量 V 为 1ml/min，尿 Na^+ 浓度 U 为 280mmol/L，血浆 Na^+ 浓度 P 为 140mmol/L，则 Na^+ 清除率 $C = $ 280mmol/L × 1ml/min/140mmol/L = 2ml/min，即两肾一分钟清除了两毫升血浆中所含的全部 Na^+。

二、测定清除率的意义

（一）测定肾小球滤过率

如果血浆中某物质能经肾小球自由滤过，肾小囊内超滤液中该物质的浓度与血浆中的浓度相同，为 P，该物质既不被重吸收，也不被分泌。那么，单位时间内从肾小球滤过到肾小囊中的该物质的量应该等于尿中该物质的排出量，$P \times GFR = U \times V$，即 $GFR = U \times V/P$，肾小球滤过率 GFR 在数值上等于该物质的清除率 C。

菊粉是满足上述条件的分子量为 5400 的多糖，能经肾小球自由滤过，且不被肾小管重吸收或分泌，所以可以通过测定菊粉的清除率来推测肾小球滤过率，测得生理情况下人体肾小球滤过率约为 125ml/min。由于菊粉清除率试验操作繁杂，临床上通常用内生肌酐清除率来反映肾小球滤过率。所谓内生肌酐，是指体内组织代谢所产生的肌酐，测定时不需人为给予，但受试者在测试前 2~3 天需避免剧烈运动或体力劳动、禁食肉类，防止从食物中摄入外源性肌酐或产生额外肌酐。由于肌酐能在肾小球自由滤过，近曲小管可以少量分泌，因此内生肌酐清除率只近似于肾小球滤过率。

（二）测定肾血流量

如果血浆中所含的某种物质在流经肾后完全被清除，即该物质在静脉血中的浓度为零，则该物质从尿中排出的量应等于流经肾的血浆中该物质的含量，$U \times V = P \times RPF$（肾血浆流量），即 $RPF = U \times V/P$，肾血浆流量 RPF 在数值上等于该物质的清除率 C。

碘锐特和对氨基马尿酸在血浆中浓度较低时，可以满足上述条件。它们在随血液流经肾一次后几乎能被完全清除，因此碘锐特或对氨基马尿酸的清除率可用来代表肾血浆流量。这两种物质的清除率平均为 660ml/min，这一数值代表了肾血浆流量。如果受试者的血细胞比容为 45%，则肾血流量 = 660ml/min ÷ （1 − 45%）= 1200ml/min。

（三）推测肾小管功能

分别测定肾小球滤过率和肾对某物质的清除率，将二者进行对比即可推测肾小管是否对该物质进行重吸收或分泌。可由肾小球自由滤过的物质，如葡萄糖和尿素，其清除率如果小于肾小球滤过率，则表明这些物质滤过之后又被肾小管和集合管净重吸收，但不能排除这些物质被肾小管分泌的可能性，因为当重吸收量大于分泌量时，其清除率仍小于肾小球滤过率。如果某物质的清除率大于肾小球滤过率，则表明肾小管必定能分泌该物质，但不能排除该物质被肾小管重吸收的可能性，因为当其分泌量大于重吸收量时，其清除率仍大于肾小球滤过率。

第七节　尿的排放

肾通过肾小球滤过和肾小管与集合管的重吸收与分泌生成尿液，这个过程是连续不断的。生成的尿液经过肾盏、肾盂、输尿管进入膀胱，在膀胱内储存达一定程度时，通过神经反射引起排尿过程。

正常成人每天尿量为 1000 ~ 2000ml，平均为 1500ml。每天尿量长期保持 2500ml 以上称为多尿，100 ~ 500ml 称为少尿，少于 100ml 称为无尿。

一、膀胱和尿道的神经支配

膀胱逼尿肌和内括约肌属于平滑肌，受交感神经和副交感神经的双重支配。交感神经来自脊髓胸腰段（T_{12} ~ L_2），经腹下神经到达膀胱。交感神经兴奋使逼尿肌松弛、内括约肌收缩，阻抑尿的排放。副交感神经节前神经元胞体位于骶髓（S_2 ~ S_4），节前纤维走行于盆神经，在膀胱壁内换元后支配逼尿肌和尿道内括约肌。副交感神经兴奋使逼尿肌收缩、内括约肌舒张，促进排尿。

膀胱外括约肌是骨骼肌，其活动可受意识控制，受阴部神经支配。阴部神经是由骶髓发出的躯体运动神经，兴奋时可使外括约肌收缩，外括约肌舒张是阴部神经活动的反射性抑制造成的。

上述三种神经中均含有传入纤维。盆神经感受膀胱壁受到牵拉的程度，传导膀胱充盈的感觉；腹下神经传导膀胱痛觉；阴部神经传导尿道感觉。

膀胱和尿道的神经支配见图 8 − 19。

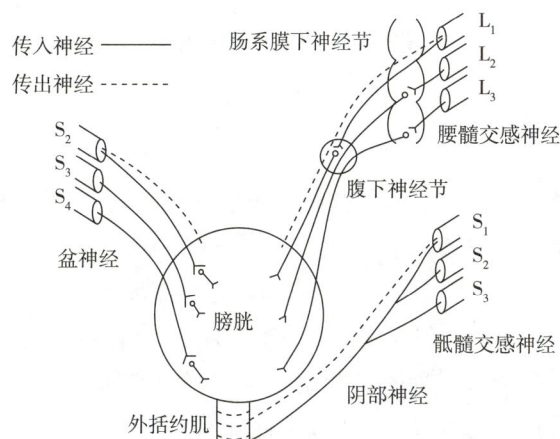

图 8 − 19　膀胱和尿道的神经支配示意图

二、排尿反射

排尿反射属于脊髓反射，但是在一定程度上受脑高位中枢控制，可有意识地抑制或加强其反射过程。

在一般情况下，膀胱逼尿肌由于受到副交感神经紧张性冲动的影响处于轻度收缩状态，使膀胱内压经常保持在 $10cmH_2O$。膀胱具有较大伸展性，故内压稍升高后可很快回降。膀胱内尿量达到 400~500ml 时，膀胱内压才超过 $10cmH_2O$，开始明显升高。膀胱内尿量增加到 700ml 时，膀胱内压增加到 $35cmH_2O$，逼尿肌出现节律性收缩，排尿欲明显增强，但此时还可以有意识地控制排尿。当膀胱内压达到 $70cmH_2O$ 以上时，出现明显痛感以致不得不排尿。

膀胱内尿量充盈到一定程度（400~500ml）时，膀胱壁牵张感受器受到刺激而兴奋，冲动沿盆神经传入至骶髓排尿反射初级中枢，同时也上传到脑干和大脑皮层的排尿反射高位中枢，产生排尿欲。排尿反射进行时，冲动沿盆神经传出，引起逼尿肌收缩、内括约肌松弛，于是尿液进入后尿道。此时尿液还可刺激尿道感受器，冲动沿阴部神经再次传到脊髓排尿中枢使其活动进一步加强，尿道外括约肌开放，尿液被强大的膀胱内压（可高达 $150cmH_2O$）驱出。尿液对尿道的刺激可进一步反射性地加强排尿中枢的活动。这是一种正反馈的过程，使排尿反射一再加强，直至膀胱内尿液排完为止（图 8-20）。在排尿时，腹肌和膈肌的强力收缩可产生较高的腹内压，协助克服排尿阻力。在排尿末期，尿道海绵体肌的收缩可将残留于尿道内的尿液排出体外。小儿因大脑皮层尚未发育完善，对排尿反射初级中枢的控制能力较弱，故排尿次数增多，易发生遗尿或夜尿。

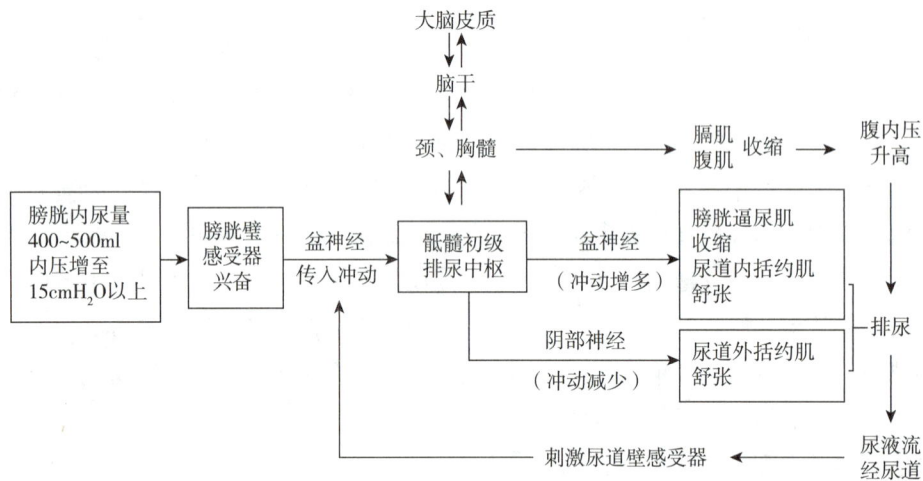

图 8-20 排尿反射示意图

三、排尿异常

排尿反射弧的任何一个部位受损，或骶段脊髓排尿中枢与高位中枢失去联系，都会出现排尿异常，临床上常见的有尿频、尿潴留和尿失禁。排尿次数过多者称为尿频，通常是由于膀胱炎症或机械性刺激（如膀胱结石）引起。膀胱中尿液充盈过多而不能排出者称为尿潴留，大多是由于腰骶部脊髓损伤使排尿反射初级中枢的活动发生障碍所致，但尿流受阻也能造成尿潴留。若膀胱的传入神经受损，膀胱充盈的信号不能传到骶段脊髓，则膀胱充盈时不能反射性引起张力增加，故膀胱充盈膨胀，膀胱壁张力下降，称为无张力膀胱。当膀胱过度充盈时可发生溢流性滴流，即从尿道溢出数滴尿液，称为溢流性尿失禁。如果支配膀胱的传出神经或骶段脊髓受损，排尿反射也不能发生，膀胱变得松弛扩张，大量尿液滞留在膀胱内，导致尿潴留。当高位脊髓受损使初级中枢与大脑皮层失去功能联系时，便失去对排尿的意识控制，可出现尿失禁，这种情况主要发生在脊髓休克恢复后。

目标检测

答案解析

单项选择题

1. 下列各项中，能使肾小球有效滤过压降低的是
   - A. 血浆晶体渗透压升高
   - B. 血浆胶体渗透压升高
   - C. 肾小囊内静水压降低
   - D. 肾小球毛细血管血压升高
   - E. 肾小囊内胶体渗透压升高

2. 给家兔静脉注射 25% 葡萄糖 10ml 后尿量增加，其原因是
   - A. 抗利尿激素分泌减少
   - B. 肾小球滤过率增加
   - C. 肾血浆晶体渗透压增高
   - D. 肾小管液溶质浓度增高
   - E. 肾血流量增多

3. 肾小管超滤液中葡萄糖全部被重吸收的部位是
   - A. 近端小管
   - B. 髓袢降支
   - C. 髓袢升支
   - D. 远端小管
   - E. 集合管

4. 剧烈运动时尿量减少的主要原因是
   - A. 肾小囊内压升高
   - B. 抗利尿激素分泌增多
   - C. 肾小动脉收缩，肾血流量减少
   - D. 醛固酮分泌增多
   - E. 肾小球滤过膜面积减小

5. 建立肾内髓部渗透压梯度的主要溶质是
   - A. 磷酸盐和 NaCl
   - B. KCl 和尿素
   - C. 尿素和葡萄糖
   - D. NaCl 和 KCl
   - E. 尿素和 NaCl

6. 肾素–血管紧张素系统激活时
   - A. 醛固酮分泌减少
   - B. 抗利尿激素分泌减少
   - C. 肾上腺素分泌减少
   - D. 肾排 NaCl 量减少
   - E. 小动脉口径增大

7. 毁损下丘脑视上核和室旁核，将引起
   - A. 尿量增加，尿液高度稀释
   - B. 尿量增加，尿液高度浓缩
   - C. 尿量减少，尿液高度稀释
   - D. 尿量减少，尿液高度浓缩
   - E. 尿量不变，尿液高度稀释

8. 腰骶部脊髓受损时，排尿功能障碍表现为
   - A. 尿失禁
   - B. 尿频
   - C. 尿潴留
   - D. 多尿
   - E. 尿痛

9. 下列哪种情况会使尿 Na^+ 排出增加？

    A. 渗透性利尿   B. 急性代谢性碱中毒

    C. 高醛固酮血症   D. 小管液流速降低

    E. 水利尿

10. 下列关于 HCO_3^- 在近端小管重吸收的描述，正确的是

    A. 重吸收率约为 67%   B. 以 HCO_3^- 的形式重吸收

    C. 与小管分泌 H^+ 相耦联   D. 滞后于 Cl^- 的重吸收

    E. 与 Na^+ 的重吸收无关

（王会玲）

书网融合……

本章小结   题库

第九章　感觉生理

感觉（sensation）是客观物质世界在脑的主观反映，是机体赖以生存的重要功能活动之一。机体内、外环境的变化作用于机体相应的感受器或感觉器官，再转变为相应的神经冲动，经过一定的神经传导通路到达大脑皮层的特定部位进行整合或分析处理，产生相应的感觉。因此，感觉的产生是由感受器或感觉器官、神经传导通路和皮层中枢三部分的整体活动来完成的。本章将介绍感受器的一般生理学特性以及视觉、听觉、平衡位置觉、嗅觉等特殊感觉器官的功能。

第一节　感觉概述

PPT

一、感受器、感觉器官的定义和分类

（一）感受器

感受器（receptor）是指分布在体表或组织内部的感受机体内、外环境变化的结构或装置。感受器的结构具有多样性，最简单的感受器是游离神经末梢，如痛觉和温度觉感受器；另有一些感受器是结构和功能上都高度分化的感受细胞，如视网膜中的视杆细胞和视锥细胞是光感受细胞，耳蜗中的毛细胞是声感受细胞等。

（二）感受器分类

根据感受器分布部位的不同，可分为内感受器（interoceptor）和外感受器（exteroceptor）。内感受器感受机体内部的环境变化，外感受器感受外界的环境变化。外感受器还可进一步分为远距离感受器和接触感受器，如视、听、嗅感受器可归类于远距离感受器，触、压、味、温度觉感受器可归类于接触感受器。内感受器也可再分为本体感受器（proprioceptor）和内脏感受器（visceral receptor）。前者有肌梭等，后者则存在于内脏和内部器官中。感受器还可根据所接受刺激性质的不同分为光感受器、机械感受器、温度感受器、化学感受器等。

（三）感觉器官

感受器连同它们的附属结构，构成各种复杂的感觉器官（sense organ）。高等动物中最重要的感觉器官是眼（视觉）、耳（听觉、平衡感觉）、鼻（嗅觉）、舌（味觉）等，这些感觉器官都分布在头部，称为特殊感觉器官。

二、感受器的一般生理特性

（一）感受器的适宜刺激

各种感受器因分布部位不同、结构不同和所接受刺激不同分化为只对某种特定形式的刺激高度敏感，而对其他种类的刺激不敏感或根本不感受，这种形式的刺激称为该感受器的适宜刺激（adequate stimulus）。例如，一定波长的电磁波是视网膜光感受细胞的适宜刺激，一定频率的机械震动是耳蜗毛细胞的适宜刺激等。当然，感受器并不只对适宜刺激有反应，对某些非适宜刺激也可产生一定的反应，但所需的刺激强度通常要比适宜刺激大得多。适宜刺激必须具有一定的刺激强度和刺激时间才能引起感觉。引起某种感觉所需要的最小刺激强度称为感觉阈（sensory threshold）。

（二）感受器的换能作用

各种感受器在功能上的一个共同特征是能把作用于它们的各种形式的刺激能量转换为传入神经的动作电位，这种能量转换过程称为感受器的换能作用（transducer function）。因此，可以把感受器看成生物换能器。在换能过程中，感受器一般不能直接把刺激的能量转变为神经冲动，而是先在感受器细胞或感觉神经末梢引起相应的电位变化，前者称为感受器电位（receptor potential），后者称为启动电位或发生器电位（generator potential）。作用于感受器的刺激，其强度与作用时间必须达到一定的阈值，才能引起感受器兴奋，即产生感受器电位。

（三）感受器的编码功能

感受器在把刺激信号转换成动作电位的过程中，不但发生能量形式上的转换，同时把刺激信号中所包含的各种信息转移到了神经冲动的不同序列中，这种现象称为感受器的编码（coding）功能。在同一条传入神经的纤维上，虽然动作电位的大小都是相等的，但是由于序列的不同和多条纤维的配合，感觉中枢便可获得各种不同的感觉。例如，耳蜗受到声波刺激时，不但能将声能转换成神经冲动，还能把声音的音量、音调、音色等信息蕴含在神经冲动的序列之中。

（四）感受器的适应现象

以同一强度的刺激持续作用于某种感受器时，该感受器传入神经纤维上动作电位的频率会逐渐降低，即对该刺激变得不敏感，这种现象称为感受器的适应现象（adaptation）。如果该刺激能引起主观感觉，这种感觉也会逐渐减弱。适应现象虽然是感受器的一个共同特性，但各种感受器适应现象发展的速度有所不同。有的发展较快，称为快适应感受器，如触觉感受器和嗅觉感受器，在接受刺激后很短时间内，传入神经上的冲动就会明显减少甚至消失；有的感受器适应现象发展较慢，称为慢适应感受器，如肌梭、颈动脉窦压力感受器、痛觉感受器等。感受器适应得快或慢，各有不同的生理意义。快适应有利于机体再接受其他新的刺激；慢适应则使感受器能不断地向中枢传递信息，有利于机体对某些生理功能进行经常性的调节，如颈动脉窦压力感受器属于慢适应感受器，可长期对血压出现的波动随时进行监测和调整。

第二节　视　觉

PPT

⇨ 案例引导

　　临床案例　男，52 岁，近期感觉视物模糊，在强光下看事物更甚，看到的东西发生重叠，夜间车灯照射下产生眩光，眼前出现大小不等的黑点或条索状影子，到当地医院检查视力，两眼均为 0.1，诊断为白内障。

人的视觉器官是眼，视觉感受器是存在于视网膜上的视锥细胞和视杆细胞，它们的适宜刺激是波长为 380～760nm 的电磁波（可见光）。视觉（vision）功能是通过视觉器官、视神经和视觉中枢的共同活动来完成的。在人脑从外界获得的所有信息中，70%～90% 来自于视觉，所以视觉对人是一种极其重要的感觉。

眼的结构很复杂，与视觉功能有直接关系的结构可分为两部分：折光系统和感光系统（图 9-1）。折光系统的功能是将外界射入眼内的光线经过折射后，在视网膜上形成清晰的物像；感光系统的功能是将物像的光刺激转变成生物电变化，然后产生神经冲动，由视神经传入中枢。

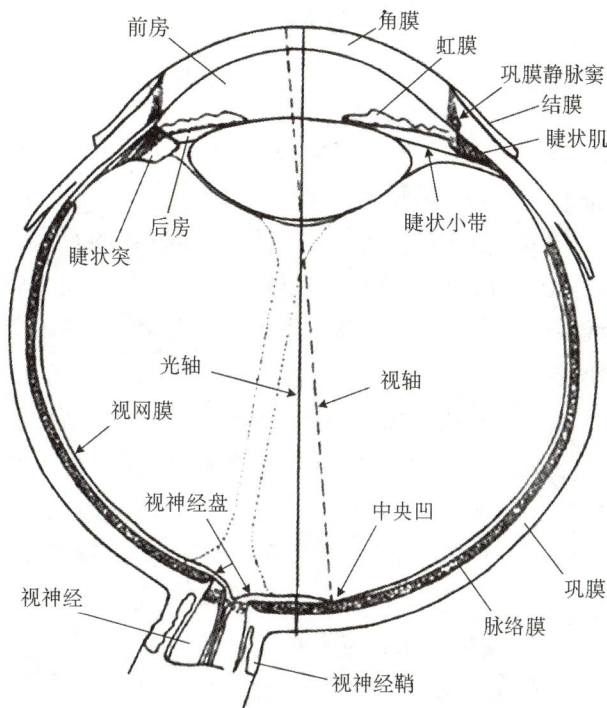

图 9-1　眼球的水平切面（右眼）

一、眼的折光系统及其调节

（一）眼的折光系统的光学特征

按照光学原理，当光线遇到两个折射率不同的透明介质的界面时，将发生折射，其折射特性由界面的曲率半径和两种介质的折射率所决定。人眼的折光系统（refractive system）是一个复杂的光学系统。射入眼内的光线，通过角膜、房水、晶状体和玻璃体四种折射率不同的介质，并通过四个屈光度（diopter）不同的折射面，即角膜的前表面、后表面和晶状体的前、后表面，才能在视网膜上形成物像。入射光线的折射主要发生在角膜的前表面。根据几何光学原理进行较复杂的计算表明，正常成年人的眼在安静而不进行调节时，其折光系统的后主焦点恰好是在视网膜上。

（二）眼内光的折射与简化眼

简化眼（reduced eye）是一种假想的人工模型，用来描述折光系统的功能，其光学参数与正常人眼折光系统总的光学参数相等，故可用来分析成像的情况和进行其他方面的计算。简化眼是假定眼球的前后径为20mm的单球面折光体，折光率为1.33，外界光线进入眼时，只在前表面发生折射。简化眼前表面的曲率半径为5mm，即节点（nodal point）到前表面的距离为5mm，后主焦点在节点后方15mm处，恰好相当于视网膜的位置。这个模型和正常安静时的人眼一样，正好能使平行光线聚焦在视网膜上，形成一个清晰的物像（图9-2）。

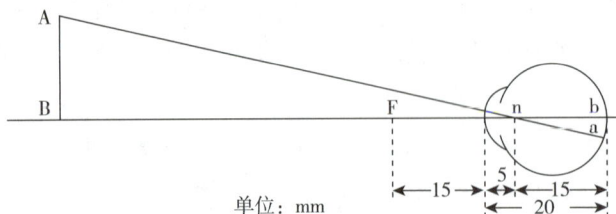

图9-2　简化眼及其成像情况

n为节点，AnB和anb是两个相似三角形

（三）眼的调节

在日常生活中，眼睛所观察的物体有各种不同情况，如物体的远近不同和亮度不同等，为了能看清楚所观察的物体，眼睛就要根据所视物体的距离和明暗情况进行调节。眼的调节包括晶状体的调节、瞳孔的调节和眼球会聚，这三种调节方式是同时进行的，其中以晶状体的调节最为重要。

1. 晶状体的调节　晶状体是一种富有弹性的折光体，呈双凸透镜形，其周边部位由睫状小带（悬韧带）与睫状体相连。睫状体内有平滑肌，称为睫状肌，受动眼神经中的副交感纤维支配。

晶状体的调节是指根据所看物体的远近，通过反射活动改变晶状体的凸度，从而改变它的折光能力，使射入眼内的光线经折射后总能聚焦在视网膜上。人眼在安静时，晶状体处于扁平状态，这时如果射入眼的光线是平行光线，经折射后所形成的物像正好落在视网膜上。对人眼和一般光学系统来说，来自6m以外物体的各发光点的光线，都可认为是平行光线，因此这些光线可在视网膜上形成清晰的图像，眼睛观看远处（6m以外）物体时，不需要进行调节便可看清物体。当看近物时，其光线呈辐射状，如果人眼不进行调节，物像将落在视网膜的后方，造成视物不清现象，此时必须经过调节才能看清物体。

其调节过程为，当看近物时，在视网膜上形成模糊的物像，此信息传送到视觉中枢后，反射性地引起动眼神经中的副交感纤维兴奋，使睫状肌收缩，睫状体向前内移动，于是睫状小带松弛，晶状体便靠自身的弹性使凸度加大，尤其是向前凸起更为明显（图9-3），因而折光能力增强，使物像前移，正好落在视网膜上。由于看近物时睫状肌处于收缩状态，所以长时间地看近物眼睛会感到疲劳。

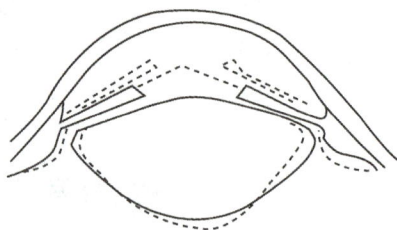

图9-3　晶状体和瞳孔的调节示意图

晶状体的调节能力有一定的限度，这主要取决于晶状体的弹性。晶状体的调节能力可用近点（near point）来表示。所谓近点，是指眼睛在尽最大能力调节时所能看清物体的最近距离。近点越近，表示晶状体的弹性越好，也就是调节能力越强。晶状体的弹性与年龄有关，年龄越大，弹性越差，因而调节能力也就越弱。由于年龄的原因造成晶状体的弹性明显下降，看近物时不清楚，这种现象称为老视（presbyopia），即通常所说的老花眼。矫正的办法是，看近物时戴凸透镜，以弥补晶状体凸起能力的不足。

2. 瞳孔的调节　瞳孔的调节是指通过改变瞳孔的大小进行的一种调节方式。在生理状态下，引起瞳孔调节的情况有两种，一种是由所视物体的远近变化引起的调节，另一种是由进入眼内光线的强弱变化引起的调节。

看近物时，可反射性地引起瞳孔缩小，这种现象称为瞳孔近反射（near reflex of the pupil），也称瞳孔调节反射。这种调节的意义在于减少视近物时由折光系统造成的球面像差（像呈边缘模糊的现象）和色像差（像的边缘呈色彩模糊的现象），使视网膜成像更为清晰。

当用不同强度的光线照射眼时，瞳孔的大小可随光线的强弱改变。当光线强时，瞳孔会缩小；当光线弱时，瞳孔会变大。瞳孔这种随着光照强弱改变大小的现象称为瞳孔对光反射（pupillary light reflex），也称光反射。其反射过程是，当强光照射到视网膜时，产生的神经冲动经视神经传到中脑的顶盖前区更换神经元，然后到达双侧的动眼神经缩瞳核，再经动眼神经中的副交感纤维传出，使瞳孔括约肌收缩，瞳孔缩小。这是眼的一种适应功能，与视近物无关，其生理意义在于随着所视物体的明亮程度，改变瞳孔的大小，调节进入眼内的光线，使视网膜上的物像保持适宜的亮度，以便既可以在光线弱时能看清物体，又可以在光线强时使眼睛不至受到损伤。瞳孔对光反射的效应是双侧性的，即一侧眼被照射时，不仅被照射眼的瞳孔缩小，另一侧眼的瞳孔也缩小，这种现象称为瞳孔的互感性对光反射。

瞳孔对光反射的中枢在中脑，反应灵敏，便于检查，临床上常把它作为判断中枢神经系统病变的部位、全身麻醉的深度和病情危重程度的重要指标。

3. 眼球会聚　当双眼看近物时，会出现两眼视轴同时向鼻侧聚拢的现象，这种现象称为眼球会聚。眼球会聚是由两眼球的内直肌收缩来完成的，是一种反射活动，也称辐辏反射（convergence reflex），受动眼神经中的躯体运动纤维支配。这种反射的意义在于，当看近物时，使物体的成像仍落在两眼视网膜的对称点上，从而产生清晰的视觉，避免复视。

（四）眼的折光能力异常

看近物时，只要物距不小于近点的距离，经过调节也可以看清楚。有些人因折光系统异常或眼球的形态异常，在安静状态下平行光线不能聚焦在视网膜上，这种现象称为折光异常。

1. 近视　近视（myopia）是由于眼球的前后径过长或折光系统的折光力过强（如角膜或晶状体的球面弯曲度过大等）引起的。近视眼看远物时，由远物发来的平行光线不能聚焦在视网膜上，而是聚焦在视网膜之前，故视物不清；当看近物时，由于近物发出的光线呈辐散状，成像位置较靠后，物像便可以落在视网膜上，所以能看清近处物体。矫正近视眼通常使用的办法是佩戴合适的凹透镜，使光线适度辐散后再进入眼内（图9-4）。

2. 远视　远视（hyperopia）是由于眼球前后径过短或折光系统的折光力过弱引起的。远视眼在安静状态下看远物时，形成的物像落在视网膜之后，若是轻度远视，经过适当调节可以看清物体；远视眼看近物时，物像更加靠后，晶状体的调节即使达到最大限度也不能看清。由于远视眼不论看近物还是看远物均需要进行调节，故容易发生调节疲劳。远视眼矫正的办法是佩戴合适的凸透镜（图9-4）。

3. 散光　散光（astigmatism）是由于眼球在不同方位上的折光力不一致引起的。在正常情况下，折光系统的各个折光面都是正球面，即折光面每个方位的曲率半径都是相等的。由于某种原因，某个折光面有可能失去正球面形，这种情况常发生在角膜，即角膜的表面在不同方位上的曲率半径不相等。这样，通过角膜射入眼内的光线就不能在视网膜上形成焦点，导致视物不清。散光眼的矫正办法是佩戴合适的圆柱形透镜，使角膜某一方位的曲率异常情况得到纠正。

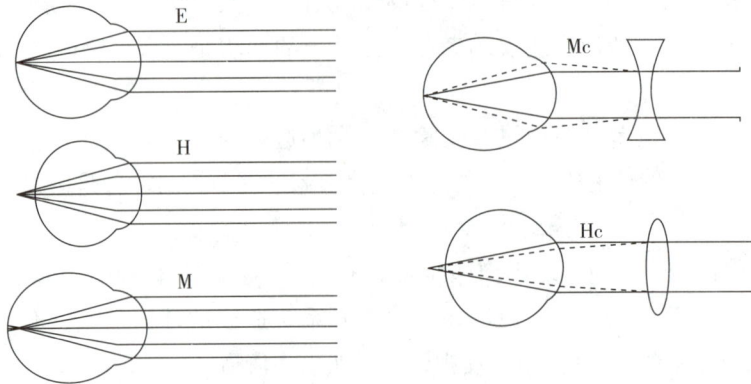

图 9 – 4　眼的折光异常及其矫正

E：正视眼　H：远视眼　M：近视眼

Mc：近视眼的矫正 Hc：远视眼的矫正

（五）房水和眼压

房水（aqueous humor）指充盈于眼的前、后房中的液体。房水来源于血液，由睫状体脉络膜丛产生，生成后由后房经瞳孔进入前房，然后流过前房角的小梁网，经许氏管（Schlemm 管）进入静脉。房水不断生成，又不断回流入静脉，保持动态平衡，称为房水循环。

房水的功能为营养角膜、晶状体及玻璃体，维持一定的眼压。由于房水量的恒定及前、后房容积的相对恒定，因而眼压也保持相对稳定。眼压的相对稳定对保持眼球特别是角膜的正常形状与折光能力具有重要意义。人眼的总折光能力与眼内各折光体都有关系，但最主要的折射发生在空气与角膜接触的界面上，约占总折光能力的 80%。因此，角膜的形状和曲度的改变将明显影响眼的折光能力。若眼球被刺破，会导致房水流失、眼压下降、眼球变形，引起角膜曲度改变。房水循环障碍时（如房水排出受阻）会造成眼压增高，眼压的病理性增高称为青光眼（glaucoma），这时除眼的折光系统出现异常外，还可引起头痛、恶心等全身症状，严重时可导致角膜混浊、视力丧失。

二、眼的感光换能功能

眼的感光系统由视网膜（retina）构成。外界物体的光线，通过折光系统进入眼内并在视网膜上形成物像，这只是一种物理学现象，只有物像被感光细胞所感受，并转变成生物电信号传入中枢，经中枢分析处理后才能形成主观意识上的感觉。此处主要讨论视网膜的感光和换能作用。

（一）视网膜的结构特点

视网膜的结构很复杂，按细胞层次，可把视网膜分为四层。由外向内依次为色素细胞层、感光细胞层、双极细胞层和神经节细胞层（图 9 – 5）。

在视网膜中，能感受光线刺激的是视杆细胞（rod cell）和视锥细胞（cone cell），它们的细胞内都含有大量的感光色素。视杆细胞和视锥细胞在形态上都可分为四部分，由外向内依次为外段、内段、胞体和终足。其中外段是感光色素集中的部位，在感光换能过程中起重要作用。视杆细胞外段呈长杆状，视锥细胞外段呈圆锥状。两种感光细胞都通过终足与双极细胞发生突触联系，双极细胞再和神经节细胞联系，神经节细胞的轴突构成视神经。在视神经穿过视网膜的地方形成视神经乳头，此处无感光细胞分布，故没有感光功能，成为视野中的盲点（blind spot）。如果一个物体的成像正好落在此处，人将看不到该物体。正常时由于用两眼视物，一侧盲点可被另一侧视觉补偿，所以，平时人们并不觉得有盲点的存在。

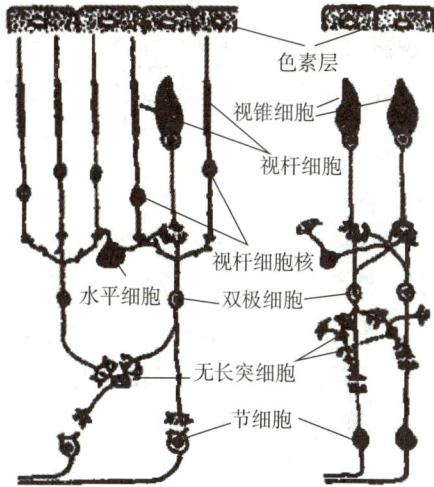

图 9-5 视网膜的细胞层次及其联系

🌐 知识链接

盲点的发现

相传在很久很久以前，有一个国家的国王非常喜欢狩猎。有一天，国王与待卫进山打猎。当国王发现猎物，闭眼瞄准正要开弓射箭时，突然发现站在离他不远处的一名侍卫的脑袋不见了，这使他大为吃惊，马上睁开另一只眼，结果发现侍卫的脑袋又出现了，反复几次均出现上述结果。他感到非常纳闷，不知是何原因。由于当时的科学技术还很落后，无法解释这种现象。随着时间的推移，此事也就渐渐地被人们淡忘了。

现在知道的盲点概念和盲点试验是法国物理学家马略特（Edme Mariotte，1620—1684 年）在 1668 年最先提出来的。当时，马略特叫两个人相距两米对面站着，都只用一只眼睛看旁边的某一物点，这时候出现了一种怪异现象，他们两人都发现对方的脑袋不见了。这个试验，在当时成为轰动一时的奇闻。这就是著名的马略特盲点试验。

（二）视网膜的两种感光换能系统

视锥细胞和视杆细胞在视网膜上的分布并不均匀，在中央凹处的感光细胞几乎全部是视锥细胞，而且视锥细胞与双极细胞、神经节细胞的联系方式多数是一对一的"单线联系"，形成视锥细胞到大脑的"专线"。视杆细胞主要分布在视网膜的周边部分，一般是多个视杆细胞与一个双极细胞联系，再由多个双极细胞与一个神经节细胞联系，形成细胞间传递信息的聚合式通路。因此，分别以视锥细胞与视杆细胞为主构成了两种不同的感光换能系统：视锥系统（retinal cone system）和视杆系统（retinal rod system）。

视锥系统是指由视锥细胞和与它有关的传递细胞（如双极细胞和神经节细胞等）共同组成的感光换能系统。其功能特点是，对光线的敏感性较低，只有在较强的光线刺激下才能发生反应，主要功能是白昼视物；该系统视物时能分辨颜色，有很高的分辨率，对物体的轮廓及细节都能看清。由于视锥系统的主要功能是白昼视物，故视锥系统也称为昼光觉或明视觉（photopic vision）系统。以白昼活动为主的动物，如鸡、鸽等，其视网膜的感光细胞几乎全是视锥细胞。

视杆系统是指由视杆细胞和与它有关的传递细胞（如双极细胞和神经节细胞等）共同组成的感光换能系统。其功能特点是，对光线的敏感度较高，能在昏暗环境中感受弱光刺激而引起视觉。但该系统视物时不能分辨颜色，只能辨别明暗。分辨率较低，视物时的精细程度较差。由于该系统的主要功能是在暗光下视物，故也称晚光觉或暗视觉（scotopic vision）系统。基于上述原因，在光线很暗的情况下，人眼只能看到物体的粗略形象，而看不清其精细结构和色彩。以夜间活动为主的动物，如鼠、猫头鹰等，它们的感光细胞以视杆细胞为主。

（三）视杆细胞的感光换能机制

视盘膜具有一般的脂质双分子层结构，其中镶嵌的蛋白质绝大部分是视紫红质（rhodopsin），每个视盘中所含的视紫红质分子约有 100 万个。视紫红质是视杆细胞内的感光物质。这是一种由视蛋白（opsin）与视黄醛（retinal）共同组成的结合蛋白质，对波长为 500nm（蓝绿色）的光线吸收能力最强。

当光线照射视紫红质时，可使之迅速分解为视蛋白与视黄醛，其颜色也由红色变为黄色，最后变为白色，称为漂白。视黄醛在光照条件下其分子构象会发生改变，这种改变又会引起视蛋白分子构象的变化，经过较复杂的信号传递系统的活动，可诱发视杆细胞产生感受器电位。据测定，视杆细胞的感受器电位是一种超极化的电位。视杆细胞在暗环境中主要存在两种电流，一是由 Na^+ 经过外段膜中的 cGMP 门控阳离子通道（主要允许 Na^+ 通透，也允许少量 Ca^{2+} 通透）内流而产生，这一内向电流可使膜发生去极化；二是由 K^+ 通过内段膜中的非门控钾通道外流所引起，这种外向电流可使膜发生超极化。视杆细胞依靠其内段膜中高密度钠泵的活动，能保持细胞内 Na^+、K^+ 浓度的相对稳定。当视杆细胞受到光照时，可使外段膜上部分 Na^+ 通道关闭，而内段膜中的非门控钾通道仍继续允许 K^+ 外流，因而出现膜的超极化。视杆细胞的这种超极化感受器电位的产生，是使光刺激在视网膜中转换为电信号的关键一步。以这种电位变化为基础，在视网膜内经过复杂的电信号的传递过程，最终诱发神经节细胞产生动作电位，然后传入中枢（图 9-6）。

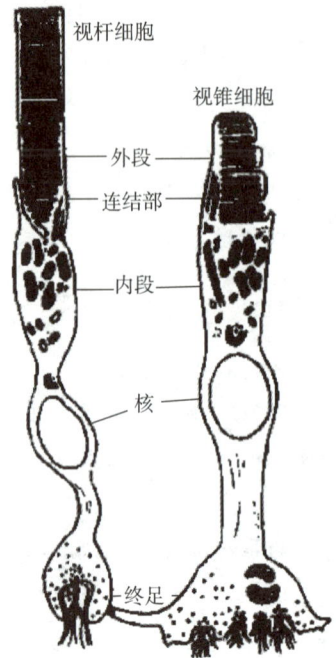

图 9-6　哺乳动物光感受器细胞示意图

在生理情况下，视紫红质既有分解过程，又有合成过程，两者处于动态平衡状态。维生素 A 与视黄醛的化学结构相似，经代谢可转变成视黄醛。在视紫红质分解与再合成的过程中，总有一部分视黄醛被消耗，要靠体内贮存的维生素 A 来补充（相当部分贮存于肝）。体内贮存的维生素 A 最终要从食物中获得，如果长期维生素 A 摄入不足，就会影响人在暗光下的视力，引起夜盲（nyctalopia）。

（四）视锥细胞的感光原理与色觉

视锥细胞的感光原理与视杆细胞相似。视锥细胞的外段具有与视杆细胞类似的盘状结构，也含有特殊的感光色素。大多数脊椎动物都具有三种不同的感光色素，分别存在于三种不同的视锥细胞中。视锥细胞的视色素也是由视蛋白和视黄醛结合而成，只是视蛋白的分子结构略有不同。由于视蛋白分子结构中的这种差别，决定了这三种感光色素对不同波长的光线最敏感，即分别对红、绿、蓝三种颜色的光线最敏感。

辨别颜色是视锥细胞的重要功能。色觉（color vision）是由于不同波长的光线作用于视网膜后在人脑引起的主观感觉，这是一种复杂的物理和心理现象。人眼可区分波长在 370~740nm 之间的约 150 种颜色，但主要是光谱上的红、橙、黄、绿、青、蓝、紫 7 种颜色。关于颜色视觉的形成，早在 19 世纪初期，Young 和 Helmholtz 就提出视觉的三原色学说（trichromatic theory）。该学说认为，当不同波长的光线照射视网膜时，会使三种视锥细胞以一定的比例兴奋，这样的信息传到中枢，就会产生不同颜色的感觉。例如，红、绿、蓝三种视锥细胞兴奋程度的比例为 4 : 1 : 0 时，产生红色的感觉；三者的比例为 2 : 8 : 1 时，产生绿色的感觉；当三种视锥细胞受到同等程度的三色光刺激时，将引起白色的感觉。

三原色学说可以较好地解释色盲（color blindness）和色弱的发生机制。色盲是一种色觉障碍，对全部颜色或部分颜色缺乏分辨能力，因此色盲可分为全色盲或部分色盲。全色盲的人表现为不能分辨任何颜色，只能分辨光线的明暗，呈单色视觉。全色盲的人很少见，较为常见的是部分色盲。部分色盲又可分为红色盲、绿色盲和蓝色盲，可能是由于缺乏相应的某种视锥细胞造成的。其中最多见的是红色盲和绿色盲，统称为红绿色盲，表现为不能分辨红色和绿色。色盲绝大多数是由遗传因素引起的，只有极少数是由视网膜的病变引起的。有些色觉异常的产生并不是由于缺乏某种视锥细胞，而只是由于某种视锥细胞的反应能力较弱引起的。这样，会使患者对某种颜色的识别能力较正常人稍差，这种色觉异常称为色弱。色弱常由后天因素引起。

（五）视网膜中的信息传递

由视杆细胞和视锥细胞在接受光照后所产生的感受器电位，在视网膜内要经过复杂的细胞网络的传递，才能由神经节细胞产生动作电位。已知感光细胞、双极细胞和水平细胞均不能产生动作电位，只是产生超极化或去极化的局部电位变化。当这些电位扩布到神经节细胞时，通过总和作用，可使神经节细胞的静息电位发生去极化反应，当达到阈电位水平时，就会产生动作电位，并作为视网膜的最后输出信号由视神经传向中枢，经视觉中枢的分析处理，最终产生主观意识上的视觉。

三、与视觉有关的生理现象

（一）视力

视力也称视敏度（visual acuity），是指眼对物体细微结构的分辨能力，也就是分辨物体上两点最小距离的能力。视力的好坏通常以视角（visual angle）的大小作为衡量标准。所谓视角，是指物体上的两个点发出的光线射入眼球后，在节点上相交时形成的夹角。眼睛能辨别物体上两点所构成的视角越小，表示视力越好。视网膜上物像的大小与视角的大小有关，当视角为 1 分（1/60 度）时，在视网膜上所形成的两点物像之间的距离为 5μm，此时两点间刚好隔着一个未被兴奋的视锥细胞，当冲动传入中枢后，就会产生两点分开的感觉。因此，视角为 1 分的视力为正常视力。视力表就是根据这个原理设计的，安放在 5m 远处的视力表，其中字形或图形的缺口为 1.5mm 时，所形成的视角为 1 分。此时能看清楚者，说明其视力是正常的，按国际标准视力表表示为 1.0，按对数视力表表示为 5.0。由于中央凹处的视锥细胞较密集，直径较小，所以，视力可大于此数值。

（二）视野

单眼固定注视前方一点时，该眼所能看到的最大空间范围，称为视野（visual field）。正常人的视野受面部结构的影响，鼻侧和上方视野较小，颞侧和下方视野较大。各种颜色的视野也不一致，白色视野最大，黄色、蓝色次之，红色再次之，绿色视野最小。临床上检查视野，可帮助诊断视网膜或视觉传导通路上的某些疾病。

（三）暗适应与明适应

1. 暗适应　从明亮的地方突然进入暗处，起初对任何都看不清楚，经过一定时间后，视觉敏感度逐渐升高，在暗处的视觉逐渐恢复。这种突然进入暗环境后视觉逐渐恢复的过程称为暗适应（dark adaptation）。在暗适应过程中，人眼对光线的敏感度是逐渐升高的。在暗室中测定人眼感知最弱光线的阈值时，可看到在暗处此阈值将随着时间的推移而逐渐降低。

暗适应的过程虽然与视锥细胞的感光色素也有关系，但主要决定于视杆细胞的视紫红质。视紫红质的合成和分解过程与光照的强度有直接关系，光线越强，分解的速度越大于合成的速度，所以，在亮处时，由于受到强光的照射，视杆细胞中的视紫红质大量分解，使视紫红质的贮存量很小，到暗处后不足以引起对暗光的感受；而视锥细胞对弱光又不敏感，所以，进入暗环境的开始阶段什么也看不清。待一定时间后，由于视紫红质的合成，使视紫红质的含量得到补充，对暗光的敏感度逐渐提高，于是视力逐渐恢复。视紫红质的浓度与光敏感度的对数成正比，因此，视紫红质的含量只要稍有减少，光敏感度就会大大降低。如果暗适应能力严重下降，将造成夜盲症。这种人白天视物正常，而到了黄昏时候就看不清物体。食物中维生素 A 供应不足是引起夜盲症最常见的原因。

2. 明适应　从暗处突然来到亮处，最初只感到耀眼的光亮，看不清物体，稍待片刻才能恢复正常视觉。这种突然进入明亮环境后视觉逐渐恢复正常的过程称为明适应（light adaptation）。明适应较快，约 1 分钟即可完成。其产生机制是，在暗处视杆细胞内蓄积的大量视紫红质，到亮处时遇强光迅速分解，因而产生耀眼的光感。待视紫红质大量分解后，视锥细胞便承担起在亮光下的感光任务，于是，明适应过程完成。

（四）视后像和融合现象

注视一个光源或较亮的物体，然后闭上眼睛，这时可感觉到一个光斑，其形状和大小均与该光源或物体相似，这种主观的视觉后效应称为视后像。如果给以闪光刺激，则主观上的光亮感觉的持续时间比实际的闪光时间长，这是由于光的后效应所致。后效应的持续时间与光刺激的强度有关，如果光刺激很强，视后像的持续时间也较长。

如果用重复的闪光刺激人眼，当闪光频率较低时，主观上常能分辨出一次又一次的闪光。当闪光频率增加到一定程度时，重复的闪光刺激可引起主观上的连续光感，这一现象称为融合现象（fusion phenomenon）。融合现象是由于闪光的间歇时间比视后像的时间更短而产生的。

（五）双眼视觉和立体视觉

两眼观看同一物体时所产生的感觉为双眼视觉（binocular vison）。人和高等哺乳动物的两眼都在头面部的前方，两眼视野有很大一部分是重叠的。双眼视物时，两眼视网膜各形成一个完整的物像，两眼视网膜的物像又各自按照自己的神经通路传向中枢。但正常时，人在感觉上只产生一个物体的感觉，而不产生两个物体的感觉。这是由于从物体同一部分发出的光线，成像于两眼视网膜的对应点上。例如注视某物体时，两眼的黄斑互为对应点，左眼的颞侧视网膜与右眼的鼻侧视网膜互相对应，左眼的鼻侧视网膜和右眼的颞侧视网膜也互相对应。

双眼视觉可以扩大视野，互相弥补单眼视野中的生理性盲点，并可产生立体感。一般说来，在用单眼视物时，只能看到物体的平面，即只能感觉到物体的大小。在用双眼视物时，不但能感觉到物体的大小，而且还能感觉到距离物体的远近和物体表面的凹凸情况，即形成所谓的立体视觉（stereoscopic vision）。立体视觉形成的原因，主要是因为同一物体在两眼视网膜上形成的像并不完全相同，左眼看到物体的左侧面较多些，右眼看到物体的右侧面较多些。

四、视觉传入途径与视皮层的视觉分析功能

来自视网膜视觉信息投射到 3 个皮层下结构，其中主要为丘脑的外侧膝状体。左侧枕叶皮层接受来自左眼颞侧和右眼鼻侧视网膜的传入纤维的投射，而右侧枕叶皮层接受来自右眼颞侧和左眼鼻侧视网膜的传入纤维的投射。视觉代表区在枕叶皮层内侧面的距状裂的上下缘（17 区）。视网膜的上、下半部分

别投射到距状裂的上、下缘；视网膜中央黄斑区投射到距状裂的后部。电刺激大脑距状裂的上、下缘，可以使受试者产生主观感觉，但不能引起完善的视觉形象。

第三节 听 觉

听觉（hearing）的适宜刺激是物体振动时发出的声波，被耳蜗中的毛细胞感受，经蜗神经传入中枢，最后经大脑皮层分析处理产生主观上的听觉。听觉对许多动物适应环境起着重要作用。在人类，语言是人们互通信息、交流思想的重要工具。因此，听觉对人们认识自然界和参与社会活动具有重要的意义。

一、外耳和中耳的集音和传音功能

（一）外耳的功能

外耳由耳廓和外耳道组成。耳廓有集音作用，还可帮助判断声源方向。外耳道是声波传入内耳的通路，并对声波产生共振作用。

（二）中耳的功能

中耳主要包括鼓膜、鼓室、听骨链和咽鼓管等结构，其主要功能是将声波振动能量高效地传给内耳，其中鼓膜和听骨链在声音传递过程中还起增压作用。

1. 鼓膜 鼓膜（tympanic membrane）为椭圆形半透明薄膜，面积为 $50 \sim 90 mm^2$。鼓膜的形态和结构特点，使它具有较好的频率响应和较小的失真度，它的振动可与声波振动同始同终，很少有残余振动，有利于声波振动如实地传递给听骨链。

2. 听骨链 听骨链（ossicular chain）由三块听小骨构成，从外到内依次为锤骨、砧骨和镫骨，锤骨柄附着于鼓膜的脐部，镫骨底板和前庭窗膜相连。三块听小骨之间有关节相连，形成一个两臂之间呈固定角度的杠杆系统。其中，锤骨柄为长臂，砧骨长突为短臂，支点的位置刚好在整个听骨链的重心上，因此，在能量传递过程中惰性最小，效率最高。

声波在由鼓膜经过听骨链向前庭窗的传递过程中，可使振动的振幅减小而使压强增大，这样，即可提高传音效率，又可避免对内耳和前庭窗膜造成损伤。使压强增大的原因主要有两个方面：一方面是由于鼓膜面积和前庭窗膜面积的差别造成的，另一方面是由于听骨链的杠杆原理（长臂与短臂长度的差别）造成的。通过以上两方面的共同作用后，前庭窗上的振动压强将是鼓膜上的 22 倍左右，从而大大提高了声波传递的效率。

3. 咽鼓管 咽鼓管（eustachian）是连通鼓室和鼻咽部的小管道，也称耳咽管，借此使鼓室内的空气与大气相通。在通常情况下，其鼻咽部的开口处于闭合状态，在吞咽或打哈欠时，由于鼻咽部某些肌肉的收缩，可使管口开放。咽鼓管的主要功能是调节鼓室内空气的压力，使之与外界大气压保持平衡，这对于维持鼓膜的正常位置、形状和振动性能具有重要意义。如果由于某种原因（如炎症等）使咽鼓管发生阻塞，鼓室内原有空气被组织吸收，使鼓室内压力降低，引起鼓膜内陷，会使听力受到影响（图 9 - 7）。

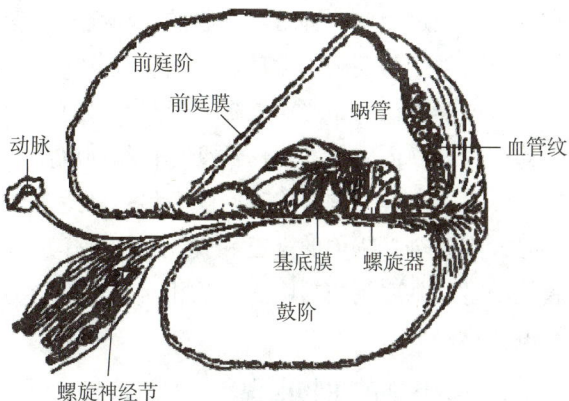

前庭阶
前庭膜
蜗管
动脉
血管纹
基底膜
螺旋器
鼓阶
螺旋神经节

图 9 - 7 耳蜗管的横断面图

（三）声波传入内耳的途径

声波必须传入内耳的耳蜗，才能刺激听觉感受器，进而引起听觉。声波传入内耳的途径有两种：气传导和骨传导。

1. 气传导　声波经外耳道空气传导引起鼓膜振动，再经听骨链和前庭窗传入耳蜗，这种传导方式称为气传导（air conduction），也称气导。气传导是引起正常听觉的主要途径。在前庭窗的下方有一蜗窗，其正常生理作用是缓冲内耳淋巴液的压力变化，有利于耳蜗对声波的感受。但是，当正常气传导途径的结构损坏时，如鼓膜大穿孔、听骨链严重病变等，此时声波也可通过外耳道和鼓室内的空气传至蜗窗，经蜗窗传至耳蜗，使听觉功能得到部分代偿。

2. 骨传导　声波直接引起颅骨的振动，从而引起耳蜗内淋巴的振动，这种传导方式称为骨传导（bone conduction），也称骨导。在正常情况下，骨传导的效率比气传导的效率低得多，所以人们几乎感觉不到它的存在。在平时，我们接触到的一般的声音，不足以引起颅骨的振动。只有较强的声波，或者是自己的说话声，才能引起颅骨较明显的振动。例如，我们会有这样的感受：用录音机录制好自己的说话声，播放时，尽管在别人听来感到非常逼真，但自己听起来，总感觉不像自己的声音，这主要是由于骨传导在两者中所起的作用不同造成的。

在临床工作中，常用音叉检查患者气传导和骨传导的情况，帮助诊断听觉障碍的病变部位和性质。例如，当外耳道或中耳发生病变时，气传导途径受损，引起的听力障碍称为传音性耳聋，此时气传导的作用减弱而骨传导的作用相对增强；当耳蜗发生病变时，所引起的听力障碍称为感音性耳聋，此时气传导和骨传导的作用均减弱。

二、内耳耳蜗的感音功能

（一）耳蜗的结构

内耳由耳蜗（cochlea）和前庭器官（vestibular organ）两部分组成，其中感受声音的装置位于耳蜗内，耳蜗的功能是感音换能，前庭器官的功能将在下一节中叙述。

耳蜗内有一条长约30mm的基底膜，沿耳蜗的管道盘曲成螺旋状，声音感受器就附着在基底膜上，称为螺旋器或柯蒂器（organ of Corti），其横断面上可见数行纵向排列的毛细胞，每个毛细胞的顶部都有50~150条排列整齐的听毛，有些较长的听毛其顶端埋植在盖膜（rectorial membrane）的胶冻状物质中，这些装置共同构成感受声波的结构基础。

（二）耳蜗的感音换能作用

内耳的感音作用是把传到耳蜗的机械振动转变为蜗神经的神经冲动，即将机械能转换为生物电能。在这一转变过程中，耳蜗基底膜的振动起着关键作用。

目前常用基底膜的振动和行波学说（travelling wave theory）来解释耳蜗是如何分析声音的频率和强度的。该学说认为，当声波振动通过听骨链到达前庭窗时，如镫骨的运动方向是压向前庭窗膜的，就会引起前庭窗膜内陷，并将压力变化传给前庭阶的外淋巴（perilymph），再依次传到前庭膜和蜗管的内淋巴（endolymph），进而使基底膜下移，最后是鼓阶的外淋巴压迫蜗窗膜向外凸起。相反，当前庭窗膜外移时，则整个耳蜗内的淋巴和膜性结构均作反方向的移动。如此反复，便形成了基底膜的振动。在基底膜振动时，基底膜与盖膜之间的相对位置也会随之发生相应的变化，于是，使毛细胞受到刺激而引起生物电变化。

（三）耳蜗的生物电现象

基底膜的振动引起螺旋器上毛细胞顶部听毛的变形，这种机械变化会引起耳蜗及与之相连的神经纤维产生一系列的电变化。据实验研究，耳蜗神经的电变化主要有三种：第一种是未受声波刺激时的耳蜗静息电位；第二种是受到声波刺激时耳蜗产生的微音器电位；第三种是由耳蜗微音器电位引发的蜗神经的动作电位。

1. 耳蜗静息电位　在耳蜗未受到声波刺激时，从内耳不同部位的结构中，可以引导出电位差。如将参考电极接地并插入鼓阶（存在外淋巴），使之保持零电位，将测量电极插入蜗管内（存在内淋巴），可测得电位为 $+80mV$，此为内淋巴电位。如将测量电极插入螺旋器的毛细胞内，可引导出 $-70mV$ 的电位，为毛细胞的静息电位。这样蜗管内（$+80mV$）与毛细胞内（$-70mV$）的静息电位差就是 $150mV$。耳蜗静息电位是产生其他电变化的基础。

2. 耳蜗微音器电位　当耳蜗受到声波刺激时，在耳蜗及其附近的结构中，可记录到电变化。耳蜗所产生的这种电位变化称为耳蜗微音器电位（cochlear microphonic potential，CM）或耳蜗微音电位，其特点是它的波形和频率与作用的声波完全相同。如果我们对着动物的耳廓讲话，同时记录微音器电位，并将记录到的电位变化通过放大器连接到扬声器上，便可从扬声器中听到我们讲话的声音。这说明耳蜗起着微音器的作用，可以把声波振动转换成相应的电信号。耳蜗微音器电位并不是蜗神经的动作电位，其反应不是"全或无"性质的。微音器电位的潜伏期极短，小于0.1毫秒，没有不应期，可以总和。它对缺氧和麻醉不敏感，因此，动物死亡后在一定时间内仍可记录到。

3. 蜗神经动作电位　这是耳蜗对声音刺激的一系列反应中最后出现的电变化。它是由耳蜗毛细胞的微音器电位触发产生的。

蜗神经动作电位是耳蜗对声波刺激进行换能和编码作用的总的结果，它的作用是传递声音信息。蜗神经动作电位的波幅和形状并不能反映声音的特性，但它可以通过神经冲动的节律、间隔时间以及发放冲动的纤维在基底膜上起源的部位等，来传递不同形式的声音信息。作用于人耳的声波是多种多样的，由此所引起的蜗神经纤维的冲动及其序列的组合也是十分复杂的，传入中枢后，人脑便可依据其中特定的规律而区分不同的音量、音调、音色等信息，不过目前有关这方面的知识了解得还很少。

耳蜗与蜗神经的生物电现象可归纳为：耳蜗在没有声音刺激时存在静息电位，当有声音刺激时，在静息电位的基础上，使耳蜗毛细胞产生微音器电位，进而触发蜗神经产生动作电位，该神经冲动沿着蜗神经传入听觉中枢，经分析处理后引起主观上的听觉。

💡 **知识拓展**

人工耳蜗

人工耳蜗技术开始于20世纪50年代，经过几十年的发展，特别是随着近年来生物医学工程等高新技术的出现，已经从实验研究进入临床应用，成为目前全聋患者恢复听觉的唯一有效的治疗方法。

传导性耳聋可采用手术方法治疗，感音神经性耳聋（除突发性耳聋外）则用药物或手术方法均没有效果。治疗中、重度感音神经性耳聋，通常采用选配合适的助听器来恢复其听觉功能。助听器的作用是将声音的音量放大，利用患者残余的听力使他们听到外界声音。对于没有残余听力的全聋患者则没有多大帮助。人工耳蜗利用植入内耳的电极，绕过内耳受损的部分，用电流直接刺激听神经，可使患者重获听觉，这是助听器无法做到的。无论儿童还是成人，当无法借助助听器时，应尽快接受人工耳蜗植入。一般来说，听力丧失时间越短手术后效果越好。时间拖久了，听觉神经退变加重，将会增加语言训练难度，影响效果。

三、听阈和听域

声音起源于发音体的振动，但不是所有的物体振动都能被人耳听到，必须是在一定频率和强度范围内的振动，才能使人产生正常的听觉。人类能听到的频率范围为 20 ~ 20000Hz，低于 16Hz 或高于 20000Hz 的振动波人耳都听不到；即便是在上述范围内，对于每种频率的声波，都有一个产生听觉所必需的最低振动强度，称为听阈（auditory threshold）。如果振动频率不变，振动强度在听阈以上增加时，听觉的感受也会增强，但超过一定限度时，人所感受到的就不再是正常的听觉，也就是说，不能再正常地感受声波中所包含的各种信息，而且还会产生鼓膜的疼痛感，这个限度称为最大可听阈（maximal auditory threshold）。每一频率的声波都有其特定的听阈和最大可听阈，如果以频率为横坐标，以声波的强度为纵坐标，将每一频率的听阈和最大可听阈分别接起来，可绘制出人耳对声波频率和强度的感受范围的坐标图（图 9 - 8），图中下方曲线为不同频率的听阈，上方曲线为不同频率的最大可听阈，二者所包括的范围称为听域（audibue area），也称听力范围，即人耳所能感受到的声音的频率和强度的范围。从图中可以看出，正常人在声音频率为 1000 ~ 3000Hz 时听阈最低，也就是听觉最敏感。随着音频的升高或降低，听阈都会升高，听觉变得不敏感。

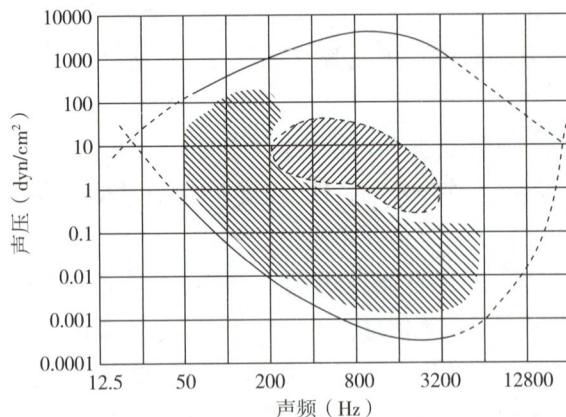

图 9 - 8　人的正常听阈图

在听觉生理中，通常以分贝（dB）作为声音强度的相对单位。一般讲话的声音，其强度在 30 ~ 70dB 之间，大声喊叫时可达 100dB。在日常生活中人们常接触到噪音，噪音是指杂乱无章的非周期性振动所产生的声音，噪音的强度一般在 60dB 以上，对人的工作、学习和休息都有不良影响，长期受噪音的刺激，对听觉是一种缓慢的损害，可使听力下降，形成噪音性耳聋，并可引起神经、内分泌等系统的功能失调。因此，在工作和生活中应注意环境保护，尽量消除和减少噪音污染，防止噪音对听觉等功能的损害。

第四节　前庭器官

内耳迷路中的椭圆囊、球囊和三个半规管合称为前庭器官（vestibular organ）。从结构上看，它们是内耳的一部分，但在功能上不属于听觉器官，它们感受的是人体在空间的位置以及运动情况。当人体处于静止状态时，可通过它们感受头部在空间的位置；当人体做直线或旋转运动时，也可通过它们感受身体运动的状况。由前庭器官引起的这些感觉统称为前庭感觉。前庭器官传至中枢的信息，与其他传入信息如视觉、躯体深部感觉及皮肤感觉等一起，在调节肌肉的紧张性和维持身体的平衡中起着重要的作用。

一、前庭器官的感受细胞

椭圆囊、球囊和半规管内的感受细胞都称为毛细胞，它们具有类似的结构和功能。每个毛细胞顶部通常都有 60~100 条纤细的毛，称为纤毛，按一定的形式排列；其中最长的一条叫动毛，位于一侧边缘部，其余的都叫静毛，相对较短，呈阶梯状排列。用电生理学方法证明，当外力使这些纤毛倒向一侧时，位于毛细胞底部的神经纤维上就有冲动频率的变化。在一个半规管壶腹中的毛细胞上做实验，当动毛和静毛都处于自然状态时，细胞膜内存在着约 -80mV 的静息电位，毛细胞底部的神经纤维上有中等频率的持续放电；当外力使顶部纤毛倒向动毛侧时，毛细胞出现去极化，膜内电位上移到 -60mV，同时神经纤维上冲动发放频率增加；与此相反，当外力使顶部纤毛倒向静毛侧时，毛细胞出现超极化，膜内电位下移到 -120mV，同时神经纤维上冲动发放频率减少。上述现象是前庭器官中所有毛细胞感受刺激的一般规律。在正常情况下，由于前庭器官中各种毛细胞的所在位置和附属结构的不同，使得不同形式的位置变化和变速运动都能以特定的方式影响毛细胞纤毛的倒向，使相应的神经纤维的冲动发放频率发生改变，把机体运动状态和头在空间位置的信息传送到中枢，引起特殊运动觉和位置觉，并出现各种躯体和内脏功能的反射性改变。

二、半规管的功能

半规管共有三个，它们各自所处的平面都互相垂直。每个半规管的一端有一个膨大的部分，称为壶腹。壶腹内有一块隆起的结构，称为壶腹嵴。壶腹嵴中含有一排毛细胞，面对管腔。毛细胞上动毛和静毛的相对位置是固定的。当管腔内的内淋巴由管腔流向壶腹时，壶腹嵴受冲击的方向正好是使毛细胞顶部的纤毛由静毛向动毛一侧弯曲，于是引起该壶腹嵴向中枢发放的神经冲动增加。当壶腹内的内淋巴流向管腔时，情况相反，该壶腹嵴向中枢发放的神经冲动减少。

半规管的功能是感受旋转变速运动。当身体围绕不同方向的轴做旋转运动时，相应半规管壶腹中的毛细胞因管腔中内淋巴的惯性运动而受到冲击，顶部纤毛向某一方向弯曲；当旋转停止时，又由于管腔中内淋巴的惯性作用，使顶部纤毛向相反方向弯曲。这些信息经前庭神经传入中枢，可引起眼震颤和躯体、四肢骨骼肌紧张性的改变，以调整姿势，保持平衡；同时冲动上传到大脑皮层，引起旋转的感觉。

三、椭圆囊和球囊的功能

椭圆囊和球囊是膜质的小囊，内部充满内淋巴液，囊内各有一个特殊的结构，分别称为椭圆囊斑和球囊斑，两种囊斑的结构相似。毛细胞存在于囊斑之中，其纤毛埋植在一种称为位砂膜的结构内。位砂膜内含有许多微细的含位砂的胶质板，主要由蛋白质和碳酸钙组成，其比重大于内淋巴。椭圆囊中的囊斑和球囊中的囊斑所处的空间状态有所不同。当人体直立时，椭圆囊的囊斑处于水平位，即毛细胞的纵轴与地面垂直，顶部朝上，位砂膜顶在纤毛的上方；球囊的囊斑则处于垂直位，毛细胞的纵轴与地面平行，顶部朝外，位砂膜悬在纤毛的外侧。

椭圆囊和球囊的功能是感受头部的空间位置和直线变速运动。因为在这两种囊斑中，各个毛细胞顶部的静毛和动毛相对位置都不相同，因此，能够感受各个方向上的变化。当头部的空间位置发生改变时，由于重力的作用，位砂膜与毛细胞的相对位置会发生改变；或者躯体作直线变速运动时，由于惯性的作用，位砂膜与毛细胞的相对位置也会发生改变。以上两种情况均可使纤毛发生弯曲，倒向某一方向，从而使相应的传入神经纤维发放的冲动发生变化，这种信息传入中枢后，可产生头部空间位置的感觉或直线变速运动的感觉，同时引起姿势反射，以维持身体平衡。

四、前庭反应

当前庭器官受刺激而兴奋时，其传入冲动到达有关的神经中枢后，除引起一定的位置觉、运动觉以外，还能引起各种不同的骨骼肌和内脏功能的改变，这种现象称为前庭反应。

（一）前庭器官的姿势反射

当进行直线变速运动时，可刺激椭圆囊和球囊，反射性地改变颈部和四肢肌紧张的强度。在做旋转变速运动时，也可刺激半规管，反射性地改变颈部和四肢肌紧张的强度，以维持姿势的平衡。例如，当人体向左侧旋转时，可反射性地引起左侧上、下肢伸肌和右侧屈肌的肌紧张加强，使躯干向右侧偏移，以防歪倒；而旋转停止时，可使肌紧张发生反方向的变化，使躯干向左侧偏移。当发生直线变速运动或旋转变速运动时，产生的姿势反射的结果，常同发动这些反射的刺激相对抗，其意义在于有利于使机体尽可能地保持在原有空间位置上，以维持一定的姿势和平衡。

（二）前庭器官的内脏反应

人类前庭器官受到过强或过久的刺激，常可引起自主神经系统的功能反应，表现出一系列相应的内脏反应，如恶心、呕吐、眩晕、皮肤苍白、心率加快、血压下降等现象。在有些人，这种现象特别明显，出现晕车、晕船等症状，可能是其前庭器官的功能过于敏感的缘故。

（三）眼震颤

躯体做旋转运动时，眼球可出现一种特殊的往返运动，这种现象称为眼震颤。眼震颤主要是由于半规管受刺激引起的，它可反射性地引起眼外肌的规律性活动，从而造成眼球的规律性往返运动。在生理情况下，两侧水平半规管受刺激时（如绕身体纵轴旋转），引起水平方向的眼震颤，上半规管受刺激时（如侧身翻转），引起垂直方向的眼震颤，后半规管受刺激时（如前、后翻滚），可引起旋转性眼震颤。水平方向眼震颤，表现为眼球由一侧向另一侧的水平运动，根据移动速度分为慢动相和快动相。慢动相的方向与旋转方向相反，是前庭器官受刺激进而引起前庭反射的结果，属于眼球跟随运动；快动相的方向与旋转方向一致，是继慢动相后眼肌牵张反射引起的中枢矫正性眼球运动。因快动相便于观察，故临床通常将快动相所指方向作为眼震颤的方向。临床上通过检查眼震颤的方法，来判断前庭器官的功能是否正常。

第五节　嗅觉与味觉

一、嗅觉

（一）嗅觉感受器

嗅觉（olfaction）是一种由物体发散于空气中的物质微粒作用于鼻腔上的感受细胞而引起的知觉。嗅觉的感受器位于上鼻道及鼻中隔后上部的嗅上皮（olfactory epithelium）中，嗅细胞的黏膜表面带有纤毛，可以同有气味的物质相接触。嗅觉感受器的适宜刺激是空气中有气味的化学物质，即嗅质（odorants）。

（二）嗅觉的特点与传入途径

自然界能引起嗅觉的气味物质可达两万余种，而人类只能分辨和记忆一万种不同的气味。嗅觉的适应较快，当某种气味突然出现时，可引起明显的嗅觉，如果这种气味的物质继续存在，感觉便很快减弱，甚至消失，所谓"入芝兰之室，久而不闻其香，入鲍鱼之肆，久而不闻其臭"就是嗅觉适应的典型例子。

通过呼吸，空气中的化学物质分子被嗅上皮部分的黏液吸收，并扩散到嗅细胞的纤毛，与纤毛表面膜上的特异受体结合，引起感受器细胞去极化，并以电紧张方式扩布至感受器细胞的轴丘处，产生动作电位，动作电位沿轴突传向嗅球，进而传向更高级的嗅觉中枢，引起嗅觉。

二、味觉

（一）味觉感受器

味觉（gustation）指的是能够感受物质味道的能力。味觉的感受器是味蕾（taste bud），主要分布在舌背部的表面和舌缘，口腔和咽部黏膜的表面也有散在的味蕾存在。每一个味蕾都由味细胞（gustatory cell）、支持细胞和基底细胞组成。味觉感受器的适宜刺激是食物中有味道的物质，即味质（tastant）。味觉感受器也是一种快适应感受器。

（二）味觉的特点与传入途径

味觉是一种受到直接化学刺激而产生的感觉，由五种味道—酸、甜、苦、咸和鲜组成，味觉强度与物质的浓度有关，浓度越高，所产生的味觉越强。味觉的敏感度往往受食物或刺激物本身温度的影响，敏感度随年龄的增长而下降。

味觉感受器没有轴突，味细胞产生的感受器电位通过突触传递引起感觉神经末梢产生动作电位，传向味觉中枢，中枢可能通过来自传导五种基本味觉的专用线路上神经信号的不同组合来认知基本味觉以外的各种味觉。

三、嗅觉与味觉的中枢分析

嗅觉中枢包括梨状区皮层前部和杏仁核的一部分，随进化而逐渐缩小。刺激人脑的相应区域可引起受试者产生特殊主观嗅觉。味觉中枢位于中央后回头面部感觉投射区之下侧，相当于脑岛顶叶盖区。

目标检测

答案解析

单项选择题

1. 当某一恒定刺激持续作用于感受器时，其传入神经纤维上动作电位频率会逐渐下降的现象称为感受器的

   A. 适应　　　　　　　　　B. 传导阻滞　　　　　　　　C. 抑制

   D. 疲劳　　　　　　　　　E. 传导衰减

2. 眼的折光系统中，折射能力最大的界面是

   A. 空气 – 角膜前表面界面　　　　　B. 角膜后表面 – 房水界面

   C. 房水 – 晶状体前表面界面　　　　D. 晶状体后表面 – 玻璃体界面

   E. 玻璃体 – 视网膜界面

3. 视近物时使成像落在视网膜上的主要调节活动是

   A. 角膜曲率半径变小　　　　　　　B. 晶状体前、后表面曲率半径变大

   C. 眼球前后径增大　　　　　　　　D. 房水折光指数增高

   E. 瞳孔变大

4. 夜盲症发生的原因是

    A. 视蛋白合成障碍　　　　　B. 维生素 A 过多　　　　　C. 视紫红质过多

    D. 视紫红质不足　　　　　　E. 视黄醛过多

5. 颜色视野范围最大的是

    A. 红色　　　　　　　　　　B. 绿色　　　　　　　　　　C. 白色

    D. 黄色　　　　　　　　　　E. 蓝色

6. 老视发生的原因主要是

    A. 角膜曲率改变　　　　　　B. 角膜透明度改变　　　　　C. 晶状体弹性减弱

    D. 晶状体透明度改变　　　　E. 房水循环障碍

7. 正常人听觉最敏感的声音频率的范围是

    A. 100～6000Hz　　　　　　B. 1000～3000Hz　　　　　C. 20～20000Hz

    D. 1000～10000Hz　　　　　E. 5000～20000Hz

8. 关于耳蜗微音器电位的叙述，错误的是

    A. 与声音振动频率不一致　　B. 没有不应期　　　　　　　C. 对缺氧相对不敏感

    D. 潜伏期极短　　　　　　　E. 听神经纤维变性时仍能出现

9. 关于嗅觉感受器的叙述，不正确的是

    A. 嗅觉感受器主要位于鼻腔深部

    B. 嗅细胞是嗅觉感受器

    C. 嗅细胞实际是双极神经细胞

    D. 对某种气味适应后，对其他气味的敏也降低

    E. 嗅细胞的纤毛表面具有对某种分子结构有特殊结合能力的受体或位点

10. 人类能分辨的味觉中，下列哪种不属于基本味觉？

    A. 酸　　　　　　　　　　　B. 甜　　　　　　　　　　　C. 苦

    D. 咸　　　　　　　　　　　E. 辣

（刘红霞）

书网融合……

本章小结　　　　　题库

第十章 神经系统生理

📖 **学习目标**

1. 掌握 神经纤维传导兴奋的特征；化学性突触传递的基本过程和特征；神经递质的分类、作用和受体；大脑皮层的感觉分析功能；躯体感觉投射系统；牵涉痛；肌牵张反射；脊髓运动神经元；脊休克；脑干对肌紧张的调节；大脑运动皮层；运动传出通路；自主神经的功能特征。

2. 熟悉 神经元间信息传递的形式；中枢神经元的联系方式；中枢抑制；丘脑核团；脊髓感觉传导功能；小脑和基底神经节的功能；各级中枢对内脏活动的调节；自主神经系统的结构特征；脑电活动、觉醒与睡眠时相。

3. 了解 神经元和神经胶质细胞的一般功能；非化学性突触传递；运动单位；中枢对躯体内脏感觉的分析；内脏感觉传入通路与皮层代表区；皮层诱发电位和觉醒与睡眠的机制；中枢神经与本能行为、情绪的关系；脑的高级功能。

4. 学会递质的相关知识，具备分析临床有机磷农药中毒相关治疗原则的能力；学会感觉传导途径，具备分析传导障碍的能力；具备分析运动通路受损伤后机体功能变化及其机制的能力；学会内脏痛（牵涉痛）与体表痛的相关知识，具备分析临床常见牵涉痛的能力；学会分析交感神经与副交感神经兴奋性增大时内脏器官所出现的功能变化，具备从语言功能障碍的表现分析受损脑区的能力。

神经系统（nervous system）是整体内起主导作用的调节系统。人体是一个极为复杂的有机体，各器官、系统之间互相联系、互相制约，且功能都直接或间接地受神经系统调控。由于人体所处的内外环境不断变化，所以需要通过神经系统对体内各器官、系统功能不断进行迅速而完善的调节，以适应内外环境的变化，实现机体与环境的相互作用与统一。当神经系统功能活动发生异常时，可引起感觉、运动和内脏功能异常，甚至导致精神和认知功能障碍。

第一节 神经系统的组成与功能

PPT

一、神经元和神经胶质细胞

组成神经系统的细胞主要是神经元和神经胶质细胞。

（一）神经元

1. 神经元的基本结构和功能 神经元（neuron）又称为神经细胞，是构成神经系统的基本结构和功能单位。神经元高度分化、数量巨大，在人类的中枢神经系统内约有 1×10^{11} 个。各类神经元的大小、形态、功能差异很大，但基本结构和功能有共同之处，典型的神经元由胞体和突起两部分组成。胞体主要集中于大脑和小脑的皮层及内部的灰质核、脑干和脊髓的灰质以及神经节内。突起分为树突（dendrite）和轴突（axon），树突较短，一个神经元常有多个树突，轴突较长，直径均匀，一个神经元只有一条。胞体发出轴突的部位常呈圆锥状，称为轴丘。轴突起始的部分无髓鞘包裹称为始段。

神经元是一类有极性的细胞，其主要功能是接受刺激、传递信息和整合信息等。在胞体或树突膜上，能够特异性结合某些化学物质，发生等级性电位变化，故胞体和树突通常是接受和整合信息的部位；轴突始段（轴丘）是产生动作电位的部位；轴突形成神经纤维，是动作电位的传导部位，可将神经冲动传向末梢（图 10－1）。

2. 神经纤维及其功能　轴突和感觉神经元的周围突统称为轴索，轴索外面包有髓鞘或神经膜，形成神经纤维（nerve fiber）。习惯上把神经纤维分为有髓神经纤维与无髓神经纤维两种，无髓神经纤维被一层神经胶质细胞稀疏包裹，并非绝对无髓鞘。神经纤维有传导兴奋和轴浆运输的双重功能。

（1）传导兴奋　这是神经纤维的基本功能。神经纤维上传导的兴奋即动作电位，称为神经冲动（nerve impulse）。

1）神经纤维传导兴奋的特征　①生理完整性：神经纤维传导兴奋依靠局部电流，因此要求神经纤维结构和功能保持完整。如果神经纤维受损伤、切断或者被冷冻、压迫、应用麻醉药等因素作用时，局部电流难以通过，则兴奋传导受阻。②互不干扰性：即绝缘性，一根神经干虽然包含多条神经纤维，但各条神经纤维同时传导兴奋时互不干扰，表现为传导的"绝缘性"。其主要原因是细胞外液对电流的短路作用，即微弱的局部电流流入细胞外液后便迅速衰减、消失，使局部电流主要在一条纤维上构成回路，保证了神经调节的精确性。③双向性：人为刺激神经纤维任何一点产生动作电位时，局部电流可发生于刺激点两端，从而沿神经纤维向两端传导，表现为传导的双向性。但在体内自然情况下，冲动总是由胞体传向末梢（中间神经元和运动神经元）或由末梢传向胞体（感觉神经元），表现为单向传导，这是由神经元的极性所决定的。④相对不疲劳性：实验发现，用每秒 50～100 次的电脉冲连续刺激神经 9～12 小时，神经纤维始终能保持其传导兴奋的能力。这是由于局部电流耗能极少，故神经传导兴奋不易发生疲劳。

2）神经纤维的分类　按纤维直径及来源，将传入纤维分为Ⅰ、Ⅱ、Ⅲ、Ⅳ类，其中Ⅰ类纤维包括Ⅰa和Ⅰb两类。Ⅰ类纤维直径 12～22μm，来自肌梭及腱器官的传入纤维。Ⅱ类纤维直径 6～12μm，来自皮肤触、压觉感受器的传入纤维。Ⅲ类纤维直径 1～5μm，来自皮肤痛、温度觉的传入纤维及肌肉深部压觉的传入纤维。Ⅳ类纤维直径 0.4～1.2μm，来自无髓的痛觉、温度觉和触－压觉感受器的传入纤维。根据神经纤维的传导速度，将哺乳动物的周围神经纤维分为 A、B、C 三类。A 类传导速度最快，通常为 12～120m/s。有髓鞘的躯体传入、传出神经属于此类。B 类传导速度为 3～15m/s，有髓植物神经的节前纤维属于此类。C 类传导速度慢，为 0.6～2.3m/s，包括无髓的躯体传入神经和交感神经的节后纤维。

目前对传入神经多采用第一种分类法，对传出神经纤维多采用第二种分类法。

3）影响神经纤维传导速度的因素　不同种类的神经纤维具有不同的传导速度，可用电生理方法记录并精确测定。一般来说，神经纤维的直径越大，传导速度越快，这是因为神经纤维直径大则内阻小，于是局部电流的强度和空间跨度大。其大致关系为：传导速度（m/s）≈6×直径（μm）。有髓纤维的直径是轴索与髓鞘相加的总直径，且以跳跃式传导兴奋，故传导速度比无髓纤维快。轴索直径与总直径的比例影响传导速度，0.6：1 为最适宜比例，传导速度最快。在恒温动物与变温动物的有髓纤维其传导速度亦不相同，如猫的 A 类纤维的传导速度为 100m/s，而蛙的 A 类纤维只有 40m/s。神经纤维的传导速度还与温度有关，温度降低则传导速度减慢。如在寒冷环境中裸露的人手，其感觉迟钝即是由于温度

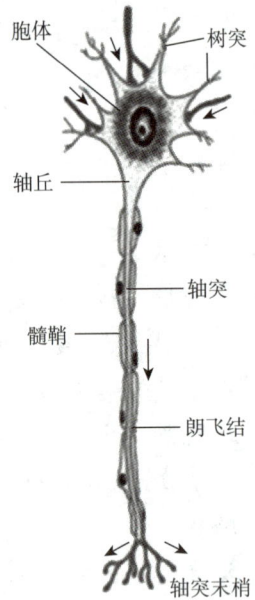

图 10－1　神经元及其功能示意图

降低传入神经传导减慢所致。因此，临床上可进行低温麻醉。当周围神经或中枢神经发生病变时，传导速度可减慢。因此，测定神经传导速度有助于诊断神经纤维的疾患和估计神经损伤的预后。

（2）轴浆运输功能　神经元胞体内具有合成蛋白质的结构，而轴突和神经末梢内几乎不存在核糖体，但在神经末梢突触小体内含有许多蛋白质并能释放递质。因此，神经纤维内存在有物质运输系统。神经纤维内的轴浆在胞体与轴突末梢之间进行流动的现象称为轴浆运输（axoplasmic transport）。轴浆运输是双向性的，由胞体向轴突末梢运输称为顺向运输；由轴突末梢向胞体运输称为逆向运输，以顺向运输为主，其意义在于将胞体合成的蛋白质、神经递质及合成递质的酶类等物质运至轴突末梢，以维持末梢递质释放及神经内分泌或代谢所需的物质等。顺向运输又可分为快速和慢速运输。含有膜的细胞器，如线粒体、递质囊泡和分泌颗粒等的运输属于快速运输；轴浆的可溶性成分随着胞体合成的蛋白质所构成的微管和微丝等结构不断向前延伸而发生的移动属于慢速运输。一些能被轴突末梢以入胞方式摄取的物质，如神经营养因子、狂犬病病毒和破伤风毒素等，可经逆向运输到胞体，影响神经元的功能，从而引起病变。逆向轴浆运输是由动力蛋白来完成的，可能与反馈控制胞体物质合成以及与递质的回收和异物的处理有关。神经科学研究中常利用辣根过氧化物酶进行神经通路的逆向示踪。

（3）营养性作用　神经纤维对所支配的组织除发挥功能性的调控作用外，还能经常性地通过其末梢释放营养因子，持续调整所支配组织的代谢活动，称为神经的营养性作用（nerve nutritious role）。营养因子由胞体合成通过轴浆运输流向末梢，因此当神经纤维被切断、变性时，会引起所支配的组织代谢活动异常，导致结构、生理、生化发生相应改变。如实验切断运动神经后，所支配肌肉内的糖原合成减慢、蛋白质分解加速。临床上脊髓灰质炎、周围神经损伤的患者肌肉发生明显萎缩，均因为肌肉失去了神经营养性作用的结果。

反之，神经元也需要其所支配组织、其他组织的营养支持。因此，把神经纤维所支配的组织以及星形胶质细胞产生的且为神经元生长、存活所必需的蛋白或多肽分子称为神经营养因子（neurotrophin，NT）。它们作用于神经末梢的特异性受体，经逆向轴浆运输抵达胞体，促进胞体生成有关蛋白质，从而参与神经元的生长、发育、分化、凋亡、修复等过程。目前已发现并分离出来的 NT 主要有神经生长因子家族、其他神经营养因子和神经营养活性物质三大类。其中，较早被发现、研究较多的神经生长因子（nerve growth factor，NGF）家族是较为重要的一种。

（二）神经胶质细胞

神经胶质细胞主要包括星形胶质细胞、少突胶质细胞、小胶质细胞等，其形态各异。与神经元相比，胶质细胞也有突起，但无树突和轴突之分；与相邻细胞间不形成化学性突触，但存在缝隙连接；没有产生动作电位的能力，不直接参与信息的传递和处理，但对神经元有支持、营养、保护、修复功能；在星形胶质细胞膜中还存在多种神经递质的受体。此外，胶质细胞终身具有分裂增殖能力。近年来发现胶质细胞还参与神经递质及生物活性物质的代谢等。其主要功能如下。

1. 机械支持作用　星形胶质细胞充填于神经元和血管外的空间，构成网架支持、稳定神经元。

2. 隔离和屏障作用　胶质细胞具有隔离中枢神经系统内各个区域的作用；星形胶质细胞形成血管周足，这些血管周足几乎包被脑毛细血管表面85%的面积，构成血-脑屏障的重要组成部分。

3. 修复、增生及迁移引导作用　神经元发生损伤或变性死亡时，小胶质细胞可转变为巨噬细胞清除变性神经组织，星形胶质细胞则通过有丝分裂增生以填补神经元死亡造成的缺损，发挥修复和增生作用，但增生过强可形成脑瘤。另外，发育中的神经细胞可沿着星形胶质细胞突起的方向迁移到它们最终的定居部位。

4. 物质代谢和营养作用　星形胶质细胞通过血管周足和自身突起，将毛细血管和神经元联系到一起，是神经元与血液之间进行物质交换的主要途径。此外，星形胶质细胞还能产生神经营养因子，来维持神经元的生长、发育和生存，并保持其功能的完整性。

5. 稳定细胞外液 K⁺ 浓度 星形胶质细胞可通过膜表面 $Na^+ - K^+$ 泵的活动，将细胞外液中多余的 K^+ 泵入胞内，并通过缝隙连接将其分散到其他胶质细胞，形成 K^+ 的储存和缓冲池，有助于神经元电活动的正常进行。当胶质细胞受损时，$Na^+ - K^+$ 泵的功能减退可导致细胞膜外高 K^+，使神经元膜电位减小兴奋性升高，从而形成局部性癫痫病灶。

6. 免疫应答作用 星形胶质细胞膜上存在着能够与外来的抗原进行特异性结合的蛋白分子，在与抗原结合后可将其呈递给 T 淋巴细胞，以发挥其免疫应答作用。

7. 参与神经递质、生物活性物质的代谢与合成 星形胶质细胞能够摄取神经元释放的谷氨酸与 γ - 氨基丁酸递质，及时消除这些递质对神经元的持续作用；同时又为神经元合成氨基酸类递质提供前体物质。

此外，星形胶质细胞还能合成并分泌血管紧张素原、前列腺素、白细胞介素以及多种神经营养因子等物质。

⊕ **知识链接**

胶质瘤

神经胶质细胞瘤简称胶质瘤，是最常见的原发性中枢神经系统肿瘤，约占所有颅内原发肿瘤的 50%，广义上是指所有神经上皮来源的肿瘤，狭义上是指源于各类胶质细胞的肿瘤，以星形胶质细胞瘤最多，其次是小胶质细胞瘤和少突胶质细胞瘤。神经胶质细胞瘤对化疗和放疗敏感性差。引发本病的病因尚不明确，可能与肿瘤起源、遗传因素、生化环境、电离辐射、亚硝基化合物、污染的空气、不良的生活习惯、感染等因素有关。

二、突触传递

（一）经典的突触概念

神经元之间或神经元与效应细胞之间在结构上缺乏原生质相连，却存在着密切的功能联系。神经元之间或神经元与效应细胞之间进行信息传递的特殊部位称为突触（synapse）。通常把神经元与效应细胞之间的突触也称为接头（junction），如神经 - 肌接头。信息在突触之间的传递过程称为突触传递。突触的概念由 1932 年诺贝尔生理学或医学奖获得者、英国神经生理学家 Sherrington 于 1897 年提出的。

根据突触间信息传递的媒介物质不同，将突触传递分为化学性突触传递和电突触传递两种类型。前者是以神经递质，后者以局部电流为信息传递媒介。化学性突触传递又根据递质释放后影响的范围和距离不同，分为定向突触传递（directed synapse transmission）和非定向突触传递（non - directed synapse transmission）。定向突触传递释放的递质仅作用于短距离的局限部位，如神经元之间的经典突触和神经 - 骨骼肌接头；非定向突触传递释放的递质则可扩散较远、作用的空间比较广泛，又称之为非突触性化学传递（non - synaptic chemical transmission），如神经 - 平滑肌接头。由于机体以定向化学性突触传递方式最为普遍，故本节加以重点叙述。

（二）化学性突触传递

化学性突触传递是神经系统主要的信息传递形式。

神经元的轴突末梢分成许多小支，其末端膨大，形成突触小体。突触小体与其他神经元的胞体或突起之间的突触联系可分为三类：①轴突与胞体相接触，由传出信息神经元的轴突与接受信息神经元的胞体相接触而形成。②轴突与树突相接触，由传出信息神经元的轴突与接受信息神经元的树突相接触而形成。这类突触最多见，多形成于树突的树突棘处。③轴突与轴突相接触，由传出信息神经元的轴突与接受信息神经元的轴突相接触而形成（图 10 – 2）。

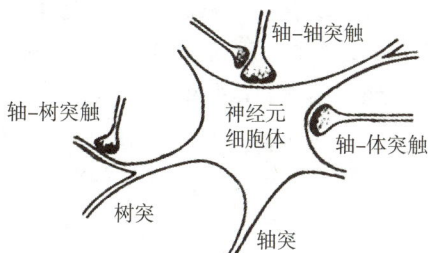

图 10 – 2　突触的类型

电子显微镜下观察到，化学性突触有两层膜，轴突末梢的轴突膜称为突触前膜，与突触前膜相对的胞体膜或树突膜则称为突触后膜，两膜之间为突触间隙。一个突触即由突触前膜、突触间隙和突触后膜三部分组成。突触前膜和后膜较一般的神经元膜稍增厚，约 7.5nm。突触间隙约 20nm。在突触小体的轴浆内，含有较多的线粒体和大量聚集的囊泡（突触小泡）（图 10 – 3）。突触小泡的直径为 20 ~ 80nm，它们含有高浓度的递质。

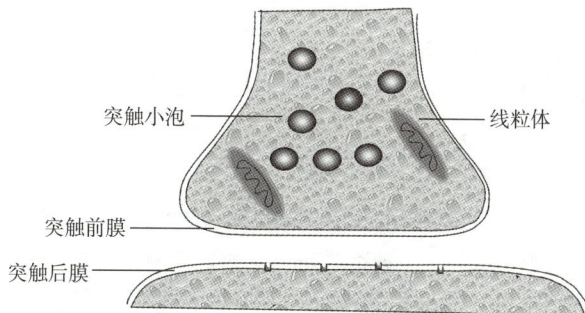

图 10 – 3　突触的结构

1. 定向突触传递　也称经典突触，最常形成于神经元的轴突末梢与其他神经元的树突和胞体接触处。由突触前膜释放化学性递质，并在突触后膜将其转换为电信号。

（1）突触传递的基本过程　化学性突触传递主要包括以下三个环节。

1）突触前过程　①神经冲动到达突触前神经元轴突末梢，引起突触前膜去极化；②电压门控 Ca^{2+} 通道开放使膜外 Ca^{2+} 内流入轴浆内，一方面降低了轴浆的黏度，有利于突触囊泡的移动；另一方面消除了突触前膜内侧的负电位；③突触囊泡和前膜接触、融合和破裂；④囊泡通过出胞作用量子式释放递质入间隙。

Ca^{2+} 触发神经递质释放的分子机制十分复杂，首先四个 Ca^{2+} 与钙调蛋白（Calmodulin，CaM）结合形成 Ca^{2+} – CaM 复合物，激活 Ca^{2+} – CaM 依赖的蛋白激酶Ⅱ，囊泡外表面突触蛋白Ⅰ磷酸化，蛋白Ⅰ与囊泡脱离，解除蛋白Ⅰ对囊泡与前膜融合及释放递质的阻碍作用，并从突触囊泡表面解离（动员），突触囊泡在 G 蛋白 Rab3 帮助下向活化区移动（摆渡），囊泡膜上的囊泡蛋白与前膜上的靶蛋白结合固定于前膜上（着位），囊泡膜上的结合蛋白变构，囊泡膜与前膜融合（融合），暂时形成融合孔，递质从囊泡经融合孔释放（出胞）。钙触发递质释放分动员、摆渡、着位、融合、出胞五步。

2）突触间隙过程　递质通过间隙扩散到后膜。

3）突触后过程　①递质作用于后膜上特异性受体或化学门控离子通道；②后膜对某些离子通透性

改变，使带电离子发生跨膜流动，引起后膜发生去极化或超极化，产生突触后电位（postsynaptic potential）；③递质与受体结合发生作用之后立即被酶分解或移除。

由此可见，突触传递是一个电－化学－电的过程，即由突触前神经元的生物电变化，通过突触末梢的化学物质释放，引起突触后神经元的电改变。在突触传递过程中，突触前末梢去极化开启电压门控Ca^{2+}通道是诱发递质释放的关键因素；Ca^{2+}是前膜兴奋和递质释放过程的耦联因子，且递质释放量与内流入前膜的Ca^{2+}量呈正相关；囊泡膜的再循环利用是突触传递持久进行的必要条件。

（2）突触后神经元的电活动　突触传递的信息包括兴奋性与抑制性两类，所以突触后电活动可分为兴奋性突触后电位与抑制性突触后电位（图10－4）。

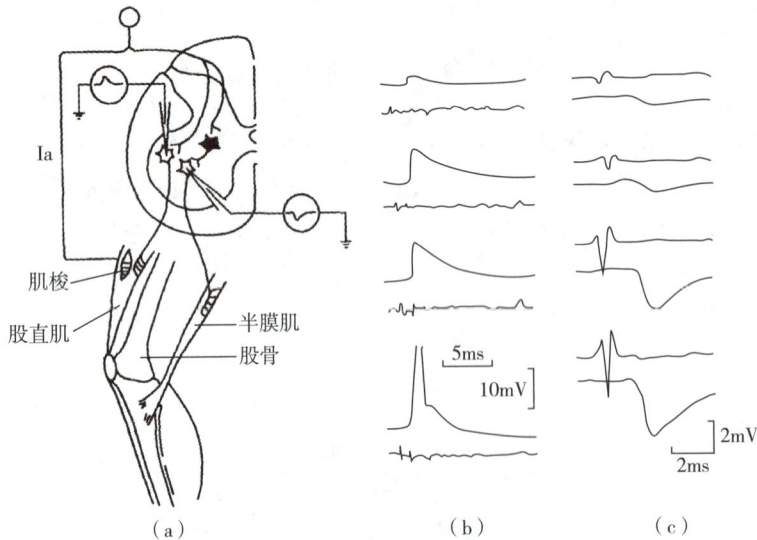

图10－4　兴奋性突触后电位（EPSP）和抑制性突触后电位（IPSP）

a. 图中记录电极插入支配股直肌（伸肌）的脊髓前角运动神经元胞体，以适当强度电刺激相应的后根传入纤维，在该运动神经元内可记录到EPSP，如果电极插入支配半膜肌（屈肌）的运动神经元内，则可记录到IPSP，黑色神经元为抑制性中间神经元。b. EPSP：在一定范围内加大刺激强度，EPSP的去极化程度随之增大（上面三个记录），当去极化达到阈电位时，即可爆发动作电位（最下面一个记录）。上线：神经元胞内电位记录，下线：后根传入神经电位记录；c. IPSP：当刺激强度逐渐加大时，IPSP的超极化程度随之增大（自上而下），上线：后根传入神经电位记录，下线：神经元胞内电位记录

1）兴奋性突触后电位　由突触前膜释放兴奋性递质，引起后膜对Na^+和K^+的通透性增大（Na^+内流量大于K^+外流），所以发生正离子净内流，导致突触后膜局部去极化，称为兴奋性突触后电位（excitatory postsynaptic potential，EPSP）。当突触前神经元活动增强或参与活动的突触数目较多时，递质释放量增加，EPSP总和可使膜电位幅度不断增大。若增大到阈电位，则首先在突触后神经元电压门控Na^+通道分布密集的轴丘处诱发动作电位，引起突触后神经元兴奋的产生与扩布；如果未达到阈电位，虽不能产生动作电位，但由于该局部兴奋能提高突触后神经元的兴奋性故称此现象为易化。

2）抑制性突触后电位　突触前膜兴奋时释放抑制性递质，使突触后膜Cl^-与K^+门控通道开放。无论是Cl^-内流还是K^+外流，突触后膜均会发生局部超极化，从而发挥其抑制效应，故称为抑制性突触后电位（inhibitory postsynaptic potential，IPSP）。此外，IPSP的产生可能与Na^+或Ca^{2+}通道的关闭关系密切。

在中枢神经系统中，一个神经元常与其他多个神经元构成突触，在这些突触中既有兴奋性突触又有抑制性突触，突触后神经元的变化性质最终取决于同时产生的EPSP与IPSP的代数和，如果EPSP占优势并达阈电位水平时，突触后神经元产生兴奋；反之，突触后神经元则呈现抑制状态。

（3）影响突触传递的因素　突触的信息传递包括递质的释放、与后膜上受体结合以及递质移除等过程，因此，影响此过程的任何因素均可影响突触传递。

1）影响递质释放的因素　由于 Ca^{2+} 内流的量与前膜递质释放量成正比，所以细胞外液 Ca^{2+} 浓度升高或 Mg^{2+} 浓度降低均能够使递质释放量增加，反之，钙通道密度降低、各种钙通道拮抗剂等则释放量减少；到达突触前膜的动作电位频率加快、幅度增加或时程延长也可促进 Ca^{2+} 内流。临床上，破伤风毒素抑制中枢递质释放可引起阵挛性麻痹。

2）影响受体的因素　递质释放量改变可影响受体亲和力与数量。同时，因为突触间隙也是细胞外液，所以进入细胞外液的药物、毒素等都能影响受体功能。例如，筒箭毒和银环蛇毒素可以特异地阻断骨骼肌细胞膜上 N_2 型受体，使骨骼肌接头信息传递受阻，导致肌肉松弛。

3）影响已释放递质移除的因素　已经释放出来的递质主要被突触处存在的各种酶分解、灭活，或被突触前膜重新摄取。因此，凡是能够影响递质重新摄取或各种分解酶的因素都能够影响到突触的传递。例如，治疗高血压药物利血平能够抑制交感神经节后纤维末梢突触前膜重新摄取去甲肾上腺素（norepinephrine，NE），结果使小泡中的递质减少以至于耗竭，突触传递受阻而达到治疗目的；有机磷农药能够抑制胆碱酯酶，使乙酰胆碱（acetylcholine，ACh）不能够及时被分解灭活，造成大量积聚而引起中毒症状。

（4）突触的可塑性　突触的可塑性（plasticity）是指突触的形态和功能发生改变的特性和现象。此现象普遍存在于中枢神经系统，尤其是与学习和记忆有关的部位，被认为是学习和记忆发生机制的生理学基础。突触的可塑性有以下几种主要形式。

1）强直后增强（posttetanic potentiation）　是指突触前膜受到高频率短暂刺激（强直刺激）时，突触后电位波幅出现持续性增大（增强）的现象。其持续的时间可在数分钟至 1 小时以上。其机制与高频率刺激突触前膜引起 Ca^{2+} 内流增多而导致递质持续释放或释放量增加有关。

2）习惯化与敏感化　反复给予突触前末梢较温和的刺激后，前膜对刺激的反应逐渐降低乃至消失的现象，称为习惯化（habituation）。重复刺激（尤其是伤害性刺激）突触前末梢后，前膜对刺激反应增高和延长的现象，称为敏感化（sensitization）。前者的效应是减弱了突触传递效率，而后者则增强。习惯化产生机制可能与突触前膜 Ca^{2+} 通道逐渐失活使 Ca^{2+} 内流减少有关；而敏感化则由于突触前膜 Ca^{2+} 内流增加，递质释放增多。这两种形式作为学习的简单形式，详见本章"第七节脑的高级功能"。

3）长时程增强与长时程抑制　长时程增强（long-term potentiation，LTP）是指突触前末梢受到短促高频连续刺激后，产生长时间幅度较大的兴奋性突触后电位的现象。LTP 在中枢神经系统多个部位均可以发生，可持续数天。其机制与突触后神经元胞质内 Ca^{2+} 浓度增加有关。长时程抑制（long-term depression，LTD）是指突触信息传递效率长时间降低的现象。LTD 多在突触前神经元接受长时间的低频率刺激后出现，并且 LTD 出现时突触后神经元胞质内 Ca^{2+} 浓度也有少量增加，其详细产生机制目前尚不十分清楚。

2. 神经–骨骼肌接头的兴奋传递　运动神经轴突末梢与骨骼肌之间形成的功能性联系部位，称为神经–骨骼肌接头（neuromuscular junction），也称运动终板。该处的信息传递过程与上述兴奋性突触传递十分相似。

安静状态下，接头前膜内突触小泡因随机运动而自发性量子式释放 ACh，频率约 1 次/秒，故而把一个小泡所释放 ACh 引发的微小去极化称为微终板电位（miniature endplate potential，MEPP）。单个MEPP 为局部兴奋，通常不足以引起肌细胞兴奋。

神经–骨骼肌接头信息传递过程：①神经冲动到达接头前膜，前膜去极化；②电压门控 Ca^{2+} 通道开放，Ca^{2+} 进入前膜；③突触小泡向前膜靠近并与之融合，并以出胞方式量子式释放 ACh；④ ACh 经过接头间隙与终板膜上的 N_2 型受体结合并激活化学门控通道；⑤终板膜对 Na^+、K^+ 通透性增高，但 Na^+ 内流量超过 K^+ 外流量，导致 MEPP。MEPP 总和后形成终板膜去极化产生终板电位（endplate potential，EPP）；⑥EPP 可以通过电紧张形式激活邻近肌膜上电压门控 Na^+ 通道，当去极化达到阈电位水平时则在邻近肌膜上产生动作电位，并传播至整个肌细胞膜；⑦ACh 在终板电位产生后即被胆碱酯酶迅速水解为胆碱和乙酸。

接头处的兴奋传递与化学性突触兴奋传递有许多相似之处，前者引起的 EPP 与后者引起的 EPSP 都具有局部反应的特征。二者的共同点：①电位具有等级性，即电位变化大小与前膜释放递质的量成正变关系，而没有"全或无"的特性；②无不应期，有总和现象；③以电紧张形式进行扩布等。二者的不同点：①神经－骨骼肌接头兴奋传递是一对一的关系，即运动神经纤维每兴奋一次，它所支配的肌细胞就发生一次兴奋。这是因为一次动作电位到达神经末梢时，可使 200～300 个小泡同步释放近 1×10^6 个 ACh 分子进入接头间隙，引起的 EPP 进行总和后足以产生动作电位；但在兴奋性突触传递过程中，必须多个神经冲动才足以使 EPSP 总和达到阈电位水平，引起突触后神经元兴奋；②每次神经冲动引起释放的 ACh 在发挥作用后立即被胆碱酯酶分解而失效，以免影响下一次神经冲动的效应；③神经－骨骼肌接头通常只释放兴奋性递质；而突触不但释放兴奋性递质，同时也释放抑制性递质。

> ### 💡 知识拓展
>
> #### 肌无力综合征与重症肌无力
>
> 　　肌无力综合征和重症肌无力属于神经－骨骼肌接头疾病。肌无力综合征是一种累及神经－骨骼肌的接头前膜电压门控 Ca^{2+} 通道，影响兴奋－收缩过程的自身免疫性疾病。其主要临床表现是进展性肌无力，通常不累及呼吸肌及面部表情肌。目前认为，此类患者血清中存在一种抗体，与接头前膜的 Ca^{2+} 通道十分相似，能与自身接头前膜发生反应，阻碍前膜 ACh 的释放，造成神经－骨骼肌接头兴奋传递障碍。
>
> 　　重症肌无力是一种神经－骨骼肌接头部位因乙酰胆碱受体（AChR）减少而出现兴奋传递障碍的自身免疫性疾病。临床特征为骨骼肌易疲劳，活动后加重，休息后减轻。90% 的患者血清中检测到 AChR 抗体，致后膜上 AChR 数量明显减少，因此不能引起骨骼肌有效收缩。

许多因素可作用于神经－骨骼肌接头兴奋传递过程的不同环节，从而影响骨骼肌的收缩。影响接头前过程的因素，如肉毒梭菌素能阻滞神经末梢释放 ACh 而导致柔软性麻痹；黑寡妇蜘蛛毒可促进神经末梢释放 ACh，导致 ACh 耗竭；近年来，从中药川楝皮提取的川楝素，也被证明为接头前拮抗剂。影响接头后过程的因素，如筒箭毒类药物、α－银环蛇毒可特异性阻断终板膜上的 N_2 型 ACh 受体，从而松弛肌肉；临床上可因自身免疫性抗体破坏终板膜上的 N_2 型 ACh 受体而导致重症肌无力，而新斯的明等胆碱酯酶抑制剂则通过抑制胆碱酯酶活性以增加接头处 ACh 浓度，改善肌无力患者症状；有机磷农药有抑制胆碱酯酶的作用，可造成接头处 ACh 大量积聚，引发骨骼肌痉挛、抽搐等中毒症状。

3. 非定向突触传递　非定向突触传递又称非突触性化学传递。结构与定向型突触不同，其由前神经元轴突末梢发出大量分支，在分支上形成串珠状膨大的曲张体（varicosity）。曲张体没有施万细胞包绕，其内有大量的突触小泡，小泡内含有神经递质。曲张体沿着分支分布于所作用的组织细胞周围。当兴奋冲动到达曲张体时，引起递质释放并通过细胞外液弥散到邻近或远隔几百微米部位的靶细胞，进而发挥生理效应（图 10－5）。

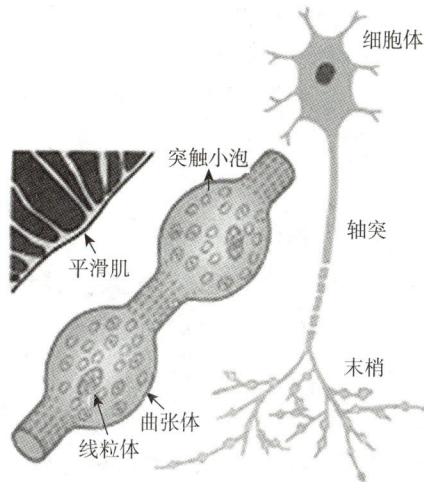

图 10 – 5　非突触性化学传递的示意图
左下部分示放大的曲张体和平滑肌

现已发现，中枢神经内单胺类神经纤维都存在非突触性化学传递。在外周神经中，以 NE 和 ACh 为递质的神经 – 平滑肌接头或神经 – 心肌接头信息传递也通过这种方式进行。与定向化学性突触传递比较，非突触性化学传递完成的调节功能更复杂，具有以下特征：①没有特化的突触前、后膜结构；②不存在一对一的支配关系，一个曲张体可支配多个效应细胞；③曲张体与效应细胞间距离一般大于20nm，远者可达十几微米；④递质扩散距离远，耗时长，一般传递时间大于 1 秒；⑤释放的递质能否产生效应，取决于效应器细胞上有无相应受体。

（三）电突触

电突触（electrical synapse）的结构基础为缝隙连接（gap junction）。相邻的两个神经元间距仅 2 ~ 3nm，连接处神经细胞膜不增厚，胞质内不存在突触小泡，两侧膜上有沟通胞质的水相通道蛋白质，允许带电离子通过以进行电信息传递，故称为电突触。电突触由于电阻低，所以传递速度快，几乎不存在潜伏期；又因没有突触的前、后膜之分，所以呈双向性传递。电突触在哺乳类动物中枢系统和视网膜等部位大量存在，传递多发生在同类神经元之间，且突触呈多种结构类型；其功能可能是使许多神经元产生同步性放电或同步性活动（图10 –6）。

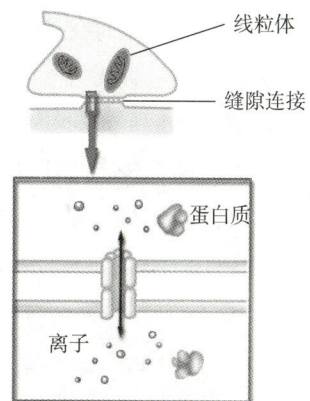

图 10 –6　电突触

三、神经递质和受体

神经递质是化学性突触信息传递的媒介，且要作用于相应的受体后才能完成信息传递。因此，神经递质和受体是化学性突触信息传递的物质基础。

（一）神经递质

神经递质（neurotransmitter）是指由突触前膜释放、具有在神经元或神经元与效应细胞之间传递信息的特殊化学物质。神经元在新陈代谢活动中会释放很多化学物质至细胞外，但不是所有释放出的化学物质都是神经递质。一般认为，神经递质应具备下列条件：①在突触前神经元内具有合成递质的前体物质与酶系统，并能合成相应的神经递质。②合成的递质具有贮存的部位，即突触小泡，以防止被胞质内其他酶破坏。当兴奋抵达神经末梢时，小泡内递质能释放入突触间隙。③递质释放后，可作用于突触后膜上的特异受体，产生特定的生理效应。④在突触部位存在使递质失活的酶或移除递质的机制。⑤具有特异的受体激动剂和拮抗剂，能模拟或阻断递质的传递效应。然而新确定的一些神经递质（如神经肽、NO 等）并不完全符合上述条件，所以上述条件尚需进一步完善。

⊕ **知识链接**

神经递质的发现

1921 年以前，人们认为神经末梢传递信息是通过电波直接传导的，但电波的性质又难以解释刺激某神经而引起器官功能改变的多样性。1920 年 3 月德国科学家奥托·洛维（Otto Loewi）做了一个极为巧妙的实验：将两个蛙心分离出来，一个带有神经，另一个没带。通过蛙心插管充以任氏液后，刺激一个心脏的迷走神经，心率减慢，随即将其中的任氏液吸出转移到无神经未被刺激的蛙心内，后者的跳动也慢了下来，正如刺激了它的迷走神经一样。奥托·洛维通过这一有趣的实验证明，迷走神经末梢释放一种化学物质可抑制心脏活动，从而奠定了神经冲动化学传递学说的基础。

当时奥托·洛维并不知道这种物质是什么，直至 1926 年才初步确定为迷走神经递质乙酰胆碱。英国的戴尔（Henry Hallett Dale）于 1926 年证明乙酰胆碱是机体内的一种正常组分，支持了洛维的观点。洛维和戴尔于 1936 年获诺贝尔生理学或医学奖。

神经调质（neuromodulator）是由神经元产生的另一类化学物质，其不直接传递信息也不直接触发所支配细胞产生效应，而是增强或削弱递质的效应，从而调节信息传递的效率。调质所发挥的作用称为调制作用（modulation），通常持续时间较长、作用范围较广。应当指出，同一种神经化学调节物在某些情况下起递质作用，而在另一些情况下则起调质作用，因此，二者之间并无十分明确的界限。

长期以来，一直认为一个神经元内只存在一种递质，其全部神经末梢均释放一种递质，这一原则称为戴尔原则（Dale's principle）。近年来发现，同一根神经轴突末梢内有两种或两种以上递质或调质同时存在的现象，称为递质共存（neurotransmitter coexistence）（图 10 - 7）。递质共存使神经调节多样化，以适应体内极其复杂的生理功能调控的需要。

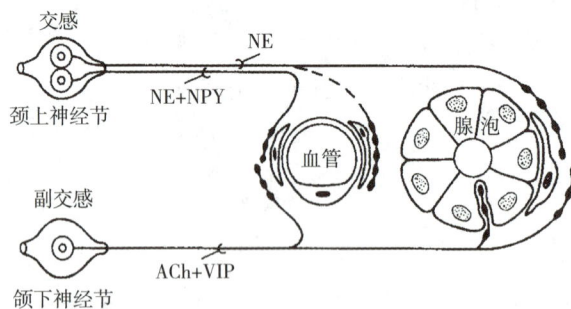

图 10 - 7 唾液腺中递质共存模式图
NE：去甲肾上腺素 NPY：神经肽 Y ACh：乙酰胆碱 VIP：血管活性肠肽

1. 神经递质的代谢 神经递质的代谢包括递质的合成、贮存、释放与失活等步骤。在神经递质中，研究较清楚的主要有以下几种。

（1）乙酰胆碱 由胆碱（Ch）与乙酰辅酶 A（AcCoA）经胆碱乙酰化酶（ChAc）的催化作用，在神经元的胞质中合成。胆碱由血液供给，AcCoA 由葡萄糖氧化而来。ACh 合成后，被摄入突触小泡内贮存。如前所述，ACh 发挥信息传递的效应后主要被突触间隙的胆碱酯酶（ChE）水解而失活。水解产生的乙酸即进入血液，部分胆碱可被神经末梢摄取利用，以便在胞质中再次合成 ACh。

（2）儿茶酚胺 儿茶酚胺（catecholamine，CA）的生物合成原料是酪氨酸。酪氨酸在胞质内经酪氨酸羟化酶的作用而生成多巴，再经多巴脱羧酶的作用转变为多巴胺。多巴胺进入小泡在多巴胺 β - 羟化酶（DβH）的作用下合成 NE；NE 在苯乙醇胺氮位甲基转移酶（PNMT）作用下，生成肾上腺素（Ad）。神经末梢释放的儿茶酚胺在与相应受体结合而产生效应后，大部分被突触前膜重新摄取并贮存于小泡内备用；小部分在效应细胞经单胺氧化酶（MAO）与儿茶酚胺氧位甲基转移酶（COMT）降解而失活；另一小部分进入血液循环，在肝、肾中被上述两种酶灭活。

（3）5 - 羟色胺 5 - 羟色胺（5 - hydroxytryptamine，5 - HT）的合成以色氨酸为原料。色氨酸在色氨酸羟化酶作用下生成 5 - 羟色胺酸，然后在 5 - 羟色胺酸脱羧酶作用下脱羧合成 5 - HT，并被小泡摄取而贮存。5 - HT 释放并发挥效应后，既可被突触前膜重新摄取，也可被单胺氧化酶灭活。

在上述递质的代谢过程中，递质的生物合成需要原料与相关酶系的催化作用；递质的迅速失活是防止其持续作用、保持神经冲动正常传递的必要条件。

迄今已经了解的神经递质和调质已达 100 余种，根据其化学成分可以分为胆碱类、胺类、氨基酸类、肽类、嘌呤类、气体类和脂类等。根据存在部位可分为中枢和外周递质。

2. 外周神经递质 由传出神经末梢所释放的神经递质。主要包括以下几种。

（1）乙酰胆碱 凡是末梢以释放 ACh 作为递质的神经纤维称为胆碱能纤维（cholinergic fiber），主要包括：①全部交感和副交感神经的节前纤维；②绝大多数副交感神经的节后纤维；③交感神经的小部分节后纤维（如支配多数小汗腺的纤维和支配骨骼肌血管的舒血管纤维）；④躯体运动神经纤维。

（2）去甲肾上腺素 凡是末梢以释放 NE 作为递质的神经纤维称为肾上腺素能纤维（adrenergic fiber）。大部分交感神经节后纤维属于肾上腺素能纤维。

（3）肽类 近年来发现，非胆碱、非肾上腺素能纤维释放的第三类递质，主要为肽类化合物，故称肽能纤维（peptidergic fiber）。肽能纤维广泛地分布于外周神经组织和多种器官中，如胃肠道、心血管、呼吸道、泌尿道等器官。特别是胃肠道的肽能神经元，能释放包括降钙素基因相关肽、血管活性肠肽、促胃液素、缩胆囊素、脑啡肽、强啡肽与生长抑素等多种肽类递质。

3. 中枢神经递质 在中枢神经系统内参与突触间信息传递的化学递质，称为中枢神经递质。其种类繁杂，多达几十种，因存在部位不同而作用差异较大。根据性质大致可归纳为乙酰胆碱、胺类、氨基酸类与神经肽四大类（表 10 - 1）。同时，一些气体分子也具有神经递质作用。如一氧化氮（NO）可通过扩散到达靶细胞后，直接结合并激活鸟苷酸环化酶，使胞内 cGMP 水平升高而引发生物效应，从而调节突触功能，具有神经保护作用；一氧化碳（CO）也可能作为脑内神经递质而参与功能调节。此外，腺苷、ATP、花生四烯酸及其衍生物等也可作为神经递质或调质。

（1）乙酰胆碱 胆碱能神经元广泛分布于中枢神经系统，主要包括脊髓前角运动神经元、脑干网状结构上行激动系统、丘脑后腹核内的特异感觉投射系统、纹状体，以及边缘系统的梨状区、杏仁核、海马等。在传递特异性感觉、维持机体觉醒状态，以及调节躯体运动、心血管活动、呼吸、体温、摄食、饮水与促进学习、记忆等生理活动过程中具有重要作用。在中枢内，绝大多数 ACh 递质表现兴奋作用。此外，还参与了痛觉与应激反应的调节。

（2）单胺类 包括儿茶酚胺（多巴胺、去甲肾上腺素、肾上腺素）、5 - 羟色胺和组胺，并分别组成不同的递质系统。①多巴胺（dopamine，DA）：DA 能神经元胞体主要位于中脑黑质，纤维分布在黑质纹状体、中脑边缘系统以及结节漏斗部分。其与肌紧张、躯体运动、情绪精神活动、内分泌调节关系密切，多起抑制效应。②NE：在中枢神经系统内，以 NE 为递质的神经元称为去甲肾上腺素能神经元。

NE 递质系统比较集中，绝大多数分布于低位脑干，尤其是中脑网状结构、脑桥的蓝斑以及延髓网状结构的腹外侧部分。其调节睡眠与觉醒、学习与记忆、体温、情绪、摄食行为、心血管活动等。对躯体运动的作用以抑制为主。③Ad：在中枢神经系统内，以 Ad 为递质的神经元称为肾上腺素能神经元。其胞体主要位于延髓和下丘脑，主要参与心血管活动与呼吸的调控。④5－HT：其神经元胞体主要位于低位脑干近中线区的中缝核群内。中枢内的 5－HT 递质主要与睡眠、情绪、内分泌、心血管等内脏活动有关。此外，还是脑与脊髓内的一种疼痛调制递质。⑤组胺（histamine，HA）：脑内有完整的组胺能神经元系统，其神经元集中于下丘脑后部的结节乳头核，纤维到达中枢几乎所有部位，包括大脑皮层和脊髓，参与整体脑功能的调节。脑内组胺递质系统主要参与神经内分泌、觉醒与睡眠、摄食行为、血压、饮水、情绪、记忆、痛觉等的调节。

（3）氨基酸类　谷氨酸（glutamate，Glu）、门冬氨酸（aspartate，Asp）为兴奋性氨基酸，而 γ－氨基丁酸（γ－aminobutyric acid，GABA）、甘氨酸（glycine，Gly）为抑制性氨基酸。①兴奋性氨基酸：谷氨酸广泛分布于脑和脊髓，尤其在大脑皮质、小脑、纹状体、脊髓背侧含量较高，可能是感觉传入神经和大脑皮质内的兴奋性递质；传递脊髓初级痛觉信息；参与学习、记忆、应激反应。门冬氨酸多见于视皮层的锥体细胞和多棘星状细胞，目前研究资料较少。②抑制性氨基酸：GABA 是脑内主要的抑制性递质，广泛分布于大脑皮质浅层、小脑皮层浦肯野细胞层、黑质、纹状体与脊髓，参与内分泌活动调节、睡眠与觉醒；维持骨骼肌的正常兴奋性、痛觉、抗焦虑等。甘氨酸主要分布于等低位中枢，可能抑制性调控感觉和运动反射。

（4）神经肽类　神经肽（neuropeptide）是指分布在神经系统能够起到传递信息或调节信息传递作用的肽类物质。迄今已经发现的神经肽达 100 多种，其中主要有以下几种。

1）速激肽（tachykinin）　包括 P 物质（substance P，SP）、神经肽 A、神经肽 B、神经肽 K、神经肽 α、神经激肽 A（3~10）等 6 个成员。比较明确的是 P 物质，在中枢内，以黑质、纹状体、下丘脑、缰核、孤束核、中缝核、延髓和脊髓后角含量较高。P 物质是脊髓初级传入纤维的重要调质，对慢痛通路的第一级突触起易化作用，但在高级中枢却发挥镇痛效应，机制尚不明确。此外，对心血管活动、躯体运动以及神经内分泌活动均有调节作用，可引起血管舒张和血压下降、肠平滑肌收缩等效应。

2）阿片肽　是具有阿片样生物活性的物质主要有 3 类。①脑啡肽（enkephalin，EK）：纹状体、杏仁核、下丘脑、中脑中央灰质、延髓头端腹内侧区和脊髓后角等中枢均有脑啡肽能神经元。在脑和脊髓，EK 有很强的镇痛效应，也可作用于脑内调节心血管活动的某些结构，一般表现抑制作用。②β－内啡肽（β－endorphin，β－EP）：β－EP 神经元在脑内仅分布于下丘脑基底部和延髓孤束核，在痛觉调制、心血管功能、神经内分泌以及免疫功能等方面均有调节作用。③强啡肽（dynorphin，DYN）：在脑内的分布与脑啡肽相似，有相当程度的重叠。强啡肽在脊髓发挥镇痛作用，而在脑内却对抗吗啡的镇痛效应。此外，对心血管等许多系统的生理活动发挥调节功能。

3）下丘脑调节肽　下丘脑分泌的调节腺垂体功能的肽类激素称为下丘脑调节肽（hypothalamic regulatory peptide）。下丘脑分泌的肽类物质除了调控垂体的功能外，在其他脑区也有分布，特别对感觉、运动及智能活动等发挥着调节作用。

4）脑－肠肽（brain－gut peptide）　是指在胃肠道和脑内双重分布的肽类物质，主要有缩胆囊素、血管活性肠肽等，又称胃肠激素，具有调节摄食行为等多种作用。

表 10－1　主要的中枢神经递质名称、主要分布部位及功能特点

递质名称	主要分布部位	功能特点
乙酰胆碱	脊髓、脑干网状结构、丘脑、边缘系统	与感觉、运动、学习、记忆等活动有关，多数表现为兴奋

续表

递质名称	主要分布部位	功能特点
单胺类		
去甲肾上腺素	低位脑干网状结构	对睡眠与觉醒、学习与记忆、体温、情绪、摄食行为以及心血管活动等多种功能均有作用，对躯体运动以抑制为主
多巴胺	黑质纹状体、中脑边缘系统以及结节漏斗部分	与调节肌紧张、躯体运动、情绪活动等有关，多数起抑制效应
5-羟色胺	中缝核	与睡眠、情绪、内分泌、心血管、疼痛等活动有关
组胺	下丘脑后部结节乳头核区	与觉醒、性行为、腺垂体分泌、饮水、痛觉调节等有关
氨基酸类		
γ-氨基丁酸	大脑浅层、小脑皮层浦肯野细胞层、黑质、纹状体与脊髓部	抑制性递质
甘氨酸	脊髓、脑干	抑制性递质
谷氨酸	大脑皮层、小脑与纹状体	兴奋性递质
门冬氨酸	视皮层的锥体细胞和多棘星状细胞	兴奋性递质
肽类		
速激肽	黑质、纹状体、下丘脑、缰核、孤束核、中缝核、延髓和脊髓背角等	调节痛觉、心血管活动、躯体运动行为以及神经内分泌活动
下丘脑神经肽	下丘脑	调节感觉、运动及智能活动
阿片样肽	脑内、脊髓	调节痛觉、心血管活动
脑-肠肽	脑内	与摄食活动等有关

（二）受体

受体（receptor）是存在于细胞膜或细胞内能与某些活性物质进行特异性结合并诱发生物效应的蛋白质；包括膜受体、胞质受体、核受体三类（详见第二章）。因神经递质作为自然配体，是传递信息的第一信使，必须选择性地作用于突触后膜或效应细胞膜上的受体，才能发挥作用，故神经系统的受体一般为膜受体，且种类繁多。

根据自然配体的不同可将受体分为多种类型。例如，凡能与 ACh 结合的受体称为胆碱能受体，凡能与 NE 或肾上腺素结合的受体称为肾上腺素能受体，依此类推。临床与实验室所使用的诸多药物能与神经系统受体特异性结合，引发与自然配体相同效应者称为受体激动剂（agonist），不产生效应者称为受体拮抗剂（antagonist）。受体拮抗剂通常在化学结构上与递质相似，与受体结合后，因占据受体的结合位点或改变受体的分子空间构型，阻断受体与其递质结合，产生相互竞争性抑制。也可根据受体分布的部位分为外周和中枢两类。中枢受体的分布和效应复杂，许多问题尚未阐明，故本章重点介绍外周受体（表10-2）。

1. 胆碱能受体（cholinergic receptor） 根据其药理特性分为毒蕈碱受体（muscarinic receptor，MR）和烟碱受体（nicotinic receptor，NR），广泛分布于中枢和外周神经系统。

（1）毒蕈碱受体（M 型受体） 中枢的胆碱能受体几乎参与了所有中枢神经系统功能的调节，如感觉与运动、内脏活动与情绪、学习与记忆、觉醒与睡眠等。在外周，广泛分布于绝大多数副交感节后纤维（少数肽能纤维除外）和少数交感节后纤维（支配小汗腺、胰腺的交感胆碱能纤维和交感舒血管纤维）所支配的效应细胞膜上。ACh 与 M 受体结合后，可产生一系列自主神经节后胆碱能纤维兴奋的效应，包括心脏活动抑制，支气管、胃肠道平滑肌、膀胱逼尿肌和瞳孔括约肌收缩，消化腺与汗腺的分泌以及骨骼肌血管舒张等，这种效应称为毒蕈碱样作用，又称 M 样作用。该作用可被 M 受体拮抗剂阿托品阻断。近年来，运用分子克隆技术已阐明 M 受体的 5 种亚型，分别命名为 M_1、M_2、M_3、M_4 与 M_5

受体，均为 G 蛋白耦联受体。其中，M_1 受体在脑内含量丰富，M_2 受体主要分布于心脏，M_3 和 M_4 受体主要分布在外分泌腺和平滑肌中，M_5 受体在中枢神经系统有一定的分布。

（2）烟碱受体（N 型受体）　分为 N_1 与 N_2 两种亚型，其结构均为 N 型 ACh 门控通道。N_1 受体分布于中枢神经系统内和自主神经节的突触后膜上，小剂量 ACh 与之结合可引起节后神经元兴奋，故将 N_1 受体称为神经元型 N 受体（neuronal - type nicotinic receptor），但大剂量可阻断自主神经节的突触传递；N_2 受体分布在神经 - 肌肉接头的终板膜上，ACh 与之结合可使骨骼肌兴奋，故 N_2 受体被称之为肌肉型 N 受体（muscle - type nicotinic receptor）。ACh 与这两种受体结合所产生的效应称为烟碱样作用，又称 N 样作用。六烃季铵、美卡拉明主要阻断 N_1 型受体，产生抗高血压效应；十烃季铵、戈拉碘铵主要拮抗 N_2 型受体，常被用作肌松药；筒箭毒能同时阻断这两种受体。

2. 肾上腺素能受体（adrenergic receptor）　凡是能与肾上腺素、去甲肾上腺素结合的受体称为肾上腺素能受体，广泛分布于中枢和外周神经系统。该类受体可分为 α（$α_1$ 和 $α_2$ 受体两个亚型）与 β（$β_1$、$β_2$ 和 $β_3$ 受体三个亚型）两种类型，都属于 G 蛋白耦联受体。在中枢神经系统内，与去甲肾上腺素结合后，参与心血管、情绪活动、体温、觉醒与摄食行为调节；与肾上腺素结合后则主要参与心血管活动调节。现分类介绍在外周的作用。

（1）α 受体

1）$α_1$ 受体　$α_1$ 受体分布于肾上腺素能纤维所支配的效应细胞膜上。在外周组织，主要分布于平滑肌，主要起兴奋效应，例如血管收缩（尤其是皮肤、胃肠与肾脏等内脏血管）、子宫收缩虹膜辐射状肌收缩（扩瞳）、支气管平滑肌收缩等。但抑制小肠平滑肌收缩（$α_2$ 受体）。近年来，发现心肌细胞膜也存在 $α_1$ 受体，可介导去甲肾上腺素的缓慢正性变力作用。

2）$α_2$ 受体　主要分布于肾上腺素能纤维末梢的突触前膜上，属于突触前受体。NE 与 $α_2$ 受体结合使其激活，可对突触前膜释放 NE 进行负反馈调节。

临床上，多种药物可阻断 α 受体。如酚妥拉明（phentolamine）可阻断 $α_1$ 与 $α_2$ 受体，但以 $α_1$ 受体为主；哌唑嗪（prazosin）主要为选择性 $α_1$ 受体拮抗剂，具有降压作用，常用于治疗慢性心功能不全；育亨宾（yohimbine）主要选择性阻断 $α_2$ 受体，通常用作实验研究的工具药。

（2）β 受体

1）$β_1$ 受体　主要分布于心肌细胞膜上，具有兴奋性效应。在生理情况下，心脏的 $β_1$ 受体作用占优势，以致掩盖了心脏 $α_1$ 受体的作用。只有在 $β_1$ 受体功能抑制时，$α_1$ 受体对心脏功能活动的调节作用才能显现出来。此外，在肾脏组织中也有 $β_1$ 受体，起传导兴奋的作用而促进肾素分泌。

2）$β_2$ 受体　主要分布在平滑肌，其效应是抑制性的，促使支气管、胃肠道、子宫以及血管（冠状动脉、骨骼肌血管等）等平滑肌的舒张。

3）$β_3$ 受体　主要分布于脂肪组织，与脂肪分解有关。

普萘洛尔（propranolol）是临床上常用的非选择性 β 受体拮抗剂，它对 $β_1$ 和 $β_2$ 两种受体均有阻断作用。心动过速或心绞痛等心脏病患者应用普萘洛尔可降低心肌代谢与活动，达到治疗目的；但对同时伴有呼吸系统疾病的患者，应用后可引发支气管痉挛，应避免使用。阿替洛尔（atenolol）、美托洛尔为选择性 $β_1$ 受体拮抗剂，临床上可用于治疗高血压、缺血性心脏病及快速性心律失常等。丁氧胺为选择性 $β_2$ 受体拮抗剂。

在不同效应器上分布的肾上腺素能受体种类不同，有的仅有 α 受体或 β 受体，有的则两种受体共存。因此，当肾上腺素能纤维兴奋时，效应器可表现为兴奋，也可能为抑制。此外，α 受体和 β 受体不仅对交感神经递质发生反应，与血液中存在的儿茶酚胺类物质（如由肾上腺髓质分泌或注射的药物）也发生反应，但它们对不同类型受体的结合能力有所不同。NE 主要与 α 受体结合，与 β 受体结合作用较弱；肾上腺素与 α 和 β 受体结合均比较强；而异丙肾上腺素主要与 β 受体结合。因此，在动物实验中可以观察到，注射去甲肾上腺素后血压上升，注射异丙肾上腺素则血压下降，而注射肾上腺素时血压则先升高后下降。

表 10 – 2 胆碱能和肾上腺素能受体的分布及其拮抗剂

受体及其亚型	主要分布部位	拮抗剂
胆碱能受体		
M 受体	绝大多数副交感节后纤维支配的效应器（少数肽能纤维支配的效应器除外）以及交感胆碱能节后纤维支配的汗腺、骨骼肌的血管壁	阿托品
N 受体		筒箭毒碱
神经元型 N_1 受体	中枢神经系统内和自主神经节的突触后膜	六烃季铵
肌肉型 N_2 受体	神经 – 骨骼肌接头的终板膜	十烃季铵
肾上腺素能受体		
α 受体		酚妥拉明
α_1 受体	皮肤、胃肠与肾脏等内脏血管平滑肌，子宫、小肠、输尿管平滑肌，胃肠括约肌，支气管腺体，消化腺，汗腺，竖毛肌和扩瞳肌	哌唑嗪
α_2 受体	分布于肾上腺素能纤维末梢的突触前膜	育亨宾
β 受体		普萘洛尔
β_1 受体	心肌细胞	阿替洛尔、美托洛尔
β_2 受体	支气管、胃肠道、子宫以及冠状动脉、骨骼肌血管等平滑肌，睫状体肌，胆囊和胆道平滑肌	丁氧胺
β_3 受体	脂肪组织	

3. 其他中枢受体 种类繁多的中枢神经受体，除胆碱能和肾上腺素能受体外，还有多巴胺受体、5 – 羟色胺受体、兴奋性氨基酸受体、抑制性氨基酸受体和阿片受体等。多巴胺受体现已克隆到 D_1、D_2、D_3、D_4 与 D_5 五种亚型。5 – 羟色胺受体，到目前为止，已知有 5 – HT_1、5 – HT_2、5 – HT_3、5 – HT_4、5 – HT_5、5 – HT_6、5 – HT_7 共 7 种受体。深入研究中枢受体及其递质系统，有利于提高对神经、精神类疾病及其激动剂、拮抗剂的认识。如治疗精神障碍的药物氯胺酮、苯环利定可与 NMDA 受体介导的离子通道某些活性位点迅速结合，降低对 Na^+、K^+、Ca^{2+} 等的通透性。

4. 突触前受体 受体一般存在于突触后膜，但在突触前膜也有分布（图 10 – 8），称为突触前受体（presynaptic receptor）。其主要作用是调节突触前神经末梢递质的释放。例如，肾上腺素能纤维末梢的突触前膜上有 α_1 受体和 β_2 受体。当 α_2 受体被激活时抑制其末梢 NE 释放；β_2 受体激活时，则促进 NE 的释放。但是大多情况下以负反馈形式进行调节。

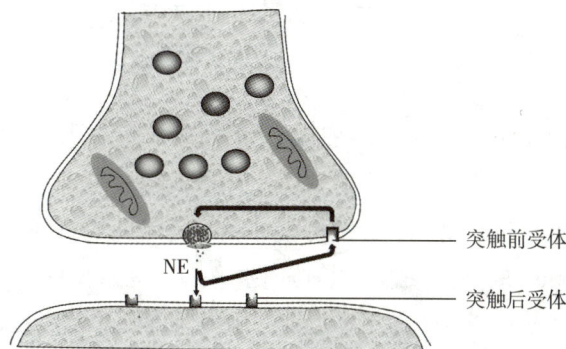

NE

突触前受体

突触后受体

图 10 – 8 突触前受体反馈性调节递质释放示意图

5. 受体调节　　细胞膜受体的数量及其与递质亲和力随着内环境的改变而发生相应的变化。通常当递质释放量减少时，受体的表达以及与递质的亲和力均增多和增强，称为受体上调（up regulation）即增量调节；反之，称为受体下调（down regulation），即减量调节。受体上调与下调的主要机制，与膜表面的受体能够在细胞膜自身作用下内、外移动有关。如受体上调可能是细胞膜将储存在胞内膜结构上的受体蛋白表达于膜表面；而下调则可能由于受体蛋白被膜内吞入胞，即内化（internalization），使膜表面受体数量减少所致。受体蛋白的这种变化，可调节突触后神经元对递质的敏感性与反应强度。

第二节　神经系统的基本活动

PPT

一、反射与反射弧

（一）反射的概念与分类

反射指在中枢神经系统的参与下，机体对内外环境刺激的规律性应答，是神经调节的基本方式。可分为非条件反射（unconditioned reflex）和条件反射（conditioned reflex）两类。

非条件反射是指先天就具有的、同种族都有的、数量有限、比较固定、低级的反射活动，可分为防御反射、食物反射、性反射等。这类反射是人和动物在长期的进化过程中形成的。其建立无需大脑皮层的参与，通过皮层下各级中枢就可形成。这类反射能使机体初步适应环境，对个体生存与种系生存有重要意义。

条件反射是指在后天生活过程中，通过学习和训练而建立起来的高级反射。其数量无限，可以建立，也能消退，数量可以不断增加。条件反射的建立扩大了机体的适应范围，提高了生存能力。因此，条件反射较非条件反射具有更大的灵活性，更适应复杂变化的生存环境。

（二）反射弧的结构

反射活动的结构基础为反射弧，由感受器、传入神经、神经中枢、传出神经和效应器组成（图10 - 9）。基本反射过程通常为：某种适宜刺激被相应的感受器所感受，感受器发生了兴奋；兴奋以神经冲动的方式经传入神经传向中枢；通过中枢的分析与综合，产生兴奋；中枢的兴奋又经一定的传出神经到达效应器，使效应器发生相应的活动。如果中枢发生抑制，则中枢原有的传出冲动减弱或停止。在实验条件下，人工刺激直接作用于传入神经可引起反射活动，但在自然条件下，反射的发生要求反射弧的结构和功能必须完整，即反射弧中任何一个环节中断，反射将不能发生。

$$感受器 \xrightarrow{传入神经} 神经中枢 \xrightarrow{传出神经} 效应器$$

图 10 - 9　反射弧的组成模式图

中枢神经系统是由大量神经元组成的，这些神经元组合成不同的神经中枢。在中枢神经系统内，调节某一特定生理功能活动的神经元群，称为反射中枢（reflex center）。一般所调节生理功能的复杂程度不同，反射中枢占据的空间范围差异很大。通常传入神经与传出神经之间只需要一次突触传递的反射，称为单突触反射（monosynaptic reflex）。腱反射是体内唯一的单突触反射。例如，膝跳反射的中枢在腰脊髓，角膜反射的中枢在脑桥。复杂的生命活动调节的中枢范围则非常广泛，如呼吸活动调节中枢，涉及延髓、脑桥、下丘脑以及大脑皮层等，延髓是发生呼吸活动的基本神经结构，而延髓以上部分的有关呼吸功能的神经元群，则调节呼吸活动使它更富有适应性，故需要多次突触传递才能完成，称多突触反射（polysynaptic reflex）。人和高等动物的反射以多突触反射为主。

（三）中枢神经元的联系方式

中枢神经系统的神经元按其在反射弧中所处的功能位置分为三种：传入神经元、中间神经元和传出神经元。人体传出神经元约有数十万个，传入神经元约为传出神经元的 3 倍，而中间神经元的数量最多，仅大脑皮层估计约有 140 亿个，表明中间神经元发挥着重要的生理功能。数量巨大、功能各异的神经元之间存在复杂的联系方式，主要包括以下几种基本联系方式（图 10 - 10）。

1. 单线式　单线式联系是指一个神经元轴突仅与一个突触后神经元建立突触联系，称为单线式联系（图 10 - 10A）。例如，视网膜中央凹处的视锥细胞通常只与一个双极细胞形成突触联系，而一个双极细胞也只与一个神经节细胞形成突触联系，这种单线式联系可使视锥细胞具有较高的分辨能力，保持突触传递的精确性。

2. 辐散式（divergence）　又称为分散式，是指一个神经元的轴突通过分支与多个神经元建立突触联系的方式（图 10 - 10B）。因此，一个神经元兴奋可引起许多神经元同时兴奋或抑制。传入神经元进入中枢后与其他神经元联系常以此为主。

3. 聚合式（convergence）　又称为会聚式，是指多个神经元的轴突末梢都与同一个神经元建立突触联系的方式（图 10 - 10C）。因此，来自许多不同神经元的兴奋或抑制作用在同一神经元上相互影响，发生总和。在中枢神经系统内，传出神经元与其他神经元之间以聚合为主。

4. 链锁状（chain circuit）与环状（recurrent circuit）　中间神经元的联系方式相对更复杂多样，链锁状、环状均有，并同时存在辐散与聚合。链锁状联系是指神经元一个接一个依次连接（图 10 - 10D）。因此可扩大兴奋在空间的作用范围。一个神经元通过其轴突侧支与多个神经元建立突触联系，而后继神经元又通过其本身的轴突回返并与原来的神经元联系，形成一个闭合环路，则称为环状联系（图 10 - 10E）。兴奋通过环状联系可以形成反馈回路，若为正反馈可使兴奋得到加强和持续，产生后发放现象；若为负反馈，则减弱或及时终止兴奋。

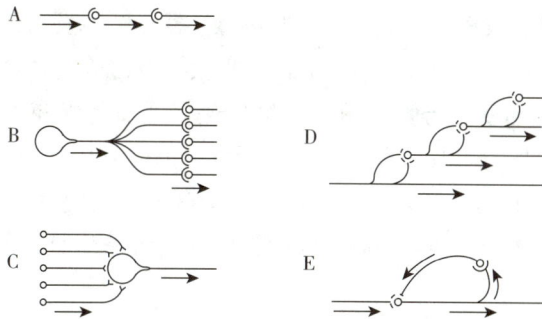

图 10 - 10　中枢神经元的联系方式示意图

A. 单线式；B. 辐散式；C. 聚合式；D. 链锁状；E. 环状

→表示兴奋传递方向

二、兴奋在神经中枢传递的特征

传递与传导不同，传导是在有原生质联系的同一组织上进行兴奋的传播，而传递是指在两个没有原生质联系的组织间进行。在中枢内的兴奋传递须通过突触。由于突触本身的结构多样性、中间神经元之间联系的复杂性以及神经递质参与等因素的影响，所以神经突触的兴奋传递要比神经纤维的兴奋传导复杂得多。其主要特征如下。

1. 单向传递　兴奋在单根神经纤维的传导是双向的，但化学性突触只能单向传递（one - way conduction），即兴奋只能由一个神经元的轴突向另一个神经元的胞体或突起传递，而不能逆向进行。以缝隙连接为结构基础的电突触则可以双向传递兴奋，故单向传递特指化学性突触而言。这是由于神经递质只能由突触前膜释放而作用于突触后膜上的受体。虽然近年来有研究表明，突触后的靶细胞也能释放某些物质，与突触前膜受体结合，逆向调节突触前末梢递质的释放，从突触前后信息沟通的角度具有双向性，但却与兴奋传递无直接关系。

2. 中枢延搁　兴奋通过反射中枢时比较缓慢而历时较长，称为中枢延搁（central delay）。这是因为兴奋通过突触时，要经历突触前膜递质释放、间隙扩散、与后膜上受体结合、离子通道活动等一系列过程，因此耗时较长。据测定，兴奋通过一个突触需要 $0.3 \sim 0.5$ 毫秒，因此，反射通过的突触数愈多中枢延搁越长。在一些多突触反射中可达 $10 \sim 20$ 毫秒，而与大脑皮层活动相联系的反射甚至达 500 毫秒，所以中枢延搁就是突触延搁。

3. 总和现象　在中枢神经系统内，由单根纤维传入的一次冲动所释放的递质量很少，仅能引起突触后膜局部兴奋，表现出易化作用，而不发生扩布性兴奋。如果同一纤维相继发生多个神经冲动或者形成聚合式联系，则每个冲动各自产生的 EPSP 会叠加，当达到阈电位水平时引起突触后神经元暴发动作电位，此过程称为兴奋总和（summation），前者称为时间总和，后者称为空间总和。若传入纤维是抑制性的，将发生抑制性总和。此外，当兴奋与抑制信息同时到达同一个神经元时，突触后神经元活动则取决于 EPSP 与 IPSP 的代数和，这属于总和的另外一种方式。

4. 兴奋节律的改变　在中枢神经元的活动中，由于突触后电位具有总和现象，因而突触后神经元（传出神经元）的兴奋节律与突触前神经元（传入神经元）发放冲动的频率不同，称为兴奋节律改变。这是由于突触后神经元的兴奋节律既受突触前神经元冲动频率的影响，也与本身的功能状态相关。在中枢的多突触传递过程中，还与中间神经元的功能以及联系方式有关。因此，作为最后通路的传出神经元，其兴奋节律取决于各种因素综合作用后的最终结果。

5. 后发放　在反射活动中，刺激停止后，传出神经仍可在一定时间内继续发放冲动，这种现象称为后发放（after discharge）。后发放的原因是多方面的，如中间神经元的环状联系。此外，在各种反馈活动中，如运动中枢发动骨骼肌收缩时，骨骼肌内肌梭感受器不断地发出传入冲动，将骨骼肌被牵拉状态的信息及时传入中枢，以反馈性调节和维持原先的反射活动的准确性，这也属于后发放。

6. 对内环境变化的敏感性和易疲劳性　由于突触传递以递质为媒介，而递质的合成、释放、与受体结合以及分解灭活等需要大量的酶系和离子参与，所以极易受到内环境理化因素变化的影响。例如，酸中毒、低氧、PCO_2 升高、麻醉剂以及某些药物等可明显降低突触传递活动；而碱中毒时，突触传递活动增强。突触间隙与细胞外液相沟通，细胞外液的物质浓度水平，如 Na^+、K^+、Ca^{2+}、Cl^- 水平，直接影响突触后电位的形成。

此外，突触部位也是反射弧中最易发生疲劳的环节。因为递质的合成不但需要各种原料而且需要一定时间，因此当突触前神经元反复受到较高频率的刺激时，突触后神经元发放的冲动会逐渐减少或消失，这一现象称突触传递的疲劳。疲劳的发生，可能与突触处递质合成不及时或贮存递质大量消耗、代谢性抑制物的积聚以及突触前、后神经元内 Na^+ 和 K^+ 浓度改变等因素有关。疲劳是防止中枢过度兴奋的一种保护性机制。

三、中枢抑制与中枢易化

神经中枢内抑制与易化过程效应相反，达到对立统一是反射活动协调进行的基础。

（一）中枢抑制

中枢抑制（central inhibition）主要发生于突触，故其本质上是突触抑制。根据抑制部位的不同可分为突触后与突触前抑制；根据电位变化性质可分为超极化和去极化抑制。中枢抑制都是通过抑制性中间神经元的活动完成。

1. 突触后抑制（postsynaptic inhibition） 由抑制性中间神经元释放抑制性递质引起。中间神经元与后继神经元构成抑制性突触，中间神经元轴突末梢（突触前膜）释放抑制性递质，突触后神经元膜超极化，产生 IPSP，导致抑制效应。根据抑制性神经元功能与联系方式的不同，突触后抑制有传入侧支性抑制与回返性抑制两种形式。

（1）传入侧支性抑制 传入冲动沿神经纤维进入中枢后，一方面直接兴奋某一中枢神经元，产生传出效应；另一方面经其轴突侧支兴奋一个抑制性中间神经元，通过该抑制性神经元，转而抑制另一中枢神经元的活动，这种现象称为传入侧支性抑制（afferent collateral inhibition），又称交互抑制（reciprocal inhibition）。例如，引起屈反射的传入神经进入脊髓后，一方面可直接兴奋屈肌运动神经元，同时经侧支兴奋一个抑制性中间神经元，通过后者活动抑制伸肌运动神经元，以便在屈肌收缩的同时，使伸肌舒张（图10－11）。这种抑制形式是中枢神经系统最基本的活动方式之一，其意义是保证两个功能相互拮抗中枢的活动协调一致。

（2）回返性抑制 一个中枢神经元的兴奋可通过其轴突侧支兴奋一个抑制性中间神经元，后者经其轴突返回并抑制原先发动兴奋的神经元及同一中枢的其他神经元，称为回返性抑制（recurrent inhibition）。例如，脊髓前角 α 运动神经元发出轴突支配骨骼肌运动，与此同时发出侧支，兴奋抑制性中间神经元闰绍细胞（Renshaw cell），闰绍细胞的轴突回返过来与脊髓前角 α 运动神经元及协同肌运动神经元的胞体构成抑制性突触（图10－12）。闰绍细胞兴奋后释放抑制性递质甘氨酸，抑制 α 运动神经元和其他神经元。这种突触后抑制是一种负反馈抑制，其意义在于防止始发神经元过度、过久的兴奋，并促使同一中枢内许多神经元的活动步调一致。药物士的宁可拮抗脊髓前角 α 运动神经元的甘氨酸受体，破伤风毒素可抑制甘氨酸的释放，二者均可阻断回返性抑制，而导致骨骼肌痉挛。

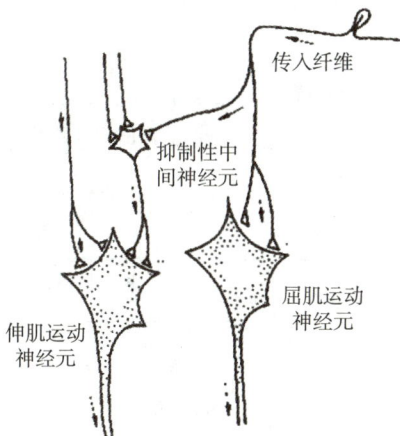

图10－11 传入侧支性抑制模式图

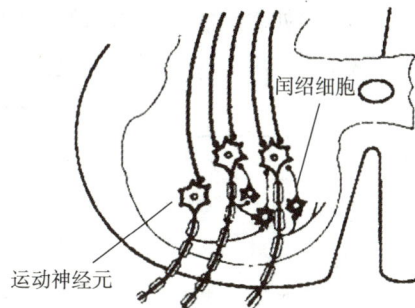

图10－12 回返性抑制模式图

2. 突触前抑制 由于中间神经元的活动导致兴奋性突触前末梢释放的递质量减少，不易甚至不能引起突触后神经元兴奋的现象，称为突触前抑制（presynaptic inhibition）。实验证明，突触前末梢释放递质量的多少，与该末梢兴奋时所产生的动作电位幅度大小有明显的关系，当动作电位减小时，释放的递质量也明显减少。因此，突触前抑制发生的基本过程是：中间神经元兴奋→释放某种递质（如GABA）→使兴奋性突触前末梢去极化（或超极化）→膜电位改变→在此膜电位的基础上产生动作电位幅度变小（或不易产生动作电位）→末梢释放兴奋性递质的量减少→使突触后膜产生的 EPSP 减小→不易或不能发生兴奋（图10－13）。

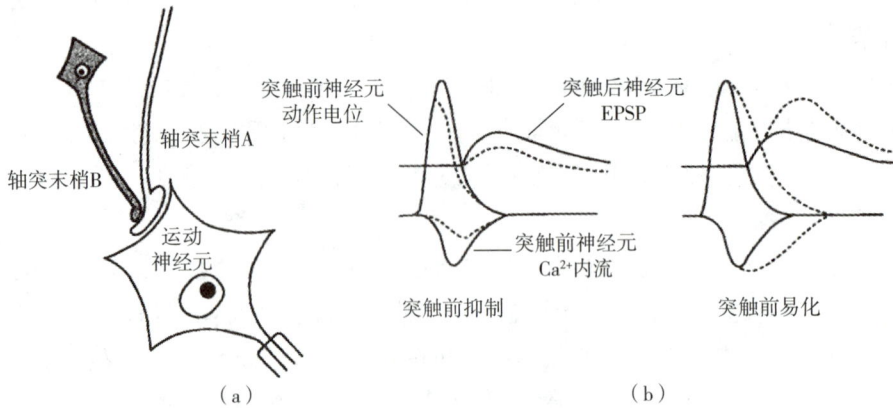

图 10-13 突触前抑制和突触前易化的神经元联系方式及机制示意图

a. 神经元联系方式；b. 机制：突触前抑制的结构基础通常是由 3 个神经元构成的联合型突触，即由轴突 - 轴突突触与轴突 - 胞体突触构成。

如图 10-13 所示，轴突末梢 A 与运动神经元构成轴突 - 胞体式突触，轴突末梢 B 与末梢 A 构成轴突 - 轴突突触，而与运动神经元不直接形成突触。当轴突 A 单独兴奋时，可在运动神经元上产生一定大小的 EPSP（图 10-13b 中实线表示）；如果先兴奋轴突 B 之后再兴奋轴突 A，则运动神经元上产生的 EPSP 明显减小，相对于之前而呈现抑制效应（图 10-13b 中虚线表示）。

突触前抑制的产生机制目前有两种解释（图 10-13）：①末梢 B 兴奋时，释放 GABA，作用于末梢 A 上的 GABAA 受体，引起末梢 A 的 Cl^- 电导增加，由于轴浆内的 Cl^- 浓度较细胞外高，Cl^- 外流使前膜发生去极化导致膜电位值减小。当兴奋传导到末梢 A 时，发生的动作电位幅度减小，时程缩短，结果 Ca^{2+} 内流量少，由此递质释放量减少而使 EPSP 变小。②末梢 B 兴奋时，释放 GABA，作用于末梢 A 上的 GABAB 受体，使突触前膜对 K^+ 通透性比较高，K^+ 的快速外流缩短了前膜的动作电位的时程，使 Ca^{2+} 内流量减少，进而影响了递质的释放量所致。

突触前抑制在中枢神经系统内广泛存在，尤其多见于感觉传入系统的各级转换站。此外，从大脑皮质、脑干与小脑等处发出的下行冲动的影响，也可对感觉传导束发生突触前抑制。与突触后抑制相比，存在明显区别（表 10-3），发挥更有效的抑制作用。

表 10-3 突触前抑制与突触后抑制的主要区别

区别要点	突触前抑制	突触后抑制
突触类型	轴 - 轴与轴 - 胞式突触联合	轴 - 胞式突触或轴 - 树式突触
抑制部位	突触前轴突末梢	突触后膜
有关递质	GABA、腺苷、5 - HT 等	GABA、Gly
电学机制	突触前轴突末梢去极化或超极化→释放兴奋性递质减少→EPSP 减小（不产生 IPSP）	突触后膜超极化产生 IPSP
抑制特点	潜伏时、持续时程长	持续时程短
生理意义	调节感觉信息的传入活动	协调中枢活动

（二）中枢易化

易化是使某些生理过程更容易发生的现象。中枢易化（central facilitation）即突触的易化，可分为突触前和突触后易化两类。通常一个突触后膜接受来自多个神经元传递来的信息，经过总和使之 EPSP 接近于阈电位水平，有利于兴奋发生，称此现象为突触后易化（postsynaptic facilitation）；而突触前易化（presynaptic facilitation）发生在突触前膜，结构与突触前抑制相似，目前研究认为，与 5 - HT 通过

cAMP 第二信使系统起作用有关。中间神经元释放 5 – HT，激活突触前轴突末梢（初级传入神经元）
5 – HT 受体，促使细胞内的 cAMP 生成增多，进而激活蛋白激酶 A（PKA），使膜上的 K^+ 通道发生磷酸化而关闭，K^+ 外流减少，以致延缓突触前轴突末梢动作电位的复极过程，从而允许更多的 Ca^{2+} 进入其轴突膜内，引发更多的递质释放，最终导致突触后神经元的 EPSP 增大，使之容易产生兴奋，即发生突触前易化（图 10 – 13b）。

第三节　神经系统的感觉分析功能

PPT

感觉是神经系统的一类重要生理功能。感受器感受各种刺激，并转换成神经冲动，通过特定的神经通路传向特定的中枢加以分析，产生各种感觉。因此，感觉是由专门的感受器经特定的传入通路，及感觉中枢几个部位共同活动而完成的。中枢神经系统从脊髓到大脑皮层对传入的感觉信息都有一定的整合功能，它们在产生感觉的过程中发挥不同作用。

一、脊髓的感觉传导功能

一般认为，经典的感觉传导通路由三级神经元接替完成。第一级神经元位于脊神经节或有关的脑神经的神经节内，第二级神经元位于脊髓后角或脑干的相关神经核内，第三级神经元在丘脑的感觉接替核内。由脊髓上传到大脑皮层的感觉传导路径可分为两条通路，一为浅感觉传导通路，另一为深感觉传导通路（图 10 – 14）。浅感觉传导通路传导痛觉、温度觉和粗略触 – 压觉，其传入纤维由后根的外侧部进入脊髓，然后在脊髓后角换元，再发出纤维在脊髓中央管前进行交叉到对侧，分别经脊髓丘脑侧束（痛、温觉）和脊髓丘脑前束（粗略触 – 压觉）上行抵达丘脑。深感觉传导通路传导肌肉本体感觉和精细触 – 压觉，其传入纤维由后根的内侧部进入脊髓后，其上行分支在同侧后索上行，抵达延髓下部薄束核和楔束核后换元，再发出纤维交叉到对侧，经内侧丘系至丘脑。由于浅感觉传导通路先交叉后上行，而深感觉传导通路先上行后交叉，因此，在一侧脊髓离断的情况下，离断水平以下的痛觉、温度觉和粗略触 – 压觉的障碍发生在健侧（离断的对侧），而本体感觉和精细触 – 压觉障碍则发生在患侧（离断的同侧）。如果脊髓空洞症患者，仅局限地损害中央管前交叉的浅感觉传导通路，那么会出现相应节段双侧皮节的痛、温觉发生障碍，而粗略触 – 压觉基本不受影响，造成脊髓空洞症患者出现痛、温觉和粗略触 – 压觉障碍的分离现象。这是由于痛、温觉传入纤维进入脊髓后，在进入水平的 1~2 个节段内换元交叉到对侧，而粗略触 – 压觉传入纤维进入脊髓后分成上行与下行纤维，分别在多个节段内换元交叉至对侧，不会受到损伤的影响。

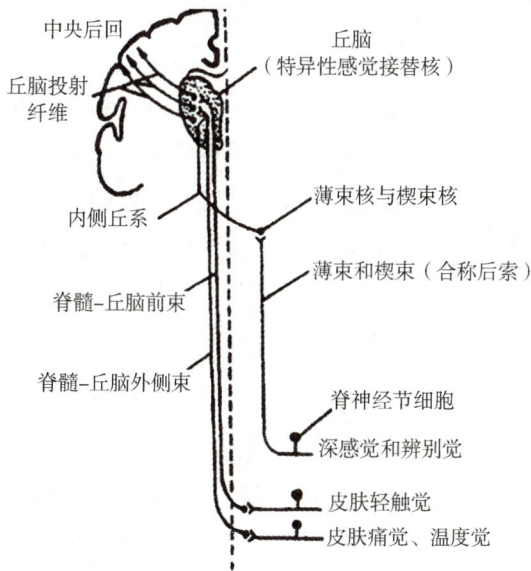

图 10 – 14　躯体感觉传导通路

二、丘脑的感觉核团

丘脑的核团是除嗅觉外的各种感觉传入通路的重要中继站，它还能初步的分析和综合传入的感觉信息。丘脑的核团或细胞群可分为三大类（图 10 – 15）。

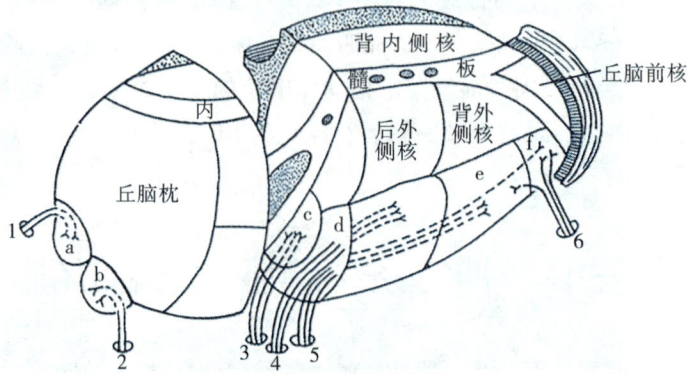

图 10－15　丘脑核团分类

a. 内侧膝状体；b. 外侧膝状体；c. 腹后内侧核；d. 腹后外侧核；e. 腹外侧核；f. 腹前核

1. 下丘臂；2. 视束；3. 三叉丘系；4. 内侧丘系和脊髓丘脑束；5. 小脑上脚纤维；6. 苍白球丘脑纤维

（一）特异感觉接替核

特异感觉接替核是接受感觉的投射纤维，并经过换元进一步投射到大脑皮层感觉区的细胞群，例如腹后外侧核、腹后内侧核、内侧膝状体、外侧膝状体等。腹后外侧核为脊髓丘脑束与内侧丘系的换元站，同躯干、肢体感觉的传导有关；腹后内侧核为三叉丘系的换元站，与头面部感觉的传导有关。腹后核发出的纤维向大脑皮层感觉区投射，不同部位传来的纤维在腹后核内换元有一定的空间分布，下肢感觉在腹后核的最外侧，头面部感觉在腹后内侧核，而上肢感觉在中间部位。这种空间分布与大脑皮层感觉区的空间定位相对应。内侧膝状体是听觉通路的换元站，发出纤维向大脑皮层听觉区投射。外侧膝状体是视觉传导路的换元站，发出纤维向大脑皮层视觉区投射。

（二）联络核

联络核接受丘脑特异感觉接替核和其他皮层下中枢的纤维，经过换元，发出纤维投射到大脑皮层的某一特定区域。联络核与各种感觉在丘脑和大脑皮层水平的联系协调有关。例如，丘脑前核接受下丘脑乳头体的纤维投射，并发出纤维投射到大脑皮层的扣带回，参与内脏活动的调节；丘脑的腹外侧核主要接受小脑、苍白球和腹后核的纤维投射，并发出纤维投射到大脑皮层的运动区，参与皮层对肌肉运动的调节；丘脑枕核接受内侧与外侧膝状体的纤维投射，并发出纤维投射到大脑皮层的顶叶、枕叶和颞叶的联络区，参与各种感觉的联系功能。此外，丘脑还有许多细胞群，发出纤维向下丘脑、大脑皮层的前额叶和眶区或顶叶后部联络区等区域投射。

（三）非特异投射核

非特异投射核是指靠近中线的髓板内的各种结构，主要是髓板内核群，包括中央中核、束旁核、中央外侧核等。这些核群可以间接地通过多突触接替换元后，然后弥散地投射到整个大脑皮层，起着维持和改变大脑皮层兴奋状态的重要作用。一般认为，这些核群间接通过丘脑网状核向大脑皮层作弥散性投射。对束旁核的研究指出，它可能与痛觉有关；刺激人的丘脑束旁核可加重患者的疼痛症状，而毁损此区后则可缓解患者疼痛症状。

三、躯体感觉投射系统

根据丘脑各部分向大脑皮层投射特征的不同，可把感觉投射系统（sensory projection system）分为两个不同的系统：特异投射系统与非特异投射系统（表 10－4）。

（一）特异投射系统

一般认为，经典的感觉传导通路，如视觉、听觉、躯体感觉（嗅觉除外）的传导路径是从脊髓投射到丘脑的感觉接替核，换元后投射到大脑皮层特定区域。各种感觉上传都有其专门的途径，它们都投射到大脑皮层的特定区域，每一种感觉的传导投射系统都是专一的，具有点对点的投射关系。投向大脑皮层的纤维主要终止于皮层的第四层，与该层内神经元构成突触联系。特异性投射系统的主要功能是引起特定的感觉。另外，这些投射纤维还通过若干中间神经元接替，与大锥体细胞构成突触联系，从而激发大脑皮层发出传出冲动。丘脑联络核在结构上大部分也与大脑皮层有特定的投射关系，因此也归入特异投射系统，但是它不引起特定的感觉，主要起联络的作用。

（二）非特异投射系统

丘脑非特异投射核及其投射至大脑皮层的神经通路称为非特异投射系统（nonspecific projection system）。该系统通过脑干网状结构，间接接受来自感觉传导通路第二级神经元侧支的纤维投射，经网状结构多次换元并弥散性投射到大脑皮层的广泛区域。该系统与皮层不具有点对点的投射关系，由于该系统没有专一的感觉传导功能，因而不能引起各种特定感觉。该系统的上行纤维进入皮层后发出分支广泛分布于各层内与皮层神经元的树突形成突触联系，起维持和改变大脑皮层兴奋性，维持机体觉醒状态的作用。

特异性投射系统与非特异性投射系统的比较见表 10 - 4。

表 10 - 4 特异投射系统与非特异投射系统的比较

	特异投射系统	非特异投射系统
传入神经元接替	较少神经元	较多神经元
投射范围	大脑皮层特定区域	大脑皮层广泛区域
路径情况	专一感觉通路	多种感觉混合上传
投射特点	点对点投射	非点对点投射
突触联系	少，不易受药物影响	多，易受药物影响
主要功能	引起特定感觉	维持大脑皮层兴奋性和机体觉醒状态

四、大脑皮层的感觉代表区

大脑皮层是产生感觉的最高级中枢。从丘脑腹后核或者嗅球携带的躯体感觉信息经特异投射系统投射到大脑皮层的特定区域，经过对传入信息的分析加工，产生不同的感觉。这些区域包括体表感觉区、本体感觉区、内脏感觉区、视觉区、听觉区、味觉区、嗅觉区等（图 10 - 16）。

（一）体表感觉代表区

体表感觉代表区包括第一和第二感觉区。第一感觉区位于中央后回。中央后回的感觉投射规律为：①躯体感觉投射为交叉性投射，即躯体一侧的传入冲动向对侧皮层投射，但头面部感觉的投射是双侧性的；②投射区域的大小与感觉分辨精细程度有关，分辨愈精细的部位，代表区愈大，如手的代表区面积很大，相反，躯干的代表区则很小；③投射区域的空间排列是倒置的，下肢的代表区在中央后回的顶部，上肢的代表区在中央后回的中间，而头面部则在中央后回的底部，但在头面部的代表区内部，却是正立的。

第二感觉区位于大脑外侧沟的上壁，由中央后回底部延伸到脑岛的区域。其面积远比第一感觉区小。在第二感觉区，感觉投射也有一定规律，安排属于正立而不是倒置的。身体各部分的定位不如中央后回那么完善和具体。切除人脑第二感觉区并不产生显著的感觉障碍。此外，第二感觉区还接受痛觉传入的投射。

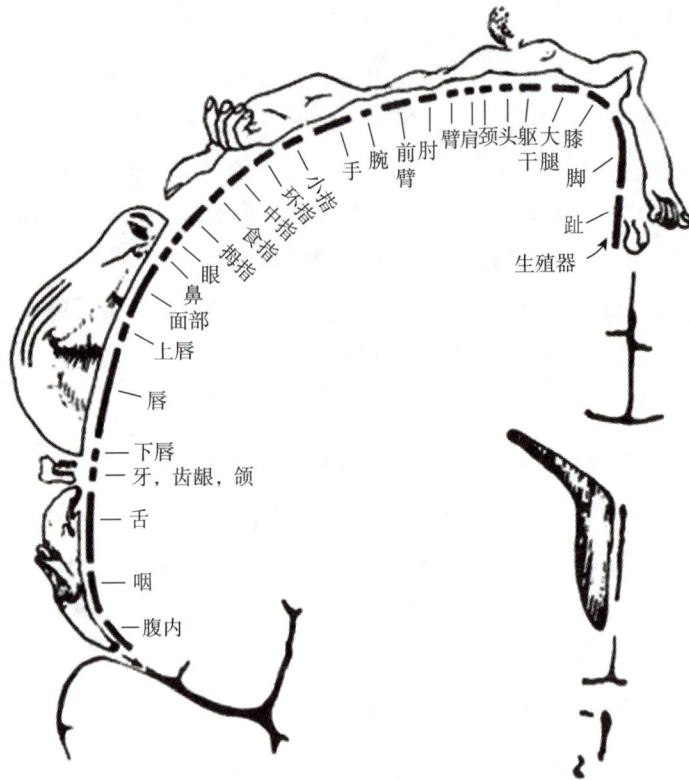

图 10 - 16　大脑皮层感觉区示意图

图中标注：小指、环指、中指、食指、拇指、手腕、前臂、肘、臂、肩、颈、头、躯干、大腿、膝、脚、趾、生殖器、眼、鼻、面部、上唇、唇、下唇、牙，齿龈，颌、舌、咽、腹内

（二）本体感觉代表区

本体感觉代表区位于中央前回（4 区），此代表区也是运动区。本体感觉区主要接受肌肉、肌腱、关节处的感觉信息，可以感知身体在空间的位置、姿势、运动状态以及运动方向。

（三）视觉区

视觉的投射区是枕叶皮层。左眼颞侧视网膜和右眼鼻侧视网膜的传入纤维投射到左侧枕叶皮层，右眼颞侧视网膜和左眼鼻侧视网膜的传入纤维投射到右侧枕叶皮层。视网膜上半部投射到距状裂上缘，下半部投射到距状裂下缘；视网膜中央的黄斑区投射到距状裂的后部，视网膜周边区投射到距状裂的前部。

（四）听觉区

听觉投射区位于颞叶皮层的颞横回和颞上回（41、42 区）。听觉的投射是双侧性的，即一侧皮层代表区接受双侧耳蜗感觉传入。耳蜗不同部位的感觉传入冲动投射到听觉皮层的一定部位，耳蜗底部（高频声感）投射到前部，耳蜗顶部（低频声感）投射到后部。

（五）嗅觉区与味觉区

高等动物只有边缘叶的前底部区域与嗅觉功能有关（包括梨状区皮层的前部、杏仁核的一部分等）。味觉投射区在中央后回头面部感觉投射区的下侧。

五、中枢对躯体感觉的分析

躯体感觉包括深感觉与浅感觉两类，深感觉主要是包括本体感觉，浅感觉包括触 - 压觉、温度觉与痛觉等。

（一）触 – 压觉

触 – 压觉在感觉内侧丘系和前外侧系两条通路中上行，中枢损伤触 – 压觉不易缺损。只有当中枢损伤非常广泛时，触 – 压觉才可能完全被阻断。这两条通路传导的触 – 压觉类型不同。经内侧丘系传导的精细触 – 压觉与刺激的具体定位、空间和时间的形式等有关，经脊髓丘脑束传导的粗略触 – 压觉仅有粗略定位的功能。当通路损伤时，前者振动觉（一种节律性压觉）和肌肉本体感觉功能减退，触 – 压觉定位也受损；后者触 – 压觉的缺损较轻微，触 – 压觉定位仍然正常。两者都会有触觉阈值升高和皮肤触 – 压觉感受野面积减少的表现。

（二）本体感觉

本体感觉经脊髓后索上行，有较多的部分传入冲动进入小脑，脊髓后索出现疾病时会产生运动共济失调，是由于本体感觉到小脑的传导通路受阻。经脊髓后索上行的少部分冲动则经内侧丘系和丘脑投射到大脑皮层本体感觉区。也有部分本体感觉传入冲动在脊髓前外侧系内上行到本体感觉区。感知躯体各部位的空间位置，协调随意运动。

（三）温度觉

有研究表明，来自丘脑的温度觉投射纤维除到达中央后回外，还投射到同侧的岛叶皮层，后者可能是温度觉的初级皮层。目前对丘脑和大脑皮层在温度信息加工中的具体作用尚不清楚。

（四）痛觉

机体受到伤害性刺激会产生痛觉，常伴有不愉快的情绪和防卫反应。痛觉可分为躯体痛和内脏痛。躯体痛包括体表痛和深部痛。

发生在体表某处的痛感称为体表痛。当伤害性刺激作用于皮肤时，可先后出现两种性质不同的痛觉，即快痛和慢痛。快痛主要经特异投射系统到达大脑皮层的第一和第二感觉区；而慢痛主要投射到扣带回。此外，许多痛觉纤维经非特异投射系统投射到大脑皮层的广泛区域。

发生在躯体深部，如骨、关节、骨膜、肌腱、韧带和肌肉等处的痛感称为深部痛。深部痛一般表现为慢痛，其特点是定位不明确，可伴有恶心、出汗和血压改变等自主神经反应。出现深部痛时，可反射性引起邻近骨骼肌收缩而导致局部组织缺血，而缺血会使疼痛加剧。

六、中枢对内脏感觉的分析

（一）传入通路与皮层代表区

内脏感觉的传入神经为自主神经，包括交感神经和副交感神经。它们的细胞体主要位于脊髓胸腰骶段的后根神经节，以及第Ⅶ、Ⅸ、Ⅹ对脑神经节内。内脏感觉的传入冲动进入中枢后，沿着躯体感觉的同一通路上行，即沿着脊髓丘脑束和感觉投射系统到达大脑皮层。内脏感觉的皮层代表区位于体表第一感觉区、第二感觉区和运动辅助区。此外，边缘系统皮层也接受内脏感觉的投射。刺激第二感觉区会发生味觉、恶心或排便感，刺激运动辅助区会产生心悸、面部发热等。

（二）内脏感觉

内脏感觉主要是痛觉，也存在极少的温度觉和触压觉。内脏痛包括体腔壁痛和牵涉痛，它是临床疾病的常见症状，常由机械性牵拉、痉挛、缺血和炎症等刺激所引起。内脏痛的特点是：①定位不准确，这是内脏痛的主要特点，如腹痛时，患者常不能说出所发生疼痛的具体位置，因为痛觉感受器在内脏的分布要比躯体稀疏得多；②发生缓慢，持续时间较长，即主要表现为慢痛，常呈渐进性增强，但有时也可迅速转为剧烈疼痛；③中空内脏器官（如胃、肠、胆囊和胆管等）壁上的感受器对扩张性刺激和牵拉性刺激十分敏感，而对切割、烧灼等通常易引起皮肤痛的刺激却不敏感；④引起不愉快的情绪反应，并伴有恶心、呕吐和心血管及呼吸活动改变。

1. 体腔壁痛　体腔壁痛（parietal pain）是指内脏疾病引起邻近体腔壁浆膜受刺激或骨骼肌痉挛而产生的疼痛。例如，胸膜或腹膜炎症时可发生体腔壁痛。这种疼痛与躯体痛相似，也由躯体神经，如膈神经、肋间神经等神经传入。

2. 牵涉痛　牵涉痛（referred pain）是指某些内脏疾病往往引起远隔的体表部位发生疼痛或痛觉过敏。例如，心肌缺血时，可发生心前区、左肩和左上臂疼痛；胆囊炎、胆石症发作时，可感觉右肩区疼痛；膈中央部受刺激往往引起肩上部疼痛；患胃溃疡和胰腺炎时，可出现左上腹和肩胛间疼痛；发生阑尾炎时，发病开始时常感觉上腹部或脐周疼痛；肾结石时可引起腹股沟区疼痛；输尿管结石则可引起睾丸疼痛等。躯体深部痛也有牵涉痛的表现。由于牵涉痛的体表放射部位比较固定，了解牵涉痛部位对临床上诊断某些内脏疾病有重要参考价值。

发生牵涉痛时，疼痛往往发生在与患病内脏具有相同胚胎节段和皮节来源的体表部位，这一原理称为皮节法则（dermatomal rule）。例如，在胚胎发育过程中，膈自颈区迁移到胸腹腔之间，膈神经也跟着一起迁移，故其传入纤维在颈节段进入脊髓，而肩上部的传入纤维也在同一水平进入脊髓。同样，心脏和上臂也发源于同一节段水平。睾丸及其支配神经是从尿生殖嵴迁移而来的，而尿生殖嵴也是肾和输尿管的发源部位。

牵涉痛的产生与中枢神经系统的可塑性有关。体表和内脏的痛觉纤维可在感觉传入的第二级神经元发生会聚（图10-17）。根据牵涉痛的放射部位，会聚可能发生在同侧脊髓后角的第Ⅰ～Ⅴ层，而第Ⅶ层接受来自双侧的传入纤维，这对于解释来源于对侧的疼痛十分重要。体表痛觉纤维通常并不激活脊髓后角的第二级神经元，但当来自内脏的伤害性刺激冲动持续存在时，则可对体表传入产生易化作用，此时脊髓后角第二级神经元被激活。在这种情况下，中枢将无法判断刺激究竟来自内脏还是来自体表发生牵涉痛的部位，但由于中枢更习惯于识别体表信息，因而常将内脏痛误判为体表痛。

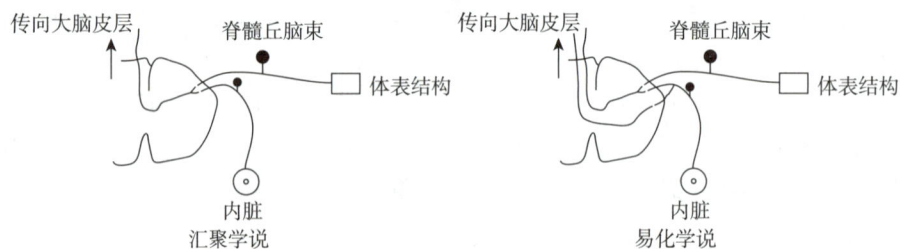

图 10-17　牵涉痛产生机制示意图

第四节　神经系统对运动的调节

运动是人与动物维持个体生存的基本功能之一。运动可分为反射运动、节律性运动以及随意运动，这些运动都是以骨骼肌的收缩作为基础。骨骼肌完成各种精细复杂的运动有赖于中枢神经运动系统的调节。中枢神经运动系统是一个既平行又有等级的系统。它从低到高包含了脊髓、脑干、大脑皮层以及基底神经节、小脑等神经系统结构（图10-18）。

一、运动神经元的分布

（一）脊髓和脑干运动神经元

在脊髓灰质前角以及脑干颅神经的运动核团中，存在大量支配骨骼肌的运动神经元。分为三类：α、β和γ运动神经元。α运动神经元相对较大，它既接受从脑干到大脑皮层等高位运动中枢传出的信息，也接受来自皮肤、肌肉和关节等外周传入的信息，α运动神经元将这些运动信息整合处理，最终发出运

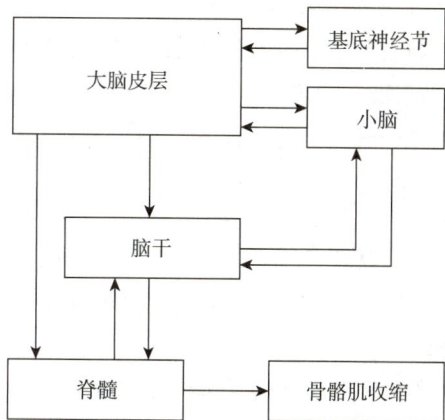

图 10 - 18　运动系统示意图

动指令支配骨骼肌。因此，α 运动神经元又被称为躯体运动反射的最后公路（final common path）。

γ 运动神经元比 α 运动神经元小，它分散在 α 运动神经元之间。γ 运动神经元发出的轴突支配骨骼肌的梭内肌纤维。γ 运动神经元的兴奋性较高，常以较高的频率持续放电。即使 α 运动神经元无放电，一些 γ 运动神经元仍持续放电。γ 运动神经元以乙酰胆碱作为递质，它的功能是调节肌梭对牵拉刺激的敏感性。β 运动神经元发出神经纤维支配梭内肌与梭外肌，但是功能尚不明确。

（二）运动单位

由一个 α 运动神经元及其支配的全部肌纤维所组成的功能单位称为运动单位（motor unit）。运动单位的大小相差很大，其大小取决于 α 运动神经元轴突末梢分支数目的多少。例如，一个三角肌的运动神经元所支配的肌纤维数目可达 2000 根，而一个眼外肌运动神经元仅支配 6 ~ 12 根肌纤维。前者有利于产生巨大的肌张力，后者有利于肌肉进行精细的运动。同一个运动单位的肌纤维，与其他运动单位的肌纤维可交叉分布，因此，即使只有少数运动神经元活动，也可以在肌肉中产生均匀的张力。

二、脊髓对运动的调节

（一）脊休克

脊髓是躯体运动的基本反射中枢，许多反射可以在脊髓水平完成。在正常情况下，脊髓的功能一般在高位中枢的控制下完成，脊髓的独立功能难以体现。在动物实验中将脊髓与延髓的联系切断，但为了保持动物的呼吸功能，常在颈脊髓第五节水平以下切断，以保留膈神经对膈肌呼吸的传出支配。这种脊髓与高位中枢离断的动物称为脊动物。当脊髓与高位中枢离断，会出现暂时丧失反射活动的能力，进入无反应状态，这种现象称为脊休克（spinal shock）。脊休克的主要表现为：在横断面以下的脊髓所支配的骨骼肌紧张性降低甚至消失，外周血管扩张，血压下降，发汗反射消失，大小便潴留。

脊休克过后，一些以脊髓为中枢的反射活动可以逐渐恢复。首先，恢复的迅速与否，与动物进化程度有密切关系。低等动物如蛙在脊髓离断后数分钟内反射即恢复，在犬则需几天，而在人类则需数周以至数月。显然，反射恢复的速度与不同动物脊髓反射依赖于高位中枢的程度有关。其次，反射恢复过程中，首先是比较简单、比较原始的反射先恢复，如屈肌反射、腱反射等；然后才是比较复杂的反射逐渐恢复，如对侧伸肌反射、搔爬反射等。反射恢复后的动物，血压也逐渐上升到一定水平，动物可具有一定的排便与排尿反射，但是此时的反射往往不能很好地适应机体生理功能的需要，且离断水平以下的感觉与随意运动将永久消失。

在脊动物实验中，若反射恢复后，进行第二次脊髓切断损伤并不能使脊休克重现。表明脊休克的产生并不是由于切断损伤的刺激性影响引起的，而是因离断的脊髓突然失去高位中枢的调节所导致。高位中枢对脊髓反射既有易化作用，也有抑制作用。例如，切断脊髓后伸肌反射往往减弱，说明高位中枢对脊髓伸肌反射有易化作用；而屈肌反射加强，又说明高位中枢对脊髓屈肌反射有抑制作用。

⇒ 案例引导

临床案例 患者，男，20岁，伤前为体育运动员。一次训练不慎，头部着地，造成第6~8颈椎开放性骨折，76%错位。四肢和胸部以下躯体失去知觉和运动功能。诊断：高位截瘫。

讨论 1. 脊休克症状有哪些？

2. 患者脊休克后哪些功能可以恢复或者部分恢复？

提示 1. 脊髓横断面以下失去高位神经的调节，反射活动暂时消失。

2. 脊休克过后，基本的反射会逐渐或部分恢复，如屈伸肌反射、排尿、排便反射。

（二）脊髓对姿势的调节

人与动物身体各部分之间以及身体与周围空间之间的相对位置关系称为姿势。姿势反射（postural reflex）是指中枢神经系统可通过反射改变骨骼肌的肌紧张或做出相应的动作以保持或改变身体的姿势，避免倾倒。姿势反射包括对侧伸肌反射、牵张反射以及节间反射等。

1. 屈肌反射与对侧伸肌反射 在脊动物的皮肤受到伤害性刺激时，受刺激一侧的肢体出现屈曲的反应，关节的屈肌收缩而伸肌舒张，称为屈肌反射（flexor reflex）。屈肌反射具有保护意义。屈肌反射的强度与刺激强度有关。例如，足部的较弱刺激只引起踝关节屈曲，刺激强度加大，则膝关节及髋关节也可发生屈曲。若刺激强度更大，则可以在同侧肢体发生屈肌反应的基础上出现对侧肢体伸直的反射活动，称为对侧伸肌反射（crossed extensor reflex）。对侧伸肌反射是另一种姿势反射，动物一侧肢体屈曲，对侧肢体伸直以维持身体平衡，具有维持姿势的生理意义。屈肌反射是一种多突触反射，其反射弧传出部分可通向许多关节的肌肉。

2. 牵张反射 有完整神经支配的骨骼肌受到外力牵拉伸长时，能引起受牵拉的同一肌肉反射性的收缩，称为牵张反射（stretch reflex）。

（1）牵张反射的类型 牵张反射有两种类型，一种为腱反射，也称位相性牵张反射；另一种为肌紧张，也称紧张性牵张反射。

1）腱反射（tendon reflex） 是指快速牵拉肌腱时，与肌腱相连的骨骼肌发生的牵张反射。例如，叩击膝关节下的股四头肌肌腱使之受到牵拉，则股四头肌即发生一次收缩，这称为膝反射；叩击跟腱使之受到牵拉，则小腿腓肠肌即发生一次收缩，这称为跟腱反射。这些腱反射的感受器为肌梭，传入神经纤维的直径较粗（12~20μm）、传导速度较快（90m/s以上），效应器为同一肌肉的肌纤维；反射反应的潜伏期很短，据测算兴奋通过中枢的时间为0.7毫秒左右，只够一次突触传递的中枢延搁时间，因此，腱反射为单突触反射（表10-5）。腱反射的反射弧简单，但它也受高位中枢的调节。腱反射的减弱或消失，常提示反射弧的传入、传出通路或脊髓反射中枢的损害或中断；而腱反射的亢进，则提示高位中枢的病变。因此，临床上常用测定腱反射的方法来了解神经系统的功能状态。

2）肌紧张（muscle tonus） 是指缓慢持续牵拉肌腱时发生的牵张反射，其表现为受牵拉肌肉发生紧张性收缩，阻止被拉长。肌紧张是维持躯体姿势最基本的反射活动，是姿势反射的基础。例如，由于重力影响，支持体重的关节趋向于被重力所弯曲，关节弯曲必使伸肌肌腱受到持续牵拉，从而产生牵张反射引起该肌的收缩，对抗关节的屈曲，维持站立姿势。肌紧张反射的收缩力并不大，只是抵抗肌肉被牵拉，因此不表现明显的动作。在同一肌肉内的不同运动单位可进行交替性的收缩，所以肌紧张能持久维持而不易疲劳。如果肌紧张反射弧任何部位被破坏，肌肉会变得松弛，此时身体的正常姿势就难以维持。

表 10 − 5　腱反射与肌紧张的比较

	腱反射	肌紧张
有效刺激	快速牵拉肌腱	缓慢持续牵拉肌腱
感受器	肌梭（主要是核袋纤维）	肌梭（主要是核链纤维）
传入纤维	主要是Ⅰa纤维	主要是Ⅱ纤维
收缩成分	主要是快肌纤维	主要是慢肌纤维
收缩特点	同步	交替
反射弧	单突触	多突触
生理意义	反映神经系统功能状态	维持姿势

（2）牵张反射的感受器　牵张反射的感受器是肌梭（muscle spindle）。肌梭是一种能感受肌肉长度变化或牵拉刺激的梭形感受器，长约几毫米，外层包裹一结缔组织囊。囊内一般含有 6 ~ 12 根肌纤维，称为梭内肌纤维；而囊外的一般肌纤维就称为梭外肌纤维。肌梭与梭外肌纤维平行排列呈并联关系。梭内肌纤维的收缩成分位于纤维的两端，而感受装置（不收缩成分）位于其中间，两者呈串联关系。肌梭的传入神经有两类。Ⅰ类传入纤维直径较粗，Ⅱ类传入纤维直径较细，两类传入纤维都到达脊髓前角运动神经元。中枢存在支配梭外肌和梭内肌纤维，前者称为 α 传出纤维，后者称为 γ 传出纤维。当梭外肌纤维被牵拉时，肌梭也会被拉长，感受装置所感受到的牵拉刺激增加，传入增加，会反射性引起肌肉收缩，这便是牵张反射。当梭外肌纤维收缩时，肌梭也会缩短变得松弛，感受装置所感受到的牵拉刺激将减少。但是，如果梭内肌纤维收缩，感受装置对牵拉刺激的敏感度将会增高。当 γ 传出纤维活动加强时，梭内肌纤维收缩，可提高肌梭内感受装置的敏感性，因此，γ 传出纤维的活动对调节牵张反射具有重要作用。

💡 **知识拓展**

梭内肌纤维

　　梭内肌纤维分两类：核袋纤维（nuclear bag fiber）与核链纤维（nuclear chain fiber）。核袋纤维的细胞核集中于中央部。核链纤维的细胞核分散于整个纤维。Ⅰa 类传入神经纤维的末梢螺旋状缠绕于核袋纤维与核链纤维的感受装置部位；Ⅱ类传入神经纤维的末梢花枝状绕于核链纤维的感受装置部位。此外梭内肌纤维收缩部位还接受 γ 运动神经元传出纤维的支配。γ 运动神经元传出纤维板状末梢支配核袋纤维；γ 运动神经元传出纤维蔓状末梢支配核链纤维。

（3）腱器官　腱器官（tendon organ）是另一种牵张感受装置，分布在肌腱胶原纤维之间。腱器官与梭外肌纤维呈串联关系，其功能与肌梭功能不同，是感受肌肉张力变化的装置。腱器官的传入神经是Ⅰb 纤维，传入冲动对同一肌肉的 α 运动神经元起牵拉抑制作用。一般认为，肌梭是一种长度感受器，当肌肉受到牵拉时，首先兴奋肌梭的感受装置发动牵张反射，引致受牵拉的肌肉收缩以对抗牵拉；而腱器官是一种张力感受器，当牵拉力量进一步加大时，则可兴奋腱器官使牵张反射受抑制，这种反射也称为反牵张反射（inverse stretch reflex），反牵张反射可以避免被牵拉的肌肉受到损伤，具有保护意义。

3. 节间反射　脊动物在反射恢复的后期，可出现复杂的节间反射。由于脊髓某节段神经元发出的轴突与邻近上下节段的神经元存在突触联系，故在与高位中枢失去联系后，脊髓可通过上下节段之间神经元的协同活动进行反射活动，称为节间反射（intersegmental reflex）。例如，刺激动物腰背皮肤，可引致后肢发生一系列节奏性搔爬动作，也称为搔爬反射。搔爬反射依靠脊髓上下节段的协同活动，所以是节间反射的一种表现。

三、脑干对肌紧张和姿势的调节

在中枢运动神经系统中，脑干位于中间层次，高于脊髓低于大脑皮层，不仅运动传出通路穿行其间，而且各种感觉反馈通路也在此经过，因而在功能上起"上下沟通"的作用。脑干中存在加强或者抑制肌紧张的区域，它可以通过直接调节运动神经元活动的方式来调节肌紧张；同时通过调节肌紧张的方式对姿势进行调控。

（一）脑干对肌紧张的调节

1. 脑干网状结构抑制区和易化区 电刺激动物脑干网状结构的不同区域，观察到在网状结构中具有抑制肌紧张及肌肉运动的区域，称为抑制区（inhibitory area）；还有加强肌紧张及肌肉运动的区域，称为易化区（facilitatory area）（图10-19）。抑制区较小，位于延髓网状结构的腹内侧部分。易化区较大，分布于广大的脑干中央区域，包括延髓网状结构的背外侧部分、脑桥的被盖、中脑中央灰质及被盖；此外下丘脑和丘脑中线核群等部位也具有对肌紧张和肌肉运动的易化作用，也属于易化区。从活动的强度来看，易化区的活动比较强，抑制区的活动比较弱，因此在肌紧张的平衡调节中，易化区占优势。在其他高位中枢也存在调节肌紧张的区域或核团，抑制肌紧张的中枢部位有大脑皮层运动区、纹状体、小脑前叶蚓部；易化肌紧张的中枢部位有前庭核、小脑前叶两侧部和后叶中间部。这些结构虽然在脑干外，但与脑干网状结构抑制区和易化区具有结构和功能上的联系，它们对肌紧张的影响可能通过脑干网状结构内的抑制区和易化区来完成。

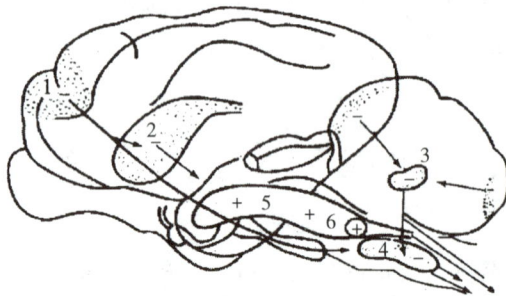

图10-19　与肌紧张调节有关的脑区及其下行路径示意图

下行抑制（−）路径：网状结构抑制区（4），接受来自大脑皮层（1）、尾核（2）、小脑（3）的投射，发放下行冲动抑制脊髓牵张反射；下行易化（＋）路径：网状结构异化区（5），发放下行冲动加强脊髓牵张反射，延髓前庭核（6）加强脊髓牵张反射

2. 去大脑僵直 脑干抑制区与易化区对肌紧张的影响可用去大脑僵直现象来说明。如果在实验动物中脑上、下丘之间切断脑干，动物肌紧张活动会出现亢进现象，表现为四肢伸直，头尾昂起，脊柱挺硬，呈角弓反张状态，这一现象称为去大脑僵直（decerebrate rigidity）（图10-20）。去大脑僵直是由于去大脑动物被切断了大脑皮层运动区和纹状体等部位与脑干网状结构的功能联系，造成抑制区和易化区之间的活动失衡，使抑制区活动减弱，而易化区的活动明显占优势，

图10-20　去大脑僵直示意图

以致抗重力肌（伸肌）紧张性增强的结果。

去大脑僵直的类型有两种。一种是由于高位中枢的下行性作用，直接或间接通过脊髓中间神经元提高α运动神经元的活动，从而导致肌紧张加强而出现僵直，称为α僵直。另一种是由于高位中枢的下行性作用，首先提高脊髓γ运动神经元的活动，使肌梭的敏感性提高而传入冲动增多，转而使脊髓α运动神经元的活动提高，从而导致肌紧张加强而出现僵直，称为γ僵直。经典的去大脑僵直主要属于γ僵直，因为在消除肌梭传入冲动对中枢的作用后，僵直现象可以消失。临床上如见到患者出现去大脑僵直现象，往往表明病变已严重地侵犯了脑干，是预后不良的信号。

（二）脑干对姿势的调节

机体保持正常的姿势依赖姿势反射，例如牵张反射、对侧伸肌反射等进行调节。脑干参与的姿势反射包括状态反射、翻正反射、直线或旋转加速运动反射等。

1. 状态反射　头部在空间的位置改变以及头部与躯干的相对位置改变时，可以反射性地引起躯体肌肉的紧张性变化，这种反射称为状态反射。在正常人体中，由于高级中枢的存在，状态反射常被抑制不易表现出来。状态反射包括迷路紧张反射与颈紧张反射两种类型。迷路紧张反射是指内耳迷路的椭圆囊和球囊的传入冲动对躯体伸肌紧张性的调节反射。颈紧张反射是指颈部扭曲时，颈椎关节韧带或肌肉受刺激后，对四肢肌肉紧张性的调节反射。

2. 翻正反射　动物保持正常站立姿势，如将其推倒则可翻正过来，这种反射称为翻正反射。如将动物四足朝天从空中掉下，则可清楚地观察到在下坠过程中，首先是头颈扭转，然后前肢和躯干跟着也扭转过来，最后后肢也扭转过来，当下坠到地面时由四足着地。这一翻正反射包括一系列反射活动，最先是由于头部位置不正常，视觉与内耳迷路感受刺激，从而引起头部的位置翻正。头部翻正以后，头与躯干的位置关系不正常，使颈部关节韧带或肌肉受到刺激，从而使躯干的位置也翻正。

四、大脑皮层对运动的调节

大脑皮层是神经系统调控运动的最高级中枢。它接收并整合感觉信息，策划、编程、发起各种随意运动。此外，大脑皮层也参与了反射、节律运动的调节。

（一）大脑皮层运动区

1. 大脑皮层运动区　人或灵长类动物的大脑运动皮层主要位于中央前回（4区）和运动前区（6区）（图10-21）。它对躯体运动调控有下列的功能特征：①对躯体运动的支配具有交叉的性质，即一侧皮层主要支配对侧躯体的肌肉。这种交叉性质不是绝对的，例如头面部肌肉的支配多数是双侧性的，如咀嚼运动、喉运动及上部面肌运动的肌肉支配是双侧性的；然而面神经支配的下部面肌及舌下神经支配的舌肌却主要受对侧皮层控制。因此，在一侧内囊损伤后，产生所谓上运动神经元麻痹时，头面部多数肌肉并不完全麻痹，但对侧下部面肌及舌肌发生麻痹。②运动代表区的大小与运动的精细复杂程度有关。运动愈精细愈复杂的肌肉，其代表区也愈大，如手掌与五指所占的区域几乎与整个下肢所占的区域大小相等。③从运动区的上下分布来看，其定位安排呈倒置关系，即下肢代表区在顶部，上肢代表区在中间部，头面部肌肉代表区在底部。

2. 其他运动区　除中央前回外，额叶与枕叶皮层的某些区域也与躯体运动有关。运动辅助区位于皮层内侧面（两半球纵裂的侧壁）4区之前，刺激该区可以引起肢体运动和发声，反应一般为双侧性。在动物实验中还观察到，电刺激8区可引起眼外肌的运动反应，刺激枕叶18、19区也可获得较为微弱的眼外肌运动反应。

（二）运动传出通路

大脑皮层对躯体运动进行调节的传出通路主要有皮层脊髓束（corticospinal tract）和皮层脑干束

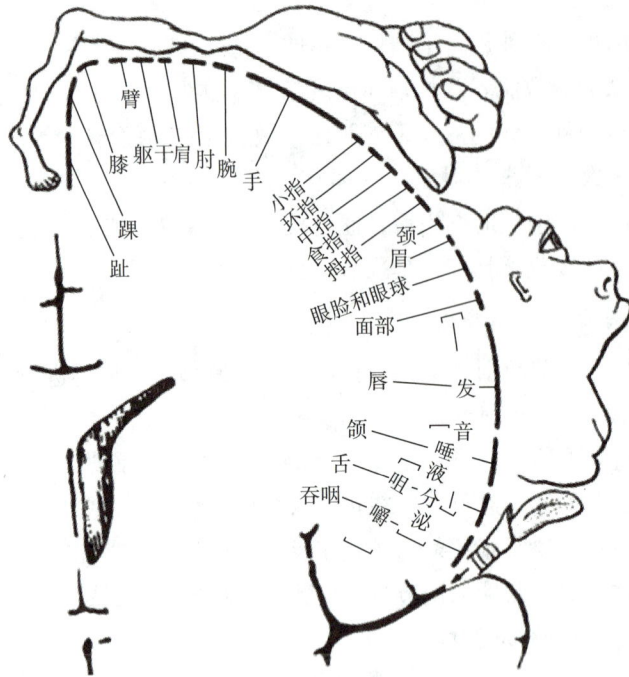

图 10 – 21　大脑皮层运动区示意图

（corticobulbar tract）。皮层脊髓束由皮层发出，经内囊、脑干下行到达脊髓运动神经元。皮层脊髓束又可分为皮层脊髓侧束与皮层脊髓前束。约80%的皮层脊髓束在延髓锥体跨过中线，在对侧脊髓外侧索下行形成皮层脊髓侧束。其余约20%的皮层脊髓束在延髓锥体不跨过中线，在脊髓同侧前索下行形成皮层脊髓前束。在种系发生上，皮层脊髓侧束较新，皮层脊髓前束比较古老。在形成突触联系上，皮层脊髓侧束一般直接与运动神经元形成单突触联系。皮层脊髓前束一般只下降到脊髓胸段，其纤维先与脊髓中间神经元形成突触联系，换元再与双侧脊髓前角内侧部的运动神经元形成多突触联系。在运动功能上，皮层脊髓侧束控制四肢远端肌群，与精细的、技巧性运动有关。皮层脊髓前束控制躯干和四肢近端肌群，尤其是屈肌的活动，与姿势的维持和粗略的运动有关。

皮层脑干束由皮层发出，经内囊下行到达脑干内各脑神经运动神经元。发出的神经纤维支配面部、舌、咽、口等肌群，调节头面部相关的随意运动。

另外还有一些起源运动皮层的纤维以及皮层脊髓束、皮层脑干束的分支一起经过脑干某些核团、网状结构接替后形成顶盖脊髓束、网状脊髓束、前庭脊髓束等，参与对近端肌肉粗略运动和姿势的调控；而红核脊髓束参与对四肢远端肌肉精细运动的调控。

运动传导通路损伤后，临床上会出现随意运动丧失的两种麻痹症状，一种是柔软性麻痹（flaccid paralysis，简称软瘫），另一种是痉挛性麻痹（spastic paralysis，简称硬瘫）。软瘫表现为牵张反射减弱或者消失，肌肉松弛，并逐渐出现肌肉萎缩，巴宾斯基征阴性，见于脊髓运动神经元损伤，如临床上脊髓灰质炎引起的运动神经元损伤会导致软瘫。硬瘫则表现为牵张反射亢进，肌肉萎缩不明显，巴宾斯基征阳性，常见于中枢性损伤，如临床上内囊出血引起的卒中会出现硬瘫。

巴宾斯基征（babinski sign）是神经科常用检查之一，因法国神经科学家巴宾斯基所发现而得名。用一钝物划足跖外侧，如果所有脚趾都跖屈，称为巴宾斯基征阴性。如果出现脚拇趾背屈和其他四脚趾外展呈扇形散开的体征，称为巴宾斯基征阳性（图10 – 22）。临床上常用来检查皮质脊髓侧束功能是否正常。巴宾斯基征阳性是一种异常的跖伸肌反射，

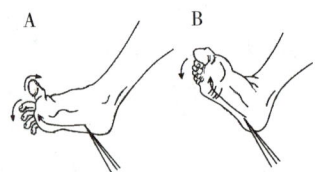

图 10 – 22　巴宾斯基征示意图

A. 阳性体征；B. 阴性体征

提示皮质脊髓侧束可能受损。此外，婴儿发育尚不完全，或者成年人熟睡或者麻醉状态下也会出现巴宾斯基征阳性。

⊕ **知识链接**

锥体系与锥体外系

曾经把运动传出通路分为锥体系（pyramidal system）与锥体外系（extrapyramidal system）两个系统。锥体系一般是指由皮层发出经延髓锥体而后下达脊髓的传导系，由皮层发出抵达脑神经运动核的纤维（皮层脑干束），虽不通过延髓锥体，也包括在锥体系之中。在锥体系中，把皮层运动神经元称为上运动神经元，脊髓前角运动神经元和脑神经核运动神经元（直接支配肌肉的神经元）称为下运动神经元。锥体外系是指除锥体系之外，皮层下的某些核团（尾核、壳核、苍白球、黑质、红核等）下行控制脊髓运动神经元活动的通路。随着研究的进一步发现，锥体系也不是所有纤维束都经过锥体，也并不是所有纤维束都来自中央前回。而锥体外系与锥体系的起源有很多的重叠，而且存在广泛的纤维联系。因此，皮层到脑干之间的损伤往往分不清是锥体系还是锥体外系损伤所致。临床上把上运动神经元损伤所致的硬瘫也叫锥体束综合征，但是实际上并不能说明是到底是锥体系还是锥体外系受损。因此，不少研究者反对用锥体系与锥体外系这两个术语分类传出通路。

五、基底神经节对运动的调节

基底神经节（basal ganglia）是大脑皮层下一些神经核团的总称，与运动调控有关的主要是纹状体，包括尾核、壳核、苍白球。其中苍白球是较古老的部分，称为旧纹状体，而尾核和壳核由于进化较新，称为新纹状体。丘脑底核、中脑黑质在功能上与基底神经节密切相关，因而也被纳入基底神经节的范畴。在人与哺乳动物，基底神经节是构成皮层与皮层下神经回路的重要脑区之一，参与运动的策划和运动程序的编制。

（一）基底神经节的纤维联系

1. 大脑皮层与基底神经节之间的神经回路 在大脑皮层与基底神经节之间存在两条通路，即直接通路（direct pathway）与间接通路（indirect pathway）（图 10 - 23）。直接通路是指大脑皮层投射到新纹状体，新纹状体直接投射到苍白球内侧部，苍白球内侧部再发出纤维投射到丘脑前腹核与外侧腹核，换元后再投射到大脑运动前区和前额叶。间接通路与直接通路不同的地方在于，新纹状体并不是直接投射到苍白球内侧部，而是先投射到苍白球外侧部，苍白球外侧部接替后投射到丘脑底核，丘脑底核投射纤维再回到苍白球内侧部。直接通路最终易化了大脑皮层运动的发起。而间接通路则相反，抑制了大脑皮层运动的发起。正常情况下，两条通路相互拮抗，但是平时以直接通路的活动为主，并保持平衡状态，一旦这两条通路出现异常，将会出现运动障碍。

2. 黑质 - 纹状体投射系统 基底神经节的另一个投射系统是黑质致密部的多巴胺能神经元与纹状体相互投射。纹状体的中型多棘神经元接受黑质致密部的多巴胺能神经元投射，同时也投射到黑质致密部。多巴胺能投射的作用复杂，多巴胺能神经元可能会通过 D_1 受体介导兴奋中等多棘神经元，这些多棘神经元投射到苍白球内侧部；还可能通过 D_2 受体介导抑制另一些中等多棘神经元，它们则投射到苍白球外侧部。由于直接通路与间接通路相互拮抗，因此黑质多巴胺能投射对直接与间接通路的效应是一致的，即抑制基底神经节抑制性输出。

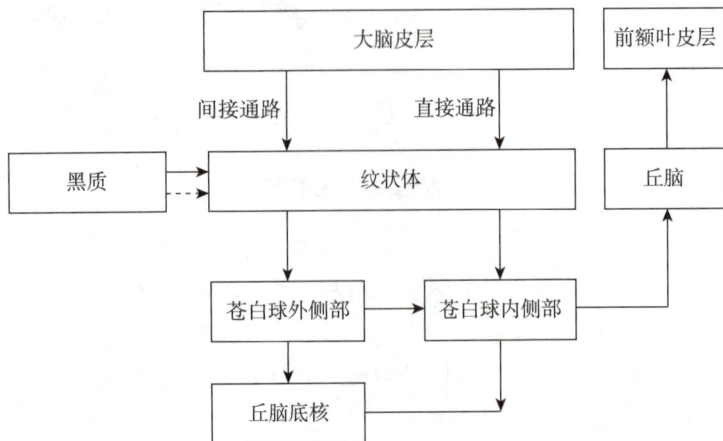

图 10 - 23　基底神经节直接同路与间接通路

（二）基底神经节的功能

基底神经节具有重要的运动调节功能，它对随意运动的稳定、肌紧张的控制、本体感觉传入冲动信息的处理都有关系。但目前关于基底神经节的研究，仍不能说清楚它是如何调节身体运动的。

（三）与基底神经节损伤有关的疾病

临床上，如果基底神经节出现病变，会出现两类运动障碍性疾病，一类是运动过少而肌紧张过强的疾病，如帕金森病。另一类是运动过多而肌紧张不全的疾病，如亨廷顿病等。

1. 帕金森病　帕金森病（Parkinson disease）又称为震颤麻痹（paralysis agitans），患者的主要症状是：全身肌紧张增高、肌肉强直、随意运动减少、动作缓慢、面部表情呆板，常伴有静止性震颤，多见于上肢，尤其是手部。帕金森病虽然主要表现为静止性震颤，但是本质上是运动发起困难，一旦运动发起后便可顺利进行。关于帕金森病的产生原因，已明确是因为黑质有病变，多巴胺能神经元变性损伤。在动物中，如用药物利血平使儿茶酚胺（包括多巴胺）耗竭，则动物会出现类似帕金森病的症状；如进一步给予多巴胺的前体左旋多巴（L - dopa），它能通过血 - 脑屏障进入中枢神经系统，使体内多巴胺合成增加，则症状好转。由此说明，中脑黑质的多巴胺能神经元功能被破坏，是帕金森病的主要原因。此外，帕金森病患者能用 M 型胆碱能受体阻断剂（东莨菪碱、苯海索）治疗，说明帕金森病的产生与乙酰胆碱递质功能的改变也有关。目前认为，黑质投射到纹状体的多巴胺能神经纤维主要功能在于抑制纹状体内乙酰胆碱递质系统；帕金森病患者由于多巴胺递质系统功能受损，导致乙酰胆碱递质系统功能亢进，因此，黑质多巴胺系统与纹状体乙酰胆碱系统之间的功能失衡可能是帕金森病发病的原因之一。但是，左旋多巴和 M 受体阻断剂对静止性震颤均无明显疗效。研究表明，静止性震颤可能与丘脑外侧腹核等结构的功能异常有关。

2. 亨廷顿病　亨廷顿病（Huntington disease）也称为舞蹈病。患者的主要临床表现为不自主的上肢和头部的舞蹈样动作，并伴有肌张力降低等。其病因是双侧新纹状体严重萎缩。纹状体内的胆碱能和 γ - 氨基丁酸能神经元功能减退，而黑质多巴胺能神经元功能则相对亢进，这和帕金森病的病变正好相反。目前已知黑质的多巴胺能神经元的轴突投射到纹状体，能控制纹状体内的胆碱能神经元的活动，转而改变纹状体内 γ - 氨基丁酸能神经元的活动。同时，纹状体的 γ - 氨基丁酸能神经元的轴突也投射到黑质，反馈控制多巴胺能神经元的活动。当纹状体内的胆碱能和 γ - 氨基丁酸能神经元病变时，上述环路功能受损，导致多巴胺能神经元活动亢进，引起间接通路活动减弱而直接通路活动相对增强，对大脑皮层发动运动产生易化作用，从而出现运动过多的症状。临床上用利血平耗竭多巴胺可缓解其症状。

六、小脑对运动的调节

小脑由皮层和髓质组成，在髓质深部有三对灰质核团，即顶核、间位核和齿状核。小脑皮层按纵向可分为中间的蚓部和外侧的半球部，半球部可再分为中间部及外侧部。小脑皮层也可按裂横向分为前叶、后叶和绒球小结叶（图 10 – 24）。根据小脑的传入、传出纤维的联系，可以将小脑划分为三个功能部分，即前庭小脑、脊髓小脑和皮层小脑。这三个功能部分主要参与小脑的三个功能：维持身体平衡，调节肌紧张，协调随意运动。

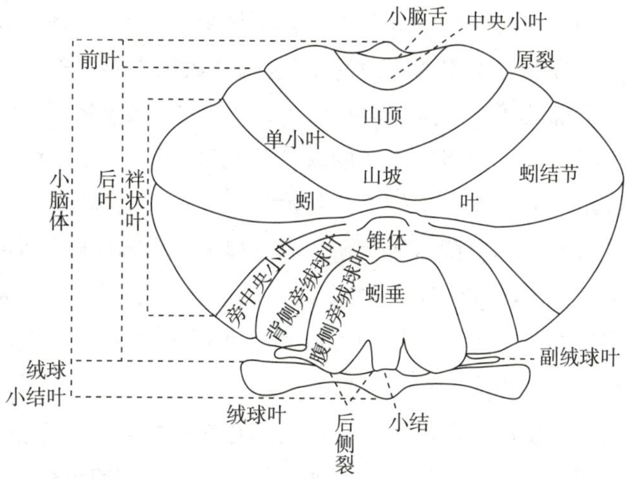

图 10 – 24 小脑结构示意图

（一）前庭小脑

前庭小脑（vestibulocerebellum）主要由绒球小结叶构成，与身体平衡功能以及眼球运动有密切关系。绒球小结叶主要接受前庭器官的投射，传出纤维经过前庭核最终到达脊髓运动神经元。其反射的途径为：前庭器官→前庭核→绒球小结叶→前庭核→脊髓运动神经元→肌肉。实验观察到，切除绒球小结叶的猴，由于平衡功能失调而不能站立，只能躲在墙角里依靠墙壁而站立；但其随意运动仍然很协调，能很好地完成进食动作。临床上，第四脑室附近出现肿瘤的患者，由于肿瘤往往压迫损伤绒球小结叶，患者可出现站立不稳，但其肌肉运动协调仍良好。此外，前庭小脑也接受经脑桥核中转的外侧膝状体、上丘和视皮层等处的视觉传入信息，通过对眼外肌的调节而控制眼球的运动，从而协调头部运动时眼的凝视运动。猫切除绒球小结叶后，可出现位置性眼震颤（positional nystagmus），即当头部固定于某一特定位置时出现的眼震颤。以上均说明绒球小结叶对调节前庭核的活动有重要作用。

（二）脊髓小脑

脊髓小脑（spinocerebellum）由小脑中间的蚓部与半球中间部构成，主要参与调节肌紧张以及过程中的运动。这部分小脑主要接受脊髓和三叉神经传入纤维的投射，其感觉传入冲动主要来自肌肉与关节等本体感受器；此外还接受视觉、听觉的传入信息。蚓部的传出纤维经前庭核和脑干网状结构投向脊髓前角的内侧部，也经丘脑外侧腹核上行至运动皮层的躯体近端代表区；半球中间部的传出纤维向间位核投射，经红核大细胞部，投向脊髓前角的外侧部，也经丘脑外侧腹核上行至运动皮层的躯体远端代表区。

脊髓小脑对肌紧张的调节具有抑制与易化的双重作用。刺激去大脑动物前叶蚓部可抑制同侧伸肌紧张，使去大脑僵直减退，因此前叶蚓部有抑制紧张的作用。前叶蚓部抑制肌紧张的作用，可能是通过延髓网状结构抑制区转而改变脊髓前角运动神经元活动的。在猴的实验中观察到，刺激小脑前叶两侧部有加强肌紧张的作用，这种作用可能是通过网状结构易化区转而改变脊髓前角运动神经元活动的。在进化过程中，前叶的肌紧张抑制作用逐渐减弱，而肌紧张的易化作用逐渐占主要地位。

脊髓小脑在执行大脑皮层发动的随意运动方面也具有重要作用。当切除或损伤脊髓小脑后，随意动作的力量、方向及限度将发生紊乱，同时肌张力减退，表现为四肢乏力。受损伤动物或患者不能完成精巧动作，肌肉在完成动作时抖动而把握不住动作的方向，称为意向性震颤，此外，行走摇晃呈酩酊蹒跚状，如动作越迅速则协调障碍也越明显。患者不能进行拮抗肌轮替快复动作，但当静止时则看不出肌肉有异常的运动。上述动作性协调障碍，称为小脑共济失调（cerebellar ataxia）。因此说明，这部分小脑对进行过程中的运动具有调节功能。

（三）皮层小脑

皮层小脑（corticocerebellum）指后叶的外侧部，它不接受外周感觉的传入信息，仅接受由大脑皮层广泛区域（感觉区、运动区、联络区）传来的信息。这些区域的下传纤维均经脑桥换元，转而投射到对侧的后叶外侧部，后叶外侧部的传出纤维经齿状核换元，再经丘脑外侧腹核换元，然后投射到皮层运动区。皮层小脑与运动区、感觉区、联络区之间的联合活动和运动计划的形成及运动程序的编制有关。精巧运动是在学习过程中逐步形成熟练起来的。在开始学习阶段，大脑皮层通过锥体系所发动的运动是不协调的，这是因为小脑尚未发挥其协调功能。在学习过程中，大脑皮层与小脑之间不断进行着联合活动，同时小脑不断接受感觉传入冲动的信息，逐步纠正运动过程中所发生的偏差，使运动逐步协调起来。在这一过程中，皮层小脑参与了运动计划的形成和运动程序的编制。当精巧运动逐渐熟练完善后，皮层小脑中就贮存了一整套程序；当大脑皮层要发动精巧运动时，首先通过下行通路从皮层小脑中提取贮存的程序，并将程序送回大脑皮层运动区，再通过皮层脊髓束发动运动。这时候所发动的运动可以非常协调而精巧，而且动作快速几乎不需要思考。例如，学习打字运动的过程或演奏动作的过程，都是这样一个过程。

第五节　神经系统对内脏活动、本能行为和情绪的调节

PPT

⇒ 案例引导

临床案例　患者，男，61岁，既往有高血压病史，药物控制良好。一次结肠镜检查时突发心搏骤停，经心肺复苏45分钟后恢复节律。急诊入院时意识模糊，镇静下行气管插管并呼吸机辅助呼吸。21小时后呼吸急促、大汗淋漓；体温38.5℃；心率135～150次/分；动脉血压180/108mmHg。给予非选择性β受体拮抗剂治疗。诊断：阵发性交感神经过度兴奋综合征。

讨论　1. 交感与副交感神经的功能特征有哪些？

2. 基于患者的临床表现分析交感神经对内脏活动的调节功能。

3. 基于交感神经的突触传递分析非选择性β受体拮抗剂的治疗原理。

提示　心肺复苏术后脑缺氧再灌注损伤过度激活间脑和脑干交感神经区域，并大脑皮层对其脱抑制，进而外周交感神经功能亢进。而其节后纤维主要为肾上腺素能神经纤维。

人体内脏活动主要受自主神经系统及其相关脑区的调节。其中的下丘脑和边缘系统同时也是调节本能行为和情绪的主要部位。因此，本能行为和情绪活动常伴随内脏功能的变化。

一、自主神经系统概述

自主神经系统（autonomic nervous system）不受意识支配但受中枢神经系统控制，故而又称为植物神经系统。其支配内脏器官的传出神经包括两个部分：起自胸腰段脊髓灰质侧角神经元的交感神经

（sympathetic nerve）；起自脑干的副交感神经核（疑核、背核）与骶段脊髓（$S_2 \sim S_4$）灰质侧角神经元的副交感神经（parasympathetic nerve）（图 10-25，表 10-6）。

（一）自主神经的结构特征与调节范围

与躯体神经不同，自主神经包括节前与节后纤维。节前纤维由中枢内的神经元发出，必须先进入外周神经节内换元，然后再由节内神经元发出节后纤维，调节心肌、平滑肌和消化腺、汗腺、部分内分泌腺的活动（表 10-6，图 10-25）。除少量肽类和嘌呤类神经递质外，交感与副交感节前纤维、副交感节后纤维及支配小汗腺、骨骼肌部分血管平滑肌（舒张血管）的交感节后纤维释放乙酰胆碱。而大部分交感节后纤维以去甲肾上腺素为递质。这些神经递质作用于相应的受体而引发效应（表 10-7）。

表 10-6　自主神经的结构特征与调节范围

	起源	节前纤维	节后纤维	调节范围
交感神经	$T_1 \sim L_3$	短	长	广泛
副交感神经	延髓疑核、背核，$S_2 \sim S_4$	长	短	局限

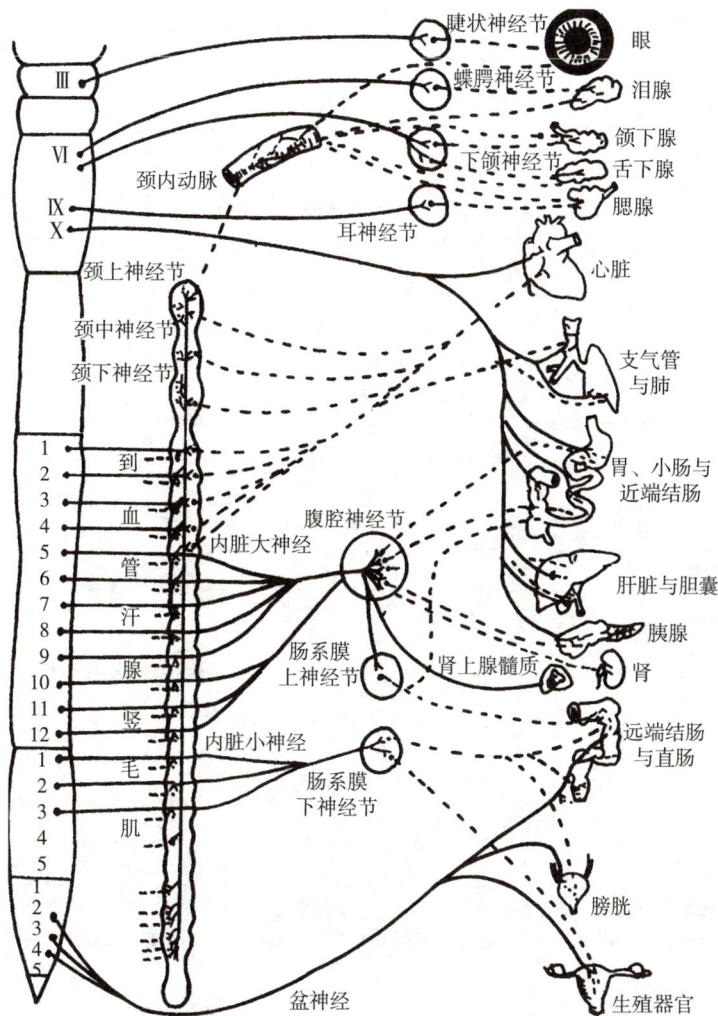

图 10-25　交感与副交感神经分布示意图

——：节前纤维；┈┈：节后纤维

（二）自主神经系统的功能特征

1. 双重支配　除皮肤和部分骨骼肌的血管、汗腺、竖毛肌、肾上腺髓质、肾等无副交感神经支配外，大多数内脏器官都受交感和副交感神经双重支配（图 10 - 25），且相互拮抗，适应内外环境变化（表 10 - 7）。但是，在某些外周效应器，也表现协同作用，如交感和副交感神经兴奋均可促进唾液腺分泌唾液，前者量少、黏稠，后者量大、稀薄。

表 10 - 7　交感与副交感神经的双重支配

效应器		交感神经	副交感神经
心脏	窦房结	心率增快	心率减慢
	房室交界	传导增快	传导减慢
	工作型心肌	收缩力增强	收缩力减弱（心房）
血管	冠状动脉	收缩，舒张（为主）①	舒张
	腹腔内脏	收缩（为主），舒张	舒张
	皮肤黏膜	收缩	舒张
	骨骼肌	收缩、舒张②	
	脑	收缩③	舒张③
	外生殖器	收缩	舒张
支气管	支气管平滑肌	舒张	收缩
	支气管黏膜腺体	促进分泌（β₂）、抑制分泌（α₁）	促进分泌
消化道	胃平滑肌	舒张	收缩
	小肠平滑肌	舒张	收缩
	括约肌	舒张	收缩
	唾液腺	促进分泌	促进分泌
	其他消化腺	抑制分泌	促进分泌
	胆囊、胆道	舒张	收缩
泌尿生殖	膀胱逼尿肌	舒张	收缩
	膀胱三角区和括约肌	收缩	舒张
	输尿管平滑肌	收缩	收缩（?）④
	子宫平滑肌	收缩（有孕）、舒张（未孕）	可变⑤
眼	虹膜环形肌		收缩（缩瞳）
	虹膜辐射状肌	收缩（扩瞳）	
	睫状体肌	舒张（视远物）	收缩（视近物）
皮肤	汗腺	促进发汗⑥	
	竖毛肌	收缩	
内分泌与代谢		促进糖原、脂肪分解，和肾上腺髓质分泌	促进胰岛素分泌

注：①在体内的作用被体液调节覆盖，详见第四章第五节；②部分受交感节后胆碱能纤维支配；③脑血流量变化小，详见第四章第五节；④尚不明确；⑤因月经周期、雌激素与孕激素水平、妊娠及其它因素而变化；⑥通过 α₁ 受体促进精神性发汗，通过交感节后胆碱能纤维促进温热性发汗。

2. 紧张性作用　作为所有功能调节的基础，安静时自主神经不断向内脏器官发放低频神经冲动，使效应器经常维持一定的活动状态，此即紧张性作用。例如，安静状态下，交感神经通过紧张性活动使全身血管的口径缩小至最大口径的 1/2。自主神经的紧张性源自中枢，并受诸多因素影响，如脑内 CO_2 浓度可调控颈动脉窦、主动脉弓压力感受器传入冲动的紧张性。

3. 受效应器功能状态的影响　内脏器官所处的功能状态对自主神经的调节具有一定的影响。例如，刺激迷走神经可使收缩状态下的胃幽门舒张，而使舒张状态下的幽门收缩；交感神经兴奋对不同状态的子宫平滑肌效应不同（表10-7）。

4. 对整体生理功能调节的意义　当环境急剧变化，如剧烈运动、失血、窒息、紧张、恐惧、寒冷时，作用广泛的交感神经系统活动明显增强，使心输出量增加、血液重新分配、呼吸气体更新加快、血糖浓度升高等，以提高环境适应力。

副交感神经系统作用虽相对局限，但可促进消化吸收、积蓄能量、加强排泄和生殖功能，有保护机体、促进整体恢复的作用。

二、中枢神经对内脏活动的调节

（一）脊髓对内脏活动的调节

脊髓是调节内脏活动的初级中枢，完成基本的发汗、排尿、排便、血管张力、阴茎勃起等反射。脊休克过后，上述基本反射可恢复。但脊髓的调节能力差，不能适应正常生命活动的需要。例如，截瘫患者在脊休克过后虽可维持一定的血压，但由卧位变为坐位时即感头晕；排尿、排便不完全且不受意识控制。可见，脊髓对内脏的调节功能受上位中枢控制。

（二）低位脑干对内脏活动的调节

延髓的背核、疑核所发出的副交感神经走形于Ⅶ（面神经）、Ⅸ（舌咽神经）、Ⅹ（迷走神经）脑神经中，支配头面部的腺体、心脏、喉、食管、胃、胰腺、肝和小肠等。同时，延髓网状结构中存在诸多与心血管、呼吸、消化等有关的重要整合中枢，故将延髓称为"生命中枢"，一旦受损，危及生命。另外，脑桥有角膜反射中枢、呼吸调整中枢，而中脑不仅是瞳孔对光反射中枢，而且可能是防御性心血管反应的主要部位。

（三）下丘脑对内脏活动的调节

下丘脑与边缘系统、脑干网状系统、垂体有密切的结构和功能联系。不仅是内脏活动的较高级调节中枢，而且与躯体活动有机整合，调节本能行为和情绪（表10-8）。20世纪50年代出现的时间药理学是下丘脑生物节律（biorhythm）学说与药理学结合的产物，通过探讨药物影响生物节律的药动学作用，为临床合理用药提供指导。

表10-8　下丘脑的主要功能

功能部位		作用
调节摄食行为	外侧区（摄食中枢）	饥饿感、摄食行为
	腹内侧区（饱中枢）①	饱感，拒食行为
调节水平衡	外侧区，摄食中枢后侧（渴中枢）	饮水行为
	视交叉上核、室旁核	释放抗利尿激素调节水平衡
调节体温	前部（散热中枢）	散热
	后部（产热中枢）	产热
	视前区-下丘脑前部	调定点、整合中枢
调节情绪反应	近中线的腹内侧区	恐惧或发怒的防御反应
调节腺垂体的分泌	神经内分泌细胞	促进或抑制各种腺垂体激素分泌
控制生物节律	视交叉上核（主要）	各种生命活动常按一定的时间顺序发生规律性变化

注：①有研究提出室旁核可能具有饱中枢的作用。

（四）大脑皮层对内脏活动的调节

大脑皮层是调节内脏活动的最高级中枢，可协调统一各系统功能活动，适应复杂的内、外环境变化。目前认为，边缘系统、新皮质某些区域与内脏活动关系密切，但具体调节机制尚未完全阐明。

1. 边缘系统　边缘系统由边缘叶、大脑皮层岛叶、颞极、眶回及其杏仁核、隔区、下丘脑前核等皮层下结构组成。通过促进或抑制各初级中枢的活动，调节复杂的内脏活动。例如，电刺激扣带回前部，可引起呼吸抑制、心率减慢、血压上升或下降、瞳孔扩大或缩小；刺激杏仁核可出现心率加快或减慢、血压上升或下降、胃蠕动增强等；刺激隔区引起呼吸暂停或加强、血压升高或下降等。

2. 新皮层　进化较新、分化程度最高的大脑半球外侧面称为新皮层。人的新皮层约占皮层的96%，它既是感觉和躯体运动的最高级中枢，也是调节内脏功能的高级中枢，比如，刺激大脑皮层4区底部可引起消化道运动与唾液腺分泌的变化，而刺激其内侧面则引起膀胱、直肠运动的变化。

三、中枢神经与本能行为和情绪的关系

（一）本能行为

人和动物在进化过程形成并经由遗传固定下来的对个体和种属基本生存具有重要意义的行为，称为本能行为（instinctual behavior）。例如，与基本生存有关的摄食、饮水；与种族延续有关的性行为；与自我保护有关的攻击、防御等。作为生物遗传信息作用的结果，人的本能行为也具有先天获得性，但受社会环境与后天学习的影响较大。

1. 摄食行为　饥饿感驱动人和动物的摄食行为，基本神经调节机制是下丘脑摄食中枢（feeding center）与饱中枢（satiety center）间的交互抑制关系。在动物实验中，于下丘脑埋藏微电极，分别记录摄食中枢和饱中枢的神经元放电，结果发现，饥饿时前者放电频率较高而后者放电频率较低；静脉注射葡萄糖后，前者放电频率减少而后者增加，表明这两个中枢之间存在交互抑制关系。同时证实，饱中枢的活动还与血糖利用率有关，血糖水平和糖的利用率均升高时，饱中枢即兴奋而停止摄食活动。因此，胰岛素缺乏所致糖尿病患者虽然血糖水平升高，但对糖的利用率降低，故饱中枢不易被兴奋而导致多食行为。在机体内，这种交互抑制既受大脑皮层调控，也可能与杏仁核、隔区密切相关（图10-26）。

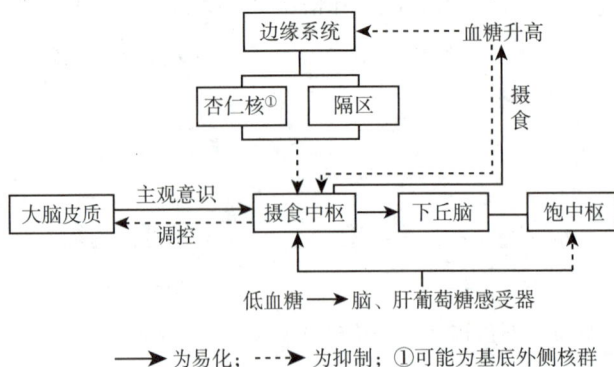

图 10-26　摄食行为的神经调节机制示意图

2. 饮水行为　人类的饮水行为由渴觉引起，但也受生活习惯的影响。引起渴觉的主要因素包括：①血浆晶体渗透压升高刺激下丘脑前部渗透压感受器；②低血容量激活肾素-血管紧张素-醛固酮系统。

3. 性行为　性行为受神经系统各级中枢的调控。脊髓、低位脑干整合性行为的反射活动；下丘脑与边缘系统调节行为、性欲望等。如实验证实，刺激下丘脑视前区内侧、杏仁皮层内侧区引发性兴奋；

刺激杏仁外侧核与基底外侧核抑制性行为；大脑皮层受各种性刺激而兴奋后，可下传信息引起一系列性兴奋反应，具有较强的控制功能。

（二）情绪

情绪（emotion）指的是人和动物对客观刺激进行信息加工的过程中，出现的特殊主观体验和与之相对应的固定躯体、行为反应。喜、怒、哀、乐、悲、恐、惊为基本情绪，复合之后可表现焦虑、抑郁等。但复合情绪多与恐惧、发怒和愉快、痛苦有关。

1. 恐惧和发怒　伴随害怕的心理体验出现瞳孔扩大、蜷缩、出汗、逃跑企图等躯体与行为反应称为恐惧（fear）。而发怒（rage）则表现攻击行为。引发这两种情绪的环境因素极为相似，主要为个体感受威胁或伤害，因此统称防御反应（defense reaction）。

在猫的间脑水平以上切除大脑后，即便给予微弱的刺激，也能引起类似正常搏斗的强烈防御反应，表明下丘脑防御中枢在整体内受到了大脑皮层的抑制，故称这种现象为假怒（sham rage）。因此，患者下丘脑病变常表现异于常人的激烈情绪。此外，边缘系统、中脑等也是调控恐惧和发怒的重要脑区。刺激杏仁核外侧部引发恐惧、逃避反应；刺激内侧与尾部引起攻击行为，且与下丘脑不同，攻击行为呈现逐渐增强的趋势。

2. 愉快和痛苦　各种需要被满足之后常引起的积极情绪称为愉快（pleasure），反之或遭遇创伤则导致消极的痛苦（agony）情绪。其神经调控机制在动物（图10－27）和精神分裂症、癫痫、肿瘤伴顽固性疼痛患者的自我刺激实验中均获得一致性结论。

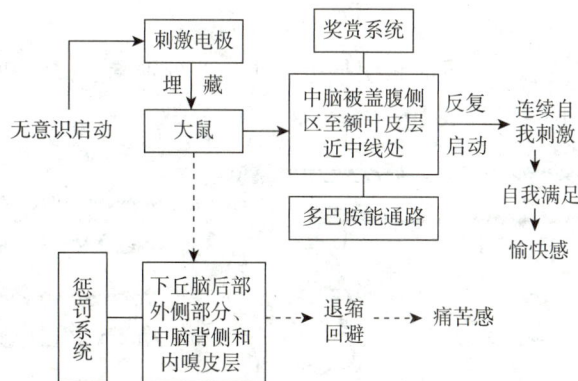

图 10－27　大鼠自我刺激实验示意图

（三）情绪生理反应

在情绪活动过程中伴随发生的一系列生理变化称为情绪的生理反应（emotional physiological reaction）。主要包括：①自主神经系统功能活动改变。大多数情况下，交感神经系统相对亢进，器官血流量重新分配，使骨骼肌在搏斗或逃跑中获得充足的血供，但在某些情况下则以副交感神经兴奋为主，如性兴奋时生殖器官血管舒张、焦虑时频繁排尿与排便等。②内分泌系统活动改变。心理应激导致痛苦、恐惧、焦虑时，促肾上腺皮质激素、肾上腺皮质激素、肾上腺素、去甲肾上腺素、生长素、甲状腺激素、催乳素等在血液中的浓度升高。而女性也可因情绪波动而引起性激素分泌紊乱。

（四）动机与成瘾

动机（motivation）是指激发人们试图或产生某种行为以满足需要的意念。可见，需要即机体内部的一种不平衡状态，是动机产生的基础，如口渴、饥饿等。其激发和抑制性调节与脑内的奖赏和惩罚系统有关。例如在动物实验中，通过奖赏系统有效激发动机，可促其学习走迷宫。

成瘾（addiction）泛指不能自制并不顺其消化后果地反复把某种物质摄入体内。临床上特指反复多次连续使用酒精、大麻、镇静催眠剂、可卡因、海洛因、苯丙胺（安非他明）、吗啡等精神活性物质所造成的慢性中毒。该类物质对脑的影响途径各不相同，但都与奖赏系统激活，增强多巴胺通路对伏隔核 D_3 受体的作用有关。表现出随依赖性出现耐受，需要增加剂量才能达到初期的效果，一旦停用便产生戒断症状（withdrawal syndrome），即焦虑、恶心、呕吐、腹痛、腹泻、心动过速、肌肉震颤、流泪流涕，甚至妄想、惊厥和癫痫样发作等。只有再次给药才能消除，最终难于摆脱。

第六节 脑电活动

一、脑电活动

脑电活动包括神经元单个的和集群的电活动。本节主要讨论后者在大脑皮层连续的节律性电位变化。包括自发脑电活动与皮层诱发电位两种形式。

（一）自发脑电活动

在没有任何特定外加刺激时，大脑皮层经常存在的节律性电位变化，称为自发脑电活动（spontaneous electrical activity of brain）。引导电极直接置于大脑皮层表面记录的自发脑电活动称为皮层电图（electrocorticogram，ECoG）。引导电极置于头皮上记录的自发脑电活动称为脑电图（electroencephalogram，EEG）。前者比后者的振幅大 10 倍，而节律、波形的相位基本相同。临床上常用后者对人体的自发脑电活动进行定量分析。

1. 正常成年人的脑电图波形 记录时将引导电极 I、II 分别置于枕叶和额叶，无关电极 R 置于耳廓，获得四种基本波形（图 10 - 28，表 10 - 9）。

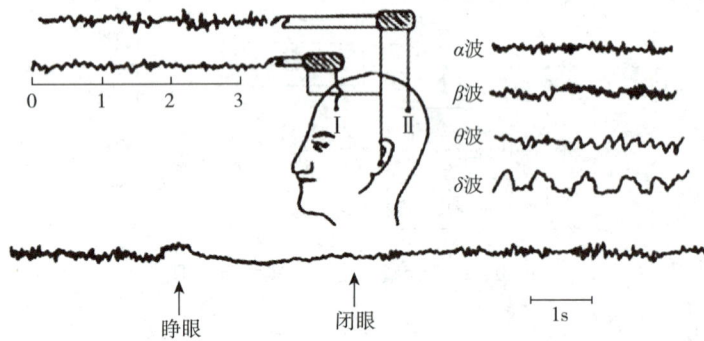

图 10 - 28 电极位置与正常成年人脑电图波形

表 10 - 9 正常成年人脑电图基本波形的特点和意义

	特点		较明显的部位	意义
	频率（Hz）	振幅（μV）		
α 波	8 ~ 13	20 ~ 100	枕叶	清醒、安静并闭眼时出现
β 波	14 ~ 30	5 ~ 20	额叶和顶叶	睁眼或接受其他刺激时，即新皮层处于紧张状态时出现
θ 波	4 ~ 7	100 ~ 150	颞叶和顶叶	困倦时出现
δ 波	0.5 ~ 3	20 ~ 200	颞叶和枕叶	睡眠、麻醉状态、极度疲劳时，即大脑皮层处于抑制状态时出现

2. 脑电图波形的变动　　脑电图波形存在生理性变动。α 波的波幅可出现自小而大、自大而小的周期性梭形节律（图 10-28）。如果受试者睁眼或接受其他刺激时，α 波立即消失，出现频率增快、波幅减小的 β 波的现象，称为 α 波阻断。一般情况下，频率较低的脑电波幅度较大，反之则幅度较小（图 10-28，表 10-9），但在睡眠状态下出现脑电同步化（见本节后述），觉醒时产生低幅快波，即去同步化。在安静状态下，血糖、体温、糖皮质激素处于低水平或动脉血 PCO_2 处于高水平，可致 α 波频率减慢，反之加快。不同年龄阶段，脑电图也不尽相同，如婴儿期可出现 β 样快波，枕叶常记录到 $0.5 \sim 2Hz$ 的慢波；儿童期枕叶的慢波逐渐加快；幼儿期常可见 θ 样波。

临床上某些疾病常导致脑电活动异常，因此，描记异常波形具有重要的诊断价值。如癫痫患者的脑电图可出现棘波、尖波、棘慢综合波等高频高幅脑电波。大脑皮层占位性病变者即使在清醒状态下也可引导出 θ 波或 δ 波。

3. 脑电图波形成机制　　大脑皮层单一神经元的突触后电位不足以引起大脑皮层表面电位改变，只有大量皮层神经元同步活动才能引发。实验表明，α 节律来自丘脑非特异投射系统一些神经核放电；脑干网状结构上行激活系统的上行冲动阻断安静时丘脑非特异投射系统与皮层间的同步活动，出现去同步化，产生 β 节律；当脑干网状结构上行激活系统的活动降低，则大脑皮层处于抑制状态，于是脑电活动更加同步化，产生 θ 波与 δ 波。

（二）皮层诱发电位

皮层诱发电位（evoked cortical potential）是感觉传入系统受刺激时，在大脑皮层某一局限区域自发脑电的基础上叠加产生的电位变化。目前，用电子计算机信号平均技术处理诱发电位，以便能够与夹杂的自发脑电波分离而清晰化，称为平均诱发电位，已成为感觉功能、神经系统疾病、心理与行为研究的重要方法。临床常用的体感、视觉和听觉诱发电位一般包括主反应、次反应与后发放三个部分。主反应为一先正后负的电位变化，潜伏期 $5 \sim 12$ 毫秒，决定于感觉传导路径的长短和冲动传导速度的快慢。其后紧随出现的扩散性续发反应称为次反应。两者之后出现的 $8 \sim 12$ 次/秒正相周期性电位波动即为后发放，是由于皮层与丘脑感觉接替核之间环路活动的结果。

二、觉醒和睡眠

觉醒（wakefulness）和睡眠（sleep）昼夜交替的周期性活动，既保障能完成各种体力、脑力工作，又使身心获得很好恢复。一般成年人每天需睡眠 $7 \sim 9$ 小时，儿童需要的睡眠时间比成年人长，新生儿需 $18 \sim 20$ 小时，老年人睡眠时间相对较短，但也存在一定的个体差异。临床上，睡眠障碍常表现为入睡困难、早醒、睡眠节律紊乱等，与中枢神经系统特别是大脑皮层功能活动失调密切相关。

（一）觉醒状态的维持

各种感觉传入冲动经脑干网状上行激活系统使大脑皮层保持兴奋，是觉醒状态维持的主要机制。包括两种类型。①脑电觉醒状态：脑电图波形由睡眠时的同步化慢波变为觉醒时的去同步化快波，而行为上不一定呈觉醒状态，可能与谷氨酸为主要神经递质的网状结构上行激动系统、脑桥蓝斑去甲肾上腺素能系统、低位脑干中缝背核的 5-羟色胺能系统等有关；②行为觉醒：出现觉醒时的各种行为表现，可能与中脑黑质多巴胺能系统有关。

（二）睡眠的时相和产生机制

1. 睡眠的时相　　根据睡眠时脑电图、眼电图、肌电图的变化特点，将睡眠分为两个时相。其中，慢波睡眠（slow wave sleep，SWS）又称为同步化睡眠、非快速眼动睡眠；快波睡眠（fast wave sleep，

FWS）又称为去同步化睡眠、异相睡眠或快速眼动（50~60次/分）睡眠（表10-10）。两个时相交替循环，成年人睡眠开始后首先进入慢波睡眠，持续80~120分钟后转入快波睡眠，持续20~30分钟，又转入慢波睡眠，如此反复进行。越接近睡眠后期，快波睡眠持续时间越长。成年人的慢波睡眠和快波睡眠均可直接转为觉醒状态，但在觉醒状态下只能进入慢波睡眠，而不能直接进入快波睡眠。在快波睡眠期间，如果将其唤醒，被试者往往报告正在做梦，因此做梦可能也是快波睡眠的特征之一。虽然快波睡眠为深睡眠期，但是可能促使某些慢性疾病或潜伏疾病（如心绞痛、脑出血、哮喘等）突然发作或恶化。

表10-10 慢波睡眠与快波睡眠的主要特点和意义

睡眠时相	主要特点							意义
	脑电图	感觉	肌紧张	骨骼肌反射	眼动	心率	血压	呼吸	
慢波	同步化慢波	↓	↓	↓	非快速	↓	↓	↓均匀	促进生长（生长素↑）、体力恢复、消除疲劳
快波	去同步化快波	↓↓	↓↓	↓↓	快速	↑	↑	↑不规则	利于神经系统发育、成熟，对学习、记忆很重要

注：↓为减弱、减慢或下降；↓↓为进一步减弱或下降；↑为加快或升高。

2. 睡眠产生的机制 睡眠机制尚未完全阐明，但普遍认为并非脑活动的简单抑制，而是中枢内特定神经结构和神经递质主动活动的结果。实验表明，电刺激下丘脑、延髓网状结构和前脑基底部，可引起慢波睡眠，而刺激脑桥网状结构可诱导快波睡眠；脑干5-羟色胺递质系统活动与慢波睡眠有关；脑内去甲肾上腺素、5-羟色胺及乙酰胆碱递质系统功能与快波睡眠有关。近年来，还发现了与睡眠有关的肽类物质。

第七节　脑的高级功能

一、学习和记忆

学习（learning）是个体在一定情境下经由反复的经验，获得、发展出较为稳定新行为的过程。记忆（memory）是对所习得行为进行编码、存储和提取的过程。二者相互联系，成为一切认知功能的基础，是脑的高级功能之一。

（一）学习和记忆的形式

1. 学习的形式

（1）非联合型学习　作为一种简单的学习，只需重复单一刺激而无需与机体反应之间建立联系，即可形成较稳定的经验，如敏感化和习惯化。敏感化即个体在强烈的伤害性刺激之后，对相对较弱的某一特定刺激更易做出反应，利于避免再次受伤，但也可能泛化，导致社会退缩。习惯化与敏感化相反，是机体对反复出现的刺激反应逐渐减少，可避免对很多无意义信息的应答。

（2）联合型学习　作为一种复杂学习，是两个事件在时间上很接近且重复发生，从而在神经系统接受刺激与机体产生反应之间建立某种确定联系的过程。俄国生理学家巴甫洛夫首先发现经典条件反射（classical conditioned reflex, CCR），而美国心理学家斯金纳（B. F. Skinner）在桑代克（E. L. Thorndike）的研究基础上创立操作性条件反射（operating conditioned reflex, OCR）理论（表10-11）。

表 10－11　经典条件反射与操作性条件反射的比较

		经典条件反射	操作性条件反射
学习方式		应答行为＋后天学习	意志控制操作行为＋后天学习
强化	程序	中性刺激①与非条件刺激②同时配对出现，激活奖赏系统	学会并操作某种行为，激活奖赏系统
	结果	中性刺激转变为条件刺激，预期增强，行为增加	预期奖赏，趋向性操作
消退	程序	仅重复呈现条件刺激	学会并操作某种行为，激活惩罚系统
	结果	预期非条件刺激不出现，行为减少	预期惩罚，回避性操作

注：①原来不引起反射的刺激，如打铃不引起唾液分泌；②先天即可引起反射的刺激，如食物刺激口腔引起唾液分泌。

2. 记忆的形式　记忆的分类方法较多，常见两种（表 10－12），而且可以相互转化，如陈述性与非陈述性记忆可同时参与记忆，如从开始学习手术操作到熟练掌控的过程，即为记忆从意识为主导的陈述性向无意识化的非陈述性转变。

表 10－12　记忆形式的分类

分类依据	分类	概念	特点
存储和提取方式	陈述性	与特定时间、地点、任务有关的事实和事件的记忆	与意识有关，易遗忘
	非陈述性	对一系列规律性操作程序的记忆	与意识无关，不易遗忘
保留时间	瞬时	视觉信息的感觉登记	形象，保存 0.25～2 秒，记忆容量有限
	短时	对执行某些认知行为过程中的一种暂时信息存储	整合时间上分离的信息①，保存 5 秒至 2 分钟，易受干扰，记忆容量有限
	长时	信息经分级深度加工后长期保留	保存数小时至终生，记忆容量无限

注：①如在房间内搜索遗失的物品。

（二）人类的记忆过程和遗忘

人类的记忆过程顺序包括感觉性记忆、第一级记忆、第二级记忆和第三级记忆四个连续阶段（图 10－29）。记忆的内容不能保持或提取困难称为遗忘（forgetting）。外界大量信息经常通过感觉器官进入大脑，大部分被遗忘，估计约 1％ 可被长期存储，且都是对机体有用的、反复作用的信息。

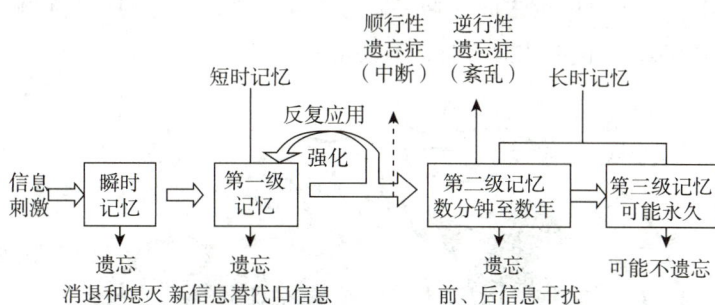

图 10－29　人类记忆过程与遗忘的示意图

临床上把各种疾病所导致的记忆障碍称为遗忘症，包括顺行性与逆行性遗忘症。顺行性遗忘症主要表现为近期记忆障碍，不能保留新近获得的信息，但发病前的记忆依然存在，多见于慢性酒精中毒的患者。而记忆功能衰退，即新近短时记忆障碍并学习新事物困难，是阿尔茨海默病和脑血管意外损伤海马、颞叶最早出现的症状，虽然与脑自然衰老类似，但前者伴随认知功能的全面衰退，后者有明显脑血管意外作为病因。机制可能与信息无法从第一级记忆转入第二级记忆有关（图 10－29）。逆行性遗忘症多见于脑震荡、麻醉、电击等，主要表现为远期记忆障碍，即在正常脑功能发生障碍之前的一段时间内的记忆均被遗忘，不能回忆起发病以前的一切往事，可能与第二级记忆发生紊乱（图10-29）而第三级记忆不受影响有关。

（三）学习和记忆的机制

有关学习和记忆的机制仍不十分清楚。众多研究表明，学习和记忆是通过神经系统突触部位的一系列生理、生化和组织学可塑性改变而实现的。例如，内侧颞叶对陈述性记忆的形成极为重要；纹状体参与某些操作技巧的学习；前额叶协调短时记忆的形成，加工后的信息转移至海马，而海马在长时记忆的形成中起重要作用，受损则不能转化为长时记忆等。其次，大脑皮层联络区、杏仁核、丘脑、脑干网状结构等也协同参与了学习与记忆过程。而突触的可塑性作为生理基础，建立新的持久突触联系为长时记忆的形成提供了可能。

二、语言和其他认知功能

（一）优势半球和皮层功能的互补性专门化

两侧大脑半球的功能并不均等。习惯用右手的成年人，如左侧大脑皮层语言中枢受损可产生失语症，而右侧受损则并不表现失语症，可见其左侧大脑皮层在语言功能上占优势，称为优势半球，在大脑皮层表现出互补性专门化的分化。主要与后天生活实践中习惯使用右手有关。而习惯用左手者的两侧皮层有关区域都可能成为语言活动中枢。

人成长至10~12岁，左侧优势逐步建立，此时左侧大脑半球损伤，尚有可能在右侧大脑皮层再建立语言活动中枢，而成年人的左侧优势已经形成，损伤后则难于在右侧大脑半球重新建立语言活动中枢。

近年来发现，左侧优势半球的功能主要是语言文字的识别、书写、理性的思考和精确的计算，而右侧半球则对非语词性的认知功能，如空间的辨认、深度知觉、触觉和音乐分辨等表现出优势。

（二）大脑皮层的语言活动功能

语言是人类互通信息的重要工具，属人脑的高级功能，包括言语、文字有关的全部智力活动。大脑皮层的语言中枢主要包括五个不同的区域（图10-30）。相应区域受损，可导致特有的语言功能障碍（表10-13）。但大脑皮层各语言中枢之间密切关联，因此，语言功能的正常有赖于广大皮层区域的共同活动，当大脑皮层受损时，可同时出现多种语言功能障碍。

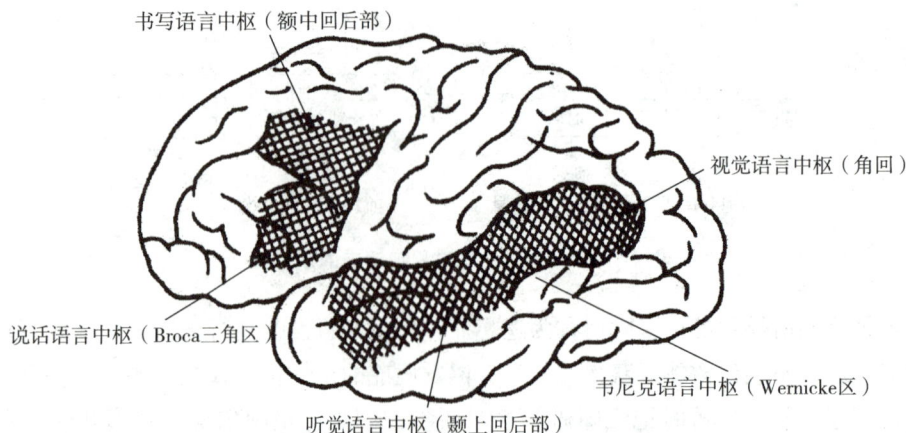

书写语言中枢（额中回后部）
视觉语言中枢（角回）
说话语言中枢（Broca三角区）
韦尼克语言中枢（Wernicke区）
听觉语言中枢（颞上回后部）

图10-30 人类大脑皮层语言功能区域示意图

表 10 – 13　大脑皮层语言中枢受损

	受损区域	主要表现
失写症	额中回后部	会讲话、能理解别人说话、看懂文字、手活动正常，但丧失写字、绘画能力
运动失语症	Broca 三角区	可书写、看懂文字、理解别人说话、发音器官正常，但不能用语言进行口头表达
感觉失语症	颞上回后部	可讲话、写字、阅读文字、能听到别人发声，但理解不了话语的含义
流畅失语症	左侧颞叶后部或 Wernicke 区	说话正常，但有时说话过度却言不达意，杂乱无章，充满自创词，对别人的言语和文字也缺乏理解力
失读症	角回	能听懂别人谈话、能讲话、能书写，虽然视觉功能良好，但却看不懂文字含义

（三）大脑皮层的其他认知功能

大脑皮层除语言功能外，还有许多其他认知功能。如前额叶皮层可能参与情绪调节而与短时程情景式记忆有关。颞叶联络皮层可能参与听、视觉记忆，而顶叶联络皮层则可能参与精细躯体感觉和空间深度感觉的学习等。

当右侧顶叶皮层损伤时，患者虽无肌肉麻痹但穿衣困难，称为穿衣失用症（apraxia）。右侧半球颞叶中部病变常引起视觉认识障碍，患者不能辨认别人的面貌，只能根据语音来辨认熟人，有的患者甚至不认识镜子里自己的面貌，称为面容失认症（prosopagnosia）。额顶部损伤可引起计算能力缺陷，称为失算症（acalculia）。

⊕ **知识链接**

阿尔茨海默病与早期干预

每年的 9 月 21 日为"世界阿尔茨海默病日"。阿尔茨海默病是一组病因未明的原发性退行性脑变性疾病，多发于 60 岁之后。早期常表现近期记忆障碍，然后逐渐发展为不可逆的认知功能损害。

早期记忆衰退与海马功能障碍密切相关，因为海马不仅存储短期信息，而且对巩固进而转为长时记忆作用显著。被誉为国际神经生物学先驱者之一的中国生理学家冯德培院士，早在 20 世纪 90 年代就开始了海马长期性增强作用的研究，而这被认为是学习记忆的一个主要模型。目前，如何早期干预备受关注。以美国 Snowdon 为代表的一些学者提出，早年语言能力低可能是该病的易感因素。因而，广泛开展宣传教育，训练老年人的语言表达、计算与记忆能力，具有重大意义。

（四）两侧大脑皮层功能的相关

人类两侧大脑皮层的互补性专门化并不意味着互相隔绝，而是存在信息互通、相互配合，即未经学习一侧在一定程度上能获得另一侧皮层经过学习而获得的某种认知功能。例如，右手学会书写姓名后，右手虽然未经训练，但也能在一定程度上完成，这与大脑两侧半球间的胼胝体连合纤维在一般感觉、运动协调等方面传输至另一侧有关。

目标检测

答案解析

单项选择题

1. 下列关于神经纤维传导速度的描述，正确的是

    A. 直径越大，传导越慢　　　　　　　　B. 增加细胞外 K^+ 浓度可加快传导

    C. 髓鞘越厚，传导越慢　　　　　　　　D. 一定范围内升高温度可加快传导

    E. 麻醉剂不影响传导速度

2. 神经纤维末梢膜上哪一种离子通道的开放与递质的释放密切相关

    A. 电压门控 K^+ 通道　　　　B. 电压门控 Na^+ 通道　　　　C. 电压门控 Ca^{2+} 通道

    D. ACh 门控阳离子通道　　　E. 化学门控 Na^+ 通道

3. 下列关于神经递质的描述，正确的是

    A. 神经系统内凡能与受体结合的化学物质都是递质

    B. 其功能是调节突触传递效率

    C. 一个神经元的全部末梢均释放同一种递质

    D. 一种神经递质只作用于一种特定的受体

    E. 递质作用于受体产生效应后很快被消除

4. 下列关于传入侧支性抑制的描述，正确的是

    A. 神经元传入侧支与自身形成负反馈回路

    B. 传入纤维的主干与侧支释放不同的递质

    C. 通过交互性突触而产生交互抑制的作用

    D. 这种抑制形式仅发生于脊髓

    E. 作用意义在于使不同中枢的活动协调起来

5. 脊休克产生的原因是

    A. 横断脊髓的损伤性刺激

    B. 外伤所致的代谢紊乱

    C. 横断脊髓时大量出血

    D. 断面以下脊髓丧失高位中枢的调节

    E. 失去了脑干网状结构易化区的始动作用

6. 在中脑上、下叠体之间切断脑干的动物将出现

    A. 肢体麻痹　　　　　　　B. 去大脑僵直　　　　　　　C. 脊休克

    D. 腱反射加强　　　　　　E. 动作不精确

7. 帕金森病患者的主要症状是

    A. 肌张力降低　　　　　　B. 静止性震颤　　　　　　　C. 运动共济失调

    D. 感觉迟钝　　　　　　　E. 随意运动过多

8. 人的小脑受损伤后，肌紧张会出现

    A. 增强　　　　　　　　　B. 降低　　　　　　　　　　C. 不变

    D. 先增强，后降低　　　　E. 先降低，后增强

9. 交感神经兴奋性增大，可导致

    A. 心率增快、瞳孔扩大   B. 支气管平滑肌舒张   C. 皮肤黏膜血管收缩

    D. 胃肠平滑肌收缩   E. 肾上腺髓质分泌肾上腺素

10. 副交感神经兴奋性增大，可促进

    A. 胰岛素分泌   B. 胰高血糖素分泌   C. 糖原分解

    D. 甲状旁腺激素分泌   E. 甲状腺激素分泌

（明海霞　伍冠一　陈　嵘）

书网融合……

本章小结　　　　题库

第十一章 内分泌生理

内分泌系统是由内分泌腺以及散在分布的具有内分泌功能的组织细胞共同组成，以所分泌的各种激素传递体液性调节信息的系统。它是除神经系统外机体内又一大调节系统，并与神经系统相互协同，共同调节、整合机体各器官系统的功能活动，维持内环境稳态，以适应内外环境的变化，确保机体生命活动的正常进行。

第一节 内分泌与激素

PPT

一、内分泌与内分泌系统

（一）内分泌

人体的腺体细胞存在两种分泌方式。外分泌（exocrine）是指腺泡细胞将所产生的物质通过导管分泌到体内管腔或体外的分泌活动形式，如唾液腺等消化腺将消化液分泌到消化道腔内发挥作用，汗腺将汗液分泌到体外，这些腺体因此称外分泌腺。内分泌（endocrine）是指内分泌细胞将所产生的高效能生物活性物质（激素）直接分泌到体液中，并以体液为媒介对靶细胞产生调节效应的一种分泌形式。内分泌细胞集中的腺体统称内分泌腺，内分泌腺体的分泌活动不需要类似外分泌腺的导管结构，因此也称无管腺。

（二）内分泌系统

内分泌系统（endocrine system）由经典的内分泌腺与散在分布于功能器官组织中的内分泌细胞共同组成，是发布信息调控机体功能的系统。与机体其他系统不同，系统内各器官间并无直接的结构关系，但又以体液为媒介形成统一的调节体系。来源于垂体、甲状腺、甲状旁腺、胰岛、肾上腺、性腺等经典内分泌腺的激素种类很有限，而来源于散在分布于功能器官组织中的内分泌细胞的激素却达百余种。如消化道黏膜、胎盘等部位都含有"专职"的内分泌细胞；脑、心、肝、肾等器官的一些细胞除自身的特定功能外，还兼有内分泌功能。如心肌主要通过收缩实现心脏泵血功能，但还能生成调节血容量的肽类激素如心房钠尿肽等。

内分泌系统与神经系统同属机体重要的调节系统。内分泌系统通过激素发挥调节作用。激素对机体整体功能的调节作用可大致归纳为以下几方面。①维持机体稳态：激素参与水电解质平衡、酸碱平衡、体温、血压等调节过程，还直接参与应激反应等，与神经系统、免疫系统协调、互补，全面整合机体功能，适应环境变化。②调节新陈代谢：多数激素都参与调节组织细胞的物质代谢和能量代谢，维持机体的营养和能量平衡，为机体的各种生命活动奠定基础。③维持生长发育：促进全身组织细胞的生长、增殖、分化和成熟，参与细胞凋亡过程等，确保并影响各系统器官的正常生长发育和功能活动。④维持生殖过程：促进生殖器官的正常发育成熟和生殖的全过程，促进生殖细胞的生成直到妊娠和哺乳过程，以保证个体生命的绵延和种系的繁衍。

二、激素

（一）激素的概念及其传递方式

目前认为，激素（hormone）是内分泌腺或散在的内分泌细胞所分泌，以体液为媒介，在细胞之间传递调节信息的高效能生物活性物质。这一概念更加概括并强化了激素等作为化学信息物质的基本属性，回到了当初将激素视作"化学信使"的本意上。另外，从细胞信号转导的角度看，激素与其他非内分泌细胞所分泌的化学信使物质，如神经元释放的神经递质、免疫细胞分泌的细胞因子等，在调节机体功能活动中的作用性质，并无本质差异，它们之间的界限也并不像过去所认识的那样绝对。

经典的内分泌概念是描述某些细胞所分泌的激素，借助血液实现其作用的一种方式，这些细胞统称内分泌细胞（endocrine cells）。随着科学研究发展和人们认识的深化，内分泌和激素的概念也在不断延伸和完善。经典概念认为，激素主要通过血液循环向远隔部位传输信息，完成对靶细胞生理功能的调节，因此也称远距分泌（telecrine）。但现代研究发现，除了远距分泌外，还存在旁分泌（paracrine）、自分泌（hemocrine）、神经分泌（neurocrine）其他传递信息的方式（图11-1）。

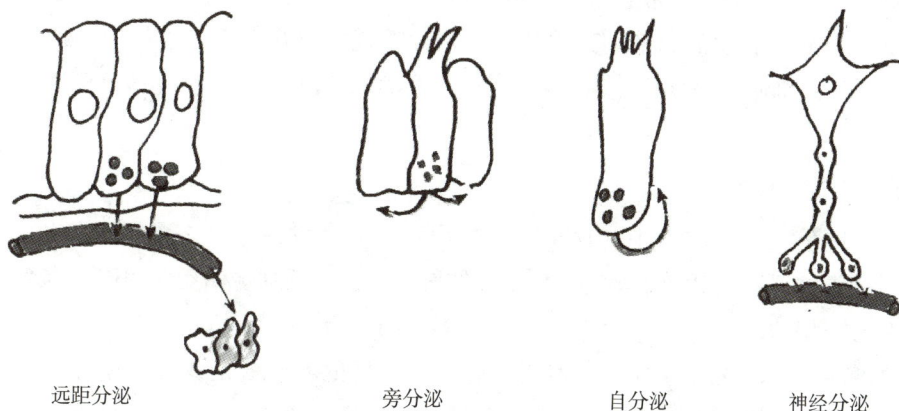

远距分泌　　　　　　　旁分泌　　　　自分泌　　　　神经分泌

图11-1　激素分泌的方式

（二）激素的分类

内分泌细胞所合成的激素可以按照化学性质进行分类。

1. 胺类激素（amine hormones）　　多为氨基酸的衍生物。同属于儿茶酚胺类的肾上腺素与去甲肾上腺素等由酪氨酸修饰而成；甲状腺激素为由甲状腺球蛋白裂解下的含碘酪氨酸缩合物；褪黑素是以色氨酸作为合成原料合成的。儿茶酚胺在分泌之前储备在胞质的分泌颗粒中，只在机体需要时才释放。这类的激素一般具有亲水性，水溶性强，在血液中主要以游离形式运输，并且在膜受体的介导下发挥作用。甲状腺激素则很特殊，以胶质形式大量储备在细胞外的甲状腺滤泡腔内。其脂溶性强，在血液中99%以上与血浆蛋白质结合而运输。甲状腺激素可直接与细胞核内受体结合产生调节作用。

2. 多肽和蛋白质类激素　　多肽和蛋白质类激素（polypeptide and protein hormones）种类繁多，来源广泛。下丘脑、垂体、甲状旁腺、胰岛、胃肠道等部位分泌的激素多属于此类。这类激素合成后经高尔基体包装，以激素前体原、激素原或者激素等形式储备在细胞内，在机体需要时经胞吐方式分泌。这类激素的分子量有很大差异，从最小的 3 肽分子（促甲状腺激素释放激素）到 199 个氨基酸残基组成的多肽链（催乳素）以及糖蛋白（促甲状腺激素）等。多肽和蛋白质类激素都是亲水激素（hydrophilic hormones），水溶性强，分子量较大，在血液中主要以游离形式存在和运输。这类激素主要与靶细胞的膜受体结合，通过启动细胞内信号转导系统引起靶细胞生物效应，而它们自身通常并不进入细胞内。

3. 类固醇激素　类固醇激素（steroid hormones）均由胆固醇合成。由肾上腺皮质和性腺合成、分泌的典型类固醇激素主要有孕酮、醛固酮、皮质醇、睾酮、雌二醇，也称为甾体激素。它们均含有 17 碳的环戊烷多氢菲母核的四环结构和侧链分支。由于结构的相似性，这些激素除自身特有的作用外，可有部分交叉。类固醇激素合成的过程十分复杂，由于不同腺体或者同一腺体不同细胞中所含合成酶系的差异，中间产物及生物活性均不同。类固醇激素边合成、边释放，在细胞内极少储备，所以分泌率与合成速度相当，对其分泌的调节是在合成环节中。类固醇激素相对分子量小（约 300kD），属于亲脂激素（lipophilic hormones），95% 以上与相应的运载蛋白结合，以便在血液中运输。此类激素主要通过直接穿越靶细胞膜，与位于胞质或核内的受体结合而引起生物学效应。

胆钙化醇（cholecalciferol）即维生素 D_3，是在体内由皮肤、肝和肾等器官联合作用形成的胆固醇衍生物，其环戊烷多氢菲四环结构中的 B 环被打开，也称固醇激素（sterol hormones），其作用特征和方式等都与类固醇激素相似。

4. 廿烷酸类（eicosanoids）激素　包括由花生四烯酸（arachidonic asid）转化而形成的前列腺素族（prostaglandins，PGs）、血栓素类（thromboxanes，TXs）和白细胞三烯类（leukotrienes，LTs）等。由于这类物质的合成原料来源于细胞的膜磷脂，所以体内几乎所有组织细胞都能生成这类物质，它们均可作为短程信使广泛参与细胞活动的调节。其中的前列腺素更是广泛存在于许多组织，种类繁多，作用复杂，多作为局部激素或细胞内信使产生其生物学效应。这类物质既可通过膜受体也可通过细胞内受体转导信息。

（三）激素的作用机制

激素是在细胞间信息传递过程中起化学信使的作用。激素发挥作用至少需要经过三个基本环节：①靶细胞受体对激素的识别；②激素与特异性受体结合，通过一系列受体后作用而改变受体所在细胞的功能活动；③激素作用的终止。

1. 靶细胞的激素受体　目前已明确，激素对靶细胞作用的实质就是通过与相应受体结合，引发靶细胞内一系列信号转导程序，引起该细胞固有的生物效应，最终改变细胞的活动状态。所以，受体是靶细胞获取激素传递信息的特定接收装置。受体本身是大分子蛋白质，新近研究发现受体与其特异结合的激素具有氨基酸序列互补的"内在影像"关系。受体蛋白与激素结合后自身构象发生改变而活化，进而将激素携带的信息转变为受体后一系列事件而改变靶细胞的功能状态，实现调节效应。激素受体分布在细胞膜、细胞质和细胞核。

（1）细胞膜受体　激素的细胞膜受体主要介导多种水溶性激素分子的信号转导。

（2）细胞内受体　脂溶性激素可直接穿越细胞膜与胞质受体或核受体结合，形成的复合物通过调节 DNA 转录过程实现其生物学效应。

2. 激素作用的受体后作用　亲水激素（如多肽激素）都与靶细胞表面专一的膜受体结合引起细胞内效应，类固醇激素与甲状腺激素等亲脂激素通过核受体介导的基因组效应诱导靶细胞内效应。

（1）细胞膜受体介导的激素作用机制　细胞膜受体介导的激素作用机制是建立在 Sutherland 于 1965 年提出的"第二信使学说"基础上的。第二信使学说认为：①携带调节信息的激素作为"第一信使"先与靶细胞膜上的特异受体结合；②激素与受体结合后，激活细胞内效应器酶，如腺苷酸环化酶；③在

Mg^{2+} 存在的条件下，效应器酶如腺苷酸环化酶催化 ATP 转变成 cAMP；④cAMP 等信号分子作为"第二信使"，继续使胞质中无活性的蛋白激酶等功能蛋白质逐级活化，最终引起细胞的生物效应。但也有膜受体介导的反应过程中没有明确的第二信使产生（图 11－2）。

　　膜受体是一类跨膜蛋白质分子，主要有 G 蛋白耦联受体、酪氨酸激酶受体、酪氨酸激酶结合型受体和鸟苷酸环化酶受体等。膜受体与激素结合后，相继通过细胞内不同的信号传递途径产生调节效应（详见第二章）。

　　激素经 G 蛋白耦联型受体作用途径可产生核外效应和核内效应。核外效应主要为酶系的系列激活或抑制而调节特定代谢过程，如糖原的分解、脂肪的合成等；核内效应主要是调节基因转录，如通过 cAMP 反应元件结合蛋白（cAMP response element binding protein，CRFB）介导和调控基因转录，生成新的功能蛋白质等。

　　激素经酪氨酸激酶受体作用途径激活信息传递的级联反应，其最终效应表现为对物质代谢以及细胞的生长、增殖和分化等过程的调节。

　　激素与鸟苷酸环化酶受体结合后，通过细胞内 cGMP 浓度的变化而产生调节效应。

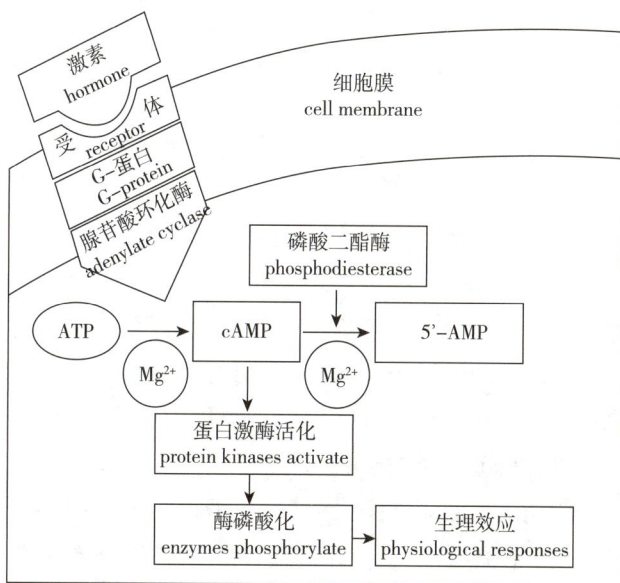

图 11－2　第二信使学说示意图

　　（2）细胞内受体介导的激素作用机制　类固醇激素、甲状腺激素等通过核受体介导的基因组效应诱导靶细胞内新酶或结构蛋白质的合成而实现效应。Jesen 和 Gorski 于 1968 年提出的基因表达学说（gene expression hypothesis）认为，类固醇激素分子较小，具有脂溶性，这类激素可经单纯扩散进入细胞后，先与胞质受体结合形成激素－胞浆受体复合物，进入细胞核，与核受体结合，转变为激素－核受体复合物，与 DNA 上的特异性位点结合，从而启动或抑制该部位的 DNA 转录，促进或抑制某种 mRNA 的形成，结果诱导或减少某种蛋白质的合成，而引起相应的生理效应（图 11－3）。

　　细胞内受体是指位于胞质或胞核中的受体。目前已知，即使受体位于胞质内，最终也将转入核内发挥作用，因此通常也视为核受体（nuclear receptor）。核受体属于由激素调控的一大类转录因子，是一个超家族，种类繁多，可分为Ⅰ、Ⅱ两大类型。Ⅰ型核受体也称类固醇激素受体；Ⅱ型核受体包括甲状腺激素受体、维生素 D_3 受体和维 A 酸受体等。核受体多为单肽链结构，含有共同的功能区段：①激素结合域，位于受体的 C 末端，是与激素结合的片段；②DNA 结合域；③转录激活结合域等功能区段。类固醇激素受体未与激素结合时，胞质中有一类称为热休克蛋白（heat shock protein，HSP）的胞质蛋白质与受体结合，使受体锚定于胞质，并遮盖受体上的 DNA 结合区，受体不发挥效应。当类固醇激素与受体结合时，可以是受体与热休克蛋白解离，并暴露出隐藏在受体结构内的核转位信号，激素 – 受体复合物再转位到胞核内，并与核内 DNA 分子的激素反应元件（hormone response element，HRE）结合，通过调节靶基因转录以及所表达的产物引起细胞生物效应。

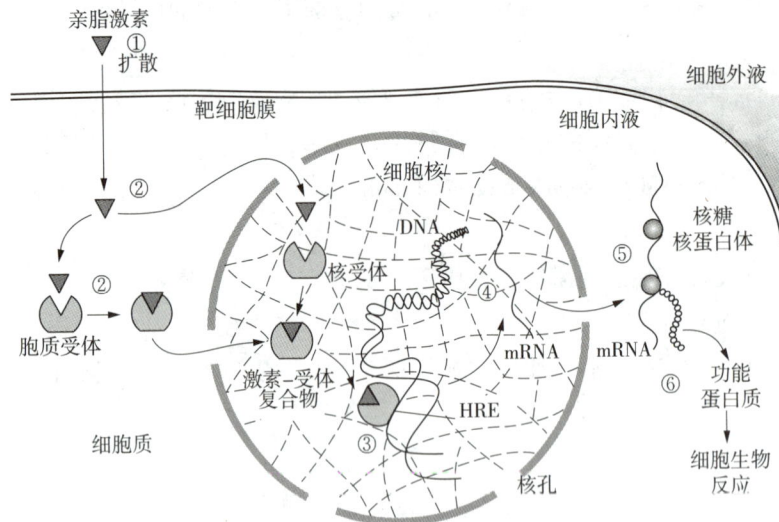

图 11 – 3　基因表达学说示意图

甲状腺激素受体等不同于类固醇激素受体，活化后的构象稳定并定位在细胞核内，事先不需要与热休克蛋白结合。

激素作用所涉及的细胞信号转导机制十分复杂。总之，所有激素都通过与相应的特异性受体结合启动一系列受体后作用来调节靶细胞的功能活动。但激素所作用的受体以及细胞内途径并非绝对。已有实验证实，有些激素可通过多种机制发挥不同的作用。例如类固醇激素既可通过核受体影响靶细胞 DNA 的转录过程发挥作用，但也可迅速调节神经细胞的兴奋性，显然是通过膜受体以及离子通道所引起的快速反应（数分甚至数秒），即类固醇激素的非基因效应（non – genomic effect）。如孕激素可与 GABA$_A$ 受体结合，影响 Cl⁻ 电导。而某些多肽激素也具有基因表达效应。这充分体现了激素作用的多样性。

3. 激素作用的终止　激素对靶细胞发挥作用后，其所携带信号的及时终止是对激素准确、恰当地传递调节信息的基本要求，也能保证靶细胞不断接受新信息，适时产生精确的调节效能。激素作用的终止是许多环节综合作用的结果：①完善的激素分泌调节系统使内分泌细胞能适时终止分泌激素，如下丘脑 – 腺垂体 – 靶腺轴系；②激素与受体分离，使下游的一系列信号转导过程及时终止；③通过控制细胞内某些酶活性的增强等，如磷酸二酯酶分解 cAMP 为无活性产物，终止细胞内信号转接；④激素被靶细胞内吞处理，如发生内化，并经溶酶体酶灭活等；⑤激素在肝、肾等脏器和血液循环中被降解，通过氧化、还原、脱氨基、脱羧基等方式被清除，也可通过甲基化或其他方式灭活。

此外，激素在信号转导过程中常生成一些中间物质，能及时限制自身信号转导过程。如在胰岛素受体介导的信号转导中，酪氨酸蛋白磷酸酶（PTPase）起重要的反馈调节作用。PTP 酶是胰岛素受体的靶酶，活化后可反过来催化胰岛素受体脱磷酸化而失活，随后的信号蛋白分子也相继脱磷酸化，从而终止信号转导。

（四）激素作用的一般特征

各种激素对靶细胞所产生的调节效应不尽相同，但在发挥作用的过程中表现出一些共同的作用特征。

1. 特异性作用 激素只对能识别它的靶细胞起作用,表现为激素作用的特异性,这主要取决于靶细胞特异性受体与激素的结合能力,即亲和力。尽管多数激素通过血液循环广泛接触各部位的组织、细胞,但某些激素只选择性地作用于特定目标,犹如"靶",故相应的器官、腺体、组织和细胞,分别称为该激素的靶器官、靶腺、靶组织和靶细胞,尚有靶蛋白、靶基因等。各种激素的作用范围存在很大差异,有些激素仅局限作用于较少的特定目标,如腺垂体促激素主要作用于相应的靶腺;也有些激素作用范围遍及全身,如生长激素、甲状腺激素和胰岛素等,这取决于这些激素受体的分布。激素作用的特异性并非绝对,有些激素与受体的结合表现出交叉现象,如胰岛素与胰岛素样生长因子的受体等,只是亲和力有所差异。

激素与受体之间可相互作用。在膜受体蛋白的胞外域含有多种糖基结构,是识别与结合激素的位点。激素分子和靶细胞膜受体的胞外域,均含有许多功能基团组成的极为复杂而又可变的立体结构。激素和受体可相互诱导而改变各自的构象,以适应对方,这是激素与受体发生专一性结合的基础。通常,受体对激素的亲和力与激素的生物作用一致,但激素的类似物也可与受体结合,竞争性阻碍激素与相应的受体相结合,从而阻断激素产生正常的生物效应。亲和力还可随生理条件的变化而变化,如在动物性周期的不同阶段,卵巢颗粒细胞上卵泡刺激素受体的亲和力是可变的。同时,激素与受体结合时,其邻近受体的亲和力也可出现增高或降低的现象。此外,激素还可调节与其特异结合受体的数量。高浓度激素使其特异受体数量减少的现象称为减衰调节(down regulation),简称下调。例如,长期使用大剂量胰岛素不仅导致亲和力降低,胰岛素受体的数量也减少;当减量使用胰岛素后,受体的数量和亲和力又可恢复。许多激素,如促甲状腺激素、绒毛膜促性腺激素、黄体生成素、卵泡刺激素等都存在下调现象。相反,低浓度激素使其特异受体数量增多的现象称为增量调节(up regulation),简称上调。如催乳素、卵泡刺激素、血管紧张素等都可产生上调现象。由于激素含量对靶细胞受体数量调节,使受体的合成与降解保持动态平衡,最终维持靶细胞对激素的敏感性与反应强度的稳态。

2. 信使作用 激素本身并不直接参与细胞的物质和能量代谢反应,只是以自身所携带的信息触发靶细胞内一系列信号转换,从而调节靶细胞固有的生理生化反应,加强或减弱其反应和功能活动。激素所起的作用是传递信息,犹如"信使"的角色。与膜受体结合的激素通常作为"第一信使"先与膜受体结合,再进一步引起胞质中"第二信使"的生成,第二信使是细胞内下游信号转导分子的激活物或者抑制物,再引起细胞产生某种生物效应。在发挥作用的过程中,激素对其所作用的细胞,既不添加新的功能,也不提供额外能量。

3. 高效能作用 在生理状态下,激素的血浓度很低,多在 $10^{-12} \sim 10^{-7}$ mol/L 的数量级(pmol/L ~ nmol/L)。激素与受体结合后,通过引发一系列细胞内信号转导程序,产生瀑布式级联放大效应,形成效能极高的生物放大系统。例如,1mol 胰高血糖素通过 cAMP - PKA 途径,引起肝糖原分解,生成 3×10^{6} mol 葡萄糖,其生物效应放大约 300 万倍;在下丘脑 - 垂体 - 肾上腺皮质轴系的活动中,0.1μg 促肾上腺皮质激素释放激素(CRH)可使腺垂体释放 1μg 促肾上腺皮质激素(ACTH),后者再引起肾上腺皮质分泌 40μg 糖皮质激素,最终可产生约 6000μg 糖原储备的细胞效应(图 11 - 4)。

4. 相互作用 内分泌腺体和内分泌细胞虽然分散在全身,但它们分泌的激素又都以体液为基本媒介传播,故体液中含有各种激素,每种激素产生的效应总是彼此关联、相互影响、错综复杂,这对于生理活动的相对稳定具有重要意义。协同作用表现为多种激素联合作用时所产生的效应大于各激素单独作用所产生效应的总和,如生长激素与胰岛素都有促生长效应,只有同时应用时动物体重才显著增长。相反,一种激素也可以抑制或对抗另一种激素的作用,称为拮抗作用。如生长激素、糖皮质激素、肾上腺素与胰高血糖素等具有协同的升高血糖作用,而胰岛素与这些升糖激素的作用相反,通过多种途径降低血糖,表现为拮抗作用。胰岛素一旦缺乏,将导致血糖显著升高。激素之间还存在一种特殊的关系,即

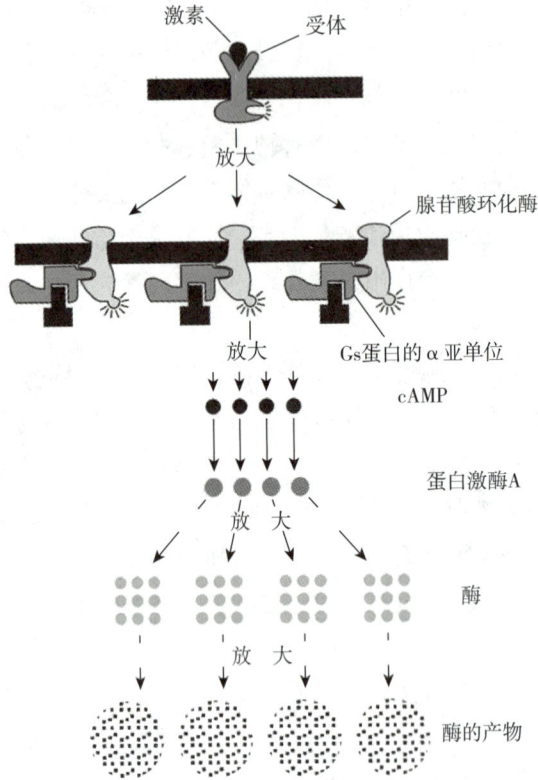

图 11 – 4　激素的高效活性作用

某激素对特定器官、组织或细胞没有直接作用，但它的存在却是另一种激素发挥生物效应的必要基础，这称为允许作用（permissiveness/permissive action）。糖皮质激素具有广泛允许作用的特征，其他许多激素需要它的存在才能呈现出相应的调节效应。如糖皮质激素本身对心肌和血管平滑肌并无直接增强收缩的作用，但只有当它存在时，儿茶酚胺类激素才能充分发挥调节心血管活动的作用。这可能是由于糖皮质激素调节相应靶细胞膜肾上腺素能受体的数量，或者调节受体中介的细胞内信息传递体系活动，如影响腺苷酸环化酶的活性以及 cAMP 的生成过程等。实验发现，雌激素可增加禁食大鼠的肝糖原量，但在摘除肾上腺后此反应消失，若再给予动物注射少量肾上腺提取物后，则上述反应可重新出现。后来证明，这是肾上腺提取物中含有糖皮质激素的缘故。

三、激素分泌的调控

　　激素是实现内分泌系统调节作用的基础，其分泌活动及作用受到严密的调控，可根据机体的需要适时、适量分泌，及时启动和终止其作用。

（一）激素分泌的生物节律

　　许多激素具有脉冲式分泌的特征，短者表现以分钟或小时计的脉冲式，长者可表现为月、季等周期性波动。如腺垂体一些激素表现为脉冲式分泌，且与下丘脑调节肽的分泌活动同步；褪黑素、皮质醇等表现为昼夜节律性分泌；女性生殖周期中性激素呈月周期性分泌；甲状腺激素则存在季节性周期波动。激素分泌的这种节律性受机体生物钟（biological clock）的控制，取决于自身生物节律。下丘脑视交叉上核可能是机体生物钟的关键部位。

（二）体液调节

1. 轴系反馈调节　下丘脑－垂体－靶腺轴（hypothalamus pituitary target glands axis）调节系统是控

制激素分泌稳态的调节环路，也是激素分泌相互影响的典型实例。一般而言，在此系统内高位激素对下位内分泌细胞活动具有促进性调节作用；而下位激素对高位内分泌细胞活动多表现负反馈性调节作用（图11-5）。在调节轴系中，分别形成长反馈（long-loop feedback）、短反馈（short-loop feedback）和超短反馈（ultrashort-loop feedback）等闭合的自动控制环路。长反馈指在调节环路中终末靶腺或组织所分泌激素对上位腺体活动的反馈影响；短反馈指垂体所分泌的激素对下丘脑分泌活动的反馈影响；超短反馈则指下丘脑肽能神经元活动受其自身所分泌调节肽的影响，如肽能神经元可调节自身受体数量等。通过这种闭合式自动控制环路，能维持血液中各级激素水平的相对稳定。如下丘脑-垂体-甲状腺轴、下丘脑-垂体-肾上腺皮质轴和下丘脑-垂体-性腺轴。调节环路中任一环节障碍，都将破坏这一轴系激素分泌水平的稳态。

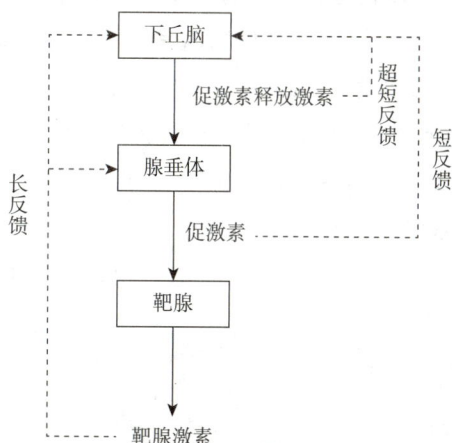

图11-5 下丘脑-垂体-靶腺轴示意图

在轴系反馈调节中，正反馈调节机制很少见。在卵泡成熟发育进程中，卵巢所分泌雌激素在血液中达到一定水平后，可正反馈地引起LH分泌高峰，最终促发排卵。

2. 体液代谢物调节效应 很多激素都参与体内物质代谢过程的调节，而物质代谢引起血液中某些物质的变化又反过来调整相应激素的分泌水平，形成直接的反馈调节。例如，进餐后血中葡萄糖水平升高时可直接刺激胰岛B细胞增加胰岛素分泌，结果使血糖降低；血糖降低则可反过来使胰岛素分泌减少，从而维持血糖水平的稳态。同样，血K^+升高和血Na^+降低都可直接刺激肾上腺皮质球状带细胞分泌醛固酮；血Ca^{2+}的变化则直接调节甲状旁腺激素和降钙素的分泌。这种激素作用所致的终末效应对激素分泌的影响，能直接、及时地维持血中某种化学成分浓度的相对稳定。

有些激素的分泌受到自我反馈调控，如$1,25-(OH)_2D_3$生成增加到一定程度后，可抑制分泌细胞内$1\alpha-$羟化酶系的活性，能有效限制更多的$1,25-(OH)_2D_3$生成。

此外，有些激素的分泌直接受功能相关联或相抗衡的激素的影响。如胰高血糖素和生长抑素可通过旁分泌作用分别刺激和抑制胰岛B细胞分泌胰岛素，它们的作用相互抗衡、制约，共同参与血糖稳态的维持。

（三）神经调节

下丘脑是神经系统与内分泌系统活动相互联络的重要枢纽。下丘脑的上行和下行神经联系通路复杂而又广泛，内、外环境各种形式的刺激都可能经这些神经通路影响下丘脑神经内分泌细胞的分泌活动，实现对内分泌系统以及整体功能活动的高级整合作用。神经活动对激素分泌的调节对于机体具有特殊的意义。如胰岛、肾上腺髓质等腺体和许多散在的内分泌细胞都有神经纤维支配。应激状态下，交感神经系统活动增强，肾上腺髓质分泌的儿茶酚胺类激素增加，可以配合交感神经系统广泛动员整体功能，释放能量增加，适应机体活动的需求；而在夜间睡眠期间，迷走神经活动占优势时又可促进胰岛 B 细胞分泌胰岛素，有助于机体积蓄能量、休养生息。再如吸吮乳头通过神经反射途径引起催乳素和缩宫素释放，发生射乳反射；进食期间迷走神经刺激 G 细胞分泌胃泌素，不仅促进胃液分泌，也有助于相应器官的营养性功能。

第二节　下丘脑－垂体和松果体内分泌

下丘脑（hypothalamus）位于丘脑的下方，第三脑室的两侧。下丘脑不仅是调节内脏活动的较高级中枢，也是重要的内分泌中枢。下丘脑内存在大量的神经核团，其中位于下丘脑底部神经核团的细胞具有神经元和内分泌细胞的双重功能，他们接受来自脑内其他部位神经纤维传递的神经信息，并加以整合，将这些神经活动的电信号转变为激素分泌的化学信号，以下丘脑为枢纽协调神经调节与体液调节的关系。因此又将其称为神经内分泌细胞，所分泌的激素称为神经激素。下丘脑与垂体（pituitary）在结构与功能上的联系非常密切，形成下丘脑－垂体功能单位（hypothalamus－hypophysis unit），包括下丘脑－腺垂体系统和下丘脑－神经垂体系统两部分（图 11－6）。因此，下丘脑－垂体功能单位是内分泌系统的调控中枢。松果体与机体生物节律等许多功能有关，也参与机体的高级整合活动。

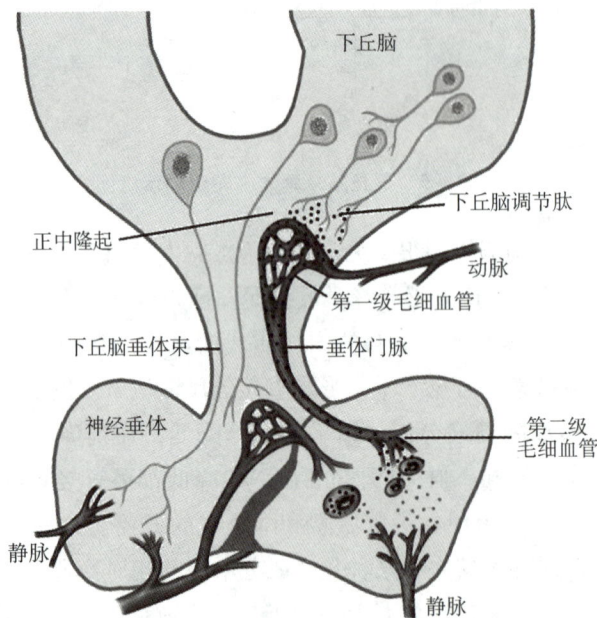

图 11－6　下丘脑－垂体功能单位

一、下丘脑－腺垂体系统

下丘脑与腺垂体之间并没有直接的神经联系，但存在独特的血管网络，即垂体门脉系统（hypophyseal portal system）。供应垂体血液的垂体上动脉先进入正中隆起，先形成初级毛细血管网，然后再汇集成几条垂体长门脉血管进入垂体，并再次形成次级毛细血管网。这种结构可经局部血流直接实现腺垂体与下丘脑之间的双向沟通，而不需通过体循环（图 11－6）。下丘脑的内侧基底部，包括正中隆起、弓状核、腹内侧核、视交叉上核和室周核以及室旁核内侧的小细胞神经元（parvocellular neuron）组成小细胞神经分泌系统。这些神经元胞体发出的轴突多终止于下丘脑基底部正中隆起，与初级毛细血管网密切接触，其分泌物可直接释放到垂体门脉血管血液中。因为能产生多种调节腺垂体分泌的激素，故又将这些神经元胞体所在的下丘脑内侧基底部称为下丘脑的促垂体区（hypophysiotrophic area）。所分泌的神经激素统称为促垂体激素。已知的下丘脑促垂体激素中，除催乳素释放抑制因子是多巴胺之外，均为多肽激素，统称为下丘脑调节肽（hypothalamic regulatory peptides，HRP）。迄今已发现的下丘脑调节肽主要有九种，其化学性质和主要作用列于表 11 - 1 中。

表 11 - 1　下丘脑调节肽的化学性质与主要作用

名称	主要作用
促甲状腺激素释放激素（TRH）	促进 TSH 的释放，也能刺激 PRL 的释放
促性腺激素释放激素（GnRH）	促进 LH 、FSH 的释放
生长激素释放激素（GHRH）	促进 GH 的释放
生长激素抑制激素（GHIH），生长抑素 SS	促进 GH、LH、FSH、TSH、PRL、ACTH 分泌
促肾上腺皮质激素释放激素（CRH）	促进 ACTH 的释放
促黑（素细胞）激素释放因子（MRF）	促进 MSH 的释放
促黑（素细胞）激素抑制因子（MIF）	抑制 MSH 的释放
催乳素释放肽（PRP）	促进 PRL 的释放
催乳素释放抑制因子（PIF）	抑制 PRL 的释放

（一）下丘脑调节肽

各种下丘脑调节肽的作用机制有所不同。CRH、GHRH、GHIH 等下丘脑调节肽与腺垂体靶细胞膜受体结合后以 cAMP、IP_3/DG 或 Ca^{2+} 作为第二信使；TRH、GnRH 等仅以 IP_3/DG 和 Ca^{2+} 为第二信使。由于 TRH、GnRH 和 CRH 均呈现脉冲式释放，因此血液中相应的腺垂体激素也出现脉冲式波动。例如，恒河猴的垂体门脉血中 GnRH 的含量每 1 ~ 2 小时出现一个脉冲。大鼠 GnRH 的分泌每隔 20 ~ 30 分钟出现一个脉冲，血中 LH 和 FSH 浓度也随之发生相应波动。给大鼠注射抗 GnRH 血清后，则血中 LH 与 FSH 浓度的脉冲式波动消失，证明血中 LH 与 FSH 的脉冲式波动是由下丘脑脉冲式释放 GnRH 引起的。

下丘脑调节肽除在下丘脑促垂体区产生外，还可在中枢神经系统其他部位和体内许多组织中生成。因此除调节腺垂体活动外，这些肽还具有广泛的作用。

下丘脑肽能神经元的活动受更高位中枢和外周传入信息的影响。影响肽能神经元活动的神经递质的种类和分布也较为复杂，大体可分为两大类。一类是肽类物质，如脑啡肽、β - 内啡肽、血管活性肠肽、P 物质、神经降压素和缩胆囊素等；另一类是单胺类递质，主要有多巴胺（DA）、去甲肾上腺素（NE）和 5 - 羟色胺（5 - HT）。各种神经递质对下丘脑调节肽分泌的调节作用也很复杂，例如，单胺能神经元可直接或间接调节下丘脑肽能神经元的活动，三种单胺类递质对下丘脑调节肽分泌的作用也有明显的区别。

同样，肽类递质对下丘脑调节肽分泌的调节作用也十分复杂。例如，β - 内啡肽和脑啡肽可抑制 CRH 和 GnRH 的释放，但可促进 TRH 和 GHRH 的释放。此外，已经在绵羊下丘脑提取到一种能激活腺垂体细胞腺苷酸环化酶的肽，称为垂体腺苷酸环化酶激活肽（pituitary adenylyl cyclase activating polypeptide，PACAP）。PACAP 可能是一种新的下丘脑调节肽，与其他下丘脑调节肽一样，通过垂体门脉系统作用于滤泡星形细胞，激活腺苷酸环化酶，使细胞内 cAMP 的水平升高，从而促进某些生长因子或细胞因子的生成，这些因子再以旁分泌的方式调节腺垂体细胞的生长发育和分泌活动。

（二）腺垂体激素

腺垂体主要分泌七种激素，其中，生长激素（growth hormone，GH）、催乳素（prolactin，PRL）和促黑（素细胞）激素（melanophore stimulating hormone，MSH）直接作用于靶组织或靶细胞，调节物质代谢、个体生长、乳腺发育与泌乳，以及黑色素代谢等生理过程。促甲状腺激素（thyroid stimulating hormone，TSH）、促肾上腺皮质激素（adrenocorticotropic hormone，ACTH）、卵泡刺激素（follicle stimulating hormone，FSH）和黄体生成素（luteinizing hormone，LH）可特异性作用于各自的靶腺而发挥调节作用，故统称为促激素（tropic hormones）。TSH与下丘脑、甲状腺构成下丘脑-腺垂体-甲状腺轴（hypothalamus - adenohypophysis - thyroid axis），ACTH与下丘脑、肾上腺皮质构成下丘脑-腺垂体-肾上腺皮质轴（hypothalamus - adenohypophysis - adrenocortical axis），而FSH和LH则与下丘脑、性腺构成下丘脑-腺垂体-性腺轴（hypothalamus - adenohypophysis - gonadal axis）。

1. 生长激素　生长激素是腺垂体中含量最多的激素。人生长激素（human growth hormone，hGH）由191个氨基酸残基组成，是分子量为22kD的蛋白质，其化学结构与人PRL十分相似，故二者除自身的特定作用外，还表现为一定的重叠效应，即GH有较弱的泌乳始动作用，而PRL则有较弱的促生长作用。

成年人血中GH基础水平不足5μg/L，女性稍高于男性，但也不超过10μg/L。儿童血清GH浓度高于成年人。GH的基础分泌呈节律性脉冲式释放，脉冲的周期与年龄相关，青春后期平均可达每天8次。人的一生中，青年期GH分泌率最高，平均约60μg/（kg·24h）。随着年龄的增长，分泌量逐渐减少。至60岁时，GH的生成速率仅为青年时的一半左右。血中GH的半衰期为20分钟。肝和肾是GH降解的主要部位。血清GH水平还受睡眠、体育锻炼、血糖和性激素水平等多种因素的影响。入睡后GH分泌明显增加，约60分钟达到高峰，以后逐渐降低。50岁以后睡眠时的GH峰逐渐消失，

（1）生长激素的作用机制　血中GH以结合型和游离型两种形式存在。GH与高度特异性的生长激素结合蛋白（GH - binding protein，GHBP）结合，占GH总量的40%～45%。GHBP分为高亲和力的GHBP$_1$和低亲和力的GHBP$_2$两种，生长激素受体（growth hormone receptor，GH - R）同属催乳素、促红细胞生成素、细胞因子受体超家族成员之一，是由620个氨基酸残基组成的跨膜单链糖蛋白，分子量约120kD。GH - R的第43位精氨酸残基为灵长类所特有，决定GH的种属特异性。GH分子具有两个与受体分子结合的位点，先后与2分子GH - R亚单位结合而使受体成为同二聚体（homodimer）。受体的二聚化是GH - R活化所必需的环节。目前已知的GH - R膜内结构胞质片段所含酪氨酸的不同节段可能各具特定功能。GH - R二聚化后随即通过JAK2 - STATs、JAK2 - SHC、PLC等多条途径转导信号，介导产生多种生物效应，包括调节基因转录，代谢物转运，胞膜钙离子通道与胞质某些蛋白激酶活性的变化等，改变细胞的生长和代谢活动。GH - R广泛分布于肝、软骨、骨、脑、骨骼肌、心、肾、肺、胃肠、胰、脾、睾丸、前列腺、卵巢、子宫等器官以及脂肪细胞、淋巴细胞、成纤维细胞等组织细胞。由于胎儿和新生儿各种细胞上的GH - R分布数量多，因此对GH反应十分敏感。

GH的部分效应可通过一种称为胰岛素样生长因子（insulin - like growth factor，IGF）的肽类物质而间接实现。IGF由GH诱导靶细胞（如肝细胞等）而产生，具有促生长的作用，因其化学结构和功能与胰岛素相似，故名，也曾称为生长素介质（somatomedin，SM）。现已分离出IGF - 1和IGF - 2。IGF - 1介导GH的部分促生长作用，同时可缓冲血清GH的波动，通过与酪氨酸激酶受体实现跨膜信号转导。IGF - 2对胎儿的生长发育起重要的作用。IGF的主要作用是促进软骨生长，除促进钙、磷、钠、钾、硫等多种元素进入软骨组织外，还能促进氨基酸进入软骨细胞，增强DNA、RNA和蛋白质的合成，促进软骨组织增殖和骨化，使长骨加长。IGF也能刺激多种组织细胞的有丝分裂。IGF还在肝以外的大多数组织中产生，并且以远距分泌、旁分泌或自分泌等多种方式发挥作用。

综上所述，GH与其受体结合后，可直接促进生长发育；也可通过靶细胞生成IGF间接促进生长发育。

（2）生长激素的生理作用 GH 可促进生长发育和物质代谢，对机体各器官组织均产生广泛影响，对骨骼、肌肉和内脏器官的作用尤为显著，故也称为躯体刺激素（somatotropin）。此外，GH 还是机体重要的应激激素之一，参与机体的应激反应。

1）促进生长 机体的生长发育受多种激素的调节，GH 的调节十分关键。实验证明，幼年动物在摘除垂体后，生长即停滞；但若及时补充 GH，则可使之恢复生长发育。临床上可见，若幼年时期 GH 分泌不足，则患儿生长停滞，身材矮小，称为侏儒症（dwarfism）；如果幼年时期 GH 分泌过多，则引起巨人症（gigantism）。成年人如果 GH 分泌过多，由于骨骺已闭合，长骨不再生长，但肢端的短骨、颅骨和软组织可出现异常生长，表现为手足粗大、鼻大唇厚、下颌突出和内脏器官增大等现象，称为肢端肥大症（acromegaly）。GH 主要促进骨、软骨、肌肉和其他组织细胞的分裂增殖和蛋白质合成，从而加速骨骼和肌肉的生长发育。GH 直接刺激骨骼生长板前软骨细胞或生发层分化为软骨细胞，并使其对 IGF-1 的反应性增强。IGF-1 使软骨细胞增殖成为骨细胞，从而促进骨生长发育。

2）调节代谢 GH 对物质代谢具有广泛作用。GH 促进蛋白质代谢，总效应是合成大于分解，特别是促进肝外组织的蛋白质合成；GH 可促进氨基酸进入细胞，增强 DNA、RNA 的合成，减少尿氮，呈正氮平衡。同时，GH 可使机体的能量来源由糖代谢向脂肪代谢转移，有助于促进生长发育和组织修复。GH 可激活对激素敏感的脂肪酶，促进脂肪分解，增强脂肪酸的氧化分解，提供能量，并使组织特别是肢体的脂肪量减少。GH 还可抑制外周组织摄取和利用葡萄糖，减少葡萄糖的消耗，升高血糖水平。GH 分泌过多时，可因血糖升高而引起糖尿，造成垂体性糖尿。

（3）生长激素分泌的调节 生长激素的分泌受多种因素的调节。首先，GH 的分泌受下丘脑 GHRH 与 GHIH 的双重调节。实验中若将大鼠的垂体柄切断，以消除下丘脑 GHRH 和 GHIH 对腺垂体 GH 分泌的调节作用，或将腺垂体进行离体培养，则垂体分泌 GH 的量迅速减少。说明在整体条件下 GHRH 的作用占优势。一般认为，GHRH 对 GH 的分泌起经常性的调节作用，而 GHIH 则主要在应激等刺激引起 GH 分泌过多时才对 GH 分泌起抑制作用。GHRH 还可促进 GH 基因转录和腺垂体细胞的增生与分化。分泌 GHRH 的神经元主要位于下丘脑弓状核；产生 GHIH 的神经元主要分布于下丘脑室周区和弓状核等处。这些核团之间有广泛的突触联系，形成复杂的神经环路，通过多种神经肽或递质相互促进与制约，共同调节 GH 的分泌。

GH 与其他垂体激素一样，也可对下丘脑和腺垂体产生负反馈调节作用。摘除大鼠垂体后，血中 GH 浓度降低，而下丘脑内 GHRH 的含量却有所增加。在大鼠侧脑室内注射 GHRH，可引起下丘脑内 GHRH 的含量减少，GH 分泌减少和 GH 脉冲性释放的抑制。这些观察结果说明，不仅 GH 能反馈抑制下丘脑 GHRH 的释放，而且 GHRH 对其自身释放也有负反馈调节作用。此外，IGF-1 对 GH 的分泌也有负反馈调节作用。在体外培养的垂体细胞，IGF-1 可直接抑制 GH 的基础分泌和 GHRH 刺激引起的分泌。在整体动物中，IGF-1 能刺激下丘脑释放 GHIH，从而抑制垂体分泌 GH。因此，IGF-1 可通过下丘脑和垂体两个水平对 GH 的分泌进行负反馈调节。

GH 的脉冲式分泌可不受血糖、代谢成分等影响，但存在年龄、性别差异。青春期及其后期分泌脉冲平均约 3 小时一次。在人类，青年女性 GH 的连续分泌比青年男性明显，最高可达 $60\mu g/L$，其机制可能与性激素水平有关。

在进入慢波睡眠时，GH 分泌增加；转入异相睡眠时 GH 分泌则减少。慢波睡眠时 GH 分泌增多有利于机体的生长发育和体力的恢复（图 11-7）。

饥饿、运动、低血糖、应激、能量供应缺乏或耗能增加时，均可引起 GH 分泌增多。急性低血糖刺激 GH 分泌的效应最显著，相反，血糖升高则可抑制 GH 分泌。高蛋白饮食和注射某些氨基酸，可刺激 GH 分泌，而游离脂肪酸增多时则 GH 分泌减少。

甲状腺激素、雌激素、睾酮和应激刺激均能促进 GH 分泌。在青春期，血中雌激素或睾酮浓度增高，可使 GH 分泌明显增加而引起青春期突长。

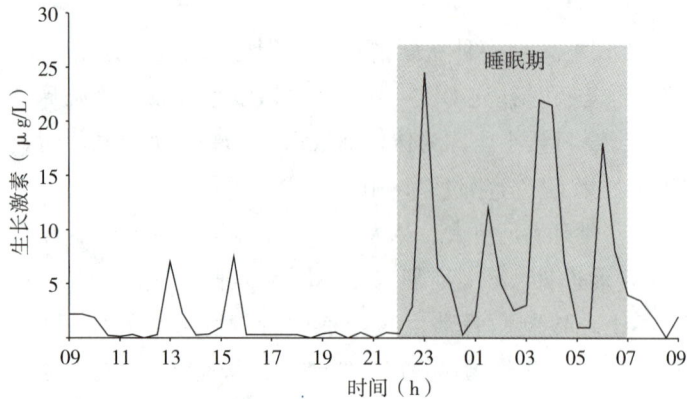

图 11 – 7　生长激素分泌的生物节律性

2. 催乳素　人催乳素是由 199 个氨基酸残基组成的蛋白质，分子量为 22kD，其分子序列 92% 与 hGH 相同。PRL 及其受体在垂体外组织也有广泛分布。

（1）催乳素的生理作用　PRL 的作用十分广泛，除对乳腺、性腺发育和分泌起重要作用外，还参与对应激反应和免疫的调节。

1）调节乳腺活动　PRL 可促进乳腺发育，发动并维持乳腺泌乳。但在女性一生的不同时期，其作用有所不同。女性进入青春期后，乳腺的发育是在生长激素、雌激素、孕激素、糖皮质激素、甲状腺激素和 PRL 的协同作用下完成的。在妊娠期，由于 PRL、雌激素和孕激素分泌明显增多，使乳腺组织进一步发育，逐渐具有泌乳能力。但此时血中雌激素和孕激素水平很高，因而抑制 PRL 的泌乳作用，故乳腺一般并不泌乳。分娩时，乳腺 PRL 受体可增加 20 倍左右。分娩后，血中雌激素和孕激素水平明显降低，PRL 才发挥其始动和维持泌乳的作用。此外，PRL 还可促进乳汁成分中酪蛋白、乳糖和脂肪等重要成分的合成。

2）调节性腺功能　PRL 对性腺的作用比较复杂。实验表明，小剂量应用 PRL 对卵巢雌激素和孕激素的合成有促进作用，但大剂量则有抑制作用。PRL 对卵巢黄体功能的影响主要是刺激 LH 受体的生成，调控卵巢内 LH 受体的数量，同时还可促进脂蛋白与膜上受体形成脂蛋白受体复合物，为孕酮生成提供底物，促进孕酮生成，减少孕酮分解。患闭经溢乳综合征的妇女表现为闭经、溢乳与不孕，这些症状是因高催乳素血症所致。高浓度的 PRL 可通过负反馈方式抑制下丘脑 GnRH 的分泌，减少腺垂体 FSH 和 LH 的分泌，致使患者出现无排卵和雌激素水平低下的情况，从而导致不孕。

在男性，PRL 可维持和增加睾丸间质细胞 LH 受体的数量，提高睾丸间质细胞对 LH 的敏感性，促进雄性性成熟。高催乳素血症时性兴奋减弱。

3）参与应激反应　在应激状态下，血中 PRL 浓度升高，并常与 ACTH 和 GH 浓度的升高同时出现，于刺激停止后数小时恢复正常，是应激反应中腺垂体分泌的三种主要激素之一。

4）调节免疫功能　许多免疫细胞都有 PRL 受体分布。PRL 可协同一些细胞因子共同促进淋巴细胞的增殖，直接或间接促进 B 淋巴细胞分泌 IgM 和 IgG。同时，T 淋巴细胞和胸腺淋巴细胞等又可产生 PRL，以旁分泌或自分泌方式发挥作用。

此外，PRL 也参与生长发育和物质代谢的调节。

（2）催乳素分泌的调节　PRL 的分泌受下丘脑 PRF 与 PIF 的双重调节，前者促进 PRL 分泌，而后者则抑制其分泌，平时以 PIF 的抑制作用为主，因为切断垂体柄可使血中 PRL 水平升高。现在认为，

PIF 就是多巴胺。此外，TRH、VIP、甘丙肽等都具有促进 PRL 分泌的作用。哺乳期，婴儿吮吸乳头的刺激经传入神经传至下丘脑，使 PRF 神经元兴奋并释放 PRF，反射性地引起垂体 PRL 分泌增多。

血中 PRL 升高可易化下丘脑多巴胺能神经元，多巴胺又可直接抑制下丘脑 GnRH 和腺垂体 PRL 的分泌，降低血中 PRL 水平，产生负反馈调节作用。此外，雌激素可通过刺激 PRL 细胞增殖和基因表达等环节影响 PRL 释放，而甲状腺激素则可抑制 PRL 基因表达。

3. 促黑（素细胞）激素　在低等脊椎动物，促黑（素细胞）激素由垂体中间叶分泌。在人类，垂体中间叶已退化，产生 MSH 的细胞分散在腺垂体中。在下丘脑、腺垂体或中间叶存在由阿黑皮素原（proopiomelanocortin，POMC）水解生成的一些肽类激素，包括三种促黑（素细胞）激素，即 α - MSH、β - MSH 和 γ - MSH，分别为十三肽、十八肽和十二肽。在人的腺垂体中，主要是 β - MSH，其血浓度为 20 ~ 110ng/L，半衰期约为 10 分钟。

MSH 的主要生理作用是刺激黑色素细胞，使细胞内的酪氨酸转化为黑色素，同时使黑色素颗粒在细胞内散开，导致皮肤和毛发颜色加深。在因病切除垂体的黑种人，其皮肤颜色并不发生改变。可见，MSH 对于正常人皮肤的色素沉着并不是必需的。此外，MSH 还可能参与生长激素、醛固酮、CRH、胰岛素和 LH 等激素分泌的调节，以及抑制摄食行为等。

MSH 的分泌主要受下丘脑 MIF 和 MRF 的双重调节，平时 MIF 的抑制作用占优势。MSFI 血浓度升高时也可通过负反馈方式抑制腺垂体 MSF 的分泌。

4. 促激素　腺垂体分泌 TSH、ACTH、FSH 和 LH 四种促激素，分泌入血后都分别作用于各自的靶腺，再经靶腺激素调节组织细胞的活动。TSH 的靶器官是甲状腺；ACTH 的靶器官是肾上腺皮质；FSH 与 LH 的靶器官是两性的性腺，对于男性，FSH 又称配子（精子）生成素（gametogenous hormone），LH 又名间质细胞刺激素（interstitial cell stimulating hormone，ICSH）。促激素的具体作用将在后文相关内容中分别叙述。

二、下丘脑 - 神经垂体系统

神经垂体不含腺细胞，其自身不能合成激素。神经垂体激素实际是由下丘脑视上核和室旁核等部位的大细胞神经元（magnocellular neuron）合成的。大细胞神经元轴突向下投射到神经垂体，形成下丘脑 - 垂体束（图 11 - 6）。视上核和室旁核合成的血管升压素（vasopressin，VP）和缩宫素（oxytocin，OT）经轴浆运输到神经垂体的末梢并储存，机体需要时由此释放入血。神经垂体与腺垂体的毛细血管网之间还存在垂体短门脉血管联系。

VP 和 OT 都是由一个六肽环和三肽侧链组成的九肽，二者的区别只是第 3 位与第 8 位的氨基酸残基不同。

此外，神经垂体激素还存在于下丘脑正中隆起与第三脑室附近的神经元轴突中。在大鼠和猴的垂体门脉血液中也发现有血管升压素，其浓度远高于外周血液。注射大剂量血管升压素还能引起腺垂体 ACTH 的分泌增多。这些实验均提示，神经垂体激素也可能影响腺垂体的分泌活动。

（一）血管升压素的生理作用

人类的血管升压素肽链的第 8 位氨基酸残基为精氨酸，故常称精氨酸血管升压素（AVP）又名抗利尿激素（ADH）。是调节机体水平衡，维持循环血量的重要激素之一（详见第四、第八章）。在正常饮水的情况下，血浆中 VP 的浓度很低，仅 1 ~ 4ng/L。生理水平的 VP 可促进肾远曲小管和集合管对水的重吸收，产生抗利尿作用。在机体脱水和失血等情况下，VP 的释放量明显增加，可使血管广泛收缩，特别是内脏血管。VP 通过受体 - G 蛋白 - 第二信使途径转导其调节信号。VP 受体有 V_1R 和 V_2R 两型，V_1R 主要分布在血管平滑肌和肝细胞，经 IP_3 和 Ca^{2+} 介导后使血管平滑肌收缩，升高血压；V_2R 主要分布在肾远曲小管和集合管上皮细胞，经 cAMP 介导使水孔蛋白镶嵌到上皮细胞管腔膜上，形成水通道，有助于增强水的重吸收能力，保留细胞外液，而使尿液浓缩，产生抗利尿效应。VP 的分泌主要受血浆晶体渗透压、血容量和血压变化的调节（见第四章和第八章）。此外，VP 还有增强记忆等作用。

（二）缩宫素的作用与分泌的调节

缩宫素（OT），也称催产素（oxytocin，OXT），其化学结构与血管升压素相似，生理作用也有一定重叠。如 OT 对犬的抗利尿作用相当于 VP 的 1/200，而 VP 对大鼠离体子宫肌的收缩作用约为 OT 的 1/15。OT 的主要生理作用是在分娩时刺激子宫收缩和在哺乳期促进乳汁排出。

1. 缩宫素的生理作用

（1）对乳腺的作用　OT 是促进乳汁排出的关键激素。哺乳期乳腺可不断分泌乳汁，储存于腺泡中。当婴儿吸吮乳头时，可引起典型的神经 – 内分泌反射，称为射乳反射（milk ejection reflex）。婴儿吸吮乳头的感觉信息经传入神经到达下丘脑，兴奋 OT 神经元，神经冲动沿下丘脑 – 垂体束至神经垂体，使 OT 释放入血；OT 使乳腺腺泡周围及乳腺导管的肌上皮细胞收缩，腺泡内压力增高，促使乳汁排出。这一反射非常容易建立条件反射。例如，当母亲见到自己的婴儿、听到其哭声或抚摸婴儿时，均可引起条件反射性射乳。同时，OT 也有营养乳腺、防止哺乳期乳腺组织萎缩的作用。

（2）对子宫的作用　OT 是促进分娩的重要激素，可促进子宫收缩，但其作用与子宫的功能状态有关。OT 对非孕子宫的作用较弱，而对妊娠子宫的作用则较强。孕激素能降低子宫肌对 OT 的敏感性，而雌激素则可发挥其允许作用，促进 OT 与相应受体结合，增加子宫肌对 OT 的敏感性。OT 促进子宫收缩主要是使细胞外的 Ca^{2+} 进入平滑肌细胞，提高胞质内 Ca^{2+} 浓度，经钙调蛋白与蛋白激酶的参与，引起肌细胞收缩。实验中应用低剂量 OT 引起子宫肌发生节律性收缩，大剂量 OT 则可导致强直性收缩。但 OT 并不是分娩时发动子宫收缩的决定因素。在分娩过程中，胎儿刺激子宫颈可反射性地引起 OT 释放，形成正反馈调节机制，使子宫收缩进一步增强，起到"催产"的作用。

此外，OT 对神经内分泌、学习记忆、痛觉调制、体温调节等生理功能也有一定的影响。

2. 缩宫素分泌的调节　OT 分泌的调节属于神经 – 内分泌调节。吸吮乳头的刺激除可使下丘脑室旁核 OT 神经元兴奋并引起射乳反射外，还可引起下丘脑多巴胺能神经元兴奋，使 β – 内啡肽释放增多。下丘脑 GnRH 神经元的活动受多巴胺和 β – 内啡肽的影响。多巴胺与 β – 内啡肽均可抑制下丘脑 GnRH 的释放，使腺垂体促性腺激素分泌减少，导致哺乳期月经周期暂停。由于哺乳活动可反射性引起催乳素和 OT 释放，可促进乳汁分泌与排出，加速产后子宫的复原。此外，性交时阴道和子宫颈受到的机械性刺激也可反射性引起 OT 分泌和子宫肌收缩，有利于精子在女性生殖道内运行。

三、松果体内分泌

松果体也称松果腺，位于丘脑后上部，因形似松果而得名。松果体主要合成吲哚类和多肽类两类激素，前者的代表是褪黑素（melatonin，MLT），后者的代表则为 8 – 精缩宫素（8 – arginine vasotocin，AVT）。光照刺激通过视网膜与松果体之间的神经通路，可引起 MLT 分泌，使人体自身的生物节律与自然环境的昼夜节律趋于同步化。

（一）褪黑素

MLT 是松果体分泌的主要激素，因能使青蛙皮肤变浅而得名。MLT 由色氨酸经羟化、脱羧、乙酰化和甲基化等步骤而合成。从青春期开始，人类松果体内结缔组织逐渐增多，并不断有钙盐沉积，MLT 的合成和分泌量也随年龄递减。1～3 岁 250ng/L，到 67～84 岁时只有 30ng/L，尽管有年龄差异，但日间分泌率并无显著差异。MLT 的分泌具有极典型的"昼低夜高"的周期波动，凌晨 2 点达高峰，与日照周期同步。女性血中的 MLT 波动与月经周期同步，月经来潮前夕最高，排卵期最低。峰 - 谷值相差可达 5 倍左右。

1. 褪黑素的作用 MLT 具有广泛的生理作用。对 MLT 作用的认识最初来源于松果体破坏性肿瘤所致的性早熟。

MLT 对神经系统影响广泛，主要有镇静、催眠、镇痛、抗惊厥、抗抑郁等作用。而且 MLT 能抑制下丘脑 - 垂体 - 靶腺轴的活动，特别是对性腺轴作用更明显，因而 MLT 作用与性激素呈负相关，在性腺发育、性腺激素分泌和生殖周期活动调节中可能起抗衡作用。MLT 还参与机体的免疫调节、生物节律的调整（如生物钟扰乱后的重建和"时差"的恢复）等。此外，也可影响心血管、肾、肺、胃肠等功能。

2. 褪黑素分泌的调节 调节 MLT 分泌的环境因素是光照。若摘除大鼠眼球或切断支配松果体的交感神经后，MLT 昼夜节律不再出现。毁损实验动物视交叉上核，MLT 的昼夜分泌节律也消失，故认为视交叉上核可能是控制 MLT 分泌的中枢。在黑暗环境中，视交叉上核发出的冲动到达交感颈上神经节，其节后纤维释放去甲肾上腺素，再通过 β 受体转导信号，激活 MLT 合成酶系，使 MLT 合成分泌增加。但在明亮条件下，由视网膜传入的冲动则通过交感活动产生抑制效应。长期光照处理的鸡产卵增加可能与此有关。持续光照，可造成大鼠松果体缩小，同时 MLT 合成酶系活性显著降低，MLT 合成减少。但人 MLT 的昼夜节律波动是内源性的，因为已观察到持续光照和无光照的季节中，日节律依然存在。

（二）8 - 精缩宫素

8 - 精缩宫素也是 9 肽激素，保留 OT 的 6 肽环和 VP 的 3 肽链结构，但作用迥异。Vasotocin 由 VP 的字首和 OT 的字尾合成，且其侧链的 8 位为精氨酸残基而名。AVT 分别可通过抑制下丘脑 GnRH 和垂体促性腺激素的合成和释放，抑制生殖系统活动。同时也能抑制动物的排卵活动等。

第三节 甲状腺内分泌

PPT

甲状腺（thyroid）是人体最大的内分泌腺，正常成年人平均重约 20g，女性的甲状腺稍重。在显微镜下，甲状腺由约 300 万个直径为 $15 \sim 500\mu m$ 的滤泡所组成。甲状腺激素（thyroid hormones，TH）由滤泡上皮细胞合成，在甲状腺球蛋白上形成的甲状腺激素在滤泡腔内以胶质的形式储存。甲状腺是唯一将激素储存在细胞外的内分泌腺。储存在胶质中的激素可保证机体长时间（$50 \sim 120$ 天）的代谢需求。滤泡上皮细胞的形态和滤泡内胶质的含量可以随甲状腺功能状态的改变而改变。甲状腺血液供应十分丰富，其血流量可达每分钟 $400 \sim 600ml/(min \cdot 100g)$。

一、甲状腺激素的代谢

甲状腺激素（thyroid hormone，TH）是含碘酪氨酸缩合而成。甲状腺合成分泌到血循环中的化合物主要有三种形式，甲状腺素（thyroxin）也称四碘甲腺原氨酸（$3,5,3',5'$ - tetraiodothyronine，T_4）、三碘甲腺原氨酸（$3,5,3'$ - triiodothyronine，T_3）和逆 - 三碘甲腺原氨酸（$3,3',5'$ - triiodothyronine，rT_3），它们分别占分泌总量的 90%、9% 和 1%。其中 T_3 的生物活性约为 T_4 的 5 倍，且引起生物效应所需的潜伏期短。rT_3 无生物活性（图 11 - 8）。

四碘甲腺原氨酸（T~4~）
tetraiodothyronine

三碘甲腺原氨酸（T~3~）
3,5,3'-triiodothyronine

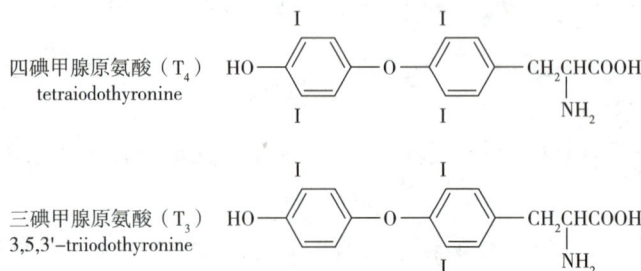

图 11-8　甲状腺激素的化学结构

（一）甲状腺激素的合成与分泌

1. 甲状腺激素合成的原料　碘是合成甲状腺激素的基本原料之一。人体所需的碘 80% ~ 90% 来源于食物，其余来自饮水和空气。饮食中的碘化物主要是碘化钠（NaI）和碘化钾（KI）。国人从食物中摄入的碘量为 $100 \sim 200 \mu g/d$，低于 $50 \mu g/d$ 就不能保证 TH 的正常合成。甲状腺含碘总量为 $5 \sim 10 mg$，其余碘分布于细胞外液，约占全身含碘量的 10%。国际上推荐碘摄入量为 $150 \mu g/d$。处于生长发育期、妊娠期和哺乳期需要适量补充碘，应 $\geqslant 200 \mu g/d$。进入体内的碘化物以离子（I^-）的形式存在，经肠黏膜吸收后约 1/3 被甲状腺摄取。在稳定的情况下，甲状腺分泌的激素含碘约 $75 \mu g/d$，其中 90% 为 T_4 形式。碘与甲状腺疾病关系密切，不论碘缺乏还是碘过剩均可导致甲状腺疾患。碘缺乏可引起单纯性甲状腺肿、甲状腺结节、甲状腺肿瘤等；碘过剩则可出现甲状腺炎，诱发 Grave 病、淋巴细胞性甲状腺炎等。临床上观察到，碘摄入过多将引起碘甲亢，特别是在碘缺乏地区，补充碘盐后，毒性甲状腺结节的发病率明显高于非缺碘地区。长期缺碘可致缺碘性甲状腺结节，是因为缺碘，甲状腺激素分泌减少，因而 TSH 分泌水平提高，属于代偿性增生。

甲状腺球蛋白（thyroglobulin，TG）是由 5496 个氨基酸残基组成、分子量为 660kD 的同二聚体糖蛋白，所含 100 多个酪氨酸残基中只有 20 个左右可被碘化。TG 在甲状腺滤泡细胞内合成并包装存储于囊泡中，以出胞方式释放到滤泡腔成为胶质基本成分。碘化的酪氨酸和 TH 始终与 TG 结合直至最终分泌到血液之前。因此认为，TG 是 T_4 和 T_3 的前体。

甲状腺过氧化物酶（thyroid peroxidase，TPO）是催化 TH 合成的重要酶。TPO 由甲状腺滤泡细胞合成，它是由 933 个氨基酸残基组成的分子量为 103kD 的 10% 糖化的血色素样蛋白质，在滤泡腔面的微绒毛处分布最为丰富。TPO 以过氧化氢为氧化剂。催化甲状腺激素合成过程中的多步反应。实验中摘除大鼠垂体 48h 后，TPO 活性消失，注入 TSH 后，TPO 活性即恢复，可见 TPO 的生成和活性受 TSH 调节。硫脲类药物，如丙硫氧嘧啶、甲巯咪唑等能抑制 TPO 活性，因而可抑制 TH 的合成，是临床上用于治疗甲状腺功能亢进的常用药物。

2. 甲状腺激素的合成过程　TH 的合成过程可归纳为以下三个基本步骤。

（1）滤泡聚碘　生理情况下，甲状腺内的 I^- 浓度为血清的 30 倍。因此滤泡上皮细胞是通过主动转运机制摄取和聚集碘，此即碘捕获（iodide trap）。滤泡细胞碘捕获的能力可用甲状腺/血清碘比率（thyroid/serum ratio，T/S [I^-]）来评价。T/S [I^-] 可高达 400，而通常约为 30，这说明甲状腺具有极强的聚碘能力。碘转运分两步，先在细胞底部逆碘的电-化学梯度将碘浓集于细胞内，再顺碘的电-化学梯度经细胞顶部进入滤泡腔。位于滤泡上皮细胞底部的钠-碘同向转运体（sodium-iodide symporter，NIS），借助钠泵活动所提供的 Na^+ 内向浓度势能，以 $1I^- : 2Na^+$ 的同向转运实现 I^- 的继发性主动转运。若用哇巴因抑制钠泵活动，则滤泡细胞聚碘作用即发生障碍。高氯酸根离子（ClO_4^-）、硫氰根离子（SCN^-）、硝酸根离子（NO_3^-）等可与 I^- 竞争 NIS，从而抑制甲状腺的聚碘作用。摘除垂体可降低聚碘能力，而给予 TSH 则可促进聚碘，提示 TSH 可调节甲状腺的聚碘能力。在临床上，常用注入碘同位素示踪法检查与判断甲状腺的聚碘能力及其功能状态。

（2）酪氨酸碘化 酪氨酸碘化（iodination）是指活化碘取代酪氨酸残基苯环上的氢的过程。碘的活化是由TPO催化的氧化过程，在滤泡上皮细胞顶端膜与滤泡腔的交界处进行。在H_2O_2存在的条件下，TPO催化I^-迅速被氧化为"活化碘"。活化碘的形式可能是I_0（碘原子）。同样在TPO催化下，活化碘迅即"攻击"TG中的酪氨酸残基，瞬间即可取代其苯环3,5位上的氢，生成一碘酪氨酸（monoiodotyrosine，MIT）残基和二碘酪氨酸（diiodotyrosine，DIT）残基，完成碘化过程。

（3）碘化酪氨酸缩合 碘化酪氨酸的缩合（condensation）或耦联是在TPO催化下。同一TG分子内的MIT和DIT分别双双缩合成T_4和T_3。MIT与DIT缩合成T_3以及极少量的rT_3，而两个DIT则缩合成T_4。正常成年人甲状腺内有机碘化物的大致比例为：MIT 23%，DIT 33%，T_3 7%，T_4 35%，其余为rT_3等成分。

从上述过程可见，TG是合成TH的"载体"，甲状腺中90%~95%的碘都用于TG上酪氨酸残基的碘化。缺碘时，TG分子上MIT增多，T_3含量增加；反之，T_4含量随DIT的生成增多而增加。

TPO缺乏、H_2O_2生成障碍，TG异常等均能影响TH的合成。

3. 激素的分泌 TH的分泌受促甲状腺激素（TSH）的调节。在TSH作用下，甲状腺滤泡细胞顶部一侧微绒毛伸出伪足，以吞饮的方式将含有多种碘化酪氨酸的TG胶质小滴移入滤泡细胞内，并形成胶质小泡。胶质小泡随即与溶酶体融合成吞噬泡，在蛋白水解酶作用下，水解TG的肽键，释出游离的T_4、T_3、MIT和DIT等。进入胞质的MIT和DIT，在微粒体碘化酪氨酸脱碘酶（iodotyrosine deiodinase）的作用下迅速脱碘，释出的大部分碘可再循环利用。而有意思的是脱碘酶并不破坏游离的T_4和T_3，二者得以迅速由滤泡细胞底部分泌进入血液循环中。甲状腺分泌的TH中90%以上是T_4形式。通常已脱去碘化酪氨酸的TG不再进入血液。

（二）甲状腺激素的运输和降解

1. 运输 甲状腺激素主要以结合形式存在于循环血液中。呈游离形式运输的T_4约占0.03%、T_3占0.3%。而只有游离的TH才有生物活性，二者保持动态平衡。血浆中与TH结合的蛋白质主要有甲状腺素结合球蛋白（thyroxine – binding globulin，TBG）、甲状腺素结合前白蛋白（thyroxine – binding prealbumin，TBPA，transthyretin）和白蛋白。尽管TBG浓度只有$0.3\mu mol/L$，但与T_4和T_3亲和力最高，是TBPA的100倍，约占结合总量的75%。其余T_4的25%和15%分别与白蛋白和TBPA结合，T_3的25%与白蛋白结合。TBG在肝内合成，雌激素能促进其合成，雄激素、糖皮质激素减少时可使它与TH的结合量降低，游离量却一般不变。

TH与血浆蛋白结合的意义主要在于：①在血液循环中形成T_4的储备库，缓冲甲状腺分泌功能的急剧变化，如移除甲状腺1周后，血液中T_4的浓度也只降低50%，且可在结合与游离状态激素之间起缓冲作用；②防止TH被肾小球所滤过，避免从尿中过快丢失。

2. 降解 T_4与T_3在血液中存在和运输的形式不同，所以半衰期不同，T_4可长达6~7天，T_3为1.5天。

TH主要在肝、肾、骨骼肌等部位降解。在外周组织，80%的T_4在外周组织经脱碘酶的作用而脱碘，其中45%的T_4由$5'$-脱碘酶催化外环脱碘形成T_3；55%T_4经5–脱碘酶催化内环脱碘则形成rT_3。可见，T_4脱碘转化为T_3实际是使TH进一步活化，被看作活化脱碘。T_4脱碘转化的产物取决于机体状态，当生理活动需要更多的TH时，如机体处于寒冷状态下，T_4脱碘转化为T_3多于rT_3；而当应激、妊娠、饥饿、代谢紊乱、肝疾病、肾功能衰竭等状况下，T_4转化为rT_3比例增加。血液中87%的T_3来源于T_4脱碘，其余为甲状腺直接分泌。T_3或rT_3可进一步脱碘。大约15%的T_4与15%的T_3经与肝内葡萄糖醛酸或硫酸结合后灭活，通过胆汁排泄，绝大部分又被小肠内细菌再分解，随粪便排出。5%的T_3与5%的T_4在肝和肾内脱去氨基和羧基，分别形成四碘甲状腺醋酸与三碘甲状腺醋酸等，随尿排泄。

二、甲状腺激素的生理作用

甲状腺激素几乎作用于机体的所有组织，调节新陈代谢与生长发育，这些效应绝大多数通过与核受体结合，调节基因转录和蛋白质表达而实现。因此 TH 是维持机体功能活动的基础性激素，其作用影响极为广泛。

（一）甲状腺激素的作用机制

TH 为亲脂性激素，其作用主要由核内甲状腺激素受体（thyroid hormone receptor，TH-R）所介导。TH-R 由 401~514 个氨基酸残基组成，在不同的组织具有不同的形式。TH-R 与其他核转录因子家族成员相同，可继续与其他核转录因子结合，调节靶基因表达；但与一些类固醇激素的受体不同，TH-R 只存在于核内，即使尚未与 T_3 结合，也与 DNA 分子局部的甲状腺激素反应元件（thyroid-responsive element，TRE）呈结合状态。进入核内的 TH 与 TH-R 结合后，可形成同二聚体或异二聚体。TH-R 与 T_3 的亲和力约为 T_4 的 10 倍。TH 与核受体结合后，通过启动特异性 TH 应答基因的转录表达功能蛋白质，并产生一系列生物学效应，诸如增加产热和氧耗、组织器官生长、发育等。但有些作用可能不是通过核受体介导的，如增加葡萄糖和氨基酸跨膜转运等。

（二）甲状腺激素的生理作用

1. 促进生长发育　甲状腺激素促进机体生长和发育，尤其是对婴儿脑和长骨的生长发育影响很大。先天性甲状腺功能发育不全的婴儿，在出生后数周即可出现生长停滞，如果不能及时补充甲状腺激素，则将由于脑和长骨发育的障碍而出现智力低下和身材矮小等现象，称为呆小症（克汀病，cretinism）。1912 年 Gudernatsch 在实验中发现，给幼龄蝌蚪喂以少量马甲状腺组织碎片后可提前变态并发育成"微型蛙"。可见，TH 是促进机体正常生长发育必不可少的因素。

TH 是胎儿和新生儿脑发育的关键激素。在胚胎期，TH 促进神经元增殖、分化、突起和突触形成，促进胶质细胞生长和髓鞘形成，诱导神经生长因子和某些酶的合成，促进神经元骨架的发育等。

TH 与 GH 具有协同作用，调控幼年期生长发育。TH 刺激骨化中心的发育成熟，使软骨骨化，促进长骨和牙齿生长。TH 缺乏将影响 GH 正常发挥作用，导致长骨生长缓慢和骨骺愈合延迟。但 TH 对胚胎期骨生长并非必需，因此先天性甲状腺发育不全患儿出生时的身长可基本正常，但脑的发育已受累。一般在出生后数周至 3~4 个月后这些患儿才表现出明显的智力迟钝和长骨生长迟滞。

人类胎儿生长发育 11 周之前的甲状腺不具备浓集碘和合成 TH 的能力，因此这一阶段胎儿生长发育所需要的 TH 必须由母体提供。11 周后，随胎儿下丘脑与垂体结构的发育，甲状腺开始捕获碘，并不断分泌 TH。所以，缺碘地区的孕妇尤其需要适时补充碘，保证足够的 TH 合成，以减少呆小症的发病率。

2. 调节新陈代谢

（1）增强能量代谢　TH 可显著增加全身绝大多数组织细胞的基础耗氧量和产热量，以心脏、肝脏、骨骼肌和肾脏最为显著，但脑、脾和性腺（睾丸）等少数器官组织除外。早年研究发现，基础代谢率（BMR）在甲状腺功能减退时显著降低；而在甲状腺功能亢进时可提高达 60%~80%。TH 对不同组织代谢率效应的差别可能与 TH 受体的分布量有关，成年人的脑、脾和睾丸等组织的线粒体缺乏 TH-R。就整体而言，给予 1mg T_4 可使机体产热增加 4200kJ（1000 kcal），BMR 提高 28%，耗氧量也相应增加。皮下注射 1mg T_3，在一天内即可使黏液性水肿（甲状腺功能减退症）患者的 BMR 从 -20% 升至 +10%，第 4 天时可升至 +20%。

TH 的产热效应是多种作用的综合结果。TH 促使线粒体增大和数量增加，加速线粒体呼吸过程，氧化磷酸化加强。已在人体一些细胞线粒体内发现解耦联蛋白（uncoupling protein，UCP），在被 T_3 激活后可使化学能不能转化生成 ATP 储存，只能以热的形式释放。T_3 还提高膜 Na^+，K^+ – ATP 酶的浓度和活性，增加细胞能量消耗。实验中应用钠泵抑制剂哇巴因能消除 TH 的产热效应，给实验性甲状腺功能低下的大鼠应用 T_4，则可使其肾组织细胞膜活性减弱的钠泵活性恢复。此外，TH 增多时，还可同时增强同一代谢途径中的合成酶与分解酶活性，从而导致无益的能量消耗。

TH 对许多器官系统的作用常继发于其产热、耗氧效应。如体温升高转而启动体温调节机制，使皮肤等外周血管舒张，增加皮肤血流量，加强体表散失热量，维持正常体温，但同时又导致体循环系统的外周阻力降低。

（2）调节物质代谢　TH 对物质代谢的影响广泛，包括合成代谢和分解代谢，因此十分复杂。但可因为血中浓度的不同而效应有所差异。生理水平的 TH 对蛋白质、糖、脂肪的合成和分解代谢均有促进作用，而大量的 TH 则对蛋白质和脂肪分解代谢的促进作用更为明显。

1）糖代谢　TH 能促进小肠黏膜对葡萄糖的吸收，增加糖原的合成与分解，提高糖代谢速率。TH 还可促进肝糖异生，同时又能增强肾上腺素、胰高血糖素、皮质醇和生长激素的升糖作用。但 T_4 与 T_3 又可同时加强外周组织对糖的利用，也能降低血糖。TH 水平升高还能对抗胰岛素，使血糖升高。因此，甲亢患者餐后血糖升高，甚至出现糖尿，但随后血糖又能很快降低。

2）脂类代谢　TH 能促进脂肪合成与分解，因而可加速脂肪代谢速率。TH 增强对激素如儿茶酚胺与胰高血糖素等敏感酯酶的活性。对于胆固醇代谢，TH 可加强胆固醇合成，但同时也增加低密度脂蛋白受体的可利用性，使更多的胆固醇从血中清除，从而降低血清胆固醇水平。甲亢患者体脂消耗增加，总体脂量减少；血中胆固醇含量低于正常。甲减患者脂肪合成与分解均降低，则体脂比例升高；血胆固醇水平升高而易于发生动脉粥样硬化。

3）蛋白质代谢　在生理情况下，TH 可促进 DNA 转录过程和 mRNA 形成，促使结构蛋白质和功能蛋白质合成，有利于机体的生长发育和各种功能活动，表现为正氮平衡。同时，TH 也能刺激蛋白质降解，实际效应取决于 TH 的分泌量。高浓度 T_3 可抑制蛋白质合成，引起氮的负平衡。TH 分泌过多时，以骨骼肌为主的外周组织蛋白质分解加速，尿酸含量增加，尿氮排泄增加，肌肉收缩无力；骨基质蛋白质分解，Ca^{2+} 释出，导致血钙升高，骨质疏松。TH 分泌过少时，蛋白质合成障碍，组织间黏蛋白沉积，使水分子滞留皮下，引起黏液性水肿。应用 TH 制剂，可消除黏液性水肿，尿氮排泄减少。

3. 影响器官系统功能　TH 是维持机体基础性功能活动的激素，所以对机体几乎所有器官系统都有不同程度的影响，多数作用是继发于 TH 促进机体代谢和耗氧过程的。TH 对器官系统功能活动的主要影响概要归纳于表 11 – 2。

表 11 – 2　甲状腺激素对器官系统功能的影响

器官系统	基本生理作用
心血管系统	心率加快，心肌收缩力加强；血管平滑肌舒张，舒张压下降
消化系统	肠蠕动增强，食欲增强
神经系统	中枢神经系统兴奋升高
肌肉活动	加速肌肉收缩与舒张的速度
内分泌系统	具有允许作用，促进激素的分泌与代谢
生殖系统	维持正常性欲、性功能

三、甲状腺功能的调节

甲状腺功能直接受腺垂体分泌的 TSH 调节，并形成下丘脑 – 腺垂体 – 甲状腺轴调节系统，维持血液中甲状腺激素水平的相对稳定和甲状腺正常生长。此外，还存在神经、免疫以及甲状腺自身调节等调节机制。

(一) 下丘脑-腺垂体-甲状腺轴调节系统

在下丘脑-腺垂体-甲状腺轴调节系统中，下丘脑释放的 TRH 通过垂体门脉系统促进腺垂体分泌 TSH，TSH 刺激甲状腺滤泡增生、甲状腺激素合成与分泌；当血液中游离的 T_3 和 T_4 达到一定水平又产生负反馈效应，抑制 TSH 和 TRH 的分泌，如此形成 TRH-TSH-TH 分泌的反馈自动控制环路（图 11-9）。

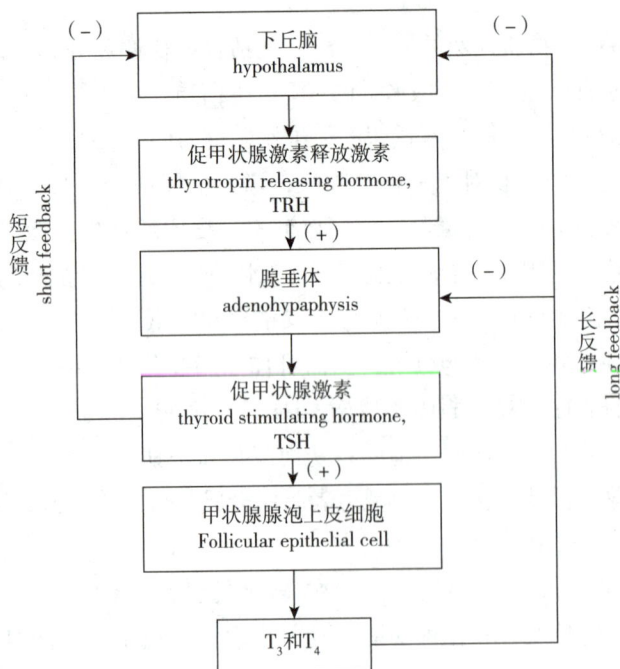

图 11-9　下丘脑-腺垂体-甲状腺轴

1. 下丘脑对腺垂体的调节　下丘脑主要通过分泌 TRH 维持腺垂体 TSH 细胞的经常性活动。TRH 主要是由下丘脑室旁核和视前区神经元所合成的 3 肽神经激素，它对垂体 TSH 细胞的主要作用是促进储存的 TSH 释放和激活靶基因促进 TSH 合成。一分子 TRH 约可使千余分子 TSH 释放。TRH 经由 TSH 细胞膜上的相应受体（TRH-R）和 G 蛋白，再激活磷脂酰肌醇信号转导系统，增加细胞内 Ca^{2+} 浓度，激活蛋白激酶 C，通过增强基因转录等作用，引起 TSH 的快速和持久的释放。TRH 还可促进 TSH 的糖基化，保证其完整的生物活性。因此，TRH 可分别从量和质两方面调节 TSH 的分泌。下丘脑还可通过生长抑素减少或终止 TRH 的合成与分泌。这有助于避免应激等状态下激素的过度分泌，具有保护机体自身的意义。

下丘脑神经联系广泛，因此，TRH 神经元活动可受神经系统其他部位传来信息的影响。下丘脑脉冲生成神经元也能控制 TRH 的分泌，使其分泌呈脉冲样释放。寒冷环境等外界刺激以及某些激素、药物等也能影响 TRH 的合成和分泌过程。

血液中 T_3 水平是 TRH 分泌最主要的反馈调节因素。高水平的 T_3 可以直接抑制 TRH 前体基因的转录，进而抑制下丘脑合成 TRH。在体和离体实验也都证实，T_3 通过调节垂体促甲状腺激素细胞膜 TRH 受体数量控制 TRH 对垂体细胞的作用。

TRH 与机体的能量平衡调控相关。瘦素可通过刺激 TRH 分泌，最终增强 TH 分泌，加强机体的能量消耗。此外，TRH 也广泛存在下丘脑以外器官，但其生理意义尚不清楚。

2. TSH 对甲状腺的调节　　TSH 是直接调节甲状腺形态和功能的关键激素。TSH 是垂体 TSH 细胞合成的糖蛋白激素，含 201 个氨基酸残基，是由 α 和 β 两个亚单位组成的异二聚体，分子量 32kD。虽然 TSH 的生物活性取决于 β 亚单位，但只有与 α 亚单位结合时才能显示其全部活性。TSH 有种属差异，但其他动物的 TSH 对人类也有作用。在 TRH 影响下 TSH 也呈脉冲样分泌，同时具有日周期变化，在睡眠后开始升高，午夜间达高峰，日间降低。TSH 日分泌量约为 110μg/d，血中半衰期约为 60min。

TSH 经促甲状腺激素受体（thyroid stimulating hormone receptor，TSH－R）及其耦联的 Gs 和 Gq 蛋白介导，全面促进甲状腺功能活动。

（1）促进甲状腺滤泡细胞生长发育　　TSH 可促进甲状腺滤泡细胞增殖，腺体增大；血管分布改变，供血量增加。TSH 长期作用可导致腺体显著增生增重，甚至形成结节，如碘缺乏造成的单纯性甲状腺肿大。而且 TSH 可保护滤泡细胞，使其不易发生凋亡。

（2）促进甲状腺激素合成分泌　　注射 TSH 几分钟后，甲状腺激素分泌即增加，滤泡腔胶质量增加，血流量也增加，几小时后碘摄取增强。去除垂体的动物则甲状腺萎缩，TG 基因转录等功能降低。TSH 调节甲状腺激素合成与分泌有多个环节：①促进 NIS 的基因表达，加速碘的主动转运；②增加 TPO mRNA 含量，促进 TG 的碘化，MIT、DIT、T_3 和 T_4 生成增加；③刺激 TG 基因转录；④促进滤泡细胞伸出伪足，吞饮胶质中 TG；⑤刺激溶酶体内 TG 水解酶活性，加速甲状腺激素由 TG 分子的水解反应，增加 T_3 和 T_4 分泌。

TSH 的分泌主要受下丘脑分泌 TRH 和垂体促甲状腺细胞内 T_3 水平双重调节。TRH 对腺垂体的刺激作用与血中 T_4、T_3 的反馈抑制作用相互抗衡，相互影响，决定腺垂体 TSH 的分泌水平，从而维持外周血液中甲状腺激素的稳态。此外，下丘脑内的生长抑素、多巴胺和一些细胞因子也抑制 TSH 的分泌。

此外，还有一些激素也可影响腺垂体分泌 TSH，如雌激素可增强腺垂体对 TRH 的反应性，从而使 TSH 分泌增加，TH 分泌也增加；而生长激素与糖皮质激素则对 TSH 的分泌有抑制作用。在因治疗而应用药理剂量糖皮质激素或库欣综合征患者可见，TSH 的分泌反应对 TRH 作用的敏感性降低，导致 TH 分泌减少。在这种情况下，暴露于寒冷环境中的机体 BMR 降低，御寒能力也随之下降。

3. 甲状腺激素反馈调节　　血中游离甲状腺激素水平是调节垂体 TSH 分泌的经常性负反馈因素。实验证实，甲状腺激素对 TSH 分泌的影响，分别通过作用于下丘脑和腺垂体两个层次而实现。目前认为，甲状腺激素对 TSH 分泌负反馈作用的主要机制是调节垂体对 TRH 的敏感性。细胞内 T_3 水平高时，TRH 受体下调，垂体促甲状腺细胞对 TRH 敏感性降低；相反时，发生受体上调，垂体促甲状腺细胞对 TRH 敏感性增强。也有认为甲状腺激素诱导垂体生成一些抑制性蛋白，抑制 TSH 的分泌。腺垂体促甲状腺细胞核内有 T_3 受体，该受体对 T_3 的亲和力远比 T_4 高，甲状腺激素与 T_3 受体结合后可直接引起 TSH 亚单位基因转录变化。与 T_4 相比，T_3 对腺垂体 TSH 分泌的抑制作用强，与核内甲状腺激素受体的亲和力和影响基因转录的速度有关。

（二）甲状腺功能的自身调节

甲状腺能根据血碘水平，通过自身调节改变摄取碘与合成甲状腺激素的能力。血碘开始增加时（1mmol/L）即可诱导碘的活化和甲状腺激素合成；但当血碘升高到一定水平（10mmol/L）后反而抑制碘的活化过程，使甲状腺激素合成减少。这种过量碘抑制甲状腺激素合成的效应称为碘阻滞效应（Wolff Chaikoff effect），即过量碘抗甲状腺效应。这主要是由于血液中高浓度碘抑制了 I^- 的活化，以及抑制滤泡细胞内合成甲状腺激素所必需的 H_2O_2 生成所致。但当碘过量摄入持续一定时间后甲状腺激素的合成反而又重新增加，即发生"脱逸"现象，可避免过度抑制效应。相反，当血碘水平降低，甲状腺"碘捕获"机制增强，甲状腺激素的合成也增强。在碘供应充足时，甲状腺产生的 T_4 与 T_3 比例约为

20：1，但缺碘时 T_3 比例升高，这也是甲状腺自身调节的一种表现。此外，TG 还可调节 NIS、TH 和碘通道蛋白等的基因表达，进行腺体内活动的自身调节。

甲状腺自身调节的意义在于可根据食物中含碘量的差异而对摄碘量进行适应性的调整，随时缓冲甲状腺激素合成和分泌波动。有些人因自身免疫机制异常等原因，可能发生碘诱导的甲状腺功能减退，也可因碘摄入过量而导致甲状腺功能亢进。

（三）甲状腺功能的神经与免疫调节

甲状腺受交感和副交感神经的双重支配。交感神经的功能是促进甲状腺激素的分泌，副交感神经抑制甲状腺激素的分泌。这种调节与下丘脑－腺垂体－甲状腺轴的调节作用协调，下丘脑－垂体－甲状腺轴维持各级激素效应的稳态，交感神经－甲状腺轴在内、外环境急剧变化时可确保机体应急状态下所需激素的水平；副交感－甲状腺轴则在甲状腺激素分泌过多时进行抗衡性调节。支配甲状腺血管的自主神经也能通过调节甲状腺血流量，影响其活动。

甲状腺活动还受到免疫系统调节。如 B 淋巴细胞可合成 TSH 受体抗体（TSH receptor antibody，TSHR－Ab），表现为类似 TSH 阻断或激活的效应。自身免疫性甲亢（Grave 病）患者体内存在激活 TSH 受体的抗体，萎缩性甲状腺炎引起的甲状腺功能低下患者体内存在阻断 TSH 受体的抗体。TSH 受体也可发生突变引起 TSH 受体的自发性激活，从而引起甲亢等。

甲状腺功能活动的调节是多层次、多水平的。除上述几种调节途径外，研究还发现多种甲状腺刺激物和抑制物参与甲状腺内分泌功能的调节，如 CT 和 CT 基因相关肽、某些生长因子如 IGF－1、表皮生长因子和前列腺素等也可影响甲状腺细胞的生长和激素的产生。

⊕ 知识链接

甲状腺功能亢进症

甲状腺功能亢进症简称"甲亢"，是由于甲状腺合成释放过多的甲状腺激素，造成机体代谢亢进和交感神经兴奋的病症。多数患者还常常同时有突眼、眼睑水肿、视力减退等症状。

甲状腺激素能促进三大物质代谢，因此，当甲亢发生时，甲状腺激素分泌过多，将导致物质代谢紊乱，如血糖升高；总体脂减少，体重减轻，血中总胆固醇降低；蛋白质分解过多，肌肉收缩无力，骨质疏松等症状。另外，甲状腺激素能影响机体几乎所有器官系统的功能，甲亢患者可出现脉压增大，心率加快，易激动，多汗、烦躁不安、喜怒无常、失眠多梦、注意力分散和肌肉颤动等多系统功能障碍。因此严重影响人体健康。

第四节 甲状旁腺、甲状腺 C 细胞内分泌与维生素 D_3

PPT

钙和磷是机体维持正常功能的重要元素，直接参与钙、磷代谢调节的激素主要有三种：甲状旁腺主细胞分泌的甲状旁腺激素（PTH），甲状腺 C 细胞分泌的降钙素（CT），肾脏近端小管细胞生成的 $1,25-(OH)_2VitD_3$（即钙三醇），三者共同调节机体的钙、磷代谢，维持血钙和血磷浓度的稳态，此外，雌激素、生长激素、胰岛素和甲状腺激素等也参与钙、磷代谢的调节。这些激素主要通过作用于骨、肾和小肠等靶器官，维持血钙和血磷的稳态。

一、甲状旁腺激素的作用与分泌调节

（一）甲状旁腺激素的生理作用

甲状旁腺激素由甲状旁腺主细胞合成，为 84 个氨基酸残基组成的直链多肽，分子质量为 9500Da。正常人血浆 PTH 浓度呈昼夜节律波动，清晨 6 时最高，以后逐渐降低，到下午 4 时达最低，以后又逐渐升高，波动范围为 $10 \sim 50ng/L$。血浆半衰期为 $20 \sim 30$ 分钟，主要在肝脏水解灭活，水解产生的 PTH 片段经肾排出体外。

PTH 主要作用是升高血钙、降低血磷，是体内维持血钙稳态的主要激素。临床上甲状腺手术时不慎将甲状旁腺切除，会引起严重的低钙血症，产生手足抽搐（tetany），甚至因呼吸肌痉挛，窒息死亡。PTH 作用的靶器官是骨组织和肾脏。

在 PTH 的靶细胞上有 PTH 受体，PTH 与 PTH 受体结合可通过 $Gs - AC - cAMP - PKA$ 和 $Gq - PLC - IP_3/DG - CaM/PKC$ 途径发挥作用。

1. 对骨的作用 骨是体内最大的钙贮存库。PTH 动员骨钙入血，使血钙浓度升高，其效应取决于应用的方式和量，故可分为快速效应（rapid action）与延迟效应（delayed action）两个时相。快速效应通过作用于骨细胞膜系统实现，在 PTH 作用数分钟后发生。骨细胞膜系统是由骨膜细胞组成的一层可通透性屏障，介于骨质间骨液与细胞外液之间。虽然骨液中的 Ca^{2+} 含量只有细胞外液的 $1/3$，但 PTH 能迅速提高骨膜细胞骨液侧膜对 Ca^{2+} 的通透性，使骨液中的 Ca^{2+} 进入骨膜细胞，进而增强骨膜细胞细胞外液侧膜上的钙泵活性，将 Ca^{2+} 主动转运至细胞外液中，升高血钙浓度。延缓效应在 PTH 作用后 $12 \sim 14$ 小时出现，通常要几天甚至几周后达高峰。在这一时相中，PTH 能刺激破骨细胞（osteoclast）增殖并加强其活动。破骨细胞向周围骨组织伸出绒毛样突起，释放蛋白水解酶和乳酸，加速骨组织溶解，使骨钙释放入血，血钙浓度持久升高；而释放的无机磷可迅速经肾清除。PTH 还能抑制成骨细胞（osteoblast）活动，减少钙盐在骨中沉积，使血钙浓度进一步提高。PTH 的两个时相效应相互配合，不仅能对血钙的紧急需要做出迅速应答，而且能使血钙浓度长时间维持在较高水平。

2. 对肾脏的作用 PTH 可通过钙泵和 $Na^+ - Ca^{2+}$ 逆向转运体，促进肾远端小管对钙的重吸收，使尿钙排泄减少，血钙升高；并抑制近端小管对磷的重吸收，促进磷的排出，使血磷降低。PTH 还能激活肾脏的 1α - 羟化酶，使来自肝脏的 $25 - OH - VitD_3$ 转变成具有高度活性的 $1,25 - (OH)_2 VitD_3$。后者可促进小肠黏膜上皮细胞钙结合蛋白的形成，促进钙、磷、镁的吸收。

（二）甲状旁腺激素分泌的调节

1. 血钙浓度 血钙浓度的变化对甲状旁腺主细胞的直接负反馈是调节 PTH 分泌的主要方式。血钙浓度调节 PTH 分泌的调定点约在 $90mg/L$，血钙浓度下降，1 分钟内即可引起 PTH 分泌增加，促进骨钙释放入血和肾小管对钙的重吸收增强，使血钙浓度回升。相反，血钙浓度升高，PTH 分泌减少，使血钙浓度回降。长时间的高钙血症，可使甲状旁腺发生萎缩；而长时间的低钙血症则可使甲状旁腺增生。

近年研究表明，在甲状旁腺主细胞的膜上存在钙受体，当血 Ca^{2+} 水平升高时，可通过 Ca^{2+} - 钙受体 $- Gq - PLC - IP_3/DG - Ca^{2+}$ 信号转导途径，抑制 PTH 的分泌。

2. 其他因素 PTH 的分泌还受其他一些因素的影响。$1,25 - (OH)_2 VitD_3$ 浓度升高可降低 PTH 基因的转录，调节 PTH 的分泌。甲状旁腺主细胞的膜上有 β 受体，儿茶酚胺可通过 β 受体，促进 PTH 的分泌。PGE_2 促进 PTH 分泌，而 $PGF_{2\alpha}$ 则使 PTH 分泌减少。血磷升高可使血钙降低而刺激 PTH 的分泌。

Mg^{2+} 对甲状旁腺有直接抑制作用，血镁浓度降低，可刺激 PTH 分泌。生长抑素抑制 PTH 分泌。

二、降钙素的作用与分泌调节

降钙素（CT）是由甲状腺 C 细胞（或称滤泡旁细胞）分泌的，含一个二硫键的三十二肽。分子质量为 3400Da。正常人血清中 CT 浓度为 10~50pg/ml，血浆半衰期小于 1 小时，主要在肾脏降解并排出。

（一）降钙素的生理作用

CT 主要作用是降低血钙和血磷。靶器官主要是骨和肾脏，受体主要分布于其上。CT 与 CT 受体结合，通过 cAMP-PKA 信号转导途径和 IP_3/DG-PKC 信号转导途径发挥作用。

1. 对骨组织的作用 CT 抑制破骨细胞活动，使溶骨过程减弱，同时加强成骨细胞活动，增强成骨过程，钙、磷沉积骨组织增加，血钙与血磷水平下降。CT 抑制破骨细胞活动发生很快，15 分钟内破骨细胞活动减弱 70%，而 CT 加强成骨细胞活动发生在 1 小时左右，并可持续数天。此外，CT 还可提高碱性磷酸酶的活性，促进骨的形成和钙化。

儿童骨的更新速度比成人快，成人每天破骨细胞活动释放的钙量为 0.8g，而儿童每天破骨细胞释放钙量为 5g/d。所以，CT 对儿童血钙浓度的调节比对成人的调节显得更为重要。

2. 对肾的作用 CT 能抑制肾小管对钙、磷、钠及氯等离子的重吸收，增加这些离子在尿中的排出量。

（二）降钙素分泌的调节

1. 血钙水平 CT 的分泌主要受血钙浓度的直接负反馈调节。正常成年人的血钙浓度为 2.1~2.55mmol/L。甲状腺 C 细胞对血钙浓度的变化很敏感。当血钙浓度升高时，CT 的分泌增加。反之，血钙浓度降低时，CT 的分泌减少。CT 与 PTH 对血钙的作用相反，共同调节血钙浓度的相对稳定。

与 PTH 相比，CT 对血钙的调节特点是快速而短暂。CT 的分泌启动较快，在 1 小时内即可达到高峰，但调节时间短，CT 的降钙效应很快被 PTH 升高血钙的作用所克服。因此，CT 对高钙饮食引起的血钙升高后恢复到正常水平起着重要作用。

2. 其他因素 进食可刺激 CT 的分泌，这可能与几种胃肠激素如促胃液素、促胰液素、缩胆囊素及胰高血糖素的分泌有关，它们均可促进 CT 的分泌，其中以促胃液素的作用最强。

此外，血中 Mg^{2+} 浓度也可刺激 CT 分泌。

三、维生素 D_3 的生成作用与调节

（一）1,25-二羟维生素 D_3 的生成

维生素 D_3（Vit D_3）属固醇类激素，是胆固醇的衍生物，也称胆钙化醇（cholecalciferol），其活性形式有 25-(OH)$VitD_3$、1,25-$(OH)_2VitD_3$ 和 24,25-$(OH)_2VitD_3$ 三种，其中 1,25-$(OH)_2$-$VitD_3$ 与维生素 D 受体（vitamin D receptor，VD-R）亲和力最高，活性最强。

体内的 $VitD_3$ 主要来自皮肤，皮肤中 7-脱氢胆固醇经日光中的紫外线照射转化而来，也可从动物性食物中获取。$VitD_3$ 无生物活性，它首先在肝脏被 25-羟化酶催化为具有一定生物活性的 25-(OH)$VitD_3$，然后在肾近端小管 1α-羟化酶的催化下再次羟化，生成活性更高的 1,25-$(OH)_2VitD_3$。

血液中各种形式的 $VitD_3$ 都与 VitD 结合蛋白结合，形成结合型 VitD 在血中运输。血浆中 25-(OH)$VitD_3$ 的浓度为 40~90nmol/L，而 1,25-$(OH)_2VitD_3$ 的含量为 100pmol/L，半衰期为 12~15 小时，其灭活主要在肝内发生侧链氧化或羟化，形成钙化酸等代谢产物，这些产物随胆汁排入小肠，在小肠，其中

一部分被吸收入血，从而形成 VitD$_3$ 的肝肠循环，一部分随粪便排出体外，还可以与葡萄糖醛酸或硫酸结合，经肾脏随尿排出体外。

血浆 1,25 –（OH）$_2$VitD$_3$ 的浓度与正常血浆钙浓度呈反比关系。血浆钙浓度升高，1,25 –（OH）$_2$VitD$_3$ 浓度下降，反之，血浆钙浓度下降，1,25 –（OH）$_2$VitD$_3$ 的含量升高。这是因为 Ca^{2+} 本身有阻止 25 –（OH）VitD$_3$ 转变为 1,25 –（OH）$_2$VitD$_3$ 作用，更为重要的是 Ca^{2+} 浓度升高，使 PTH 分泌减少，肾脏 1α – 羟化酶活性下降，1,25 –（OH）$_2$VitD$_3$ 生成减少，而生成无活性的 24,25 –（OH）$_2$VitD$_3$。

（二）1,25 – 二羟维生素 D$_3$ 的生理作用

1,25 – 二羟维生素 D$_3$ 的作用是升高血钙和血磷，其作用的靶器官是小肠、骨组织和肾脏。

1. 对小肠的作用 1,25 –（OH）$_2$VitD$_3$ 促进小肠黏膜对钙和磷的吸收。1,25 –（OH）$_2$VitD$_3$ 进入小肠黏膜细胞内，与核受体结合，通过基因调节机制，诱导生成与钙有很高亲和力的钙结合蛋白（calcium – binding Protein，CaBP）、钙泵和钙调蛋白 – 肌球蛋白复合物，参与小肠黏膜上皮细胞的钙吸收过程，CaBP 转运 Ca^{2+} 的效应可持续几周。1,25 –（OH）$_2$VitD$_3$ 也促进小肠黏膜细胞对磷的吸收。因此，它既能升高血钙，也能增加血磷。

2. 对骨的作用 1,25 –（OH）$_2$VitD$_3$ 对骨钙的释放和沉积均有作用。一方面，1,25 –（OH）$_2$VitD$_3$ 能提高成熟破骨细胞的数量，增强骨的溶解，使骨钙、骨磷释放入血，提高血钙和血磷；另一方面，1,25 –（OH）$_2$VitD$_3$ 又能刺激成骨细胞的活动，增加骨钙素（osteocalcin）和其他蛋白质合成，促进骨钙沉积、骨的形成和钙化，降低血钙，但总的效应是血钙浓度升高。此外，1,25 –（OH）$_2$VitD$_3$ 还可增强 PTH 对骨的作用，若 1,25 –（OH）$_2$VitD$_3$ 缺乏，PTH 对骨的作用明显减弱，在成人会引起骨质疏松症（osteoporosis），在儿童则引起佝偻病（rickets）。

3. 对肾脏的作用 1,25 –（OH）$_2$VitD$_3$ 促进肾小管对钙、磷的重吸收，尿钙、磷排出量减少。

（三）1,25 – 二羟维生素 D$_3$ 生成的调节

维生素 D$_3$ 是固醇类激素，边生成，边释放，故通过调节其活化的进程就能改变其生成量。1,25 –（OH）$_2$VitD$_3$ 的生成受 PTH、血钙、血磷水平、肾脏 1α – 羟化酶活性以及雌激素、生长激素等因素的影响。肾脏内 1α 羟化酶的活性是维生素 D$_3$ 活化的关键。

1. 血钙和血磷水平 在肾，25 – OH – VitD$_3$ 转变为 1,25 –（OH）$_2$VitD$_3$ 的过程受血钙浓度的调节。低钙血症时，肾 24 – 羟化酶活性降低，而 1α – 羟化酶活性占优势，从而使 25 – OHVitD$_3$ 转变为 1,25 –（OH）$_2$VitD$_3$ 增加；而在高钙血症状态时，肾 24 – 羟化酶活性增强，使 25 – OHVitD$_3$ 转变为 24,25 –（OH）$_2$VitD$_3$ 增多，则 1,25 –（OH）$_2$VitD$_3$ 的生成减少。

血磷水平对 1,25 –（OH）$_2$VitD$_3$ 的生成也有调节作用，低磷血症可促进 1,25 –（OH）$_2$VitD$_3$ 的生成，而高磷血症则使其生成减少。

2. PTH 与肾羟化酶 PTH 能增强肾 1α – 羟化酶的活性，使 1,25 –（OH）$_2$VitD$_3$ 生成增多。1,25 –（OH）$_2$VitD$_3$ 对其本身的生成具有反馈作用，即 1,25 –（OH）$_2$VitD$_3$ 增多时，可抑制 1α – 羟化酶的活性，从而导致 1,25 –（OH）$_2$VitD$_3$ 的生成减少。

3. 其他影响因素 催乳素与生长素能促进 1,25 –（OH）$_2$VitD$_3$ 的生成，而糖皮质激素可抑制其生成。

PTH、CT 和 1,25 –（OH）$_2$VitD$_3$ 共同维持血钙的稳态，三者之间的关系如（图 11 – 10）所示。

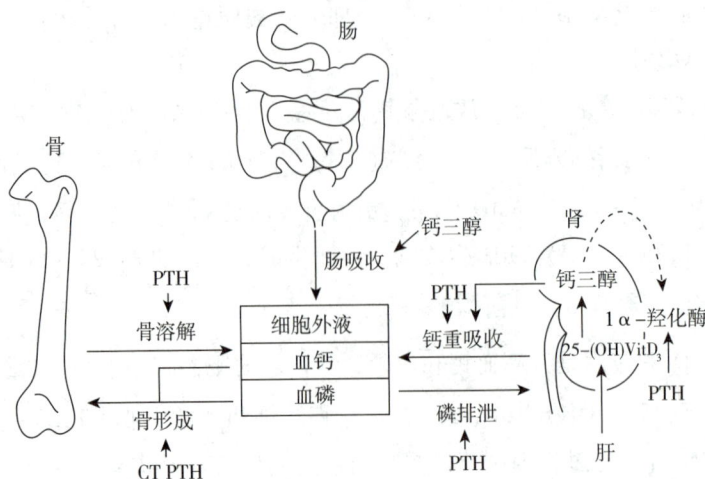

图 11 - 10 PTH、CT 和 1,25 - (OH)₂ VitD₃ 对血钙调节示意图

第五节 胰岛内分泌

PPT

胰腺是人体重要的腺体，可分为外分泌腺和内分泌腺两部分。外分泌腺分泌消化液胰液；内分泌腺是散在分布的（1～2）×10⁶ 个胰岛（pancreatic islet）。胰岛内分泌细胞至少可分为 5 种功能不同的细胞，其中 β（B）细胞数量最多，占 60%～70%，分泌胰岛素（insulin）；α（A）细胞其次（占 25%），分泌胰高血糖素（glucagon）；D 细胞分泌生长抑素（SS）；D₁（H）细胞分泌血管活性肠肽（vasoactive intestinal peptide，VIP）；F 细胞数量很少，分泌胰多肽（pancreatic polypeptide，PP）。本节主要讨论胰岛素和胰高血糖素。

一、胰岛素的作用与分泌调节

胰岛素是由 51 个氨基酸残基组成的蛋白质激素，分子质量为 5800，含有 A、B 两条肽链。A 链含 21 个氨基酸残基，B 链含 30 个氨基酸残基，A、B 链之间借两个半胱氨酸的二硫键连接。在 B 细胞内最先合成一个含 110 个氨基酸残基的前胰岛素原，在粗面内质网被水解为 86 肽的胰岛素原，在囊泡内胰岛素原再水解为分子数量相等的胰岛素与连接肽（connecting peptide，C 肽）。由于两者释放时同时入血，分泌量成平行关系，故测定 C 肽含量可反映 B 细胞的分泌功能。

正常人空腹状态下血清胰岛素浓度约为 10μU/ml（69pmol/L 或 40ng/dl），以结合型和游离型两种形式存在，二者保持动态平衡。只有游离型的胰岛素才有生物活性。胰岛素在血中的半衰期平均 6 分钟，主要在肝脏失活，肾脏和肌肉也有灭活作用。

（一）胰岛素的作用机制

胰岛素是通过细胞膜上的胰岛素受体发挥作用的。体内几乎所有的细胞膜上都有胰岛素受体，只是各类细胞上的胰岛素受体数差异很大，如每个红细胞上约有 40 个受体，而每个肝和脂肪细胞可有 20 万～30 万个以上受体。胰岛素受体属于酪氨酸激酶耦联受体，由两个 α 亚单位和两个 β 亚单位构成一个四聚体（图 11 - 12）。两个 α 亚单位之间靠二硫键连接，完全裸露在细胞膜外，是受体结合胰岛素的主要部位。α 与 β 亚单位之间靠二硫键结合，β 亚单位一次跨膜，膜内侧为蛋白激酶结构域，有酪氨酸蛋白激酶活性和多个酪氨酸残基。在胰岛素敏感的组织细胞质内存在两种胰岛素受体底物即 IRS - Ⅰ和

IRS－Ⅱ。当胰岛素与受体结合后，可激活β亚单位上的酪氨酸蛋白激酶，并使酪氨酸残基磷酸化而活化，并与胞质内IRS－Ⅰ结合，使IRS－Ⅰ酪氨酸残基磷酸化而激活，激活的IRS－Ⅰ与胞质内的靶蛋白（蛋白激酶）结合，使之激活。后者参与糖、脂肪、蛋白质的代谢，调节细胞的代谢与生长。

　　胰岛素受体介导的信号转导中许多环节障碍可导致胰岛素抵抗的发生，如IRS－Ⅰ磷酸化异常或表达缺陷足可导致胰岛素抵抗，甚至引起2型糖尿病（图11－11）。胰岛素抵抗与代谢性相关疾病的发生、发展密切相关，胰岛素抵抗（insulin resistance，IR）是指胰岛素的外周组织及靶器官（主要是肝脏、脂肪组织、骨骼肌）对胰岛素的敏感性和反应性降低，致使正常量的胰岛素产生的生物学效应低于正常水平，胰岛素靶细胞对胰岛素敏感性下降，需要更大量胰岛素才能产生正常的生物效应。患者可出现高胰岛素血症，胰岛素抵抗也是高血压和高脂血症等疾病发生发展的最重要、最根本的原因之一。

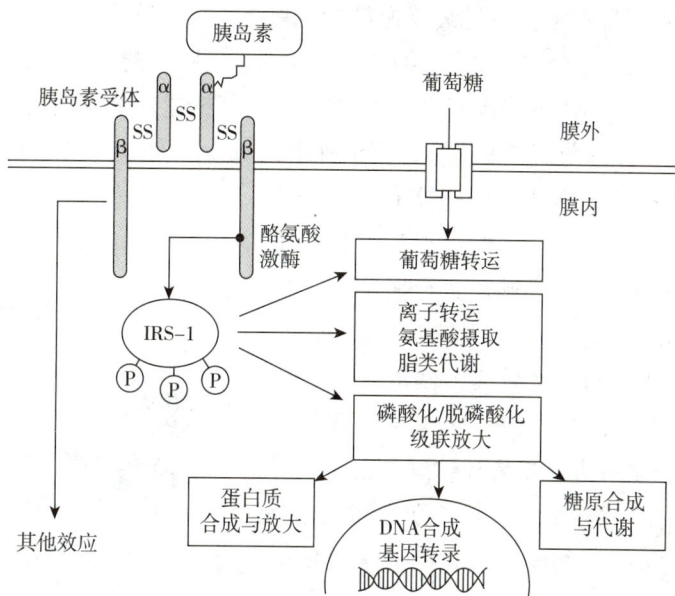

图11－11　胰岛素受体及其作用机制模式图

（二）胰岛素的生理作用

胰岛素是全面促进机体合成代谢、调节血糖浓度稳态的关键激素。

1. 调节糖代谢　胰岛素是体内降低血糖的唯一激素，其降低血糖的作用主要通过增加糖的去路和减少糖的来源实现。增加糖的去路有：①促进全身组织细胞，尤其是胰岛素敏感组织肝脏、肌肉和脂肪组织对血糖的摄取，并加以氧化和利用；②促进糖原合成并贮存，抑制分解；③促进葡萄糖转变为脂肪酸，贮存于脂肪组织。减少糖的来源途径有抑制糖异生。因此，胰岛素缺乏时，血糖浓度升高，如超过肾糖阈，尿中将出现葡萄糖，引起胰源性糖尿病。

2. 调节脂肪代谢　胰岛素促进脂肪酸和脂肪的合成。具体表现为：①促进肝脏合成脂肪酸，并转运到脂肪细胞贮存；②促进脂肪细胞合成脂肪酸；③促进葡萄糖进入脂肪细胞，转化为α－磷酸甘油，并使脂肪酸与α－磷酸甘油合成三酰甘油；④抑制激素敏感性脂肪酶的活性，减少脂肪的分解。因此，胰岛素缺乏时，糖的利用减少，脂肪分解增强，脂肪酸大量增加，后者在肝内氧化生成大量的酸性酮体物质，可引起酮血症与酸中毒。由于大量脂肪酸氧化，产生乙酰辅酶A，为胆固醇合成提供了原料，加以肝脏利用胆固醇能力降低，故胰源性糖尿病患者常伴有高胆固醇血症，易发生动脉硬化及心血管系统疾病。

3. 调节蛋白质代谢　胰岛素促进蛋白质的合成，抑制蛋白质分解。胰岛素作用于蛋白质合成的三个环节：①促进氨基酸转运入细胞；②加快细胞核的复制和转录，增加DNA和RNA的生成；③加速核糖体的翻译过程，使蛋白质合成增加。此外，胰岛素还抑制肝糖异生，使原有用于糖异生的氨基酸用于合成蛋白质。

胰岛素能增强蛋白质的合成，对机体的生长有促进作用，是重要的促生长因子，但胰岛素单独作用时，对生长的促进作用并不强，只有与生长激素协同作用时，才能发挥明显的促生长效应。胰岛素可透过血-脑屏障，通过胰岛素受体，对神经元起营养、支持和抗凋亡作用，影响摄食行为、学习与记忆、认知以及生殖功能等。

（三）胰岛素分泌的调节

1. 血糖浓度　血糖浓度是调节胰岛素分泌的最重要因素。胰岛 B 细胞对血糖浓度的变化非常敏感，血糖浓度升高，可直接刺激胰岛 B 细胞分泌胰岛素。反之，血糖浓度下降，胰岛素分泌减少，使血糖浓度在几分钟内即可恢复到正常水平。在持续高血糖的刺激下，胰岛素的分泌可分为三个阶段。第一阶段：血糖升高 5 分钟内，胰岛素分泌量增加 10 倍，为 B 细胞内贮存的胰岛素释放所致，但持续时间不长，5~10 分钟后胰岛素的分泌便下降 50%。其机制是：葡萄糖通过葡萄糖转运体 2（glucose transport 2，GLUT2）进入 B 细胞，经葡萄糖激酶代谢，使细胞生成 ATP 增加，ATP 抑制 ATP 敏感 K^+ 通道，减少 K^+ 外流，引起细胞去极化，激活电压门控 L-型 Ca^{2+} 通道，通过 Ca^{2+} 内流触发胰岛素的释放（图11-12）。第二阶段：血糖升高 15 分钟后，出现胰岛素分泌的第二次增多，2~3 小时可达分泌高峰，持续时间较久。这可能是细胞内葡萄糖代谢发出某种信息，激活了胰岛素合成酶系，促进了胰岛素的合成与释放。第三阶段：若高血糖持续一周左右，胰岛素的分泌可进一步增加，这是由于长时间的高血糖刺激，使 B 细胞增殖所致。但长期的高血糖持续地刺激胰岛素分泌，可致 B 细胞衰竭，胰岛素分泌减少，引起糖尿病。

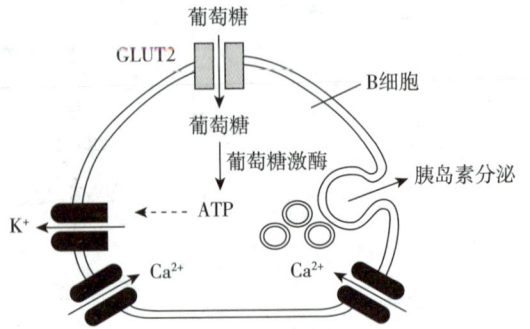

图 11-12　血糖浓度对胰岛素分泌调节机制

2. 氨基酸和脂肪酸的调节　血中氨基酸（特别是精氨酸和赖氨酸）增加，可刺激胰岛 B 细胞分泌胰岛素。但氨基酸单独作用时，刺激作用轻微，若氨基酸和血糖水平都增高时，刺激作用协同，胰岛素分泌成倍增加。脂肪酸和酮体也能刺激胰岛素分泌，但作用较弱。

3. 激素对胰岛素分泌的调节

（1）胃肠激素　某些胃肠激素如促胃液素、促胰液素、缩胆囊素可通过升高血糖刺激胰岛素分泌。十二指肠黏膜 K 细胞分泌的抑胃肽（GIP）是最重要的肠促胰岛素分泌因子。进食后血糖升高和小肠吸收的氨基酸、脂肪酸及盐酸等都能刺激 GIP 的释放，促进胰岛素分泌。由于食物尚在肠道，通过胃肠激素刺激，胰岛素分泌已增多，为即将从肠道吸收的营养物质的利用和贮存做好准备。

（2）胰岛激素　胰岛 D 细胞分泌的生长抑素和胰岛 A 细胞分泌的胰高血糖素，均可通过旁分泌作用用于邻近的 B 细胞。生长抑素抑制 B 细胞分泌胰岛素。胰高血糖素刺激 B 细胞分泌胰岛素，也可升高血糖间接刺激 B 细胞分泌胰岛素。

（3）其他激素　生长激素、糖皮质激素及甲状腺激素有升高血糖作用，后者刺激胰岛素分泌。如长期大剂量应用这些激素，有可能使 B 细胞衰竭而导致糖尿病。

此外，促进胰岛素分泌的激素还有 TRH、GHRH、CRH、VIP 和胰高血糖样肽-1（GLP-1）等，抑制胰岛素分泌的激素有肾上腺素、神经肽 Y、胰腺细胞释放抑制因子、瘦素等。

4. 神经调节　胰岛受迷走神经和交感神经双重支配。迷走神经兴奋，释放 ACh，作用于胰岛 B 细胞的 M 受体促进胰岛素分泌，此作用可被阿托品阻断。迷走神经兴奋也可通过刺激胃肠激素释放，间接引起胰岛素的分泌。交感神经兴奋，释放 NE，作用于 B 细胞上的 α_2 受体抑制胰岛素分泌。若阻断 α_2 受体，NE 可通过 β_2 受体刺激胰岛素分泌。

二、胰高血糖素的作用与分泌调节

胰高血糖素是由 29 个氨基酸残基组成的直链多肽，分子量约 3.5kD。胰高血糖素在血清中浓度为 50~100ng/L，血浆中的半衰期为 5~10 分钟，主要在肝脏失活，肾脏也有降解作用。

（一）胰高血糖素的生理作用

胰高血糖素是一种促进分解代谢的激素，主要靶器官是肝脏。胰高血糖素促进肝糖原分解和氨基酸转化为葡萄糖的糖异生作用，使血糖水平明显升高。胰高血糖素还可激活脂肪酶，促进脂肪分解，同时又可加强脂肪酸 β - 氧化，使酮体生成增多。胰高血糖素还抑制蛋白质的合成。

另外，胰高血糖素可通过旁分泌作用，促进胰岛素和生长抑素的分泌。药理剂量的胰高血糖素可使心肌细胞内 cAMP 增加，增强心肌的收缩能力。

（二）胰高血糖素分泌的调节

影响胰高血糖素分泌的因素很多，血糖浓度是最重要的因素。血糖降低时，胰高血糖素分泌增加，血糖升高时，胰高血糖素分泌减少。血中氨基酸能刺激胰岛素释放，使血糖降低，但氨基酸也能促进胰高血糖素的分泌，使血糖升高，这对于防止胰岛素分泌增多引起的低血糖有一定的生理意义。

胰岛素可通过降低血糖浓度，间接刺激胰高血糖素的分泌；胰岛素和生长抑素可通过旁分泌作用于邻近的 A 细胞，直接抑制胰高血糖素的分泌。在代谢调节方面，胰岛素和胰高血糖素之间的分泌比值称为胰岛素/胰高血糖素摩尔比率（insulin - glucagon molar ratio，I/G），I/G 比率的变动可适应机体不同功能状态下的能量代谢需要。平衡饮食条件下，I/G 值为 2.3。当机体需要能源动员时，I/G 值降低，胰高血糖素作用占优势，糖、脂肪分解代谢增强，氧化供能。当机体需要能源储备时，I/G 值升高，胰岛素作用占优势，糖、脂肪的合成代谢增强，促进能源储备。缩胆囊素、促胃液素可促进胰高血糖素的分泌，而促胰液素抑制胰高血糖素的分泌。

交感神经兴奋，释放 NE，作用 A 细胞上的 β 受体，促进胰高血糖素分泌。迷走神经兴奋，释放 Ach，作用 A 细胞上的 M 受体抑制胰高血糖素分泌。

⊕ 知识链接

糖尿病

糖尿病（diabetes mellitus）是多病因的代谢性疾病，特点是慢性高糖，伴随因胰岛素合成分泌、作用或二者均有缺陷所致的糖、脂肪、蛋白质代谢紊乱的综合征。常引发心、脑、眼、肾、神经系统及全身血管障碍等广泛的慢性并发症，还可并发酮症酸中毒、乳酸性酸中毒、高渗性非酮症昏迷、低血糖等严重的急性并发症。糖尿病患者还典型的表现为"三多一少"，即多饮、多食、多尿和体重减轻的症状。但临床不一定都有典型症状，特别是 2 型糖尿病。长期病程者往往累及心、脑、肾、血管以及神经系统，导致高血压、高脂血症、动脉硬化、冠心病等疾病。

第六节　肾上腺内分泌

PPT

肾上腺由皮质和髓质两部分组成。皮质和髓质在胚胎起源、细胞成分、激素种类、神经支配和生理功能上均为不相同的两部分。皮质分泌类固醇激素，在维持机体基本生命活动中起重要作用。髓质分泌儿茶酚胺类激素，在机体应急反应中起重要作用。皮质与髓质之间有特殊门脉系统，血流相通，故两者也有功能上的联系。

一、糖皮质激素的作用与分泌调节

肾上腺皮质由外向内可分为球状带、束状带和网状带。肾上腺皮质分泌的激素属类固醇激素，其合成的基本原料是胆固醇。胆固醇在线粒体内经胆固醇侧链裂解酶的作用下先转变为孕烯醇酮，再在线粒体和滑面内质网的其他酶系作用下转化为各种皮质激素。由于肾上腺皮质各带内分泌细胞存在的合成酶系不同，各带合成的皮质激素亦不相同，按其生理功能不同可分为三类。第一类是以调节水盐代谢为主的激素，称为盐皮质激素（mineral corticoids），以醛固酮（aldosterone）为代表，由球状带细胞所分泌；第二类是以调节碳水化合物代谢为主的激素，称为糖皮质激素（glucocorticoids），以皮质醇（cortisol）为代表，主要由束状带细胞分泌，网状带细胞也分泌少量的糖皮质激素；第三类是性激素（sex hormone），包括脱氢表雄酮（dehydroepiandrosterone）、雌二醇，由网状带细胞分泌。

血中的皮质激素以游离型和结合型两种形式存在。结合型的皮质激素主要与血浆皮质类固醇结合球蛋白（corticosteroid - binding globulin，CBG）和血浆白蛋白结合，占90%，但只有游离型的皮质激素才能发挥生物作用。正常成人肾上腺每天约合成20mg皮质醇，清晨血清皮质醇浓度约为375nmol/L，半衰期为60~90分钟；醛固酮浓度为0.17nmol/L以下，半衰期为20分钟。皮质激素主要在肝脏降解，产生的代谢产物与葡萄糖醛酸或硫酸结合，随尿排出体外。因此测量尿中的17 - 羟类固醇含量可反映肾上腺皮质激素的分泌水平。

（一）糖皮质激素生理作用

糖皮质激素的作用非常广泛，主要体现在以下几个方面。

1. 对物质代谢的影响　糖皮质激素对糖、蛋白质和脂肪代谢均有作用。①糖代谢：糖皮质激素是调节机体糖代谢的重要激素。它主要通过增加糖的来源和减少糖的去路，升高血糖。增加糖的来源是由于它能促进糖异生。糖皮质激素能促进氨基酸进入肝脏，同时增强肝内糖原异生酶的活性，使糖异生过程大大加强。减少糖的去路是由于糖皮质激素有抗胰岛素作用，降低肌肉与脂肪等组织对胰岛素的反应性，减少外周组织对葡萄糖的利用（心和脑除外）。如糖皮质激素分泌过多（如库欣综合征或服用此类激素药物过多），会出现血糖升高，甚至出现糖尿，称为类固醇性糖尿病；相反，肾上腺皮质功能低下（如艾迪生病）患者，可发生低血糖。②蛋白质代谢：糖皮质激素可促进肝外组织，尤其是肌肉组织的蛋白质分解，分解产生的氨基酸转移至肝，促进糖异生。糖皮质激素分泌过多时，由于蛋白质分解增强，合成减少，可出现肌肉消瘦、皮肤变薄、骨质疏松、淋巴组织萎缩等现象。③脂肪代谢：糖皮质激素可提高四肢部分脂肪酶的活性，促进脂肪分解，增强脂肪酸在肝内的氧化过程，有利于糖异生作用。糖皮质激素也能加强细胞内脂肪酸氧化供能，特别是在饥饿及应激情况下。故当肾上腺皮质功能亢进时，由于糖皮质激素对身体不同部位的脂肪作用不同，四肢脂肪组织分解增强，而躯干、头面部的脂肪合成有所增加，以致体内脂肪发生重新分布，出现满月脸、水牛背、水桶腰而四肢消瘦的特殊"向心性肥胖"体形，称为库欣综合征（Cushing syndrome）。

⊕ **知识链接** --------

库欣综合征

库欣综合征又称皮质醇增多症（hypercortisolism）。由多种原因引起肾上腺皮质分泌 GC（主要是皮质醇）过多所致。按病因可分为下列类型：①垂体分泌 ACTH 过多，这是本病最主要的类型，约占 70%，常见有双侧肾上腺皮质增生，多继发于垂体瘤和垂体－下丘脑功能紊乱；②原发性肾上腺皮质肿瘤；③异源性 ACTH 综合征；④不依赖 ACTH 双侧小结节增生或小结节性发育不良等。主要临床表现是：满月脸、水牛背等向心性肥胖，痤疮，糖尿病倾向，高血压以及骨质疏松症等。

2. 对水盐代谢的影响 糖皮质激素可降低肾小球入球小动脉的阻力，使肾血浆流量增加，肾小球滤过增加，有利于水的排出。若肾上腺皮质功能不全，由于肾脏排水能力降低，可出现"水中毒"。适量补充糖皮质激素，水中毒可得到缓解，而补充盐皮质激素则无效。糖皮质激素还具有微弱的盐皮质激素作用，即促进肾脏远端小管和集合管保钠、排钾的作用。糖皮质激素还促进肾脏近端小管对 PO_4^{3-} 的排泄，尿 PO_4^{3-} 增加。

3. 对血细胞的影响 糖皮质激素可刺激骨髓造血，使血中红细胞、血小板的数量增加；动员附着在血管边缘池的中性粒细胞进入血流，使中性粒细胞计数增多；可促进肺和脾脏滞留嗜酸性粒细胞，使外周血嗜酸性粒细胞数减少；可抑制胸腺与淋巴组织细胞的 DNA 合成和有丝分裂，促进其凋亡，使淋巴细胞减少；还能抑制 T 淋巴细胞产生白介素 2（IL-2）。所以，长期应用糖皮质激素可导致机体免疫功能下降，易发生感染。

4. 对循环系统的影响 糖皮质激素并不直接引起血管收缩，但能增强血管平滑肌对儿茶酚胺的敏感性，维持一定的血管紧张性，称为糖皮质激素对儿茶酚胺的允许作用，有利于提高血管的张力和维持一定血压。这可能与糖皮质激素能增加血管平滑肌细胞膜上儿茶酚胺受体数量、调节细胞内的信息传递和抑制前列腺素合成有关。另外，糖皮质激素可降低毛细血管壁的通透性，减少血浆的滤出，有利于维持血容量。离体实验中，糖皮质激素可增强心肌的收缩力，但在整体条件下对心脏的作用并不明显。

5. 对消化系统的影响 糖皮质激素促进各种消化液和消化酶的分泌，若糖皮质激素分泌减少，可出现胃肠功能障碍，如食欲不振、恶心、便秘等。糖皮质激素可提高胃腺细胞对迷走神经与促胃液素的反应性，增加胃酸及胃蛋白酶原的分泌，抑制蛋白质合成和结缔组织增生，使黏液分泌量和胃黏膜上皮细胞转换率降低，导致胃黏膜的破坏能力增强，而保护和修复能力减弱。若长期连续使用糖皮质激素或长时间的应激性刺激，可使胃黏膜对胃酸的抵抗力下降，诱发胃溃疡。

6. 对神经系统的影响 糖皮质激素可提高中枢神经系统的兴奋性，以维持神经系统正常功能。若大量使用糖皮质激素可引起欣快、躁动、幻觉、失眠等症状。若肾上腺皮质功能低下，可出现脑力疲乏、郁闷、精神萎靡等表现。

7. 在应激反应中的作用 应激反应（stress）是指当机体受到应激刺激时，产生的一种以 ACTH 和糖皮质激素分泌增加为主，多种激素共同参与的非特异性全身反应。应激刺激包括缺氧、感染、创伤、手术、饥饿、疼痛、寒冷以及精神紧张和焦虑不安等有害刺激。在应激刺激下，下丘脑－腺垂体－肾上腺皮质轴的活动明显增强，ACTH 和糖皮质激素分泌大大增加。在应激刺激时，交感－肾上腺髓质系统的活动也加强，血中儿茶酚胺含量也相应增加；其他激素如 β－内啡肽、生长激素、催乳素、胰高血糖素、血管升压素及醛固酮等分泌也增加。应激有利于机体对抗应激原，在整体功能全面动员的基础上，提高机体对有害刺激的耐受能力，减轻各种不良反应，对维持机体生命活动具有极其重要的意义。

8. 其他 除上述的主要作用外，糖皮质激素还有促进胎儿肺泡表面活性物质的生成；糖皮质激素增强骨骼肌的收缩力，但过多使用糖皮质激素可使骨骼肌蛋白质分解，肌肉消瘦、萎缩；糖皮质激素使骨基质Ⅰ型胶原和小肠对钙的吸收减少，抑制骨的形成，促进其分解。

此外，药理剂量的糖皮质激素还具有抗炎、抗休克、抗过敏、抗毒和抑制免疫功能的作用。

（二）糖皮质激素分泌的调节

糖皮质激素的分泌可分为正常生理状态下的基础分泌和应激反应状态下的应激分泌，这两种形式的分泌基础是下丘脑 – 腺垂体 – 肾上腺皮质轴的活动。

1. 下丘脑 – 腺垂体对肾上腺皮质功能的调节 下丘脑促垂体区内的促肾上腺皮质激素释放激素（CRH）神经元能合成和释放 CRH，通过垂体门脉系统运输到腺垂体，促进腺垂体合成促肾上腺皮质素（ACTH）并释放入血，ACTH 通过血液循环作用于肾上腺皮质的束状带及网状带细胞。ACTH 一方面促进糖皮质激素的合成与释放；另一方面促进束状带及网状带细胞内的核酸和蛋白质合成，使腺细胞增生、肥大。实验研究表明，在束状带与网状带的细胞膜上存在 ACTH 受体，ACTH 与其受体结合后，通过 G 蛋白 – AC – cAMP – PKA 信号转导途径，加速胆固醇进入线粒体；在线粒体和滑面内质网内，加强糖皮质激素合成酶的活性，加速糖皮质激素的合成与分泌。此外，糖皮质激素还可使肾上腺皮质中合成酶系增加，增强糖皮质激素的合成。切除动物的腺垂体，肾上腺皮质束状带和网状带萎缩，糖皮质激素分泌显著减少；若及时补充 ACTH，可使已萎缩的束状带和网状带基本恢复，糖皮质激素分泌水平回升。

2. 糖皮质激素对下丘脑和腺垂体的负反馈调节 下丘脑 CRH 神经元和腺垂体分泌 ACTH 的细胞对糖皮质激素很敏感。当血中糖皮质激素浓度升高时，可通过长反馈的途径抑制下丘脑 CRH 和腺垂体 ACTH（以前者为主）分泌；同时，腺垂体对 CRH 的反应性也减弱。此外，腺垂体分泌的 ACTH 浓度升高，也可通过短反馈的途径，抑制下丘脑 CRH 神经元的活动，使 CRH 分泌减少。至于是否存在 CRH 对 CRH 神经元的超短反馈，尚不能肯定。

在非应激状态下，通过糖皮质激素和 ACTH 的负反馈调节，使下丘脑 – 腺垂体 – 肾上腺皮质轴的活动处于基础分泌。由于受下丘脑视交叉上核生物钟的控制，基础分泌的下丘脑 – 腺垂体 – 肾上腺皮质轴的活动呈现昼夜节律波动，表现为清晨 6 ~ 8 时分泌最高，白天维持在较低水平，入睡后分泌再逐渐减少，午夜分泌最低，随后又逐渐增多。ACTH 的昼夜节律不受糖皮质激素的反馈调节，切除肾上腺的大鼠，ACTH 分泌的昼夜节律依然存在。在应激状态下，各种有害刺激的信息传入使下丘脑 – 腺垂体 – 肾上腺皮质轴的活动增强，同时下丘脑和腺垂体对 ACTH、糖皮质激素的负反馈调节的敏感性暂时减弱或不敏感，以致血中 ACTH、糖皮质激素的浓度维持在高水平状态。ACTH、糖皮质激素浓度的升高程度与应激刺激强度成正比，并维持高水平的稳态以适应应激环境的需要。

临床上，由于治疗的需要，患者常长期大量使用外源性糖皮质激素，后者可通过负反馈抑制下丘脑 – 腺垂体 – 肾上腺皮质轴的活动，造成肾上腺皮质萎缩。如果患者突然停药，由于肾上腺皮质自身分泌糖皮质激素不足或缺乏，可发生急性肾上腺皮质功能减退，危及生命。因此停药时必须采取逐渐减量的撤药方法或间断给予 ACTH，以防止肾上腺皮质功能衰竭发生。

综上所述，下丘脑、腺垂体和肾上腺皮质组成一个联系密切、协调统一的功能活动轴，从而维持血中糖皮质激素浓度的相对稳定和在不同应激状态下的适应性变化（图 11 – 13）。

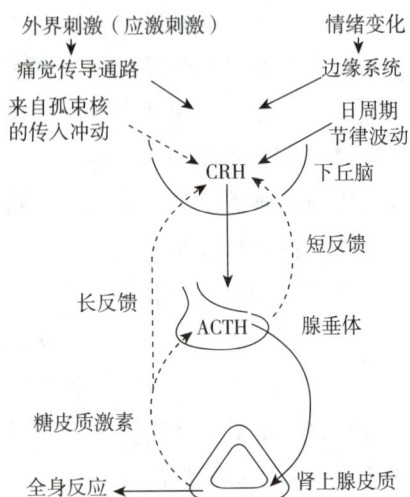

图 11 – 13　糖皮质激素的分泌调节示意图

二、盐皮质激素的作用与分泌调节

盐皮质激素主要包括醛固酮（ALD）、11 - 去氧皮质酮和 11 - 去氧皮质醇。其中，以 ALD 作用最强，11 - 去氧皮质酮次之。

（一）盐皮质激素作用

ALD 主要促进肾脏的远曲小管和集合管保 Na^+、排 K^+ 和保水作用，即促进 Na^+ 和水的重吸收，同时引起 K^+ 的排出，这对于维持细胞外液和循环血量的稳态起着重要作用。当醛固酮分泌过多时，可导致机体 Na^+ 和水的潴留和 K^+ 的排泄，引起高钠血症、高血压、低钾血症和碱中毒；相反，如醛固酮缺乏，则导致机体 Na^+ 和水的排出过多和 K^+ 的潴留，出现低钠血症、低血压、高钾血症和酸中毒。此外，与糖皮质激素一样，ALD 也能增强血管平滑肌对儿茶酚胺的敏感性。

（二）盐皮质激素分泌调节

肾素 - 血管紧张素 - 醛固酮系统是调节最主要的方式，另外血 Na^+、血 K^+ 浓度也可以负反馈的调节醛固酮的释放。

三、肾上腺髓质激素的作用与分泌调节

肾上腺髓质的内分泌细胞为嗜铬细胞，直接受交感神经胆碱能节前纤维支配，在功能上相当于交感神经节后神经元。嗜铬细胞分泌肾上腺素（E）和去甲肾上腺素（NE），属于胺类激素。肾上腺髓质激素的合成与交感神经节后纤维合成 NE 的过程基本一致，不同的是嗜铬细胞的胞质内有大量苯乙醇胺氮位甲基移位酶（phenylethanolaxnine - N - methyltransferase，PNMT）可使 NE 甲基化生成 E（图 11 - 14）。因此，肾上腺髓质分泌的激素中，E 约占 80%，NE 约占 20%。血液中的 NE，除由肾上腺髓质分泌外，还来自交感神经节后纤维末梢释放，而血液中的 E 主要来自肾上腺髓质。体内的 E 和 NE 主要被单胺氧化酶（monoamine oxidase，MAO）及儿茶酚 - O - 位甲基转换酶（catechol - O - methyltransferase，COMT）降解灭活。

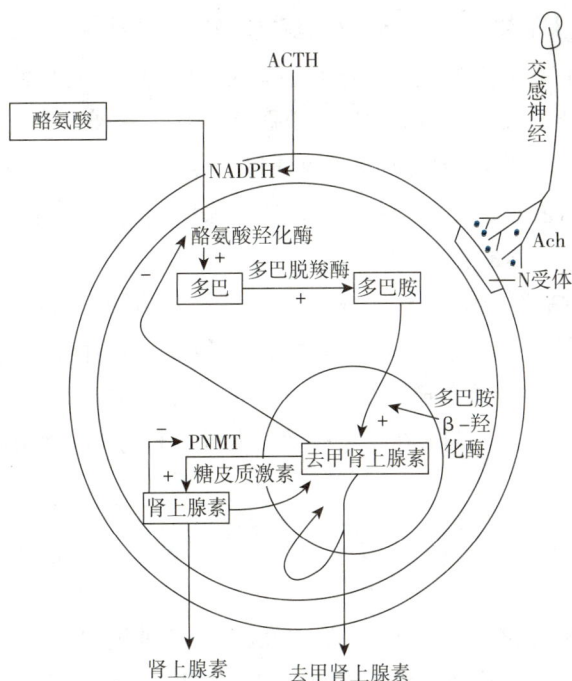

图 11 - 14 肾上腺髓质激素生物合成示意图

近年来发现，肾上腺髓质嗜铬细胞还能分泌一种由 52 个氨基酸残基组成的单链多肽，称为肾上腺髓质素（adrenomedulin），它具有扩张血管、降低血压、抑制内皮素和血管紧张素 II 释放等作用。外源性肾上腺髓质素可使肾小管重吸收 Na^+ 减少，有利钠、利尿作用。

（一）肾上腺髓质激素的生理作用

E 与 NE 的生物学作用取决于组织细胞表达何种肾上腺素能受体。由于肾上腺素能受体的分型和在体内的分布广泛，E 与 NE 对各器官、各组织的作用也十分复杂，其具体作用在相关章节已逐步讨论。这里主要介绍它们对代谢的影响和在应急反应中的作用。

1. 代谢调节作用　E 与 NE 可通过 β 受体使糖原分解（β_2），脂肪分解（β_1），产热增加（β_1），葡萄糖利用减少（β_2）；可通过 α 受体使糖原异生（α_1），胰岛素分泌减少（α_2），从而提高血糖和血中游离脂肪酸含量，增加机体耗氧量、产热量和基础代谢率。

2. 在应急反应中的作用　肾上腺髓质受交感神经节前纤维支配，两者组成交感 - 肾上腺髓质系统。应急反应（emergency reaction）是指机体遭遇特殊紧急情况时，如畏惧、焦虑、剧痛、失血、脱水、乏氧、暴冷暴热以及剧烈运动等，交感 - 肾上腺髓质系统功能紧急动员，E 与 NE 分泌大量增加的过程。在应急反应中，E 与 NE 的分泌大量增加，有利于增强机体主动适应环境或与环境紧急变化做斗争的能力。例如，它们作用于中枢神经系统，提高其兴奋性，使机体处于警觉状态，反应灵敏；作用于呼吸系统，使呼吸加强、加快，肺通气量增加；作用于循环系统，使心搏加强、心率加快，心输出量增加，血压升高，血液循环加快；使肾脏、腹腔脏器血管收缩，而心、脑、骨骼肌等血管舒张，全身血液发生重新分配，有利于保证重要器官和活动器官的血液供应；使机体分解代谢增强，肝糖原分解，血糖升高，脂肪分解加速，血中游离脂肪酸增多，同时葡萄糖与脂肪酸氧化过程增强，提供更多的能量。引起应急反应的各种刺激，也是应激反应的刺激。两种反应同时发生，共同维持机体的适应能力。应急反应偏重于机体主动适应环境变化，提高机体对紧急情况的应变能力；而应激反应偏重于机体被动适应环境变化，提高机体对有害刺激的基础耐受能力。两种反应相辅相成，使机体适应环境变化的能力更加完善。

（二）肾上腺髓质激素分泌的调节

1. 交感神经的调节　肾上腺髓质受交感神经胆碱能节前纤维支配，其末梢释放 ACh，作用于嗜铬细胞上的 N_1 受体，引起 E 与 NE 的释放。若交感神经兴奋时间较长，还可使髓质激素合成所需的酶如酪氨酸羟化酶、多巴胺 β - 羟化酶以及 PNMT 的活性增强，促进 E 与 NE 的合成。

2. ACTH 与糖皮质激素的作用　糖皮质激素可通过诱导多巴胺 β - 羟化酶与 PNMT 的表达，ACTH 提高酪氨酸羟化酶的活性，促进 E 与 NE 的合成。肾上腺皮质的血液流经髓质的解剖学特点有利于 ACTH 与糖皮质激素调节髓质激素的合成。

3. 自身反馈性调节　当嗜铬细胞内髓质激素合成到一定浓度时，可反馈抑制合成髓质激素酶的活性。如 NE 和多巴胺含量达到一定浓度时，可抑制酪氨酸羟化酶的活性；E 合成增多时可抑制 PNMT 活性。反之，当髓质激素释放到血液后，嗜铬细胞内 NE 和 E 浓度减少时，上述合成酶的负反馈抑制解除，髓质激素的合成又增加。负反馈调节在一定程度上维持了 E 与 NE 合成和分泌的稳态。

第七节　组织激素

PPT

除上述内分泌腺分泌的激素之外，体内还有一些散布在各种组织中的内分泌细胞也能分泌一些激素，如胃肠道分泌的胃肠激素、心房肌细胞分泌的心房钠尿肽、肾脏分泌的促红细胞生成素等，它们已在相关章节中叙述。本节主要叙述前列腺素和瘦素。

一、前列腺素

前列腺素（prostaglandin，PG）是广泛存在于人和动物体内的一组重要的组织激素，因其首先在精液中被发现和首先从前列腺提取而得名。PG 的化学结构为一个五碳环和两条 20 个碳原子构成的不饱和脂肪酸侧链组成。根据其分子结构的不同，可把 PG 分为 A、B、D、E、F、G、H、I 等类型，每种类型又有多种亚型。除了 PGA_2 和 PGI_2 以循环激素的形式发挥作用外，其他类型的 PG 代谢极快，半衰期为 1~2 分钟，只能在组织局部发挥调节作用，视为组织激素（tissue hormone）。

PG 的生理作用极为广泛而复杂，几乎对机体各个系统的功能活动均有影响（表 11-3）。例如血小板产生的 TXA_2 能使血小板聚集，使血管收缩，而 PGI_2 则抑制血小板的聚集，使血管舒张。PGE_2 使支气管平滑肌舒张，相反，PGF_2 使支气管平滑肌收缩。PGE_2 抑制胃酸分泌；增加肾血流量，促进肾脏排水和排钠。

表 11-3 前列腺素的主要生理作用

系统/组织	主要作用
神经系统	调节体温、行为和自主神经活动，参与睡眠过程、调制神经递质的释放
循环系统	促进/抑制血小板聚集、影响血栓形成，收缩舒张血管，影响毛细血管通透性
呼吸系统	收缩/舒张支气管平滑肌
消化系统	抑制胃酸分泌，舒张黏膜血管，保护胃黏膜，刺激小肠运动，调节胰腺、肠道黏膜的分泌功能
泌尿系统	增加肾血流量，促进水、钠排出
内分泌系统	影响甲状腺、肾上腺、卵巢、睾丸等的分泌功能
生殖系统	促进精子运行，收缩/舒张子宫平滑肌，参与月经、排卵的调节以及分娩
脂肪组织	抑制脂肪分解

二、瘦素

瘦素（leptin）是由脂肪细胞 6 号染色体的肥胖基因（obese gene，ob gene）表达的蛋白质类激素，因其可以降低体重而得名。瘦素主要由白色脂肪组织分泌，褐色脂肪组织、胎盘、肌肉和胃黏膜也可以少量合成。

1. 瘦素的生理作用 瘦素具有调节摄食、体内脂肪贮量和维持机体能量平衡的作用。瘦素可通过三条途径发挥作用：①作用于下丘脑弓状核，抑制食欲，减少摄食量。如临床研究发现瘦素缺乏将导致机体因摄食过量而肥胖。实验给缺少瘦素而有遗传性肥胖的小鼠每天注射瘦素，4 天后小鼠的进食量减少 60%，一个月后体重下降 40%；给正常小鼠注射瘦素，体重也下降 12%。可能瘦素发出脂肪储存饱和的信号，由外周传入中枢神经系统（主要是下丘脑），触发摄食减少和增加机体能量消耗。②直接作用于脂肪细胞，抑制脂肪的合成，降低体内脂肪的贮量。③动员体内脂肪贮存的能量转化和释放。因此，瘦素在降低食欲的同时增加能量消耗，导致更多的脂肪燃烧，减少体内脂肪沉积，避免肥胖的发生。此外，瘦素还具有广泛的生物学效应，参与生殖、神经内分泌、造血、胚胎发育及免疫等多种生理过程。

2. 瘦素的作用机制 瘦素通过瘦素受体（ob-R）介导发挥生物效应。下丘脑存在瘦素敏感的神经元，是瘦素作用的主要靶点。下丘脑多个核团/脑区可表达一种或多种摄食相关神经肽和/神经递质，包括：促食欲肽，如神经肽 Y（NPY）、刺鼠肽基因相关蛋白（agouti-gene-related protein，AGRP）、素食（orexin）和神经节肽（galanin）等；致厌食肽，如前阿黑皮素（POMC）、α-黑色素细胞刺激素

（α－MSH）、可卡因－苯丙胺－调节的转录体（CART）、胆囊收缩素（CCK）等。瘦素可与神经元上的 ob－R 结合，通过 JAK－STAT 途径进行信号转导，影响上述神经肽的表达。可能通过两种机制激活下丘脑弓状核食欲减退性的前阿黑皮素原（POMC）神经元。一是借助一种非特异性的阳离子通道（KATP 通道），使 POMC 神经元放电频率增多。二是解除 NPY 对 POMC 神经元的抑制作用，从而间接激活 POMC 神经元，抑制摄食。

3. 瘦素分泌的调节　①体内的脂肪储量是影响瘦素分泌的主要因素。体脂储量增加，瘦素分泌增多。禁食时，血清瘦素浓度降低，进食时瘦素浓度增加。因此，在机体能量的摄入与消耗取得平衡的情况下，瘦素的分泌量可反映体内脂肪的贮量。②瘦素的分泌具有昼夜节律，夜间分泌水平升高，白天分泌减少。③胰岛素和肾上腺素也可刺激脂肪细胞分泌瘦素。研究也发现，多数肥胖者伴有血清瘦素水平升高，该现象提示肥胖者可能存在"瘦素抵抗"。

目标检测

答案解析

单项选择题

1. 血中激素含量甚微，但其生理作用显著，这是因为
   - A. 细胞内存在高效能的生物放大系统
   - B. 激素的半衰期非常长
   - C. 激素分泌的持续时间非常长
   - D. 激素的特异性很高
   - E. 激素在体内随血液分布全身

2. 下列哪种激素属于类固醇激素
   - A. 促甲状腺激素
   - B. 甲状旁腺素
   - C. 卵泡刺激素
   - D. 肾上腺糖皮质激素
   - E. 生长素介质

3. 根据激素作用原理论述中的第二信使学说，可以看作第一信使的物质是
   - A. 含氮激素
   - B. 甾体激素
   - C. 类固醇激素
   - D. cAMP
   - E. 雄激素

4. 下列分泌神经激素的细胞是
   - A. 甲状腺细胞
   - B. 肾上腺皮质细胞
   - C. 下丘脑内某些神经细胞
   - D. 神经胶质细胞
   - E. 胰岛 A 细胞

5. 血管升压素主要产生在
   - A. 神经垂体
   - B. 致密斑
   - C. 近球细胞
   - D. 视上核
   - E. 腺垂体

6. 催产素的分泌主要受
   - A. 下丘脑激素的调节
   - B. 腺垂体激素的调节
   - C. 自身调节
   - D. 分泌刺激子宫颈引起的反射性调节
   - E. 自主神经调节

7. 下列哪项不属于生长激素的作用
   - A. 促进蛋白质合成
   - B. 促进软骨发育
   - C. 促进脂肪分解
   - D. 主要促进脑发育
   - E. 抑制糖的利用，升高血糖

8. 关 TSH（促甲状腺激素）的叙述，下列错误的是
    A. TSH 是调节甲状腺机能的主要激素　　　　B. TSH 为糖蛋白激素
    C. TSH 促进甲状腺激素分解　　　　　　　　D. TSH 可促进腺细胞增生，腺体增大
    E. TSH 是由腺垂体产生的

9. 下列哪一项不是甲状腺激素的生理作用
    A. 抑制糖原合成　　　　　　　　　　　　　B. 提高神经系统兴奋性
    C. 生理剂量促进蛋白质合成　　　　　　　　D. 减慢心率和减弱心肌收缩力
    E. 促进胃的运动，增强食欲

10. 甲状腺激素分泌不足时可引起
    A. TSH 分泌减少　　　　　　　　　　　　　B. TRH 分泌减少
    C. 中枢神经系统兴奋性增高　　　　　　　　D. 皮肤中黏蛋白增多，水潴留
    E. 心率加快

（崔艳茹　杜　联）

书网融合……

本章小结　　　　　题库

第十二章　生殖生理

➡ **案例引导**

　　临床案例　患者，女，30岁，因月经周期延长，伴经量减少一年，停经3个月就诊。妇科检查：子宫正常大小，附件未扪及异常。基础体温呈单相型。血清激素检查结果为：雌激素<5pg/ml，孕激素=0.3ng/ml，FSH=45IU/ml，LH=40IU/ml（参考值：卵泡早期雌激素：20～100pg/ml，孕激素0.3～1.3ng/ml，FSH：3～10IU/ml，LH：2～13IU/ml。黄体中期雌激素：98～280pg/ml，孕激素5～28ng/ml，FSH：2～10IU/ml，LH：1～17IU/ml。）诊断：月经失调。

　　讨论　试分析该患者可能病变部位，并说明依据。

　　生殖（reproduction）是生物体生长发育到成熟后，能够产生与自己相似的子代个体的生理功能。人体的生殖功能包括两性生殖细胞（精子和卵子）的形成、交配、受精、胚胎的植入、胚胎发育及分娩等重要环节。本章将重点讨论男性和女性的生殖功能与调节、妊娠与分泌及相关的性生理现象。

第一节　男性生殖功能与调节

PPT

　　男性生殖器按解剖结构分类，可分为内生殖器和外生殖器。男性内生殖器由睾丸、输精管道和附属腺组成。其中睾丸为男性生殖腺，具有产生精子和内分泌功能；输精管道包括附睾、输精管、射精管和尿道，由睾丸产生的精子储存在附睾内，射精时经输精管、射精管和尿道排出体外；附属腺包括精囊腺、前列腺和尿道球腺，它们分泌的液体与精子合成精液。男性外生殖器包括阴囊和阴茎。

　　男性生殖器按功能分类，可分为主性器官和附性器官。其中，睾丸为男性主性生殖器官，输精管道、附属腺和外生殖器为男性附性生殖器官。

　　睾丸的功能活动受下丘脑－腺垂体－睾丸轴的调控。

一、睾丸的功能

（一）睾丸的生精功能

　　睾丸位于阴囊内，左右各一。睾丸实质由睾丸小叶组成。每个睾丸小叶内有生精小管和间质细胞。生精小管是产生精子的部位，间质细胞具有合成和分泌雄激素的功能。

　　1. 睾丸的生精过程　生精小管上皮由生精细胞和支持细胞构成。睾丸的生精作用是指精原细胞发育成为成熟精子的过程。原始的生精细胞为精原细胞，青春期开始后，精原细胞在腺垂体分泌的 FSH 和睾丸分泌的雄激素共同作用下开始发育分化，经过精原细胞增殖期、精母细胞减数分裂期（初级精母细胞→次级精母细胞→精子细胞），精子细胞分化成精子进入生精小管腔内。从精原细胞发育为成熟精子的过程为一个生精周期，大致历时 64 天。一个精原细胞经过大约 7 次分裂可产生近百个精子，成人 1g 睾丸组织每天可生成上千万个精子。

新生成的精子自身没有运动能力，被运送到附睾进一步成熟后，才获得活动能力。发育成熟的精子与附睾、精囊、前列腺和尿道球腺的分泌物混合形成精液，在性高潮时排出体外，称为射精。正常成年男性每次射出的精液量 3~6ml，每毫升精液含有精子 2000 万~4 亿个。

⊕ 知识链接

男性不育的主要病因

1. 精液异常　①无精子或精子过少：精液中精子密度低于 $0.2 \times 10^9/ml$ 时女方受孕机会减少，造成不育，少于 $0.4 \times 10^8/ml$ 时不易受精导致不育；②精子质量差：精液中无活力的或死精子过多（超过 20%），或精子活动能力很差或畸形精子超过 30%，常可造成不育；③精液理化性状异常。

2. 生精障碍　①睾丸本身疾病；②染色体异常；③精子发生功能障碍；④局部病变。

3. 精子、卵子结合障碍　①精道梗阻；②逆行射精；③外生殖器异常；④男性性功能障碍。

4. 全身性因素　①精神和环境因素；②营养因素；③内分泌疾病。

在精子发生过程中，需要适宜的温度，阴囊的收缩可调节睾丸的温度低于体温 2℃ 左右，适于精子生成。在胚胎发育期间，睾丸由于某种原因不能降入阴囊内而停留在腹腔内或腹股沟内，称为隐睾症，由于腹腔温度较高，生精小管不能正常发育，影响精子生成，可导致男性不育。此外长期烟酒过量、放射线照射及药物等也可影响精子生成。

2. 支持细胞的功能　支持细胞为各级生精细胞提供营养，并起着保护与支持功能，为生精细胞的分化和发育提供合适的微环境。支持细胞形成血 - 睾屏障，防止生精细胞的抗原物质进入血液循环而引起免疫反应。

（二）睾丸的内分泌功能

睾丸的间质细胞分泌雄激素（androgen），支持细胞分泌抑制素（inhibin）。

1. 雄激素　雄激素属于类固醇激素，主要由睾丸的间质细胞分泌，肾上腺皮质和女性的卵巢也可分泌少量雄激素。雄激素主要包括睾酮、脱氢表雄酮、雄烯二酮和雄酮等，其中以睾酮的生物活性最强。睾酮主要在肝脏被灭活，代谢物主要由尿液排出，少数经粪便排出。甲基睾酮不被肝脏破坏，故口服有效。

雄激素的生理作用如下。

（1）维持生精作用　睾酮自间质细胞分泌后，可进入支持细胞并转变为双氢睾酮，随后进入曲细精管，促进生精细胞的分化和精子的生成。

（2）促进男性生殖器官生长发育　睾酮可刺激阴茎、阴囊、前列腺、尿道等的生长发育，维持其成熟状态，并具有维持正常性欲的功能。睾丸功能低下的患者，血中雄激素水平降低，常出现阳痿和性欲降低，可用雄激素治疗。

（3）促进男性第二性征出现　从青春期开始，男性分泌睾酮使外表出现一系列与女性不同的身体特征，称为男性第二性征（又称副性征）。如出现胡须、腋毛和阴毛，喉结突出、嗓音低沉、骨骼粗壮、肌肉发达等。在人类，若在青春期前切除睾丸，成年时生殖器呈幼稚状态，体貌、体态近似女性，且性欲极低，如成年后切除睾丸，其附性生殖器官和第二性征也会逐渐退化，性欲显著降低。

（4）影响胚胎分化　雄激素可诱导含 Y 染色体的胚胎向男性分化，胚胎期任何原因导致雄激素含量过低，胚胎不能进行正常的性分化，易导致男性假两性畸形。如果女胎在母体内受到过多雄激素作用也可能导致女性的假两性畸形。

（5）对代谢的影响　①促进蛋白质的合成，特别是肌肉和生殖器官蛋白质的合成；②促进骨骼的生长与钙、磷沉积；③参与对水、电解质代谢的调节，有利于水和电解质在体内的适度潴留。男性在青春期，由于睾酮与生长激素的协同作用，出现第二次身高加速生长期。

（6）促进红细胞生成　睾酮可通过直接或间接方式（通过增加促红细胞生成素）促进红细胞生成，使男性外周血液中红细胞数高于同龄女性。

2. 抑制素　由生精小管内的支持细胞分泌，抑制腺垂体 FSH 的合成和分泌，而生理剂量的抑制素对 LH 的分泌却无明显影响。

二、睾丸功能的调节

睾丸功能受下丘脑 - 腺垂体 - 睾丸轴的调节（图 12 - 1）。

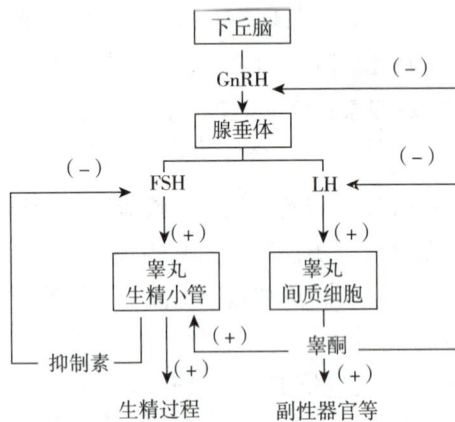

图 12 - 1　睾丸功能调节示意图

（一）下丘脑 - 腺垂体对睾丸活动的调节

下丘脑释放 GnRH 经垂体门脉到达腺垂体，调节 FSH 和 LH 的分泌，FSH 和 LH 调节睾丸的发育和功能，其中 FSH 起着启动生精的作用，而 LH 则通过间质细胞分泌睾酮发挥维持生精的作用。两者相互配合，共同调节生精过程。

（二）睾丸激素对下丘脑 - 腺垂体的反馈调节

睾丸激素对下丘脑 - 腺垂体具有负反馈调节作用。当血中睾酮达到一定浓度后，可作用于下丘脑和腺垂体，抑制 GnRH 和 LH 的分泌，最终使睾酮分泌减少，恢复到正常水平。FSH 除了具有促进生精小管内生精细胞的发育和精子生成的作用，还能促进支持细胞分泌抑制素。抑制素分泌增加时，可通过负反馈分别抑制腺垂体和下丘脑分泌 FSH 和 GnRH，最终抑制睾丸的生精作用，而对 LH 分泌无明显影响。

（三）睾丸内的局部调节

睾丸的间质细胞可产生多种生长因子或细胞因子，通过旁分泌或自分泌的方式，参与睾丸功能的局部调节。睾丸支持细胞能合成一些转运蛋白，运输雄激素、铁、维生素 A 等物质，在精子发生和成熟过程中发挥重要作用。

第二节　女性生殖功能与调节

女性生殖器按解剖结构分类，分为内生殖器和外生殖器。女性内生殖器包括卵巢和输卵管道。卵巢为女性生殖腺，产生卵子并分泌雌激素；输卵管道包括输卵管、子宫和阴道。外生殖器为外阴。卵巢内卵泡成熟、破裂，卵子排出经腹腔进入输卵管，在输卵管中如遇精子即可受精，受精卵被送入子宫，植入子宫内膜，发育成长为婴儿，成熟后经阴道分娩。卵子在输卵管内如未受精，则退化而被吸收。

女性生殖器按功能分类，可分为主性器官和附性器官。其中卵巢为主性生殖器官，输卵管、子宫、阴道和外阴为附性生殖器官。

一、卵巢的功能

卵巢具有生卵功能和内分泌功能，成熟女性卵巢的活动呈现出周期性变化，受下丘脑－腺垂体－卵巢轴的调节。

（一）卵巢的生卵功能

卵巢是生成卵子的场所，卵泡是卵巢的基本功能单位，由卵母细胞和卵泡细胞组成。卵泡在青春期以前处于静止状态，青春期开始后，在下丘脑－腺垂体－卵巢轴的调控下，原始卵泡开始发育，卵巢的形态和功能发生周期性的变化，即卵巢周期。卵巢周期分为卵泡期、排卵和黄体期。

1. 卵泡期　卵泡的发育一般分为原始卵泡、初级卵泡、次级卵泡和成熟卵泡四个阶段。原始卵泡包含一个初级卵母细胞和周围的卵泡细胞（又称颗粒细胞），初级卵泡和次级卵泡又合称为生长卵泡。在胚胎早期，卵原细胞经过有丝分裂迅速增值，并在胚胎 3～7 个月时开始进行第一次减数分裂，并停止在第一次减数分裂的前期成为初级卵母细胞，直至青春期前，初级卵母细胞不再生长。青春期后，在下丘脑－腺垂体－卵巢轴的作用下，部分初级卵母细胞进一步发育，完成第一次成熟分裂，形成次级卵母细胞和第一极体，细胞内染色体数目减半；随即次级卵母细胞进行第二次成熟分裂并停止于分裂中期，直到排卵后受精时，精子激活第二次成熟分裂形成成熟卵子和第二极体。

在每个月经周期中，有 15～20 个原始卵泡同时发育，但只有一个卵泡最后发育为成熟卵泡，历时约 14 天，其余卵泡则退化萎缩形成闭锁卵泡，正常女性一生中只有 400～500 个卵泡能发育成熟。

2. 排卵　卵泡成熟过程中逐渐移向卵巢表面。成熟卵泡破裂后，卵泡细胞和它周围的放射冠等一起排入腹腔，这一过程称为排卵（ovulation）。排出的卵子随即被输卵管伞摄取，并送入输卵管中。正常情况下，女性从青春期开始，卵巢平均约 28 天排卵一次，通常左右卵巢交替排卵，每次排出 1 个卵子，偶尔也可同时排 2 个或 2 个以上。正常女性青春期两侧卵巢原始卵泡有 30 万～40 万个，但一生中仅有 400～500 个成熟卵细胞被排出。

3. 黄体期　卵细胞排出后，残余的卵泡形成黄体（此时为月经黄体）。在 FSH 和 LH 的作用下，黄体细胞分泌大量孕激素和雌激素。若卵子未受精，黄体持续 9～10 天开始退化，黄体退化变成白体。月经黄体的寿命一般为 14 天左右。若排出的卵子受精，黄体将继续生长，体积增大，形成妊娠黄体，并维持 5～6 个月，以适应妊娠的需要。

（二）卵巢的内分泌功能

卵巢分泌的激素主要有雌激素、孕激素及少量的雄激素。排卵前卵泡内膜细胞和颗粒细胞分泌雌激素，排卵后黄体细胞分泌孕激素和雌激素。在妊娠期，胎盘也分泌雌激素和孕激素。体内的雌激素包括雌二醇（estradiol，E_2）、雌酮（estrone）和雌三醇（estriol，E_3），其中 E_2 分泌量大，活性最强。孕激素主要是活性较强的孕酮（progesterone，P）。

1. 雌激素的生理作用

（1）促进女性生殖器官的生长发育　①促进卵泡发育、成熟和排卵。雌激素可以协同 FSH 促进卵泡发育，诱导排卵前 LH 峰值的出现，进而促进排卵。②促进子宫发育，引起子宫内膜增生并出现增殖期变化，子宫颈分泌大量稀薄黏液，有利于精子穿行。促进子宫平滑肌的增生，分娩前能增强子宫平滑肌的兴奋性，提高子宫平滑肌对催产素的敏感性。③促进输卵管平滑肌的蠕动，有利于精子和卵子的运行。④使阴道黏膜上皮细胞增生、角化，糖原含量增加，在乳酸杆菌作用下，糖原被分解为乳酸，使阴道分泌物呈酸性（pH 为 4～5），可抑制其他微生物繁殖，增强阴道抗菌能力。

（2）促进女性第二性征出现并维持于成熟状态　女性青春期后，雌激素刺激乳腺导管和结缔组织增生，促进乳腺发育，并使全身脂肪和毛发分布具有女性特征，音调较高，骨盆宽大，臀部肥厚。

（3）维持正常的性欲和性行为。

（4）对代谢的作用　①促进蛋白质的合成，特别是促进生殖器官的细胞增殖与分化，促进生长发育。②降低血浆低密度脂蛋白而增加高密度脂蛋白含量，有一定的抗动脉硬化作用。③增强成骨细胞活动和钙磷沉积于骨，抑制破骨细胞的活动，加速骨骼生长，促进骨骺愈合；所以绝经期后由于雌激素分泌明显减少而易导致骨质疏松。④高浓度的雌激素可使醛固酮分泌增多，促进水和钠的重吸收进而导致水、钠潴留。有些妇女月经前期水肿可能与雌激素分泌有关。

2. 孕激素的生理作用　孕激素在雌激素作用的基础上，主要作用于子宫内膜和子宫平滑肌，以适应受精卵的着床并维持妊娠。

（1）对子宫的作用　①孕激素使子宫内膜在增殖期的基础上呈现出分泌期改变，即内膜进一步增生变厚，并有腺体分泌，为胚泡着床提供适宜的环境；②降低子宫平滑肌的兴奋性，降低妊娠子宫对催产素的敏感性，保证胚胎发育有一个安静的环境，故有安胎作用；③可抑制母体对子宫内胚胎的免疫排斥，有利于维持妊娠；④可减少子宫颈黏液的分泌量，且使黏液变稠，阻止精子的穿透，以防止再孕。如果孕激素缺乏，有可能发生早期流产。临床上常用黄体酮治疗先兆流产。

（2）对乳腺的作用　在雌激素作用的基础上，孕酮主要促进乳腺腺泡和导管的发育，为分娩后泌乳做好准备。

（3）产热作用　女性的基础体温在卵泡期较低，排卵日最低，排卵后孕激素可使基础体温升高 0.5℃左右，直至下次月经来临。临床上常将基础体温的双相变化作为监测排卵、指导避孕的方法之一。在女性绝经或卵巢摘除后，基础体温的特征性变化消失。孕激素使体温升高的原因可能与孕激素和去甲肾上腺素对体温调节中枢的协同作用有关。

二、卵巢功能的调节

女性从青春期开始，除妊娠外，卵泡的生长发育、排卵与黄体形成每月呈现周期性变化，称为卵巢周期。卵巢的周期性活动受下丘脑－腺垂体的调控，而卵巢分泌的激素使子宫内膜发生周期性变化，同时对下丘脑－腺垂体进行反馈调节，形成下丘脑－腺垂体－卵巢轴。在卵巢分泌的性激素调控下，子宫内膜也发生同步的周期性变化，称为子宫内膜周期。

（一）月经周期

在下丘脑－腺垂体－卵巢轴的调节下，子宫内膜发生周期性剥落出血，经阴道流出的现象，称为月经（menstruation）。月经形成的周期性变化称为月经周期（menstrual cycle）。女性月经周期平均 28 天，排卵一般发生在月经周期的第 14 天。一般 12～14 岁开始第一次月经，称为月经初潮。50 岁左右月经周期停止，称为绝经。

根据子宫内膜的周期性变化，可将月经周期分为增生期、分泌期和月经期。①增生期：从月经停止之日起至卵巢排卵之日止，即月经周期的第 5~14 天。②分泌期：从排卵后到下次月经到来前，即月经周期第 15~28 天。③月经期，从月经开始到出血停止，即月经周期第 1~4 天。

（二）卵巢周期与子宫内膜周期的激素调节

月经周期可根据子宫内膜的变化分为增生期、分泌期和月经期，也可根据卵巢周期活动的变化分为卵泡期、排卵期和黄体期（表 12-1）。月经周期的月经期和增生期处于卵巢周期的卵泡期（其中，月经期相当于卵泡早期，增生期相当于卵泡晚期。），而分泌期相当于黄体期。卵巢的周期性变化是在下丘脑-腺垂体-卵巢轴的调控下完成的。在下丘脑 GnRH 的作用下，腺垂体的分泌 FSH 和 LH 作用于卵巢，刺激卵泡发育、成熟卵泡排卵、黄体形成以及分泌孕激素和雌激素，同时卵巢分泌的雌激素和孕激素对下丘脑和腺垂体有反馈作用。

1. 增生期　在青春期前，下丘脑、腺垂体发育未成熟，GnRH 分泌很少，腺垂体中 FSH 和 LH 的分泌以及卵巢的功能也相应处于低水平状态，不足以引起卵巢和子宫内膜的周期性变化。青春期开始，随着下丘脑发育成熟，下丘脑分泌的 GnRH 增多，使腺垂体分泌的 FSH 和 LH 也增加，FSH 促使卵泡生长发育成熟，并与 LH 配合，使卵泡分泌雌激素。在雌激素的作用下，子宫内膜发生增生期的变化，子宫内膜增殖变厚，其中的血管和腺体增生，但腺体尚不分泌。在增生期末，相当于排卵前一天左右，雌激素在血液中的浓度达到高峰，通过正反馈作用使 GnRH 分泌进一步增加，进而使 FSH 分泌增多，LH 明显增加，形成 LH 高峰。在高浓度 LH 的作用下，引起已发育成熟的卵泡排卵。

2. 分泌期　排卵后，残存的卵泡在 LH 的作用下形成月经黄体。LH 进一步促使黄体细胞分泌大量的雌激素和孕激素，此时血液中雌激素浓度第二次达高峰，但稍低于增殖期分泌高峰。高水平的雌激素有利于 LH 促进黄体细胞合成孕激素，使孕激素维持在高水平。血液中高水平的雌激素和孕激素促使子宫内膜发生分泌期变化。

3. 月经期　相当于卵泡早期。到排卵后的第 8~10 天，血液中高浓度的雌激素和孕激素通过负反馈作用抑制下丘脑和腺垂体的功能，导致 GnRH、FSH 和 LH 分泌减少。由于 LH 减少，黄体开始退化、萎缩，导致雌激素和孕激素分泌减少，血液中这两种激素浓度迅速降到最低水平。子宫内膜突然失去雌激素和孕激素的支持，而造成脱落出血，形成月经。随着血液中雌激素和孕激素浓度的明显降低，对下丘脑和腺垂体的负反馈抑制作用解除，卵泡又在逐渐增多的 FSH 和 LH 的作用下生长发育，新的月经周期便又开始。

表 12-1　月经周期中卵巢和子宫内膜的变化

	增殖期	分泌期	月经期
时间	第 5~14 天	第 15~28 天	第 1~4 天
卵巢	卵泡发育和成熟并分泌雌激素	排卵后的卵泡形成黄体，黄体分泌雌激素、孕激素	黄体退化萎缩，雌激素、孕激素迅速减少
内膜	增生变厚血管腺体增生	血管扩张充血、腺体分泌	血管痉挛缺血、坏死脱落

月经血量为 50~100ml，呈暗红色，除血液外还有子宫内膜的碎片、宫颈黏液及脱落的阴道上皮细胞。子宫内膜组织中含有丰富的纤溶酶原激活物，使纤溶酶原被激活成纤溶酶，降解纤维蛋白，所以月经血不凝固。

若排出的卵细胞受精，月经黄体发育为妊娠黄体，继续分泌雌激素和孕激素，故妊娠期间不来月经。

⊕ 知识链接

闭 经

闭经是妇科疾病中常见的临床症状之一，可由多种原因造成，分为原发性闭经和继发性闭经。闭经又有生理性闭经和病理性闭经之分。

年龄已满 14 岁尚无月经来潮，第二性征不发育或年龄已满 16 岁尚无月经来潮，不论其第二性征是否发育，均属于原发性闭经；月经周期已经建立，但月经停止 3 个周期或超过 6 个月不来潮者，属于继发性闭经。

青春期前、妊娠期、哺乳期、绝经后月经的停止，均属于生理性闭经。病理性闭经，根据病变的解剖部位和病因可分为：①下生殖道闭经；②子宫性闭经；③卵巢性闭经；④垂体性闭经；⑤下丘脑性闭经；⑥中枢神经－下丘脑性闭经；⑦其他原因的闭经。

三、卵巢功能衰退的表现

围绝经期（又称更年期）是指妇女绝经前后的一段时期（从 45 岁左右开始至停经后 12 个月内的时期），包括绝经前期、绝经期和绝经后期。围绝经期是卵巢功能逐渐衰退到完全消失的一个过渡时期。进入围绝经期后，卵巢功能逐渐衰退，卵巢体积缩小，卵泡不能发育成熟和排卵，雌激素、孕激素分泌减少。直至子宫内膜不再出现周期性变化，月经停止，进入绝经期。围绝经期妇女在经历一段月经不规则的绝经过渡期后月经终止。

由于卵巢衰老，卵泡不可逆地减少，引起下丘脑－腺垂体－卵巢轴的变化。卵泡数目下降的同时，卵泡对 FSH、LH 的敏感性降低，卵泡发育缓慢或不充分，可出现排卵正常但黄体功能不全，血孕激素水平降低；随着卵巢储备功能继续下降，血雌激素明显降低，对下丘脑－腺垂体负反馈减弱，使 FSH、LH 分泌增高，在高促性腺激素的作用下，卵巢间质分泌雄激素增多，卵巢内相对增高的雄激素/雌激素比例的内环境进一步阻碍卵泡正常发育而无排卵，同时加快剩余卵泡的闭锁，使卵巢分泌雌激素出现波动性不稳定状态，无孕激素的对抗，临床上可出现月经稀发或发生功血。当卵巢内残留卵泡对促性腺激素不反应，卵泡活动即停止，此时 FSH、LH 继续升高，卵泡分泌雌激素甚微，不足以刺激子宫内膜增殖达出血阈值以上，临床上表现为绝经。围绝经期，因雌激素水平波动或下降所致的以自主神经功能紊乱合并神经心理症状为主的症候群，即围绝经期综合征。主要表现为潮热、出汗、情绪不稳定或抑郁，心悸，胸闷，少数血压波动，用雌激素治疗可缓解。

⊕ 知识链接

围绝经期功血

围绝经期功能失调性子宫出血，简称围绝经期功血，主要以无排卵功能失调性子宫出血为主。围绝经期功血多由卵巢衰竭、无排卵、性激素分泌失调造成。由于卵巢功能的衰退，卵泡对促性腺激素敏感性降低使卵泡发育障碍，多数不能排卵使子宫内膜受单一雌激素影响而增殖过长；或即使排卵，往往黄体功能不全，而导致围绝经期功血。临床表现为月经稀发或闭经，经量增多或经期延长，淋漓不尽，或月经周期缩短，生育能力下降。

第三节 妊娠与分娩

PPT

一、妊娠

妊娠（pregnancy）是新个体产生和孕育的过程，包括受精、胚胎植入、妊娠的维持和胎儿的生长发育。

（一）受精

受精是指精子与卵子结合的过程。正常情况下，受精的部位在输卵管的壶腹部。

1. 精子的运行 精子射入阴道后，必须穿过子宫颈和子宫腔，沿输卵管运行一段距离后，到达输卵管的壶腹部与卵子会合。精子从阴道运行到输卵管壶腹需要 30 ~ 90 分钟。

精子运行的动力，一方面来自其自身尾部鞭毛的摆动，另一方由女性生殖道平滑肌的运动和输卵管纤毛的摆动所提供。精液中含有很高浓度的前列腺素，可刺激子宫发生收缩，收缩后的松弛造成宫腔内负压，可把精子吸入宫腔。精子进入输卵管后，在其中的运行主要靠输卵管的蠕动，推动精子由峡部运动至壶腹部。精子的运行还受到激素的调节，排卵前期的雌激素、精液中的前列腺素均有利于精子的运行，而黄体期的孕酮则可阻止精子的运行。

男性一次射出的精液中精子可达 $(2 ~ 5) \times 10^8$ 个，但最终能到达受精部位的只有 15 ~ 50 个。

2. 精子获能 睾丸所产生的精子在附睾内虽已发育成熟，具有受精的能力，但由于在附睾和精液中存在一种被称为"去获能因子"的糖蛋白，附着于精子表面，抑制精子的受精能力。当精子进入女性生殖道后，特别是子宫与输卵管内，存在去除这种抑制作用的物质，精子才具备真正的受精能力。这种精子必须在雌性生殖道内停留一段时间，才能获得使卵子受精的能力，称为精子获能。

3. 受精过程 卵子由卵泡排出后，很快进入输卵管的伞端，依靠输卵管平滑肌的运动和上皮细胞纤毛的摆动到达受精部位。精子在女性生殖道中可存活 1 ~ 3 天，但其受精能力仅可维持 20 小时左右。卵子排出若不受精，24 小时后即行退化。当精子与卵子相遇时，精子的顶体释放顶体酶以溶解卵子外围的放射冠与透明带，协助精子进入卵细胞，这一过程称为顶体反应。当精子进入卵细胞后，卵细胞的性质即发生变化，并产生一些物质，封锁透明带，使其他的精子难以再进入，保证单精受精，此称为透明带反应。精子进入卵细胞后，立即激发卵细胞完成第二次成熟分裂，并产生第二极体。进入卵细胞的精子尾部迅速退化，细胞核膨大形成雄性原核，随即与雌性原核融合，形成一个具有 46 条染色体的受精卵。

（二）着床

受精卵在输卵管的蠕动与纤毛运动的作用下，在移行的同时进行细胞分裂，经过桑葚期阶段，逐渐发育为早期囊胚，在受精后第 4 ~ 5 天移行至子宫腔内。囊胚在子宫腔内停留 2 ~ 3 天，囊胚外面的透明带变薄直至消失，裸露的囊胚可以直接从子宫内膜分泌的液体中吸取营养。

胚泡通过与子宫内膜相互作用而种植于子宫内膜的过程，称为着床（implantation），也称为植入。进入宫腔后的胚泡，开始时处于游离状态，大约在排卵后第 8 天胚泡吸附在子宫内膜上，通过与子宫内膜的相互作用而逐渐进入子宫内膜，于排卵后 10 ~ 13 天胚泡完全被植入子宫内膜中。

女性排卵、受精与着床过程见图 12 - 2。

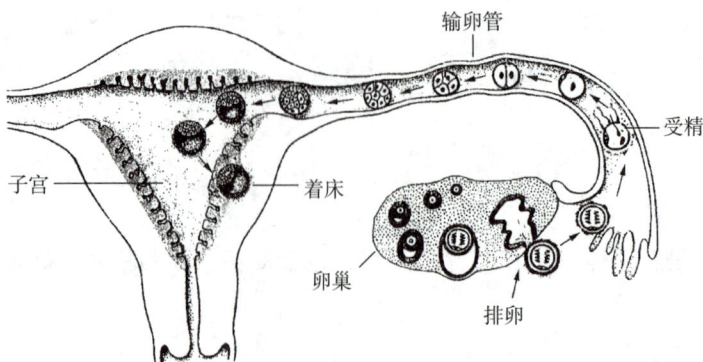

图 12 - 2　排卵、受精与着床示意图

（三）妊娠的维持及激素调节

妊娠的维持有赖于垂体、卵巢和胎盘分泌的各种激素的相互配合。胚泡植入后，内部细胞团将来发育成为胎儿，其外周的滋养层细胞将发育成为胎盘。在受精后第 6 天左右，胚泡的滋养层细胞开始分泌绒毛膜促性腺激素，以后逐渐增多，刺激卵巢的月经黄体变为妊娠黄体，继续分泌孕激素与雌激素。胎盘是妊娠期重要的内分泌器官，分泌人绒毛膜促性腺激素、人绒毛膜促生长激素、雌激素、孕激素等，对维持正常妊娠起重要作用。

1. 人绒毛膜促性腺激素　人绒毛膜促性腺激素（human chorionic gonadotropin，hCG）是由胎盘绒毛组织的合体滋养层细胞分泌的一种糖蛋白激素。其主要作用是：①在妊娠早期刺激母体的月经黄体转变为妊娠黄体，并使其继续大量分泌雌激素和孕激素，以维持妊娠过程的顺利进行；②可抑制淋巴细胞的活力，防止母体对胎儿产生排斥反应，具有安胎作用。

hCG 在受精后第 8～10 天就出现在母体血中，至妊娠第 8～10 周达到高峰，随后分泌逐渐减少，到妊娠 20 周左右降至较低水平，并一直维持到妊娠末期。由于 hCG 在妊娠早期即可出现在母体血中，并由尿排出，因此，测定血或尿中的 hCG 浓度，可以作为早期妊娠和妊娠相关疾病的指标，也可用于诱发排卵、治疗某些不孕症。

2. 雌激素和孕激素　妊娠初期两个月，hCG 分泌逐渐达到高峰，雌激素和孕激素主要由妊娠黄体分泌。10 周以后，由于 hCG 的分泌量减少，妊娠黄体萎缩，所分泌的雌激素和孕激素也随之减少，此时胎盘接替妊娠黄体的功能，分泌雌激素和孕激素逐渐增加，以维持妊娠，直至分娩。

胎盘本身不能直接产生雌激素和孕激素，需要从母体或胎儿得到前体物质，再加工合成雌激素和孕激素。在整个妊娠期内，孕妇血液中雌激素和孕激素都保持在高水平，对下丘脑－腺垂体系统起负反馈作用，所以，妊娠期卵巢内的卵泡不能逐步发育、成熟和排卵，故妊娠期不来月经。胎盘所分泌的雌激素主要是雌三醇，在妊娠晚期，其前体大部分来自胎儿，在胎盘内转变为雌三醇，雌三醇主要由孕妇尿排泄。临床上测定孕妇血或尿中雌三醇的水平，有作为监测胎儿发育情况的参考指标。

妊娠期间，雌激素的主要作用是：①促进母体子宫、乳腺的生长；②松弛骨盆的韧带；③调节母体和胎儿的代谢。孕激素的主要作用是：①维持子宫内膜蜕膜化，为早期胚胎提供营养物质；②减弱子宫收缩，保持妊娠子宫的安静；③促进乳腺腺泡发育，为授乳做准备。

3. 人绒毛膜促生长激素　人绒毛膜促生长激素由胎盘的合体滋养层细胞分泌，具有生长激素的作用，可调节母体与胎儿的糖、脂肪和蛋白质代谢，促进胎儿生长。妊娠第 6 周母体血中可测出人绒毛膜促生长激素，以后稳步增多，到第 3 个月开始维持在高水平，直至分娩。它的分泌量与胎盘的重量呈正比，可作为检测胎盘功能的指标。

二、分娩

分娩（parturition）是指成熟胎儿及其附属物从母体子宫内产出体外的过程。人类的孕期约 265 天，但一般从末次月经周期的第 1 天算起，因此可计算为 280 天。在妊娠末期子宫节律性收缩是将胎儿及其附属物从子宫内逼出的主要力量。分娩过程中存在正反馈调节，胎儿对子宫颈受刺激后，可反射性地引起缩宫素的释放和子宫底部肌肉强烈收缩，缩宫素可使子宫肌的收缩进一步加强，直至分娩过程完成。

在正常分娩过程中，子宫收缩导致胎先露下降并牵拉子宫下段和扩张子宫颈管，这种机械性刺激反射性引起子宫收缩，再使胎先露下降，如此反复，直至整个胎儿娩出。

临产发动的机制尚不清楚，催产素、雌激素及前列腺素等是调节子宫肌肉收缩的重要因素。

第四节　青春期与性成熟

PPT

人的一生可分为胎儿期、新生儿期、儿童期、青春期、性成熟期和老年期，生殖功能也经历从逐渐成熟再到逐渐衰退的变化过程。

青春期是从儿童期过渡到成熟期，即性功能开始发育到成熟的阶段。在这一阶段中将出现体格、性征、内分泌、智力及心理等多方面的巨大变化。青春期出现的早晚因人而异，一般女性从 11 ~ 12 岁开始到 17 ~ 18 岁，男性从 9 ~ 12 岁开始到 18 ~ 20 岁；男性平均比女性晚 2 年左右。

一、青春期体格形态的变化

青春期体格变化，包括毛发分布、乳房发育、生殖器官发育及身高变化。男生青春期从睾丸、外生殖器、阴毛、腋毛、胡须开始发育。女性先由乳房发育，阴毛、腋毛出现，身高突增，内外生殖器官发育到月经初潮。

进入青春期后，生长发育明显增快，是出生后体格发育的第二高峰，称为青春期生长突增（adolescent growth spurt）。女性青春期生长突增开始于青春早期，多数到月经初潮时结束。男性的青春期生长突增发生于接近青春期末期，故开始生长突增的年龄平均比女性晚 2 年。在生长突增期，女性平均长高 25cm，男性平均长高约 28cm。青春期生长突增与性激素、生长激素、胰岛素样生长因子、促性腺激素分泌有关。在促进青春期生长的性激素中，女性主要是雌激素（雌二醇）；男性主要是雄激素（睾酮）。

青春期男性和女性在机体构成比方面变化十分显著。青春期，骨中有机物和无机物含量发生变化，骨的硬度加大，体重增加，男性肌肉明显增粗，男性的净体重、骨量和肌肉重量为女性的 1.5 倍；而女性皮下脂肪沉积，因而皮肤弹性较男性大，其脂肪含量则为男性的 2 倍。

二、性器官发育

男性青春期性器官发育过程分一般为三个时期。①青春期开始期：一般为 9 ~ 12 岁。此期睾丸的支持细胞、间质细胞数目稍有增加，睾丸开始增大，生精小管量少而细微，生精细胞仅有精原细胞和精母细胞，间质细胞开始分泌少量睾酮，附属性器官开始缓慢生长，但仍处于幼稚状态。②迅速发育期：一般为 12 ~ 15 岁。此期睾丸体积迅速增大，生精小管明显发育，出现精子细胞和精子，但精子数低于成人，间质细胞分泌睾酮增加。阴囊、阴茎、前列腺等附属性器官快速生长。③进入成熟期：一般为 15 岁以后。此期生殖器官逐渐发育成熟，睾丸发育逐步接近成人大小，精子的数量和睾酮的分泌量已达到成人水平。

进入青春期，下丘脑 - 腺垂体 - 卵巢轴发育渐趋成熟，女性体内雌激素、孕激素与少量雄激素水平增高。在性激素的作用下，生殖器官发育增大，逐渐趋于成熟。

三、第二性征的出现

男性、女性生殖器的不同外形和结构特征，称为第一性征，第一性征取决于男性、女性携带的染色体。

青春期在性激素的作用下，开始出现男性和女性身体生理变化的性别差异，称为第二性征（副性征），第二性征决定于男性、女性体内性激素的差别。

男性第二性征指除生殖器官外的男性所特有的外部特征，如声音低沉、变粗，喉结突出、长出胡须、腋毛和阴毛出现（呈菱形），出现遗精。

女性第二性征指除生殖器官外的女性所特有的外部特征，如女性皮肤细嫩、嗓音变细、声调变高，乳房发育并逐渐丰满而隆起、乳头增大，月经来潮，腋毛、阴毛（呈倒三角形）出现，骨盆宽大（骨盆横径发育大于前后径发育），脂肪分布于肩、胸、臀部而形成女性特有的体态。

四、性成熟的调节

（一）下丘脑－腺垂体－卵巢轴

进入青春期后，在中枢神经系统影响下，下丘脑－腺垂体功能逐渐成熟，下丘脑分泌 GnRH 增加，刺激腺垂体促进 FSH 和 LH 的合成与释放。下丘脑－腺垂体分泌活动增强对青春期的生理变化起着启动作用。进入青春期后，下丘脑－腺垂体对性激素的敏感性降低，GnRH 分泌增多且呈脉冲式，腺垂体分泌 FSH 和 LH 随之增多，从而促进性腺发育和性激素的分泌，性腺和性器官逐渐发育成熟。

（二）肾上腺皮质

在青春期前大约两年，垂体分泌促肾上腺皮质激素增多，促进人体性发育及骨骼生长，这一段时期称为肾上腺皮质功能初现。女性 6~7 岁，男性 7~8 岁开始，肾上腺分泌雄激素增多，持续至青春期末。

五、青春期性发育的异常

青春期性发育的异常是指青春期生殖内分泌功能紊乱所致的病理生理学变化及临床特征。

（一）性早熟

女性性早熟一般在 8 岁前出现乳腺增大、阴毛生长及腋毛生长等第二性征，或月经初潮开始于 10 岁以前等青春期发育的临床表现。常见以下类型。①真性性早熟：女孩在 8 岁前出现月经来潮、乳腺发育、阴毛和腋毛生长，继而内、外生殖器官发育，并有排卵及生殖能力，身高随性早熟而生长迅速，但智力及心理成熟不提前。②假性性早熟：可有第二性征的发育表现，但因未建立正常下丘脑－腺垂体－性腺轴功能，故无生殖细胞成熟，无生育能力。③异性性早熟：女性出现男性化表现。

男性性早熟一般在 10 岁前由于雄激素增多，有明显性发育或性成熟等表现。常见以下类型。①真性性早熟：在 10 岁前身高增长加速，超前发育，有睾丸增大，阴囊皮肤皱褶增加、色素加深，阴茎增大、增粗，反复勃起及射精，同时有阴毛、腋毛、胡须生长，声音低沉等。在发病初期身高体重增加快，较同龄儿童高，骨龄提前，最终骨骺提前融合，导致身材矮小，常不足 150~160cm。心理、智力与实际年龄相符。②假性性早熟：如为先天性肾上腺皮质增生所致者，男性儿童第二性征提前出现，如阴毛、腋毛增多，阴茎巨大，但睾丸增大不明显，无精子生成。如为睾丸肿瘤所致者，阴茎及睾丸均增大，睾丸有肿块可扪及。③青春期发育变异：男性患儿大多数在 6 岁左右出现阴毛和腋毛，但无下丘脑－腺垂体－性腺轴，故无其他第二发育表现。

（二）青春期延迟

女性到 13 岁仍无乳房发育，18 岁尚无月经来潮；男性年龄超过 14 岁仍无任何青春期发育的表现，称为青春期延迟。正常男性从副性征出现到具有成人的性特征，一般需要 4～5 年，如果从躯体发育到生殖器官发育成熟超过 5 年以上者也属于青春期延迟。

目标检测

答案解析

一、A 型题（最佳选择题）

1. 睾丸间质细胞的生理功能是

    A. 分泌雄激素　　　　　　　B. 营养和支持生殖细胞　　　　C. 起到血－睾屏障的作用

    D. 产生精子　　　　　　　　E. 分泌雄激素结合蛋白

2. 女性正常排卵的黄体

    A. 分泌黄体酮　　　　　　　B. 分泌雌激素　　　　　　　C. 分泌黄体生成素

    D. 分泌黄体酮及雌激素　　　E. 分泌黄体酮、雌激素及黄体生成素

3. 女子的基础体温随月经周期而变动，这可能主要与哪种激素有关

    A. 雌激素　　　　　　　　　B. 孕激素　　　　　　　　　C. 甲状腺激素

    D. 肾上腺素　　　　　　　　E. 胰岛素

4. 下列哪种激素能在排卵前 1 天左右诱发排卵所必需的 LH 高峰

    A. 雌二醇　　　　　　　　　　　　B. 黄体酮

    C. 卵泡刺激素　　　　　　　　　　D. 雄激素

    E. 人绒毛膜促性腺激素

5. 月经周期子宫内膜周期性剥脱的直接原因是

    A. 血中雌激素和孕激素减少　　　　B. 血中雌激素和孕激素增加

    C. 黄体萎缩　　　　　　　　　　　D. 血中卵泡刺激素和黄体生成素减少

    E. 腺垂体功能减退

6. 关于月经的特点下列哪项是正确的

    A. 有排卵才会有月经　　　　　　　B. 排卵发生在两次月经之间

    C. 月经期基础体温上升　　　　　　D. 排卵发生在下次月经来潮前 14 天

    E. 排卵发生在月经来潮后 14 天

7. 排卵可用血中哪种激素的高峰作为标志

    A. 催乳素　　　　　　　　　　　　B. 黄体生成素

    C. 促卵泡激素　　　　　　　　　　D. 孕激素

    E. 雌激素

8. 诊断早期妊娠需测定的血或尿中的激素是

    A. 孕激素　　　　　　　　　　　　B. 雌激素

    C. 卵泡刺激素　　　　　　　　　　D. 人绒毛膜促性腺激素

    E. 人绒毛膜生长激素

9. 下列胎盘或卵巢分泌的激素中，哪种能刺激卵巢的月经黄体转变为妊娠黄体

    A. 人绒毛膜促性腺激素　　　　　　B. 人绒毛膜生长激素

    C. 雌激素　　　　　　　　　　　　D. 雄激素

    E. 孕激素

10. 正常月经周期中雌激素出现第二次高峰的直接原因是

    A. 雌激素的正反馈作用　　　　　　B. 孕激素的正反馈作用

    C. 催乳素的作用　　　　　　　　　D. 黄体生成素的作用

    E. 促卵泡激素的作用

（舒安利）

书网融合……

本章小结　　　　　题库

参考文献

［1］王庭槐. 生理学［M］. 9 版. 北京：人民卫生出版社，2018.

［2］张志雄，周乐全. 生理学［M］. 3 版. 上海：上海科学技术出版社，2017.

［3］赵铁建，朱大诚. 生理学［M］. 5 版. 北京：中国中医药出版社，2021.

［4］王辰，王建安. 内科学［M］. 北京：人民卫生出版社，2019.

［5］邹仲之，李继承. 组织学与胚胎学［M］. 8 版. 北京：人民卫生出版社，2013.

［6］孙世澜，吴彼得［M］. 肾衰竭诊断治疗学. 北京：人民军医出版社，2012.

［7］张绍芬. 绝经内分泌与临床［M］. 2 版. 北京：人民卫生出版社，2014.

［8］John E. Hal. Guyton and Hall Textbook of Medical Physiology［M］. 13th edition. St Louis：Elsevier，2016.

［9］Linda S. Costanzo. Physiology［M］. 5th edition. St Louis：Elsevier，2014.